Entwurf

eines

Handelsgesetzbuchs

mit Ausschluß des Seehandelsrechts

nebst Denkschrift.

Aufgestellt im Reichs-Justizamt.

Amtliche Ausgabe.

Berlin SW. 48.
Wilhelmstr. 119/120.
J. Guttentag, Verlagsbuchhandlung.
1896.

Inhaltsübersicht.

Erstes Buch.

Handelsstand.

Zweites Buch.

Handelsgesellschaften und stille Gesellschaft.

Drittes Buch.

Handelsgeschäfte.

Entwurf

eines

Handelsgesetzbuchs.

Erstes Buch.[1)]

Handelsstand.

Erster Titel.

Kaufleute.

§. 1. (Art. 4, 271, 272 Abs. 1.)[2)]

Kaufmann im Sinne dieses Gesetzbuchs ist, wer ein Handelsgewerbe betreibt.

Als Handelsgewerbe gilt jeder Gewerbebetrieb, der eine der nachstehend bezeichneten Arten von Geschäften zum Gegenstande hat:

1. den Kauf oder die anderweitige Anschaffung von beweglichen Sachen (Waaren) oder Werthpapieren zum Zwecke der Weiterveräußerung, ohne Unterschied, ob die Waaren unverändert oder nach einer Bearbeitung oder Verarbeitung weiter veräußert werden sollen;
2. die Uebernahme der Lieferung von Waaren oder Werthpapieren, die der Uebernehmer später zum Zwecke der Lieferung anschafft;
3. die Uebernahme der Bearbeitung oder Verarbeitung von Waaren für Andere, sofern der Betrieb über den Umfang des Handwerks hinausgeht;
4. die Uebernahme von Versicherungen gegen Prämie;
5. die Bankier- oder Geldwechslergeschäfte;
6. die Uebernahme der Beförderung von Gütern oder Reisenden zur See, die Geschäfte der Frachtführer oder der zur Beförderung von Personen zu Lande oder auf Binnengewässern bestimmten Anstalten sowie die Geschäfte der Schleppschiffahrtsunternehmer;
7. die Geschäfte der Kommissionäre, der Spediteure oder der Lagerhalter;
8. die Geschäfte der Handlungsagenten oder der Handelsmäkler;

---

1) Das Bürgerliche Gesetzbuch ist im Entwurf und in der Denkschrift nach der dem Reichstage gemachten Vorlage zitirt (Drucksachen des Reichstags 1895/96 Nr. 87).

2) Die Art. 1 bis 3 des Allgemeinen Deutschen Handelsgesetzbuchs sind gestrichen.

9. die Verlagsgeschäfte sowie die sonstigen Geschäfte des Buch- oder Kunsthandels;
10. die Geschäfte der Druckereien, sofern ihr Betrieb über den Umfang des Handwerks hinausgeht.

§. 2.

Ein gewerbliches Unternehmen, das nach Art und Umfang einen in kaufmännischer Weise eingerichteten Geschäftsbetrieb erfordert, gilt, auch wenn die Voraussetzungen des §. 1 Abs. 2 nicht vorliegen, als Handelsgewerbe im Sinne dieses Gesetzbuchs, sofern die Firma des Unternehmers in das Handelsregister eingetragen ist. Der Unternehmer ist verpflichtet, die Eintragung nach den für die Eintragung kaufmännischer Firmen geltenden Vorschriften herbeizuführen.

§. 3.

Auf den Betrieb der Land- und Forstwirthschaft finden die Vorschriften der §§. 1, 2 keine Anwendung.

Ist mit dem Betriebe der Land- oder Forstwirthschaft ein Nebengewerbe verbunden, so findet auf dieses der §. 2 mit der Maßgabe Anwendung, daß der Unternehmer berechtigt, aber nicht verpflichtet ist, die Eintragung in das Handelsregister herbeizuführen. Werden in dem Nebengewerbe Geschäfte der im §. 1 bezeichneten Art geschlossen, so gilt der Betrieb dessenungeachtet nur dann als Handelsgewerbe, wenn die Firma des Unternehmers gemäß §. 2 in das Handelsregister eingetragen ist.

§. 4. (Art. 5 Abs. 1.)[1]

Die in Betreff der Kaufleute gegebenen Vorschriften finden auch auf die Handelsgesellschaften Anwendung.

§. 5. (Art. 10.)[2]

Die Vorschriften über die Firmen, die Handelsbücher und die Prokura finden auf Handwerker sowie auf Personen, deren Gewerbebetrieb nicht über den Umfang des Kleingewerbes hinausgeht, keine Anwendung.

[1]) Art. 5 Abs. 2 ist gestrichen.

[2]) Die Art. 6 bis 9 sind gestrichen. In das Einführungsgesetz sollen folgende Vorschriften aufgenommen werden:

Die nach dem bürgerlichen Rechte mit einer Eintragung in das Güterrechtsregister verbundenen Wirkungen treten, sofern ein Ehegatte Kaufmann ist und seine Handelsniederlassung sich nicht in dem Bezirke des für den Wohnsitz des Ehemanns zuständigen Registergerichts befindet, in Ansehung der auf den Betrieb des Handelsgewerbes sich beziehenden Rechtsverhältnisse nur ein, wenn die Eintragung auch in das Güterrechtsregister des für den Ort der Handelsniederlassung zuständigen Gerichts erfolgt ist. Bei mehreren Niederlassungen genügt die Eintragung in das Register des Ortes der Hauptniederlassung.

Wird die Niederlassung verlegt, so findet die Vorschrift des §. 1542 des Bürgerlichen Gesetzbuchs entsprechende Anwendung.

Durch eine Vereinigung zum Betrieb eines Gewerbes, auf welches die bezeichneten Vorschriften keine Anwendung finden, kann eine offene Handelsgesellschaft oder eine Kommanditgesellschaft nicht begründet werden.

Die Rechte und Pflichten einer Personenvereinigung, der das Gesetz ohne Rücksicht auf den Gegenstand des Unternehmens die Eigenschaft eines Kaufmanns beilegt, werden durch die Vorschrift des Abs. 1 nicht berührt.

Die Landesregierungen sind befugt, Bestimmungen zu erlassen, durch welche die Grenze des Kleingewerbes auf der Grundlage der nach dem Geschäftsumsatze bemessenen Steuerpflicht oder in Ermangelung einer solchen Besteuerung nach anderen Merkmalen näher festgesetzt wird.

§. 6. (Art. 11 Halbsatz 1.)[1])

Durch die Vorschriften des öffentlichen Rechtes, nach welchen die Befugniß zum Gewerbebetrieb ausgeschlossen oder von gewissen Voraussetzungen abhängig gemacht ist, wird die Anwendung der die Kaufleute betreffenden Vorschriften dieses Gesetzbuchs nicht berührt.

Zweiter Titel.

Handelsregister.

§. 7. (Art. 12 Abs. 1.)

Das Handelsregister wird von den Gerichten geführt.

§. 8. (Art. 12 Abs. 2.)

Die Einsicht des Handelsregisters sowie der Belege und Unterlagen der Eintragungen und der sonstigen Schriftstücke, die zum Handelsregister einzureichen sind, ist Jedem gestattet.

Von den Eintragungen kann eine Abschrift gefordert werden; die Abschrift ist auf Verlangen zu beglaubigen. Auch kann eine Bescheinigung darüber gefordert werden, daß bezüglich des Gegenstandes einer Eintragung weitere Eintragungen nicht vorhanden sind oder daß eine bestimmte Eintragung nicht erfolgt ist.

§. 9. (Art. 13.)

Die Eintragungen in das Handelsregister sind von dem Gerichte durch den Deutschen Reichsanzeiger und durch mindestens ein anderes Blatt unverzüglich bekannt zu machen. Soweit nicht das Gesetz ein Anderes bestimmt, werden sie ihrem ganzen Inhalte nach veröffentlicht.

[1]) Art. 11 Halbsatz 2 ist gestrichen.

Mit dem Ablaufe des Tages, an welchem das letzte der die Bekanntmachung enthaltenden Blätter erschienen ist, gilt die Bekanntmachung als erfolgt.

§. 10. (Art. 14 Abs. 1, 2.)[1].

Das Gericht hat jährlich im Dezember die Blätter bekannt zu machen, in denen während des nächsten Jahres die im §. 9 vorgesehenen Veröffentlichungen erfolgen sollen. Die Bekanntmachung ist in den Deutschen Reichsanzeiger und in die im laufenden Jahre für die Veröffentlichungen verwendeten Blätter einzurücken.

Hört eines der Blätter im Laufe des Jahres zu erscheinen auf, so hat das Gericht ein anderes Blatt an dessen Stelle zu bestimmen und dies nach Maßgabe des Abs. 1 Satz 2 bekannt zu machen.

§. 11. (Art. 19, 45 Abs. 1 bis 3 u. ö.)

Die Anmeldungen zur Eintragung in das Handelsregister sowie die zur Aufbewahrung bei dem Gerichte bestimmten Zeichnungen von Unterschriften sind persönlich bei dem Gerichte zu bewirken oder in öffentlich beglaubigter Form einzureichen.

Die gleiche Form ist für eine Vollmacht zur Anmeldung erforderlich. Rechtsnachfolger eines Betheiligten haben ihre Legitimation soweit thunlich durch öffentliche Urkunden nachzuweisen.

§. 12. (Art. 21, 86 Abs. 1 u. ö.)

Soweit nicht in diesem Gesetzbuch ein Anderes bestimmt ist, sind die Eintragungen in das Handelsregister und die hierzu erforderlichen Anmeldungen und Zeichnungen von Unterschriften sowie die sonst vorgeschriebenen Einreichungen zum Handelsregister bei jedem Registergericht, in dessen Bezirke der Inhaber der Firma eine Zweigniederlassung besitzt, in gleicher Weise wie bei dem Gerichte der Hauptniederlassung zu bewirken.

Eine Eintragung bei dem Gerichte der Zweigniederlassung findet nicht statt, bevor nachgewiesen ist, daß die Eintragung bei dem Gerichte der Hauptniederlassung geschehen ist.

Diese Vorschriften kommen auch zur Anwendung, wenn sich die Hauptniederlassung im Auslande befindet. Soweit nicht das ausländische Recht eine Abweichung erforderlich macht, haben die Anmeldungen, Zeichnungen und Eintragungen bei dem Gerichte der Zweigniederlassung in gleicher Weise zu geschehen, wie wenn sich die Hauptniederlassung im Inlande befände.

§. 13. (Art. 26, 45 Abs. 4 u. ö.)

Wer verpflichtet ist, eine Anmeldung, eine Zeichnung der Unterschrift oder eine Einreichung von Schriftstücken zum Handelsregister vorzunehmen, ist hierzu von dem Registergerichte durch Ordnungsstrafen anzuhalten.

[1]) Art. 14 Abs. 3 ist gestrichen.

§. 14. (Art. 25 Abs. 2, 3, 46 u. ö.)

Solange eine in das Handelsregister einzutragende Thatsache nicht eingetragen und bekannt gemacht ist, kann sie von demjenigen, in dessen Angelegenheiten sie einzutragen war, einem Dritten nicht entgegengesetzt werden, es sei denn, daß sie diesem bekannt war.

Ist die Thatsache eingetragen und bekannt gemacht, so muß ein Dritter sie gegen sich gelten lassen, es sei denn, daß er sie weder kannte noch kennen mußte.

Für den Geschäftsverkehr mit einer in das Handelsregister eingetragenen Zweigniederlassung ist im Sinne dieser Vorschriften die Eintragung und Bekanntmachung durch das Gericht der Zweigniederlassung entscheidend.

§. 15.

Ist durch eine rechtskräftige oder vollstreckbare Entscheidung des Prozeßgerichts die Verpflichtung zur Mitwirkung bei einer Anmeldung zum Handelsregister oder ein Rechtsverhältniß, bezüglich dessen eine Eintragung zu erfolgen hat, gegen einen von mehreren bei der Vornahme der Anmeldung Betheiligten festgestellt, so genügt zur Eintragung die Anmeldung der übrigen Betheiligten. Wird die Entscheidung, auf Grund deren die Eintragung erfolgt ist, aufgehoben, so ist dies auf Antrag eines der Betheiligten in das Handelsregister einzutragen.

Ist durch eine rechtskräftige oder vollstreckbare Entscheidung des Prozeßgerichts die Vornahme einer Eintragung für unzulässig erklärt, so darf die Eintragung nicht gegen den Widerspruch desjenigen erfolgen, welcher die Entscheidung erwirkt hat.

Dritter Titel.

Handelsfirma.

§. 16. (Art. 15.)[1]

Die Firma eines Kaufmanns ist der Name, unter dem er im Handel seine Geschäfte betreibt und die Unterschrift abgiebt.

---

[1] Im Einführungsgesetze soll bestimmt werden, daß die Gewerbeordnung durch folgenden neuen §. 15a ergänzt wird:

> Gewerbetreibende, welche einen offenen Laden haben, sind verpflichtet, ihren persönlichen Namen an der Außenseite oder am Eingange des Ladens in deutlich lesbarer Schrift anzubringen. Ist eine Frau die Inhaberin des Geschäfts, so hat sie in der Aufschrift ihrem Zunamen mindestens einen ausgeschriebenen Vornamen hinzuzufügen.
>
> Kaufleute, welche eine Handelsfirma führen, haben zugleich die Firma in der bezeichneten Weise an dem Laden anzubringen; ist aus der Firma der

§. 17. (Art. 16.)

Ein Kaufmann, der sein Geschäft ohne Gesellschafter oder nur mit einem stillen Gesellschafter betreibt, darf nur seinen Familiennamen mit oder ohne Vornamen als Firma führen.

Er darf der Firma keinen Zusatz beifügen, der ein Gesellschaftsverhältniß andeutet. Andere Zusätze, die zur Unterscheidung der Person oder des Geschäfts dienen, sind gestattet, sofern sie nicht geeignet sind, eine Täuschung über die Art oder den Umfang des Geschäfts oder die Verhältnisse des Geschäftsinhabers herbeizuführen.

§. 18. (Art. 17.)

Die Firma einer offenen Handelsgesellschaft hat den Namen wenigstens eines der Gesellschafter mit einem das Vorhandensein einer Gesellschaft andeutenden Zusatz oder die Namen aller Gesellschafter zu enthalten.

Die Firma einer Kommanditgesellschaft sowie die Firma einer Kommanditgesellschaft auf Aktien hat den Namen wenigstens eines persönlich haftenden Gesellschafters mit einem das Vorhandensein einer Gesellschaft andeutenden Zusatze, die letztere Firma außerdem die Bezeichnung „Kommanditgesellschaft auf Aktien" zu enthalten.

Die Namen anderer Personen als der persönlich haftenden Gesellschafter dürfen die in Firma der in den Abs. 1, 2 bezeichneten Gesellschaften nicht aufgenommen werden.

§. 19. (Art. 18.)

Die Firma einer Aktiengesellschaft ist in der Regel von dem Gegenstande des Unternehmens zu entlehnen; sie hat außerdem die Bezeichnung „Aktiengesellschaft" zu enthalten.

Der Name von Gesellschaftern oder anderen Personen darf in die Firma nicht aufgenommen werden.

§. 20. (Art. 22.)

Wer ein bestehendes Handelsgeschäft unter Lebenden oder von Todeswegen erwirbt, darf für das Geschäft die bisherige Firma mit oder ohne Bei-

---

persönliche Name des Geschäftsinhabers und, sofern eine Frau die Geschäftsinhaberin ist, zugleich ein Vorname derselben zu ersehen, so genügt die Anbringung der Firma.

Auf offene Handelsgesellschaften, Kommanditgesellschaften und Kommanditgesellschaften auf Aktien finden diese Vorschriften mit der Maßgabe Anwendung, daß für die Namen der persönlich haftenden Gesellschafter gilt, was in Betreff der Namen der Gewerbetreibenden bestimmt ist.

Sind mehr als zwei Betheiligte vorhanden, deren Namen hiernach in der Aufschrift anzugeben wären, so genügt es, wenn die Namen von zweien mit einem das Vorhandensein weiterer Betheiligter andeutenden Zusatze aufgenommen werden.

Außerdem soll der §. 148 der Gewerbeordnung folgenden Zusatz erhalten:

14. wer den Vorschriften des §. 15a zuwiderhandelt.

fügung eines das Nachfolgeverhältniß andeutenden Zusatzes fortführen, wenn der bisherige Geschäftsinhaber oder dessen Erben in die Fortführung der Firma ausdrücklich willigen. Die Verpflichtung einer Kommanditgesellschaft auf Aktien oder einer Aktiengesellschaft, die im §. 18 Abs. 2 und im §. 19 Abs. 1 vorgeschriebene Bezeichnung in ihre Firma aufzunehmen, wird hierdurch nicht berührt.

Wird ein Handelsgeschäft auf Grund eines Nießbrauchs, eines Pachtvertrags oder eines ähnlichen Verhältnisses übernommen, so finden diese Vorschriften entsprechende Anwendung.

§. 21. (Art. 23.)

Die Firma kann nicht ohne das Handelsgeschäft, für welches sie geführt wird, veräußert werden.

§. 22. (Art. 24.)

Wird Jemand in ein bestehendes Handelsgeschäft als Gesellschafter aufgenommen oder tritt ein neuer Gesellschafter in eine Handelsgesellschaft ein oder scheidet aus einer solchen ein Gesellschafter aus, so kann ungeachtet dieser Veränderung die bisherige Firma fortgeführt werden.

Bei dem Ausscheiden eines Gesellschafters, dessen Name in der Firma enthalten ist, bedarf es zur Fortführung der Firma der ausdrücklichen Einwilligung des Gesellschafters.

§. 23.

Wer ein von ihm erworbenes Handelsgeschäft unter der bisherigen Firma mit oder ohne Beifügung eines das Nachfolgeverhältniß andeutenden Zusatzes fortführt, haftet für alle im Betriebe des Geschäfts entstandenen Verbindlichkeiten des früheren Inhabers. Die in dem Betriebe begründeten Forderungen gelten den Schuldnern gegenüber als auf den Erwerber übergegangen, falls der bisherige Inhaber in die Fortführung der Firma gewilligt hat.

Diese Vorschriften finden keine Anwendung, wenn in handelsüblicher Weise von dem Erwerber oder dem Veräußerer bekannt gemacht ist, daß die Forderungen oder Schulden von dem Erwerber des Geschäfts nicht übernommen seien.

Wird die Firma nicht fortgeführt, so haftet der Erwerber eines Handelsgeschäfts für die früheren Geschäftsverbindlichkeiten nur, wenn ein besonderer Verpflichtungsgrund vorliegt, insbesondere wenn die Uebernahme der Verbindlichkeiten in handelsüblicher Weise von dem Erwerber bekannt gemacht ist.

§. 24.

Ist der Erwerber des Handelsgeschäfts auf Grund der Fortführung der Firma oder auf Grund der im §. 23 Abs. 3 bezeichneten Bekanntmachung für die früheren Geschäftsverbindlichkeiten haftbar, so verjähren die Ansprüche der Gläubiger gegen den früheren Inhaber mit dem Ablaufe von fünf Jahren, falls nicht nach den allgemeinen Vorschriften die Verjährung schon früher eintritt.

Die Verjährung beginnt im Falle des §. 23 Abs. 1 mit dem Ende des Tages, an welchem der neue Inhaber der Firma in das Handelsregister des Gerichts der Hauptniederlassung eingetragen ist, im Falle des §. 23 Abs. 3 mit dem Ende des Tages, an welchem die Kundmachung der Uebernahme stattgefunden hat. Konnte der Gläubiger die Leistung erst in einem späteren Zeitpunkte verlangen, so beginnt die Verjährung erst mit diesem Zeitpunkte.

§. 25.

Führt der Erbe ein zu einem Nachlasse gehörendes Handelsgeschäft fort, so finden die Vorschriften des §. 23 Abs. 1 keine Anwendung, falls die Fortführung vor dem Ablaufe von drei Monaten nach dem Zeitpunkt, in welchem der Erbe von dem Anfalle der Erbschaft Kenntniß erlangt hat, eingestellt wird.

§. 26.

Tritt Jemand als persönlich haftender Gesellschafter oder als Kommanditist in das Geschäft eines Einzelkaufmanns ein, so haftet die Gesellschaft, auch wenn sie die frühere Firma nicht fortführt, für alle im Betriebe des Geschäfts entstandenen Verbindlichkeiten des früheren Geschäftsinhabers. Die in dem Betriebe begründeten Forderungen gelten den Schuldnern gegenüber als auf die Gesellschaft übergegangen.

Diese Vorschriften finden keine Anwendung, wenn in handelsüblicher Weise bekannt gemacht ist, daß die Forderungen oder Schulden von der Gesellschaft nicht übernommen seien.

§. 27. (Art. 19.)

Jeder Kaufmann ist verpflichtet, seine Firma und den Ort seiner Handelsniederlassung bei dem Gericht, in dessen Bezirke sich die Niederlassung befindet, zur Eintragung in das Handelsregister anzumelden; er hat seine Firma zur Aufbewahrung bei dem Gerichte zu zeichnen.

§. 28. (Art. 20, 21 Abs. 2.)[1]

Jede neue Firma muß sich von allen an demselben Orte oder in derselben Gemeinde bereits bestehenden und in das Handelsregister eingetragenen Firmen deutlich unterscheiden.

Hat ein Kaufmann mit einem bereits eingetragenen Kaufmanne die gleichen Vornamen und den gleichen Familiennamen und will auch er sich dieser Namen als seiner Firma bedienen, so muß er der Firma einen Zusatz

---

[1]) Zu Art. 21 Abs. 1, 3 vergl. §. 12.

beifügen, durch den sie sich von der bereits eingetragenen Firma deutlich unterscheidet.

Besteht an dem Orte oder in der Gemeinde, wo eine Zweigniederlassung errichtet wird, bereits eine gleiche eingetragene Firma, so muß der Firma für die Zweigniederlassung ein der Vorschrift des Abs. 2 entsprechender Zusatz beigefügt werden.

§. 29. (Art. 25 Abs. 1.)[1]

Eine Aenderung der Firma oder ihrer Inhaber sowie die Verlegung der Niederlassung an einen anderen Ort ist nach den Vorschriften des §. 27 zur Eintragung in das Handelsregister anzumelden.

Das Gleiche gilt, wenn die Firma erlischt. Kann die Anmeldung des Erlöschens einer eingetragenen Firma durch die hierzu Verpflichteten nicht auf dem im §. 13 bezeichneten Wege herbeigeführt werden, so hat das Gericht das Erlöschen von Amtswegen einzutragen.

§. 30.

Wird über das Vermögen eines Kaufmanns der Konkurs eröffnet, so ist dies von Amtswegen in das Handelsregister einzutragen. Das Gleiche gilt von der Aufhebung des Eröffnungsbeschlusses sowie von der Einstellung und Aufhebung des Konkurses. Eine öffentliche Bekanntmachung der Eintragungen findet nicht statt. Die Vorschriften des §. 14 bleiben außer Anwendung.

§. 31.

Eine juristische Person, deren Eintragung in das Handelsregister mit Rücksicht auf den Gegenstand oder auf die Art und den Umfang ihres Gewerbebetriebs zu erfolgen hat, ist von sämmtlichen Mitgliedern des Vorstandes zur Eintragung anzumelden.

Der Anmeldung sind die Satzung der juristischen Person und die Urkunden über die Bestellung des Vorstandes in Urschrift oder in beglaubigter Abschrift beizufügen; die Mitglieder des Vorstandes haben ihre Unterschrift zur Aufbewahrung bei dem Gerichte zu zeichnen. Bei der Anmeldung zum Handelsregister einer Zweigniederlassung bedarf es der Beifügung der Urkunden über die Bestellung des Vorstandes nicht.

Bei der Eintragung sind die Firma und der Sitz der juristischen Person, der Tag der Errichtung der Satzung, der Gegenstand des Unternehmens und die Mitglieder des Vorstandes anzugeben. Besondere Bestimmungen der Satzung über die Befugniß des Vorstandes zur Vertretung der juristischen Person oder über die Zeitdauer des Unternehmens sind gleichfalls einzutragen.

Jede Aenderung der nach Abs. 3 einzutragenden Thatsachen oder der

---

[1]) Zu Art. 25 Abs. 2, 3 vergl. §. 14.

Satzung sowie die Auflösung der juristischen Person, falls sie nicht die Folge der Eröffnung des Konkurses ist, ingleichen die Personen der Liquidatoren und die besonderen Bestimmungen über ihre Vertretungsbefugniß sind zur Eintragung in das Handelsregister anzumelden. Die Eintragung gerichtlich bestellter Liquidatoren geschieht von Amtswegen. Die Liquidatoren haben ihre Unterschrift zur Aufbewahrung bei dem Gerichte zu zeichnen.

§. 32.[1])

Ein Unternehmen des Reichs, eines Bundesstaats oder eines inländischen Kommunalverbandes braucht nicht in das Handelsregister eingetragen zu werden. Erfolgt die Anmeldung, so ist die Eintragung auf die Angabe der Firma sowie des Sitzes und des Gegenstandes des Unternehmens zu beschränken.

§. 33. (Art. 26 Abs. 2, 27 Abs. 1).[2])

Wer sich einer nach den Vorschriften dieses Titels ihm nicht zustehenden Firma bedient, ist von dem Registergerichte zur Unterlassung des Gebrauchs der Firma durch Ordnungsstrafen anzuhalten.

Wer in seinen Rechten dadurch verletzt wird, daß sich ein Anderer einer Firma unbefugt bedient, kann von diesem die Unterlassung des Gebrauchs der Firma verlangen. Ein nach sonstigen Vorschriften begründeter Anspruch auf Schadensersatz bleibt unberührt.

Vierter Titel.

Handelsbücher.

§. 34. (Art. 28.)

Jeder Kaufmann ist verpflichtet, Bücher zu führen und in diesen seine Handelsgeschäfte und die Lage seines Vermögens nach den Grundsätzen ordnungsmäßiger Buchführung ersichtlich zu machen.

Er ist verpflichtet, eine Abschrift der abgesendeten Handelsbriefe zurückzubehalten und diese Abschriften sowie die empfangenen Handelbriefe geordnet aufzubewahren.

---

[1]) In Betreff der Aufrechterhaltung des §. 66 des Bankgesetzes genügt der allgemeine Vorbehalt, der bezüglich der Reichsgesetze in das Einführungsgesetz aufzunehmen ist.

[2]) Die Abs. 2, 3 des Art. 27 sind gestrichen. Zu Art. 26 Abs. 1 vergl. §. 13.

§. 35. (Art. 29 Abs. 1, 2.)[1]

Jeder Kaufmann hat bei dem Beginne seines Handelsgewerbes seine Grundstücke, seine Forderungen und Schulden, den Betrag seines baaren Geldes und seine sonstigen Vermögensgegenstände genau zu verzeichnen, dabei den Werth der einzelnen Vermögensgegenstände anzugeben und einen das Verhältniß des Vermögens und der Schulden darstellenden Abschluß zu machen.

Er hat demnächst für den Schluß jedes Jahres ein solches Inventar und eine solche Bilanz aufzustellen. Die Aufstellung ist innerhalb der einem ordnungsmäßigen Geschäftsgang entsprechenden Zeit zu bewirken.

Hat der Kaufmann ein Waarenlager, bei dem nach der Beschaffenheit des Geschäfts die Aufnahme des Inventars nicht füglich in jedem Jahre geschehen kann, so genügt es, wenn sie alle zwei Jahre erfolgt.

§. 36. (Art. 30.)

Das Inventar und die Bilanz sind von dem Kaufmanne zu unterzeichnen. Sind mehrere persönlich haftende Gesellschafter vorhanden, so haben sie alle zu unterzeichnen.

Das Inventar und die Bilanz können in ein dazu bestimmtes Buch eingeschrieben oder jedesmal besonders aufgestellt werden. Im letzteren Falle sind sie zu sammeln und in zusammenhängender Reihenfolge geordnet aufzubewahren.

§. 37. (Art. 31).

Bei der Aufstellung des Inventars und der Bilanz sind sämmtliche Vermögensgegenstände und Schulden nach dem Werthe anzusetzen, der ihnen in dem Zeitpunkte beizulegen ist, für welchen die Aufstellung stattfindet.

Zweifelhafte Forderungen sind nach ihrem wahrscheinlichen Werthe anzusetzen, uneinbringliche Forderungen abzuschreiben.

§. 38. (Art. 32.)

Bei der Führung der Handelsbücher und bei den sonst erforderlichen Aufzeichnungen hat sich der Kaufmann einer lebenden Sprache und der Schriftzeichen einer solchen zu bedienen.

Die Bücher sollen gebunden und Blatt für Blatt oder Seite für Seite mit fortlaufenden Zahlen versehen sein.

An Stellen, die der Regel nach zu beschreiben sind, dürfen keine leeren Zwischenräume gelassen werden. Der ursprüngliche Inhalt einer Eintragung darf nicht mittelst Durchstreichens oder auf andere Weise unleserlich gemacht, es darf nichts radirt, auch dürfen solche Veränderungen nicht vorgenommen werden, deren Beschaffenheit es ungewiß läßt, ob sie bei der ursprünglichen Eintragung oder erst später gemacht worden sind.

[1] Art. 29 Abs. 3 ist gestrichen.

§. 39. (Art. 33.)

Die Kaufleute sind verpflichtet, ihre Handelsbücher bis zum Ablaufe von zehn Jahren, von dem Tage der darin vorgenommenen letzten Eintragung an gerechnet, aufzubewahren.

Dasselbe gilt in Ansehung der empfangenen Handelsbriefe und der Abschriften der abgesendeten Handelsbriefe sowie in Ansehung der Inventare und Bilanzen.

§. 40. (Art. 37 Satz 1.)

Im Laufe eines Rechtsstreits kann das Gericht auf Antrag oder von Amtswegen die Vorlegung der Handelsbücher einer Partei anordnen.

Die Vorschriften der Civilprozeßordnung über die Verpflichtung des Prozeßgegners zur Vorlegung von Urkunden bleiben unberührt.

§. 41. (Art. 38.)

Werden in einem Rechtsstreite Handelsbücher vorgelegt, so ist von ihrem Inhalte, soweit er den Streitpunkt betrifft, unter Zuziehung der Parteien Einsicht zu nehmen und geeignetenfalls ein Auszug zu fertigen. Der übrige Inhalt der Bücher ist dem Gericht insoweit offen zu legen, als es zur Prüfung ihrer ordnungsmäßigen Führung nothwendig ist.

§. 42. (Art. 40.)[1]

Bei Vermögensauseinandersetzungen, insbesondere in Erbschafts-, Gütergemeinschafts- und Gesellschaftstheilungssachen, kann das Gericht die Vorlegung der Handelsbücher zur Kenntnißnahme von ihrem ganzen Inhalt anordnen. Das Gleiche gilt im Konkurse für die Handelsbücher des Gemeinschuldners.

Fünfter Titel.

Prokura und Handlungsvollmacht.

§. 43. (Art. 41.)

Die Prokura kann nur von dem Inhaber des Handelsgeschäfts und nur mittelst ausdrücklicher Erklärung ertheilt werden.

Die Ertheilung kann an mehrere Personen gemeinschaftlich erfolgen (Gesammtprokura).

§. 44. (Art. 42 Abs. 1 Satz 1, Abs. 2.)[2]

Die Prokura ermächtigt zu allen Arten von gerichtlichen und außergerichtlichen Geschäften und Rechtshandlungen, die der Betrieb eines Handelsgewerbes mit sich bringt.

---

[1] Die Art. 34 bis 36, 37 Satz 2 und 39 sind durch § 13 Abs. 2 Nr. 2 des Einführungsgesetzes zur Civilprozeßordnung aufgehoben.

[2] Abs. 1 Satz 2 und 3 des Art. 42 sind gestrichen.

Zur Veräußerung und Belastung von Grundstücken ist der Prokurist nur ermächtigt, wenn ihm diese Befugniß besonders ertheilt ist.

§. 45. (Art. 43.)

Eine Beschränkung des Umfanges der Prokura ist Dritten gegenüber unwirksam.

Dies gilt insbesondere von der Beschränkung, daß die Prokura nur für gewisse Geschäfte oder gewisse Arten von Geschäften oder nur unter gewissen Umständen oder für eine gewisse Zeit oder an einzelnen Orten ausgeübt werden soll.

Eine Beschränkung der Prokura auf den Betrieb einer von mehreren Niederlassungen des Geschäftsinhabers ist Dritten gegenüber nur wirksam, wenn die Niederlassungen unter verschiedenen Firmen betrieben werden.

§. 46. (Art. 54 Abs. 1.)[1])

Die Prokura ist ohne Rücksicht auf das der Ertheilung zu Grunde liegende Rechtsverhältniß jederzeit widerruflich, unbeschadet des Anspruchs auf die vertragsmäßige Vergütung.

§. 47. (Art. 44 Abs. 1.)[2])

Der Prokurist hat in der Weise zu zeichnen, daß er der Firma seinen Namen mit einem die Prokura andeutenden Zusatze beifügt.

§. 48. (Art. 45 Abs. 1 bis 3.)[3])

Die Ertheilung der Prokura ist von dem Inhaber des Handelsgeschäfts zur Eintragung in das Handelsregister anzumelden. Ist die Prokura als Gesammtprokura ertheilt, so muß auch dies zur Eintragung angemeldet werden.

Der Prokurist hat die Firma nebst seiner Namensunterschrift zur Aufbewahrung bei dem Gerichte zu zeichnen.

Das Erlöschen der Prokura ist in gleicher Weise wie die Ertheilung zur Eintragung anzumelden.

§. 49. (Art. 47 Abs. 1, 2.)[4])

Ist Jemand ohne Ertheilung der Prokura zum Betrieb eines Handelsgewerbes oder zur Vornahme einer bestimmten zu einem Handelsgewerbe gehörigen Art von Geschäften oder zur Vornahme einzelner zu einem Handelsgewerbe gehöriger Geschäfte ermächtigt, so erstreckt sich die Vollmacht (Handlungsvollmacht) auf alle Geschäfte und Rechtshandlungen, die der Betrieb

---

1) Art. 54 Abs. 2 ist gestrichen.

2) Art. 44 Abs. 2 ist gestrichen.

3) Art. 45 Abs. 4 ist gestrichen; vergl. §. 13.

4) Die Art. 46, 47 Abs. 3 sind gestrichen; zu Art. 46 vergl. §. 13.

eines derartigen Handelsgewerbes oder die Vornahme derartiger Geschäfte gewöhnlich mit sich bringt.

Zur Veräußerung oder Belastung von Grundstücken, zur Eingehung von Wechselverbindlichkeiten, zur Aufnahme von Darlehen und zur Prozeßführung ist der Handlungsbevollmächtigte nur ermächtigt, wenn ihm eine solche Befugniß besonders ertheilt ist.

Sonstige Beschränkungen der Handlungsvollmacht braucht ein Dritter nur dann gegen sich gelten zu lassen, wenn er sie kannte oder kennen mußte.

§. 50. (Art. 48.)

Der Handlungsbevollmächtigte hat sich bei der Zeichnung jedes eine Prokura andeutenden Zusatzes zu enthalten; er hat mit einem das Vollmachtsverhältniß ausdrückenden Zusatze zu zeichnen.

§. 51. (Art. 49.)

Die Vorschriften der §§. 49, 50 finden auch auf Personen Anwendung, die als Handlungsreisende oder Handlungsagenten den Verkauf oder Ankauf von Waaren an Orten zu besorgen haben, an denen sich eine Niederlassung des Geschäftsinhabers nicht befindet.

Zur Einziehung des Kaufpreises, zur nachträglichen Bewilligung von Zahlungsfristen sowie zu einer sonstigen Aenderung der Bedingungen eines abgeschlossenen Geschäfts ist der Reisende oder Agent nur befugt, wenn ihm die Ermächtigung hierzu besonders ertheilt ist.

Die Anzeige von Mängeln einer Waare, die Erklärung, daß eine Waare zur Verfügung gestellt werde, sowie andere Erklärungen solcher Art können dem anwesenden Reisenden oder dem Agenten gegenüber abgegeben werden.

§. 52. (Art. 50.)

Wer in einem Laden oder in einem offenen Magazin oder Waarenlager angestellt ist, gilt als ermächtigt zu Verkäufen und Empfangnahmen, die in einem derartigen Laden, Magazin oder Waarenlager gewöhnlich geschehen.

§. 53. (Art. 53.)[1]

Der Prokurist oder der Handlungsbevollmächtigte kann ohne Zustimmung des Inhabers des Handelsgeschäfts seine Prokura oder Handlungsvollmacht auf einen Anderen nicht übertragen.

[1]) Die Art. 51, 52, 55, 56 sind gestrichen.

Sechster Titel.

Handlungsgehülfen und Handlungslehrlinge.

§. 54. (Art. 57.)

Wer in einem Handelsgewerbe zur Leistung kaufmännischer Dienste gegen Entgelt angestellt ist (Handlungsgehülfe), hat, soweit nicht besondere Vereinbarungen über die Art und den Umfang seiner Dienstleistungen oder über die ihm zukommende Vergütung getroffen sind, die dem Ortsgebrauch entsprechenden Dienste zu leisten sowie die dem Ortsgebrauch entsprechende Vergütung zu beanspruchen. In Ermangelung eines Ortsgebrauchs gelten die den Umständen nach angemessenen Leistungen als vereinbart.

Ein Gehülfe, der als Handlungsreisender angenommen ist, hat im Zweifel nicht die Verpflichtung, andere Dienste zu leisten als solche, die seine Reisen betreffen.

§. 55. (Art. 59, 56 Abs. 1, 2.)[1]

Der Handlungsgehülfe darf ohne Einwilligung des Prinzipals weder für eigene noch für fremde Rechnung Handel treiben.

Die Einwilligung gilt als ertheilt, wenn dem Prinzipal bei der Anstellung des Gehülfen bekannt ist, daß dieser Handel treibt, und der Prinzipal die Aufgabe des Betriebs nicht ausdrücklich vereinbart.

§. 56. (Art. 59, 56 Abs. 3.)

Verletzt der Handlungsgehülfe die ihm nach §. 55 obliegende Verpflichtung, so kann der Prinzipal nach seiner Wahl Schadensersatz fordern oder verlangen, daß der Handlungsgehülfe die für eigene Rechnung gemachten Geschäfte als für Rechnung des Prinzipals eingegangen gelten lasse und die aus Geschäften für fremde Rechnung bezogene Vergütung herausgebe oder seinen Anspruch auf die Vergütung abtrete.

Die Ansprüche verjähren in drei Monaten von dem Zeitpunkt an, in welchem der Prinzipal Kenntniß von dem Abschlusse des Geschäfts erlangt.

§. 57.

Der Prinzipal ist verpflichtet, die Geschäftsräume so einzurichten und zu unterhalten, auch den Geschäftsbetrieb so zu regeln, daß der Handlungsgehülfe gegen eine Gefährdung seiner Gesundheit, soweit die Natur des Betriebs es gestattet, geschützt und die Aufrechterhaltung der guten Sitten und des Anstandes gesichert ist.

Diese Verpflichtungen können nicht im voraus durch Vertrag aufgehoben oder beschränkt werden.

[1]) Art. 58 ist gestrichen.

§. 58. (Art. 60.)

Wird der Handlungsgehülfe durch unverschuldetes Unglück an der Leistung der Dienste verhindert, so behält er seinen Anspruch auf Gehalt und Unterhalt, jedoch nicht über die Dauer von sechs Wochen hinaus.

Der Handlungsgehülfe muß sich den Betrag anrechnen lassen, welcher ihm für die Zeit der Verhinderung aus einer auf Grund gesetzlicher Verpflichtung bestehenden Kranken- oder Unfallversicherung zukommt.

§. 59.

Ist bedungen, daß der Handlungsgehülfe für Geschäfte, die von ihm geschlossen oder vermittelt werden, Provision erhalten solle, so finden die für die Handlungsagenten geltenden Vorschriften des §. 77 und des §. 80 Satz 1 Anwendung.

§. 60. (Art. 61 Abs. 1.)

Das Dienstverhältniß zwischen dem Prinzipal und dem Handlungsgehülfen kann, wenn es für unbestimmte Zeit eingegangen ist, von jedem Theile für den Schluß eines Kalendervierteljahrs unter Einhaltung einer Kündigungsfrist von sechs Wochen gekündigt werden.

§. 61.

Wird durch Vertrag eine kürzere oder längere Kündigungsfrist bedungen, so muß sie für beide Theile gleich sein; sie darf nicht weniger als einen Monat betragen.

Durch Vertrag kann die Kündigung nur für den Schluß eines Kalendermonats zugelassen werden.

Die Vorschriften des Abs. 1 finden auch in dem Falle Anwendung, wenn das Dienstverhältniß für bestimmte Zeit mit der Vereinbarung eingegangen wird, daß es in Ermangelung einer vor dem Ablaufe der Vertragszeit erfolgten Kündigung als verlängert gelten solle.

Eine Vereinbarung, die diesen Vorschriften zuwiderläuft, ist nichtig.

§. 62.

Wird ein Handlungsgehülfe nur zu vorübergehender Aushülfe angenommen, so finden die Vorschriften des §. 61 keine Anwendung, es sei denn, daß das Dienstverhältniß über die Zeit von drei Monaten hinaus fortgesetzt wird. Die Kündigungsfrist muß jedoch auch in einem solchen Falle für beide Theile gleich sein.

§. 63. (Art. 62 Abs. 1.)[1]

Das Dienstverhältniß kann von jedem Theile ohne Einhaltung einer Kündigungsfrist gekündigt werden, wenn ein wichtiger Grund vorliegt.

---

[1]) Art. 62 Abs. 2 ist gestrichen.

§. 64. (Art. 63.)

Als ein wichtiger Grund zur Kündigung durch den Handlungsgehülfen ist es, sofern nicht besondere Umstände eine andere Beurtheilung rechtfertigen, namentlich anzusehen:

1. wenn der Handlungsgehülfe zur Fortsetzung seiner Dienste unfähig wird;
2. wenn der Prinzipal den Gehalt oder den gebührenden Unterhalt nicht gewährt;
3. wenn der Prinzipal den ihm nach §. 57 obliegenden Verpflichtungen nachzukommen verweigert;
4. wenn sich der Prinzipal Thätlichkeiten oder erhebliche Ehrverletzungen gegen den Handlungsgehülfen zu Schulden kommen läßt.

§. 65. (Art. 64.)

Als ein wichtiger Grund zur Kündigung durch den Prinzipal ist es, sofern nicht besondere Umstände eine andere Beurtheilung rechtfertigen, namentlich anzusehen:

1. wenn der Handlungsgehülfe im Dienste untreu ist oder das Vertrauen mißbraucht oder ohne Einwilligung des Prinzipals Handel treibt;
2. wenn er seinen Dienst während einer den Umständen nach erheblichen Zeit unbefugt verläßt oder sich beharrlich weigert, seinen Dienstverpflichtungen nachzukommen;
3. wenn er durch anhaltende Krankheit oder durch eine längere Freiheitsstrafe oder Abwesenheit an der Verrichtung seiner Dienste verhindert wird;
4. wenn er sich Thätlichkeiten oder erhebliche Ehrverletzungen gegen den Prinzipal zu Schulden kommen läßt.

Erfolgt die Kündigung, weil der Handlungsgehülfe durch unverschuldetes Unglück längere Zeit an der Verrichtung seiner Dienste verhindert ist, so wird dadurch der im §. 58 bezeichnete Anspruch des Gehülfen nicht berührt.

§. 66.

Bei dem Abgange kann der Handlungsgehülfe ein schriftliches Zeugniß über die Art und Dauer der Beschäftigung fordern. Das Zeugniß ist auf Verlangen des Handlungsgehülfen auch auf die Führung und die Leistungen auszudehnen.

Auf Antrag des Handlungsgehülfen hat die Ortspolizeibehörde das Zeugniß kosten- und stempelfrei zu beglaubigen.

§. 67.

Eine Vereinbarung zwischen dem Prinzipal und dem Handlungsgehülfen, durch welche dieser für die Zeit nach der Beendigung des Dienstverhältnisses in seiner gewerblichen Thätigkeit beschränkt wird, ist für den Handlungsgehülfen nur insoweit verbindlich, als die Beschränkung nach Zeit, Ort und Gegenstand nicht die Grenzen überschreitet, durch welche eine unbillige Erschwerung des Fortkommens des Handlungsgehülfen ausgeschlossen wird.

Löst der Prinzipal, ohne daß in der Person des Handlungsgehülfen ein genügender Grund vorliegt, das Dienstverhältniß auf oder giebt er durch vertragswidriges Verhalten dem Handlungsgehülfen Veranlassung zur Auflösung des Dienstverhältnisses, so kann er aus einer Vereinbarung der im Abs. 1 bezeichneten Art Ansprüche nicht geltend machen. Eine entgegenstehende Vereinbarung ist nichtig.

§. 68. (Art. 57, 59, 60).

Die Vorschriften der §§. 55 bis 58, 67 finden auch auf Handlungslehrlinge Anwendung.

Der Lehrherr ist verpflichtet, dafür zu sorgen, daß der Lehrling in den bei dem Betriebe des Geschäfts vorkommenden kaufmännischen Arbeiten unterwiesen wird; er hat die Ausbildung des Lehrlings entweder selbst oder durch einen geeigneten, ausdrücklich dazu bestimmten Vertreter zu leiten. Die Unterweisung hat in der durch den Zweck der Ausbildung gebotenen Reihenfolge und Ausdehnung zu geschehen.

Der Lehrherr darf dem Lehrlinge die zu seiner Ausbildung erforderliche Zeit und Gelegenheit durch Verwendung zu anderen Dienstleistungen nicht entziehen; auch hat er ihm die zum Besuche des Gottesdienstes an Sonn- und Festtagen erforderliche Zeit und Gelegenheit zu gewähren. Er hat den Lehrling zur Arbeitsamkeit und zu guten Sitten anzuhalten.

In Betreff der Verpflichtung des Lehrherrn, dem Lehrlinge die zum Besuch einer Fortbildungsschule erforderliche Zeit zu gewähren, bewendet es bei den Vorschriften des §. 120 der Gewerbeordnung.

§. 69. (Art. 61 Abs. 2, 62 bis 64.)

Die Dauer der Lehrzeit bestimmt sich nach dem Lehrvertrag, in Ermangelung vertragsmäßiger Festsetzung nach den örtlichen Verordnungen oder dem Ortsgebrauche.

Das Lehrverhältniß kann, sofern nicht eine längere Probezeit vereinbart ist, während des ersten Monats nach dem Beginne der Lehrzeit ohne Einhaltung einer Kündigungsfrist gekündigt werden. Eine Vereinbarung, nach der die Probezeit mehr als drei Monate betragen soll, ist nichtig.

Nach dem Ablaufe der Probezeit finden auf die Kündigung des Lehrverhältnisses die Vorschriften der §§. 63 bis 65 Anwendung. Als ein wichtiger

Grund zur Kündigung durch den Lehrling ist es insbesondere auch anzusehen, wenn der Lehrherr seine Verpflichtungen gegen den Lehrling in einer dessen Gesundheit, Sittlichkeit oder Ausbildung gefährdenden Weise vernachlässigt.

Im Falle des Todes des Lehrherrn kann das Lehrverhältniß innerhalb eines Monats ohne Einhaltung einer Kündigungsfrist gekündigt werden.

§. 70.

Wird von dem gesetzlichen Vertreter des Lehrlings oder, sofern dieser volljährig ist, von ihm selbst dem Lehrherrn die schriftliche Erklärung abgegeben, daß der Lehrling zu einem anderen Gewerbe oder zu einem anderen Beruf übergehen werde, so endigt, wenn nicht der Lehrling früher entlassen wird, das Lehrverhältniß nach dem Ablauf eines Monats.

§. 71.

Bei der Beendigung des Lehrverhältnisses hat der Lehrherr dem Lehrling ein schriftliches Zeugniß über die Dauer der Lehrzeit und die während dieser erworbenen Kenntnisse und Fähigkeiten sowie über sein Betragen auszustellen.

Auf Antrag des Lehrlings hat die Ortspolizeibehörde das Zeugniß kosten- und stempelfrei zu beglaubigen.

§. 72.

Personen, die nicht im Besitze der bürgerlichen Ehrenrechte sind, dürfen Handlungslehrlinge weder halten noch sich mit der Ausbildung von Handlungslehrlingen befassen. Der Lehrherr darf solche Personen zur Ausbildung von Handlungslehrlingen nicht verwenden.

Die Entlassung von Handlungslehrlingen, welche diesem Verbote zuwider beschäftigt werden, kann von der Polizeibehörde erzwungen werden.

§. 73.

Wer die ihm nach §. 57 oder nach §. 68 Abs. 2, 3 gegenüber dem Lehrling obliegenden Pflichten verletzt, wird mit Geldstrafe bis zu einhundertundfünfzig Mark bestraft.

Die gleiche Strafe trifft denjenigen, welcher entgegen der Vorschrift des §. 72 Handlungslehrlinge hält, ausbildet oder ausbilden läßt.

§. 74. (Art. 65.)

Hinsichtlich der Personen, welche in dem Betrieb eines Handelsgewerbes andere als kaufmännische Dienste leisten, bewendet es bei den für das Arbeitsverhältniß dieser Personen geltenden Vorschriften.

Siebenter Titel.

Handlungsagenten.

§. 75.

Wer, ohne als Handlungsgehülfe angestellt zu sein, ständig damit betraut ist, für das Handelsgewerbe eines Anderen Geschäfte zu vermitteln oder im Namen des Anderen abzuschließen (Handlungsagent), hat bei seinen Verrichtungen das Interesse des Geschäftsherrn mit der Sorgfalt eines ordentlichen Kaufmanns wahrzunehmen.

Er ist verpflichtet, dem Geschäftsherrn die erforderlichen Nachrichten zu geben, namentlich ihm von jedem Geschäftsabschluß unverzüglich Anzeige zu machen.

§. 76.

In Ermangelung einer entgegenstehenden Vereinbarung oder eines abweichenden Handelsgebrauchs darf der Handlungsagent in dem Handelszweige des Geschäftsherrn ohne dessen Einwilligung weder für eigene noch für fremde Rechnung Geschäfte machen.

Die Einwilligung gilt als ertheilt, wenn dem Geschäftsherrn bei dem Abschlusse des Vertrags mit dem Handlungsagenten bekannt ist, daß dieser in dem betreffenden Handelszweige für eigene oder für fremde Rechnung Geschäfte macht, und der Geschäftsherr die Aufgabe dieses Geschäftsbetriebs nicht ausdrücklich vereinbart.

Verletzt der Handlungsagent die ihm nach den Abs. 1, 2 obliegende Verpflichtung, so kann der Geschäftsherr Schadensersatz fordern; der Anspruch verjährt in drei Monaten von dem Zeitpunkt an, in welchem der Geschäftsherr Kenntniß von dem Abschlusse des Geschäfts erlangt.

§. 77.

Soweit nicht über die dem Handlungsagenten zu gewährende Vergütung ein Anderes vereinbart ist, gebührt ihm eine Provision für jedes zur Ausführung gelangte Geschäft, welches durch seine Thätigkeit zu Stande gekommen ist. Besteht die Thätigkeit des Handlungsagenten in der Vermittelung oder Abschließung von Verkäufen, so ist im Zweifel der Anspruch auf die Provision erst nach dem Eingange der Zahlung und nur nach dem Verhältnisse des eingegangenen Betrags erworben.

Ist die Ausführung eines Geschäfts in Folge der Entschließung des Geschäftsherrn ohne zwingende Gründe in der Person desjenigen, mit welchem es abgeschlossen ist, ganz oder theilweise unterblieben, so hat der Agent die volle Provision zu beanspruchen, es sei denn, daß der Geschäftsherr unverzüglich nach dem Empfange der von dem Agenten über den Geschäftsabschluß erstatteten Anzeige das Geschäft rückgängig gemacht hat.

Ist die Höhe der Provision nicht bestimmt, so ist die übliche Provision zu entrichten.

Die Abrechnung über die zu zahlenden Provisionen findet, soweit nicht ein Anderes vereinbart ist, am Schlusse eines jeden Kalenderhalbjahrs statt.

§. 78.

Ist der Agent ausdrücklich für einen bestimmten Bezirk bestellt, so gebührt ihm die Provision im Zweifel auch für solche Geschäfte, welche in dem Bezirk ohne seine Mitwirkung durch den Geschäftsherrn oder für diesen geschlossen sind, es sei denn, daß der Agent es an ausreichenden Bemühungen für die Aufsuchung von Geschäftsgelegenheiten hat fehlen lassen.

§. 79.

Für die im regelmäßigen Geschäftsbetrieb entstandenen Unkosten und Auslagen kann der Handlungsagent in Ermangelung einer entgegenstehenden Vereinbarung oder eines abweichenden Handelsgebrauchs Ersatz nicht verlangen.

§. 80.

Der Handlungsagent kann bei der Abrechnung mit dem Geschäftsherrn die Mittheilung eines Buchauszugs über die durch seine Thätigkeit zu Stande gekommenen Geschäfte fordern. Das gleiche Recht steht ihm in Ansehung solcher Geschäfte zu, für die ihm nach §. 78 die Provision gebührt.

§. 81.

Das Vertragsverhältniß zwischen dem Geschäftsherrn und dem Handlungsagenten kann, wenn es für unbestimmte Zeit eingegangen ist, von jedem Theile für den Schluß eines Kalendervierteljahrs unter Einhaltung einer Kündigungsfrist von sechs Wochen gekündigt werden.

Das Vertragsverhältniß kann von jedem Theile ohne Einhaltung einer Kündigungsfrist gekündigt werden, wenn ein wichtiger Grund vorliegt.

Achter Titel.

Handelsmäkler.

§. 82. (Art. 67 Abs. 1.)

Wer gewerbsmäßig für andere Personen, ohne von ihnen auf Grund eines Vertragsverhältnisses ständig damit betraut zu sein, die Vermittelung von Verträgen über Anschaffung oder Veräußerung von Waaren oder Werthpapieren, über Versicherungen, Güterbeförderungen, Bodmerei, Schiffsmiethe oder sonstige Gegenstände des Handelsverkehrs übernimmt, hat die Rechte und Pflichten eines Handelsmäklers.

Auf die Vermittelung anderer als der bezeichneten Geschäfte, insbesondere auf die Vermittelung von Geschäften über unbewegliche Sachen, finden, auch wenn die Vermittelung durch einen Handelsmäkler erfolgt, die Vorschriften dieses Titels keine Anwendung.

§. 83. (Art. 73.)

Der Handelsmäkler hat unverzüglich nach dem Abschlusse des Geschäfts jeder Partei eine von ihm unterzeichnete Schlußnote zuzustellen, welche die Parteien, den Gegenstand und die Bedingungen des Geschäfts, insbesondere bei Verkäufen von Waaren oder Werthpapieren deren Gattung und Menge sowie den Preis und die Zeit der Lieferung, enthält.

Bei Geschäften, die nicht sofort erfüllt werden sollen, ist die Schlußnote den Parteien zu ihrer Unterschrift zuzustellen und jeder Partei die von der anderen unterschriebene Schlußnote zu übersenden.

Verweigert eine Partei die Annahme oder Unterschrift der Schlußnote, so muß der Handelsmäkler davon der anderen Partei unverzüglich Anzeige machen.

§. 84.

Nimmt eine Partei eine Schlußnote an, in der sich der Handelsmäkler die Bezeichnung der anderen Partei vorbehalten hat, so ist sie an das Geschäft mit der Partei, welche ihr nachträglich bezeichnet wird, gebunden, es sei denn, daß gegen diese begründete Einwendungen zu erheben sind.

Die Bezeichnung der anderen Partei muß innerhalb der ortsüblichen Frist, in Ermangelung einer solchen innerhalb einer den Umständen nach angemessenen Frist erfolgen.

Unterbleibt die Bezeichnung oder sind gegen die bezeichnete Person oder Firma begründete Einwendungen zu erheben, so ist die Partei befugt, den Handelsmäkler auf die Erfüllung des Geschäfts in Anspruch zu nehmen. Der Anspruch ist ausgeschlossen, wenn sich die Partei auf die Aufforderung des Handelsmäklers nicht unverzüglich darüber erklärt, ob sie Erfüllung verlange.

§. 85. (Art. 80.)

Der Handelsmäkler muß, sofern nicht die Parteien ihm dies erlassen oder der Ortsgebrauch mit Rücksicht auf die Gattung der Waare davon entbindet, von jeder durch seine Vermittelung nach Probe verkauften Waare die Probe, falls sie ihm übergeben ist, so lange aufbewahren, bis die Waare ohne Einwendung gegen ihre Beschaffenheit angenommen oder das Geschäft in anderer Weise erledigt wird. Er hat die Probe durch ein Zeichen kenntlich zu machen.

§. 86. (Art. 67 Abs. 2.)

Der Handelsmäkler gilt in Ermangelung eines abweichenden Handelsgebrauchs nicht als ermächtigt, eine Zahlung oder eine andere im Vertrage bedungene Leistung in Empfang zu nehmen.

§. 87. (Art. 81.)

Der Handelsmäkler haftet jeder der beiden Parteien für den durch sein Verschulden entstehenden Schaden.

§. 88. (Art. 83.)[1]

Ist unter den Parteien nichts darüber vereinbart, wer den Mäklerlohn bezahlen soll, so ist er in Ermangelung örtlicher Verordnungen oder eines Ortsgebrauchs von jeder Partei zur Hälfte zu entrichten.

§. 89. (Art. 71 Abs. 1, Abs. 2 Halbsatz 1, Art. 72.)

Der Handelsmäkler ist verpflichtet, ein Tagebuch zu führen und in dieses alle abgeschlossenen Geschäfte täglich einzutragen. Die Eintragungen sind nach der Zeitfolge zu bewirken; sie haben die im §. 83 Abs. 1 bezeichneten Angaben zu enthalten. Das Eingetragene ist von dem Handelsmäkler täglich zu unterzeichnen.

Die Vorschriften der §§. 38, 39 über die Einrichtung und Aufbewahrung der Handelsbücher finden auf das Tagebuch des Handelsmäklers Anwendung.

§. 90. (Art. 74.)

Der Handelsmäkler ist verpflichtet, den Parteien jederzeit auf Verlangen Auszüge aus dem Tagebuche zu geben, die von ihm unterzeichnet sind und Alles enthalten, was von ihm in Ansehung des vermittelten Geschäfts eingetragen ist.

§. 91. (Art. 79.)

Im Laufe eines Rechtsstreits kann das Gericht auch ohne Antrag einer Partei die Vorlegung des Tagebuchs anordnen, um es mit der Schlußnote, den Auszügen und anderen Beweismitteln zu vergleichen.

---

[1]) Wird in das Bürgerliche Gesetzbuch gemäß dem von der Kommission des Reichstags gefaßten Beschlusse der folgende §. 643 b aufgenommen:

> Ein unverhältnißmäßig hoher Mäklerlohn kann auf Antrag des Schuldners durch Urtheil auf den angemessenen Betrag herabgesetzt werden. Nach der Entrichtung des Lohnes ist die Herabsetzung ausgeschlossen —,

so soll dem §. 88 der folgende Abs. 2 hinzugefügt werden:

> Ein Mäklerlohn, der von einem Kaufmann im Betriebe seines Handelsgewerbes versprochen ist, kann nicht auf Grund der Vorschriften des §. 643 b des Bürgerlichen Gesetzbuchs herabgesetzt werden.

§. 92.

Handelsmäkler, die den Vorschriften über die Führung und Aufbewahrung des Tagebuchs zuwiderhandeln, werden mit Geldstrafe bis zu eintausend Mark bestraft.

§. 93.[1])

Auf Personen, welche die Vermittelung von Waarengeschäften im Kleinverkehre besorgen, finden die Vorschriften über Schlußnoten und Tagebücher keine Anwendung.

---

[1]) Die Art. 66, 68 bis 70, 71 Abs. 2 Halbsatz 2, 75, 76, 82, 84 sind gestrichen; wegen des Art. 75 vergl. jedoch §. 89 Abs. 2.

Die Art. 77, 78, 79 Abs. 2 sind durch § 13 Abs. 2 Nr. 2 des Einführungsgesetzes zur Civilprozeßordnung aufgehoben.

Zweites Buch.

Handelsgesellschaften und stille Gesellschaft.

Erster Titel.

Offene Handelsgesellschaft.

Erster Abschnitt.

Errichtung der Gesellschaft.

§. 94. (Art. 85 Abs. 1.)[1])

Eine Gesellschaft, deren Zweck auf den Betrieb eines Handelsgewerbes unter gemeinschaftlicher Firma gerichtet ist, ist eine offene Handelsgesellschaft, wenn bei keinem der Gesellschafter die Haftung gegenüber den Gesellschaftsgläubigern beschränkt ist.

Auf die offene Handelsgesellschaft finden, soweit nicht in diesem Titel ein Anderes bestimmt ist, die Vorschriften des Bürgerlichen Gesetzbuchs über die Gesellschaft Anwendung.

§. 95. (Art. 86 Abs. 1, Abs. 2 Nr. 1 bis 3.)

Die Gesellschaft ist bei dem Gericht, in dessen Bezirke sie ihren Sitz hat, zur Eintragung in das Handelsregister anzumelden.

Die Anmeldung hat zu enthalten:

1. den Namen, Vornamen, Stand und Wohnort jedes Gesellschafters;
2. die Firma der Gesellschaft und den Ort, wo sie ihren Sitz hat;
3. den Zeitpunkt, mit welchem die Gesellschaft begonnen hat.

§. 96. (Art. 87 Abs. 1.)[2])

Wird die Firma einer Gesellschaft geändert oder der Sitz der Gesellschaft an einen anderen Ort verlegt oder tritt ein neuer Gesellschafter in die Gesellschaft ein, so ist dies ebenfalls zur Eintragung in das Handelsregister anzumelden.

---

[1]) Art. 85 Abs. 2 ist gestrichen.

[2]) Art. 87 Abs. 2 ist gestrichen; vergl. §. 14.

§. 97. (Art. 88.)[1])

Die Anmeldungen sind von sämmtlichen Gesellschaftern zu bewirken.

Die Gesellschafter, welche die Gesellschaft vertreten sollen, haben die Firma nebst ihrer Namensunterschrift zur Aufbewahrung bei dem Gerichte zu zeichnen.

Zweiter Abschnitt.

Rechtsverhältniß der Gesellschafter unter einander.

§. 98. (Art. 90.)

Das Rechtsverhältniß der Gesellschafter unter einander richtet sich zunächst nach dem Gesellschaftsvertrage; die Vorschriften der §§. 99 bis 110 finden nur insoweit Anwendung, als nicht durch den Gesellschaftsvertrag ein Anderes bestimmt ist.

§. 99. (Art. 93 Abs. 1, 2.)[2])

Macht der Gesellschafter in den Gesellschaftsangelegenheiten Aufwendungen, die er den Umständen nach für erforderlich halten darf, oder erleidet er unmittelbar durch seine Geschäftsführung oder aus Gefahren, die mit ihr untrennbar verbunden sind, Verluste, so ist ihm die Gesellschaft zum Ersatze verpflichtet.

Aufgewendetes Geld hat die Gesellschaft von der Zeit der Aufwendung an zu verzinsen.

§. 100. (Art. 95.)[3])

Ein Gesellschafter, der seine Geldeinlage nicht zur rechten Zeit einzahlt oder eingenommenes Gesellschaftsgeld nicht zur rechten Zeit an die Gesellschaftskasse abliefert oder unbefugt Geld aus der Gesellschaftskasse für sich entnimmt, hat Zinsen von dem Tage an zu entrichten, an welchem die Zahlung oder die Ablieferung hätte geschehen sollen oder die Herausnahme des Geldes erfolgt ist.

Die Geltendmachung eines weiteren Schadens ist nicht ausgeschlossen.

§. 101. (Art. 96.)

Ein Gesellschafter darf ohne Einwilligung der anderen Gesellschafter weder in dem Handelszweige der Gesellschaft Geschäfte machen noch an einer anderen gleichartigen Handelsgesellschaft als persönlich haftender Gesellschafter theilnehmen.

Die Einwilligung zur Theilnahme an einer anderen Gesellschaft gilt als ertheilt, wenn den übrigen Gesellschaftern bei Eingehung der Gesellschaft bekannt ist, daß der Gesellschafter an einer anderen Gesellschaft als persönlich

---

[1]) Art. 89 ist gestrichen; vergl. §. 13.

[2]) Die Art. 91, 92, 93 Abs. 3 sind gestrichen.

[3]) Art. 94 ist gestrichen.

haftender Gesellschafter Theil nimmt, und gleichwohl die Aufgabe dieser Betheiligung nicht ausdrücklich bedungen wird.

§. 102. (Art. 97.)

Verletzt ein Gesellschafter die ihm nach §. 101 obliegende Verpflichtung, so kann die Gesellschaft nach ihrer Wahl Schadensersatz fordern oder von dem Gesellschafter verlangen, daß er die für eigene Rechnung gemachten Geschäfte als für Rechnung der Gesellschaft eingegangen gelten lasse und die aus Geschäften für fremde Rechnung bezogene Vergütung herausgebe oder seinen Anspruch auf die Vergütung abtrete.

Ueber die Geltendmachung dieser Ansprüche beschließen die übrigen Gesellschafter.

Die Ansprüche verjähren in drei Monaten von dem Zeitpunkt an, in welchem die übrigen Gesellschafter von dem Abschlusse des Geschäfts oder von der Theilnahme des Gesellschafters an der anderen Gesellschaft Kenntniß erlangen.

§. 103. (Art. 99 Satz 1, 102 Abs. 1.)[1]

Zur Führung der Geschäfte der Gesellschaft sind alle Gesellschafter berechtigt und verpflichtet.

Ist im Gesellschaftsvertrage die Geschäftsführung einem Gesellschafter oder mehreren Gesellschaftern übertragen, so sind die übrigen Gesellschafter von der Geschäftsführung ausgeschlossen.

§. 104. (Art. 100, 102 Abs. 2.)

Steht die Geschäftsführung allen oder mehreren Gesellschaftern zu, so ist jeder von ihnen allein zu handeln berechtigt; widerspricht jedoch ein anderer geschäftsführender Gesellschafter der Vornahme einer Handlung, so muß diese unterbleiben.

Ist im Gesellschaftsvertrage bestimmt, daß die Gesellschafter, denen die Geschäftsführung zusteht, nur zusammen handeln können, so bedarf es für jedes Geschäft der Zustimmung aller geschäftsführenden Gesellschafter, es sei denn, daß Gefahr im Verzug ist.

§. 105. (Art. 99 Satz 2, 103 Abs. 1, 2, 104.)

Die Befugniß zur Geschäftsführung erstreckt sich auf alle Handlungen, die der gewöhnliche Betrieb des Handelsgewerbes der Gesellschaft mit sich bringt.

Zur Vornahme von Handlungen, die darüber hinausgehen, ist ein Beschluß sämmtlicher Gesellschafter erforderlich.

Zur Bestellung eines Prokuristen bedarf es der Zustimmung aller geschäftsführenden Gesellschafter, es sei denn, daß Gefahr im Verzug ist. Der

[1]) Art. 98 ist gestrichen.

Widerruf der Prokura kann von jedem der zur Ertheilung oder zur Mitwirkung bei der Ertheilung befugten Gesellschafter erfolgen.

§. 106. (Art. 101 Abs. 1, 3.)[1])

Die Befugniß zur Geschäftsführung kann einem Gesellschafter durch Beschluß der übrigen Gesellschafter entzogen werden, wenn ein wichtiger Grund vorliegt; ein solcher Grund ist insbesondere grobe Pflichtverletzung oder Unfähigkeit zur ordnungsmäßigen Geschäftsführung.

§. 107. (Art. 103 Abs. 3.)[2])

Für die von den Gesellschaftern zu fassenden Beschlüsse bedarf es der Uebereinstimmung aller zur Mitwirkung bei der Beschlußfassung berufenen Gesellschafter.

Die Vorschrift des §. 696 Abs. 2 des Bürgerlichen Gesetzbuchs bleibt unberührt.

§. 108. (Art. 106 Abs. 2, 107.)

Am Schlusse jedes Geschäftsjahrs wird auf Grund des Inventars und der Bilanz der Gewinn oder der Verlust des Jahres ermittelt und für jeden Gesellschafter sein Antheil daran berechnet.

Der einem Gesellschafter zukommende Gewinn wird dem Kapitalantheile des Gesellschafters zugeschrieben; der auf einen Gesellschafter entfallende Verlust sowie das während des Geschäftsjahrs auf den Kapitalantheil entnommene Geld wird davon abgeschrieben.

§. 109. (Art. 106 Abs. 1, 3, 109.)

Von dem Jahresgewinne gebührt jedem Gesellschafter zunächst ein Antheil in Höhe von vier vom Hundert seines Kapitalantheils. Reicht der Jahresgewinn hierzu nicht aus, so bestimmen sich die Antheile nach einem entsprechend niedrigeren Satze.

Bei der Berechnung des hiernach einem Gesellschafter zukommenden Gewinnantheils werden Leistungen, die der Gesellschafter im Laufe des Geschäftsjahrs als Einlage gemacht hat, nach dem Verhältnisse der seit der Leistung abgelaufenen Zeit berücksichtigt. Hat der Gesellschafter im Laufe des Geschäftsjahrs Geld auf seinen Kapitalantheil entnommen, so werden die entnommenen Beträge nach dem Verhältnisse der bis zur Entnahme abgelaufenen Zeit berücksichtigt.

Derjenige Theil des Jahresgewinns, welcher die nach den Abs. 1, 2 zu berechnenden Gewinnantheile übersteigt, sowie der Verlust eines Geschäftsjahrs wird unter die Gesellschafter nach Köpfen vertheilt.

---

[1]) Art. 101 Abs. 2 ist gestrichen.

[2]) Art. 105 ist gestrichen.

§. 110. (Art. 108.)

Jeder Gesellschafter ist berechtigt, aus der Gesellschaftskasse Geld bis zum Betrage von vier vom Hundert seines für das letzte Geschäftsjahr festgestellten Kapitalantheils zu seinen Lasten zu erheben und, soweit es nicht zum offenbaren Schaden der Gesellschaft gereicht, auch die Auszahlung seines den bezeichneten Betrag übersteigenden Antheils am Gewinne des letzten Jahres zu verlangen.

Im Uebrigen ist ein Gesellschafter nicht befugt, ohne Einwilligung der anderen Gesellschafter seinen Kapitalantheil zu vermindern.

Dritter Abschnitt.

Rechtsverhältniß der Gesellschafter zu Dritten.

§. 111. (Art. 110.)

Die Wirksamkeit der offenen Handelsgesellschaft tritt im Verhältnisse zu Dritten mit dem Zeitpunkt ein, in welchem die Gesellschaft in das Handelsregister eingetragen wird.

Beginnt die Gesellschaft ihre Geschäfte schon vor der Eintragung, so tritt die Wirksamkeit mit dem Zeitpunkte des Geschäftsbeginns ein, soweit nicht aus dem §. 2 sich ein Anderes ergiebt.

Eine Vereinbarung, daß die Gesellschaft erst mit einem späteren Zeitpunkt ihren Anfang nehmen soll, ist Dritten gegenüber unwirksam.

Nach der Eintragung in das Handelsregister kann die Unwirksamkeit der Gesellschaft nicht aus dem Grunde geltend gemacht werden, daß es in Ansehung des Gegenstandes oder der Art und des Umfanges des Gewerbebetriebs an den nach den Vorschriften der §§. 1 bis 3, 5 maßgebenden Voraussetzungen fehle.

§. 112. (Art. 111 Abs. 1.)[1])

Die offene Handelsgesellschaft kann unter ihrer Firma Rechte erwerben und Verbindlichkeiten eingehen, Eigenthum und andere dingliche Rechte an Grundstücken erwerben, vor Gericht klagen und verklagt werden.

Zur Zwangsvollstreckung in das Gesellschaftsvermögen ist ein gegen die Gesellschaft gerichteter vollstreckbarer Schuldtitel erforderlich.

§ 113. (Art. 86 Abs. 2 Nr. 4, 115.)

Zur Vertretung der Gesellschaft ist jeder Gesellschafter ermächtigt, wenn er nicht durch den Gesellschaftsvertrag von der Vertretung ausgeschlossen ist.

Im Gesellschaftsvertrage kann bestimmt werden, daß alle oder mehrere Gesellschafter nur in Gemeinschaft zur Vertretung der Gesellschaft ermächtigt

[1]) Art. 111 Abs. 2 ist gestrichen.

sein sollen (Gesammtvertretung). Die zur Gesammtvertretung berechtigten Gesellschafter können einzelne von ihnen zur Vornahme bestimmter Geschäfte oder bestimmter Arten von Geschäften ermächtigen. Ist der Gesellschaft gegenüber eine Willenserklärung abzugeben, so genügt die Abgabe gegenüber einem der zur Mitwirkung bei der Vertretung befugten Gesellschafter.

Im Gesellschaftsvertrage kann bestimmt werden, daß die Gesellschafter, wenn nicht mehrere zusammen handeln, nur in Gemeinschaft mit einem Prokuristen zur Vertretung der Gesellschaft ermächtigt sein sollen. Die Vorschriften des Abs. 2 Satz 2, 3 finden in diesem Falle entsprechende Anwendung.

Der Ausschluß eines Gesellschafters von der Vertretung, die Anordnung einer Gesammtvertretung oder eine gemäß Abs. 3 getroffene Bestimmung sowie jede Aenderung in der Vertretungsmacht eines Gesellschafters ist von sämmtlichen Gesellschaftern zur Eintragung in das Handelsregister anzumelden.

§. 114. (Art. 114 Abs. 1, 116, 117, Abs. 1, 118.)[1]

Die Vertretungsmacht der Gesellschafter erstreckt sich auf alle gerichtlichen und außergerichtlichen Geschäfte und Rechtshandlungen einschließlich der Veräußerung und Belastung von Grundstücken sowie der Ertheilung und des Widerrufs einer Prokura.

Eine Beschränkung des Umfanges der Vertretungsmacht ist Dritten gegenüber unwirksam; dies gilt insbesondere von der Beschränkung, daß sich die Vertretung nur auf gewisse Geschäfte oder Arten von Geschäften erstrecken oder daß sie nur unter gewissen Umständen oder für eine gewisse Zeit oder an einzelnen Orten stattfinden soll.

In Betreff der Beschränkung auf den Betrieb einer von mehreren Niederlassungen der Gesellschaft findet die Vorschrift des §. 45 Abs. 3 entsprechende Anwendung.

§. 115.

Die Vertretungsmacht kann einem Gesellschafter auf Antrag der übrigen Gesellschafter durch gerichtliche Entscheidung entzogen werden, wenn ein wichtiger Grund vorliegt; ein solcher Grund ist insbesondere grobe Pflichtverletzung oder Unfähigkeit zur ordnungsmäßigen Vertretung der Gesellschaft.

§. 116. (Art. 112.)

Die Gesellschafter haften für die Verbindlichkeiten der Gesellschaft den Gläubigern als Gesammtschuldner mit ihrem ganzen Vermögen. Eine entgegenstehende Vereinbarung ist Dritten gegenüber unwirksam.

§. 117.

Wird ein Gesellschafter wegen einer Verbindlichkeit der Gesellschaft in Anspruch genommen, so kann er Einwendungen, die nicht in seiner Person

[1]) Art. 114 Abs. 2 und 117 Abs. 2 sind gestrichen.

begründet sind, nur insoweit geltend machen, als sie von der Gesellschaft erhoben werden können.

Der Gesellschafter kann die Befriedigung des Gläubigers verweigern, solange der Gesellschaft das Recht zusteht, das ihrer Verbindlichkeit zu Grunde liegende Rechtsgeschäft anzufechten.

Die gleiche Befugniß hat der Gesellschafter, solange sich der Gläubiger durch Aufrechnung gegen eine fällige Forderung der Gesellschaft befriedigen kann.

Aus einem gegen die Gesellschaft gerichteten vollstreckbaren Schuldtitel findet die Zwangsvollstreckung gegen die Gesellschafter nicht statt.

§. 118. (Art. 113.)[1])

Wer in eine bestehende Gesellschaft eintritt, haftet gleich den anderen Gesellschaftern nach Maßgabe der §§. 116, 117 für die vor seinem Eintritte begründeten Verbindlichkeiten der Gesellschaft, ohne Unterschied, ob die Firma eine Aenderung erleidet oder nicht.

Eine entgegenstehende Vereinbarung ist Dritten gegenüber unwirksam.

Vierter Abschnitt.

Auflösung der Gesellschaft und Ausscheiden von Gesellschaftern.

§. 119. (Art. 123.)

Die offene Handelsgesellschaft wird aufgelöst:

1. durch den Ablauf der Zeit, für welche sie eingegangen ist;
2. durch Beschluß der Gesellschafter;
3. durch die Eröffnung des Konkurses über das Vermögen der Gesellschaft;
4. durch den Tod eines Gesellschafters, sofern nicht aus dem Gesellschaftsvertrage sich ein Anderes ergiebt;
5. durch die Eröffnung des Konkurses über das Vermögen eines Gesellschafters;
6. durch Kündigung und durch gerichtliche Entscheidung.

---

[1]) Die Art. 119 bis 122 sind gestrichen. Zum Ersatze für den Art. 122 soll an anderer Stelle bestimmt werden, daß der §. 201 der Konkursordnung folgende Fassung erhält:

In dem Konkursverfahren über das Privatvermögen eines persönlich haftenden Gesellschafters können die Gesellschaftsgläubiger, wenn das Konkursverfahren über das Gesellschaftsvermögen eröffnet ist, Befriedigung nur wegen desjenigen Betrages suchen, für welchen sie in dem letzteren Verfahren keine Befriedigung erhalten.

Bei den Vertheilungen sind die Antheile auf den vollen Betrag der Gesellschaftsforderungen zurückzubehalten, bis der Ausfall bei dem Gesellschaftsvermögen feststeht.

Im Uebrigen finden auf die bezeichneten Forderungen die Vorschriften der §§. 57, 58 entsprechende Anwendung.

§ 120. (Art. 123 Nr. 5 Satz 2, Nr. 6 Satz 2, 124.)

Die Kündigung eines Gesellschafters kann, wenn die Gesellschaft für unbestimmte Zeit eingegangen ist oder nach §. 711 des Bürgerlichen Gesetzbuchs als für unbestimmte Zeit eingegangen gilt, nur für den Schluß eines Geschäftsjahrs erfolgen; sie muß mindestens sechs Monate vor diesem Zeitpunkte stattfinden.

§. 121. (Art. 125.)

Auf Antrag eines Gesellschafters kann die Auflösung der Gesellschaft vor dem Ablaufe der für ihre Dauer bestimmten Zeit oder bei einer für unbestimmte Zeit eingegangenen Gesellschaft ohne Kündigung durch gerichtliche Entscheidung ausgesprochen werden, wenn ein wichtiger Grund vorliegt.

Ein solcher Grund ist insbesondere vorhanden, wenn ein anderer Gesellschafter eine ihm nach dem Gesellschaftsvertrag obliegende wesentliche Verpflichtung vorsätzlich oder aus grober Fahrlässigkeit verletzt oder wenn die Erfüllung einer solchen Verpflichtung unmöglich wird.

Eine Vereinbarung, durch welche das Recht des Gesellschafters, die Auflösung der Gesellschaft zu verlangen, ausgeschlossen oder diesen Vorschriften zuwider beschränkt wird, ist nichtig.

§. 122. (Art. 126.)

Hat ein Privatgläubiger eines Gesellschafters, nachdem innerhalb der letzten sechs Monate eine Zwangsvollstreckung in das bewegliche Vermögen des Gesellschafters fruchtlos versucht ist, auf Grund eines nicht blos vorläufig vollstreckbaren Schuldtitels die Pfändung und Ueberweisung des Anspruchs auf dasjenige erwirkt, was dem Gesellschafter bei der Auseinandersetzung zukommt, so kann er die Gesellschaft ohne Rücksicht darauf, ob sie für bestimmte oder unbestimmte Zeit eingegangen ist, sechs Monate vor dem Ende des Geschäftsjahrs für diesen Zeitpunkt kündigen.

§. 123.

Wird die Gesellschaft durch den Tod eines Gesellschafters aufgelöst, so hat der Erbe des verstorbenen Gesellschafters den übrigen Gesellschaftern den Tod unverzüglich anzuzeigen und bei Gefahr im Verzuge die von seinem Erblasser zu besorgenden Geschäfte fortzuführen, bis die übrigen Gesellschafter in Gemeinschaft mit ihm anderweit Fürsorge treffen können. Die übrigen Gesellschafter sind in gleicher Weise zur einstweiligen Fortführung der von ihnen zu besorgenden Geschäfte verpflichtet. Die Gesellschaft gilt insoweit als fortbestehend.

Die Vorschriften des Abs. 1 Satz 2, 3 finden auch im Falle der Auflösung der Gesellschaft durch die Eröffnung des Konkurses über das Vermögen eines Gesellschafters Anwendung.

§. 124.

Wird die Gesellschaft in anderer Weise als durch Kündigung aufgelöst, so gilt die Befugniß eines Gesellschafters zur Geschäftsführung zu seinen Gunsten gleichwohl als fortbestehend, bis er von der Auflösung Kenntniß erlangt oder die Auflösung kennen muß.

§. 125. (Art. 127.)

Ist im Gesellschaftsvertrage bestimmt, daß, wenn ein Gesellschafter kündigt oder stirbt oder wenn der Konkurs über sein Vermögen eröffnet wird, die Gesellschaft unter den übrigen Gesellschaftern fortbestehen soll, so scheidet bei dem Eintritt eines solchen Ereignisses der Gesellschafter, in dessen Person es eintritt, aus der Gesellschaft aus.

§. 126.

Ist im Gesellschaftsvertrage bestimmt, daß im Falle des Todes eines Gesellschafters die Gesellschaft mit dessen Erben fortgesetzt werden soll, so kann jeder Erbe sein Verbleiben in der Gesellschaft davon abhängig machen, daß ihm unter Belassung seines Gewinnantheils die Stellung eines Kommanditisten eingeräumt und der auf ihn fallende Theil der Einlage des Erblassers als seine Kommanditeinlage anerkannt wird.

Nehmen die übrigen Gesellschafter einen dahin gehenden Antrag des Erben nicht an, so ist dieser befugt, ohne Einhaltung einer Kündigungsfrist sein Ausscheiden aus der Gesellschaft zu erklären.

Die bezeichneten Rechte können von dem Erben nur innerhalb einer Frist von drei Monaten nach dem Zeitpunkt, in welchem er von dem Anfalle der Erbschaft Kenntniß erlangt hat, geltend gemacht werden.

Scheidet innerhalb dieser Frist der Erbe aus der Gesellschaft aus oder wird innerhalb der Frist die Gesellschaft aufgelöst oder dem Erben die Stellung eines Kommanditisten eingeräumt, so haftet er für die bis dahin entstandenen Gesellschaftsschulden nur nach Maßgabe der die Haftung des Erben für die Nachlaßverbindlichkeiten betreffenden Vorschriften des bürgerlichen Rechtes.

Die Anwendung der Vorschriften der Abs. 1 bis 4 kann durch den Gesellschaftsvertrag nicht ausgeschlossen werden.

§. 127. (Art. 128, 130 Abs. 1.)

Tritt in der Person eines Gesellschafters ein Umstand ein, der nach §. 121 für die übrigen Gesellschafter das Recht begründet, die Auflösung der Gesellschaft zu verlangen, so kann vom Gericht anstatt der Auflösung die Ausschließung dieses Gesellschafters aus der Gesellschaft ausgesprochen werden, sofern die übrigen Gesellschafter dies beantragen.

Für die Auseinandersetzung zwischen der Gesellschaft und dem ausgeschlossenen Gesellschafter ist die Vermögenslage der Gesellschaft in dem Zeitpunkte maßgebend, in welchem die Klage auf Ausschließung erhoben ist.

§. 128. (Art. 132.)

Macht ein Privatgläubiger eines Gesellschafters von dem ihm nach §. 122 zustehenden Rechte Gebrauch, so können die übrigen Gesellschafter auf Grund eines von ihnen gefaßten Beschlusses dem Gläubiger erklären, daß die Gesellschaft unter ihnen fortbestehen solle. In diesem Falle scheidet der betreffende Gesellschafter mit dem Ende des Geschäftsjahrs aus der Gesellschaft aus.

§. 129.

Sind nur zwei Gesellschafter vorhanden, so kann, wenn in der Person des einen von ihnen die Voraussetzungen vorliegen, unter welchen bei einer größeren Zahl von Gesellschaftern seine Ausschließung aus der Gesellschaft zulässig sein würde, der andere Gesellschafter auf seinen Antrag vom Gerichte für berechtigt erklärt werden, das Geschäft ohne Liquidation mit Aktiven und Passiven zu übernehmen.

Macht bei einer aus zwei Gesellschaftern bestehenden Gesellschaft ein Privatgläubiger des einen Gesellschafters von der ihm nach §. 122 zustehenden Befugniß Gebrauch, so ist der andere berechtigt, das Geschäft in der bezeichneten Weise zu übernehmen.

Auf die Auseinandersetzung finden die für den Fall des Ausscheidens eines Gesellschafters aus der Gesellschaft geltenden Vorschriften entsprechende Anwendung.

§. 130. (Art. 129 Abs. 1, 3.)[1]

Die Auflösung der Gesellschaft ist, wenn sie nicht in Folge der Eröffnung des Konkurses über das Vermögen der Gesellschaft eintritt, von sämmtlichen Gesellschaftern zur Eintragung in das Handelsregister anzumelden.

Das Gleiche gilt von dem Ausscheiden eines Gesellschafters aus der Gesellschaft.

Ist anzunehmen, daß der Tod eines Gesellschafters die Auflösung oder das Ausscheiden zur Folge gehabt hat, so kann, auch ohne daß die Erben bei der Anmeldung mitwirken, die Eintragung erfolgen, soweit einer solchen Mitwirkung besondere Hindernisse entgegenstehen.

Fünfter Abschnitt.

Liquidation der Gesellschaft.

§. 131. (Art. 133 Abs. 1.)

Nach der Auflösung der Gesellschaft findet die Liquidation statt, sofern nicht eine andere Art der Auseinandersetzung von den Gesellschaftern vereinbart oder über das Vermögen der Gesellschaft der Konkurs eröffnet ist.

---

[1]) Art. 129 Abs. 2, 4, 5, Art. 130 Abs. 2 bis 4 und Art. 131 sind gestrichen; zu Art. 129 Abs. 4, 5 vergl. die §§. 13, 14.

Ist die Gesellschaft durch Kündigung des Gläubigers eines Gesellschafters oder durch die Eröffnung des Konkurses über das Vermögen eines Gesellschafters aufgelöst, so kann die Liquidation nur mit Zustimmung des Gläubigers oder des Konkursverwalters unterbleiben.

§. 132. (Art. 133.)

Die Liquidation erfolgt, sofern sie nicht durch Beschluß der Gesellschafter oder durch den Gesellschaftsvertrag einzelnen Gesellschaftern oder anderen Personen übertragen ist, durch sämmtliche Gesellschafter als Liquidatoren. Mehrere Erben eines Gesellschafters haben einen gemeinsamen Vertreter zu bestellen. Ist über das Vermögen eines Gesellschafters der Konkurs eröffnet, so tritt der Konkursverwalter an die Stelle des Gesellschafters.

Auf Antrag eines Betheiligten kann aus wichtigen Gründen die Ernennung von Liquidatoren durch das Gericht erfolgen, in dessen Bezirke die Gesellschaft ihren Sitz hat; das Gericht kann in einem solchen Falle Personen zu Liquidatoren ernennen, die nicht zu den Gesellschaftern gehören. Als Betheiligte gelten außer den Gesellschaftern auch der Verwalter im Konkurs über das Vermögen eines Gesellschafters und im Falle des §. 122 der Gläubiger, durch den die Kündigung erfolgt ist.

§. 133. (Art. 134.)

Die Abberufung von Liquidatoren geschieht durch Beschluß der Gesellschafter; sie kann auf Antrag eines Betheiligten aus wichtigen Gründen auch durch das Gericht erfolgen.

§. 134. (Art. 135 Abs. 1, 2.)[1])

Die Liquidatoren sind von sämmtlichen Gesellschaftern zur Eintragung in das Handelsregister anzumelden. Das Gleiche gilt von jeder Aenderung in den Personen der Liquidatoren oder in ihrer Vertretungsmacht. Im Falle des Todes eines Gesellschafters kann, wenn anzunehmen ist, daß die Anmeldung den Thatsachen entspricht, die Eintragung erfolgen, auch ohne daß die Erben bei der Anmeldung mitwirken, soweit einer solchen Mitwirkung besondere Hindernisse entgegenstehen.

Die Eintragung gerichtlich bestellter Liquidatoren sowie die Eintragung der gerichtlichen Abberufung von Liquidatoren geschieht von Amtswegen.

Die Liquidatoren haben die Firma nebst ihrer Namensunterschrift zur Aufbewahrung bei dem Gerichte zu zeichnen.

§. 135. (Art. 137 Abs. 1.)[2])

Die Liquidatoren haben die laufenden Geschäfte zu beendigen, die Gläubiger zu befriedigen, die Forderungen einzuziehen und das übrige Ver=

[1]) Die Abs. 3 und 4 des Art. 135 sind gestrichen; vergl. die §§. 13, 14.
[2]) Art. 137 Abs. 2 ist gestrichen.

mögen in Geld umzusetzen; zur Beendigung schwebender Geschäfte können sie auch neue Geschäfte eingehen. Die Liquidatoren vertreten innerhalb ihres Geschäftskreises die Gesellschaft gerichtlich und außergerichtlich.

§. 136. (Art. 136.)

Sind mehrere Liquidatoren vorhanden, so können sie die zur Liquidation gehörenden Handlungen nur in Gemeinschaft vornehmen, sofern nicht bestimmt ist, daß sie einzeln handeln können; eine solche Bestimmung ist in das Handelsregister einzutragen.

Durch die Vorschrift des Abs. 1 wird nicht ausgeschlossen, daß die Liquidatoren einzelne von ihnen zur Vornahme bestimmter Geschäfte oder bestimmter Arten von Geschäften ermächtigen. Ist der Gesellschaft gegenüber eine Willenserklärung abzugeben, so findet die Vorschrift des §. 113 Abs. 2 Satz 3 entsprechende Anwendung.

§. 137. (Art. 138.)

Eine Beschränkung des Umfanges der Befugnisse der Liquidatoren ist Dritten gegenüber unwirksam.

§. 138. (Art. 140.)

Den Gesellschaftern gegenüber haben die Liquidatoren, auch wenn sie vom Gerichte bestellt sind, den in Betreff der Geschäftsführung von den Gesellschaftern beschlossenen Anordnungen Folge zu leisten.

§. 139. (Art. 139.)

Die Liquidatoren haben ihre Unterschrift in der Weise abzugeben, daß sie der bisherigen, als Liquidationsfirma zu bezeichnenden Firma ihren Namen beifügen.

§. 140.

Die Liquidatoren haben bei dem Beginne sowie bei der Beendigung der Liquidation eine Bilanz aufzustellen.

§. 141. (Art. 141, 142.)[1])

Das nach Berichtigung der Schulden verbleibende Vermögen der Gesellschaft ist von den Liquidatoren nach dem Verhältnisse der Kapitalantheile unter die Gesellschafter zu vertheilen.

Das während der Liquidation entbehrliche Geld wird vorläufig vertheilt. Zur Deckung noch nicht fälliger oder streitiger Verbindlichkeiten sowie zur Sicherung der den Gesellschaftern bei der Schlußvertheilung zukommenden

---

[1]) Art. 143 ist gestrichen.

Beträge ist das Erforderliche zurückzubehalten. Die Vorschriften des §. 110 Abs. 1 finden während der Liquidation keine Anwendung.

Entsteht über die Vertheilung des Gesellschaftsvermögens Streit unter den Gesellschaftern, so haben die Liquidatoren die Vertheilung bis zur Entscheidung des Streites auszusetzen.

§. 142. (Art. 144 Abs. 1.)[1]

Bis zur Beendigung der Liquidation kommen in Bezug auf das Rechtsverhältniß der bisherigen Gesellschafter unter einander sowie der Gesellschaft zu dritten Personen die Vorschriften des zweiten und dritten Abschnitts zur Anwendung, soweit sich nicht aus dem gegenwärtigen Abschnitt und aus dem Wesen der Liquidation ein Anderes ergiebt.

§. 143. (Art. 145.)

Nach der Beendigung der Liquidation ist das Erlöschen der Firma von den Liquidatoren zur Eintragung in das Handelsregister anzumelden.

Die Bücher und Papiere der aufgelösten Gesellschaft werden einem der Gesellschafter oder einem Dritten in Verwahrung gegeben. Der Gesellschafter oder der Dritte wird in Ermangelung einer Verständigung durch das Gericht bestimmt, in dessen Bezirke die Gesellschaft ihren Sitz hat.

Die Gesellschafter behalten das Recht auf Einsicht und Benutzung der Bücher und Papiere.

§. 144.

Vereinbaren die Gesellschafter statt der Liquidation eine andere Art der Auseinandersetzung, so finden, solange noch ungetheiltes Gesellschaftsvermögen vorhanden ist, im Verhältnisse zu Dritten die für die Liquidation geltenden Vorschriften entsprechende Anwendung.

Sechster Abschnitt.

Verjährung.

§. 145. (Art. 146.)

Die Ansprüche gegen einen Gesellschafter aus Verbindlichkeiten der Gesellschaft verjähren in fünf Jahren nach der Auflösung der Gesellschaft oder nach dem Ausscheiden eines Gesellschafters, sofern nicht der Anspruch gegen die Gesellschaft einer kürzeren Verjährung unterliegt.

Die Verjährung beginnt mit dem Ende des Tages, an welchem die Auflösung der Gesellschaft oder das Ausscheiden des Gesellschafters in das Handelsregister des für den Sitz der Gesellschaft zuständigen Gerichts eingetragen wird.

[1]) Die Abs. 2 und 3 des Art. 144 sind gestrichen.

Wird der Anspruch des Gläubigers gegen die Gesellschaft erst nach der Eintragung fällig, so beginnt die Verjährung mit dem Zeitpunkte der Fälligkeit.

§. 146. (Art. 148 Abs. 2.)[1])

Die Unterbrechung der Verjährung gegenüber der aufgelösten Gesellschaft wirkt auch gegenüber den Gesellschaftern, welche der Gesellschaft zur Zeit der Auflösung angehört haben.

Zweiter Titel.

Kommanditgesellschaft.

§. 147. (Art. 150 Abs. 1, 169, 170 Abs. 2, 171 Abs. 3, 172.)[2])

Eine Gesellschaft, deren Zweck auf den Betrieb eines Handelsgewerbes unter gemeinschaftlicher Firma gerichtet ist, ist eine Kommanditgesellschaft, wenn bei einem oder bei einigen von den Gesellschaftern die Haftung gegenüber den Gesellschaftsgläubigern auf den Betrag einer bestimmten Vermögenseinlage beschränkt ist (Kommanditisten), während bei dem anderen Theile der Gesellschafter eine Beschränkung der Haftung nicht stattfindet (persönlich haftende Gesellschafter).

Soweit nicht in diesem Titel ein Anderes bestimmt ist, finden auf die Kommanditgesellschaft die für die offene Handelsgesellschaft geltenden Vorschriften Anwendung.

§. 148. (Art. 151 Abs. 2, 156.)[3])

Die Anmeldung der Gesellschaft hat außer den im §. 95 Abs. 2 vorgesehenen Angaben die Bezeichnung der Kommanditisten und den Betrag der Einlage eines jeden von ihnen zu enthalten.

Diese Vorschrift findet im Falle des Eintritts eines Kommanditisten in eine bestehende Handelsgesellschaft entsprechende Anwendung.

§. 149. (Art. 157.)

Für das Verhältniß der Gesellschafter unter einander gelten in Ermangelung abweichender Festsetzungen des Gesellschaftsvertrags die besonderen Vorschriften der §§. 150 bis 155.

§. 150. (Art. 158 Abs. 2, 3.)[4])

Die Kommanditisten sind von der Führung der Geschäfte der Gesellschaft ausgeschlossen; sie können einer Handlung der persönlich haftenden Gesellschafter

[1]) Die Art. 147, 148 Abs. 1, 149 sind gestrichen.
[2]) Die Abs. 2 und 3 des Art. 150 sind gestrichen.
[3]) Die Art. 151 Abs. 1, 3, 152 bis 155 sind gestrichen; vergl. §. 147 Abs. 2.
[4]) Art. 158 Abs. 1 ist gestrichen.

nicht widersprechen, es sei denn, daß die Handlung über den gewöhnlichen Betrieb des Handelsgewerbes der Gesellschaft hinausgeht. Die Vorschriften des §. 105 Abs. 3 bleiben unberührt.

§. 151. (Art. 159.)

Die §§. 101, 102 finden auf die Kommanditisten keine Anwendung.

§. 152. (Art. 160.)

Der Kommanditist ist berechtigt, die abschriftliche Mittheilung der jährlichen Bilanz zu verlangen und ihre Richtigkeit unter Einsicht der Bücher und Papiere zu prüfen.

Die im §. 703 des Bürgerlichen Gesetzbuchs dem von der Geschäftsführung ausgeschlossenen Gesellschafter eingeräumten weiteren Rechte stehen dem Kommanditisten nicht zu.

Auf Antrag eines Kommanditisten kann das Gericht, wenn wichtige Gründe vorliegen, die Mittheilung einer Bilanz oder sonstiger Aufklärungen sowie die Vorlegung der Bücher und Papiere jederzeit anordnen.

§. 153. (Art. 161 Abs. 1, 2.)

Die Vorschriften des §. 108 über die Berechnung des Gewinns oder Verlustes gelten auch für den Kommanditisten.

Jedoch wird der einem Kommanditisten zukommende Gewinn seinem Kapitalantheile nur so lange zugeschrieben, als dieser den Betrag der bedungenen Einlage nicht erreicht.

An dem Verluste nimmt der Kommanditist nur bis zum Betrage seines Kapitalantheils und seiner noch rückständigen Einlage Theil.

§. 154. (Art. 161 Abs. 1, 162.)

Die Antheile der Gesellschafter am Gewinne bestimmen sich, soweit der Gewinn den Betrag von vier vom Hundert der Kapitalantheile nicht übersteigt, nach den Vorschriften des §. 109 Abs. 1, 2.

In Ansehung des Gewinns, welcher diesen Betrag übersteigt, sowie in Ansehung des Verlustes gilt, soweit nicht ein Anderes vereinbart ist, ein den Umständen nach angemessenes Verhältniß der Antheile als bedungen.

§. 155. (Art. 161 Abs. 1, 3.)

Der §. 110 findet auf den Kommanditisten keine Anwendung. Dieser hat nur Anspruch auf Auszahlung des ihm zukommenden Gewinns; er kann auch die Auszahlung des Gewinns nicht fordern, solange sein Kapitalantheil durch Verlust unter den auf die bedungene Einlage geleisteten Betrag herabgemindert ist oder durch die Auszahlung unter diesen Betrag herabgemindert werden würde.

Der Kommanditist ist nicht verpflichtet, den bezogenen Gewinn wegen späterer Verluste zurückzuzahlen.

§. 156. (Art. 165 Abs. 1.)

Der Kommanditist haftet den Gläubigern der Gesellschaft bis zur Höhe seiner Einlage unmittelbar; die Haftung ist ausgeschlossen, soweit die Einlage geleistet ist.

Ist über das Vermögen der Gesellschaft der Konkurs eröffnet, so wird während der Dauer des Verfahrens das den Gesellschaftsgläubigern nach Abs. 1 zustehende Recht durch den Konkursverwalter ausgeübt.

§. 157. (Art. 165.)

Im Verhältnisse zu den Gläubigern der Gesellschaft wird nach erfolgter Eintragung in das Handelsregister die Einlage eines Kommanditisten durch den in der Eintragung angegebenen Betrag bestimmt.

Auf eine nicht eingetragene Erhöhung der aus dem Handelsregister ersichtlichen Einlage können sich die Gläubiger nur berufen, wenn die Erhöhung in handelsüblicher Weise kundgemacht oder ihnen in anderer Weise von der Gesellschaft mitgetheilt ist.

Eine Vereinbarung der Gesellschafter, durch die einem Kommanditisten die Einlage erlassen oder gestundet wird, ist den Gläubigern gegenüber unwirksam.

Soweit die Einlage eines Kommanditisten zurückbezahlt wird, gilt sie den Gläubigern gegenüber als nicht geleistet. Das Gleiche gilt, soweit ein Kommanditist Gewinnantheile entnimmt, während sein Kapitalantheil durch Verlust unter den Betrag der geleisteten Einlage herabgemindert ist, oder soweit durch die Entnahme der Kapitalantheil unter den bezeichneten Betrag herabgemindert wird.

Was ein Kommanditist auf Grund einer in gutem Glauben errichteten Bilanz in gutem Glauben als Gewinn bezieht, ist er in keinem Falle zurückzuzahlen verpflichtet.

§. 158. (Art. 166.)

Wer in eine bestehende Handelsgesellschaft als Kommanditist eintritt, haftet nach Maßgabe der §§. 156, 157 für die vor seinem Eintritte begründeten Verbindlichkeiten der Gesellschaft, ohne Unterschied, ob die Firma eine Aenderung erleidet oder nicht.

Eine entgegenstehende Vereinbarung ist Dritten gegenüber unwirksam.

§. 159.

Eine Herabsetzung der Einlage eines Kommanditisten ist, solange sie nicht in das Handelsregister des Gerichts, in dessen Bezirke die Gesellschaft ihren Sitz hat, eingetragen ist, den Gläubigern gegenüber unwirksam; Gläubiger, deren Forderungen zur Zeit der Eintragung begründet waren, brauchen die Herabsetzung nicht gegen sich gelten zu lassen.

§. 160.

Die Erhöhung sowie die Herabsetzung einer Einlage ist durch die sämmtlichen Gesellschafter zur Eintragung in das Handelsregister anzumelden. Auf die Eintragung in das Handelsregister des Sitzes der Gesellschaft findet die Vorschrift des §. 13 keine Anwendung.

§. 161. (Art. 163 Abs. 3.)[1]

Hat die Gesellschaft ihre Geschäfte begonnen, bevor sie in das Handelsregister des Gerichts, in dessen Bezirke sie ihren Sitz hat, eingetragen ist, so haftet jeder Kommanditist, der dem Geschäftsbeginne zugestimmt hat, für die bis zur Eintragung begründeten Verbindlichkeiten der Gesellschaft gleich einem persönlich haftenden Gesellschafter, es sei denn, daß seine Betheiligung als Kommanditist dem Gläubiger bekannt war. Diese Vorschrift kommt nicht zur Anwendung, soweit sich aus dem §. 2 ein Anderes ergiebt.

Tritt ein Kommanditist in eine bestehende Handelsgesellschaft ein, so findet die Vorschrift des Abs. 1 Satz 1 für die in der Zeit zwischen seinem Eintritt und dessen Eintragung in das Handelsregister begründeten Verbindlichkeiten der Gesellschaft entsprechende Anwendung.

§. 162. (Art. 168.)

Ein Kommanditist, dessen Name mit seiner Zustimmung in die Gesellschaftsfirma aufgenommen ist, haftet für alle seit der Aufnahme begründeten Verbindlichkeiten der Gesellschaft gleich einem persönlich haftenden Gesellschafter, sofern nicht die Annahme ausgeschlossen erscheint, daß der Name den gegenwärtigen Inhaber oder Mitinhaber des Geschäfts bezeichnen solle.

§. 163. (Art. 167 Abs. 1.)[2]

Der Kommanditist ist zur Vertretung der Gesellschaft nicht ermächtigt.

§. 164. (Art. 170 Abs. 1.)[3]

Der Tod eines Kommanditisten hat die Auflösung der Gesellschaft nicht zur Folge.

---

[1]) Die Art. 163 Abs. 1, 2 und 164 sind gestrichen; vergl. §. 147 Abs. 2.

[2]) Die Abs. 2, 3 des Art. 167 sind gestrichen; vergl. §. 147 Abs. 2.

[3]) Die Art. 169, 170 Abs. 2, 171, 172 sind gestrichen; vergl. §. 147 Abs. 2 und zu Art. 171 Abs. 1 auch §. 160.

Dritter Titel.

Aktiengesellschaft.

Erster Abschnitt.

Allgemeine Vorschriften.

§. 165. (Art. 207 Abs. 1, 2.)

Die sämmtlichen Gesellschafter der Aktiengesellschaft sind mit Einlagen auf das in Aktien zerlegte Grundkapital der Gesellschaft betheiligt, ohne persönlich für deren Verbindlichkeiten zu haften.

§. 166. (Art. 207 Abs. 3 bis 5.)

Die Aktien sind untheilbar.

Sie können auf den Inhaber oder auf Namen lauten.

Antheilscheine, die den Aktionären vor der Ausgabe der Aktien ausgestellt werden (Interimsscheine), dürfen nicht auf den Inhaber lauten.

§. 167. (Art. 207a, 215c Abs. 4.)[1]

Die Aktien müssen auf einen Betrag von mindestens eintausend Mark gestellt werden.

Für ein gemeinnütziges Unternehmen kann im Falle eines besonderen örtlichen Bedürfnisses der Bundesrath die Ausgabe von Aktien, die auf Namen lauten, zu einem geringeren, jedoch mindestens zweihundert Mark erreichenden Betrage zulassen. Die gleiche Genehmigung kann ertheilt werden, wenn für ein Unternehmen das Reich, ein Bundesstaat oder ein Kommunalverband oder eine sonstige öffentliche Korporation auf die Aktien einen bestimmten Ertrag bedingungslos und ohne Zeitbeschränkung gewährleistet hat.

---

[1] Für das Einführungsgesetz sind folgende Vorschriften in Aussicht genommen:
Sind die Aktien einer bestehenden Aktiengesellschaft oder Kommanditgesellschaft anf Aktien gemäß den vor dem Inkrafttreten des Gesetzes vom 18. Juli 1884 (Reichs-Gesetzbl. S. 123) in Geltung gewesenen Vorschriften auf einen geringeren Betrag als eintausend Mark gestellt, so bleiben im Falle einer Zusammenlegung oder sonstigen Umwandlung dieser Aktien die Vorschriften des §. 167 Abs. 1 des Handelsgesetzbuchs außer Anwendung. Der Nennbetrag der Aktien darf nicht herabgesetzt werden.

Wird das Grundkapital einer bestehenden Aktiengesellschaft oder Kommanditgesellschaft auf Aktien durch Ausgabe neuer Aktien erhöht, so finden die Vorschriften des §. 167 Abs. 1 des Handelsgesetzbuchs Anwendung, auch wenn die Ausgabe mittelst Umwandlung von Aktien der im Abs. 1 bezeichneten Art geschieht.

Diese Vorschriften gelten auch für Interimsscheine.

Auf Namen lautende Aktien, deren Uebertragung an die Einwilligung der Gesellschaft gebunden ist, dürfen auf einen Betrag von weniger als eintausend, jedoch nicht von weniger als zweihundert Mark gestellt werden.

Im Falle des Abs. 2 soll die ertheilte Genehmigung, im Falle des Abs. 3 sollen die Beschränkungen, denen nach §. 206 Abs. 4 die Aktionäre in Ansehung der Uebertragung ihrer Rechte unterliegen, in den Aktien ersichtlich gemacht werden.

Diese Vorschriften gelten auch für Interimsscheine.

§. 168. (Art. 209 Abs. 1, Abs. 2 Nr. 1 bis 3, 5 bis 7, Abs. 3.)[1]

Der Inhalt des Gesellschaftsvertrags (Statut) muß von mindestens fünf Personen, welche Aktien übernehmen, in gerichtlicher oder notarieller Verhandlung festgestellt werden. In der Verhandlung ist der Betrag der von Jedem übernommenen Aktien anzugeben.

Der Gesellschaftsvertrag muß bestimmen:

1. die Firma und den Sitz der Gesellschaft;
2. den Gegenstand des Unternehmens;
3. die Höhe des Grundkapitals und der einzelnen Aktien;
4. die Art der Bestellung und Zusammensetzung des Vorstandes;
5. die Art, wie die Berufung der Generalversammlung der Aktionäre geschieht;
6. die Art, wie die von der Gesellschaft ausgehenden Bekanntmachungen erfolgen.

Bekanntmachungen, die durch öffentliche Blätter erfolgen sollen, sind in den Deutschen Reichsanzeiger einzurücken. Andere Blätter außer diesem bestimmt der Gesellschaftsvertrag.

§. 169. (Art. 209 Abs. 2 Nr. 4, Art. 209a Abs. 1 Nr. 3.)

Ist im Gesellschaftsvertrage nichts darüber bestimmt, ob die Aktien auf Namen oder Inhaber lauten sollen, so sind sie auf Namen zu stellen.

Im Gesellschaftsvertrage kann bestimmt werden, daß auf Verlangen des Aktionärs die Umwandlung seiner auf Namen lautenden Aktie in eine Inhaberaktie oder umgekehrt stattzufinden hat.

§. 170. (Art. 209a Abs. 1 Nr. 2, Abs. 2.)

Für einen geringeren als den Nennbetrag dürfen Aktien nicht ausgegeben werden.

Die Ausgabe für einen höheren Betrag ist statthaft, wenn sie im Gesellschaftsvertrage zugelassen ist.

---

[1]) Wegen Art. 208 vergl. §. 196 Abs. 2.

§. 171. (Art. 209a Abs. 1 Nr. 4.)[1])

Im Gesellschaftsvertrage können für einzelne Gattungen von Aktien verschiedene Rechte, insbesondere betreffs der Vertheilung des Gewinns oder der Antheile am Gesellschaftsvermögen, festgesetzt werden.

§. 172. (Art. 209b.)

Jeder zu Gunsten einzelner Aktionäre bedungene besondere Vortheil muß im Gesellschaftsvertrag unter Bezeichnung des Berechtigten festgesetzt werden.

Werden auf das Grundkapital von Aktionären Einlagen gemacht, die nicht durch Baarzahlung zu leisten sind, oder werden vorhandene oder herzustellende Anlagen oder sonstige Vermögensstücke von der zu errichtenden Gesellschaft übernommen, so müssen der Gegenstand der Einlage oder der Uebernahme, die Person, von welcher die Gesellschaft den Gegenstand erwirbt, und der Betrag der für die Einlage zu gewährenden Aktien oder die für den übernommenen Gegenstand zu gewährende Vergütung im Gesellschaftsvertrage festgesetzt werden.

Von diesen Festsetzungen gesondert ist der Gesammtaufwand, welcher zu Lasten der Gesellschaft an Aktionäre oder Andere als Entschädigung oder Belohnung für die Gründung oder deren Vorbereitung gewährt wird, im Gesellschaftsvertrage festzusetzen.

Jedes Abkommen über die vorbezeichneten Gegenstände, welches nicht die vorgeschriebene Festsetzung im Gesellschaftsvertrage gefunden hat, ist der Gesellschaft gegenüber unwirksam.

§. 173. (Art. 209c.)

Die Aktionäre, welche das Statut festgestellt haben oder andere als durch Baarzahlung zu leistende Einlagen machen, gelten als die Gründer der Gesellschaft.

§. 174. (Art. 209d.)

Uebernehmen die Gründer alle Aktien, so gilt mit der Uebernahme die Gesellschaft als errichtet.

Soweit die Uebernahme nicht schon bei der Feststellung des Statuts erfolgt, kann sie in einer besonderen gerichtlichen oder notariellen Verhandlung unter Angabe der Beträge, welche die einzelnen Gründer noch übernehmen, bewirkt werden.

§. 175. (Art. 209e.)

Uebernehmen die Gründer nicht alle Aktien, so hat der Errichtung der Gesellschaft die Zeichnung der übrigen Aktien vorherzugehen.

---

[1]) Art. 209a Abs. 1 Nr. 1 ist gestrichen; vergl. §. 184 Abs. 2, §. 265 Abs. 1 Nr. 1. Wegen Art. 209a Abs. 1 Nr. 5 vergl. §. 231.

Die Zeichnung erfolgt durch schriftliche Erklärung, aus der die Betheiligung nach der Anzahl und, falls verschiedene Aktien ausgegeben werden, nach dem Betrag oder der Gattung der Aktien hervorgehen muß.

Die Erklärung (Zeichnungsschein) soll doppelt ausgestellt werden; sie hat zu enthalten:

1. den Tag der Feststellung des Statuts, die im §. 168 Abs. 2 und im §. 172 vorgesehenen Festsetzungen und, wenn mehrere Gattungen von Aktien mit verschiedener Berechtigung ausgegeben werden, den Gesammtbetrag einer jeden;
2. den Namen, Stand und Wohnort der Gründer;
3. den Betrag, für welchen die Ausgabe der Aktie stattfindet, und den Betrag der festgesetzten Einzahlungen;
4. den Zeitpunkt, in welchem die Zeichnung unverbindlich wird, sofern nicht bis dahin die Errichtung der Gesellschaft beschlossen ist.

Zeichnungsscheine, welche diesen Inhalt nicht vollständig haben oder außer dem unter Nr. 4 bezeichneten Vorbehalte Beschränkungen in der Verpflichtung des Zeichners enthalten, sind nichtig. Erfolgt ungeachtet eines hiernach nichtigen oder wegen verspäteter Errichtung der Gesellschaft unverbindlichen Zeichnungsscheins die Eintragung des Gesellschaftsvertrags in das Handelsregister, so ist der Zeichner, wenn r auf Grund einer dem Abs. 2 entsprechenden Erklärung in der Generalversammlung, die zur Beschlußfassung über die Errichtung der Gesellschaft berufen wird, stimmt oder später als Aktionär Rechte ausübt oder Verpflichtungen erfüllt, der Gesellschaft wie aus einem gültigen Zeichnungsscheine verpflichtet.

Jede nicht in dem Zeichnungsschein enthaltene Beschränkung ist der Gesellschaft gegenüber unwirksam.

§. 176. (Art. 209f, 175e Abs. 2.)

Uebernehmen die Gründer alle Aktien, so haben sie gleichzeitig mit der Errichtung der Gesellschaft oder in einer besonderen gerichtlichen oder notariellen Verhandlung den ersten Aufsichtsrath der Gesellschaft zu bestellen.

Uebernehmen die Gründer nicht alle Aktien, so haben sie nach der Zeichnung des Grundkapitals eine Generalversammlung zur Wahl des Aufsichtsraths zu berufen.

Diese Vorschriften finden auch auf die Bestellung des ersten Vorstandes Anwendung, sofern nicht nach dem Gesellschaftsvertrage die Bestellung in anderer Weise als durch Wahl der Generalversammlung zu geschehen hat.

§. 177. (Art. 209g.)

Die Gründer haben im Falle des §. 172 Abs. 2 in einer schriftlichen Erklärung die wesentlichen Umstände darzulegen, von welchen die Angemessenheit der für die eingelegten oder übernommenen Gegenstände gewährten Beträge abhängt.

Sie haben hierbei die vorausgegangenen Rechtsgeschäfte, die auf den Erwerb durch die Gesellschaft hingezielt haben, ferner die Erwerbs- und Herstellungspreise aus den letzten beiden Jahren und im Falle des Ueberganges eines Unternehmens auf die Gesellschaft die Betriebserträgnisse aus diesem Zeitraum anzugeben.

§. 178. (Art. 209h Abs. 1.)

Die Mitglieder des Vorstandes und des Aufsichtsraths haben den Hergang der Gründung zu prüfen.

Gehört ein Mitglied des Vorstandes oder des Aufsichtsraths zu den Gründern oder hat sich ein Mitglied einen besonderen Vortheil oder für die Gründung oder deren Vorbereitung eine Entschädigung oder Belohnung ausbedungen oder liegt ein Fall des §. 172 Abs. 2 vor, so hat außerdem eine Prüfung durch besondere Revisoren stattzufinden.

Die Revisoren werden durch das für die Vertretung des Handelsstandes berufene Organ, in Ermangelung eines solchen durch das Gericht bestellt, in dessen Bezirke die Gesellschaft ihren Sitz hat.

§. 179. (Art. 209h Abs. 2, 3.)

Die Prüfung hat sich insbesondere auf die Richtigkeit und Vollständigkeit der Angaben zu erstrecken, die in Ansehung der Zeichnung und Einzahlung des Grundkapitals sowie in Ansehung der im §. 172 vorgesehenen Festsetzungen von den Gründern gemacht sind. Der Inhalt der im §. 177 bestimmten Erklärung ist auch in der Richtung zu prüfen, ob bezüglich der Angemessenheit der für die eingelegten oder übernommenen Gegenstände gewährten Beträge Bedenken obwalten.

Ueber die Prüfung ist unter Darlegung der im Abs. 1 bezeichneten Umstände schriftlich Bericht zu erstatten.

§. 180.

Ergeben sich zwischen den im §. 178 Abs. 2, 3 bezeichneten Revisoren und den Gründern Meinungsverschiedenheiten über den Umfang der von den Gründern zu gewährenden Aufklärungen und Nachweise, so entscheidet endgültig diejenige Stelle, von welcher die Revisoren ernannt sind. Solange sich die Gründer weigern, der Entscheidung nachzukommen, unterbleibt die Erstattung des Prüfungsberichts.

Die Revisoren haben Anspruch auf Ersatz angemessener baarer Auslagen und auf Vergütung für ihre Thätigkeit. Die Auslagen und die Vergütung werden durch die im Abs. 1 bezeichnete Stelle festgesetzt.

§. 181. (Art. 210.)

Die Gesellschaft ist bei dem Gericht, in dessen Bezirke sie ihren Sitz hat, von sämmtlichen Gründern und Mitgliedern des Vorstandes und des Aufsichtsraths zur Eintragung in das Handelsregister anzumelden.

Der Anmeldung sind beizufügen:

1. der Gesellschaftsvertrag und die im §. 168 Abs. 1 und im §. 174 Abs. 2 bezeichneten Verhandlungen;
2. im Falle des §. 172 die Verträge, welche den dort bezeichneten Festsetzungen zu Grunde liegen oder zu ihrer Ausführung geschlossen sind, die im §. 177 vorgesehene Erklärung und eine Berechnung des der Gesellschaft zur Last fallenden Gründungsaufwandes, in der die Vergütungen nach Art und Höhe und die Empfänger einzeln aufzuführen sind;
3. wenn nicht alle Aktien von den Gründern übernommen sind, zum Nachweise der Zeichnung des Grundkapitals die Duplikate der Zeichnungsscheine und ein von den Gründern in öffentlich beglaubigter Form unterschriebenes Verzeichniß aller Aktionäre, welches die auf jeden entfallenen Aktien sowie die auf die letzteren geschehenen Einzahlungen angiebt;
4. die Urkunden über die Bestellung des Vorstandes und des Aufsichtsraths;
5. die gemäß §. 179 Abs. 2 erstatteten Berichte nebst ihren urkundlichen Grundlagen;
6. wenn der Gegenstand des Unternehmens der staatlichen Genehmigung bedarf, sowie in den Fällen des §. 167 Abs. 2 die Genehmigungsurkunde.

In der Anmeldung ist die Erklärung abzugeben, daß auf jede Aktie, soweit nicht andere als durch Baarzahlung zu leistende Einlagen bedungen sind, der eingeforderte Betrag baar eingezahlt und im Besitze des Vorstandes ist. Der Betrag, zu welchem die Aktien ausgegeben werden, und der hierauf baar eingezahlte Betrag sind anzugeben; dieser muß mindestens ein Viertheil des Nennbetrags und im Falle der Ausgabe von Aktien für einen höheren als den Nennbetrag auch den Mehrbetrag umfassen. Als Baarzahlung gilt die Zahlung in deutschem Gelde, in Reichskassenscheinen sowie in gesetzlich zugelassenen Noten deutscher Banken.

Die Mitglieder des Vorstandes haben ihre Namensunterschrift zur Aufbewahrung bei dem Gerichte zu zeichnen.

Die der Anmeldung beigefügten Schriftstücke werden bei dem Gericht in Urschrift oder in beglaubigter Abschrift aufbewahrt.

§. 182. (Art. 210a.)

Haben die Gründer nicht alle Aktien übernommen, so beruft das im §. 181 bezeichnete Gericht unverzüglich eine Generalversammlung der in dem Verzeichniß aufgeführten Aktionäre zur Beschlußfassung über die Errichtung der Gesellschaft.

Die Versammlung findet unter der Leitung des Gerichts statt.

Der Vorstand und der Aufsichtsrath haben sich über die Ergebnisse der ihnen in Ansehung der Gründung obliegenden Prüfung auf Grund der im §. 179 Abs. 2 bezeichneten Berichte und deren urkundlicher Grundlagen zu erklären. Jedes Mitglied des Vorstandes und des Aufsichtsraths kann bis zur Beschlußfassung die Unterzeichnung der Anmeldung zurückziehen.

Die der Errichtung der Gesellschaft zustimmende Mehrheit muß mindestens ein Viertheil aller in dem Verzeichniß aufgeführten Aktionäre begreifen; der Betrag ihrer Antheile muß mindestens ein Viertheil des gesammten Grundkapitals darstellen. Auch wenn diese Mehrheit erreicht wird, gilt die Errichtung als abgelehnt, sofern hinsichtlich eines Theiles der Aktionäre die Voraussetzungen des §. 172 vorliegen und sich die Mehrheit der von anderen Aktionären abgegebenen Stimmen gegen die Errichtung erklärt.

Die Zustimmung aller erschienenen Aktionäre ist erforderlich, wenn die im §. 168 Abs. 2 Nr. 1 bis 4, im §. 169, im §. 170 Abs. 2 sowie die im §. 171 bezeichneten Bestimmungen des Gesellschaftsvertrags abgeändert oder die im §. 172 vorgesehenen Festsetzungen zu Lasten der Gesellschaft erweitert werden sollen. Dasselbe gilt, wenn die Dauer der Gesellschaft über die im Gesellschaftsvertrage bestimmte Zeit verlängert oder die im Gesellschaftsvertrage für Beschlüsse der Generalversammlung vorgesehenen erschwerenden Erfordernisse beseitigt werden sollen.

Die Beschlußfassung ist zu vertagen, wenn es von den Aktionären mit einfacher Stimmenmehrheit verlangt wird.

§. 183. (Art. 210b.)

Soweit nicht in den §§. 176, 182 ein Anderes bestimmt ist, finden auf die Berufung und Beschlußfassung der vor der Eintragung des Gesellschaftsvertrags stattfindenden Generalversammlungen die Vorschriften entsprechende Anwendung, welche für die Gesellschaft nach der Eintragung maßgebend sind.

§. 184.

Bei der Eintragung der Gesellschaft in das Handelsregister sind die Firma und der Sitz der Gesellschaft, der Gegenstand des Unternehmens, die Höhe des Grundkapitals, der Tag der Feststellung des Statuts und die Mitglieder des Vorstandes anzugeben.

Enthält der Gesellschaftsvertrag besondere Bestimmungen über die Zeitdauer der Gesellschaft oder über die Befugniß der Mitglieder des Vorstandes oder der Liquidatoren zur Vertretung der Gesellschaft, so sind auch diese Bestimmungen einzutragen.

§. 185. (Art. 210c.)

In die Veröffentlichung, durch welche die Eintragung bekannt gemacht wird, sind außer dem Inhalte der Eintragung aufzunehmen:

1. die sonstigen im §. 168 Abs. 2, 3 und in den §§. 169, 171, 172 bezeichneten Festsetzungen;
2. der Betrag, zu welchem die Aktien ausgegeben werden;
3. der Name, Stand und Wohnort der Gründer und die Angabe, ob sie die sämmtlichen Aktien übernommen haben;
4. der Name, Stand und Wohnort der Mitglieder des ersten Aufsichtsraths.

Zugleich ist bekannt zu machen, daß von den mit der Anmeldung der Gesellschaft eingereichten Schriftstücken, insbesondere von dem Prüfungsberichte des Vorstandes und des Aufsichtsraths oder der Revisoren, bei dem Gericht Einsicht genommen werden kann.

§. 186. (Art. 211.)

Vor der Eintragung in das Handelsregister des Sitzes der Gesellschaft besteht die Aktiengesellschaft als solche nicht. Wird vorher im Namen der Gesellschaft gehandelt, so haften die Handelnden persönlich und als Gesammtschuldner.

Die Antheilsrechte können vor der Eintragung der Gesellschaft in das Handelsregister nicht übertragen, Aktien oder Interimsscheine können vorher nicht ausgegeben werden.

§. 187. (Art. 212, 179 Abs. 2, 3.)

Die Anmeldung der Gesellschaft zur Eintragung in das Handelsregister eines Gerichts, in dessen Bezirke sie eine Zweigniederlassung besitzt, ist durch sämmtliche Mitglieder des Vorstandes zu bewirken.

Der Anmeldung ist der Gesellschaftsvertrag in Urschrift oder in beglaubigter Abschrift beizufügen; die Vorschriften des §. 181 Abs. 2, 3 finden keine Anwendung.

Die Eintragung hat die im §. 184 bezeichneten Angaben zu enthalten.

In die Veröffentlichung, durch welche die Eintragung bekannt gemacht wird, sind außer dem Inhalte der Eintragung auch die sonstigen im §. 168 Abs. 2, 3 und in den §§. 169, 171 bezeichneten Festsetzungen aufzunehmen. Erfolgt die Eintragung innerhalb der ersten zwei Jahre, nachdem die Gesellschaft in das Handelsregister ihres Sitzes eingetragen ist, so sind alle im §. 185 bezeichneten Angaben zu veröffentlichen; in diesem Falle ist der Anmeldung ein Exemplar der für den Sitz der Gesellschaft ergangenen gerichtlichen Bekanntmachung beizufügen.

Befindet sich der Sitz der Gesellschaft im Auslande, so ist das Bestehen der Aktiengesellschaft als solcher und, sofern der Gegenstand des Unternehmens oder die Zulassung zum Gewerbebetrieb im Inlande der staatlichen Genehmigung bedarf, auch diese mit der Anmeldung nachzuweisen. Die Angaben, deren öffentliche Bekanntmachung nach Abs. 4 zu erfolgen hat, sind in die Anmeldung aufzunehmen.

§. 188. (Art. 213a.)[1])

Der Gesellschaft sind die Gründer für die Richtigkeit und Vollständigkeit der Angaben, welche sie in Ansehung der Zeichnung und Einzahlung des Grundkapitals sowie in Ansehung der im §. 172 vorgesehenen Festsetzungen behufs der Eintragung der Gesellschaft in das Handelsregister machen, als Gesammtschuldner verhaftet; sie haben unbeschadet der Verpflichtung zum Ersatze des sonst etwa entstehenden Schadens insbesondere einen an der Zeichnung des Grundkapitals fehlenden Betrag zu übernehmen, fehlende Einzahlungen zu leisten und eine Vergütung, die nicht unter den zu bezeichnenden Gründungsaufwand aufgenommen ist, zu ersetzen. Ingleichen sind der Gesellschaft, wenn sie von Gründern durch Einlagen oder Uebernahmen der im §. 172 bezeichneten Art böslicherweise geschädigt wird, alle Gründer für den Ersatz des entstehenden Schadens als Gesammtschuldner verpflichtet.

Von dieser Verbindlichkeit ist ein Gründer befreit, wenn er die Unrichtigkeit oder Unvollständigkeit der Angabe oder die bösliche Schädigung weder kannte noch bei Anwendung der Sorgfalt eines ordentlichen Geschäftsmanns kennen mußte.

Entsteht durch Zahlungsunfähigkeit eines Aktionärs der Gesellschaft ein Ausfall, so sind ihr die Gründer, welche die Betheiligung des Aktionärs in Kenntniß seiner Zahlungsunfähigkeit angenommen haben, als Gesammtschuldner zum Ersatze verpflichtet.

Mit den Gründern sind der Gesellschaft zum Schadensersatz als Gesammtschuldner verpflichtet:

1. wenn eine Vergütung nicht unter den zu bezeichnenden Gründungsaufwand aufgenommen ist, der Empfänger, welcher zur Zeit des Empfanges wußte oder nach den Umständen annehmen mußte, daß die Verheimlichung beabsichtigt oder erfolgt war, und jeder Dritte, welcher zur Verheimlichung wissentlich mitgewirkt hat;
2. im Falle einer böslichen Schädigung durch Einlagen oder Uebernahmen jeder Dritte, welcher zu dieser Schädigung wissentlich mitgewirkt hat.

§. 189. (Art. 213b.)

Wer vor der Eintragung der Gesellschaft in das Handelsregister oder in den ersten zwei Jahren nach der Eintragung eine öffentliche Ankündigung

[1]) Wegen Art. 213 vergl. §. 196 nebst Anmerkung.

der Aktien erläßt, um sie in den Verkehr einzuführen, ist der Gesellschaft im Falle der Unrichtigkeit oder Unvollständigkeit von Angaben, welche die Gründer in Ansehung der Zeichnung oder Einzahlung des Grundkapitals oder in Ansehung der im §. 172 vorgesehenen Festsetzungen behufs der Eintragung der Gesellschaft in das Handelsregister machen, sowie im Falle einer böslichen Schädigung der Gesellschaft durch Einlagen oder Uebernahmen für den Ersatz des ihr daraus entstehenden Schadens mit den im §. 188 bezeichneten Personen als Gesammtschuldner verhaftet, wenn er die Unrichtigkeit oder Unvollständigkeit der Angaben oder die bösliche Schädigung kannte oder bei Anwendung der Sorgfalt eines ordentlichen Geschäftsmanns kennen mußte.

§. 190. (Art. 213c.)

Mitglieder des Vorstandes und des Aufsichtsraths, die bei der ihnen durch die §§. 178, 179 auferlegten Prüfung die Sorgfalt eines ordentlichen Geschäftsmanns außer Acht lassen, haften der Gesellschaft als Gesammtschuldner für den ihr daraus entstehenden Schaden, soweit der Ersatz des Schadens von den nach §§. 188, 189 verpflichteten Personen nicht zu erlangen ist.

§. 191. (Art. 213d.)

Vergleiche oder Verzichtleistungen, welche die der Gesellschaft aus der Gründung zustehenden Ansprüche gegen die nach den §§. 188 bis 190 verpflichteten Personen betreffen, sind erst nach dem Ablaufe von drei Jahren seit der Eintragung der Gesellschaft in das Handelsregister und nur mit Zustimmung der Generalversammlung zuläßig; sie sind unzuläßig, soweit in der Versammlung eine Minderheit, deren Antheile den fünften Theil des Grundkapitals darstellen, Widerspruch erhebt. Die Zeitbeschränkung findet keine Anwendung, sofern sich der Verpflichtete im Falle der Zahlungsunfähigkeit zur Abwendung oder Beseitigung des Konkursverfahrens mit seinen Gläubigern vergleicht.

§. 192. (Art. 213e.)

Die Ansprüche der Gesellschaft gegen die nach den §§. 188 bis 190 verpflichteten Personen verjähren in fünf Jahren seit der Eintragung der Gesellschaft in das Handelsregister.

§. 193. (Art. 213f Abs. 1 bis 4, 6.)

Verträge der Gesellschaft, nach denen sie vorhandene oder herzustellende Betriebsanlagen oder unbewegliche Gegenstände für eine den zehnten Theil des Grundkapitals übersteigende Vergütung erwerben soll, bedürfen zu ihrer Wirksamkeit der Zustimmung der Generalversammlung, falls sie vor dem Ablaufe von zwei Jahren seit der Eintragung der Gesellschaft in das Handelsregister geschlossen werden.

Vor der Beschlußfassung hat der Aufsichtsrath den Vertrag zu prüfen und über die Ergebnisse seiner Prüfung schriftlich Bericht zu erstatten.

Der Beschluß, durch welchen dem Vertrage die Zustimmung ertheilt wird, bedarf einer Mehrheit von mindestens drei Viertheilen des bei der Beschlußfassung vertretenen Grundkapitals. Wird der Vertrag im ersten Jahre nach der Eintragung der Gesellschaft in das Handelsregister geschlossen, so müssen außerdem die Antheile der zustimmenden Mehrheit mindestens ein Viertheil des gesammten Grundkapitals darstellen.

Nach erfolgter Zustimmung der Generalversammlung hat der Vorstand den Vertrag in Urschrift oder in beglaubigter Abschrift mit dem Berichte des Aufsichtsraths nebst dessen urkundlichen Grundlagen zum Handelsregister einzureichen. Zum Handelsregister einer Zweigniederlassung findet die Einreichung nicht statt.

Bildet der Erwerb von Grundstücken den Gegenstand des Unternehmens, so finden auf einen solchen Erwerb die Vorschriften der Abs. 1 bis 4 keine Anwendung. Das Gleiche gilt für den Erwerb von Grundstücken im Wege der Zwangsvollstreckung.

§. 194. (Art. 213f Abs. 5.)

Erwirbt die Gesellschaft vor dem Ablaufe der im §. 193 Abs. 1 bezeichneten Frist Vermögensgegenstände in Ausführung einer vor ihrer Eintragung in das Handelsregister von Gründern getroffenen Vereinbarung, so kommen in Betreff der Rechte der Gesellschaft auf Entschädigung und in Betreff der ersatzpflichtigen Personen die Vorschriften der §§. 188, 191, 192 zur Anwendung.

§. 195. (Art. 215c Abs. 1, Abs. 2, Abs. 3 Satz 1.)[1])

Aktien oder Interimsscheine, die auf einen geringeren als den nach §. 167 zulässigen Betrag gestellt werden, sind nichtig. Die Ausgeber haften den Besitzern für den durch die Ausgabe entstehenden Schaden als Gesammtschuldner.

Das Gleiche gilt im Falle der Ausgabe von Interimsscheinen, die auf den Inhaber lauten, sowie im Falle der Ausgabe von Aktien oder Interimsscheinen vor der Eintragung der Gesellschaft in das Handelsregister.

Vor der vollen Leistung des Nennbetrags oder, falls der Ausgabepreis ein höherer ist, vor der vollen Leistung dieses Betrags soll die Aktie nicht ausgegeben werden.

Zweiter Abschnitt.

Rechtsverhältniß der Gesellschaft und der Gesellschafter.

§. 196. (Art. 213 Abs. 1, 208.)[2])

Die Aktiengesellschaft als solche hat selbstständig ihre Rechte und Pflichten; sie kann Eigenthum und andere dingliche Rechte an Grundstücken erwerben, vor Gericht klagen und verklagt werden.

[1]) Wegen Art. 215c Abs. 3 Satz 2 und Abs. 4 vergl. §. 167 Abs. 4, §. 261.

[2]) Art. 213 Abs. 2 ist gestrichen.

Die Aktiengesellschaft gilt als Handelsgesellschaft, auch wenn der Gegenstand des Unternehmens nicht in dem Betrieb eines Handelsgewerbes besteht.

§. 197. (Art. 219 Abs. 1.)

Die Verpflichtung des Aktionärs zur Leistung von Kapitaleinlagen wird durch den Nennbetrag der Aktie und, falls der Ausgabepreis ein höherer ist, durch diesen begrenzt.

Neben den Kapitaleinlagen kann im Gesellschaftsvertrage den Aktionären die Verpflichtung zu wiederkehrenden, nicht in Geld bestehenden Leistungen auferlegt werden, sofern die Uebertragung der Antheilsrechte an die Zustimmung der Gesellschaft gebunden ist. Die Verpflichtung und der Umfang der Leistungen müssen aus den Aktien oder Interimsscheinen zu ersehen sein. Im Gesellschaftsvertrage kann bestimmt werden, daß die Gesellschaft die Zustimmung zur Uebertragung der Antheilsrechte nur aus wichtigen Gründen verweigern darf.

§. 198. (Art. 216 Abs. 2.)[1])

Der Aktionär kann seine Einlage nicht zurückfordern; er hat, solange die Gesellschaft besteht, nur einen Anspruch auf einen verhältnißmäßigen Antheil am Reingewinne, soweit dieser nach dem Gesellschaftsvertrage zur Vertheilung unter die Aktionäre bestimmt ist.

§. 199. (Art. 217.)

Zinsen von bestimmter Höhe dürfen für die Aktionäre weder bedungen noch ausbezahlt werden; es darf nur dasjenige unter sie vertheilt werden, was sich nach der jährlichen Bilanz als Reingewinn ergiebt.

Für den Zeitraum, welchen die Vorbereitung des Unternehmens bis zum Anfange des vollen Betriebs erfordert, können den Aktionären Zinsen von bestimmter Höhe bedungen werden; der Gesellschaftsvertrag muß den Zeitpunkt bezeichnen, in welchem die Entrichtung von Zinsen spätestens aufhört.

§. 200.

Für wiederkehrende Leistungen, zu denen die Aktionäre nach dem Gesellschaftsvertrage neben den Kapitaleinlagen verpflichtet sind, darf eine den Werth der Leistungen nicht übersteigende Vergütung ohne Rücksicht darauf bezahlt werden, ob die jährliche Bilanz einen Reingewinn ergiebt.

§. 201. (Art. 218, 198.)

Die Aktionäre haften für die Verbindlichkeiten der Gesellschaft, soweit sie den Vorschriften dieses Gesetzbuchs entgegen Zahlungen von der Gesellschaft empfangen haben. Was ein Aktionär in gutem Glauben als Gewinnantheil oder als Zinsen bezogen hat, ist er in keinem Falle zurückzuzahlen verpflichtet.

---

[1]) Art. 216 Abs. 1 ist gestrichen.

Ist über das Vermögen der Gesellschaft der Konkurs eröffnet, so wird während der Dauer des Verfahrens das den Gesellschaftsgläubigern gegen die Aktionäre zustehende Recht durch den Konkursverwalter ausgeübt.

Die nach diesen Vorschriften begründeten Ansprüche verjähren in fünf Jahren.

§. 202. (Art. 219 Abs. 2, 184.)

Ein Aktionär, der den auf die Aktie eingeforderten Betrag nicht zur rechten Zeit einzahlt, hat Zinsen von dem Tage an zu entrichten, an welchem die Zahlung hätte geschehen sollen. Die Geltendmachung eines weiteren Schadens ist nicht ausgeschlossen.

Im Gesellschaftsvertrage können für den Fall der verzögerten Einzahlung Vertragsstrafen festgesetzt werden.

Ist im Gesellschaftsvertrage nicht ein Anderes bestimmt, so hat die Aufforderung zur Einzahlung in der Weise zu geschehen, in welcher die Bekanntmachungen der Gesellschaft nach dem Gesellschaftsvertrag erfolgen.

§. 203. (Art. 219 Abs. 2, 184a Abs. 1, 2.)

Im Falle verzögerter Einzahlung kann an die säumigen Aktionäre eine erneute Aufforderung zur Zahlung unter der Androhung ihres Ausschlusses mit dem Antheilsrecht erlassen werden.

Die Aufforderung muß dreimal in den im §. 168 Abs. 3 bezeichneten Blättern (Gesellschaftsblättern) bekannt gemacht werden; die erste Bekanntmachung muß mindestens drei Monate, die letzte Bekanntmachung mindestens einen Monat vor dem Ablaufe der für die Einzahlung gesetzten Nachfrist erfolgen. Sind die Antheilsrechte nicht ohne Zustimmung der Gesellschaft übertragbar, so genügt an Stelle der öffentlichen Bekanntmachungen der einmalige Erlaß besonderer Aufforderungen an die säumigen Aktionäre; in diesen Aufforderungen muß eine Nachfrist von mindestens einem Monate gewährt werden.

Zahlt ein Aktionär den auf die Aktie zu leistenden Betrag ungeachtet der Aufforderung nicht ein, so ist er seines Antheilsrechts und der geleisteten Einzahlungen zu Gunsten der Gesellschaft verlustig zu erklären. Die den Ausschluß bewirkende Erklärung erfolgt mittelst Bekanntmachung in den Gesellschaftsblättern.

An Stelle der bisherigen Urkunde ist eine neue auszugeben, die außer den früher geleisteten Theilzahlungen den eingeforderten Betrag zu umfassen hat. Wegen des Ausfalls, den die Gesellschaft an diesem Betrag oder an den später eingeforderten Beträgen erleidet, bleibt ihr der ausgeschlossene Aktionär verhaftet.

§. 204. (Art. 219 Abs. 2, 184b Abs. 1, 2, 4.)

Soweit der ausgeschlossene Aktionär den eingeforderten Betrag nicht zahlt, ist dafür der Gesellschaft der letzte und jeder frühere in dem Aktienbuche verzeichnete Rechtsvorgänger verhaftet, ein früherer Rechtsvorgänger, soweit die Zahlung von dessen Rechtsnachfolger nicht zu erlangen ist. Dies wird vermuthet, wenn von dem letzteren die Zahlung nicht bis zum Ablaufe von einem Monate geleistet wird, nachdem an ihn die Zahlungsaufforderung und an den Rechtsvorgänger die Benachrichtigung von dieser erfolgt ist. Der Rechtsvorgänger erhält gegen Zahlung des rückständigen Betrags die neu auszugebende Urkunde.

Die Haftpflicht des Rechtsvorgängers ist auf die innerhalb der Frist von zwei Jahren auf die Aktien eingeforderten Beträge beschränkt. Die Frist beginnt mit dem Tage, an welchem die Uebertragung des Antheilsrechts zum Aktienbuche der Gesellschaft angemeldet wird.

Ist die Zahlung des rückständigen Betrags von Rechtsvorgängern nicht zu erlangen, so kann die Gesellschaft das Antheilsrecht zum Börsenpreis und in Ermangelung eines solchen durch öffentliche Versteigerung verkaufen.

§. 205. (Art. 219 Abs. 2, 184a Abs. 3, 184b Abs. 3, 184c Satz 1.)[1])

Die Aktionäre und deren Rechtsvorgänger können von den in dem §. 197 Abs. 1 und in den §§. 203, 204 bezeichneten Leistungen nicht befreit werden. Sie können gegen diese Leistungen eine Forderung an die Gesellschaft nicht aufrechnen.

§. 206. (Art. 220, 182.)

Auf Namen lautende Aktien sind mit genauer Bezeichnung des Inhabers nach Namen, Wohnort und Stand in das Aktienbuch der Gesellschaft einzutragen.

Sie können, soweit nicht der Gesellschaftsvertrag ein Anderes bestimmt, ohne Zustimmung der Gesellschaft auf Andere übertragen werden.

Die Uebertragung kann durch Indossament geschehen. In Betreff der Form des Indossaments, in Betreff der Legitimation des Inhabers und in Betreff seiner Verpflichtung zur Herausgabe finden die Vorschriften der Art. 11 bis 13, des Art. 36 Satz 1 bis 4 und des Art. 74 der Wechselordnung entsprechende Anwendung.

Zur Uebertragung von Aktien, die gemäß §. 167 Abs. 3 auf einen Betrag von weniger als eintausend Mark gestellt sind, ist die Zustimmung des Aufsichtsraths und der Generalversammlung erforderlich. Die Uebertragung dieser Aktien kann nur mittelst einer die Person des Erwerbers bezeichnenden, gerichtlich oder notariell beglaubigten Erklärung erfolgen.

§. 207. (Art. 220, 183.)

Geht das Eigenthum einer auf den Namen lautenden Aktie auf einen Anderen über, so ist dies, unter Vorlegung der Aktie und des Nachweises

---

[1]) Art. 184c Satz 2 ist gestrichen.

des Ueberganges, bei der Gesellschaft anzumelden und im Aktienbuche zu vermerken.

Die Echtheit der auf der Aktie befindlichen Indossamente zu prüfen, ist die Gesellschaft nicht verpflichtet.

Die Gesellschaft braucht nur denjenigen als Eigenthümer der Aktie anzuerkennen, welcher als solcher im Aktienbuche verzeichnet ist.

§. 208. (Art. 220, 183a Abs. 1.)

Die Vorschriften des §. 206 und des §. 207 Abs. 1, 2 finden auch auf die Eintragung der Interimsscheine und deren Uebertragung auf Andere Anwendung.

Im Verhältnisse zu der Gesellschaft gilt nur derjenige als Eigenthümer des Interimsscheins, welcher als solcher im Aktienbuche verzeichnet ist.

§. 209. (Art. 215d Abs. 1.)

Die Aktiengesellschaft soll eigene Aktien im regelmäßigen Geschäftsbetriebe, sofern nicht eine Kommission zum Einkauf ausgeführt wird, weder erwerben noch zum Pfande nehmen.

Eigene Interimsscheine kann sie im regelmäßigen Geschäftsbetrieb auch in Ausführung einer Einkaufskommission weder erwerben noch zum Pfande nehmen.

§. 210. (Art. 215d Abs. 2.)

Die Einziehung (Amortisation) von Aktien ist nur zulässig, wenn sie durch eine Bestimmung des Gesellschaftsvertrags angeordnet oder gestattet ist. Die Bestimmung muß in dem ursprünglichen Gesellschaftsvertrag oder durch eine vor der Zeichnung der Aktien bewirkte Aenderung des Gesellschaftsvertrags getroffen sein, es sei denn, daß die Einziehung nicht mittelst Auslosung, Kündigung oder in ähnlicher Weise, sondern mittelst Ankaufs der Aktien geschehen soll.

Jede Art der Einziehung darf, sofern sie nicht nach den für die Herabsetzung des Grundkapitals maßgebenden Vorschriften stattfindet, nur aus dem nach der jährlichen Bilanz verfügbaren Gewinn erfolgen.

§. 211.

Ist eine Aktie oder ein Interimsschein abhanden gekommen oder vernichtet, so kann die Urkunde, wenn nicht das Gegentheil darin bestimmt ist, im Wege des Aufgebotsverfahrens für kraftlos erklärt werden. Die Vorschriften des §. 783 Abs. 2 und des §. 784 des Bürgerlichen Gesetzbuchs finden entsprechende Anwendung.

Sind Gewinnantheilscheine auf den Inhaber ausgegeben, so erlischt mit der Kraftloserklärung der Aktie oder des Interimsscheins auch der Anspruch aus den noch nicht fälligen Gewinnantheilscheinen.

Dritter Abschnitt.

Organisation und Geschäftsführung.

§. 212. (Art. 227.)

Die Aktiengesellschaft wird durch den Vorstand gerichtlich und außergerichtlich vertreten.

Der Vorstand kann aus einer oder mehreren Personen bestehen.

Die Bestellung zum Mitgliede des Vorstandes ist jederzeit widerruflich, unbeschadet der Ansprüche aus bestehenden Verträgen.

§. 213. (Art. 229 Abs. 1.)

Zu Willenserklärungen, insbesondere zur Zeichnung des Vorstandes für die Gesellschaft, bedarf es der Mitwirkung sämmtlicher Mitglieder des Vorstandes, sofern nicht im Gesellschaftsvertrag ein Anderes bestimmt ist. Der Vorstand kann jedoch einzelne Mitglieder zur Vornahme bestimmter Geschäfte oder bestimmter Arten von Geschäften ermächtigen. Ist eine Willenserklärung der Gesellschaft gegenüber abzugeben, so genügt die Abgabe gegenüber einem Mitgliede des Vorstandes.

Steht nicht jedem einzelnen Vorstandsmitgliede die selbständige Vertretung der Gesellschaft nach dem Gesellschaftsvertrage zu, so kann durch diesen bestimmt werden, daß die Vorstandsmitglieder, wenn nicht mehrere zusammen handeln, in Gemeinschaft mit einem Prokuristen zur Vertretung der Gesellschaft befugt sein sollen. Die Vorschriften des Abs. 1 Satz 2, 3 finden in diesem Falle entsprechende Anwendung.

§. 214. (Art. 229 Abs. 2.)[1]

Der Vorstand hat in der Weise zu zeichnen, daß die Zeichnenden zu der Firma der Gesellschaft oder zu der Benennung des Vorstandes ihre Namensunterschrift hinzufügen.

§. 215. (Art. 228, 233 Abs. 1.)[2]

Jede Aenderung des Vorstandes sowie die Beendigung der Vertretungsbefugniß eines Vorstandsmitgliedes ist durch den Vorstand zur Eintragung in das Handelsregister anzumelden.

Der Anmeldung ist eine beglaubigte Abschrift der Urkunden über die Aenderung oder Beendigung beizufügen. Diese Vorschrift findet auf die Anmeldung zum Handelsregister einer Zweigniederlassung keine Anwendung.

Die Vorstandsmitglieder haben ihre Unterschrift zur Aufbewahrung bei dem Gerichte zu zeichnen.

---

[1]) Art. 230 ist gestrichen.

[2]) Art. 233 Abs. 2 ist gestrichen; vergl. §. 14.

§. 216. (Art. 231.)

Der Vorstand ist der Gesellschaft gegenüber verpflichtet, die Beschränkungen einzuhalten, welche im Gesellschaftsvertrag oder durch Beschlüsse der Generalversammlung für den Umfang seiner Befugniß, die Gesellschaft zu vertreten, festgesetzt sind.

Dritten gegenüber ist eine Beschränkung der Vertretungsbefugniß des Vorstandes unwirksam. Dies gilt insbesondere für den Fall, daß die Vertretung sich nur auf gewisse Geschäfte oder Arten von Geschäften erstrecken oder nur unter gewissen Umständen oder für eine gewisse Zeit oder an einzelnen Orten stattfinden soll oder daß für einzelne Geschäfte die Zustimmung der Generalversammlung, des Aufsichtsraths oder eines anderen Organs der Gesellschaft erfordert wird.

§. 217. (Art. 232, 196a.)

Die Mitglieder des Vorstandes dürfen ohne Einwilligung der Gesellschaft weder für eigene noch für fremde Rechnung Handel treiben, auch nicht an einer anderen Handelsgesellschaft als persönlich haftende Gesellschafter theilnehmen. Die Einwilligung wird durch die Generalversammlung ertheilt, sofern nicht die Befugniß zur Ertheilung durch den Gesellschaftsvertrag oder durch einen Beschluß der Generalversammlung dem Aufsichtsrath übertragen ist.

Verletzt ein Vorstandsmitglied die ihm nach Abs. 1 obliegende Verpflichtung, so kann die Gesellschaft nach ihrer Wahl Schadensersatz fordern oder von dem Mitgliede verlangen, daß es die für eigene Rechnung gemachten Geschäfte als für Rechnung der Gesellschaft eingegangen gelten lasse und die aus Geschäften für fremde Rechnung bezogene Vergütung herausgebe oder seinen Anspruch auf die Vergütung abtrete.

Die Ansprüche der Gesellschaft verjähren in drei Monaten von dem Zeitpunkt an, in welchem der Vorstand und der Aufsichtsrath von dem Abschlusse des Geschäfts oder von der Theilnahme des Vorstandsmitgliedes an der anderen Gesellschaft Kenntniß erlangen.

§. 218. (Art. 234.)[1]

Sofern nicht durch den Gesellschaftsvertrag oder durch Beschluß der Generalversammlung ein Anderes bestimmt ist, kann der Vorstand einen Prokuristen nur mit Zustimmung des Aufsichtsraths bestellen. Diese Beschränkung hat Dritten gegenüber keine Wirkung.

§. 219. (Art. 239 Abs. 1.)

Der Vorstand hat Sorge dafür zu tragen, daß die erforderlichen Bücher der Gesellschaft geführt werden.

---

1) Art. 235 ist gestrichen.

§. 220. (Art. 240.)

Erreicht der Verlust, der sich bei der Aufstellung der Jahresbilanz oder einer Zwischenbilanz ergiebt, die Hälfte des Grundkapitals, so hat der Vorstand unverzüglich die Generalversammlung zu berufen und dieser davon Anzeige zu machen.

Sobald Zahlungsunfähigkeit der Gesellschaft eintritt, hat der Vorstand die Eröffnung des Konkurses zu beantragen; dasselbe gilt, wenn sich bei der Aufstellung der Jahresbilanz oder einer Zwischenbilanz ergiebt, daß das Vermögen nicht mehr die Schulden deckt.

Für die Feststellung, ob der Verlust die Hälfte des Grundkapitals erreicht oder ob eine Ueberschuldung vorliegt, sind die nach §. 238 für die Aufnahme der Jahresbilanz geltenden Vorschriften nicht maßgebend.

§. 221. (Art. 241 Abs. 2 bis 4.)[1])

Die Mitglieder des Vorstandes haben bei ihrer Geschäftsführung die Sorgfalt eines ordentlichen Geschäftsmanns anzuwenden.

Mitglieder, die ihre Obliegenheiten verletzen, haften der Gesellschaft als Gesammtschuldner für den dadurch entstehenden Schaden.

Sie sind als Gesammtschuldner zum Ersatze verpflichtet, wenn entgegen den Vorschriften dieses Gesetzbuchs:

1. Einlagen an die Aktionäre zurückgezahlt,
2. den Aktionären Zinsen oder Gewinnantheile gezahlt,
3. eigene Aktien oder Interimsscheine der Gesellschaft erworben, zum Pfande genommen oder eingezogen,
4. Aktien vor der vollen Leistung des Nennbetrags oder, falls der Ausgabepreis ein höherer ist, vor der vollen Leistung dieses Betrags ausgegeben werden,
5. die Vertheilung des Gesellschaftsvermögens oder eine theilweise Zurückzahlung des Grundkapitals erfolgt,
6. Zahlungen geleistet werden, nachdem die Zahlungsunfähigkeit der Gesellschaft eingetreten ist oder ihre Ueberschuldung sich ergeben hat.

In den Fällen des Abs. 3 kann der Ersatzanspruch auch von den Gläubigern der Gesellschaft, soweit sie von dieser ihre Befriedigung nicht erlangen können, geltend gemacht werden.

Die Ersatzpflicht wird ihnen gegenüber weder durch einen Verzicht der Gesellschaft noch dadurch aufgehoben, daß die Handlung auf einem Beschlusse der Generalversammlung beruht.

Die Ansprüche auf Grund dieser Vorschriften verjähren in fünf Jahren.

---

[1]) Art. 241 Abs. 1 ist gestrichen.

§. 222. (Art. 232a.)

Die für die Mitglieder des Vorstandes geltenden Vorschriften finden auch auf die Stellvertreter von Mitgliedern Anwendung.

§. 223. (Art. 209f, 224, 191 Abs. 1 Satz 1, Abs. 2 bis 4.)

Der Aufsichtsrath besteht, sofern nicht der Gesellschaftsvertrag eine höhere Zahl festsetzt, aus drei von der Generalversammlung zu wählenden Mitgliedern.

Die Wahl des ersten Aufsichtsraths gilt für die Zeit bis zur Beendigung der ersten Generalversammlung, welche nach Ablauf eines Jahres seit der Eintragung der Gesellschaft in das Handelsregister zur Beschlußfassung über die Jahresbilanz abgehalten wird.

Später kann der Aufsichtsrath nicht für eine längere Zeit als bis zur Beendigung derjenigen Generalversammlung gewählt werden, welche über die Bilanz für das vierte Geschäftsjahr nach der Ernennung beschließt; das Geschäftsjahr, in welchem die Ernennung erfolgt, wird hierbei nicht mitgerechnet.

Die Bestellung zum Mitgliede des Aufsichtsraths kann auch vor dem Ablaufe des Zeitraums, für den das Mitglied gewählt ist, durch die Generalversammlung widerrufen werden. Sofern nicht der Gesellschaftsvertrag ein Anderes bestimmt, bedarf der Beschluß einer Mehrheit von drei Viertheilen des bei der Beschlußfassung vertretenen Grundkapitals.

§. 224.

Jede Aenderung in den Personen der Mitglieder des Aufsichtsraths ist von dem Vorstand unverzüglich in den Gesellschaftsblättern bekannt zu machen. Der Vorstand hat die Bekanntmachung zum Handelsregister einzureichen.

§. 225. (Art. 224, 192.)

Den Mitgliedern des ersten Aufsichtsraths kann eine Vergütung für die Ausübung ihrer Thätigkeit nur durch einen Beschluß der Generalversammlung bewilligt werden. Der Beschluß kann nicht früher als in derjenigen Generalversammlung gefaßt werden, mit deren Beendigung die Zeit, für welche der erste Aufsichtsrath gewählt ist, abläuft.

§. 226. (Art. 225.)

Der Aufsichtsrath hat die Geschäftsführung der Gesellschaft in allen Zweigen der Verwaltung zu überwachen und sich zu dem Zwecke von dem Gange der Angelegenheiten der Gesellschaft zu unterrichten. Er kann jederzeit über diese Angelegenheiten Berichterstattung von dem Vorstande verlangen und selbst oder durch einzelne von ihm zu bestimmende Mitglieder die Bücher und Schriften der Gesellschaft einsehen sowie den Bestand der Gesellschaftskasse und die Bestände an Werthpapieren und Waaren untersuchen. Er hat die

Jahresrechnungen, die Bilanzen und die Vorschläge zur Gewinnvertheilung zu prüfen und darüber der Generalversammlung Bericht zu erstatten.

Er hat eine Generalversammlung zu berufen, wenn dies im Interesse der Gesellschaft erforderlich ist.

Weitere Obliegenheiten des Aufsichtsraths werden durch den Gesellschaftsvertrag bestimmt.

Die Mitglieder des Aufsichtsraths können die Ausübung ihrer Obliegenheiten nicht Anderen übertragen.

§. 227. (Art. 223 Abs. 3, 194.)

Der Aufsichtsrath ist befugt, die Gesellschaft bei der Vornahme von Rechtsgeschäften mit den Vorstandsmitgliedern zu vertreten und gegen die letzteren die von der Generalversammlung beschlossenen Rechtsstreitigkeiten zu führen.

Handelt es sich um die Verantwortlichkeit der Mitglieder des Aufsichtsraths, so kann dieser ohne und selbst gegen den Beschluß der Generalversammlung gegen die Mitglieder des Vorstandes klagen.

§. 228. (Art. 225a.)

Die Mitglieder des Aufsichtsraths können nicht zugleich Mitglieder des Vorstandes oder dauernd Stellvertreter von Vorstandsmitgliedern sein, auch nicht als Beamte die Geschäfte der Gesellschaft führen. Nur für einen im voraus begrenzten Zeitraum kann der Aufsichtsrath einzelne seiner Mitglieder zu Stellvertretern von behinderten Mitgliedern des Vorstandes bestellen; während dieses Zeitraums und bis zur ertheilten Entlastung des Vertreters darf der letztere eine Thätigkeit als Mitglied des Aufsichtsraths nicht ausüben.

Scheiden aus dem Vorstande Mitglieder aus, so können sie nicht vor ertheilter Entlastung in den Aufsichtsrath gewählt werden.

§. 229. (Art. 226.)

Die Mitglieder des Aufsichtsraths haben bei der Erfüllung ihrer Obliegenheiten die Sorgfalt eines ordentlichen Geschäftsmanns anzuwenden.

Mitglieder, die ihre Obliegenheiten verletzen, haften der Gesellschaft mit den Vorstandsmitgliedern als Gesammtschuldner für den dadurch entstehenden Schaden.

Sie sind mit den Vorstandsmitgliedern als Gesammtschuldner zum Ersatze verpflichtet, wenn mit ihrem Wissen und ohne ihr Einschreiten die im §. 221 Abs. 3 bezeichneten Handlungen vorgenommen werden. Auf die Geltendmachung des Ersatzanspruchs finden die Vorschriften des §. 221 Abs. 4 Anwendung.

Die Ansprüche auf Grund der Vorschriften der Abs. 1 bis 3 verjähren in fünf Jahren.

§. 230. (Art. 221 Abs. 1.)

Die Rechte, welche den Aktionären in den Angelegenheiten der Gesellschaft, insbesondere in Bezug auf die Führung der Geschäfte zustehen, werden durch Beschlußfassung in der Generalversammlung ausgeübt.

§. 231. (Art. 209a Abs. 1 Nr. 5.)

Die Beschlüsse der Generalversammlung bedürfen der Mehrheit der abgegebenen Stimmen (einfache Stimmenmehrheit), soweit nicht durch das Gesetz oder den Gesellschaftsvertrag eine größere Mehrheit oder sonstige Erfordernisse vorgeschrieben sind.

Für Wahlen können im Gesellschaftsvertrag andere Bestimmungen getroffen werden.

§. 232. (Art. 221 Abs. 2, 190 Abs. 1 bis 3, 5.)

Jede Aktie gewährt das Stimmrecht. Das Stimmrecht wird nach den Aktienbeträgen ausgeübt. Der Gesellschaftsvertrag kann für den Fall, daß ein Aktionär mehrere Aktien besitzt, die Ausübung des Stimmrechts durch einen Höchstbetrag oder in Abstufungen oder nach Gattungen beschränken.

Vollmachten erfordern zu ihrer Gültigkeit die schriftliche Form; sie bleiben in der Verwahrung der Gesellschaft.

Wer durch die Beschlußfassung entlastet oder von einer Verpflichtung befreit werden soll, hat hierbei kein Stimmrecht und darf ein solches auch nicht für Andere ausüben. Dasselbe gilt von einer Beschlußfassung, welche die Vornahme eines Rechtsgeschäfts mit einem Aktionär oder die Einleitung oder Erledigung eines Rechtsstreits zwischen ihm und der Gesellschaft betrifft.

Im Uebrigen richten sich die Bedingungen und die Form der Ausübung des Stimmrechts nach dem Gesellschaftsvertrage.

§. 233. (Art. 236.)

Die Generalversammlung wird durch den Vorstand berufen, soweit nicht nach dem Gesetz oder dem Gesellschaftsvertrag auch andere Personen dazu befugt sind.

Die Generalversammlung ist, außer den im Gesetz oder im Gesellschaftsvertrag ausdrücklich bestimmten Fällen, zu berufen, wenn das Interesse der Gesellschaft es erfordert.

§. 234. (Art. 237.)

Die Generalversammlung ist zu berufen, wenn Aktionäre, deren Antheile zusammen den zwanzigsten Theil des Grundkapitals erreichen, die Berufung schriftlich unter Angabe des Zweckes und der Gründe verlangen. Ist in dem Gesellschaftsvertrage das Recht, die Berufung der Generalversammlung zu verlangen, an den Besitz eines geringeren Antheils am Grundkapitale geknüpft, so hat es hierbei sein Bewenden.

In gleicher Weise haben die Aktionäre das Recht, zu verlangen, daß Gegenstände zur Beschlußfassung einer Generalversammlung angekündigt werden.

Wird dem Verlangen weder durch den Vorstand noch durch den Aufsichtsrath entsprochen, so hat das Gericht des Sitzes der Gesellschaft die Aktionäre, welche das Verlangen gestellt haben, auf Antrag zur Berufung der Generalversammlung oder zur Ankündigung des Gegenstandes zu ermächtigen. Zugleich kann das Gericht über die Führung des Vorsitzes in der Versammlung Bestimmung treffen. Mit der Berufung oder Ankündigung ist die gerichtliche Ermächtigung bekannt zu machen.

Die Generalversammlung beschließt darüber, ob die entstandenen Kosten von der Gesellschaft getragen werden sollen.

§. 235. (Art. 238.)

Die Berufung der Generalversammlung hat in der durch den Gesellschaftsvertrag bestimmten Weise mindestens zwei Wochen vor dem Tage der Versammlung zu erfolgen. Ist im Gesellschaftsvertrage die Ausübung des Stimmrechts davon abhängig gemacht, daß die Aktien bis zu einem bestimmten Zeitpunkte vor der Generalversammlung hinterlegt werden, so ist die Frist derart zu bemessen, daß für die Hinterlegung mindestens zwei Wochen frei bleiben.

Der Zweck der Generalversammlung soll bei der Berufung bekannt gemacht werden. Ueber Gegenstände, deren Verhandlung nicht ordnungsmäßig mindestens eine Woche vor dem Tage der Generalversammlung angekündigt ist, können Beschlüsse nicht gefaßt werden; hiervon ist jedoch der Beschluß über den in einer Generalversammlung gestellten Antrag auf Berufung einer außerordentlichen Generalversammlung ausgenommen.

Zur Stellung von Anträgen und zu Verhandlungen ohne Beschlußfassung bedarf es der Ankündigung nicht.

§. 236. (Art. 238a.)

Jeder Beschluß der Generalversammlung bedarf zu seiner Gültigkeit der Beurkundung durch ein über die Verhandlung gerichtlich oder notariell aufgenommenes Protokoll.

In dem Protokolle sind der Ort und der Tag der Verhandlung, der Name des Richters oder Notars, die gestellten Anträge sowie die Art und das Ergebniß der Beschlußfassungen anzugeben.

Die Belege über die ordnungsmäßige Berufung der Generalversammlung sind dem Protokolle beizufügen oder unter Angabe ihres Inhalts darin aufzuführen.

Das Protokoll muß von dem Richter oder Notar vollzogen werden; es soll außerdem von dem Vorsitzenden der Generalversammlung und von zwei stimmberechtigten Theilnehmern der Versammlung unterzeichnet werden. Die Zuziehung von Zeugen ist nicht erforderlich.

Eine beglaubigte Abschrift des Protokolls ist unverzüglich nach der Generalversammlung von dem Vorstande zum Handelsregister einzureichen.

§. 237. (Art. 239 Abs. 2.)

Die Generalversammlung beschließt über die Genehmigung der Jahresbilanz und die Gewinnvertheilung sowie über die Entlastung des Vorstandes und des Aufsichtsraths.

Der Vorstand hat in den ersten drei Monaten des Geschäftsjahrs für das verflossene Geschäftsjahr eine Bilanz, eine Gewinn- und Verlustrechnung sowie einen den Vermögensstand und die Verhältnisse der Gesellschaft entwickelnden Bericht dem Aufsichtsrath und mit dessen Bemerkungen der Generalversammlung vorzulegen. Im Gesellschaftsvertrage kann eine andere Frist, jedoch nicht über die Dauer von sechs Monaten hinaus, bestimmt werden.

Die Vorlagen sind mindestens während der letzten zwei Wochen vor der Versammlung in dem Geschäftsraume der Gesellschaft zur Einsicht der Aktionäre auszulegen.

Jeder Aktionär ist berechtigt, auf seine Kosten eine Abschrift der Bilanz, der Gewinn- und Verlustrechnung, der Bemerkungen des Aufsichtsraths und des Geschäftsberichts zu verlangen.

§. 238. (Art. 239 b, 185 a.)

Für die Aufstellung der Bilanz kommen die Vorschriften des §. 37 mit folgenden Maßgaben zur Anwendung:

1. Werthpapiere und Waaren, die einen Börsen- oder Marktpreis haben, dürfen höchstens zu dem Börsen- oder Marktpreise des Zeitpunktes, für welchen die Bilanz aufgestellt wird, sofern dieser Preis jedoch den Anschaffungs- oder Herstellungspreis übersteigt, höchstens zu dem letzteren angesetzt werden;
2. andere Vermögensgegenstände sind höchstens zu dem Anschaffungs- oder Herstellungspreis anzusetzen;
3. Anlagen und sonstige Gegenstände, die nicht zur Weiterveräußerung, vielmehr dauernd zum Geschäftsbetriebe der Gesellschaft bestimmt sind, dürfen ohne Rücksicht auf einen geringeren Werth zu dem Anschaffungs- oder Herstellungspreis angesetzt werden, sofern ein der Abnutzung gleichkommender Betrag in Abzug gebracht oder ein ihr entsprechender Erneuerungsfonds in Ansatz gebracht wird;
4. die Kosten der Organisation und Verwaltung dürfen nicht als Aktiva in die Bilanz eingesetzt werden;

5. der Betrag des Grundkapitals und der Betrag eines jeden Reserve- und Erneuerungsfonds sind unter die Passiva aufzunehmen;
6. der aus der Vergleichung sämmtlicher Aktiva und sämmtlicher Passiva sich ergebende Gewinn oder Verlust muß am Schlusse der Bilanz besonders angegeben werden.

§. 239. (Art. 239b, 185b.)

Zur Deckung eines aus der Bilanz sich ergebenden Verlustes ist ein Reservefonds zu bilden. In diesen ist einzustellen:
1. von dem jährlichen Reingewinne mindestens der zwanzigste Theil so lange, als der Reservefonds den zehnten oder den im Gesellschaftsvertrage bestimmten höheren Theil des Grundkapitals nicht überschreitet;
2. der Betrag, welcher bei der Errichtung der Gesellschaft oder bei einer Erhöhung des Grundkapitals durch Ausgabe der Aktien für einen höheren als den Nennbetrag über diesen hinaus erzielt wird;
3. der Betrag von Zuzahlungen, die ohne Erhöhung des Grundkapitals von Aktionären gegen Gewährung von Vorzugsrechten für ihre Aktien geleistet werden, soweit nicht eine Verwendung dieser Zahlungen zu außerordentlichen Abschreibungen oder zur Deckung außerordentlicher Verluste beschlossen wird.

§. 240. (Art. 239a Abs. 2.)[1])

Die Verhandlung über die Genehmigung der Bilanz ist zu vertagen, wenn dies in der Generalversammlung mit einfacher Stimmenmehrheit beschlossen oder von einer Minderheit, deren Antheile den zehnten Theil des Grundkapitals erreichen, verlangt wird, auf Verlangen der Minderheit jedoch nur, soweit von ihr bestimmte Ansätze der Bilanz bemängelt werden.

Ist die Verhandlung auf Verlangen der Minderheit vertagt, so kann von dieser eine erneute Vertagung nur gefordert werden, wenn über die in der früheren Verhandlung bemängelten Ansätze der Bilanz die erforderliche Aufklärung nicht ertheilt worden ist.

§. 241. (Art. 239b, 185c Abs. 1.)[2])

Nach erfolgter Genehmigung durch die Generalversammlung ist die Bilanz sowie die Gewinn- und Verlustrechnung unverzüglich durch den Vorstand in den Gesellschaftsblättern bekannt zu machen.

Die Bekanntmachung sowie der im §. 237 Abs. 2 bezeichnete Geschäftsbericht nebst den Bemerkungen des Aufsichtsraths ist zum Handelsregister ein-

---

1) Art. 239a Abs. 3 ist gestrichen.
2) Art. 185c Abs. 2 ist gestrichen.

zureichen. Zum Handelsregister einer Zweigniederlassung findet die Einreichung nicht statt.

§. 242. (Art. 222a Abs. 1, 2, 239a Abs. 1.)

Die Generalversammlung kann mit einfacher Stimmenmehrheit die Bestellung von Revisoren zur Prüfung der Bilanz oder zur Prüfung von Vorgängen bei der Gründung oder der Geschäftsführung beschließen.

Ist in der Generalversammlung ein Antrag auf Bestellung von Revisoren zur Prüfung eines Vorganges bei der Gründung oder eines nicht länger als zwei Jahre zurückliegenden Vorganges bei der Geschäftsführung abgelehnt, so können auf Antrag von Aktionären, deren Antheile zusammen den zehnten Theil des Grundkapitals erreichen, Revisoren durch das Gericht, in dessen Bezirke die Gesellschaft ihren Sitz hat, ernannt werden.

Dem Antrag ist nur stattzugeben, wenn glaubhaft gemacht wird, daß bei dem Vorgang Unredlichkeiten oder grobe Verletzungen des Gesetzes oder des Gesellschaftsvertrags stattgefunden haben. Die Antragsteller haben die Aktien bis zur Entscheidung über den Antrag zu hinterlegen und glaubhaft zu machen, daß sie seit mindestens sechs Monaten, von der Generalversammlung zurückgerechnet, Besitzer der Aktien sind.

Vor der Anordnung sind der Vorstand und der Aufsichtsrath zu hören. Die Anordnung ist von einer nach freiem Ermessen zu bestimmenden Sicherheitsleistung abhängig zu machen.

§. 243. (Art. 222a Abs. 3 bis 5.)

Der Vorstand hat in den Fällen des §. 242 den Revisoren die Einsicht der Bücher und Schriften der Gesellschaft und die Untersuchung des Bestandes der Gesellschaftskasse sowie der Bestände an Werthpapieren und Waaren zu gestatten.

Der Bericht über das Ergebniß der Prüfung ist von den Revisoren unverzüglich zum Handelsregister einzureichen und von dem Vorstande bei der Berufung der nächsten Generalversammlung als Gegenstand der Beschlußfassung anzukündigen. Zum Handelsregister einer Zweigniederlassung findet die Einreichung des Berichts nicht statt.

Im Falle des §. 242 Abs. 2 beschließt die Generalversammlung, ob die entstandenen Kosten von der Gesellschaft zu tragen sind. Wird der Antrag auf Ernennung von Revisoren durch das Gericht zurückgewiesen oder erweist er sich nach dem Ergebnisse der Prüfung als unbegründet, so sind die Aktionäre, welchen eine bösliche Handlungsweise zur Last fällt, für einen der Gesellschaft durch den Antrag entstehenden Schaden als Gesammtschuldner haftbar.

§. 244. (Art. 223 Abs. 1, Abs. 2 Satz 2, Abs. 3, 195 Abs. 1.)[1]

Die Ansprüche der Gesellschaft aus der Gründung gegen die nach den §§. 188 bis 190, 194 verpflichteten Personen oder aus der Geschäftsführung

[1] Art. 195 Abs. 2 ist gestrichen.

gegen die Mitglieder des Vorstandes und des Aufsichtsraths müssen geltend gemacht werden, wenn es in der Generalversammlung mit einfacher Stimmenmehrheit beschlossen oder von einer Minderheit, deren Antheile den fünften Theil des Grundkapitals erreichen, verlangt wird.

Zur Führung des Rechtsstreits kann die Generalversammlung besondere Vertreter wählen. Ist die Geltendmachung des Anspruchs von der Minderheit verlangt, so können die von dieser bezeichneten Personen durch das Gericht des Sitzes der Gesellschaft als deren Vertreter zur Führung des Rechtsstreits bestellt werden. Im Uebrigen bewendet es bei den Vorschriften des §. 227; diese kommen auch dann zur Anwendung, wenn die Geltendmachung des Anspruchs von der Minderheit verlangt ist.

§. 245. (Art. 223 Abs. 2 Satz 1, Satz 3 bis 9.)

Die Geltendmachung eines Anspruchs auf Verlangen der Minderheit muß binnen drei Monaten von dem Tage der Generalversammlung an erfolgen. Der Klage ist das Protokoll der Generalversammlung, soweit es die Geltendmachung des Anspruchs betrifft, in beglaubigter Abschrift beizufügen.

Die Minderheit hat eine den fünften Theil des Grundkapitals der Gesellschaft erreichende Anzahl von Aktien für die Dauer des Rechtsstreits zu hinterlegen; es ist glaubhaft zu machen, daß sich die Aktien seit mindestens sechs Monaten, von der Generalversammlung zurückgerechnet, im Besitze der die Minderheit bildenden Aktionäre befinden.

Dem Beklagten ist auf Verlangen wegen der ihm drohenden Nachtheile von der Minderheit eine nach freiem Ermessen des Gerichts zu bestimmende Sicherheit zu leisten. Das Verlangen ist als prozeßhindernde Einrede geltend zu machen; die Vorschriften des §. 105 der Civilprozeßordnung finden Anwendung.

Die Minderheit ist der Gesellschaft gegenüber verpflichtet, die Kosten des Rechtsstreits zu tragen.

Für den Schaden, der dem Beklagten durch eine unbegründete Klage entsteht, haften ihm die Aktionäre, welchen eine bösliche Handlungsweise zur Last fällt, als Gesammtschuldner.

§. 246.

Bezüglich eines Anspruchs, dessen Geltendmachung die Minderheit auf Grund der Vorschrift des §. 244 Abs. 1 verlangt hat, ist ein Verzicht oder ein Vergleich der Gesellschaft nur dann zulässig, wenn von den die Minderheit bildenden Aktionären so viele zustimmen, daß die Aktien der übrigen nicht mehr den fünften Theil des Grundkapitals darstellen.

§. 247. (Art. 222, 190a Abs. 1.)

Ein Beschluß der Generalversammlung kann wegen Verletzung des Gesetzes oder des Gesellschaftsvertrags im Wege der Klage angefochten werden.

Die Klage muß binnen einem Monat erhoben werden.

Zur Anfechtung befugt ist jeder in der Generalversammlung erschienene Aktionär, sofern er gegen den Beschluß Widerspruch zum Protokoll erklärt hat, und jeder nicht erschienene Aktionär, sofern er zu der Generalversammlung unberechtigter Weise nicht zugelassen worden ist oder sofern er die Anfechtung darauf gründet, daß die Berufung der Versammlung oder die Ankündigung des Gegenstandes der Beschlußfassung nicht gehörig erfolgt sei.

Außerdem ist der Vorstand und, sofern der Beschluß eine Maßregel zum Gegenstande hat, durch deren Ausführung sich die Mitglieder des Vorstandes und des Aufsichtsraths nach den Vorschriften des §. 221 Abs. 3, 4 und des §. 229 Abs. 3 den Gläubigern der Gesellschaft haftbar machen würden, jedes Mitglied des Vorstandes und des Aufsichtsraths zur Anfechtung befugt.

§. 248. (Art. 222, 190a Abs. 2 bis 4.)

Die Klage ist gegen die Gesellschaft zu richten. Die Gesellschaft wird durch den Vorstand, sofern dieser nicht selbst klagt, und durch den Aufsichtsrath vertreten.

Zuständig für die Klage ist ausschließlich das Landgericht, in dessen Bezirke die Gesellschaft ihren Sitz hat. Die mündliche Verhandlung erfolgt nicht vor dem Ablaufe der im §. 247 Abs. 2 bezeichneten Frist. Mehrere Anfechtungsprozesse sind zur gleichzeitigen Verhandlung und Entscheidung zu verbinden.

Der klagende Aktionär hat seine Aktien zu hinterlegen und der Gesellschaft wegen der ihr drohenden Nachtheile auf Verlangen eine nach freiem Ermessen des Gerichts zu bestimmende Sicherheit zu leisten. Das Verlangen ist als prozeßhindernde Einrede geltend zu machen; die Vorschriften des §. 105 der Civilprozeßordnung finden Anwendung.

Die Erhebung der Klage und der Termin zur mündlichen Verhandlung sind unverzüglich von dem Vorstand in den Gesellschaftsblättern bekannt zu machen.

§. 249. (Art. 222, 190a Abs. 5, 190b.)

Soweit der Beschluß durch rechtskräftiges Urtheil für ungültig erklärt ist, wirkt das Urtheil auch für und gegen die Aktionäre, die nicht Partei sind. Das Urtheil ist von dem Vorstand ohne Verzug zum Handelsregister einzureichen. War der Beschluß in das Handelsregister eingetragen, so ist auch das Urtheil einzutragen; die Eintragung des Urtheils ist in gleicher Weise wie die des Beschlusses zu veröffentlichen.

Für einen durch unbegründete Anfechtung des Beschlusses der Gesellschaft entstehenden Schaden haften ihr die Kläger, welchen eine bösliche Handlungsweise zur Last fällt, als Gesammtschuldner.

§. 250.

Ein in das Handelsregister eingetragener Beschluß der Generalversammlung, der durch seinen Inhalt eine nicht nur im Interesse der vorhandenen Aktionäre, sondern im öffentlichen Interesse gegebene Vorschrift des Gesetzes verletzt, kann auch von der Staatsbehörde im Wege der Klage angefochten werden. Die Vorschriften des §. 248 Abs. 1, Abs. 2 Satz 1, 2 und Abs. 4 sowie des §. 249 Abs. 1 finden Anwendung.

Die zur Erhebung der Klage zuständigen Behörden werden durch die Landesregierungen bestimmt.

Vierter Abschnitt.

Abänderungen des Gesellschaftsvertrags.

§. 251. (Art. 215 Abs. 1 bis 3, 6.)[1])

Eine Abänderung des Gesellschaftsvertrags kann nur durch die Generalversammlung beschlossen werden.

In Ermangelung einer anderen Bestimmung des Gesellschaftsvertrags bedarf der Beschluß einer Mehrheit von drei Viertheilen des bei der Beschlußfassung vertretenen Grundkapitals.

Für eine Abänderung des Gegenstandes des Unternehmens muß diese Mehrheit erreicht sein; der Gesellschaftsvertrag kann noch andere Erfordernisse aufstellen.

Soll das bisherige Verhältniß mehrerer Gattungen von Aktien mit verschiedener Berechtigung zum Nachtheil einer Gattung geändert werden, so bedarf es zu dem von der gemeinschaftlichen Generalversammlung gefaßten Beschlusse der Zustimmung einer besonderen Generalversammlung der benachtheiligten Aktionäre; die Beschlußfassung der besonderen Generalversammlung bestimmt sich nach der Vorschrift des Abs. 2.

§. 252. (Art. 214.)

Die Abänderung des Gesellschaftsvertrags ist zur Eintragung in das Handelsregister anzumelden. Soweit sich nicht aus den nachfolgenden Vorschriften ein Anderes ergiebt, ist die Anmeldung durch den Vorstand zu bewirken.

Die öffentliche Bekanntmachung findet nur in Betreff solcher Bestimmungen statt, auf welche sich die in den §§. 185, 187 vorgeschriebenen Veröffentlichungen beziehen.

Die Abänderung hat keine Wirkung, bevor sie bei dem Gericht, in dessen Bezirke die Gesellschaft ihren Sitz hat, in das Handelsregister eingetragen ist.

---

[1]) Die Abs. 5 und 7 des Art. 215 sind gestrichen; wegen Abs. 4 vergl. §. 278.

§. 253. (Art. 215a Abs. 1, 2.)

Eine Erhöhung des Grundkapitals durch Ausgabe neuer Aktien soll nicht vor der vollen Einzahlung des bisherigen Kapitals erfolgen. Für Versicherungsgesellschaften kann im Gesellschaftsvertrag ein Anderes bestimmt werden. Durch Rückstände, die auf einen verhältnißmäßig unerheblichen Theil der eingeforderten Einzahlung verblieben sind, wird die Erhöhung des Grundkapitals nicht gehindert.

Sind mehrere Gattungen von Aktien mit verschiedener Berechtigung vorhanden, so bedarf es zu dem von der gemeinschaftlichen Generalversammlung gefaßten Beschlusse der Zustimmung besonderer Generalversammlungen der Aktionäre jeder Gattung; die Beschlußfassung der besonderen Generalversammlungen bestimmt sich nach der Vorschrift des §. 251 Abs. 2.

Sollen die auf die Kapitalserhöhung entfallenden neuen Aktien für einen höheren als den Nennbetrag ausgegeben werden, so ist der Mindestbetrag, unter dem die Ausgabe nicht erfolgen soll, in dem Beschluß über die Erhöhung des Grundkapitals festzusetzen.

§. 254.

Wird auf das erhöhte Grundkapital eine Einlage gemacht, die nicht durch Baarzahlung zu leisten ist, oder wird auf eine Einlage eine Vergütung für Vermögensstücke angerechnet, welche die Gesellschaft übernimmt, so müssen der Gegenstand der Einlage oder der Uebernahme, die Person, von welcher die Gesellschaft den Gegenstand erwirbt, und der Betrag der für die Einlage zu gewährenden Aktien oder die für den übernommenen Gegenstand zu gewährende Vergütung in dem Beschluß über die Erhöhung des Grundkapitals festgesetzt werden.

Jedes Abkommen dieser Art, welches nicht die vorgeschriebene Festsetzung in dem Beschlusse der Generalversammlung gefunden hat, ist der Gesellschaft gegenüber unwirksam. Die Vorschriften der §§. 193, 194 bleiben unberührt.

§. 255. (Art. 215a Abs. 3.)

Der Beschluß über die Erhöhung des Grundkapitals ist von sämmtlichen Mitgliedern des Vorstandes und des Aufsichtsraths zur Eintragung in das Handelsregister anzumelden.

In der Anmeldung ist die Versicherung abzugeben, daß das bisherige Grundkapital eingezahlt ist oder, soweit die Einzahlung nicht stattgefunden hat, daß darauf weitere als die in der Anmeldung bezeichneten Beträge nicht rückständig sind.

§. 256. (Art. 215b Abs. 1.)

Die Zeichnung der neuen Aktien geschieht mittelst Zeichnungsscheins. Der Zeichnungsschein soll doppelt ausgestellt werden; er hat außer den im §. 175 Abs. 2 bezeichneten Angaben zu enthalten:

1. den Tag, an welchem der Beschluß über die Erhöhung des Grundkapitals gefaßt ist;
2. den Betrag, für welchen die Ausgabe der Aktien stattfindet, und den Betrag der festgesetzten Einzahlungen;
3. die im §. 254 vorgesehenen Festsetzungen und, wenn mehrere Gattungen von Aktien mit verschiedener Berechtigung ausgegeben werden, den Gesammtbetrag einer jeden;
4. den Zeitpunkt, in welchem die Zeichnung unverbindlich wird, sofern nicht bis dahin die erfolgte Erhöhung des Grundkapitals in das Handelsregister eingetragen ist.

Die Vorschriften des §. 175 Abs. 4, 5 finden mit der Maßgabe entsprechende Anwendung, daß an die Stelle der Eintragung der Gesellschaft in das Handelsregister die Eintragung der erfolgten Erhöhung des Grundkapitals tritt.

§. 257.

Jedem Aktionär muß auf sein Verlangen ein seinem Antheil an dem bisherigen Grundkapital entsprechender Theil der neuen Aktien zugetheilt werden.

Der Preis, zu welchem die neuen Aktien an die Aktionäre ausgegeben werden, ist von dem Vorstand in den Gesellschaftsblättern zu veröffentlichen. In der Veröffentlichung kann eine Frist für die Ausübung des Bezugsrechts bestimmt werden; die Frist muß mindestens eine Woche betragen.

Diese Vorschriften finden keine Anwendung, soweit in dem Beschluß über die Erhöhung des Grundkapitals ein Anderes bestimmt ist.

§. 258. (Art. 215a Abs. 4.)[1])

Eine Zusicherung von Rechten auf den Bezug neu auszugebender Aktien kann nur unter Vorbehalt des im §. 257 bezeichneten Rechtes der Aktionäre erfolgen.

Eine Zusicherung, die vor dem Beschlusse über die Erhöhung des Grundkapitals geschieht, ist der Gesellschaft gegenüber unwirksam.

§. 259. (Art. 215b Abs. 2.)

Die erfolgte Erhöhung des Grundkapitals ist von sämmtlichen Mitgliedern des Vorstandes und des Aufsichtsraths zur Eintragung in das Handelsregister anzumelden.

---

[1]) Für das Einführungsgesetz ist folgende Vorschrift in Aussicht genommen:
Die Vorschrift des §. 258 Abs. 1 des Handelsgesetzbuchs über die Zusicherung von Rechten auf den Bezug neu auszugebender Aktien findet auf eine vor dem Inkrafttreten dieses Gesetzes ertheilte Zusicherung keine Anwendung.

Der Anmeldung sind beizufügen:

1. die Duplikate der Zeichnungsscheine und ein von den Mitgliedern des Vorstandes in öffentlich beglaubigter Form unterschriebenes Verzeichniß der Zeichner, welches die auf jeden entfallenen Aktien sowie die auf die letzteren geschehenen Einzahlungen angiebt;
2. in dem Falle des §. 254 die Verträge, welche den dort bezeichneten Festsetzungen zu Grunde liegen oder zu ihrer Ausführung geschlossen sind;
3. eine Berechnung der für die Gesellschaft durch die Ausgabe der neuen Aktien entstehenden Kosten;
4. in den Fällen des §. 167 Abs. 2 die Genehmigungsurkunde.

Die Vorschriften des §. 181 Abs. 3 finden Anwendung.

Die der Anmeldung beigefügten Schriftstücke werden bei dem Gericht in Urschrift oder in beglaubigter Abschrift aufbewahrt.

Die Anmeldung und Eintragung der erfolgten Erhöhung des Grundkapitals kann mit der Anmeldung und Eintragung des Beschlusses über die Erhöhung verbunden werden.

§. 260. (Art. 215a Abs. 3 Satz 3, 215b Abs. 2 Satz 2.)

Bei einem Gericht, in dessen Bezirke die Gesellschaft eine Zweigniederlassung hat, sind die in den §§. 255, 259 bezeichneten Anmeldungen zur Eintragung in das Handelsregister durch den Vorstand zu bewirken; die Vorschriften des §. 255 Abs. 2 und des §. 259 Abs. 2 bis 4 finden keine Anwendung.

§. 261. (Art. 215c Abs. 3 Satz 2.)

Bevor die erfolgte Erhöhung des Grundkapitals in das Handelsregister eingetragen ist, können Aktien oder Interimsscheine auf das zu erhöhende Kapital nicht ausgegeben werden.

Die Antheilsrechte an dem zu erhöhenden Kapitale können vor diesem Zeitpunkte nicht übertragen werden.

§. 262. (Art. 248 Abs. 1.)

Eine Herabsetzung des Grundkapitals kann nur mit einer Mehrheit von drei Viertheilen des bei der Beschlußfassung vertretenen Grundkapitals beschlossen werden. Der Gesellschaftsvertrag kann noch andere Erfordernisse aufstellen.

Durch den Beschluß muß zugleich festgesetzt werden, zu welchem Zwecke die Herabsetzung stattfindet, insbesondere, ob sie zur theilweisen Zurückzahlung des Grundkapitals an die Aktionäre erfolgt, und in welcher Weise die Maßregel auszuführen ist.

Sind mehrere Gattungen von Aktien mit verschiedener Berechtigung vorhanden, so findet die Vorschrift des §. 253 Abs. 2 Satz 1 Anwendung.

Die Beschlußfassung der besonderen Generalversammlungen bestimmt sich nach den Vorschriften des Abs. 1.

§. 263. (Art. 248 Abs. 1 Satz 1, Abs. 2.)

Der Vorstand hat unter Hinweis auf die beschlossene Herabsetzung des Grundkapitals nach der Eintragung des Beschlusses in das Handelsregister die Gläubiger der Gesellschaft aufzufordern, ihre Ansprüche anzumelden. Die Aufforderung ist dreimal in den Gesellschaftsblättern zu veröffentlichen. Bekannte Gläubiger sind durch besondere Mittheilung zur Anmeldung aufzufordern.

Den Gläubigern, deren Forderungen vor der letzten öffentlichen Aufforderung begründet sind, ist Befriedigung zu gewähren oder Sicherheit zu leisten, sofern sie sich zu diesem Zwecke melden.

Zahlungen an die Aktionäre dürfen auf Grund der Herabsetzung des Grundkapitals erst erfolgen, nachdem seit dem Tage, an welchem die im Abs. 1 vorgeschriebene Aufforderung zum dritten Male stattgefunden hat, ein Jahr verstrichen ist und nachdem die Gläubiger, die sich gemeldet haben, befriedigt oder sichergestellt sind. Eine durch die Herabsetzung bezweckte Befreiung der Aktionäre von der Verpflichtung zur Leistung von Einlagen auf die Aktien tritt nicht vor dem bezeichneten Zeitpunkt in Wirksamkeit.

§. 264.

Ist zur Ausführung der Herabsetzung des Grundkapitals eine Verminderung der Zahl der Aktien durch Umtausch, Stempelung oder durch ein ähnliches Verfahren vorgesehen, so kann die Gesellschaft die Aktien, welche trotz erfolgter Aufforderung nicht bei ihr eingereicht sind, für kraftlos erklären. Das Gleiche gilt in Ansehung eingereichter Aktien, welche die zum Ersatze durch neue Aktien erforderliche Zahl nicht erreichen und der Gesellschaft nicht behufs der Verwerthung für Rechnung des Besitzers zur Verfügung gestellt sind.

Die Aufforderung zur Einreichung der Aktien hat die Androhung der Kraftloserklärung zu enthalten. Die Kraftloserklärung kann nur erfolgen, wenn die Aufforderung nach Maßgabe des §. 203 Abs. 2 bekannt gemacht ist; sie geschieht mittelst Bekanntmachung in den Gesellschaftsblättern.

Die an Stelle der für kraftlos erklärten Aktien auszugebenden neuen Aktien sind für Rechnung der Betheiligten durch die Gesellschaft zum Börsenpreis und in Ermangelung eines solchen durch öffentliche Versteigerung zu verkaufen. Der Erlös ist zu hinterlegen.

Fünfter Abschnitt.

Auflösung und Nichtigkeit der Gesellschaft.

§. 265. (Art. 242.)

Die Aktiengesellschaft wird aufgelöst:

1. durch den Ablauf der im Gesellschaftsvertrage bestimmten Zeit;

2. durch Beschluß der Generalversammlung; der Beschluß bedarf einer Mehrheit von drei Viertheilen des bei der Beschlußfassung vertretenen Grundkapitals; der Gesellschaftsvertrag kann noch andere Erfordernisse aufstellen;
3. durch die Eröffnung des Konkurses über das Vermögen der Gesellschaft; wird der Konkurs nach Abschluß eines Zwangsvergleichs aufgehoben oder auf Grund des §. 188 der Konkursordnung eingestellt, so kann die Generalversammlung die Fortsetzung der Gesellschaft beschließen.

Die Vorschriften dieses Abschnitts kommen auch dann zur Anwendung, wenn die Auflösung einer Aktiengesellschaft aus anderen Gründen erfolgt.

§. 266. (Art. 243 Abs. 2 Halbsatz 1.)

Die Auflösung der Gesellschaft ist außer dem Falle des Konkurses durch den Vorstand zur Eintragung in das Handelsregister anzumelden. Das Gleiche gilt von einer Fortsetzung der Gesellschaft in den im §. 265 Abs. 1 Nr. 3 bezeichneten Fällen.

§. 267. (Art. 244a Abs. 1.)

Nach Auflösung der Gesellschaft findet die Liquidation statt, sofern nicht über das Vermögen der Gesellschaft der Konkurs eröffnet ist.

Bis zur Beendigung der Liquidation kommen die Vorschriften der vorausgehenden Abschnitte zur Anwendung, soweit sich nicht aus diesem Abschnitt oder aus dem Wesen der Liquidation ein Anderes ergiebt.

§. 268. (Art. 244 Abs. 1, 2, 4.)

Die Liquidation geschieht durch die Mitglieder des Vorstandes als Liquidatoren, sofern nicht durch den Gesellschaftsvertrag oder durch Beschluß der Generalversammlung andere Personen dazu bestimmt werden.

Auf Antrag des Aufsichtsraths oder von Aktionären, deren Antheile zusammen den zwanzigsten Theil des Grundkapitals erreichen, kann aus wichtigen Gründen die Ernennung von Liquidatoren durch das Gericht erfolgen, in dessen Bezirke die Gesellschaft ihren Sitz hat. Die Aktionäre haben bei Stellung des Antrags glaubhaft zu machen, daß sie seit mindestens sechs Monaten Besitzer der Aktien sind.

Die Abberufung von Liquidatoren kann durch das Gericht unter denselben Voraussetzungen wie die Bestellung stattfinden. Liquidatoren, die nicht vom Gericht ernannt sind, können durch die Generalversammlung auch vor dem Ablaufe des Zeitraums, für welchen sie bestellt sind, abberufen werden.

§. 269. (Art. 244 Abs. 3.)

Die ersten Liquidatoren sind durch den Vorstand, jede Aenderung in den Personen der Liquidatoren ist durch die Liquidatoren zur Eintragung in das

Handelsregister anzumelden. Ist bei der Bestellung der Liquidatoren eine Bestimmung über ihre Vertretungsbefugniß getroffen, so ist auch diese Bestimmung zur Eintragung anzumelden.

Der Anmeldung ist eine beglaubigte Abschrift der Urkunden über die Bestellung oder Aenderung beizufügen; diese Vorschrift findet auf die Anmeldung zum Handelsregister einer Zweigniederlassung keine Anwendung.

Die Eintragung der gerichtlichen Ernennung oder Abberufung von Liquidatoren geschieht von Amtswegen.

Die Liquidatoren haben die Firma nebst ihrer Namensunterschrift zur Aufbewahrung bei dem Gerichte zu zeichnen.

§. 270. (Art. 243 Abs. 1 Halbsatz 2, Abs. 2, 245 Abs. 3.)[1]

Die Liquidatoren haben unter Hinweis auf die Auflösung der Gesellschaft die Gläubiger der Gesellschaft aufzufordern, ihre Ansprüche anzumelden. Die Aufforderung ist dreimal in den Gesellschaftsblättern zu veröffentlichen.

§. 271. (Art. 244a Abs. 1, 2.)

Der Geschäftskreis der Liquidatoren sowie die Form, in welcher sie die Firma zu zeichnen haben, bestimmt sich nach den Vorschriften der §§. 135, 137, 139.

Im Uebrigen haben die Liquidatoren innerhalb ihres Geschäftskreises die Rechte und Pflichten des Vorstandes; sie unterliegen gleich diesem der Ueberwachung durch den Aufsichtsrath.

In Ansehung der Mitwirkung sämmtlicher Liquidatoren bei Willenserklärungen für die Gesellschaft findet die Vorschrift des §. 213 Abs. 1 Satz 1 nur insoweit Anwendung, als nicht für die Liquidatoren im Gesellschaftsvertrag oder bei ihrer Ernennung ein Anderes bestimmt ist.

Eine Bestellung von Prokuristen findet nicht statt. Die Vorschriften des §. 217 bleiben außer Anwendung.

§. 272. (Art. 244a Abs. 3.)[2]

Die Liquidatoren haben für den Beginn der Liquidation und weiterhin für den Schluß jedes Jahres eine Bilanz aufzustellen; das bisherige Geschäftsjahr der Gesellschaft kann beibehalten werden.

Die Vorschriften der §§. 237, 240 bis 243 mit Ausnahme derjenigen über die Gewinnvertheilung und über die Gewinn- und Verlustrechnung finden Anwendung; die Vorschriften der §§. 238, 239 bleiben außer Anwendung.

§. 273. (Art. 245 Abs. 1.)

Das Vermögen der aufgelösten Gesellschaft wird unter die Aktionäre vertheilt. Die Vertheilung erfolgt nach dem Verhältnisse der Aktienbeträge,

[1]) Art. 202 Abs. 1 Halbsatz 1 (Art. 245 Abs. 3) ist gestrichen.

[2]) Art. 244a Abs. 4 ist gestrichen.

sofern nicht mehrere Gattungen von Aktien mit verschiedener Berechtigung bestehen.

Sind die Einzahlungen nicht auf alle Aktien in demselben Verhältniß eingefordert, so erfolgt die Vertheilung in Ermangelung einer anderen Bestimmung des Gesellschaftsvertrags nach dem Verhältnisse der eingeforderten Beträge. Ist auf einen Theil der Aktien eine höhere als die eingeforderte Einzahlung geleistet, so werden diese Aktien in derselben Weise berücksichtigt, wie wenn der gezahlte Betrag eingefordert wäre.

§. 274. (Art. 245 Abs. 2, 3, 202 Abs. 1 Halbsatz 2, Abs. 2.)

Die Vertheilung des Vermögens darf nur erfolgen, wenn seit dem Tage, an welchem die im §. 270 vorgeschriebene öffentliche Aufforderung an die Gläubiger zum dritten Male stattgefunden hat, ein Jahr verstrichen ist.

Meldet sich ein bekannter Gläubiger nicht, so ist der geschuldete Betrag, wenn die Berechtigung zur Hinterlegung vorhanden ist, für den Gläubiger zu hinterlegen.

Ist die Berichtigung einer Verbindlichkeit zur Zeit nicht ausführbar oder ist eine Verbindlichkeit streitig, so darf die Vertheilung des Vermögens nur erfolgen, wenn dem Gläubiger Sicherheit geleistet ist.

§. 275. (Art. 245 Abs. 4, 246.)

Ist die Liquidation beendigt und die Schlußrechnung gelegt, so haben die Liquidatoren das Erlöschen der Gesellschaftsfirma zur Eintragung in das Handelsregister anzumelden.

Die Bücher und Papiere der Gesellschaft sind an einem von dem Gerichte des Sitzes der Gesellschaft zu bestimmenden sicheren Orte zur Aufbewahrung auf die Dauer von zehn Jahren niederzulegen.

Die Aktionäre und die Gläubiger können zur Einsicht der Bücher und Papiere von dem Gericht ermächtigt werden.

§. 276.

Eine Verwerthung des Gesellschaftsvermögens durch Veräußerung des Vermögens im Ganzen ist nur auf Grund eines Beschlusses der Generalversammlung zulässig. Für den Beschluß bedarf es einer Mehrheit von drei Viertheilen des bei der Beschlußfassung vertretenen Grundkapitals; der Gesellschaftsvertrag kann noch andere Erfordernisse aufstellen.

Der Beschluß hat die Auflösung der Gesellschaft zur Folge.

Die Vorschriften der §§. 267 bis 275 kommen mit der Maßgabe zur Anwendung, daß die Liquidatoren zu denjenigen Geschäften und Rechtshandlungen befugt sind, welche die Ausführung der beschlossenen Maßregel mit sich bringt. Die Ausantwortung des Vermögens an den Uebernehmer darf nur unter Beobachtung der für die Vertheilung unter die Aktionäre nach den §§. 270, 274 geltenden Vorschriften stattfinden.

§. 277.

Wird das Vermögen einer Aktiengesellschaft als Ganzes von dem Reiche, einem Bundesstaat oder einem inländischen Kommunalverband übernommen, so kann zugleich vereinbart werden, daß die Liquidation unterbleiben soll.

Die im §. 276 Abs. 1 vorgesehene Zustimmung der Generalversammlung ist auch für eine solche Vereinbarung erforderlich.

Der Vorstand hat den Beschluß der Generalversammlung zugleich mit der Auflösung der Gesellschaft zur Eintragung in das Handelsregister anzumelden; der Anmeldung ist der mit dem Uebernehmer abgeschlossene Vertrag in Urschrift oder in beglaubigter Abschrift beizufügen.

Der Beschluß hat keine Wirkung, bevor die Eintragung bei dem Gericht, in dessen Bezirke sich der Sitz der Gesellschaft befindet, stattgefunden hat.

Mit der Eintragung des Beschlusses gilt der Uebergang des Vermögens der Gesellschaft einschließlich der Schulden als erfolgt; die Firma der Gesellschaft erlischt.

§. 278. (Art. 215 Abs. 4.)

Wird das Vermögen einer Aktiengesellschaft als Ganzes an eine andere Aktiengesellschaft oder an eine Kommanditgesellschaft auf Aktien gegen Gewährung von Aktien der übernehmenden Gesellschaft übertragen, so bleiben bei der Erhöhung des Grundkapitals der übernehmenden Gesellschaft die Vorschriften des §. 253 Abs. 1, des §. 255 Abs. 2, der §§. 256, 257, des §. 258 Abs. 1 sowie des §. 259 Abs. 2 Nr. 1 und Abs. 3 außer Anwendung.

Der Anmeldung der erfolgten Erhöhung des Grundkapitals zum Handelsregister ist der von der Generalversammlung der aufgelösten Gesellschaft genehmigte Vertrag über die Vermögensübertragung in Urschrift oder in beglaubigter Abschrift beizufügen.

Auf den Umtausch der Aktien der aufgelösten Gesellschaft finden die Vorschriften des §. 264 Anwendung.

§. 279. (Art. 247 Nr. 1 bis 3, 5.)[1]

Ist im Falle des §. 278 vereinbart, daß eine Liquidation des Vermögens der aufgelösten Gesellschaft nicht stattfinden soll, so finden die Vorschriften des §. 277 entsprechende Anwendung; außerdem gelten die folgenden besonderen Vorschriften.

Das Vermögen der aufgelösten Gesellschaft ist durch die übernehmende Gesellschaft getrennt zu verwalten.

Der bisherige Gerichtsstand der aufgelösten Gesellschaft bleibt bis zur Vereinigung der Vermögen der beiden Gesellschaften bestehen.

Bis zu demselben Zeitpunkte gilt im Verhältnisse der Gläubiger der aufgelösten Gesellschaft zu der übernehmenden Gesellschaft und deren übrigen

[1]) Art. 247 Nr. 4 ist gestrichen; vergl. jedoch auch §. 276 Abs. 2.

Gläubigern das übernommene Vermögen noch als Vermögen der aufgelösten Gesellschaft.

Die Vereinigung der beiden Vermögen darf erst erfolgen, nachdem die Gläubiger der aufgelösten Gesellschaft von der anderen Gesellschaft nach Maßgabe des §. 270 zur Anmeldung ihrer Forderungen aufgefordert sind, und nur unter Beobachtung der nach §. 274 für die Vertheilung des Vermögens unter die Aktionäre geltenden Vorschriften.

Die Mitglieder des Vorstandes und des Aufsichtsraths der übernehmenden Gesellschaft sind den Gläubigern der aufgelösten Gesellschaft für die Ausführung der getrennten Verwaltung als Gesammtschuldner verantwortlich, die Mitglieder des Aufsichtsraths jedoch nur, soweit eine Vereinigung der Vermögen beider Gesellschaften mit ihrem Wissen und ohne ihr Einschreiten erfolgt.

§. 280.

Ist die Firma einer Aktiengesellschaft durch den Uebergang ihres Vermögens auf eine andere Gesellschaft oder juristische Person ohne vorgängige Liquidation erloschen, so ist eine Anfechtung des den Uebergang betreffenden Beschlusses der Generalversammlung gegen die Rechtsnachfolgerin der aufgelösten Gesellschaft zu richten.

§. 281.

Enthält das Statut nicht die nach §. 168 Abs. 2 wesentlichen Bestimmungen oder ist eine dieser Bestimmungen ungültig, so kann jeder Gesellschafter und jedes Mitglied des Vorstandes und des Aufsichtsraths im Wege der Klage beantragen, daß die Gesellschaft für nichtig erklärt werde. Die gleiche Befugniß steht der Staatsbehörde zu.

Die Vorschriften der §§. 248, 249 finden entsprechende Anwendung, im Falle der Klage der Staatsbehörde jedoch nur nach Maßgabe des §. 250 Abs. 1 Satz 2. Die zur Erhebung der Klage zuständigen Behörden werden durch die Landesregierungen bestimmt.

§. 282.

Ein Mangel, welcher die Bestimmungen über die Firma oder den Sitz der Gesellschaft, den Gegenstand des Unternehmens, die Form ihrer Bekanntmachungen oder die Bestellung und Zusammensetzung des Vorstandes betrifft, kann durch einen den Vorschriften dieses Gesetzbuchs über eine Aenderung des Gesellschaftsvertrags entsprechenden Beschluß der Generalversammlung geheilt werden. Zur Heilung eines Mangels, der die Bestimmungen über die Berufung der Generalversammlung betrifft, ist ein einstimmiger Beschluß aller Gesellschafter erforderlich.

§. 283.

Ist die Gesellschaft durch rechtskräftiges Urtheil für nichtig erklärt, so finden zum Zwecke der Abwickelung ihrer Verhältnisse die für den Fall der Auflösung geltenden Vorschriften entsprechende Anwendung.

Die Wirksamkeit der im Namen der Gesellschaft mit Dritten vorgenommenen Rechtsgeschäfte wird durch die Nichtigkeitserklärung nicht berührt.

Die Gesellschafter haben die versprochenen Einzahlungen zu leisten, soweit es zur Erfüllung der eingegangenen Verbindlichkeiten erforderlich ist. Für einen Ausfall haften den Gläubigern die Gründer sowie die Mitglieder des Vorstandes und des Aufsichtsraths als Gesammtschuldner, die Mitglieder des Vorstandes und des Aufsichtsraths jedoch nur in Ansehung der Verbindlichkeiten, die begründet worden sind, während sie Mitglieder waren.

Sechster Abschnitt.

Strafvorschriften.

§. 284. (Art. 249.)

Mitglieder des Vorstandes oder des Aufsichtsraths oder Liquidatoren werden, wenn sie absichtlich zum Nachtheile der Gesellschaft handeln, mit Gefängniß und zugleich mit Geldstrafe bis zu zwanzigtausend Mark bestraft.

Zugleich kann auf Verlust der bürgerlichen Ehrenrechte erkannt werden.

§. 285. (Art. 249a.)

Mit Gefängniß und zugleich mit Geldstrafe bis zu zwanzigtausend Mark werden bestraft:

1. Gründer oder Mitglieder des Vorstandes oder des Aufsichtsraths, die behufs der Eintragung der Gesellschaft in das Handelsregister in Ansehung der Zeichnung oder Einzahlung des Grundkapitals, des Betrags, zu welchem die Aktien ausgegeben werden, oder der im §. 172 vorgesehenen Festsetzungen wissentlich falsche Angaben machen;
2. diejenigen, welche in Ansehung der vorerwähnten Thatsachen wissentlich falsche Angaben in einer im §. 189 bezeichneten Ankündigung von Aktien machen;
3. Mitglieder des Vorstandes oder des Aufsichtsraths, die behufs der Eintragung einer Erhöhung des Grundkapitals in das Handelsregister in Ansehung der Einzahlung des bisherigen oder der Zeichnung oder Einzahlung des erhöhten Kapitals oder in Ansehung des Betrags, zu welchem die Aktien ausgegeben werden, oder in Ansehung der im §. 254 bezeichneten Festsetzungen wissentlich falsche Angaben machen.

Zugleich kann auf Verlust der bürgerlichen Ehrenrechte erkannt werden. Sind mildernde Umstände vorhanden, so tritt ausschließlich die Geldstrafe ein.

§. 286. (Art. 249 b.)

Mitglieder des Vorstandes oder des Aufsichtsraths oder Liquidatoren werden mit Gefängniß bis zu einem Jahre und zugleich mit Geldstrafe bis zu zwanzigtausend Mark bestraft, wenn sie wissentlich

1. in ihren Darstellungen, in ihren Uebersichten über den Vermögensstand der Gesellschaft oder in den in der Generalversammlung gehaltenen Vorträgen den Stand der Verhältnisse der Gesellschaft unwahr darstellen oder verschleiern;
2. Aktien ausgeben, bevor darauf der Nennbetrag oder, falls der Ausgabepreis ein höherer ist, dieser Betrag voll geleistet ist;
3. Aktien oder Interimsscheine ausgeben, bevor die Gesellschaft oder im Falle einer Erhöhung des Grundkapitals die erfolgte Erhöhung in das Handelsregister eingetragen ist;
4. außer den Fällen des §. 167 Abs. 2, 3 Aktien oder Interimsscheine ausgeben, die auf einen geringeren Betrag als eintausend Mark gestellt sind;
5. in den Fällen des §. 167 Abs. 2, 3 Aktien oder Interimsscheine ausgeben, in denen die im §. 167 Abs. 4 vorgesehenen Angaben nicht enthalten sind.

Im Falle der Nr. 1 kann zugleich auf Verlust der bürgerlichen Ehrenrechte erkannt werden.

Sind mildernde Umstände vorhanden, so tritt ausschließlich die Geldstrafe ein.

§. 287. (Art. 249 c.)

Mit Gefängniß bis zu drei Monaten und zugleich mit Geldstrafe bis zu fünftausend Mark werden bestraft:

1. die Mitglieder des Vorstandes oder die Liquidatoren sowie die Mitglieder des Aufsichtsraths, wenn länger als drei Monate die Gesellschaft ohne Aufsichtsrath geblieben ist oder in dem letzteren die zur Beschlußfähigkeit erforderliche Zahl von Mitgliedern gefehlt hat;
2. die Mitglieder des Vorstandes oder die Liquidatoren, wenn entgegen den Vorschriften des §. 220 Abs. 2 und des §. 271 Abs. 2 der Antrag auf Eröffnung des Konkursverfahrens unterblieben ist.

Sind mildernde Umstände vorhanden, so tritt ausschließlich die Geldstrafe ein.

Straflos bleibt derjenige, bezüglich dessen festgestellt wird, daß die Bestellung oder Ergänzung des Aufsichtsraths oder der Eröffnungsantrag ohne sein Verschulden unterblieben ist.

§. 288. (Art. 249d Abs. 1 Nr. 3, Abs. 2, 3.)[1]

Wer über die Hinterlegung von Aktien oder Interimsscheinen Bescheinigungen, die zum Nachweise des Stimmrechts in einer Generalversammlung dienen sollen, wissentlich falsch ausstellt oder verfälscht oder von einer solchen Bescheinigung, wissend, daß sie falsch oder verfälscht ist, zur Ausübung des Stimmrechts Gebrauch macht, wird mit Gefängniß bis zu einem Jahre und zugleich mit Geldstrafe bis zu zehntausend Mark bestraft. Daneben kann auf Verlust der bürgerlichen Ehrenrechte erkannt werden. Sind mildernde Umstände vorhanden, so tritt ausschließlich die Geldstrafe ein.

§. 289. (Art. 249e.)

Wer sich besondere Vortheile dafür gewähren oder versprechen läßt, daß er bei einer Abstimmung in der Generalversammlung in einem gewissen Sinne stimme, wird mit Geldstrafe bis zu dreitausend Mark oder mit Gefängniß bis zu einem Jahre bestraft.

§. 290. (Art. 249f.)

Wer die Aktien eines Anderen, zu dessen Vertretung er nicht befugt ist, ohne dessen Einwilligung zur Ausübung des Stimmrechts in der Generalversammlung oder zur Ausübung eines der in den §§. 234, 240, 242, 244, 247, 268, 281 bezeichneten Rechte benutzt, wird mit einer Geldstrafe von zehn bis dreißig Mark für jede der Aktien, jedoch nicht unter eintausend Mark, bestraft. Die gleiche Strafe trifft denjenigen, welcher Aktien eines Anderen gegen Entgelt leiht und für diese eines der vorbezeichneten Rechte ausübt, sowie denjenigen, welcher hierzu durch Verleihung der Aktien wissentlich mitwirkt.

§. 291. (Art. 249g Abs. 2.)

Die Mitglieder des Vorstandes oder die Liquidatoren sind zur Befolgung der im §. 220 Abs. 1, im §. 226 Abs. 1, im §. 237 Abs. 2, 3, im §. 243 Abs. 1, 2, im §. 248 Abs. 4, im §. 272 und im §. 275 Abs. 2 enthaltenen Vorschriften von dem im §. 181 bezeichneten Gerichte durch Ordnungsstrafen anzuhalten.

In Betreff der im §. 181 Abs. 1, im §. 252 Abs. 1, im §. 265 Abs. 1, im §. 259 Abs. 1, im §. 277 Abs. 3 sowie im §. 278 Abs. 2 vorgesehenen Anmeldungen zum Handelsregister findet, soweit es sich um die Anmeldungen zum Handelsregister des Sitzes der Gesellschaft handelt, eine Verhängung von Ordnungsstrafen nach §. 13 nicht statt.

---

[1]) Der Abs. 1 Nr. 1, 2 und der Abs. 4 des Art. 249d sind gestrichen.

Vierter Titel.

Kommanditgesellschaft auf Aktien.

§. 292. (Art. 173 Abs. 1.)[1])

Mindestens ein Gesellschafter der Kommanditgesellschaft auf Aktien haftet den Gesellschaftsgläubigern unbeschränkt (persönlich haftender Gesellschafter), während die übrigen sich nur mit Einlagen auf das in Aktien zerlegte Grundkapital der Gesellschaft betheiligen (Kommanditisten).

Das Rechtsverhältniß der persönlich haftenden Gesellschafter unter einander und gegenüber der Gesammtheit der Kommanditisten sowie gegenüber Dritten, insbesondere die Befugniß der persönlich haftenden Gesellschafter zur Geschäftsführung und zur Vertretung der Gesellschaft, bestimmt sich nach den für die Kommanditgesellschaft geltenden Vorschriften.

Im Uebrigen gelten für die Kommanditgesellschaft auf Aktien, soweit sich nicht aus den nachfolgenden Vorschriften und aus dem Fehlen eines Vorstandes ein Anderes ergiebt, die Vorschriften des dritten Titels über die Aktiengesellschaft.

§. 293. (Art. 175 Abs. 1.)

Der Inhalt des Gesellschaftsvertrags (Statut) muß von mindestens fünf Personen in gerichtlicher oder notarieller Verhandlung festgestellt werden. Die persönlich haftenden Gesellschafter müssen sich sämmtlich bei der Feststellung betheiligen; außer ihnen können nur Personen mitwirken, die als Kommanditisten Aktien übernehmen. In der Verhandlung ist der Betrag der von jedem Betheiligten übernommenen Aktien anzugeben.

Die Gesellschafter, welche den Inhalt des Gesellschaftsvertrags festgestellt haben oder andere als durch Baarzahlung zu leistende Einlagen machen, gelten als die Gründer der Gesellschaft.

§. 294. (Art. 175 Abs. 2 Nr. 1 bis 4, 6, 7, 175b Abs. 1.)

Der Gesellschaftsvertrag muß außer den im §. 168 Abs. 2 Nr. 1 bis 3, 5, 6 vorgesehenen Festsetzungen den Namen, Vornamen, Stand und Wohnort jedes persönlich haftenden Gesellschafters enthalten.

Vermögenseinlagen der persönlich haftenden Gesellschafter müssen, sofern sie nicht auf das Grundkapital erfolgen, nach Höhe und Art im Gesellschaftsvertrage festgesetzt werden.

Die Vorschrift des §. 172 Abs. 1 findet auf alle zu Gunsten eines persönlich haftenden Gesellschafters bedungenen besonderen Vortheile Anwendung.

---

[1]) Zu den §§. 292 bis 305 vergl. Art. 173 bis 206a, 249 bis 249f, 249g Abs. 1. Die Art. 174a, 180h Abs. 3, 181, 206a Abs. 4 Satz 2 sind gestrichen.

§. 295. (Art. 175c, 176 Abs. 1, Abs. 3 Satz 1, 175f Abs. 3 Satz 1.)

Zeichnungsscheine haben außer den im §. 175 vorgesehenen Angaben die Bezeichnung derjenigen Gründer zu enthalten, welche persönlich haftende Gesellschafter sind.

In der mit der Anmeldung der Gesellschaft zum Handelsregister nach §. 181 Abs. 3 Satz 1 zu verbindenden Erklärung ist in Ansehung der durch Baarzahlung zu leistenden Einlagen anzugeben, daß der eingeforderte Betrag baar eingezahlt und im Besitze der persönlich haftenden Gesellschafter ist.

Zur Theilnahme an der im §. 182 bezeichneten Verhandlung sind auch die persönlich haftenden Gesellschafter berechtigt. Die der Errichtung der Gesellschaft zustimmende Mehrheit muß mindestens ein Viertheil der in dem Verzeichniß aufgeführten Kommanditisten begreifen; der Betrag ihrer Antheile muß mindestens ein Viertheil des nicht von den persönlich haftenden Gesellschaftern übernommenen Grundkapitals darstellen.

Bei der Eintragung in das Handelsregister sind statt der Mitglieder des Vorstandes die persönlich haftenden Gesellschafter anzugeben. Enthält der Gesellschaftsvertrag besondere Bestimmungen über die Befugniß der persönlich haftenden Gesellschafter zur Vertretung der Gesellschaft, so sind auch diese Bestimmungen einzutragen.

§. 296. (Art. 180e Abs. 3.)

Für den im §. 193 bezeichneten Beschluß der Generalversammlung bedarf es, wenn sich der Beschluß auf einen im ersten Jahre nach der Eintragung der Gesellschaft geschlossenen Vertrag bezieht, einer Mehrheit, deren Antheile mindestens ein Viertheil des nicht auf Aktien der persönlich haftenden Gesellschafter entfallenden Theiles des Grundkapitals darstellen. Die Vorschrift des §. 193 Abs. 3 Satz 1 bleibt unberührt.

§. 297.

Die den Vorstand der Aktiengesellschaft betreffenden Vorschriften

1. über die Anmeldungen, Einreichungen und Erklärungen zum Handelsregister,
2. über die Berufung der Generalversammlung,
3. über die Aufstellung, Vorlegung und Veröffentlichung der Jahresbilanz und der Gewinn- und Verlustrechnung sowie über die Vorlegung des Geschäftsberichts,
4. über die Anfechtung von Beschlüssen der Generalversammlung,
5. über das Verfahren im Falle der Bestellung von Revisoren zur Prüfung der Bilanz oder zur Prüfung von Vorgängen bei der Gründung oder Geschäftsführung sowie über die Obliegenheiten gegenüber den Revisoren und dem Aufsichtsrath,

6. über die im Falle einer Herabsetzung des Grundkapitals an die Gläubiger zu richtende Aufforderung,
7. über die Geltendmachung von Ersatzansprüchen der Gesellschaft wegen der Geschäftsführung,
8. über die Stellung des Antrags auf Eröffnung des Konkursverfahrens,[1])
9. über die strafrechtliche Verantwortlichkeit und über die Verhängung von Ordnungsstrafen

finden auf die persönlich haftenden Gesellschafter entsprechende Anwendung.

Die Vorschriften des §. 217 finden auf die persönlich haftenden Gesellschafter mit der Maßgabe Anwendung, daß die Einwilligung der Gesellschaft nur in Ansehung des Abschlusses von Geschäften in dem Handelszweige der Gesellschaft sowie in Ansehung der Theilnahme an einer anderen gleichartigen Gesellschaft erforderlich ist.

§. 298. (Art. 190 Abs. 4.)

In der Generalversammlung haben die persönlich haftenden Gesellschafter, auch wenn sie Aktien besitzen, kein Stimmrecht.

Die Beschlüsse der Generalversammlung bedürfen der Zustimmung der persönlich haftenden Gesellschafter, soweit sie Angelegenheiten betreffen, für die bei der Kommanditgesellschaft das Einverständniß der persönlich haftenden Gesellschafter und der Kommanditisten erforderlich ist.

Zur Ausübung der Befugnisse, welche in Ansehung der Bestellung von Revisoren und der Geltendmachung von Ansprüchen der Gesellschaft aus der Gründung oder der Geschäftsführung nach den §§. 242 bis 245 der Generalversammlung oder einer Minderheit von Aktionären, zustehen, bedarf es der Zustimmung der persönlich haftenden Gesellschafter nicht.

Beschlüsse der Generalversammlung, die der Zustimmung der persönlich haftenden Gesellschafter bedürfen, sind zum Handelsregister erst einzureichen, wenn die Zustimmung erfolgt ist. Bei Beschlüssen, die in das Handelsregister einzutragen sind, ist die Zustimmung der persönlich haftenden Gesellschafter in dem über die Verhandlung aufzunehmenden Protokoll oder in einem Anhange zu dem Protolle zu beurkunden.

§. 299. (Art. 186 Abs. 2, 191 Abs. 1 Satz 2, 194 Abs. 2, 195 Abs. 1.)

Die Beschlüsse der Kommanditisten werden durch den Aufsichtsrath ausgeführt, soweit nicht im Gesellschaftsvertrag ein Anderes bestimmt ist.

---

[1]) An anderer Stelle soll bestimmt werden, daß der §. 198 Abs. 1 der Konkursordnung folgenden Zusatz erhält:

Ueber das Vermögen einer Kommanditgesellschaft auf Aktien findet das Konkursverfahren außer dem Falle der Zahlungsunfähigkeit in dem Falle der Ueberschuldung statt.

In Rechtsstreitigkeiten, welche die Gesammtheit der Kommanditisten gegen die persönlich haftenden Gesellschafter oder diese gegen die Gesammtheit der Kommanditisten zu führen haben, werden die Kommanditisten durch den Aufsichtsrath vertreten, es sei denn, daß in der Generalversammlung besondere Vertreter gewählt werden. Für die Kosten des Rechtsstreits, welche den Kommanditisten zur Last fallen, haftet die Gesellschaft, unbeschadet ihres Rückgriffs gegen die Kommanditisten.

Die Vorschrift des §. 227 Abs. 2 findet entsprechende Anwendung.

Persönlich haftende Gesellschafter können nicht Mitglieder des Aufsichtsraths sein.

§. 300.

Ergiebt sich für die persönlich haftenden Gesellschafter nach dem Jahreserträgniß ein Gewinnantheil, der nicht auf ihre Aktien fällt, so hat die Auszahlung zu unterbleiben, falls eine Unterbilanz vorhanden ist, die ihre nicht in Aktien bestehenden Kapitalantheile übersteigt. Solange eine solche Unterbilanz besteht, ist auch eine sonstige Entnahme von Geld auf den Kapitalantheil ausgeschlossen.

Auf den Gewinn, der sich für die persönlich haftenden Gesellschafter ergiebt, findet die Vorschrift des §. 239 Nr. 1 über den Reservefonds Anwendung.

§. 301. (Art. 175a Abs. 1 Nr. 6, 199, 200.)

In Betreff der Thatsachen, durch welche die Auflösung der Kommanditgesellschaft auf Aktien herbeigeführt wird, sowie in Betreff des Ausscheidens eines von mehreren persönlich haftenden Gesellschaftern aus der Gesellschaft finden die für die Kommanditgesellschaft geltenden Vorschriften mit folgenden Maßgaben Anwendung.

Die Eröffnung des Konkurses über das Vermögen eines Kommanditisten hat die Auflösung der Gesellschaft nicht zur Folge; die Gläubiger eines Kommanditisten sind nicht berechtigt, die Gesellschaft zu kündigen.

Für die Kündigung durch die Kommanditisten sowie für ihre Zustimmung zur Auflösung der Gesellschaft bedarf es eines Beschlusses der Generalversammlung, welcher mit einer Mehrheit von mindestens drei Viertheilen des bei der Beschlußfassung vertretenen Grundkapitals gefaßt ist; das Gleiche gilt in Betreff des Antrags auf Auflösung der Gesellschaft durch gerichtliche Entscheidung. Der Gesellschaftsvertrag kann noch andere Erfordernisse für die Beschlußfassung aufstellen.

Das Ausscheiden von persönlich haftenden Gesellschaftern kann außer dem Falle der Ausschließung nur stattfinden, soweit es im Gesellschaftsvertrage für zulässig erklärt ist.

Die Auflösung der Gesellschaft sowie das Ausscheiden eines persönlich haftenden Gesellschafters ist von sämmtlichen persönlich haftenden Gesellschaftern zur Eintragung in das Handelsregister anzumelden. Die Vorschrift des §. 130 Abs. 3 findet Anwendung.

§. 302. (Art. 205 Abs. 1, 206.)

Sofern nicht der Gesellschaftsvertrag ein Anderes bestimmt, erfolgt die Liquidation durch sämmtliche persönlich haftenden Gesellschafter und durch eine oder mehrere von der Generalversammlung gewählte Personen als Liquidatoren.

Zu dem Antrag auf Ernennung oder Abberufung von Liquidatoren durch das Gericht ist auch jeder persönlich haftende Gesellschafter befugt.

§. 303. (Art. 206a Abs. 1, 2, 3 Satz 1, 3.)

Eine Kommanditgesellschaft auf Aktien kann durch Beschluß der Generalversammlung und aller persönlich haftenden Gesellschafter in eine Aktiengesellschaft umgewandelt werden.

Die Vorschriften über eine Abänderung des Gesellschaftsvertrags finden Anwendung.

Die Antheile der der Umwandlung zustimmenden Mehrheit der Kommanditisten müssen mindestens ein Viertheil des nicht auf Aktien der persönlich haftenden Gesellschafter fallenden Theiles des Grundkapitals darstellen. In dem Beschlusse sind die zur Durchführung der Umwandlung erforderlichen Maßregeln, insbesondere die Firma sowie die Art der Bestellung und Zusammensetzung des Vorstandes, festzusetzen.

§. 304. (Art. 206a Abs. 3 Satz 1, 2, Abs. 4 Satz 1.)[1]

Bei der Anmeldung des Umwandlungsbeschlusses sind zugleich die Mitglieder des Vorstandes zur Eintragung in das Handelsregister anzumelden. Eine beglaubigte Abschrift der Urkunden über ihre Bestellung ist beizufügen; bei der Anmeldung zur Eintragung in das Handelsregister einer Zweigniederlassung bedarf es der Beifügung dieser Abschrift nicht. Auf die Anmeldung zur Eintragung in das Handelsregister des Sitzes der Gesellschaft findet die Vorschrift des §. 13 keine Anwendung.

Der Anmeldung ist eine von der Generalversammlung genehmigte, für einen höchstens vier Wochen vor der Anmeldung liegenden Zeitpunkt aufgestellte Bilanz beizufügen. Auf diese Bilanz finden die Vorschriften des §. 237 Abs. 3 und der §§. 238, 240 Anwendung.

Mit der Eintragung scheiden die persönlich haftenden Gesellschafter aus der Gesellschaft aus; die Gesellschaft besteht von diesem Zeitpunkt an als Aktiengesellschaft fort.

§. 305. (Art. 206a Abs. 5 Satz 1, 2.)[2]

Unverzüglich nach der Eintragung hat der Vorstand in den Gesellschaftsblättern die im §. 304 Abs. 2 vorgesehene Bilanz zu veröffentlichen.

---

[1] Zu Art. 206a Abs. 4 Satz 2 vergl. die Anm. zu §. 292.

[2] Art. 206a Abs. 5 Satz 3 ist gestrichen.

Er hat unter Hinweis auf die Umwandlung die Gläubiger der Gesellschaft aufzufordern, ihre Ansprüche anzumelden. Die Aufforderung ist dreimal in den Gesellschaftsblättern zu veröffentlichen. Bekannte Gläubiger sind durch besondere Mittheilung zur Anmeldung aufzufordern.

Den Gläubigern, deren Forderungen vor der letzten öffentlichen Aufforderung begründet sind, ist Befriedigung zu gewähren oder Sicherheit zu leisten, sofern sie sich zu diesem Zwecke melden.

Die Mitglieder des Vorstandes und des Aufsichtsraths haften den Gläubigern für die Beobachtung dieser Vorschriften als Gesammtschuldner, die Mitglieder des Aufsichtsraths, soweit eine Zuwiderhandlung mit ihrem Wissen und ohne ihr Einschreiten erfolgt.

Fünfter Titel.

Stille Gesellschaft.

§. 306. (Art. 250 Abs. 1, 252 Abs. 1, 256.)

Wer sich als stiller Gesellschafter an dem Handelsgewerbe, das ein Anderer betreibt, mit einer Vermögenseinlage betheiligt, hat die Einlage so zu leisten, daß sie in das Vermögen des Inhabers des Handelsgeschäfts übergeht.

Der Inhaber wird aus den in dem Betriebe geschlossenen Geschäften allein berechtigt und verpflichtet.

§. 307. (Art. 250 Abs. 1, 254.)

Ist der Antheil des stillen Gesellschafters am Gewinn und Verluste nicht bestimmt, so gilt ein den Umständen nach angemessener Antheil als bedungen.

Die Betheiligung des stillen Gesellschafters am Gewinne kann durch den Gesellschaftsvertrag nicht ausgeschlossen werden.

§. 308. (Art. 255.)

Am Schlusse jedes Geschäftsjahrs wird der Gewinn und Verlust berechnet und der auf den stillen Gesellschafter fallende Gewinn ihm ausbezahlt.

Der stille Gesellschafter nimmt an dem Verluste nur bis zum Betrage seiner eingezahlten oder rückständigen Einlage Theil. Er ist nicht verpflichtet, den bezogenen Gewinn wegen späterer Verluste zurückzuzahlen; jedoch wird, solange seine Einlage durch Verlust vermindert ist, der jährliche Gewinn zur Deckung des Verlustes verwendet.

Der Gewinn, welcher von dem stillen Gesellschafter nicht erhoben wird, vermehrt dessen Einlage nicht, sofern nicht ein Anderes vereinbart ist.

§. 309. (Art. 253.)

Der stille Gesellschafter ist berechtigt, die abschriftliche Mittheilung der jährlichen Bilanz zu verlangen und ihre Richtigkeit unter Einsicht der Bücher und Papiere zu prüfen.

Die im §. 703 des Bürgerlichen Gesetzbuchs dem von der Geschäftsführung ausgeschlossenen Gesellschafter eingeräumten weiteren Rechte stehen dem stillen Gesellschafter nicht zu.

Auf Antrag des stillen Gesellschafters kann das Gericht, wenn wichtige Gründe vorliegen, die Mittheilung einer Bilanz oder sonstiger Aufklärungen sowie die Vorlegung der Bücher und Papiere jederzeit anordnen.

§. 310. (Art. 257.)

Ein stiller Gesellschafter, dessen Name mit seiner Zustimmung in die Firma aufgenommen ist, haftet für alle seit der Aufnahme im Betriebe des Handelsgeschäfts begründeten Verbindlichkeiten mit seinem ganzen Vermögen, sofern nicht die Annahme ausgeschlossen erscheint, daß der Name den gegenwärtigen Inhaber oder Mitinhaber des Geschäfts bezeichnen solle.

§. 311. (Art. 261 Nr. 6 Abs. 3, 263, 264.)

Auf die Kündigung der Gesellschaft durch einen der Gesellschafter oder durch einen Gläubiger des stillen Gesellschafters finden die Vorschriften der §§. 120, 122 entsprechende Anwendung. Die Vorschriften des §. 710 des Bürgerlichen Gesetzbuchs über das Recht, die Gesellschaft aus wichtigen Gründen ohne Einhaltung einer Frist zu kündigen, bleiben unberührt.

Durch den Tod des stillen Gesellschafters wird die Gesellschaft nicht aufgelöst.

§. 312. (Art. 265.)

Nach der Auflösung der Gesellschaft hat sich der Inhaber des Handelsgeschäfts mit dem stillen Gesellschafter auseinanderzusetzen und dessen Guthaben in Geld zu berichtigen.

Die zur Zeit der Auflösung schwebenden Geschäfte werden von dem Inhaber des Handelsgeschäfts abgewickelt. Der stille Gesellschafter nimmt Theil an dem Gewinn und Verluste, der sich aus diesen Geschäften ergiebt.

Er kann am Schlusse jedes Geschäftsjahrs Rechenschaft über die inzwischen beendigten Geschäfte, Auszahlung des ihm gebührenden Betrags und Auskunft über den Stand der noch schwebenden Geschäfte verlangen.

§. 313. (Art. 258.)

Wird über das Vermögen des Inhabers des Handelsgeschäfts der Konkurs eröffnet, so kann der stille Gesellschafter wegen der Einlage, soweit sie den Betrag des auf ihn fallenden Antheils am Verlust übersteigt, seine Forderung als Konkursgläubiger geltend machen.

Ist die Einlage rückständig, so hat sie der stille Gesellschafter bis zu dem Betrage, welcher zur Deckung seines Antheils am Verlust erforderlich ist, zur Konkursmasse einzuzahlen.

§. 314. (Art. 259.)[1])

Ist auf Grund einer in dem letzten Jahre vor der Eröffnung des Konkurses zwischen dem Inhaber des Handelsgeschäfts und dem stillen Gesellschafter getroffenen Vereinbarung diesem die Einlage ganz oder theilweise zurückgewährt oder sein Antheil an dem entstandenen Verluste ganz oder theilweise erlassen worden, so kann die Rückgewähr oder der Erlaß als den Konkursgläubigern gegenüber unwirksam angefochten werden. Es begründet keinen Unterschied, ob die Rückgewähr oder der Erlaß unter Auflösung der Gesellschaft stattgefunden hat oder nicht.

Die Anfechtung auf Grund dieser Vorschriften ist ausgeschlossen, wenn der Konkurs in Umständen seinen Grund hat, die erst nach der Vereinbarung der Rückgewähr oder des Erlasses eingetreten sind.

Auf die Anfechtung finden die Vorschriften der §§. 28 bis 32, des §. 33 Abs. 1 und des §. 34 der Konkursordnung Anwendung.

---

[1]) Die Art. 250 Abs. 2, 251, 252 Abs. 2, 260, 261 Nr. 1 bis 5, Nr. 6 Abs. 1, 2, 262 sind gestrichen.

Die Art. 266 bis 270 sind gestrichen.

Drittes Buch.

Handelsgeschäfte.

Erster Titel.

Allgemeine Vorschriften.

§. 315. (Art. 273 Abs. 1, 2, Art. 272 Abs. 2.)

Handelsgeschäfte sind alle Geschäfte eines Kaufmanns, die zum Betriebe seines Handelsgewerbes gehören.

Dies gilt insbesondere für die gewerbliche Weiterveräußerung der zu diesem Zwecke angeschafften Waaren und Werthpapiere sowie für die Anschaffung von Geräthen, Stoffen und anderen Sachen, die bei dem Betriebe des Gewerbes unmittelbar benutzt oder verbraucht werden sollen.

Die im §. 1 Abs. 2 bezeichneten Geschäfte sind auch dann Handelsgeschäfte, wenn sie von einem Kaufmann im Betriebe seines gewöhnlich auf andere Geschäfte gerichteten Handelsgewerbes gemacht werden.

§. 316. (Art. 274.)

Die von einem Kaufmanne vorgenommenen Rechtsgeschäfte gelten im Zweifel als zum Betriebe seines Handelsgewerbes gehörig.

Die von einem Kaufmanne gezeichneten Schuldscheine gelten als im Betriebe seines Handelsgewerbes gezeichnet, sofern nicht aus der Urkunde sich das Gegentheil ergiebt.

§. 317. (Art. 277.)

Auf ein Rechtsgeschäft, das für einen der beiden Theile ein Handelsgeschäft ist, kommen die Vorschriften über Handelsgeschäfte für beide Theile gleichmäßig zur Anwendung, soweit nicht aus diesen Vorschriften sich ein Anderes ergiebt.

§. 318. (Art. 279.)

In Ansehung der Bedeutung und Wirkung von Handlungen und Unterlassungen ist auf die im Handelsverkehre geltenden Gewohnheiten und Gebräuche Rücksicht zu nehmen.

§. 319. (Art. 282.)

Wer aus einem Geschäfte, das auf seiner Seite ein Handelsgeschäft ist, einem Anderen zur Sorgfalt verpflichtet ist, hat für die Sorgfalt eines ordentlichen Kaufmanns einzustehen.

Unberührt bleiben die Vorschriften des Bürgerlichen Gesetzbuchs, nach welchen der Schuldner in bestimmten Fällen nur grobe Fahrlässigkeit zu vertreten oder nur für diejenige Sorgfalt einzustehen hat, welche er in eigenen Angelegenheiten anzuwenden pflegt.

§. 320. (Art. 284 Abs. 1.)

Eine Vertragsstrafe, die von einem Kaufmann im Betriebe seines Handelsgewerbes versprochen ist, kann nicht auf Grund der Vorschriften des §. 337 des Bürgerlichen Gesetzbuchs herabgesetzt werden.

§. 321. (Art. 281 Abs. 2.)

Dem Bürgen steht, wenn die Bürgschaft für ihn und zugleich für den Gläubiger ein Handelsgeschäft ist, die Einrede der Vorausklage nicht zu. Das Gleiche gilt unter der bezeichneten Voraussetzung für denjenigen, welcher aus einem Kreditauftrag als Bürge haftet.

§. 322. (Ges. v. 14. Nov. 1867 — B. G. Bl. S. 159 — §. 2 Abs. 3.)[1])

Das im §. 241 Abs. 2 des Bürgerlichen Gesetzbuchs vorgesehene Kündigungsrecht bei Schulden, die mit mehr als sechs vom Hundert für das Jahr zu verzinsen sind, gilt nicht für Schulden eines Kaufmanns aus seinen Handelsgeschäften.

§. 323.

Die Vorschriften der §§. 320 bis 322 finden auf die im §. 5 bezeichneten Gewerbetreibenden keine Anwendung.

§. 324. (Art. 289.)[2])

Kaufleute unter einander sind berechtigt, für ihre Forderungen aus beiderseitigen Handelsgeschäften vom Tage der Fälligkeit an Zinsen zu fordern. Zinsen von Zinsen können auf Grund dieser Vorschrift nicht gefordert werden.

---

1) Werden im §. 241 Abs. 2 des Bürgerlichen Gesetzbuchs gemäß dem von der Kommission des Reichstags gefaßten Beschlusse die Worte: „sechs vom Hundert" durch die Worte: „fünf vom Hundert" ersetzt", so ist der §. 322 in gleicher Weise zu ändern.

2) Wird in den §§. 240, 282 des Bürgerlichen Gesetzbuchs gemäß dem von der Kommission des Reichstags gefaßten Beschlusse der Zinsfuß auf vier vom Hundert für das Jahr herabgesetzt, so soll in das Handelsgesetzbuch als §. 323a an Stelle des bisherigen Art. 287 folgende Vorschrift aufgenommen werden:

Die Höhe der gesetzlichen Zinsen, mit Einschluß der Verzugszinsen, ist bei Handelsgeschäften fünf vom Hundert für das Jahr.

Ist in diesem Gesetzbuche die Verpflichtung zur Zahlung von Zinsen ohne Bestimmung der Höhe ausgesprochen, so sind darunter Zinsen zu fünf vom Hundert für das Jahr zu verstehen.

§. 325. (Art. 290 Abs. 1, 2.)

Ein Kaufmann, der in Ausübung des Handelsgewerbes einem Anderen Geschäfte besorgt oder Dienste leistet, kann dafür auch ohne Verabredung Provision und, wenn es sich um Aufbewahrung handelt, Lagergeld nach den an dem Orte üblichen Sätzen fordern.

Für Darlehen, Vorschüsse, Auslagen und andere Verwendungen kann er vom Tage der Leistung an Zinsen berechnen.

§. 326. (Art. 291.)

Steht ein Kaufmann mit einem Anderen in einer Geschäftsverbindung, für welche vereinbart ist, daß während ihrer Dauer die aus ihr entspringenden beiderseitigen Ansprüche und Leistungen in regelmäßigen Zeitabschnitten durch Verrechnung und Feststellung des für den einen oder anderen Theil sich ergebenden Ueberschusses ausgeglichen werden sollen (laufende Rechnung, Kontokurrent), so kann derjenige, welchem bei dem Rechnungsabschluß ein Ueberschuß gebührt, von dem Tage des Abschlusses an Zinsen von dem Ueberschusse verlangen, wenngleich in der Rechnung Zinsen enthalten sind.

Der Rechnungsabschluß geschieht jährlich einmal, sofern nicht ein Anderes bestimmt ist.

Die laufende Rechnung kann im Zweifel auch während der Dauer einer Rechnungsperiode jederzeit mit der Wirkung gekündigt werden, daß derjenige, welchem nach der Rechnung ein Ueberschuß gebührt, dessen Zahlung beanspruchen kann.

§. 327.

Forderungen, die durch Pfand, Bürgschaft oder in anderer Weise gesichert sind, sowie Forderungen aus Wechseln oder anderen Werthpapieren bleiben von der laufenden Rechnung ausgeschlossen.

Diese Vorschrift findet keine Anwendung, wenn ein Anderes vereinbart oder nach der Art der Geschäftsverbindung als beabsichtigt anzusehen ist. In einem solchen Falle wird der Gläubiger durch die Aufnahme der Forderung in die laufende Rechnung nicht gehindert, aus der Sicherheit insoweit Befriedigung zu suchen, als sein Guthaben aus der laufenden Rechnung und die Forderung sich decken.

§. 328.

Hat der Gläubiger eines Betheiligten die Pfändung und Ueberweisung des Anspruchs auf dasjenige erwirkt, was seinem Schuldner als Ueberschuß aus der laufenden Rechnung zukommt, so kann er den Betrag verlangen, der sich als Ueberschuß zu Gunsten des Schuldners ergiebt, wenn die Rechnung für den Zeitpunkt der Pfändung abgeschlossen wird.

Der Gläubiger kann die Zahlung des Ueberschusses nicht vor dem Zeitpunkte fordern, in welchem der Schuldner die Zahlung würde verlangen können, falls er zur Zeit der Pfändung die laufende Rechnung gekündigt hätte.

§. 329. (Art. 332.)

Bei Handelsgeschäften kann die Leistung nur während der gewöhnlichen Geschäftszeit bewirkt und gefordert werden.

§. 330. (Art. 327 Abs. 1, Art. 328 Abs. 1 Nr. 1 Schlußsatz.)

Ist als Zeit der Leistung das Frühjahr oder der Herbst oder ein in ähnlicher Weise bestimmter Zeitpunkt vereinbart, so entscheidet im Zweifel der Handelsgebrauch des Ortes der Leistung.

Ist eine Frist von acht Tagen vereinbart, so sind hierunter im Zweifel volle acht Tage zu verstehen.

§. 331. (Art. 335.)

Wird eine nur der Gattung nach bestimmte Waare geschuldet, so ist Handelsgut mittlerer Art und Güte zu leisten.

§. 332. (Art. 336 Abs. 1.)

Maß, Gewicht, Währung, Zeitrechnung und Entfernungen, die an dem Orte gelten, wo der Vertrag erfüllt werden soll, sind im Zweifel als die vertragsmäßigen zu betrachten.

§. 333. (Art. 323 Abs. 1, 2.)

Geht einem Kaufmann ein Antrag über die Besorgung von Geschäften von einem Anderen zu, dem gegenüber er sich zur Besorgung solcher Geschäfte erboten hat, oder geht ihm ein Antrag über die Besorgung von Geschäften, wie sie sein Handelsgewerbe mit sich bringt, von einem Anderen zu, mit dem er in Geschäftsverbindung steht, so ist er verpflichtet, unverzüglich zu antworten; sein Schweigen gilt als Annahme des Antrags.

Auch wenn er den Antrag ablehnt, hat er die mitgesendeten Waaren auf Kosten des Antragstellers, soweit er für diese Kosten gedeckt ist und soweit es ohne Nachtheil für ihn geschehen kann, einstweilen vor Schaden zu bewahren.

§. 334. (Art. 317.)

Auf ein Schuldversprechen oder Schuldanerkenntniß finden, sofern das Versprechen oder das Anerkenntniß auf der Seite des Schuldners ein Handelsgeschäft ist, die Formvorschriften des §. 764 und des §. 765 Satz 1 des Bürgerlichen Gesetzbuchs keine Anwendung.

§. 335. (Art. 301 Abs. 1, 302.)

Anweisungen, die auf Kaufleute über die Leistung von Geld, Werthpapieren oder anderen vertretbaren Sachen ausgestellt sind, ohne daß darin die Leistung von einer Gegenleistung abhängig gemacht ist, können durch Indossament übertragen werden, wenn sie an Order lauten. Dasselbe gilt von Verpflichtungsscheinen, die von Kaufleuten über Gegenstände der bezeichneten Art an Order ausgestellt sind, ohne daß darin die Leistung von einer Gegenleistung abhängig gemacht ist.

Ingleichen können Konnossemente der Seeschiffer, Ladescheine der Frachtführer, Lagerscheine der staatlich zur Ausstellung solcher Urkunden ermächtigten Anstalten sowie Bodmereibriefe und Seeversicherungspolizen durch Indossament übertragen werden, wenn sie an Order lauten.

§. 336. (Art. 303.)

Durch das Indossament gehen alle Rechte aus dem indossirten Papier auf den Indossatar über.

Dem legitimirten Besitzer der Urkunde kann der Schuldner nur solche Einwendungen entgegensetzen, welche die Gültigkeit seiner Erklärung in der Urkunde betreffen oder sich aus dem Inhalte der Urkunde ergeben oder ihm unmittelbar gegen den Besitzer zustehen.

Der Schuldner ist nur gegen Aushändigung der quittirten Urkunde zur Leistung verpflichtet.

§. 337. (Art. 305.)

In Betreff der Form des Indossaments, in Betreff der Legitimation des Besitzers und der Prüfung der Legitimation sowie in Betreff der Verpflichtung des Besitzers zur Herausgabe finden die Vorschriften der Art. 11 bis 13, 36, 74 der Wechselordnung entsprechende Anwendung.

Ist die Urkunde vernichtet oder abhanden gekommen, so unterliegt sie der Kraftloserklärung im Wege des Aufgebotsverfahrens. Ist das Aufgebotsverfahren eingeleitet, so kann der Berechtigte, wenn er bis zur Kraftloserklärung Sicherheit bestellt, Leistung nach Maßgabe der Urkunde von dem Schuldner verlangen.

§. 338. (Art. 306 Abs. 1 bis 3.)

Veräußert oder verpfändet ein Kaufmann im Betriebe seines Handelsgewerbes eine ihm nicht gehörige bewegliche Sache, so finden die Vorschriften des Bürgerlichen Gesetzbuchs zu Gunsten derjenigen, welche Rechte von einem Nichtberechtigten herleiten, auch dann Anwendung, wenn der gute Glaube des Erwerbers die Befugniß des Veräußerers oder Verpfänders, über die Sache für den Eigenthümer zu verfügen, betrifft.

Ist die Sache mit dem Rechte eines Dritten belastet, so finden die Vorschriften des Bürgerlichen Gesetzbuchs zu Gunsten derjenigen, welche Rechte von einem Nichtberechtigten herleiten, auch dann Anwendung, wenn der gute Glaube die Befugniß des Veräußerers oder Verpfänders, ohne Vorbehalt des Rechtes über die Sache zu verfügen, betrifft.

Das gesetzliche Pfandrecht des Kommissionärs, des Spediteurs, des Lagerhalters und des Frachtführers steht hinsichtlich des Schutzes des guten Glaubens einem gemäß Abs. 1 durch Vertrag erworbenen Pfandrechte gleich.

§. 339.[1])

Bei dem Verkauf eines Pfandes tritt, wenn die Verpfändung auf der Seite des Pfandgläubigers und des Verpfänders ein Handelsgeschäft ist, an die Stelle der im §. 1217 des Bürgerlichen Gesetzbuchs bestimmten Frist von einem Monat eine solche von einer Woche.

Diese Vorschrift findet auf das gesetzliche Pfandrecht des Kommissionärs, des Spediteurs, des Frachtführers und des Lagerhalters entsprechende Anwendung, auf das Pfandrecht des Spediteurs und des Frachtführers auch dann, wenn nur auf ihrer Seite der Speditions- oder Frachtvertrag ein Handelsgeschäft ist.

§. 340. (Art. 313.)

Ein Kaufmann hat wegen der fälligen Forderungen, welche ihm gegen einen anderen Kaufmann aus den zwischen ihnen geschlossenen beiderseitigen Handelsgeschäften zustehen, ein Zurückbehaltungsrecht an den beweglichen Sachen und Werthpapieren des Schuldners, welche mit dessen Willen auf Grund von Handelsgeschäften in seinen Besitz gelangt sind, sofern er sie noch im Besitze hat, insbesondere mittelst Konnossements, Ladescheins oder Lagerscheins darüber verfügen kann. Das Zurückbehaltungsrecht ist auch dann begründet, wenn das Eigenthum an dem Gegenstande von dem Schuldner auf den Gläubiger übergegangen oder von einem Dritten für den Schuldner auf den Gläubiger übertragen, aber auf den Schuldner zurückzuübertragen ist.

Gegenüber einem Anderen als dem Schuldner besteht das Zurückbehaltungsrecht insoweit, als dem Anderen die Einwendungen gegen den Anspruch des Schuldners auf Herausgabe des Gegenstandes entgegengesetzt werden können.

Das Zurückbehaltungsrecht ist ausgeschlossen, wenn die Zurückbehaltung des Gegenstandes der von dem Schuldner vor oder bei der Uebergabe ertheilten Anweisung oder der von dem Gläubiger übernommenen Verpflichtung, in einer bestimmten Weise mit dem Gegenstande zu verfahren, widerstreitet.

Der Schuldner kann die Ausübung des Zurückbehaltungsrechts durch Sicherheitsleistung abwenden. Die Sicherheitsleistung durch Bürgen ist ausgeschlossen.

§. 341. (Art. 314.)

Das Zurückbehaltungsrecht kann auch wegen nicht fälliger Forderungen geltend gemacht werden:

---

[1]) Vergl. Art. 310, 311, 375, 387, 409 Abs. 2.

1. wenn über das Vermögen des Schuldners der Konkurs eröffnet ist oder der Schuldner seine Zahlungen eingestellt hat;
2. wenn eine Zwangsvollstreckung in das Vermögen des Schuldners ohne Erfolg versucht ist.

Der Geltendmachung des Zurückbehaltungsrechts steht die Anweisung des Schuldners oder die Uebernahme der Verpflichtung, in einer bestimmten Weise mit dem Gegenstande zu verfahren, nicht entgegen, sofern die im Abs. 1 Nr. 1, 2 bezeichneten Thatsachen erst nach der Uebergabe des Gegenstandes oder nach der Uebernahme der Verpflichtung dem Gläubiger bekannt werden.

§. 342. (Art. 315 Satz 1, 2.)

Der Gläubiger ist kraft des Zurückbehaltungsrechts befugt, sich aus dem zurückbehaltenen Gegenstande für seine Forderung zu befriedigen. Steht einem Dritten ein Recht an dem Gegenstande zu, gegen welches das Zurückbehaltungsrecht nach §. 340 Abs. 2 geltend gemacht werden kann, so hat der Gläubiger in Ansehung der Befriedigung aus dem Gegenstande den Vorrang.

Die Befriedigung erfolgt nach den für das Pfandrecht geltenden Vorschriften des Bürgerlichen Gesetzbuchs. An die Stelle der im §. 1217 des Bürgerlichen Gesetzbuchs bestimmten Frist von einem Monate tritt eine solche von einer Woche.

Sofern die Befriedigung nicht im Wege der Zwangsvollstreckung stattfindet, ist sie erst zulässig, nachdem der Gläubiger einen vollstreckbaren Titel für sein Recht auf Befriedigung gegen den Eigenthümer oder, wenn der Gegenstand ihm selbst gehört, gegen den Schuldner erlangt hat; in dem letzteren Falle finden die den Eigenthümer betreffenden Vorschriften des Bürgerlichen Gesetzbuchs über die Befriedigung auf den Schuldner entsprechende Anwendung. In Ermangelung des vollstreckbaren Titels ist der Verkauf des Gegenstandes nicht rechtmäßig.

Die Klage auf Gestattung der Befriedigung kann bei dem Gericht, in dessen Bezirke der Gläubiger seinen allgemeinen oder den im §. 22 der Civilprozeßordnung bezeichneten Gerichtsstand hat, erhoben werden.

§. 343.[1])

In Ansehung der Befriedigung aus dem zurückbehaltenen Gegenstande gilt zu Gunsten des Gläubigers der Schuldner, sofern er bei dem Besitzerwerbe

[1]) Die Art. 273 Abs. 3, 275, 276, 278, 280, 281 Abs. 1, 283, 284 Abs. 2, 3, 285 bis 288, 290 Abs. 3, 292 (vergl. das Bundesgesetz, betreffend die vertragsmäßigen Zinsen, vom 14. November 1867 — Bundes-Gesetzbl. S. 159 — und oben §. 322), 293, 294, 295 (vergl. §. 17 des Einführungsgesetzes zur Civilprozeßordnung), 296 bis 300, 301 Abs. 2, 3, 304, 306 Abs. 4, 307 bis 312 (vergl. zu Art. 310, 311 oben §. 339), 315 Satz 3 (vergl. §. 41 Nr. 8 der Konkursordnung), 316, 318 bis 322, 323 Abs. 3, 324 bis 326, 327 Abs. 2, 328 Abs. 1 Nr. 1 Satz 1, 2 und Nr. 2, 328 Abs. 2, 329 bis 331, 333, 334, 336 Abs. 2 sind gestrichen. Wegen Art. 271 und 272 Abs. 1 vergl. die §§. 1 bis 3, wegen Art. 287 vergl. die Anmerkung zu §. 324.

des Gläubigers der Eigenthümer des Gegenstandes war, auch weiter als Eigenthümer, sofern nicht der Gläubiger weiß, daß der Schuldner nicht mehr Eigenthümer ist.

Erwirbt ein Dritter nach dem Besitzerwerbe des Gläubigers von dem Schuldner das Eigenthum, so muß er ein rechtskräftiges Urtheil, das in einem zwischen dem Gläubiger und dem Schuldner wegen Gestattung der Befriedigung geführten Rechtsstreit ergeht, gegen sich gelten lassen, sofern nicht der Gläubiger bei dem Eintritte der Rechtshängigkeit gewußt hat, daß der Schuldner nicht mehr Eigenthümer war.

Zweiter Titel.

Handelskauf.

§. 344. (Art. 343 Abs. 2, 3.)

Ist der Käufer mit der Annahme der Waare im Verzuge, so kann der Verkäufer die Waare auf Gefahr und Kosten des Käufers in einem öffentlichen Lagerhaus oder sonst in sicherer Weise niederlegen.

Er ist ferner befugt, nach vorgängiger Androhung die Waare öffentlich versteigern zu lassen; er kann, wenn die Waare einen Börsen- oder Marktpreis hat, nach vorgängiger Androhung den Verkauf auch aus freier Hand durch einen zu solchen Verkäufen öffentlich ermächtigten Handelsmäkler oder durch eine zur öffentlichen Versteigerung befugte Person zum laufenden Preise bewirken. Ist die Waare dem Verderb ausgesetzt und Gefahr im Verzuge, so bedarf es der vorgängigen Androhung nicht; dasselbe gilt, wenn die Androhung aus anderen Gründen unthunlich ist.

Der Selbsthülfeverkauf erfolgt für Rechnung des säumigen Käufers.

Der Verkäufer und der Käufer können bei der öffentlichen Versteigerung mitbieten. Das Gebot des Käufers darf zurückgewiesen werden, wenn nicht der Betrag baar erlegt wird.

Von dem Verkaufe hat der Verkäufer den Käufer unverzüglich zu benachrichtigen, es sei denn, daß dies unthunlich ist; im Falle der Unterlassung ist er zum Schadensersatze verpflichtet.

§. 345.

Durch die Vorschriften des §. 344 werden die Befugnisse nicht berührt, welche dem Verkäufer nach dem Bürgerlichen Gesetzbuche zustehen, wenn der Käufer im Verzuge der Annahme ist.

§. 346.

Ist bei dem Kaufe einer von dem Verkäufer herzustellenden beweglichen Sache dem Käufer die nähere Bestimmung über Form, Maß oder ähnliche Verhältnisse vorbehalten, so ist der Käufer verpflichtet, die vorbehaltene Bestimmung zu treffen.

Ist der Käufer mit der Erfüllung dieser Verpflichtung im Verzuge, so kann der Verkäufer die im §. 320 des Bürgerlichen Gesetzbuchs bezeichneten Rechte geltend machen oder die Bestimmung statt des Käufers vornehmen. Im letzteren Falle hat der Verkäufer die von ihm getroffene Bestimmung dem Käufer mitzutheilen und ihm zugleich eine angemessene Frist zur Vornahme einer anderweitigen Bestimmung zu setzen. Wird eine solche innerhalb der Frist von dem Käufer nicht vorgenommen, so ist die von dem Verkäufer getroffene Bestimmung maßgebend.

§. 347. (Art. 357.)

Ist bedungen, daß die Leistung des einen Theiles genau zu einer festbestimmten Zeit oder innerhalb einer festbestimmten Frist bewirkt werden soll, so kann der andere Theil, wenn die Leistung nicht zu der bestimmten Zeit oder nicht innerhalb der bestimmten Frist erfolgt, von dem Vertrage zurücktreten oder, falls der Schuldner im Verzug ist, statt der Erfüllung Schadensersatz wegen Nichterfüllung verlangen. Erfüllung kann er nur beanspruchen, wenn er unverzüglich nach dem Ablaufe der Zeit oder der Frist dem Gegner anzeigt, daß er auf Erfüllung bestehe.

Wird Schadensersatz wegen Nichterfüllung verlangt und hat die Waare einen Börsen- oder Marktpreis, so kann der Unterschied des Kaufpreises und des Börsen- oder Marktpreises zur Zeit und am Orte der geschuldeten Leistung gefordert werden.

Das Ergebniß eines anderweit vorgenommenen Verkaufs oder Kaufes kann, falls die Waare einen Börsen- oder Marktpreis hat, dem Ersatzanspruche nur zu Grunde gelegt werden, wenn der Verkauf oder Kauf unverzüglich nach dem Ablaufe der bedungenen Leistungszeit oder Leistungsfrist bewirkt ist. Der Verkauf muß mittelst öffentlicher Versteigerung oder aus freier Hand durch einen zu solchen Verkäufen öffentlich ermächtigten Handelsmäkler oder eine zur öffentlichen Versteigerung befugte Person zum laufenden Preise erfolgen. Die Vorschriften des §. 344 Abs. 4, 5 finden Anwendung.

§. 348. (Art. 347 Abs. 1 bis 3, 350.)

Ist der Kauf für beide Theile ein Handelsgeschäft, so hat der Käufer die Waare unverzüglich nach der Ablieferung durch den Verkäufer, soweit dies nach ordnungsmäßigem Geschäftsgange thunlich ist, zu untersuchen und, wenn sich ein Mangel zeigt, dem Verkäufer unverzüglich Anzeige zu machen.

Unterläßt der Käufer die Anzeige, so gilt die Waare als genehmigt, es sei denn, daß es sich um einen Mangel handelt, der bei der Untersuchung nicht erkennbar war.

Zeigt sich später ein solcher Mangel, so muß die Anzeige unverzüglich nach der Entdeckung gemacht werden; anderenfalls gilt die Waare auch in Ansehung dieses Mangels als genehmigt.

Zur Erhaltung der Rechte des Käufers genügt die rechtzeitige Absendung der Anzeige.

Hat der Verkäufer den Mangel arglistig verschwiegen, so kann er sich auf diese Vorschriften nicht berufen.

§. 349. (Art. 348 Abs. 1, 5.)

Beanstandet der Käufer im Falle des §. 348 die ihm von einem anderen Orte übersendete Waare, so ist er verpflichtet, für ihre einstweilige Aufbewahrung zu sorgen.

Er kann die Waare, wenn sie dem Verderben ausgesetzt und Gefahr im Verzug ist, unter Beobachtung der Vorschriften des §. 344 verkaufen lassen.

§. 350.

Die Vorschriften der §§. 348, 349 finden auch dann Anwendung, wenn eine andere als die bedungene Waare oder eine andere als die bedungene Menge von Waaren geliefert ist, sofern die gelieferte Waare nicht offensichtlich von der Bestellung so erheblich abweicht, daß der Verkäufer die Genehmigung des Käufers als ausgeschlossen betrachten mußte.

§. 351. (Art. 342 Abs. 3 Satz 1.)

Wird die Waare dem Käufer von einem anderen Orte übersendet, so ist im Zweifel der Käufer nicht verpflichtet, den Kaufpreis vor der Ablieferung zu bezahlen. Die für den Uebergang der Gefahr auf den Käufer geltenden Vorschriften werden hierdurch nicht berührt.

§. 352. (Art. 352.)

Ist der Kaufpreis nach dem Gewichte der Waare zu berechnen, so kommt das Gewicht der Verpackung (Taragewicht) in Abzug, wenn nicht aus dem Vertrag oder dem Handelsgebrauche des Ortes, an welchem der Verkäufer zu erfüllen hat, sich ein Anderes ergiebt.

Ob und in welcher Höhe das Taragewicht nach einem bestimmten Ansatz oder Verhältnisse statt nach genauer Ausmittelung abzuziehen ist, ingleichen, ob und wieviel als Gutgewicht zu Gunsten des Käufers zu berechnen ist oder als Vergütung für schadhafte oder unbrauchbare Theile (Refaktie) gefordert werden kann, bestimmt sich nach dem Vertrag oder dem Handelsgebrauche des Ortes, an welchem der Verkäufer zu erfüllen hat.

§. 353.

Die in diesem Titel für den Kauf von Waaren getroffenen Vorschriften gelten auch für den Kauf von Werthpapieren.

Sie finden auch Anwendung, wenn aus einem von dem Unternehmer zu beschaffenden Stoffe eine nicht vertretbare bewegliche Sache herzustellen ist.

§. 354.[1])

Die Vorschriften der §§. 475 bis 487 des Bürgerlichen Gesetzbuchs über die Gewährleistung bei Viehmängeln werden durch die Vorschriften dieses Titels nicht berührt.

Dritter Titel.

Kommissionsgeschäft.

§. 355. (Art. 360 Abs. 1.)[2])

Kommissionär ist, wer es gewerbsmäßig übernimmt, Waaren oder Werthpapiere für Rechnung eines Anderen (des Kommittenten) in eigenem Namen zu kaufen oder zu verkaufen.

§. 356. (Art. 361.)

Der Kommissionär ist verpflichtet, das übernommene Geschäft mit der Sorgfalt eines ordentlichen Kaufmanns auszuführen; er hat hierbei das Interesse des Kommittenten wahrzunehmen und dessen Weisungen zu befolgen.

Er hat dem Kommittenten die erforderlichen Nachrichten zu geben, insbesondere von der Ausführung der Kommission unverzüglich Anzeige zu machen; er ist verpflichtet, dem Kommittenten über das Geschäft Rechenschaft abzulegen und ihm dasjenige herauszugeben, was er aus der Geschäftsbesorgung erlangt hat.

§. 357. (Art. 362.)

Handelt der Kommissionär nicht gemäß den Weisungen des Kommittenten, so ist er diesem zum Ersatze des Schadens verpflichtet; der Kommittent braucht das Geschäft nicht für seine Rechnung gelten zu lassen.

Die Vorschriften des §. 652 des Bürgerlichen Gesetzbuchs bleiben unberührt.

§. 358. (Art. 363, 364.)

Hat der Kommissionär unter dem ihm gesetzten Preise verkauft oder hat er den ihm für den Einkauf gesetzten Preis überschritten, so muß der Kom-

---

[1]) Die Art. 337 bis 341, 342 Abs. 1, 2, Abs. 3 Satz 2, 343 Abs. 1, 344 bis 346, 347 Abs. 4, 348 Abs. 2 bis 4, 349, 351, 353 bis 356, 358, 359 sind gestrichen.

[2]) Die Abs. 2 und 3 des Art. 360 sind gestrichen.

mittent, falls er das Geschäft als nicht für seine Rechnung geschehen zurückweisen will, dies unverzüglich auf die Anzeige von der Ausführung des Geschäfts erklären; anderenfalls gilt die Abweichung von der Preisbestimmung als genehmigt.

Erbietet sich der Kommissionär zugleich mit der Anzeige von der Ausführung des Geschäfts zur Deckung des Preisunterschieds, so ist der Kommittent zur Zurückweisung nicht berechtigt. Der Anspruch des Kommittenten auf den Ersatz eines den Preisunterschied übersteigenden Schadens bleibt unberührt.

§. 359. (Art. 365.)

Befindet sich das Gut, welches dem Kommissionär zugesendet ist, bei der Ablieferung in einem beschädigten oder mangelhaften Zustande, der äußerlich erkennbar ist, so hat der Kommissionär die Rechte gegen den Frachtführer oder Schiffer zu wahren, für den Beweis des Zustandes zu sorgen und dem Kommittenten unverzüglich Nachricht zu geben; im Falle der Unterlassung ist er zum Schadensersatze verpflichtet.

Zur Feststellung von Mängeln des Gutes kann der Kommissionär eine Beweisaufnahme nach der Vorschrift des §. 449a Abs. 1 der Civilprozeßordnung[1]) beantragen. Das gleiche Recht hat der Kommittent, wenn ihm der Kommissionär einen Mangel angezeigt oder die Annahme des Gutes wegen Mangelhaftigkeit abgelehnt hat.

§. 360. (Art. 365 Abs. 3, 366 Abs. 1.)

Ist im Falle des §. 359 das Gut dem Verderb ausgesetzt oder treten später Veränderungen an dem Gute ein, die dessen Entwerthung befürchten lassen, und ist keine Zeit vorhanden, die Verfügung des Kommittenten einzuholen, oder der Kommittent in der Ertheilung der Verfügung säumig, so kann der Kommissionär den Verkauf des Gutes nach Maßgabe der Vorschriften des §. 344 bewirken.

§. 361. (Art. 366 Abs. 2.)

Ist der Kommittent mit der Annahme des Gutes im Verzuge, so hat der Kommissionär die nach §. 344 dem Verkäufer zustehenden Rechte.

§. 362. (Art. 367.)

Der Kommissionär ist für den Verlust und die Beschädigung des in seiner Verwahrung befindlichen Gutes verantwortlich, es sei denn, daß der Verlust oder die Beschädigung auf Umständen beruht, die durch die Sorgfalt eines ordentlichen Kaufmanns nicht abgewendet werden konnten.

Der Kommissionär ist wegen der Unterlassung der Versicherung des Gutes nur verantwortlich, wenn er von dem Kommittenten angewiesen war, die Versicherung zu bewirken.

---

[1]) Vergl. die Anlage II der Denkschrift zum Entwurfe des Bürgerlichen Gesetzbuchs.

§. 363.

Ist eine Einkaufskommission ertheilt, die für beide Theile ein Handelsgeschäft ist, so finden in Bezug auf die Verpflichtung des Kommittenten, das Gut zu untersuchen und dem Kommissionär von den entdeckten Mängeln Anzeige zu machen, sowie in Bezug auf die Sorge für die Aufbewahrung des beanstandeten Gutes und auf den Verkauf bei drohendem Verderbe die für den Käufer geltenden Vorschriften der §§. 348 bis 350 entsprechende Anwendung. Der Anspruch des Kommittenten auf Abtretung der Rechte, die dem Kommissionär gegen den Dritten zustehen, von welchem er das Gut für Rechnung des Kommittenten gekauft hat, wird durch eine verspätete Anzeige des Mangels nicht berührt.

Zur Feststellung von Mängeln des Gutes kann der Kommittent eine Beweisaufnahme nach der Vorschrift des §. 449a Abs. 1 der Civilprozeßordnung beantragen. Das gleiche Recht hat der Kommissionär, wenn ihm der Kommittent einen Mangel angezeigt oder die Annahme des Gutes wegen Mangelhaftigkeit abgelehnt hat.

§. 364. (Art. 368.)

Forderungen aus einem Geschäfte, das der Kommissionär abgeschlossen hat, kann der Kommittent dem Schuldner gegenüber erst nach der Abtretung geltend machen.

Jedoch gelten solche Forderungen, auch wenn sie nicht abgetreten sind, im Verhältnisse zwischen dem Kommittenten und dem Kommissionär oder dessen Gläubigern als Forderungen des Kommittenten.

§. 365. (Art. 369.)

Wird von dem Kommissionär ohne Zustimmung des Kommittenten einem Dritten ein Vorschuß geleistet oder Kredit gewährt, so handelt der Kommissionär auf eigene Gefahr.

Insoweit jedoch der Handelsgebrauch am Orte des Geschäfts die Stundung des Kaufpreises mit sich bringt, ist in Ermangelung einer anderen Bestimmung des Kommittenten auch der Kommissionär dazu berechtigt.

Verkauft der Kommissionär unbefugt auf Kredit, so ist er verpflichet, dem Kommittenten sofort als Schuldner des Kaufpreises die Zahlung zu leisten. Wäre beim Verkaufe gegen baar der Preis ein geringerer gewesen, so hat der Kommissionär nur den geringeren Preis und, wenn dieser niedriger ist als der ihm gesetzte Preis, auch den Unterschied nach §. 358 zu vergüten.

§. 366. (Art. 370.)

Der Kommissionär hat für die Erfüllung der Verbindlichkeit des Dritten, mit welchem er das Geschäft für Rechnung des Kommittenten abschließt, einzustehen, wenn dies von ihm übernommen oder am Orte seiner Niederlassung Handelsgebrauch ist.

Der Kommissionär, der für den Dritten einzustehen hat, ist dem Kommittenten für die Erfüllung im Zeitpunkte des Verfalls unmittelbar insoweit verhaftet, als die Erfüllung aus dem Vertragsverhältnisse gefordert werden kann. Er kann eine besondere Vergütung (Delkredereprovision) beanspruchen.

§. 367. (Art. 371.)

Der Kommissionär kann die Provision fordern, wenn das Geschäft zur Ausführung gekommen ist. Ist das Geschäft nicht zur Ausführung gekommen, so hat er gleichwohl den Anspruch auf die Auslieferungsprovision, sofern eine solche ortsgebräuchlich ist; auch kann er die Provision verlangen, wenn die Ausführung des von ihm abgeschlossenen Geschäfts nur aus einem in der Person des Kommittenten liegenden Grunde unterblieben ist.

Widerruft der Kommittent die Kommission, bevor das Geschäft abgeschlossen ist, so kann der Kommissionär einen den Umständen nach angemessenen Theil der Provision beanspruchen.

Zu dem von dem Kommittenten für Aufwendungen des Kommissionärs nach den §§. 657, 662 des Bürgerlichen Gesetzbuchs zu leistenden Ersatze gehört auch die Vergütung für die Benutzung der Lagerräume und der Beförderungsmittel des Kommissionärs.

§. 368. (Art. 372.)

Schließt der Kommissionär zu vortheilhafteren Bedingungen ab, als sie ihm von dem Kommittenten gesetzt worden sind, so kommt dies dem Kommittenten zu Statten.

Dies gilt insbesondere, wenn der Preis, für welchen der Kommissionär verkauft, den von dem Kommittenten bestimmten niedrigsten Preis übersteigt oder wenn der Preis, für welchen er einkauft, den von dem Kommittenten bestimmten höchsten Preis nicht erreicht.

§. 369. (Art. 373.)

Ein Kommissionär, der den Ankauf eines Wechsels übernimmt, ist verpflichtet, den Wechsel, wenn er ihn indossirt, in üblicher Weise und ohne Vorbehalt zu indossiren.

§. 370. (Art. 374 Abs. 1.)

Der Kommissionär hat an dem Kommissionsgute, sofern er es im Besitze hat, insbesondere mittelst Konnossements, Ladescheins oder Lagerscheins darüber verfügen kann, ein Pfandrecht wegen der auf das Gut verwendeten Kosten, der Provision, der auf das Gut gegebenen Vorschüsse und Darlehen, der mit Rücksicht auf das Gut gezeichneten Wechsel oder in anderer Weise eingegangenen

Verbindlichkeiten sowie wegen aller Forderungen aus laufender Rechnung in Kommissionsgeschäften.

§. 371. (Art. 374 Abs. 2.)

Aus den Forderungen, welche durch das für Rechnung des Kommittenten geschlossene Geschäft begründet sind, kann sich der Kommissionär für die im §. 370 bezeichneten Ansprüche vor dem Kommittenten und dessen Gläubigern befriedigen.

§. 372. (Art. 375 Halbsatz 1.)[1]

Der Kommissionär kann sich, auch wenn er Eigenthümer des Kommissionsgutes ist, für die im §. 370 bezeichneten Ansprüche nach Maßgabe der für das Pfandrecht geltenden Vorschriften aus dem Gute befriedigen.

§. 373.

Hat der Kommissionär das Gut für den Kommittenten in Empfang genommen, so stehen ihm, solange er nach den §§. 370, 372 befugt ist, sich aus dem Gute zu befriedigen, die im §. 320 des Bürgerlichen Gesetzbuchs bezeichneten Rechte nicht zu.

§. 374. (Art. 376 Abs. 1, Abs. 2 Satz 1.)[2]

Die Kommission zum Einkauf oder zum Verkaufe von Waaren, die einen Börsen- oder Marktpreis haben, sowie von Werthpapieren, bei denen ein Börsen- oder Marktpreis amtlich festgestellt wird, kann, wenn der Kommittent nicht ein Anderes bestimmt hat, von dem Kommissionär dadurch ausgeführt werden, daß er das Gut, welches er einkaufen soll, selbst als Verkäufer liefert oder das Gut, welches er verkaufen soll, selbst als Käufer übernimmt.

Im Falle einer solchen Ausführung der Kommission beschränkt sich die Pflicht des Kommissionärs, Rechenschaft über die Abschließung des Kaufes oder Verkaufs abzulegen, auf den Nachweis, daß bei dem berechneten Preise der zur Zeit der Ausführung der Kommission bestehende Börsen- oder Marktpreis eingehalten ist. Als Zeit der Ausführung gilt der Zeitpunkt, in welchem der Kommissionär die Anzeige von der Ausführung behufs der Absendung an den Kommittenten abgegeben hat.

Ist bei einer Kommission, die während der Börsen- oder Marktzeit auszuführen war, die Ausführungsanzeige erst nach dem Schlusse der Börse oder des Marktes zur Absendung abgegeben, so darf der berechnete Preis für den Kommittenten nicht ungünstiger sein als der Preis, der am Schlusse der Börse oder des Marktes bestand.

---

[1] Art. 375 Halbsatz 2 ist gestrichen.

[2] Die §§. 374 bis 376, der §. 378 Abs. 1, 2 und der §. 379 stimmen im Wesentlichen mit den §§. 71 bis 74 des Entwurfs des Börsengesetzes nach den Beschlüssen des Reichstags überein.

Bei einer Kommission, die zu einem bestimmten Kurs (erstem Kurs, Mittelkurs, letztem Kurs) erledigt werden soll, ist der Kommissionär ohne Rücksicht auf den Zeitpunkt der Absendung der Ausführungsanzeige berechtigt und verpflichtet, diesen Kurs dem Kommittenten in Rechnung zu stellen.

Bei Werthpapieren und Waaren, für welche der Börsen- oder Marktpreis amtlich festgestellt wird, kann der Kommissionär im Falle der Ausführung der Kommission durch Selbsteintritt dem Kommittenten keinen ungünstigeren Preis als den amtlich festgestellten in Rechnung stellen.

Die Vorschriften der Abs. 2 bis 5 können nicht durch Vertrag abgeändert werden.

§. 375.

Auch im Falle der Ausführung der Kommission durch Selbsteintritt hat der Kommissionär, wenn er bei Anwendung pflichtmäßiger Sorgfalt die Kommission zu einem günstigeren als dem nach §. 374 sich ergebenden Preise ausführen konnte, dem Kommittenten den günstigeren Preis zu berechnen.

Hat der Kommissionär vor der Absendung der Ausführungsanzeige aus Anlaß der ertheilten Kommission an der Börse oder am Markte ein Geschäft mit einem Dritten abgeschlossen, so darf er dem Kommittenten keinen ungünstigeren als den hierbei vereinbarten Preis berechnen.

Diese Vorschriften können nicht durch Vertrag abgeändert werden.

§. 376. (Art. 376 Abs. 2 Satz 2.)

Der Kommissionär, der das Gut selbst als Verkäufer liefert oder als Käufer übernimmt, ist zu der gewöhnlichen Provision berechtigt und kann die bei Kommissionsgeschäften sonst regelmäßig vorkommenden Unkosten berechnen.

§. 377.

Die Vorschriften der §§. 370, 372, 373 finden auch im Falle der Ausführung der Kommission durch Selbsteintritt Anwendung, die Vorschrift des §. 373 insoweit, als der Kommissionär, wenn er die Kommission durch Abschluß des Geschäfts mit einem Dritten ausgeführt hätte, verpflichtet gewesen wäre, das Gut für den Kommittenten zu beziehen.

§. 378. (Art. 376 Abs. 3, 377.)

Zeigt der Kommissionär die Ausführung der Kommission an, ohne ausdrücklich zu bemerken, daß er selbst eintreten wolle, so gilt dies als Erklärung, daß die Ausführung durch Abschluß des Geschäfts mit einem Dritten für Rechnung des Kommittenten erfolgt sei.

Eine Vereinbarung zwischen dem Kommittenten und dem Kommissionär, daß die Erklärung darüber, ob die Kommission durch Selbsteintritt oder durch Abschluß mit einem Dritten erledigt sei, später als am Tage der Ausführungsanzeige abgegeben werden dürfe, ist nichtig.

Widerruft der Kommittent die Kommission und geht der Widerruf dem Kommissionär zu, bevor die Ausführungsanzeige behufs der Absendung abgegeben ist, so steht dem Kommissionär das Recht des Selbsteintritts nicht mehr zu.

§. 379. (Art. 376 Abs. 3.)

Der Kommissionär haftet bei einer Kommission der im §. 374 Abs. 1 bezeichneten Art, auch wenn die Kommission als durch Abschluß des Geschäfts mit einem Dritten ausgeführt gilt, für die Erfüllung des Geschäfts, falls er nicht zugleich mit der Ausführungsanzeige den Dritten namhaft macht.

§. 380. (Art. 378.)

Die Vorschriften dieses Titels kommen auch zur Anwendung, wenn ein Kommissionär im Betriebe seines Handelsgewerbes ein Geschäft anderer als der im §. 355 bezeichneten Art für Rechnung eines Anderen in eigenem Namen zu schließen übernimmt. Das Gleiche gilt, wenn ein Kaufmann, der nicht Kommissionär ist, im Betriebe seines Handelsgewerbes ein Geschäft in der bezeichneten Weise zu schließen übernimmt.

Als Einkaufs- und Verkaufskommission im Sinne dieses Titels gilt auch eine Kommission, welche die Lieferung einer nicht vertretbaren beweglichen Sache, die aus einem von dem Unternehmer zu beschaffenden Stoffe herzustellen ist, zum Gegenstande hat.

Vierter Titel.

Speditionsgeschäft.

§. 381. (Art. 379, 387.)

Spediteur ist, wer gewerbsmäßig Güterversendungen durch Frachtführer oder durch Verfrachter von Seeschiffen für Rechnung eines Anderen (des Versenders) in eigenem Namen zu besorgen übernimmt.

Auf die Rechte und Pflichten des Spediteurs finden, soweit dieser Titel keine Vorschriften enthält, die für den Kommissionär geltenden Vorschriften, insbesondere die Vorschriften der §§. 359 bis 362 über die Empfangnahme, die Aufbewahrung und die Versicherung des Gutes, Anwendung.

§. 382. (Art. 380 Abs. 1, 381 Abs. 2.)[1]

Der Spediteur hat die Versendung, insbesondere die Wahl der Frachtführer, Verfrachter und Zwischenspediteure, mit der Sorgfalt eines ordentlichen

[1] Art. 380 Abs. 2 ist gestrichen.

Kaufmanns auszuführen; er hat hierbei das Interesse des Versenders wahrzunehmen und dessen Weisungen zu befolgen.

Der Spediteur ist nicht berechtigt, dem Versender eine höhere als die mit dem Frachtführer oder Verfrachter bedungene Fracht zu berechnen.

§. 383. (Art. 381 Abs. 1.)

Der Spediteur hat die Provision zu fordern, wenn das Gut dem Frachtführer oder Verfrachter zur Beförderung übergeben ist.

Widerruft der Versender vor diesem Zeitpunkte den Speditionsauftrag, so hat der Spediteur Anspruch auf einen den Umständen nach angemessenen Theil der Provision.

§. 384. (Art. 382 Abs. 1.)[1])

Der Spediteur hat wegen der Fracht, der Provision, der Auslagen und Verwendungen sowie wegen der dem Versender auf das Gut gegebenen Vorschüsse ein Pfandrecht an dem Gute, sofern er es noch im Besitze hat, insbesondere mittelst Konnossements, Ladescheins oder Lagerscheins darüber verfügen kann.

§. 385. (Art. 382 Abs. 3, 4.)

Bedient sich der Spediteur eines Zwischenspediteurs, so hat dieser zugleich die seinem Vormanne zustehenden Rechte, insbesondere dessen Pfandrecht, auszuüben.

Soweit der Vormann wegen seiner Forderung von dem Nachmanne befriedigt wird, geht die Forderung und das Pfandrecht des Vormanns auf den Nachmann über. Dasselbe gilt von der Forderung und dem Pfandrechte des Frachtführers, soweit der Zwischenspediteur ihn befriedigt.

§. 386. (Art. 385.)

Der Spediteur ist, wenn nicht ein Anderes bestimmt ist, befugt, die Beförderung des Gutes selbst auszuführen.

Macht er von dieser Befugniß Gebrauch, so hat er zugleich die Rechte und Pflichten eines Frachtführers oder Verfrachters; er kann die Provision, die bei Speditionsgeschäften sonst regelmäßig vorkommenden Unkosten sowie die gewöhnliche Fracht verlangen.

§. 387. (Art. 384.)[2])

Hat sich der Spediteur mit dem Absender über einen bestimmten Satz der Beförderungskosten geeinigt, so finden ausschließlich die Vorschriften über das Frachtgeschäft Anwendung. Der Spediteur kann in einem solchen Falle Provision nur verlangen, wenn es besonders vereinbart ist.

---

[1]) Art. 382 Abs. 2 ist gestrichen.

[2]) Art. 383 ist gestrichen.

§. 388. (Art. 386.)

Die Ansprüche gegen den Spediteur wegen Verlustes, Minderung, Beschädigung oder verspäteter Ablieferung des Gutes verjähren in einem Jahre. Die Verjährungsfrist kann durch Vertrag verlängert werden.

Die Verjährung beginnt im Falle der Beschädigung oder Minderung mit dem Ablaufe des Tages, an welchem die Ablieferung stattgefunden hat, im Falle des Verlustes oder der verspäteten Ablieferung mit dem Ablaufe des Tages, an welchem die Ablieferung hätte bewirkt sein müssen.

Die im Abs. 1 bezeichneten Ansprüche können nach der Vollendung der Verjährung nur aufgerechnet werden, wenn der Versender vorher den Verlust, die Minderung, die Beschädigung oder die verspätete Ablieferung dem Spediteur angezeigt oder die Anzeige an ihn abgesendet hat. Der Anzeige an den Spediteur steht es gleich, wenn der Versender gerichtliche Beweisaufnahme zur Sicherung des Beweises beantragt oder in einem zwischen ihm und dem Empfänger oder einem späteren Erwerber des Gutes wegen des Verlustes, der Minderung, der Beschädigung oder der verspäteten Ablieferung anhängigen Rechtsstreite dem Spediteur den Streit verkündet hat.

Diese Vorschriften finden keine Anwendung, wenn der Spediteur den Verlust, die Minderung, die Beschädigung oder die verspätete Ablieferung des Gutes vorsätzlich herbeigeführt hat.

§. 389. (Art. 388, 389.)

Die Vorschriften dieses Titels kommen auch zur Anwendung, wenn ein Kaufmann, der nicht Spediteur ist, im Betriebe seines Handelsgewerbes eine Güterversendung durch Frachtführer oder Verfrachter für Rechnung eines Anderen in eigenem Namen zu besorgen übernimmt.

Sie finden keine Anwendung auf Personen, die nur die Vermittelung von Frachtverträgen zwischen dem Absender und dem Frachtführer oder Verfrachter bewirken (Frachtmäkler, Güterbestätter, Schiffsprokureure.)

Fünfter Titel.

Lagergeschäft.

§. 390.

Lagerhalter ist, wer gewerbsmäßig die Lagerung und Aufbewahrung von Gütern übernimmt.

§. 391.

Auf die Rechte und Pflichten des Lagerhalters in Ansehung der Empfangnahme, Aufbewahrung und Versicherung des Gutes finden die für den Kommissionär geltenden Vorschriften der §§. 359 bis 362 Anwendung.

§. 392.

Der Lagerhalter hat dem Einlagerer die Besichtigung des Gutes, die Entnahme von Proben und die zur Erhaltung des Gutes nothwendigen Handlungen während der Geschäftsstunden zu gestatten.

§. 393.

Im Falle der Lagerung vertretbarer Sachen ist der Lagerhalter zu ihrer Vermischung mit anderen Sachen von gleicher Art und Güte nur befugt, wenn ihm dies ausdrücklich gestattet ist.

Der Lagerhalter erwirbt auch in diesem Falle nicht das Eigenthum des Gutes; aus dem durch die Vermischung entstandenen Gesammtvorrathe kann er jedem Einlagerer den ihm gebührenden Antheil ausliefern, ohne daß er hierzu der Genehmigung der übrigen Betheiligten bedarf.

Ist das Gut in der Art niedergelegt, daß das Eigenthum auf den Lagerhalter übergehen und dieser verpflichtet sein soll, Sachen von gleicher Art, Güte und Menge zurückzugewähren, so finden die Vorschriften dieses Titels keine Anwendung.

§. 394.

Der Lagerhalter hat Anspruch auf das bedungene oder ortsübliche Lagergeld sowie auf Erstattung der Auslagen für Fracht und Zölle und der sonst für das Gut gemachten Aufwendungen, soweit er sie den Umständen nach für erforderlich halten durfte.

Die hiernach dem Lagerhalter zukommenden Beträge (Lagerkosten) sind bei der Zurücknahme des Gutes zu zahlen. Wird das Gut theilweise zurückgenommen, so ist ein entsprechender Theil der Lagerkosten zu berichtigen.

Ist das Gut bei dem Ablaufe der bedungenen Lagerfrist oder in Ermangelung einer solchen bei dem Ablaufe von sechs Monaten seit der Einlieferung nicht zurückgenommen, so kann der Lagerhalter die Zahlung der aufgelaufenen Lagerkosten mit dem Ablaufe der bezeichneten Fristen verlangen.

§. 395.

Der Lagerhalter hat wegen der Lagerkosten ein Pfandrecht an dem Gute, solange er es im Besitze hat, insbesondere mittelst Konnossements, Ladescheins oder Lagerscheins darüber verfügen kann.

§. 396.

Der Lagerhalter kann die Rücknahme des Gutes nicht vor dem Ablaufe der bedungenen Lagerfrist und in Ermangelung einer solchen nicht vor dem Ablaufe von sechs Monaten nach der Einlieferung verlangen, es sei denn, daß ein wichtiger Grund für die vorzeitige Rückgabe vorliegt.

§. 397.

Auf die Verjährung der Ansprüche gegen den Lagerhalter wegen Verlustes, Minderung, Beschädigung oder verspäteter Ablieferung des Gutes finden die Vorschriften des §. 388 entsprechende Anwendung. Im Falle des gänzlichen Verlustes beginnt die Verjährung mit dem Ablaufe des Tages, an welchem der Lagerhalter dem Einlagerer Anzeige von dem Verluste macht.

§. 398.

Ist von dem Lagerhalter ein Lagerschein ausgestellt, der durch Indossament übertragen werden kann, so hat, wenn das Gut von dem Lagerhalter übernommen ist, die Uebergabe des Lagerscheins an denjenigen, welcher durch den Schein zur Empfangnahme des Gutes legitimirt wird, für den Erwerb von Rechten an dem Gute dieselben Wirkungen wie die Uebergabe des Gutes.

Sechster Titel.

Frachtgeschäft.

§. 399. (Art. 390.)

Frachtführer ist, wer gewerbsmäßig die Beförderung von Gütern zu Lande oder auf Flüssen oder sonstigen Binnengewässern auszuführen übernimmt.

§. 400. (Art. 391 Abs. 2, 392, B. Art. 6, 7 Abs. 1, V. O. §. 51, §. 53 Abs. 1.) [1]

Der Frachtführer kann die Ausstellung eines Frachtbriefs verlangen.

Der Frachtbrief soll enthalten:

1. den Ort und den Tag der Ausstellung;
2. den Namen und den Wohnort des Frachtführers;
3. den Namen dessen, an welchen das Gut abgeliefert werden soll (des Empfängers);
4. den Ort der Ablieferung;
5. die Bezeichnung des Gutes nach Beschaffenheit, Menge und Merkzeichen;

[1] Mit „B." ist das internationale (Berner) Uebereinkommen über den Eisenbahnfrachtverkehr vom 14. Oktober 1890 (Reichs-Gesetzbl. 1892 S. 793 ff.) bezeichnet, mit „V. O." die Verkehrsordnung für die Eisenbahnen Deutschlands vom 15. November 1892 (Reichs-Gesetzbl. S. 923 ff., Gesetz- u. Verordn.-Bl. f. Bayern S. 759.)

Art. 391 Abs. 1 ist gestrichen.

6. die Bezeichnung der für eine zoll- oder steueramtliche Behandlung oder polizeiliche Prüfung nöthigen Begleitpapiere;
7. die Bestimmung über die Fracht sowie im Falle ihrer Vorausbezahlung einen Vermerk über die Vorausbezahlung;
8. die besonderen Vereinbarungen, welche die Betheiligten über andere Punkte, namentlich über die Zeit, innerhalb welcher die Beförderung bewirkt werden soll, über die Entschädigung wegen verspäteter Ablieferung und über die auf dem Gute haftenden Nachnahmen, getroffen haben;
9. die Unterschrift des Absenders; eine im Wege der mechanischen Vervielfältigung hergestellte Unterschrift ist genügend.

Der Absender haftet für die Richtigkeit und die Vollständigkeit der in den Frachtbrief aufgenommenen Angaben.

§. 401. (Art. 393, B. Art. 10 Abs. 1, V. O. §. 59 Abs. 1.)

Der Absender ist verpflichtet, dem Frachtführer die Begleitpapiere zu übergeben, welche zur Erfüllung der Zoll-, Steuer- oder Polizeivorschriften vor der Ablieferung an den Empfänger erforderlich sind. Er haftet dem Frachtführer, sofern nicht diesem ein Verschulden zur Last fällt, für alle Folgen, die aus dem Mangel, der Unzulänglichkeit oder der Unrichtigkeit der Papiere entstehen.

§. 402. (Art. 394, B. Art. 18 Abs. 1, 2, V. O. §. 65 Abs. 1, 2.)

Ist über die Zeit, binnen welcher der Frachtführer die Beförderung bewirken soll, nichts bedungen, so bestimmt sich die Frist, innerhalb deren er die Reise anzutreten und zu vollenden hat, nach dem Ortsgebrauche. Besteht ein Ortsgebrauch nicht, so ist die Beförderung binnen einer den Umständen nach angemessenen Frist zu bewirken.

Wird der Antritt oder die Fortsetzung der Reise durch höhere Gewalt oder Zufall zeitweilig verhindert, so kann der Absender von dem Vertrage zurücktreten; er hat jedoch den Frachtführer, wenn diesem kein Verschulden zur Last fällt, für die Vorbereitung der Reise, die Wiederausladung und den zurückgelegten Theil der Reise zu entschädigen. Ueber die Höhe der Entschädigung entscheidet der Ortsgebrauch; besteht ein Ortsgebrauch nicht, so ist eine den Umständen nach angemessene Entschädigung zu gewähren.

§. 403. (Art. 395, 397.)

Der Frachtführer haftet für den Schaden, welcher durch Verlust oder Beschädigung des Gutes in der Zeit von der Annahme zur Beförderung bis zur Ablieferung oder durch Versäumung der Lieferzeit entsteht, es sei denn, daß der Verlust, die Beschädigung oder die Verspätung auf Umständen beruht, die durch die Sorgfalt eines ordentlichen Frachtführers nicht abgewendet werden konnten.

Für den Verlust oder die Beschädigung von Kostbarkeiten, Kunstgegenständen, Geldern und Werthpapieren haftet der Frachtführer nur, wenn ihm diese Beschaffenheit oder der Werth des Gutes bei der Uebergabe zur Beförderung angegeben ist.

§. 404. (Art. 396, B. Art. 34, 37 Satz 1, 41, B. O. §. 80, §. 83 Satz 1, §. 88.)

Muß auf Grund des Frachtvertrags von dem Frachtführer für gänzlichen oder theilweisen Verlust des Gutes Ersatz geleistet werden, so ist der gemeine Handelswerth und in dessen Ermangelung der gemeine Werth zu ersetzen, welchen Gut derselben Art und Beschaffenheit am Orte der Absendung in dem Zeitpunkte der Annahme zur Beförderung hatte, unter Hinzurechnung dessen, was an Zöllen und sonstigen Kosten sowie an Fracht von dem Ersatzberechtigten bereits bezahlt ist.

Im Falle der Beschädigung ist für die Minderung des im Abs. 1 bezeichneten Werthes Ersatz zu leisten.

Ist der Schaden durch Vorsatz oder grobe Fahrlässigkeit des Frachtführers herbeigeführt, so kann Ersatz des vollen Schadens gefordert werden.

§. 405. (Art. 400.)[14]

Der Frachtführer hat ein Verschulden seiner Leute und ein Verschulden anderer Personen, deren er sich bei der Ausführung der Beförderung bedient, in gleichem Umfange zu vertreten wie eigenes Verschulden.

§. 406. (Art. 401, B. Art. 27 Abs. 1, 2, 47 Abs. 1, B. O. §. 74 Abs. 1, 2.)

Uebergiebt der Frachtführer zur Ausführung der von ihm übernommenen Beförderung das Gut einem anderen Frachtführer, so haftet er für die Ausführung der Beförderung bis zur Ablieferung des Gutes an den Empfänger.

Der nachfolgende Frachtführer tritt dadurch, daß er das Gut mit dem ursprünglichen Frachtbrief annimmt, diesem gemäß in den Frachtvertrag ein und übernimmt die selbständige Verpflichtung, die Beförderung nach dem Inhalte des Frachtbriefs auszuführen.

Hat auf Grund dieser Vorschriften einer der betheiligten Frachtführer Schadensersatz geleistet, so steht ihm der Rückgriff gegen denjenigen zu, welcher den Schaden nach §. 403 zu vertreten hat. Kann dieser nicht ermittelt werden, so haben die betheiligten Frachtführer den Schaden nach dem Verhältniß ihrer Antheile an der Fracht gemeinsam zu tragen, soweit nicht festgestellt wird, daß der Schaden nicht auf ihrer Beförderungsstrecke entstanden ist.

---

[14]) Die Art. 398, 399 sind gestrichen.

§. 407. (Art. 402, B. Art. 15 Abs. 1, 4, 8, B. O. §. 64 Abs. 1, 4, 8.)

Der Absender kann den Frachtführer anweisen, das Gut anzuhalten, zurückzugeben oder an einen anderen als den im Frachtbriefe bezeichneten Empfänger auszuliefern. Die Mehrkosten, die durch eine solche Verfügung entstehen, sind dem Frachtführer zu erstatten.

Das Verfügungsrecht des Absenders erlischt, wenn nach der Ankunft des Gutes am Orte der Ablieferung der Frachtbrief dem Empfänger übergeben oder von dem Empfänger Klage gemäß §. 409 gegen den Frachtführer erhoben wird. Der Frachtführer hat in einem solchen Falle nur die Anweisungen des Empfängers zu beachten; verletzt er diese Verpflichtung, so ist er dem Empfänger für das Gut verhaftet.

§. 408. (Art. 404.)[1])

Der Empfänger ist vor der Ankunft des Gutes am Orte der Ablieferung dem Frachtführer gegenüber berechtigt, alle zur Sicherstellung des Gutes erforderlichen Maßregeln zu ergreifen und dem Frachtführer die zu diesem Zwecke nothwendigen Anweisungen zu ertheilen. Die Auslieferung des Gutes kann er vor dessen Ankunft am Orte der Ablieferung nur fordern, wenn der Absender den Frachtführer dazu ermächtigt hat.

§. 409. (Art. 405, B. Art. 16 Abs. 2, B. O. §. 66 Abs. 2.)

Nach der Ankunft des Gutes am Orte der Ablieferung ist der Empfänger berechtigt, die durch den Frachtvertrag begründeten Rechte gegen Erfüllung der sich daraus ergebenden Verpflichtungen in eigenem Namen gegen den Frachtführer geltend zu machen, ohne Unterschied, ob er hierbei in eigenem oder in fremdem Interesse handelt. Er ist insbesondere berechtigt, von dem Frachtführer die Uebergabe des Frachtbriefs und die Auslieferung des Gutes zu verlangen. Dieses Recht erlischt, wenn der Absender dem Frachtführer eine nach §. 407 noch zulässige entgegenstehende Anweisung ertheilt.

§. 410. (Art. 406, B. Art. 17, B. O. §. 67.)

Durch Annahme des Gutes und des Frachtbriefs wird der Empfänger verpflichtet, dem Frachtführer nach Maßgabe des Frachtbriefs Zahlung zu leisten.

§. 411. (Art. 407 Abs. 4, B. Art. 19, 24, B. O. §. 70.)[2])

Ist der Empfänger des Gutes nicht zu ermitteln oder verweigert er die Annahme oder ergiebt sich ein sonstiges Ablieferungshinderniß, so hat der Frachtführer den Absender unverzüglich hiervon in Kenntniß zu setzen und dessen Anweisung einzuholen.

---

[1]) Art. 403 ist gestrichen.

[2]) Die Abs. 1 bis 3 und 5 des Art. 407 sind gestrichen.

Ist dies den Umständen nach nicht thunlich oder der Absender mit der Ertheilung der Anweisung säumig oder die Anweisung nicht ausführbar, so ist der Frachtführer befugt, das Gut in einem öffentlichen Lagerhaus oder sonst in sicherer Weise niederzulegen. Er kann, falls das Gut dem Verderben ausgesetzt und Gefahr im Verzug ist, das Gut auch gemäß §. 344 Abs. 2 bis 4 verkaufen lassen.

Von der Niederlegung und dem Verkaufe des Gutes hat der Frachtführer den Absender und den Empfänger unverzüglich zu benachrichtigen, es sei denn, daß dies unthunlich ist; im Falle der Unterlassung ist er zum Schadensersatze verpflichtet.

§. 412. (Art. 408 Abs. 1, 2, B. Art. 44 Abs. 1, 2 Nr. 1, 3, 4, V. O. §. 90 Abs. 1, 2 Nr. 1, 3, 4.)

Ist die Fracht nebst den sonst auf dem Gute haftenden Forderungen bezahlt und das Gut angenommen, so sind alle Ansprüche gegen den Frachtführer aus dem Frachtvertrag erloschen.

Soweit eine Beschädigung oder Minderung des Gutes vor dessen Annahme durch Beweisaufnahme zur Sicherung des Beweises festgestellt ist, findet die Vorschrift des Abs. 1 keine Anwendung.

Wegen einer Beschädigung oder Minderung des Gutes, die bei der Annahme äußerlich nicht erkennbar ist, kann der Frachtführer auch nach der Annahme des Gutes und der Bezahlung der Fracht in Anspruch genommen werden, sofern der Mangel in der Zeit zwischen der Uebernahme des Gutes durch den Frachtführer und der Ablieferung entstanden ist und die Feststellung des Mangels unverzüglich nach der Entdeckung bei Gericht beantragt wird. Ist dem Frachtführer der Mangel unverzüglich nach der Entdeckung angezeigt, so genügt es, wenn die Feststellung bei Gericht unverzüglich nach dem Zeitpunkte beantragt wird, bis zu welchem der Eingang einer Antwort des Frachtführers unter regelmäßigen Umständen erwartet werden darf.

Der Frachtführer kann sich auf diese Vorschriften nicht berufen, wenn er den Schaden durch Vorsatz oder grobe Fahrlässigkeit herbeigeführt hat.

§. 413. (Art. 408 Abs. 3, B. Art. 45 Abs. 1, 2, 46, V. O. §. 91.)

Auf die Verjährung der Ansprüche gegen den Frachtführer wegen Verlustes, Minderung, Beschädigung oder verspäteter Ablieferung des Gutes finden die Vorschriften des §. 388 entsprechende Anwendung. Dies gilt nicht für die im §. 406 Abs. 3 bezeichneten Ansprüche.

§. 414. (Art. 409 Abs. 1, 2, B. Art. 21, 22.)[1]

Der Frachtführer hat wegen aller durch den Frachtvertrag begründeten Forderungen, insbesondere der Fracht- und Liegegelder, der Zollgelder und

[1] Der Abs. 3 des Art. 409 ist gestrichen.

anderer Auslagen sowie wegen der auf das Gut geleisteten Vorschüsse, ein Pfandrecht an dem Gute.

Das Pfandrecht besteht, solange der Frachtführer das Gut noch im Besitze hat, insbesondere mittelst Konnossements, Ladescheins oder Lagerscheins darüber verfügen kann.

Auch nach der Ablieferung dauert das Pfandrecht fort, sofern der Frachtführer es binnen drei Tagen nach der Ablieferung gerichtlich geltend macht und das Gut noch im Besitze des Empfängers ist.

Die im §. 1217 Abs. 1 des Bürgerlichen Gesetzbuchs bezeichnete Androhung des Pfandverkaufs sowie die in den §§. 1220, 1224 des Bürgerlichen Gesetzbuchs vorgesehenen Benachrichtigungen sind an den Empfänger zu richten. Ist dieser nicht zu ermitteln oder verweigert er die Annahme des Gutes, so hat die Androhung und Benachrichtigung gegenüber dem Absender zu erfolgen.

§. 415. (Art. 410, B. Art. 20.)

Der letzte Frachtführer hat, falls nicht im Frachtbrief ein Anderes bestimmt ist, bei der Ablieferung auch die Forderungen der Vormänner sowie die auf dem Gute haftenden Nachnahmen einzuziehen und die Rechte der Vormänner, insbesondere auch das Pfandrecht, auszuüben. Das Pfandrecht der Vormänner besteht so lange als das Pfandrecht des letzten Frachtführers.

Wird der vorhergehende Frachtführer von dem nachfolgenden befriedigt, so geht seine Forderung und sein Pfandrecht auf den letzteren über.

In gleicher Art gehen die Forderung und das Pfandrecht des Spediteurs auf den nachfolgenden Spediteur und den nachfolgenden Frachtführer über.

§. 416. (Art. 412, B. Art. 23 Abs. 2.)

Der Frachtführer, welcher das Gut ohne Bezahlung abliefert und das Pfandrecht nicht binnen drei Tagen nach der Ablieferung gerichtlich geltend macht, ist den Vormännern verantwortlich. Er wird, ebenso wie die vorhergehenden Frachtführer und Spediteure, des Rückgriffs gegen die Vormänner verlustig. Der Anspruch gegen den Empfänger bleibt in Kraft.

§. 417. (Art. 411.)

Bestehen an demselben Gute mehrere nach den §§. 370, 384, 395, 414 begründete Pfandrechte, so geht unter denjenigen Pfandrechten, welche durch die Versendung oder durch die Beförderung des Gutes entstanden sind, das später entstandene dem früher entstandenen vor.

Diese Pfandrechte haben sämmtlich den Vorrang vor dem nicht aus der Versendung entstandenen Pfandrechte des Kommissionärs und des Lagerhalters sowie vor dem Pfandrechte des Spediteurs und des Frachtführers für Vorschüsse.

§. 418. (Art. 413.)

Ueber die Verpflichtung zur Auslieferung des Gutes kann von dem Frachtführer ein Ladeschein ausgestellt werden.

§. 419. (Art. 414.)

Der Ladeschein soll enthalten:

1. den Ort und den Tag der Ausstellung;
2. den Namen und den Wohnort des Frachtführers;
3. den Namen des Absenders;
4. den Namen desjenigen, an welchen oder an dessen Order das Gut abgeliefert werden soll; als solcher gilt der Absender, wenn der Ladeschein nur an Order gestellt ist;
5. den Ort der Ablieferung;
6. die Bezeichnung des Gutes nach Beschaffenheit, Menge und Merkzeichen;
7. die Bestimmung über die Fracht und über die auf dem Gute haftenden Nachnahmen sowie im Falle der Vorausbezahlung der Fracht einen Vermerk über die Vorausbezahlung.

Der Ladeschein muß von dem Frachtführer unterzeichnet sein.

Der Absender hat dem Frachtführer auf Verlangen eine von ihm unterschriebene Abschrift des Ladescheins auszuhändigen.

§. 420. (Art. 415.)

Der Ladeschein entscheidet für das Rechtsverhältniß zwischen dem Frachtführer und dem Empfänger des Gutes; die nicht in den Ladeschein aufgenommenen Bestimmungen des Frachtvertrags sind dem Empfänger gegenüber unwirksam, sofern nicht der Ladeschein ausdrücklich auf sie Bezug nimmt.

Für das Rechtsverhältniß zwischen dem Frachtführer und dem Absender bleiben die Bestimmungen des Frachtvertrags maßgebend.

§. 421. (Art. 416, 417.)

Zum Empfange des Gutes legitimirt ist derjenige, an welchen das Gut nach dem Ladeschein abgeliefert werden soll oder auf welchen der Ladeschein, wenn er an Order lautet, durch Indossament übertragen ist.

Der zum Empfange Legitimirte hat schon vor der Ankunft des Gutes am Ablieferungsorte die Rechte, welche dem Absender in Ansehung der Verfügung über das Gut zustehen, wenn ein Ladeschein nicht ausgestellt ist.

Der Frachtführer darf einer Anweisung des Absenders, das Gut anzuhalten, zurückzugeben oder an einen anderen als den durch den Ladeschein legitimirten Empfänger auszuliefern, nur Folge leisten, wenn ihm der Ladeschein zurückgegeben wird; verletzt er diese Verpflichtung, so ist er dem rechtmäßigen Besitzer des Ladescheins für das Gut verhaftet.

§. 422. (Art. 418.)

Der Frachtführer ist zur Ablieferung des Gutes nur gegen Rückgabe des Ladescheins, auf dem die Ablieferung des Gutes bescheinigt ist, verpflichtet.

§. 423.

Im Falle des §. 406 Abs. 1 wird der nachfolgende Frachtführer, der das Gut auf Grund des Ladescheins übernimmt, nach Maßgabe des Scheines verpflichtet.

§. 424.

Die Uebergabe eines an Order lautenden Ladescheins an denjenigen, welcher durch den Schein zur Empfangnahme des Gutes legitimirt wird, hat, wenn das Gut von dem Frachtführer übernommen ist, für den Erwerb von Rechten an dem Gute dieselben Wirkungen wie die Uebergabe des Gutes.

§. 425. (Art. 420.)

Die Vorschriften der §§. 400 bis 424 kommen auch zur Anwendung, wenn ein Kaufmann, der nicht Frachtführer ist, im Betriebe seines Handelsgewerbes eine Beförderung von Gütern zu Lande oder auf Flüssen oder sonstigen Binnengewässern auszuführen übernimmt.

§. 426. (Art. 421 Abs. 2.)

Auf die Beförderung von Gütern durch die Postverwaltungen des Reichs und der Bundesstaaten finden die Vorschriften dieses Titels keine Anwendung. Die bezeichneten Postverwaltungen gelten nicht als Kaufleute im Sinne dieses Gesetzbuchs.

Siebenter Titel.

Beförderung von Gütern und Personen auf den Eisenbahnen.

§. 427. (Art. 422, B. Art. 2 bis 5, B. O. §§. 6, 49, 50.)

Eine dem öffentlichen Güterverkehre dienende Eisenbahn darf die Uebernahme von Gütern zur Beförderung nach einer für den Güterverkehr eingerichteten Station innerhalb des Deutschen Reichs nicht verweigern, sofern

1. der Absender sich den geltenden Beförderungsbedingungen und den sonstigen allgemeinen Anordnungen der Eisenbahn unterwirft;
2. die Beförderung nicht nach gesetzlicher Vorschrift oder aus Gründen der öffentlichen Ordnung unzulässig ist;

3. die Güter nach der Eisenbahnverkehrsordnung oder den gemäß der Verkehrsordnung erlassenen Vorschriften und, soweit diese keinen Anhalt gewähren, nach der Anlage und dem Betriebe der betheiligten Bahnen sich zur Beförderung eignen;
4. die Beförderung mit den regelmäßigen Beförderungsmitteln möglich ist;
5. die Beförderung nicht durch Umstände, die als höhere Gewalt zu betrachten sind, verhindert wird.

Die Eisenbahn ist nur insoweit verpflichtet, Güter zur Beförderung anzunehmen, als die Beförderung sofort erfolgen kann. Inwieweit sie verpflichtet ist, Güter, deren Beförderung nicht sofort erfolgen kann, in einstweilige Verwahrung zu nehmen, bestimmt die Eisenbahnverkehrsordnung.

Die Beförderung der Güter findet in der Reihenfolge statt, in welcher sie zur Beförderung angenommen worden sind, sofern nicht zwingende Gründe des Eisenbahnbetriebs oder das öffentliche Interesse eine Ausnahme rechtfertigen.

Eine Zuwiderhandlung gegen diese Vorschriften begründet den Anspruch auf Ersatz des dadurch entstehenden Schadens.

§. 428. (Art. 421 Abs. 1, 3.)

Auf das Frachtgeschäft der dem öffentlichen Güterverkehre dienenden Eisenbahnen finden die Vorschriften des vorigen Titels insoweit Anwendung, als nicht in diesem Titel oder in der Eisenbahnverkehrsordnung ein Anderes bestimmt ist.

§. 429. (B. Art. 8 Abs. 5, 15 Abs. 2, V. O. §. 54 Abs. 5 Satz 1, §. 64 Abs. 2.)

Die Eisenbahn ist verpflichtet, auf Verlangen des Absenders den Empfang des Gutes unter Angabe des Tages, an welchem es zur Beförderung angenommen ist, auf einem Duplikate des Frachtbriefs zu bescheinigen; das Duplikat ist von dem Absender mit dem Frachtbriefe vorzulegen.

Im Falle der Ausstellung eines Frachtbriefduplikats steht dem Absender das im §. 407 bezeichnete Verfügungsrecht nur zu, wenn er das Duplikat vorlegt. Befolgt die Eisenbahn die Anweisungen des Absenders, ohne die Vorlegung des Duplikats zu verlangen, so ist sie für den daraus entstehenden Schaden dem Empfänger, welchem der Absender die Urkunde übergeben hat, haftbar.

§. 430. (Art. 395, B. Art. 30 Abs. 1, V. O. §. 75 Abs. 1.)

Die Eisenbahn haftet für den Schaden, welcher durch Verlust oder Beschädigung des Gutes in der Zeit von der Annahme zur Beförderung bis zur

Ablieferung entsteht, es sei denn, daß der Schaden durch ein Verschulden oder eine nicht von der Eisenbahn verschuldete Anweisung des Verfügungsberechtigten, durch höhere Gewalt, durch äußerlich nicht erkennbare Mängel der Verpackung oder durch die natürliche Beschaffenheit des Gutes, namentlich durch inneren Verderb, Schwinden, gewöhnliche Leckage, verursacht ist.

Die Vorschrift des §. 403 Abs. 2 findet Anwendung.

§. 431. (Art. 400, B. Art. 29, B. O. §. 9.)

Die Eisenbahn haftet für ihre Leute und für andere Personen, deren sie sich bei der Ausführung der Beförderung bedient.

§. 432. (Art. 424, B. Art. 31, B. O. §. 77.)

Die Eisenbahn haftet nicht:

1. in Ansehung der Güter, die nach der Bestimmung des Tarifs oder nach einer in den Frachtbrief aufgenommenen Vereinbarung mit dem Absender in offen gebauten Wagen befördert werden,

   für den Schaden, welcher aus der mit dieser Beförderungsart verbundenen Gefahr entsteht;

2. in Ansehung der Güter, die, obgleich ihre Natur eine Verpackung zum Schutze gegen Verlust oder Beschädigung während der Beförderung erfordert, nach Erklärung des Absenders auf dem Frachtbrief unverpackt oder mit mangelhafter Verpackung zur Beförderung aufgegeben sind,

   für den Schaden, welcher aus der mit dem Mangel oder mit der mangelhaften Beschaffenheit der Verpackung verbundenen Gefahr entsteht;

3. in Ansehung der Güter, deren Auf- und Abladen nach der Bestimmung des Tarifs oder nach einer in den Frachtbrief aufgenommenen Vereinbarung mit dem Absender von diesem oder von dem Empfänger besorgt wird,

   für den Schaden, welcher aus der mit dem Auf- und Abladen oder mit einer mangelhaften Verladung verbundenen Gefahr entsteht;

4. in Ansehung der Güter, die vermöge ihrer eigenthümlichen natürlichen Beschaffenheit der besonderen Gefahr ausgesetzt sind, Verlust oder Beschädigung, namentlich Bruch, Rost, inneren Verderb, außergewöhnliche Leckage, Austrocknung und Verstreuung, zu erleiden,

   für den Schaden, welcher aus dieser Gefahr entsteht;

5. in Ansehung lebender Thiere
   für den Schaden, welcher aus der für sie mit der Beförderung verbundenen besonderen Gefahr entsteht;
6. in Ansehung derjenigen Güter, einschließlich der Thiere, welchen nach der Verkehrsordnung, dem Tarif oder nach einer in den Frachtbrief aufgenommenen Vereinbarung mit dem Absender ein Begleiter beizugeben ist,
   für den Schaden, welcher aus der Gefahr entsteht, deren Abwendung durch die Begleitung bezweckt wird.

Konnte ein eingetretener Schaden den Umständen nach aus einer der im Abs. 1 bezeichneten Gefahren entstehen, so wird vermuthet, daß er aus dieser Gefahr entstanden sei.

Eine Befreiung von der Haftpflicht kann auf Grund dieser Vorschriften nicht geltend gemacht werden, wenn der Schaden durch Verschulden der Eisenbahn entstanden ist.

§. 433. (Art. 426, B. Art. 32, V. O. §. 78.)

Bei Gütern, die nach ihrer natürlichen Beschaffenheit bei der Beförderung regelmäßig einen Gewichtsverlust erleiden, ist die Haftpflicht der Eisenbahn für Gewichtsverluste bis zu den aus der Eisenbahnverkehrsordnung sich ergebenden Normalsätzen ausgeschlossen.

Der Normalsatz wird, falls mehrere Stücke auf denselben Frachtbrief befördert werden, für jedes Stück besonders berechnet, wenn das Gewicht der einzelnen Stücke im Frachtbriefe verzeichnet ist oder sonst festgestellt werden kann.

Die Beschränkung der Haftpflicht tritt nicht ein, soweit der Verlust den Umständen nach nicht in Folge der natürlichen Beschaffenheit des Gutes entstanden ist oder soweit der angenommene Satz dieser Beschaffenheit oder den sonstigen Umständen des Falles nicht entspricht.

Bei gänzlichem Verluste des Gutes findet ein Abzug für Gewichtsverlust nicht statt.

§. 434. (Art. 427 Abs. 1 Nr. 1, Abs. 2, B. Art. 35, 41, V. O. §§. 81, 88.)

Die Eisenbahnen können in besonderen Bedingungen (Ausnahmetarifen) einen im Falle des Verlustes oder der Beschädigung zu erstattenden Höchstbetrag festsetzen, sofern diese Ausnahmetarife veröffentlicht werden, eine Preisermäßigung für die ganze Beförderung gegenüber den gewöhnlichen Tarifen der Eisenbahn enthalten und der gleiche Höchstbetrag auf die ganze Beförderungsstrecke Anwendung findet.

Ist der Schaden durch Vorsatz oder grobe Fahrlässigkeit der Eisenbahn entstanden, so kann die Beschränkung auf den Höchstbetrag nicht geltend gemacht werden.

§. 435. (Art. 427 Abs. 1 Nr. 1, Abs. 2, B. Art. 3 u. Ausf.-Bestimm. § 1 Abs. 1 Nr. 1, 2, V. O. §. 30 Abs. 5, §. 50 B. 2.)

Inwieweit für den Fall des Verlustes oder der Beschädigung von Geldern, Werthpapieren, Kostbarkeiten und Kunstgegenständen die zu leistende Entschädigung auf einen Höchstbetrag beschränkt werden kann, bestimmt die Eisenbahnverkehrsordnung. Die Vorschrift des §. 434 Abs. 2 findet entsprechende Anwendung.

§. 436. (Art. 427 Abs. 1 Nr. 1, B. Art. 38, V. O. §§. 34 Abs. 2, 48 Abs. 2, 84, 85.)

Ist das Interesse an der Lieferung nach Maßgabe der Vorschriften der Eisenbahnverkehrsordnung in dem Frachtbriefe, dem Gepäckschein oder dem Beförderungsschein angegeben, so kann im Falle des Verlustes oder der Beschädigung des Gutes außer der im §. 404 Abs. 1, 2 bezeichneten Entschädigung der Ersatz des weiter entstandenen Schadens bis zu dem angegebenen Betrage beansprucht werden.

Ist die Ersatzpflicht nach den Vorschriften des §. 434 oder des §. 435 auf einen Höchstbetrag beschränkt, so findet eine Angabe des Interesses an der Lieferung über diesen Betrag hinaus nicht statt.

§. 437. (Art. 428, B. Art. 44 Abs. 2 Nr. 1, Nr. 4 Satz 1, V. O. §. 90 Abs. 2 Nr. 1, Nr. 4 Satz 1.)

Wegen einer Beschädigung oder Minderung, die bei der Annahme des Gutes durch den Empfänger äußerlich nicht erkennbar ist, können Ansprüche gegen die Eisenbahn nach §. 412 Abs. 3 nur geltend gemacht werden, wenn die Feststellung des Mangels binnen einer Woche nach der Annahme bei Gericht oder schriftlich bei der Eisenbahn beantragt wird.

Ist der Schaden durch Vorsatz oder grobe Fahrlässigkeit der Eisenbahn herbeigeführt, so kann sie sich auf diese Vorschrift nicht berufen.

§. 438. (Art. 425, V. O. §. 34 Abs. 3, 5.)

Für den Verlust von Reisegepäck, das zur Beförderung aufgegeben ist, haftet die Eisenbahn nur, wenn das Gepäck binnen acht Tagen nach der Ankunft des Zuges, zu welchem es aufgegeben ist, auf der Bestimmungsstation abgefordert wird.

Inwieweit für den Fall des Verlustes oder der Beschädigung von Reisegepäck, das zur Beförderung aufgegeben ist, die zu leistende Entschädigung auf einen Höchstbetrag beschränkt werden kann, bestimmt die Eisenbahnverkehrsordnung. Die Vorschrift des §. 434 Abs. 2 findet entsprechende Anwendung.

Für den Verlust oder die Beschädigung von Reisegepäck, das nicht zur Beförderung aufgegeben ist, sowie von Gegenständen, die in beförderten Fahrzeugen belassen sind, haftet die Eisenbahn nur, wenn ihr ein Verschulden zur Last fällt.

§. 439. (Art. 427 Abs. 1 Nr. 2, Abs. 2, B. Art. 39 bis 41, V. O. §§. 36, 48 Abs. 2, 86 bis 88.)

Die Eisenbahn haftet für den Schaden, welcher durch Versäumung der Lieferfrist entsteht, es sei denn, daß die Verspätung von einem Ereignisse herrührt, welches sie weder herbeigeführt hat noch abzuwenden vermochte.

Der Schaden wird nur insoweit ersetzt, als er den in dem Frachtbriefe, dem Gepäckschein oder dem Beförderungsschein als Interesse an der Lieferung nach Maßgabe der Eisenbahnverkehrsordnung angegebenen Betrag und in Ermangelung einer solchen Angabe den Betrag der Fracht nicht übersteigt. Für das Reisegepäck kann an Stelle der Fracht durch die Eisenbahnverkehrsordnung ein anderer Höchstbetrag bestimmt werden.

Inwieweit ohne den Nachweis eines Schadens eine Vergütung zu gewähren ist, bestimmt die Eisenbahnverkehrsordnung.

Der Ersatz des vollen Schadens kann gefordert werden, wenn die Versäumung der Lieferfrist durch Vorsatz oder grobe Fahrlässigkeit der Eisenbahn herbeigeführt ist.

§. 440. (B. Art. 43, V. O. §. 89.)

Werden Gegenstände, die von der Beförderung ausgeschlossen oder zur Beförderung nur bedingungsweise zugelassen sind, unter unrichtiger oder ungenauer Bezeichnung aufgegeben oder werden die für diese Gegenstände vorgesehenen Sicherheitsmaßregeln von dem Absender unterlassen, so ist die Haftpflicht der Eisenbahn auf Grund des Frachtvertrags ausgeschlossen.

§. 441. (Art. 430, B. Art. 30 Abs. 2, V. O. §. 76 Abs. 1)[1])

Für den Fall, daß auf dem Frachtbrief als Ort der Ablieferung ein nicht an der Eisenbahn liegender Ort bezeichnet wird, kann bestimmt werden, daß die Eisenbahn als Frachtführer nur für die Beförderung bis zur letzten Eisenbahnstation haften, bezüglich der Weiterbeförderung dagegen die Verpflichtungen des Spediteurs übernehmen soll.

§. 442. (Art. 429, B. Art. 27 Abs. 3, 5, 28, V. O. §. 74 Abs. 3, 4.)

Wird die Beförderung auf Grund desselben Frachtbriefs nach §. 406 Abs. 2 durch mehrere auf einander folgende Eisenbahnen bewirkt, so konnen

---

[1]) Art. 431 ist gestrichen.

die Ansprüche aus dem Frachtvertrag, unbeschadet des Rückgriffs der Bahnen unter einander, im Wege der Klage nur gegen die erste Bahn oder gegen diejenige, welche das Gut zuletzt mit dem Frachtbrief übernommen hat, oder gegen diejenige, auf deren Betriebsstrecke sich der Schaden ereignet hat, gerichtet werden.

Unter den bezeichneten Bahnen steht dem Kläger die Wahl zu; das Wahlrecht erlischt mit der Erhebung der Klage.

Im Wege der Widerklage oder der Einrede können Ansprüche aus dem Frachtvertrag auch gegen eine andere als die bezeichneten Bahnen geltend gemacht werden, wenn die Klage sich auf denselben Frachtvertrag gründet.

§. 443. (B. Art. 12 Abs. 4 Satz 1 bis 3, V. O. §. 61 Abs. 4 Satz 1, 2.)

Ansprüche der Eisenbahn auf Nachzahlung zu wenig erhobener Fracht oder Gebühren sowie Ansprüche gegen die Eisenbahn auf Rückerstattung zu viel erhobener Fracht oder Gebühren verjähren in einem Jahre, sofern der Anspruch auf eine unrichtige Anwendung der Tarife oder auf Fehler bei der Berechnung gestützt wird. Die Verjährung beginnt mit dem Ablaufe des Tages, an welchem die Zahlung erfolgt ist.

Die Verjährung des Anspruchs auf Rückerstattung zu viel erhobener Fracht oder Gebühren sowie die Verjährung der im §. 413 Satz 1 bezeichneten Ansprüche wird durch die schriftliche Anmeldung des Anspruchs bei der Eisenbahn gehemmt. Ergeht auf die Anmeldung ein abschlägiger Bescheid, so beginnt der Lauf der Verjährungsfrist wieder mit dem Tage, an welchem die Eisenbahn ihre Entscheidung dem Anmeldenden schriftlich bekannt macht und ihm die der Anmeldung etwa angeschlossenen Beweisstücke zurückstellt. Weitere Gesuche, die an die Eisenbahn oder an die vorgesetzten Behörden gerichtet werden, bewirken keine Hemmung der Verjährung.

§. 444. (Art. 423, B. Art. 5, V. O. Eingangsbestimmungen.)

Die nach den Vorschriften des §. 404, des §. 406 Abs. 1, 2, der §§. 412, 413, 427, 429 bis 443 begründeten Verpflichtungen der Eisenbahnen können weder durch die Eisenbahnverkehrsordnung noch durch Verträge ausgeschlossen oder beschränkt werden.

Bestimmungen, welche dieser Vorschrift zuwiderlaufen, sind nichtig. Das Gleiche gilt von Vereinbarungen, die mit den Vorschriften der Eisenbahnverkehrsordnung im Widerspruche stehen.

§. 445.

Die Vorschriften über die Beförderung von Personen auf den Eisenbahnen werden durch die Eisenbahnverkehrsordnung getroffen.

§. 446.

Bei einer dem öffentlichen Verkehre dienenden Bahnunternehmung, welche der Eisenbahnverkehrsordnung nicht unterliegt (Kleinbahn), treten insoweit, als in diesem Titel auf die Vorschriften der Eisenbahnverkehrsordnung Bezug genommen ist, an deren Stelle die Beförderungsbedingungen der Bahnunternehmung.

Den Vorschriften des §. 397 unterliegt eine solche Bahnunternehmung nur mit der Maßgabe, daß sie die Uebernahme von Gütern zur Beförderung auf ihrer Bahnstrecke nicht verweigern darf.

Denkschrift

zu dem

Entwurf eines Handelsgesetzbuchs.

Vorbemerkung.

Die einheitliche Regelung und umfassende Neugestaltung des Privatrechts, welche durch das Bürgerliche Gesetzbuch eintritt, macht auch eine Revision des Handelsgesetzbuchs nothwendig. Nach dem Plane, wie er der Ausarbeitung des Entwurfs eines Bürgerlichen Gesetzbuchs zu Grunde lag, war eine solche Revision von vornherein in Aussicht genommen. Die Aufgabe derselben besteht darin, einerseits die Vorschriften des Handelsgesetzbuchs mit dem Inhalte des Bürgerlichen Gesetzbuchs in Einklang zu bringen, andererseits diejenigen Aenderungen und Ergänzungen des Handelsgesetzbuchs vorzunehmen, welche sich nach den Erfahrungen in dem Zeitraume von über dreißig Jahren, der seit dem Zustandekommen des Gesetzbuchs verstrichen ist, als wünschenswerth gezeigt haben. Die aus den Kreisen der betheiligten Berufsstände gegebenen Anregungen, die Rechtsprechung der Gerichte, die umfangreiche Literatur des Handelsrechts und die neuere ausländische Gesetzgebung bieten für den letzteren Theil der Aufgabe ein reiches Material.

Bei der Vielgestaltigkeit des bürgerlichen Rechts, welche zur Zeit der Herstellung des Handelsgesetzbuchs herrschte, fiel diesem eine Aufgabe zu, die zum Theil über den Rahmen einer Regelung der dem Handelsverkehr eigenthümlichen Verhältnisse hinausging. Es war nothwendig, in gewissem Umfang eine gemeinsame Rechtsgrundlage auch bezüglich solcher Verhältnisse zu schaffen, welche an sich dem bürgerlichen Rechte angehören. Besonders das vierte Buch, welches die Handelsgeschäfte regelt, enthält eine erhebliche Zahl derartiger Vorschriften. Diese Aufgabe fällt jetzt für das Handelsgesetzbuch weg, denn sie wird durch das Bürgerliche Gesetzbuch, das sich bei den in Betracht kommenden Fragen vielfach den Grundsätzen des Handelsgesetzbuchs angeschlossen hat, in umfassenderer Weise gelöst. Die Folge hiervon ist eine Verminderung des dem Handelsgesetzbuche zufallenden Rechtsstoffes.

Die früher unvermeidliche Vermischung von Vorschriften des eigentlichen Handelsrechts und des bürgerlichen Rechts ist auch in Bezug auf das subjektive Anwendungsgebiet des Handelsgesetzbuchs nicht ohne Einfluß geblieben. Die Vorschriften desselben gelten zum großen Theile nicht blos für Kaufleute, sondern auch für andere Personen, die mit Kaufleuten dauernd oder gelegentlich in Geschäftsverkehr treten. Es liegt auf der Hand, daß sich dies überhaupt nicht ganz vermeiden läßt, da unter Anderem die Regelung selbständiger handelsrechtlicher Vertragsgattungen in Frage kommt, die nicht nur für den Verkehr von Kaufleuten unter einander Bedeutung haben. Allein das Handelsgesetzbuch hat die Grenze zum Theil sehr weit gezogen, und in Folge dessen ist das nicht zu den handeltreibenden Kreisen gehörende Publikum den Vorschriften des Gesetzbuchs nicht selten auch da unterstellt, wo die Berechtigung hierzu sich bezweifeln läßt. Das erwähnte Verhältniß des Handelsgesetzbuchs zu dem bürgerlichen Rechte mußte von selbst dahin führen, diese Richtung zu begünstigen. Dies ändert sich nun; das Anwendungsgebiet des Handelsgesetzbuchs kann jetzt auch in subjektiver Beziehung enger begrenzt, seinen Normen in höherem Grade als bisher der Karakter eines Rechtes der Kaufleute gegeben werden. Eine den heutigen Bedürfnissen entsprechende Feststellung des Kaufmannsbegriffs muß hiermit allerdings Hand in Hand gehen.

Der vorliegende, die bisherigen vier ersten Bücher des Handelsgesetzbuchs umfassende Entwurf stellt sich äußerlich als ein neues Gesetz dar. Die sachlichen Aenderungen, welche das Handelsgesetzbuch erfahren muß, sind zu erheblich und zu zahlreich, als daß die Form einer Novelle genügen könnte; das Gesetzbuch würde dadurch die Uebersichtlichkeit und den systematischen Zusammenhang verlieren. Dagegen kann das fünfte, das Seerecht enthaltende Buch im Wesentlichen seine jetzige Gestalt behalten. Die Bestimmungen dieses Buches sind zwar an die vorausgehenden Theile als viertes Buch anzuschließen; sachlich kann sich die Revision aber im Wesentlichen auf diejenigen Aenderungen beschränken, welche durch den neuen Inhalt der übrigen Bücher sowie durch einzelne Vorschriften des Bürgerlichen Gesetzbuchs oder sonstiger Reichsgesetze geboten sind. Insofern darüber hinaus ein Bedürfniß für Aenderungen des Seerechts besteht, muß die Befriedigung desselben zunächst noch verschoben werden, um die Fülle der Aufgaben, welche die Gesetzgebung auf dem Gebiete des Privatrechts ohnehin zu bewältigen hat, nicht über Gebühr zu vermehren. Bei der Natur des Seerechts, das ein in sich geschlossenes Ganzes bildet und nur zu einem geringen Theile in einem engeren Zusammenhange mit dem sonstigen Inhalte des Handelsgesetzbuchs und dem bürgerlichen Rechte steht, unterliegt ein solches Verfahren auch keinem Bedenken. Die Frage, inwieweit die Regelung des Versicherungsrechts Aenderungen der die Seeversicherung betreffenden Vorschriften des Handelsgesetzbuchs erforderlich machen wird, bleibt zunächst noch offen.

Neue Rechtsstoffe sind in den Entwurf nur in geringem Umfange aufgenommen. In das erste Buch ist ein Titel über die Handlungsagenten, in das dritte Buch ein solcher über das Lagergeschäft eingefügt; auch sind im siebenten Titel des ersten Buches nunmehr die Verhältnisse der Privathandelsmäkler geregelt. Dagegen ist davon abgesehen, andere Gegenstände, die bereits in selbständigen Reichsgesetzen behandelt sind, wie das Recht der Gesellschaften mit beschränkter Haftung und der eingetragenen Genossenschaften oder das Recht der Binnenschiffahrt und der Flößerei, dem Handelsgesetzbuch einzuverleiben. Ein Bedürfniß hierzu ist nicht anzuerkennen; bei einer solchen Einfügung ließe sich auch eine Umgestaltung der betreffenden, zum Theil erst in neuester Zeit zu Stande gekommenen Gesetze nicht vermeiden, was jedenfalls nicht als wunschenswerth betrachtet werden kann. Der Bestand des Handelsgesetzbuchs bleibt demnach, was die allgemeine Begrenzung der darin behandelten Gegenstände betrifft, im Großen und Ganzen unverändert. Auch die Regelung des Versicherungsrechts und des Verlagsrechts hat durch besondere Gesetze zu erfolgen.

Der Entwurf ist vor seiner abschließenden Feststellung einer Berathung mit Vertretern des Handels und der Industrie, mit angesehenen Rechtsverständigen und mit Vertretern der Landwirtschaft unterzogen worden. Zur Begutachtung der Vorschriften über die Handlungsgehülfen und die Handlungsagenten waren auch Angehörige dieser Berufskreise zugezogen. Den bei den Berathungen geäußerten Wünschen und Anregungen ist in weitem Umfange Rechnung getragen.

Zur Ergänzung des Entwurfs wird es einer Anzahl weiterer Vorschriften bedürfen. Zunächst ist es nothwendig, das Verhältniß der Vorschriften des Handelsgesetzbuchs zu anderen Reichsgesetzen festzustellen sowie in einer Anzahl solcher Gesetze einzelne Aenderungen und Ergänzungen vorzunehmen, die sich mit Rücksicht auf die Bestimmungen des Entwurfs als nothwendig ergeben. Sodann ist die Frage zu entscheiden, in welchem Umfange neben dem Handelsgesetzbuche noch landesgesetzliche Vorschriften handelsrechtlichen Inhalts in Geltung bleiben sollen. Endlich sind Uebergangsbestimmungen für einzelne der neuen Vorschriften nicht zu entbehren. Die Regelung dieser Punkte bleibt einem besonderen Einführungsgesetze vorbehalten. Einen ferneren Gegenstand gesetzlicher Anordnungen bildet die Zuständigkeit und das Verfahren in den zur streitigen Gerichtsbarkeit nicht gehörenden Handelssachen. An einheitlichen Bestimmungen hierüber fehlt es gegenwärtig; der Erlaß entsprechender reichsgesetzlicher Vorschriften ist aber unumgänglich. Die betreffenden Vorschriften werden am zweckmäßigsten in dem Rahmen des auch zur Ausführung des Bürgerlichen Gesetzbuchs erforderlichen Gesetzes über die Angelegenheiten der freiwilligen Gerichtsbarkeit getroffen werden.

Die dem ersten Buche des Handelsgesetzbuchs vorausgeschickten allgemeinen Bestimmungen sind in den Entwurf nicht aufgenommen. Die Vorschrift des bisherigen Art. 1 über das in Handelssachen zur Anwendung kommende Recht ist insoweit, als sie das Verhältniß des Handelsgesetzbuchs zum bürgerlichen Rechte betrifft, in das Einführungsgesetz zu übernehmen. Dagegen wird von einer allgemeinen Bestimmung über die Wirksamkeit des Handelsgewohnheitsrechts abzusehen sein. Das Bürgerliche Gesetzbuch enthält keine Bestimmungen über die bindende Kraft gewohnheitsrechtlicher Säze, überläßt vielmehr die Entscheidung der in Betracht kommenden Fragen der Wissenschaft und Rechtsprechung. Für ein blos partikulares oder örtliches Gewohnheitsrecht wird damit den Vorschriften des Bürgerlichen Gesetzbuchs gegenüber allerdings kein Raum bleiben. Dies muß in Zukunft auch für Handelssachen gelten. Das geltende Handelsgesetzbuch räumt freilich im Art. 1 den Handelsgebräuchen, und zwar nicht nur dem gemeinen, sondern auch dem partikularen und örtlichen Handelsgewohnheitsrechte, schlechthin den Vorrang vor den Bestimmungen des bürgerlichen Rechtes ein; lediglich im Verhältnisse zu den Vorschriften des Handelsgesetzbuchs selbst ist dem Gewohnheitsrechte die derogirende Kraft versagt. Eine solche Regelung mochte im Hinblick auf die unter sich vielfach abweichenden, zum Theil veralteten Bestimmungen des bisherigen bürgerlichen Rechtes sachgemäß sein. Gegenüber dem Bürgerlichen Gesetzbuche wäre sie nicht mehr gerechtfertigt. Es darf nicht dahin kommen, daß die Vorschriften dieses Gesetzbuchs auf einem der wichtigsten Verkehrsgebiete alsbald wieder durch die mannigfaltigsten Rechtsbildungen partikularer und örtlicher Natur durchbrochen werden. Bleibt der Artikel des Handelsgesetzbuchs unverändert, so liegt die Gefahr nahe, daß nach dem Inkrafttreten des Bürgerlichen Gesetzbuchs vielfach in Handelssachen die Grundsätze des bisherigen Landesrechts als vermeintlicher Ausdruck gewohnheitsrechtlicher Ueberzeugung festgehalten werden. Dazu kommt, daß zahlreiche Vorschriften, die seither im Handelsgesetzbuch ihre Stelle hatten und deshalb der Aenderung durch abweichende Handelsgebräuche entzogen waren, nunmehr dem Bürgerlichen Gesetzbuch einverleibt sind; sie würden demzufolge einer solchen Aenderung zugänglich werden, wenn das neue Handelsrecht den Inhalt des Artikels ohne Weiteres übernehmen wollte. War es bisher ohne Unzuträglichkeiten möglich, den Handelsgebräuchen die Wirksamkeit gegenüber dem geschriebenen Rechte des Handelsgesetzbuchs zu versagen, so wird das Gleiche künftig auch im Verhältnisse zu dem Bürgerlichen Gesetzbuche zu gelten haben, das sich in so vielen Beziehungen dem Handelsgesetzbuche genähert hat. Vor Allem darf hinsichtlich der zwingenden Vorschriften des Bürgerlichen Gesetzbuchs einem partikularen Gewohnheitsrechte keine aufhebende Wirkung zuerkannt werden. Eine hiervon verschiedene Behandlung der dispositiven Vorschriften des Bürgerlichen Gesetzbuchs wäre aber grundsätzlich nicht zu rechtfertigen, auch mit praktischen Schwierigkeiten verbunden, da die Grenze zwischen beiden Gattungen von Rechtsvorschriften sich nicht immer einfach ziehen läßt. Soweit die Handelsgewohnheit gegenüber dem dispositiven Rechte Berücksichtigung erheischt, wird dem praktischen Bedürfniß im Wesentlichen durch den in den §. 318 des Entwurfs übernommenen Grundsatz des Art. 279 des geltenden Handelsgesetzbuchs genügt, wonach bei Handelsgeschäften in Bezug auf die Bedeutung und Wirkung von Handlungen und Unterlassungen auf die im Handelsverkehre geltenden Gewohnheiten und Gebräuche Rücksicht zu nehmen ist. Unter Gewohnheiten und Gebräuchen sind in diesem Zusammenhang allerdings nicht Sätze des objektiven Rechtes, sondern nur die thatsächliche Uebung und Verkehrssitte zu verstehen. In Wirklichkeit hatten aber die Fälle, in denen bisher ein Handelsgebrauch durch die Rechtsprechung Anerkennung fand, meist nicht eigentliches Handelsgewohnheitsrecht zum Gegenstande, sondern eine Uebung, die gemäß Art. 279 behufs Ermittelung des Vertragswillens der Betheiligten zu berücksichtigen war.

Die Frage, inwieweit durch *gemeines* Handelsgewohnheitsrecht Vorschriften des Bürgerlichen Gesetzbuchs oder des Handelsgesetzbuchs abgeändert werden können, ist bei den Schwierigkeiten, welche der Bildung eines derartigen Gewohnheitsrechts der Natur der Sache nach entgegenstehen, ohne erhebliche

Bedeutung, entzieht sich aber auch der gesetzlichen Regelung. Ebenso kann nach dem Vorgange des Bürgerlichen Gesetzbuchs die Frage der Wirksamkeit eines nur ergänzenden, auf gesetzlich nicht geregelte Verhältnisse bezüglichen Gewohnheitsrechts der Entscheidung durch Wissenschaft und Rechtsprechung überlassen bleiben.

Was die Bestimmung des bisherigen Art. 2 über das Verhältniß des Handelsgesetzbuchs zur Wechselordnung anlangt, so hat an deren Stelle eine allgemeine Bestimmung des Einführungsgesetzes über das Verhältniß des Gesetzbuchs zu den Reichsgesetzen zu treten. Der Art. 3 endlich, welcher die Bedeutung des im Handelsgesetzbuche gebrauchten Ausdrucks „Handelsgericht" erläutert, wird durch den Wegfall dieser Bezeichnung gegenstandslos.

Erstes Buch.
Handelsstand.

Erster Titel.
Kaufleute.

Erweiterung des Kaufmannsbegriffs.

Nach dem Handelsgesetzbuche wird die Eigenschaft als Kaufmann ausschließlich durch den gewerbsmäßigen Betrieb der in den Art. 271, 272 bezeichneten Geschäfte begründet. Die Aufzählung dieser sogenannten Grundgeschäfte des Handels leidet, wie jede derartige Kasuistik, an einer gewissen Willkürlichkeit; mit dem praktischen Bedürfniß und den Anschauungen des Verkehrs steht sie nicht überall mehr im Einklang. Der Grund der meisten handelsrechtlichen Vorschriften beruht weniger auf einer besonderen Eigenthümlichkeit der einzelnen Geschäftsoperationen, aus denen sich der Handelsbetrieb zusammensetzt, als vielmehr auf der Art dieses Betriebes selbst, namentlich auf dem Zusammentreffen zahlreicher, sich gegenseitig bedingender Geschäfte, die eine rasche und sichere Abwickelung erfordern und zugleich im Interesse aller Betheiligten eine gewisse Uebersichtlichkeit und Erkennbarkeit der geschäftlichen Verhältnisse des Unternehmers nothwendig machen. Haben sich auch diese Bedürfnisse am frühesten und entschiedensten in dem zum Handel im engeren Sinne gehörenden Verkehre geltend gemacht, so sind doch mit der fortschreitenden gewerblichen Entwicklung ähnliche Verhältnisse bei vielen anderen Arten gewerblicher Unternehmungen eingetreten. In Wirklichkeit geht auch schon das Handelsgesetzbuch bei der Feststellung der Grundgeschäfte über die Grenzen des Handels im volkswirthschaftlichen Sinne hinaus. Eine fernere Erweiterung hat sich daraus ergeben, daß durch spätere Gesetze gewissen Gesellschaften, nämlich den Aktiengesellschaften, den Kommanditgesellschaften auf Aktien, den eingetragenen Genossenschaften und den Gesellschaften mit beschränkter Haftung, ohne Rücksicht auf den Gegenstand des Geschäftsbetriebs die Eigenschaft als Kaufmann beigelegt worden ist; allein dem vorhandenen Bedürfniß ist hierdurch noch nicht genügend Rechnung getragen. Einige Beispiele mögen dies erläutern.

Die industriellen Betriebe unterstehen jetzt nur zum Theil dem Handelsrecht. Abgesehen von der nur noch in wenigen Gewerbszweigen bedeutsamen Lohnfabrikation (Handelsgesetzbuch Art. 272 Nr. 1) gilt der Fabrikbetrieb ausschließlich dann als Handelsgewerbe, wenn der Unternehmer die Rohstoffe von Anderen anschafft (Handelsgesetzbuch Art. 271 Nr. 1). Unternehmer, die nur selbstgewonnene Rohstoffe verarbeiten, gelten nicht als Kaufleute und die Geschäfte solcher Unternehmer sind auf ihrer Seite keine Handelsgeschäfte. Gewinnt eine Thonwaaren- oder Porzellanfabrik die zu verarbeitende Erde auf dem von ihr selbst zu diesem Zwecke erworbenen oder gepachteten Grund und Boden, so ist sie nicht Kaufmann. Das Gleiche gilt von den zahlreichen nach kaufmännischer Art und in großem Umfange betriebenen Ziegeleien, welche die Ziegelerde auf den hierzu gepachteten Ländereien stechen. Auch große Rübenzuckerfabriken, die nur selbstgezogene Rüben verarbeiten, sind an sich keine Handelsunternehmungen, und die Lieferungsgeschäfte, welche sie abschließen, können nicht ohne Weiteres nach Handelsrecht beurtheilt werden. Die Rechtslage ändert sich aber, sobald in einem solchen Betriebe auch nur ein verhältnißmäßig geringer Theil der Rohstoffe regelmäßig angekauft wird. Dann ist der Unternehmer Kaufmann, und das Gleiche gilt in dem Falle, wenn das Unternehmen in der Form der Aktiengesellschaft oder der Gesellschaft mit beschränkter Haftung betrieben wird. Diese Unterscheidungen entbehren der inneren Berechtigung und sind der im Verkehre herrschenden Auffassung fremd. In den betheiligten Berufskreisen ist namentlich bezüglich des fabrikmäßigen Betriebs der Ziegeleien die Nothwendigkeit einer Aenderung des bestehenden Rechtszustandes vielfach geltend gemacht worden.

Unbefriedigend ist die gegenwärtige Rechtslage auch bezüglich gewisser Zweige der Urproduktion. Soweit es sich um Betriebe handelt, die zu der Land- oder Forstwirthschaft gehören, ist der Ausschluß vom Handelsrechte zweifellos gerechtfertigt. Nicht das Gleiche gilt aber für manche andere, in kaufmännischer Weise betriebene Produktionszweige, insbesondere für den Bergbau, den Betrieb von Brüchen, Gruben oder Salinen und dergleichen mehr. Für eine Bergwerksunternehmung, die nicht eine Aktiengesellschaft oder Gesellschaft mit beschränkter Haftung ist, besteht kein Recht auf die Firma, keine Verpflichtung zur Buchführung, und inwieweit sich ihre Lieferungsgeschäfte nach Handelsrecht bestimmen, hängt lediglich von dem zufälligen Umstand ab, ob die Lieferung an einen Kaufmann oder an eine andere Person erfolgt. Liefert eine Zeche Kohlen an die Eisenbahnverwaltung oder an eine Dampfschiffahrtsgesellschaft, so ist der Lieferungsvertrag ein Handelsgeschäft; ist dagegen die Marineverwaltung die Abnehmerin, so kommt nur das bürgerliche Recht zur Anwendung.

Auch manche sonstige Unternehmungen, wie beispielsweise die kaufmännischen Auskunftsbüreaus, die größeren Leihbibliotheken und andere mehr, für welche sowohl im Interesse des Publikums als in demjenigen der Unternehmer die Unterstellung unter das Handelsrecht als ein Bedürfniß anzusehen ist, haben zur Zeit weder die Pflichten noch die Rechte der Kaufleute.

Dazu kommt, daß Verträge über unbewegliche Sachen nach Art. 275 des Handelsgesetzbuchs unter keinen Umständen als Handelsgeschäfte anzusehen sind, und daß ein Betrieb, der solche Geschäfte zum Gegenstande hat, auch niemals ein Handelsgewerbe begründen kann. Die Vorschrift des Art. 275, welche in ihrer Tragweite übrigens keineswegs klar ist und in der Praxis der Gerichte zu fortwährenden Zweifeln und Schwankungen geführt hat, ist unter den heutigen Verhältnissen nicht mehr gerechtfertigt. Grundstücke sollen allerdings keinen regelmäßigen Gegenstand des Handelsverkehrs bilden, und sie dürfen als solche auch nicht von der Gesetzgebung behandelt werden; insbesondere wäre es nicht gerechtfertigt, den Kauf und Verkauf von Grundstücken unter die Grundgeschäfte des Handels aufzunehmen. Ebenso versteht es sich, daß die für die Uebertragung und Belastung von Grundstücken geltenden Vorschriften des bürgerlichen Rechts unberührt bleiben müssen. Hierdurch rechtfertigt es sich aber noch keineswegs, die Geschäfte über unbewegliche Sachen unbedingt vom Handelsrecht auszuschließen. Zahlreiche rein kaufmännisch und in großem Umfange betriebene Unternehmungen haben nur solche Geschäfte zum Gegenstand, und es besteht kein Grund, Gewerbetreibende dieser Art von den dem Kaufmannsstand obliegenden Pflichten zu entbinden oder ihnen die Rechte zu versagen, welche den fraglichen Pflichten gegenüberstehen. Hierher gehören namentlich die Bauunternehmer. Der Mangel einer gesetzlichen Verpflichtung der Bauunternehmer zur kaufmännischen Buchführung wird in weiten Kreisen als eine mitwirkende Ursache der im Baugewerbe bestehenden Uebelstände angesehen. Auch in anderen Beziehungen hat der Ausschluß der Bauunternehmer vom Handelsrechte zu großen Unzuträglichkeiten geführt, wie denn zum Beispiel einer Vereinigung von Bauunternehmern, die sich in das Handelsregister hatte eintragen lassen, durch höchstrichterliche Entscheidung die Eigenschaft einer Handelsgesellschaft und den unter der Firma bestellten Hypotheken die Gültigkeit abgesprochen worden ist, sodaß die Hypothekengläubiger im Konkurse ihrer Forderungen verlustig gingen. Auch der gewerbsmäßige Handel mit Grundstücken sollte der Verpflichtung eines kaufmännischen Betriebes nicht entzogen sein. Wird ein Unternehmen dieser Art von einer Aktiengesellschaft betrieben, so führt überdies die Vorschrift des Art. 275 zu dem inneren Widerspruche, daß das Unternehmen an sich zwar als ein kaufmännisches gilt, daß aber gerade die Geschäfte, welche seinen Gegenstand bilden, nicht als Handelsgeschäfte anzusehen sind.

Die Gründe, welche bei der Berathung des Handelsgesetzbuchs für die Vorschrift des Art. 275 geltend gemacht wurden, treffen jetzt zum großen Theil nicht mehr zu. Namentlich gilt dies von der Verschiedenheit der Landesrechte auf dem Gebiete des Immobiliarsachenrechts, von der verwickelten Natur der betreffenden Rechtsstreitigkeiten, die sich nicht zur Entscheidung durch die Handelsgerichte eigneten, und dergleichen mehr. Der letztere Gesichtspunkt könnte überhaupt nur in Betracht kommen, wenn es sich darum handelte, die Zuständigkeit der Kammern für Handelssachen auf Streitigkeiten über dingliche Rechte an Grundstücken auszudehnen; hiervon kann selbstverständlich nicht die Rede sein.

Die ausländischen Gesetze, insbesondere die neueren Handelsgesetzbücher von Italien, Spanien und Portugal, wie auch das ungarische und das belgische Handelsgesetzbuch, haben die Grenzen der handelsgewerblichen Unternehmung erheblich weiter gezogen als das deutsche Recht. Industrie, Bergbau und Bauunternehmungen sind nach jenen Gesetzen durchweg dem Handelsrecht unterstellt; in den Handelsgesetzbüchern von Italien und Portugal sowie in dem schweizerischen Obligationenrecht ist zugleich der Ausschluß der unbeweglichen Sachen von den Gegenständen des Handelsverkehrs gänzlich aufgegeben. Auch einzelne Einführungsgesetze deutscher Staaten zum Handelsgesetzbuche sind über die von dem letzteren gezogenen Grenzen hinausgegangen, so namentlich das württembergische Einführungsgesetz, nach dessen Art. 4 die Bestimmungen des Handelsgesetzbuchs über die Kaufleute auch auf Personen und Erwerbsgesellschaften Anwendung finden, die Gegenstände eigener Produktion, sei es in Natur oder nach vorgängiger Verarbeitung, gewerbsmäßig und in einem die Formen des kaufmännischen Geschäftsbetriebs erfordernden Umfange veräußern; ausgenommen ist der Verkauf eigener landwirthschaftlicher und Walderzeugnisse, wofern sie nicht in größerem Betriebe durch Verarbeitung umgestaltet und umgesetzt werden.

Die Erweiterung des Kaufmannsbegriffs wird hiernach als ein Bedürfniß anerkannt werden müssen. Sie lediglich durch eine Vermehrung der einzelnen Grundhandelsgeschäfte herbeizuführen, empfiehlt sich nicht. Vollständig würde eine Ergänzung der bisherigen Kasuistik doch nicht sein können, und bei den hauptsächlich in Betracht kommenden Betriebsarten wäre überdies eine Abgrenzung gegenüber den kleineren Unternehmungen, zum Theil auch gegenüber der Landwirthschaft nöthig, die in Ermangelung leicht erkennbarer Merkmale zu Zweifeln und Unklarheiten im Verkehr führen würde. Der Entwurf schlägt einen anderen Weg ein; er macht die Eigenschaft als Kaufmann, soweit dabei die bisherige Grenze überschritten wird, von einer doppelten Voraussetzung abhängig, die einerseits eine Kasuistik entbehrlich machen, andererseits durch ein äußerliches Merkmal für Jedermann leicht erkennbar sein soll. Die eine Voraussetzung bezieht sich auf die durch Art und Umfang des Unternehmens bedingte Betriebsweise, die andere besteht in der vorgängigen Eintragung des Unternehmers in das Handelsregister. Die Grundhandelsgeschäfte bleiben dabei in ihrer bisherigen rechtlichen Bedeutung bestehen; der gewerbsmäßige Betrieb derselben soll auch fernerhin die Eigenschaft als Kaufmann ohne Weiteres begründen. Hierzu tritt aber ergänzend die Anerkennung der Kaufmannseigenschaft für jeden sonstigen Gewerbetreibenden, dessen Unternehmen nach seiner Art und seinem Umfang einen nach kaufmännischer Weise eingerichteten Geschäftsbetrieb erfordert und dessen Firma in das Handelsregister eingetragen ist. Diese Eintragung herbeizuführen, wird den betreffenden Gewerbetreibenden zur Pflicht gemacht.

In der Art und dem Umfange des Unternehmens und der hierdurch bedingten Betriebsweise ist unmittelbar das Merkmal gegeben, das die Ausdehnung der handelsrechtlichen Vorschriften auf andere als die dem Handel im engeren Sinne angehörenden Unternehmungen rechtfertigt. Was unter einem in kaufmännischer Weise geführten Betriebe zu verstehen ist, und welche Unternehmungen nach ihrer Art und ihrem Umfang einen solchen Betrieb erfordern, braucht im Gesetze nicht näher bestimmt zu werden. In der Praxis wird die Entscheidung keine Schwierigkeiten machen. Die Nothwendigkeit einer nach kaufmännischen Grundsätzen geordneten Buchführung, der Gebrauch einer Firma, die Art der Korrespondenz, der Kassenführung und der Zahlungsleistungen, die Verwendung gewisser Arten von Hülfspersonen und dergleichen mehr gewähren genügende Anhaltspunkte. Auch nach dem schweizerischen Obligationenrecht (Art. 865 Abs. 4, Art. 877) ist für die Anwendung der in demselben enthaltenen besonderen handelsrechtlichen Vorschriften ausschließlich die kaufmännische Art des Betriebs entscheidend, und der gleiche Gesichtspunkt liegt der oben angeführten Bestimmung des württembergischen Einführungsgesetzes zu Grunde.

Nur dieses Merkmal entscheiden zu lassen, ist indessen nicht rathsam. Unter Umständen würde es dabei den Betheiligten doch an einer sicheren Grundlage für die Beurtheilung der Frage fehlen, ob ein Unternehmer als Kaufmann anzusehen ist. Diese Grundlage wird am besten durch das weitere Erforderniß der Eintragung in das Handelsregister geschaffen. Wer weder Grundhandelsgeschäfte betreibt noch in das Handelsregister eingetragen ist, kann danach unter keinen Umständen Kaufmann sein. Die Entscheidung darüber, ob ein Betrieb den oben bezeichneten sachlichen Voraussetzungen entspricht und ob mithin eine Verpflichtung des Unternehmers besteht, sich in das Handelsregister eintragen zu lassen, liegt zunächst in der Hand des Registerrichters. Das Verfahren vor diesem, in welchem auch den Organen des Handelsstandes eine angemessene Mitwirkung eingeräumt werden kann, eignet sich am besten zur Entscheidung der hier in Betracht kommenden Fragen.

Das bezeichnete System erhält seine Ergänzung durch die Beseitigung des Art. 275 des Handelsgesetzbuchs, welcher die Verträge über unbewegliche Sachen von den Handelsgeschäften ausschließt. Auch Unternehmer, deren Gewerbebetrieb solche Geschäfte zum Gegenstande hat, sind demnach Kaufleute und haben deren allgemeine Pflichten und Rechte, sofern in materieller und formeller Beziehung die Voraussetzungen des Entwurfs vorliegen. Hierauf beschränkt sich der Hauptsache nach die Wirkung, die mit der Aufhebung des Art. 275 verbunden ist; für die rechtliche Beurtheilung der einzelnen Geschäfte hat die Aufhebung keine erhebliche Bedeutung. Denn das die Handelsgeschäfte betreffende dritte Buch des Entwurfs enthält nur wenige Vorschriften, die ihrem Inhalte nach auf Geschäfte über unbewegliche Sachen Anwendung finden können, und diese Vorschriften sind nicht von besonderer Wichtigkeit. Eine wesentliche Abweichung von den Grundsätzen, denen die fraglichen Geschäfte nach dem bürgerlichen Rechte unterliegen, tritt also in Folge der Beseitigung des Art. 275 nicht ein.

Handelsgewerbe. (§. 1 Abs. 1.) Die Begriffsbestimmung im Art. 4 des Handelsgesetzbuchs, wonach als Kaufmann anzusehen ist, „wer gewerbsmäßig Handelsgeschäfte betreibt", kann mit Rücksicht auf die Vorschrift des §. 2 des Entwurfs nicht beibehalten werden; sie verbietet sich außerdem durch die Definition der Handelsgeschäfte im §. 315 des Entwurfs, welche ihrerseits den Begriff des Kaufmanns voraussetzt. Der Entwurf bezeichnet daher im §. 1 Abs. 1 als Kaufmann „denjenigen, welcher ein Handelsgewerbe betreibt", und bestimmt dann näher den Begriff des Handelsgewerbes im Sinne des Gesetzbuchs. Dies empfiehlt sich auch mit Rücksicht auf die Vorschriften über die offene Handelsgesellschaft und die Kommanditgesellschaft, welche eine solche Feststellung des Begriffs des Handelsgewerbes wünschenswerth machen.

Die Grundgeschäfte der Art. 271, 272 des Handelsgesetzbuchs sind in den §. 1 Abs. 2 des Entwurfs der Hauptsache nach in dem bisherigen Umfang aufgenommen. Die Zusammenfassung der bisher in zwei besonderen Artikeln aufgeführten Geschäfte wird durch die Beseitigung des Unterschieds zwischen den sogenannten objektiven und subjektiven Handelsgeschäften ermöglicht, worauf in den Bemerkungen zum §. 315 des Entwurfs noch zurückzukommen sein wird. Neu hinzugefügt sind nur die unter den Transportgewerben bisher nicht aufgeführten Geschäfte der Schleppschiffahrtsunternehmer (Nr. 6) sowie die Geschäfte der Lagerhausunternehmer (Nr. 7). Beides sind wichtige Hülfsgeschäfte des Handels und als solche den übrigen Grundhandelsgeschäften gleichzustellen. Im Einzelnen ist Folgendes hervorzuheben. Grundhandelsgeschäfte. (§. 1 Abs. 2.)

In der Nr. 1 sind als Gegenstände des Spekulationskaufs „bewegliche Sachen (Waaren) und Werthpapiere" bezeichnet, während im Art. 271 Nr. 1 des Handelsgesetzbuchs „Waaren oder andere bewegliche Sachen, Staatspapiere oder andere für den Handelsverkehr bestimmte Werthpapiere" genannt sind. Der Ausdruck „Waare" wird im Handelsgesetzbuch in verschiedenen Verbindungen gebraucht, bald mit dem Zusatz „oder andere bewegliche Sachen" (Art. 271 Nr. 1, Art. 273 Abs. 2, Art. 302, 306; zu vergl. Art. 131, 323), bald ohne solche Ergänzung (Art. 51, 72, 185a Nr. 1, Art. 337 ff., 376). Es besteht jedoch Einverständniß darüber, daß auch in den letzteren Fällen unter Waaren im Sinne des Gesetzbuchs alle beweglichen Sachen zu verstehen sind, die Gegenstand des Handelsverkehrs sein können, und hierzu müssen an sich alle Arten beweglicher Sachen gerechnet werden. Durch die Fassung in der Nr. 1 ist klargestellt, daß der Entwurf den Ausdruck in diesem Sinne versteht. Ebenso ist die bisher im Handelsgesetzbuch an verschiedenen Stellen sich findende Anführung einzelner, als erläuternde Beispiele dienender Gattungen von Werthpapieren beseitigt und durch das Wort „Werthpapiere" ersetzt. Nach dem Zusammenhange der betreffenden Stellen kann es nirgends zweifelhaft sein, daß es sich um Papiere handelt, die ihrer Natur nach, insbesondere mit Rücksicht auf ihre erleichterte Uebertragbarkeit, als Gegenstände des Handelsverkehrs in Betracht kommen. Auch Wechsel, Checks und ähnliche Papiere gehören hierzu.

In der Nr. 4 sind die Versicherungsgeschäfte ebenso wie bisher im Art. 271 Nr. 3 nur insoweit zu den Grundhandelsgeschäften gezählt, als es sich um Versicherungen gegen Prämie handelt. Es ist zwar nicht zu verkennen, daß das Bedürfniß besteht, die für die Kaufleute geltenden Vorschriften auch auf die Versicherungsgesellschaften auf Gegenseitigkeit auszudehnen; in Ermangelung einer gesetzlichen Feststellung des Begriffs dieser Gesellschaften ist jedoch eine solche Ausdehnung zur Zeit nicht angängig. Es fehlt an bestimmten Merkmalen, aus denen die Abgrenzung der betreffenden Anstalten gegenüber anderen, hier nothwendig ausscheidenden Instituten (Hülfskassen, Feuersozietäten, Brandkassen u. s. w) entnommen werden könnte. Die Einreihung der Gegenseitigkeitsgesellschaften unter die Kaufleute muß daher der gesetzlichen Regelung des Versicherungsrechts vorbehalten bleiben.

Das im Art. 271 Nr. 4 des Handelsgesetzbuchs erwähnte Darlehen gegen Verbodmung ist im Entwurf aus den Grundhandelsgeschäften ausgeschieden. Als Gegenstand eines selbständigen Gewerbetriebs kommt dieses Geschäft nicht vor; im Art. 271 ist es nur als sogenanntes objektives Handelsgeschäft mitaufgeführt, muß also mit dem Wegfalle der besonderen Hervorhebung der betreffenden Geschäfte hier beseitigt werden.

An die Stelle der Nr. 3 des bisherigen Art. 272, woselbst die Vermittelung oder Abschließung von Handelsgeschäften für andere Personen, jedoch mit Ausschluß der amtlichen Geschäfte der Handelsmäkler, als Grundhandelsgeschäft bezeichnet wird, tritt die Nr. 8 des Entwurfs. Darin werden nur die Geschäfte der Handlungsagenten und Handelsmäkler erwähnt. Der Begriff der Handlungsagenten ist im §. 75 bestimmt; Kaufleute sind dieselben auch schon nach dem geltenden Rechte, da ihre Thätigkeit nothwendig auf die Vermittelung oder den Abschluß von Handelsgeschäften gerichtet ist, also unter den jetzigen Art. 272 Nr. 3 fällt. Was die Handelsmäkler betrifft, so hat diese Bezeichnung im Entwurf eine andere Bedeutung als im Handelsgesetzbuch, wo nur die amtlich bestellten Mäkler mit diesem Ausdrucke bezeichnet werden. Mit dem Wegfalle des Instituts der amtlichen Handelsmäkler (§§. 82 ff. des Entwurfs) wird auch die Ausnahmebestimmung des bisherigen Art. 272 Nr. 3, wonach ihre Geschäfte nicht als Handelsgeschäfte, also sie selbst nicht als Kaufleute gelten sollten, gegenstandslos. Die Privatmäkler, auf welche sich jetzt die Vorschriften des Entwurfs beziehen, waren schon bisher Kaufleute, da sie mindestens in der Regel ihre Vermittlerthätigkeit für Kaufleute ausüben, also im Sinne des Art. 272 Nr. 3 Handelsgeschäfte vermitteln. Andere Arten der gewerbsmäßigen Geschäftsvermittelung als diejenige der Agenten und Mäkler rechnet der Entwurf nicht zum Handelsgewerbe im Sinne des §. 1 Abs. 2. Wollte man entsprechend der bisherigen Bestimmung jede gewerbsmäßige Vermittelung oder Abschließung von Handelsgeschäften dahin zählen, so würde dies mit Rücksicht auf den dem §. 315 des Entwurfs zu Grunde liegenden Begriff der Handelsgeschäfte zu dem Ergebnisse führen, daß die Vermittelung von Geschäften, die zum Gewerbebetrieb eines Kaufmanns gehören, auch für den Vermittler die Eigenschaft als Kaufmann begründe. Dies ist aber in solcher Allgemeinheit keine genügende Grundlage für die Anerkennung der Kaufmannseigenschaft. Es ist zum Beispiel nicht abzusehen, weshalb die gewerbsmäßige Vermittelung von Miethsverträgen, wenn sie sich auf die Miethe von Läden und sonstigen Geschäftsräumen erstreckt, als Handelsgewerbe gelten sollte, während die Vermittelung der Miethe von Wohnungen diese Wirkung nicht hätte, oder weshalb ein Auktionator Kaufmann sein sollte, wenn die von ihm zur Versteigerung gebrachten Waaren im Eigenthume von Kaufleuten stehen oder von solchen erstanden werden, wogegen er im anderen Falle kein Kaufmann wäre. Neben der ergänzenden Vorschrift des §. 2 des Entwurfs wird es auch an jedem Bedürfnisse fehlen, die Thätigkeit anderer Geschäftsvermittler als der Handlungsagenten und Handelsmäkler unter die Grundhandelsgeschäfte aufzunehmen.

Gewerbliche Unternehmungen mit kaufmännischem Betriebe. (§. 2.)

Die Vorschriften des §. 2, welche den Kaufmannsbegriff in der oben erörterten Weise erweitern, beziehen sich nur auf „gewerbliche“ Unternehmungen; eine auf Erwerb gerichtete Absicht ist demnach wesentlich. Die Ausdehnung auf alle Arten von geschäftlichen Unternehmungen würde zu weit gehen; sie hätte zur Folge, daß auch die verschiedenartigsten gemeinnützigen Anstalten, wie Sparkassen, landschaftliche Kreditinstitute und dergleichen mehr, als Kaufleute gelten müßten; hierzu besteht kein Bedürfniß. Eine Beschränkung auf diejenigen Gewerbebetriebe, welche den Vorschriften der Gewerbeordnung unterliegen, ist nicht beabsichtigt; der Ausdruck „gewerbliches Unternehmen" ist in einem allgemeineren, dem gewöhnlichen Sprachgebrauch entsprechenden Sinne zu verstehen. Auch in diesem Sinne genügt er, um die Ausübung der Kunst, der Rechtsanwaltschaft, des ärztlichen Berufs u. s. w. auszuschließen.

Die Gewerbetreibenden, deren Betrieb den im §. 2 bezeichneten Voraussetzungen entspricht, sollen nicht blos berechtigt, sondern auch *verpflichtet sein, die Eintragung in das Handelsregister zu veranlassen.* Die Befugniß allein würde nicht genügen, da die Eintragung nicht nur im Interesse des Unternehmers, sondern ebenso im Interesse Dritter liegt. Zur Anmeldung seiner Firma ist der Unternehmer von dem Registergerichte durch Ordnungsstrafen anzuhalten (§. 13). Bindende Wirkung für den Straf- oder Prozeßrichter kann der erfolgten Eintragung im Allgemeinen nicht beigelegt werden. Die Möglichkeit bleibt daher bestehen, daß z. B. ein auf Grund des §. 2 in das Handelsregister eingetragener Gewerbetreibender, der wegen unterlassener Buchführung des einfachen Bankerotts beschuldigt ist, aus dem Grunde freigesprochen wird, weil er trotz der Eintragung in das Handelsregister wegen Mangels der sachlichen Voraussetzungen des §. 2 nicht Kaufmann geworden sei. Allein schon mit Rücksicht auf die Natur dieser Voraussetzungen werden Fälle der bezeichneten Art verhältnißmäßig selten vorkommen. Um dieselben ganz auszuschließen, bliebe nur übrig, den Rechtssatz aufzustellen, daß jede in das Handelsregister eingetragene Person schlechthin, d. h. ohne Rücksicht darauf, ob die sachlichen Voraussetzungen des §. 1 oder des §. 2 bei der Eintragung vorhanden waren und fortdauernd vorhanden sind, als Kaufmann zu gelten habe. Eine derartige Vorschrift würde jedoch mit der rechtlichen Bedeutung, welche im Uebrigen den Eintragungen in das Handelsregister zukommt, im Widerspruche stehen; auch wäre sie nur durchführbar, wenn der Geschäftsbetrieb der einzutragenden und der eingetragenen Personen seitens der Registerbehörde einer genauen und vielfach belästigenden Ueberwachung unterworfen würde. Gegenüber den Einzelunternehmern besteht jedenfalls kein Bedürfniß, der Eintragung in das Handelsregister eine so weitgehende Wirkung beizulegen.

Die Vorschriften des §. 2 beziehen sich übrigens auch auf *Betriebe, zu denen sich mehrere auf Grund eines Gesellschaftsverhältnisses vereinigen.* In diesem Falle sind die sämmtlichen Theilhaber verpflichtet, die Firma in das Handelsregister eintragen zu lassen, und auch hier gilt mit der Eintragung das Unternehmen als Handelsgewerbe im Sinne des Entwurfs. Daraus folgt zugleich, daß mit der Eintragung in das Handelsregister eine solche Gesellschaft, falls die Haftung bei keinem der Gesellschafter beschränkt ist, zur offenen Handelsgesellschaft oder, falls ein Theil der Gesellschafter beschränkt haften soll, zur Kommanditgesellschaft wird; denn nach den §§. 94, 147 des Entwurfs genügt es, daß der Zweck einer Gesellschaft auf den Betrieb eines Handelsgewerbes unter einer gemeinsamen Firma gerichtet ist, um je nach der

Festsetzung, die bezüglich der Haftung der Gesellschafter getroffen ist, die Anwendbarkeit der Vorschriften über die offene Handelsgesellschaft oder über die Kommanditgesellschaft zu begründen. Die Bestimmung des §. 2 macht demnach besondere Vorschriften über die Ausdehnung der handelsrechtlichen Gesellschaftsformen auf Gewerbebetriebe, die nicht unter das Handelsgewerbe im bisherigen Sinne fallen, überflüssig. Von der freien Entschließung der Gesellschafter soll die Unterwerfung unter die Grundsätze des Handelsgesellschaftsrechts bei der Regelung des Entwurfs nicht abhängig sein; denn die Gesellschafter sind zur Anmeldung der Gesellschaft verpflichtet, sofern die sachlichen Voraussetzungen des §. 2 vorliegen. Andererseits steht die Unterwerfung nicht Jedermann frei, sondern sie soll nur stattfinden, wenn die bezeichneten Voraussetzungen in Ansehung der Art und des Umfangs des gesellschaftlichen Unternehmens gegeben sind. In beiden Beziehungen sprechen Gründe der Zweckmäßigkeit für den Standpunkt des Entwurfs. Ist ein gesellschaftliches Unternehmen so beschaffen, daß es nach seiner Art und seinem Umfang einen in kaufmännischer Weise eingerichteten Geschäftsbetrieb erfordert, so liegt es im allgemeinen Interesse, daß die Gesellschaft auch hinsichtlich ihrer Rechtsform diejenige Sicherheit biete, welche die Handelsgesellschaften gewähren. Andererseits erscheint es nicht rathsam, die Gesellschaftsformen des Handelsrechts Jedermann, also auch den Kleingewerbetreibenden, zugänglich zu machen und diese hierdurch den strengen Grundsätzen über die solidarische Haftung für die Gesellschaftsschulden, über die unbeschränkte Vertretungsbefugniß jedes einzelnen Gesellschafters und über die sonstigen für die Theilnehmer einer offenen Handelsgesellschaft begründeten kaufmännischen Pflichten zu unterwerfen. Dagegen empfiehlt es sich, der vollzogenen Eintragung in das Handelsregister hier die Bedeutung beizulegen, daß die Wirksamkeit der Gesellschaft Dritten gegenüber nicht mehr mit der Behauptung angefochten werden kann, es fehle in Bezug auf Gegenstand, Art oder Umfang des Gewerbebetriebs an den für die Eintragung nothwendigen Voraussetzungen. Eine solche Anfechtung würde auch die Rechtsgültigkeit der unter der Gesellschaftsfirma eingegangenen Geschäfte in Frage stellen, und nach den Erfahrungen, welche in dieser Beziehung bereits unter der Herrschaft des geltenden Rechtes gemacht worden sind, erscheint es geboten, die Möglichkeit solcher die Rechtssicherheit gefährdenden Vorkommnisse von vornherein auszuschließen. Der §. 111 Abs. 4 des Entwurfs regelt die Frage in diesem Sinne.

Einer gewissen Einschränkung bedarf der Grundsatz des §. 2 bezüglich der Bergwerksgesellschaften. Die deutschen Berggesetze lassen zum Theil verschiedene Vereinigungsformen für den gemeinsamen Betrieb des Bergbaues zu. In Betreff derjenigen Vereinigungen, welche, wie die Gewerkschaften des neueren Rechtes, als juristische Personen anzusehen sind, besteht kein Bedenken, die Eintragung in das Handelsregister unter den im §. 2 bezeichneten Voraussetzungen und mit den daselbst bestimmten Wirkungen vorzusehen; denn hier erlangt nur die juristische Person als solche durch die Eintragung die Kaufmannseigenschaft, während in Betreff der Rechtsstellung der Mitglieder sowie bezüglich ihrer Haftung für die Gesellschaftsschulden durch die Eintragung nichts geändert wird. Anders verhält es sich in Ansehung derjenigen Vereinigungen, welchen nach Maßgabe der Landesgesetze die Eigenschaft juristischer Personen nicht zukommt. Dies gilt namentlich von den „Gesellenschaften" der Berggesetze des Königreichs Sachsen und des Großherzogthums Sachsen, im Allgemeinen auch von den Gewerkschaften des älteren Rechtes. Hier würde es in Folge der Eintragung in das Handelsregister zweifelhaft werden, ob und inwieweit auf das Verhältniß der Betheiligten unter einander und zu Dritten überhaupt noch die Vorschriften der betreffenden Landesgesetze oder aber die Vorschriften des Handelsgesetzbuchs über die offene Handelsgesellschaft oder die Kommanditgesellschaft Anwendung zu finden hätten. Allerdings wird es sich bei Vereinigungen der fraglichen Art vielfach um kleinere Unternehmungen handeln, bei denen die sachlichen Voraussetzungen des §. 2 nicht gegeben sind, sodaß die Eintragung in das Handelsregister ohnehin nicht stattzufinden hat; immerhin erscheint es zur Verhütung von Schwierigkeiten angezeigt, die Anwendbarkeit des §. 2 für solche Vereinigungen ganz auszuschließen. Eine entsprechende Vorschrift wird in das Einführungsgesetz aufzunehmen sein.

Verhältniß zur Landwirthschaft. (§. 3.)

Der besonderen Regelung bedarf die Frage, inwieweit die Bestimmungen der §§. 1 und 2 auf den Betrieb der Landwirthschaft und der landwirthschaftlichen Nebengewerbe Anwendung zu finden haben. Daß der eigentliche Landwirthschaftsbetrieb unter keinen Umständen dem Handelsrechte zu unterstellen ist, ergiebt sich aus der Natur der Sache. Selbst der Großbetrieb vollzieht sich hier in Formen und unter Bedingungen, welche von denjenigen des kaufmännischen Verkehrs so wesentlich abweichen, daß die Grenze zwischen beiden Berufszweigen auch in rechtlicher Beziehung festgehalten werden muß. Auf den Betrieb der Landwirthschaft kann daher jedenfalls die Vorschrift des §. 2 keine Anwendung finden. Der §. 3 Abs. 1 enthält eine entsprechende Bestimmung.

Anders als mit dem eigentlichen Landwirthschaftsbetriebe verhält es sich mit den landwirthschaftlichen Nebengewerben. Hier gehen nach der heutigen Entwickelung der Dinge Industrie und Landwirthschaft vielfach in einander über, und damit ist auch in rechtlicher Beziehung eine scharfe Abgrenzung erschwert. Es kommen dabei namentlich gewisse Arten industrieller Unternehmungen in Betracht, die mit dem das Hauptgewerbe bildenden Betriebe der Landwirthschaft derart verbunden sind, daß sie ausschließlich oder der Hauptsache nach zur weiteren Verarbeitung der Erzeugnisse dieses Betriebs dienen. Daß solche Unternehmungen, wenn sie einen größeren Umfang haben, nicht unbedingt der Geltung der handelsrechtlichen Vorschriften entzogen werden dürfen, wird auch in den Kreisen der Landwirthschaft anerkannt. Eine Verpflichtung zur Eintragung in das Handelsregister, wie sie der §. 2 vorsieht, wird allerdings dem Unternehmer hier nicht auferlegt werden können. Bei dem mannigfachen Ineinandergreifen des Nebenbetriebs und des landwirthschaftlichen Hauptbetriebs würde ein derartiger Zwang vielfach zu Schwierigkeiten führen; namentlich kommt hierbei in Betracht, daß zufolge der Eintragung die auf den einen und den anderen Betrieb bezüglichen allgemeinen Geschäfts- und Berufspflichten sich verschieden gestalten. Es muß daher genügen, daß dem Unternehmer die Befugniß eingeräumt wird, sich, sofern hinsichtlich des Nebenbetriebs die sachlichen Voraussetzungen des §. 2 vorliegen, in das Handelsregister eintragen zu lassen und hierdurch für das Nebengewerbe die Eigenschaft eines Kaufmanns zu erlangen (§ 3. Abs. 2).

Es genügt aber nicht, daß blos die Anwendung des §. 2 auf die Landwirthschaft und deren Nebenbetriebe ausgeschlossen oder eingeschränkt wird; vielmehr ist zugleich dem §. 1 die Geltung für diese Betriebe zu versagen. Nach dem bestehenden Rechte begründet der gewerbsmäßige Abschluß von Geschäften, die unter den Begriff der Grundgeschäfte des Handels fallen, stets die Kaufmannseigenschaft, und es kommt nicht darauf an, ob die Geschäfte etwa nur innerhalb des Betriebs der Landwirthschaft gemacht werden. Kauft z. B. ein Landwirth gewerbsmäßig Magervieh an, um es auf seiner Weide fett zu machen und dann wieder zu verkaufen, oder stellt ein Landwirth die Butter, welche er zum Verkaufe bringt, nicht ausschließlich aus der Milch seiner eigenen Kühe, sondern unter Zusatz einer zu diesem Zwecke bei Dritten angekauften Menge Milch her, oder veräußert er das von ihm selbst geerntete Getreide regelmäßig in Vermischung mit fremdem, durch ihn angeschafften Getreide, so hat dies ohne Weiteres die Wirkung, daß er zugleich Kaufmann wird und alle Berufspflichten eines solchen zu erfüllen hat. Dasselbe gilt, wenn ein Landwirth, der eine Brennerei besitzt, zu den auf seinem eigenen Boden gezogenen Kartoffeln noch einzelne Mengen fremder Kartoffeln zuzukaufen pflegt, um sie mit den ersteren zusammen in der Brennerei zu verarbeiten, oder wenn ein Landwirth in seiner Ziegelei außer der auf seinem Grund und Boden gestochenen Ziegelerde auch fremde, zu diesem Zwecke angeschaffte Erde verwendet, nicht minder endlich, wenn ein Forstbesitzer auf seinem Sägewerk außer eigenem Holze regelmäßig das Holz einiger Nachbarn gegen Vergütung schneiden läßt. Dieses Ergebniß entspricht nicht den thatsächlichen Verhältnissen, und die Betheiligten sind sich desselben in der Regel gar nicht bewußt. Aus den Kreisen der Landwirthschaft wird deshalb nachdrücklich darauf hingewiesen, daß das geltende Recht in der bezeichneten Richtung einer Aenderung bedürfe. Vom Standpunkte des Entwurfs, der das Handelsrecht, soweit möglich, als Sonderrecht des Kaufmannsstandes gestalten will, erscheint eine solche Aenderung auch aus allgemeinen Gründen wünschenswerth. Der §. 3 Abs. 2 bestimmt daher weiter, daß, wenn in einem landwirthschaftlichen Nebenbetriebe Geschäfte der im §. 1 bezeichneten Art gewerbsmäßig geschlossen werden, der Betrieb dessenungeachtet nur dann als Handelsgewerbe zu gelten hat, wenn der Unternehmer von seiner Befugniß, sich in das Handelsregister eintragen zu lassen, Gebrauch macht. Unter Umständen können übrigens, wie sich schon aus einzelnen der angeführten Beispiele ergiebt, die in Frage stehenden Geschäfte so enge mit dem eigentlichen Landwirthschaftsbetriebe zusammenhängen, daß sich der Zweifel erheben läßt, ob sie überhaupt als Gegenstand eines besonderen Nebengewerbes und nicht vielmehr als bloßer Bestandtheil des Hauptbetriebes anzusehen sind. Dem Mißverständnisse, als ob in solchen Fällen der §. 1 Platz greife, der Unternehmer mithin ohne Weiteres Kaufmann sei, beugt der Entwurf dadurch vor, daß er die Anwendbarkeit des §. 1 nicht nur im Abs. 2 des §. 3, sondern auch in dem auf den eigentlichen Landwirthschaftsbetrieb sich beziehenden Abs. 1 des letzteren Paragraphen ausdrücklich ausschließt.

Der §. 4 des Entwurfs, wonach die für die Kaufleute geltenden Vorschriften auch auf die **Handelsgesellschaften** Anwendung finden, entspricht dem bisherigen Art. 5 Abs. 1; nur ist die besondere Erwähnung der Aktiengesellschaften und Kommanditgesellschaften auf Aktien als überflüssig beseitigt. Im Abs. 2 des bisherigen Art. 5 sind die bezeichneten Vorschriften auch bezüglich der **öffentlichen Banken** für maßgebend erklärt, jedoch unbeschadet der für diese bestehenden Verordnungen. Der erste Theil dieser Bestimmung ist entbehrlich, da es keinem Zweifel unterliegen kann, daß nach §. 1 Abs. 2 Nr. 5 alle Arten von Bankinstituten, also auch die öffentlichen, als Kaufleute gelten. Dagegen ist der Vorbehalt bezüglich anderweitiger Verordnungen bei der Zweifelhaftigkeit der Frage, was als eine „öffentliche" Bank im Sinne des Handelsgesetzbuchs anzusehen ist, nicht unbedenklich und seit dem Erlasse des Reichsbankgesetzes in Wirklichkeit auch entbehrlich. Die Vorschriften des letzteren Gesetzes werden, wie überhaupt die Vorschriften der Reichsgesetze, durch das neue Handelsgesetzbuch nicht berührt, was im Einführungsgesetze noch besonders auszusprechen sein wird; durch die Landesgesetze dürfen dagegen die Bestimmungen des Handelsgesetzbuchs auch zu Gunsten öffentlicher Banken nicht außer Anwendung gesetzt werden.

Anwendung der Vorschriften über die Kaufleute auf Handelsgesellschaften und öffentliche Banken. (§. 4.)

Die Vorschriften der Art. 6 bis 9 des Handelsgesetzbuchs über die **Handelsfrauen** sind nicht in den Entwurf aufgenommen. Daß Alles, was in dem Gesetzbuch über die Kaufleute bestimmt ist, zugleich für Frauen gilt, die ein Handelsgewerbe betreiben, versteht sich von selbst. Auch insoweit, als die angeführten Artikel die Anerkennung der persönlichen Geschäfts- und Prozeßfähigkeit der Handelsfrauen, insbesondere der verheiratheten Handelsfrauen, zu sichern bezwecken, sind sie überflüssig, weil Beschränkungen in dieser Beziehung im Bürgerlichen Gesetzbuche nicht vorgesehen, in Betreff der Prozeßfähigkeit zudem schon durch die Civilprozeßordnung beseitigt sind. Hiernach könnte es sich nur noch darum handeln, ob die Vorschrift des bisherigen Art. 7 beizubehalten ist, wonach eine verheirathete Frau nicht ohne Einwilligung des Ehemanns Handelsfrau sein kann. Auch dies wird jedoch verneint werden müssen.

Handelsfrauen.

Zur Wahrung der Stellung des Ehemanns als des Hauptes der ehelichen Gemeinschaft ist die Vorschrift nicht erforderlich, da die Befugniß des Mannes, der Frau den Betrieb eines Handelsgewerbes zu untersagen, schon durch den §. 1337 des Bürgerlichen Gesetzbuchs gesichert ist. Ebensowenig hat die Vorschrift des Art. 7 Bedeutung für die Frage, inwieweit es mit Rücksicht auf die ehelichen Güterrechtsverhältnisse der Zustimmung des Mannes bedarf, um die Ehefrau zur Verfügung über das von ihr eingebrachte oder gütergemeinschaftliche Vermögen in den Stand zu setzen und dieses Vermögen dem Zugriff ihrer Gläubiger zu unterwerfen. In dieser Beziehung war bisher ausschließlich das Landesrecht maßgebend; in Zukunft kommen die Vorschriften des Bürgerlichen Gesetzbuchs zur Anwendung. Nach dem Bürgerlichen Gesetzbuche (§§. 1378 bis 1382, 1388, 1395, 1435, 1442 bis 1445, 1513 ff.) ist, abgesehen von dem Falle der Gütertrennung und des Vorbehaltsgutes, stets die Zustimmung des Mannes erforderlich, mag es sich um einzelne Geschäfte der Frau oder um den Gewerbebetrieb im Allgemeinen handeln. In Ermangelung einer solchen Zustimmung haftet zwar die Frau persönlich aus ihren Geschäften; ihre Verfügungen über die zum Ehegute gehörenden Gegenstände sind aber dem Manne gegenüber unwirksam, und die Gläubiger der Frau haben keine Rechte bezüglich dieses Vermögens. Mit Rücksicht auf die aus dem Güterstande sich ergebenden Rechte des Ehemannes braucht demnach der Art. 7 des Handelsgesetzbuchs nicht aufrecht erhalten zu werden.

In Wirklichkeit ist die Bedeutung des Art. 7 ausschließlich handelsrechtlicher Natur; sie besteht nur darin, daß auf eine verheirathete Frau, die ohne Zustimmung ihres Mannes Handel treibt, die für die Kaufleute geltenden Vorschriften keine Anwendung finden. Die Frau ist alsdann nicht Kaufmann, sie hat nicht die Rechte und Pflichten eines solchen und ihre Geschäfte sind nicht Handelsgeschäfte. Da indessen das bürgerliche Recht in allen übrigen Beziehungen die unbeschränkte Fähigkeit der Ehefrau, sich durch Rechtsgeschäfte zu verpflichten, anerkennt, so erscheint es nicht gerechtfertigt, gerade hinsichtlich der Rechtsfolgen, die sich an die Stellung der Frau als Handelsfrau knüpfen, eine Ausnahme zu machen. Die besonderen Verpflichtungen, welche einer Frau dadurch erwachsen, daß ihre Geschäfte nach Handelsrecht beurtheilt werden, kommen im Vergleiche zu der Art und dem Umfange der Verbindlichkeiten, die sie in Folge ihrer allgemeinen Verpflichtungsfähigkeit eingehen kann, nicht in Betracht. Zu der Zeit, als das Handelsgesetzbuch zu Stande kam, lagen die Verhältnisse anders. Nach den hauptsächlichsten Landesrechten galten damals noch besondere Bestimmungen in Betreff des Konkurses und der Personalhaft der Kaufleute, also auch der Handelsfrauen, außerdem war vielfach die Zustimmung des Ehemanns für den Betrieb jedes Gewerbes der Frau nothwendig. Diese Bestimmungen sind nicht mehr in Geltung; insbesondere hat der §. 11 der Gewerbeordnung die Frauen in Bezug auf die Befugniß zum Gewerbebetriebe den Männern vollständig gleichgestellt, und bei der Berathung des Bürgerlichen Gesetzbuchs in der Kommission des Reichstags ist ein Antrag, wonach zum Betrieb eines Erwerbsgeschäfts durch eine verheirathetete Frau die Einwilligung des Ehemannes erforderlich sein sollte, abgelehnt worden. Für eine Ausnahmebestimmung hinsichtlich des Handelsgewerbes besteht kein genügender Grund. Andererseits führt die Vorschrift des Art. 7 unter Umständen, namentlich wenn die Ehegatten getrennt leben, sowie im Falle der Geisteskrankheit des Mannes, zu Härten gegen die Frau. Zur Vermeidung dieser Härten läßt sich auch nicht vorschreiben, daß die mangelnde Einwilligung des Ehemannes durch eine gerichtliche Verfügung ersetzt werden kann. Die Wirkungen einer solchen Verfügung würden sich auf das Gebiet des ehelichen Güterrechts erstrecken und so in die Rechte des Ehemanns eingreifen. Bei allgemeiner Gütergemeinschaft der Ehegatten hätte die gerichtliche Ergänzung der Einwilligung des Mannes sogar die Folge, daß dieser für alle Handelsschulden der Frau persönlich haftbar würde.

Zu Gunsten der Vorschrift, wonach eine verheirathete Frau nur mit Einwilligung des Mannes Handelsfrau wird, kann endlich nicht geltend gemacht werden, daß sie erforderlich sei, um dem Dritten, der mit der Frau

Geschäfte abschließen will, Sicherheit in Bezug auf die Haftung ihres eingebrachten Vermögens zu verschaffen. Diese Rücksicht fällt von vornherein weg, wenn die Ehegatten im Stande der Gütertrennung leben, wenn das Geschäftsvermögen Vorbehaltsgut der Frau ist, sowie wenn der Betrieb eines der Eintragung in das Handelsregister nicht unterliegenden Kleingewerbes in Frage steht. Im Uebrigen aber ist für die Sicherheit des betreffenden Rechtsverkehrs durch die Vorschriften des Bürgerlichen Gesetzbuchs über das Güterrechtsregister ausreichend gesorgt. Betreibt eine verheirathete Frau thatsächlich ein Handelsgewerbe und ist ein Einspruch des Ehemanns hiergegen nicht in das Güterrechtsregister eingetragen, so gilt nach den §§. 1388, 1418, 1435, 1502 des Bürgerlichen Gesetzbuchs die Einwilligung des Ehemanns jedem gutgläubigen Dritten gegenüber als ertheilt. Da das Handelsregister und das Güterrechtsregister bei demselben Gerichte geführt werden, also zusammen eingesehen werden können, so sind die Betheiligten in der Lage, ohne Weiterung die nöthige Auskunft zu erlangen. Nur insoweit erscheint eine Ergänzung der Vorschriften des Bürgerlichen Gesetzbuchs angezeigt, als der Fall in Betracht zu ziehen ist, daß eine verheirathete Frau außerhalb des Wohnsitzes des Mannes Handel treibt. Mit Rücksicht hierauf wird in dem Einführungsgesetze zum Handelsgesetzbuche vorzuschreiben sein, daß im Verhältnisse zu den Handelsgläubigern der Frau die Eintragungen in dem Güterrechtsregister des Ortes der Handelsniederlassung maßgebend sind (Anm. zu §. 5 des Entwurfs). Außerdem wird nichts im Wege stehen, durch Ausführungsbestimmungen die Anordnung zu treffen, daß durch geeignete Vermerke im Handelsregister auf die bezüglichen Stellen des Güterrechtsregisters besonders verwiesen werde.

Minderkaufleute (§. 5.)

Zu der Klasse der Minderkaufleute, auf welche die Vorschriften über die Handelsfirmen, die Handelsbücher, die Prokura und die Handelsgesellschaften keine Anwendung finden, zählt der bisherige Art. 10 des Handelsgesetzbuchs: „Höker, Tröbler, Hausirer und dergleichen Handelsleute von geringem Gewerbebetriebe, ferner Wirthe, gewöhnliche Fuhrleute, gewöhnliche Schiffer und Personen, deren Gewerbe nicht über den Umfang des Handwerksbetriebes hinausgeht". Eine allgemeine Bestimmung, wonach die Kleingewerbetreibenden als solche zu den Minderkaufleuten gehören, ist im Handelsgesetzbuche nicht enthalten; die Worte „und dergleichen Handelsleute von geringem Gewerbebetriebe" beziehen sich, wie mit Rücksicht auf Wortlaut und Entstehungsgeschichte der Bestimmung in der Wissenschaft und Rechtsprechung übereinstimmend angenommen wird, nur auf Personen, deren Gewerbebetrieb seinem Gegenstande nach mit den vorher genannten Betrieben der Höker, Tröbler und Hausirer verwandt ist. Dies entspricht jedoch nicht dem praktischen Bedürfnisse; denn es bleibt dabei immer noch eine große Zahl von Kleingewerbetreibenden, welche von Rechts wegen in das Handelsregister eingetragen werden müßten, obgleich für sie die Unterwerfung unter die für Vollkaufleute geltenden Vorschriften höchst unzweckmäßig erscheint. Thatsächlich wird in der Praxis der Registergerichte vielfach so verfahren, als ob die Kleingewerbetreibenden überhaupt von dem Handelsregister ausgeschlossen seien, und die Ausführungsverordnungen zum Handelsgesetzbuche stehen gleichfalls zum

Theil auf diesem Standpunkt. Es empfiehlt sich, denselben auch im Gesetze zur Anerkennung zu bringen (Entwurf §. 5). Hierbei kann die Frage, wie die Grenze zwischen Kleinbetrieb und Großgewerbe zu ziehen ist, nicht lediglich der Entscheidung der einzelnen Registergerichte überlassen bleiben; es bedarf vielmehr bestimmter Vorschriften hierüber. Diese werden am besten in der Weise getroffen werden, daß die Abgrenzung nach Maßgabe der den Geschäftsumsatz berücksichtigenden Steuerveranlagung erfolgt. Auf der gleichen Grundlage ist der Gegenstand in Oesterreich geregelt. Auch in Deutschland sind, soweit es sich um das mit der Eintragung in das Handelsregister zusammenhängende Wahlrecht für die Handelskammern handelt, vielfach die Steuerleistungen für maßgebend erklärt. Bei der Verschiedenheit der in den einzelnen Bundesstaaten über die direkten Steuern bestehenden Gesetze können die betreffenden Vorschriften allerdings nicht im Handelsgesetzbuche selbst getroffen werden; es genügt, wenn darin den Landesregierungen die Befugniß zum Erlasse entsprechender Bestimmungen übertragen wird. Denjenigen Bundesstaaten, in welchen eine nach dem Geschäftsumsatze abgestufte Gewerbesteuer nicht erhoben wird, gewährt der Entwurf die Möglichkeit, die Abgrenzung zwischen Groß- und Kleinbetrieb nach anderen Merkmalen vorzunehmen.

Die Klassen der Höker, Trödler und Hausirer, sowie der gewöhnlichen Schiffer und Fuhrleute brauchen dann nicht mehr besonders im Gesetz erwähnt zu werden; die allgemeine Bestimmung in Betreff der Kleingewerbetreibenden genügt auch für diese Berufsklassen, zumal bei manchen von ihnen, wie z. B. bei den Trödlern, die Möglichkeit nicht ausgeschlossen ist, daß der Handel in einem Umfange betrieben wird, der im einzelnen Falle die Anwendung der für die Vollkaufleute geltenden Vorschriften angebracht erscheinen läßt. Dagegen führt der Entwurf die Handwerker wiederum besonders auf. Dem Handwerkerstande muß die durch seine Betriebsverhältnisse bedingte Sonderstellung, wie bisher, gewahrt bleiben. Es könnte sogar in Frage kommen, ob den Handwerkern die Eigenschaft von Kaufleuten im Sinne des Handelsgesetzbuchs nicht ganz zu entziehen sei. Von einzelnen Seiten ist dies in Anregung gebracht worden. Die hauptsächlichste Folge würde sein, daß die Geschäfte der Handwerker, selbst wenn die Voraussetzungen des §. 1 Abs. 2 Nr. 1 des Entwurfs vorlägen, nicht mehr als Handelsgeschäfte anzusehen wären. Es erscheint indessen nicht rathsam, eine so weitgehende Aenderung des geltenden Rechtes vorzunehmen und hierdurch den Handwerkern zugleich die Vortheile zu entziehen, die für sie in wichtigen Beziehungen mit dem bisherigen Rechtszustande verbunden sind. Einzelne Vorschriften des dritten Buches eignen sich allerdings zur Anwendung auf die Geschäfte der Handwerker, wie überhaupt auf die Geschäfte der Kleingewerbetreibenden, nicht. Dahin gehören die Vorschriften über den Ausschluß der Einrede der Vorausklage, über die Unzulässigkeit einer gerichtlichen Ermäßigung von Vertragsstrafen und über die Beseitigung des außerordentlichen Kündigungsrechts bei Schulden, die mit mehr als sechs vom Hundert zu verzinsen sind. Der §. 323 des Entwurfs bestimmt daher daß die bezeichneten Vorschriften zu Gunsten der im §. 5 bezeichneten Klassen von Kaufleuten außer Anwendnng bleiben. Die Bedenken, welche gegen die Unterstellung von Handwerkern unter das Handelsrecht geltend gemacht werden können, finden damit im Wesentlichen ihre Erledigung.

Die Wirthe, welche der Art. 10 schlechthin als Minderkaufleute behandelt, sind im §. 5 des Entwurfs nicht mehr erwähnt. Aus den Kreisen der Betheiligten ist mehrfach auf die Nothwendigkeit einer Beseitigung des gegenwärtigen Rechtszustandes, welcher die Gastwirthe unbedingt von den Rechten und Pflichten der Vollkaufleute ausschließt, hingewiesen worden. Die in dieser Richtung geäußerten Wünsche, welche auch den Reichstag wiederholt beschäftigt haben, sind im Hinblick auf die heutigen Verhältnisse des Gasthofbetriebes als gerechtfertigt anzusehen. Nach dem Entwurfe soll auch in dieser Beziehung nur die Scheidung zwischen Groß- und Kleingewerbe maßgebend sein.

Die Fassung des bisherigen Abs. 2 des Art. 10, wonach Vereinigungen zum Betrieb eines Handelsgewerbes der im Abs. 1 bezeichneten Art nicht als Handelsgesellschaften gelten, ist insofern nicht mehr zutreffend, als Aktiengesellschaften und Kommanditgesellschaften auf Aktien wie auch Gesellschaften mit beschränkter Haftung ohne Rücksicht auf den Gegenstand des Unternehmens als Handelsgesellschaften anzusehen sind. Die Fassung ist deshalb im Entwurfe geändert. Andererseits stellt der neu hinzugefügte Abs. 3 des §. 5 außer Zweifel, daß durch die Vorschrift des Entwurfs, welche die kleinen Gewerbetreibenden insgesammt der Klasse der Minderkaufleute zuweist, an der Rechtslage derjenigen Personenvereinigungen nichts geändert wird, welchen das Gesetz ohne Rücksicht auf den Gegenstand des Unternehmens die Eigenschaft von Kaufleuten beilegt.

Der in dem bisherigen Abs. 3 gemachte Vorbehalt, welcher den Landesgesetzen die Befugniß zum Erlasse erweiternder oder einschränkender Vorschriften überträgt, ist in den Entwurf nicht aufgenommen; ein Bedürfniß hierzu besteht nicht mehr, wenn es den Landesgesetzen überlassen wird, die Grenzen des Kleinbetriebs im Sinne des Entwurfs näher zu bestimmen. Die nach den Einführungsgesetzen einzelner Staaten geltenden Sondervorschriften werden nicht weiter aufrecht zu erhalten sein.

Verhältniß zu den Vorschriften des öffentlichen Rechtes. (§. 6.)

Die Bestimmung des §. 6 entspricht dem ersten Satze des bisherigen Art. 11. Zufolge dieser Bestimmung wird die Anwendung der die Kaufleute betreffenden Vorschriften des Gesetzbuchs durch die Vorschriften des öffentlichen Rechtes, welche die Befugniß zum Gewerbebetrieb ausschließen oder von gewissen Voraussetzungen abhängig machen, nicht berührt. In der erweiterten Fassung des Entwurfs bezieht sich die Bestimmung nicht nur auf gewerbepolizeiliche und gewerbesteuerliche Vorschriften, sondern auf alle Vorschriften des öffentlichen Rechtes, insbesondere auf diejenigen der Gesetze über die Rechtsverhältnisse der Beamten. Der zweite Satz des bisherigen Art. 11, wonach umgekehrt auch das Handelsgesetzbuch nicht in jene öffentlich-rechtlichen Verhältnisse eingreifen soll, ist als überflüssig weggelassen; denn es ist nicht ersichtlich, inwiefern die Vorschriften des Handelsgesetzbuchs in der fraglichen Beziehung von Einfluß sein könnten.

Zweiter Titel.

Handelsregister.

Allgemeines. Die Vorschriften des Entwurfs über das Handelsregister beruhen im Wesentlichen auf der Grundlage des geltenden Rechts. Der Entwurf ergänzt dieses nur in einzelnen Beziehungen; auch weicht er in der Anordnung des Stoffes nicht unwesentlich von dem Handelsgesetzbuch ab. Insbesondere sind mehrfach Bestimmungen, die das Handelsgesetzbuch an verschiedenen Stellen für die einzelnen in Betracht kommenden Eintragungen giebt, als allgemein gültige Regeln in diesem Titel zusammengefaßt.

Welche Thatsachen der Eintragung unterliegen, bestimmt der Entwurf, ebenso wie das Handelsgesetzbuch, nicht hier, sondern bei der Regelung der einzelnen Rechtsverhältnisse, auf welche sich die Eintragungen beziehen. Auch sachlich beläßt es der Entwurf im Allgemeinen bei dem im Handelsgesetzbuche gezogenen Kreise der einzutragenden Thatsachen. Die Landeseinführungsgesetze haben diesen Kreis zum Theil erweitert, und in Folge des Vorbehalts im §. 3 B Nr. 2 des Gesetzes, betreffend die Einführung der Allgemeinen Deutschen Wechselordnung, der Nürnberger Novellen und des Allgemeinen Deutschen Handelsgesetzbuchs als Bundesgesetze, vom 5. Juni 1869 sind die betreffenden landesgesetzlichen Vorschriften auch jetzt noch in Geltung. Die am häufigsten sich findende Vorschrift dieser Art bezieht sich auf die Eintragung der Konkurseröffnung. Der Entwurf ist insoweit den betreffenden Landesgesetzen gefolgt; der §. 30 enthält eine entsprechende Vorschrift. Die sonstigen in einzelnen Einführungsgesetzen angeordneten Eintragungen beziehen sich auf die Minderjährigkeit und die übrigen Fälle beschränkter Geschäftsfähigkeit eines Kaufmanns, ferner auf die Handlungsvollmachten, auf die Einwilligung des Mannes in den Handelsbetrieb seiner Ehefrau und auf die Eheverträge der Kaufleute. Im Entwurf ist eine Eintragung dieser Thatsachen nicht vorgesehen, und durch das Einführungsgesetz wird auch die Verschiedenheit des Rechtszustandes, welche in Folge der Aufrechterhaltung der betreffenden landesgesetzlichen Vorschriften jetzt noch besteht, unbedenklich beseitigt werden können. Die Eintragung von Beschränkungen der Geschäftsfähigkeit ist nur in wenigen Landesgesetzen angeordnet;[1]) in den übrigen Rechtsgebieten hat sich ein Bedürfniß dafür nicht geltend gemacht. Auch die Eintragung der Handlungsvollmachten ist nur vereinzelten Landesgesetzen[2]) bekannt, welche sie überdies nicht gebieten, sondern nur für zulässig erklären, eine Art der Regelung, die nicht geeignet erscheint, die Zuverlässigkeit des Handelsregistes und damit die Rechtssicherheit zu erhöhen. Zur Bei-

---

[1]) Einführungsgesetz für Württemberg Art. 21, 22, für Baden Art. 4, für Kurhessen §. 8; siehe auch Einführungsgesetz für Baden Art. 2 und für das Großherzogthum Hessen Art. 24.

[2]) Einführungsgesetz für Hannover §. 13, für Mecklenburg-Schwerin und Mecklenburg-Strelitz §. 17, für Oldenburg Art. 13, für Bremen §. 11.

behaltung oder Verallgemeinerung der fraglichen Vorschriften liegt um so weniger eine Veranlassung vor, als einem Dritten, der von der Zurücknahme einer Handlungsvollmacht keine Kenntniß erhalten hat, die §§. 166 bis 169 des Bürgerlichen Gesetzbuchs künftig ausreichenden Schutz gewähren. Was schließlich die Einwilligung des Ehemannes in den Handelsbetrieb seiner Frau und die Zurücknahme dieser Einwilligung[1]) sowie die Eheverträge[2]) betrifft, so genügt hier, wie oben bereits bemerkt ist, die im Bürgerlichen Gesetzbuche vorgesehene Eintragung in das Güterrechtsregister.

Der §. 7 des Entwurfs beschränkt sich auf die Vorschrift, daß das Handelsregister von den Gerichten geführt wird (Handelsgesetzbuch Art. 12 Abs. 1). In der großen Mehrzahl der Bundesstaaten sind mit der Führung bisher die Amtsgerichte betraut, nur in wenigen[3]) die Landgerichte. Ueber die zuständigen Gerichte sowie über das Verfahren in Registersachen die nöthigen Vorschriften zu treffen, bleibt dem Gesetz über die Angelegenheiten der freiwilligen Gerichtsbarkeit vorbehalten. Registergerichte. (§. 7.)

Der §. 8 giebt die Vorschriften des Art. 12 des Handelsgesetzbuchs über die Oeffentlichkeit des Registers mit einigen Aenderungen wieder. Der im Handelsgesetzbuch an die Spitze gestellte Satz, daß das Register öffentlich ist, hat neben den Vorschriften über das Recht auf Einsicht des Registers und auf Ertheilung von Abschriften keine selbständige Bedeutung und ist deshalb in den Entwurf nicht übernommen. Ob in Ermangelung besonderer Vorschriften der Landesgesetze außer dem Register selbst auch die Belege und Unterlagen der Eintragungen und die sonstigen zum Handelsregister einzureichenden Schriftstücke von Jedermann eingesehen werden können, ist gegenwärtig bestritten. Der Entwurf bejaht die Frage, weil die betreffenden Schriftstücke theils zur Prüfung der Rechtsgültigkeit der Eintragungen unentbehrlich sind, theils über nicht eingetragene, für Dritte erhebliche Thatsachen Auskunft geben. Das Recht auf Ertheilung einer Abschrift soll dagegen auf die Eintragungen selbst beschränkt bleiben. Die Vorschriften des Bürgerlichen Gesetzbuchs über das Vereins- und das Güterrechtsregister (§§. 76, 1546) stehen mit dieser Regelung im Einklang. Einer ausdrücklichen Bestimmung des Inhalts, daß die Einsichtnahme nur während der gewöhnlichen Dienststunden des Registergerichts und die Ertheilung einer Abschrift nur gegen Erlegung der Kosten verlangt werden kann (Art. 12 Abs. 2 des Handelsgesetzbuchs), bedarf es hier ebensowenig wie an den eben erwähnten Stellen des Bürgerlichen Gesetzbuchs. Was den Schlußsatz des §. 8 betrifft, wonach eine Bescheinigung des Registergerichts darüber gefordert werden kann, daß bezüglich des Gegenstandes einer Eintragung weitere Eintragungen nicht vorhanden seien oder daß eine bestimmte Eintragung nicht erfolgt sei, so wird hierdurch ein Recht zur allgemeinen Anerkennung gebracht, welches schon jetzt durch die Ausführungsanweisungen über die Führung des Handelsregisters vielfach gewährt ist. Ein Oeffentlichkeit des Registers. (§. 8)

---

[1]) Einführungsgesetz für Württemberg Art. 10, für Baden Art. 6 bis 8, Bremen §. 4.

[2]) Einführungsgesetz für Preußen Art. 20, 40, für Baden Art. 10 bis 17 u. s. w.

[3]) Nämlich in Bayern, Elsaß-Lothringen, Sachsen-Koburg, Hamburg und Bremen.

Recht auf Bescheinigungen über den Inhalt einer erfolgten Eintragung erkennt der Entwurf nicht an; solche Bescheinigungen sind neben den Abschriften entbehrlich, und die Pflicht zur Ertheilung derselben würde die Registergerichte ohne Noth mit einer weiteren Verantwortlichkeit belasten.

Bekanntmachung der Eintragungen. (§§. 9, 10.) Die Vorschrift des §. 9, daß alle Eintragungen in das Handelsregister durch den Deutschen Reichsanzeiger zu veröffentlichen sind, entspricht einem vielseitig geäußerten Wunsche. In zahlreichen anderen Reichsgesetzen ist bereits die Veröffentlichnng amtlicher Bekanntmachungen durch den Reichsanzeiger angeordnet[1]), und seit dem Aktiengesetze vom 18. Juli 1884 haben wenigstens bei den Kommanditgesellschaften auf Aktien und den Aktiengesellschaften diejenigen Bekanntmachungen, welche von den Gesellschaften erlassen werden, gleichfalls im Reichsanzeiger zu erfolgen. Thatsächlich werden auch die Handelsregistereinträge trotz des Mangels einer gesetzlichen Vorschrift schon gegenwärtig für die große Mehrzahl der Bundesstaaten durch den Reichsanzeiger veröffentlicht. Was die Auswahl sonstiger öffentlicher Blätter für die Bekanntmachung der Eintragungen betrifft, so entscheidet in dieser Beziehung zunächst das Ermessen des Gerichts. Eine zu große Mannigfaltigkeit der für die Veröffentlichungeu der einzelnen Gerichte bestimmten Organe ist jedoch zu vermeiden, und es wird deshalb zu erwägen sein, ob es sich nicht empfiehlt, bei der gesetzlichen Regelung des Verfahrens der Registergerichte im Anschluß an den Art. 14 Abs. 3 des Handelsgesetzbuchs den Justizaufsichtsbehörden die Befugniß einzuräumen, den Gerichten Anweisungen über die Auswahl der Blätter zu ertheilen.

Die Bekanntmachungen im Reichsanzeiger und in den anderen Blättern sind nur je einmal zu bewirken; die mehrmalige Veröffentlichung, wie sie bisher nach dem Ermessen des Gerichts erfolgte, ist überflüssig und verursacht unnütze Kosten. Den Betheiligten bleibt unbenommen, ihrerseits mit Hülfe der Zeitungen, durch Rundschreiben oder in sonstiger Weise für die Verbreitung der Eintragung noch besonders Sorge zu tragen, falls sie ein Interesse daran zu haben glauben. Die Vorschrift des §. 9 Abs. 2, wonach die Veröffentlichung mit dem Ablaufe des Tages als erfolgt gilt, an welchem das letzte der die Bekanntmachung enthaltenden Blätter erschienen ist, beseitigt einen Zweifel, der sich an die Fassung des Art. 13 des Handelsgesetzbuchs knüpfte (zu vergl. Civilprozeßordnung §. 189, Genossenschaftsgesetz §. 167).

Schon nach dem Handelsgesetzbuche müssen jährlich die Blätter, in denen im Laufe des nächsten Jahres die Eintragungen veröffentlicht werden sollen, bekannt gemacht werden (Art. 14 Abs. 1, 2); durch welche Blätter diese Bekanntmachung zu erfolgen hat, bestimmt aber das Handelsgesetzbuch nicht. Der §. 10 des Entwurfs enthält eine ergänzende Vorschrift.

---

[1]) Genossenschaftsgesetz §. 147; Civilprozeßordnung §§. 187, 825, 833, 842, 848; Konkursordnung §§. 103, 105, 151, 175, 184, 191; Gesetz, betreffend das Urheberrecht an Mustern u. s. w. vom 11. Januar 1876 (Reichsgesetzbl. S. 11) §. 9 Abs. 6; Patentgesetz in der Fassung des Gesetzes vom 7. April 1891 (Reichsgesetzbl. S. 79) §. 23, Gesetz, betreffend den Schutz von Gebrauchsmustern vom 1. Juni 1891 (Reichsgesetzbl. S. 290) §. 3.

Form der Anmeldungen und Zeichnungen. (§. 11.)

Das Handelsgesetzbuch schreibt in den einzelnen Artikeln, durch die es eine Anmeldung oder eine Zeichnung der Firma oder Unterschrift anordnet, der Regel nach besonders vor, daß die Anmeldung und Zeichnung persönlich bei dem Gerichte zu bewirken oder in beglaubigter Form einzureichen ist.[1]) In den Entwurf ist zur Vermeidung häufiger Wiederholungen eine allgemeine Vorschrift dieses Inhalts aufgenommen (§. 11). Welche Behörden die öffentliche Beglaubigung ertheilen können, insbesondere ob nur die gerichtliche oder notarielle Beglaubigung genügt, bestimmt der Entwurf ebenso wenig wie das Handelsgesetzbuch. Auch das Bürgerliche Gesetzbuch hat im Allgemeinen daran festgehalten, daß über die Zuständigkeit zur Aufnahme öffentlicher Urkunden und zur Vornahme öffentlicher Beglaubigungen die Landesgesetze entscheiden.[2]) Daß die hinsichtlich der Anmeldung vorgeschriebene Form in gleicher Weise für die Vollmacht zu einer Anmeldung erfordert wird (§. 11 Abs. 2), bedarf keiner besonderen Rechtfertigung. In den Einführungsgesetzen und Ausführungsverordnungen wird vielfach angeordnet, daß auch im Uebrigen der zu einer Eintragung etwa erforderliche Nachweis von Thatsachen der Regel nach durch öffentliche Urkunden zu erbringen sei.[3]) In dieser Allgemeinheit erscheint die Vorschrift jedoch nicht unbedenklich. Der Entwurf beschränkt sich auf die im Interesse der Rechtssicherheit gebotene Anordnung, daß die Rechtsnachfolger eines Betheiligten (die Erben oder Vermächtnißnehmer, die Käufer eines Handelsgeschäfts u. s. w.) ihre Legitimation, soweit dies im einzelnen Falle thunlich ist, durch öffentliche Urkunden nachzuweisen haben (§. 11 Abs. 2 Satz 2). Eine weitergehende Vorschrift ist weder nothwendig noch durchführbar; denn wenn sich nicht besondere Zweifel und Anstände ergeben, wird sich der Registerrichter im Allgemeinen mit den Erklärungen der gehörig legitimirten Betheiligten begnügen müssen; er hat beispielsweise, wenn die Eintragung einer neuen Firma oder der Verlegung des Sitzes des Geschäfts nachgesucht wird, in Ermangelung besonderer Umstände nicht nachzuforschen, ob der Anmeldende in der That das Geschäft eröffnet oder verlegt hat.

Soweit es sich nicht um eine Anmeldung, sondern nur um die Einreichung von Schriftstücken zum Handelsregister handelt, findet der §. 11 keine Anwendung; solche Einreichungen können auch in Zukunft, wie nach dem geltenden Rechte, formlos erfolgen.

Eintragungen in das Register einer Zweigniederlassung. (§. 12.)

Der Grundsatz, daß die Anmeldungen zum Handelsregister und die Eintragungen in dieses nicht nur bei dem für die Hauptniederlassung, sondern auch bei dem für eine Zweigniederlassung zuständigen Registergerichte vorzunehmen sind, ist bisher im Handelsgesetzbuche nur für eine

[1]) Nur im Art. 19 Satz 1, Art. 129, Art. 135 Abs. 1 Satz 1 ist es unterlassen, die fragliche Vorschrift beizufügen.

[2]) Zu vergl. Bürgerliches Gesetzbuch §. 74 (Vereinsregister), §. 1543 Satz 2 (Güterrechtsregister), §§. 1137, 1138.

[3]) Preuß. Instruktion vom 12. Dezember 1891 § 10, sächs. Verordnung vom 30. Dezember 1861 §. 22, bad. Verordnung vom 3. Oktober 1862 §. 13, Einführungsgesetz für Sachsen-Weimar §. 7, für Sachsen-Meiningen §. 8 und andere mehr.

Reihe bestimmter Anmeldungen und Eintragungen besonders ausgesprochen.[1]) Es ist jedoch nicht zweifelhaft, daß schon nach dem Handelsgesetzbuche dem fraglichen Grundsatz allgemeine Geltung zukommt. Mit Rücksicht hierauf ist eine entsprechende Vorschrift in den gegenwärtigen Titel aufgenommen (§. 12). Von einer Begriffsbestimmung der Zweigniederlassung nimmt der Entwurf Abstand. Sie läßt sich in befriedigender Weise im Gesetze nicht geben, und die Rechtsprechung ist auch ohne eine solche gesetzliche Bestimmung bisher zu angemessenen Ergebnissen gelangt; die Zweifel, die sich unter Umständen erheben können, liegen mehr auf thatsächlichem Gebiete.

Die Anmeldungen einschließlich der Zeichnung sowie die Eintragungen haben nach §. 12 bei dem Register der Zweigniederlassung in derselben Weise zu erfolgen wie bei dem Register der Hauptniederlassung. Ausnahmen gelten nur in Betreff einzelner Anmeldungen für Aktiengesellschaften und Kommanditgesellschaften auf Aktien und zwar hinsichtlich der Personen der Anmeldenden, der beizubringenden Belege und des Inhalts der öffentlichen Bekanntmachung. Die Vorschrift des bisherigen Art. 152, nach der die Anmeldung der einfachen Kommanditgesellschaft für die Zweigniederlassung nur von den persönlich haftenden, nicht, wie für die Hauptniederlassung, von allen Gesellschaftern zu bewirken ist, hat der Entwurf nicht aufgenommen. Sie entbehrt des inneren Grundes und ist mit der im §. 14 Abs. 3 des Entwurfs der Eintragung in das Register der Zweigniederlassung beigelegten Bedeutung unvereinbar.

Einer besonderen Vorschrift darüber, daß auch die Errichtung einer Zweigniederlassung, die sich in dem Bezirke des Registergerichts der Hauptniederlassung befindet, bei diesem Gerichte zur Eintragung anzumelden ist, bedarf es nicht. Die Verpflichtung zur Anmeldung ergiebt sich aus §. 12 Abs. 1 in Verbindung mit §. 27, wonach auch der Ort der Niederlassung angemeldet und eingetragen werden soll. Das Nähere über die Art einer solchen Eintragung kann den Ausführungsvorschriften überlassen bleiben.

Was den §. 12 Abs. 2 betrifft, wonach die Eintragung bei dem Gerichte der Zweigniederlassung nicht stattfindet, bevor die Eintragung bei dem Gerichte der Hauptniederlassung erfolgt ist, so verallgemeinert diese Vorschrift einen Grundsatz, der im Handelsgesetzbuche nur für einzelne Fälle (Art. 21 Abs. 3, Art. 179 Abs. 2, Art. 212 Abs. 3) Ausdruck gefunden hat, aber nicht blos für diese Fälle als maßgebend anzusehen ist.

Auch über die Eintragungen, welche in Ansehung von inländischen Zweigniederlassungen ausländischer Firmen vorzunehmen sind, giebt der Entwurf neben den schon im Handelsgesetzbuch enthaltenen besonderen Bestimmungen über die Eintragung von Zweigniederlassungen ausländischer Aktiengesellschaften oder Kommanditgesellschaften auf Aktien (Handelsgesetzbuch Art. 179 Abs. 3, Entw. § 187 Abs. 5) eine allgemeine Vorschrift. Wenngleich auf Grund der bisherigen Rechtsprechung anzunehmen ist, daß die Noth-

[1]) Art. 21, 86 Abs. 1, Art. 152, 179, Art. 180f Abs. 2, Art. 180h Abs. 4 Art. 180i Abs. 2 und öfter; Genossenschaftsgesetz §. 14, §. 148 Abs. 2, Gesetz, betreffend die Gesellschaften mit beschränkter Haftung §. 12, §. 76 Abs. 2; zu vergl. andererseits Art. 25 Abs. 1, Art. 45, 87, 129, 135 155, 156, 171, 172.

wendigkeit der Eintragung von Zweigniederlassungen ausländischer Kaufleute und Handelsgesellschaften selbst ohne gesetzliche Bestätigung im Allgemeinen nicht verkannt werden würde, so empfiehlt sich eine gesetzliche Regelung doch schon um deswillen, weil über die Voraussetzungen und die Art der Anmeldung und Eintragung in Folge des Eingreifens des ausländischen Rechts Zweifel entstehen können. Um einen Ausgangspunkt für die Lösung solcher Zweifel zu gewähren, stellt der §. 12 Abs. 3 den Grundsatz auf, daß die Anmeldungen, Zeichnungen und Eintragungen bei dem Gerichte der Zweigniederlassung in gleicher Weise geschehen sollen, wie wenn sich die Hauptniederlassung im Inlande befände, es sei denn, daß das ausländische Recht eine Abweichung erforderlich macht. Ist zum Beispiel dem letzteren die durch das deutsche Recht vorgeschriebene Eintragung der Hauptniederlassung unbekannt, so wird dadurch zwar der Eintragungszwang nicht beseitigt, auf die Eintragung findet aber der Grundsatz des §. 12 Abs. 2 keine Anwendung. Hierdurch werden zugleich die Bestimmungen einer Anzahl von Einführungsgesetzen ersetzt, nach welchen es behufs der Eintragung der Zweigniederlassung eines Nachweises der Eintragung der Hauptniederlassung überhaupt nicht bedarf, wenn die Hauptniederlassung außerhalb des Geltungsbereichs des Handelsgesetzbuchs liegt[1]). Auch diejenigen Vorschriften einzelner Einführungsgesetze kommen in Wegfall, nach welchen die inländischen Bevollmächtigten ausländischer Handelsgesellschaften oder wenigstens ausländischer Aktiengesellschaften und Kommanditgesellschaften auf Aktien ohne Rücksicht darauf, ob eine Zweigniederlassung vorliegt oder nicht, in das Handelsregister eingetragen werden sollen[2]).

Durch die allgemeine Vorschrift des §. 13, wonach das Registergericht die Personen, welche verpflichtet sind, eine Anmeldung, eine Zeichnung der Unterschrift oder eine Einreichung von Schriftstücken vorzunehmen, hierzu durch Ordnungsstrafen anzuhalten hat, werden zahlreiche Einzelbestimmungen des Handelsgesetzbuchs entbehrlich (Art. 26, Art. 45 Abs. 4, Art. 89, Art. 129 Abs. 4, Art. 135 Abs. 3, Art. 154, Art. 155 Abs. 1, Art. 171 Abs. 3, Art. 172, Art. 249g). Der Sache nach gilt die Regel des §. 13 schon jetzt, wenngleich im Handelsgesetzbuche die Aufnahme einer ausdrücklichen Vorschrift für einzelne Fälle unterblieben ist (Art. 135, 156). Die Sondervorschrift des Art. 154, derzufolge bei der Kommanditgesellschaft das Ordnungsstrafverfahren sich nur gegen die persönlich haftenden Gesellschafter richtet, obgleich auch die Kommanditisten zur Mitwirkung bei der Anmeldung verpflichtet sind, erscheint nicht gerechtfertigt und ist in den Entwurf nicht aufgenommen. Ausnahmen von der Vorschrift des §. 13 sind nur insoweit erforderlich, als es sich um Eintragungen handelt, welche die Voraussetzung für die Wirksamkeit gewisser an sich fakultativer Rechtsakte bilden und deshalb nicht durch Ordnungsstrafen erzwungen werden können. Solche Eintragungen kommen bei den Aktien-

Ordnungsstrafen. (§. 13.)

[1]) Einführungsgesetz für Hannover §. 9, für Schleswig-Holstein §. 20, für Lauenburg §. 20, für Mecklenburg-Schwerin und Mecklenburg-Strelitz §. 14, für Oldenburg Art. 9, für Hamburg §. 8, für Bremen §. 8.

[2]) Einführungsgesetz für Hannover §. 23, für Oldenburg Art. 22, für Hamburg §. 28, für Bremen §. 23 (in der Fassung des Gesetzes vom 4. Juni 1879).

gesellschaften und Kommanditgesellschaften auf Aktien vor; in diesen Fällen findet nach §. 291 Abs. 2 die Vorschrift des §. 13 keine Anwendung. Auf dem gleichen Gesichtspunkte beruht die Ausnahme, welche im §. 160 bezüglich der Eintragung einer Herabsetzung der Einlage eines Kommanditisten vorgesehen ist.

Wirkung der Eintragung und Bekanntmachung. (§. 14.)

Die Vorschriften des §. 14 über die Wirkungen, welche die erfolgte Eintragung und Bekanntmachung oder die Unterlassung derselben Dritten gegenüber äußert, enthalten eine Verallgemeinerung der Grundsätze, die das Handelsgesetzbuch für einzelne bestimmte Fälle aufgestellt hat. Danach kann eine einzutragende Thatsache, solange sie nicht eingetragen und bekannt gemacht ist, von demjenigen, in dessen Angelegenheiten sie einzutragen war, einem Dritten nicht entgegengesetzt werden, es sei denn, daß sie diesem bekannt war; andererseits muß ein Dritter, wenn die Thatsache eingetragen und bekannt gemacht ist, sie gegen sich gelten lassen, es sei denn, daß er sie weder kannte noch kennen mußte. Zur Zeit der Berathung des Handelsgesetzbuchs sind aus den betheiligten Berufskreisen vielfach Bedenken gegen die bezeichneten Grundsätze geäußert worden; sie können jedoch als durch die Erfahrung widerlegt gelten. Das System des Handelsgesetzbuchs hat sich bewährt, und auch das Bürgerliche Gesetzbuch ist demselben in den Vorschriften über das Vereinsregister (§. 65) gefolgt.

Die Fälle, für welche das Handelsgesetzbuch die in Frage stehenden Grundsätze anerkannt hat, beziehen sich auf die Eintragung gewisser Thatsachen, durch welche eine Haftbarkeit ausgeschlossen wird, die ohne den Eintritt der betreffenden Thatsache an sich begründet sein würde.[1]) Zu diesen Thatsachen gehören namentlich das Erlöschen der Firma, der Widerruf einer Prokura, der Ausschluß eines Gesellschafters von der Vertretungsbefugniß, die Auflösung der Gesellschaft u. s. w. Die allgemeiner gefaßte Vorschrift des Entwurfs macht Wiederholungen entbehrlich, und in sachlicher Beziehung kann die Erweiterung des Grundsatzes einem Bedenken nicht unterliegen. Am wichtigsten für die Anwendung desselben bleiben auch künftig die Fälle, in welchen es sich um Thatsachen handelt, die denjenigen, in dessen Angelegenheiten die Eintragung zu erfolgen hat — sei dies ein Einzelkaufmann, eine Handelsgesellschaft oder ein Gesellschafter —, von einer Haftung oder Verantwortlichkeit befreien. Immerhin kommen noch andere Fälle in Betracht, in denen es gleichfalls angezeigt erscheint, die Vorschriften des §. 14 zur Anwendung zu bringen. Wenn beispielsweise ein neu eingetretener Gesellschafter einem Gesellschaftsschuldner ein Darlehen gekündigt hat, ehe sein Eintritt in das Register eingetragen und veröffentlicht war, so wird man es als gerechtfertigt ansehen müssen, daß auch hier der Grundsatz der relativen Unwirksamkeit nach §. 14 Abs. 1 Platz greife. Andererseits fehlt es an einem genügenden Grunde, in dem Falle, daß der Beitritt des Gesellschafters in das Handelsregister eingetragen und bekannt gemacht war, diesem Umstande die im §. 14 Abs. 2 bezeichnete Wirkung zu versagen.

---

[1]) Art. 25, 46, 87, 115, 129, 135, 155, 171, 172, 200, 233, 244a Abs. 1. Zu vergl. Genossenschaftsgesetz §§. 29, 84, Gesetz, betreffend die Gesellschaften mit beschränkter Haftung §§. 40, 69.

Welche Bedeutung dem Register der Zweigniederlassung bei dem Systeme der relativen Unwirksamkeit nicht eingetragener Thatsachen zukommt, ist im Handelsgesetzbuche nicht entschieden und daher bestritten. Nach dem Genossenschaftsgesetze (§. 148 Abs. 3) und dem Gesetze über die Gesellschaften mit beschränkter Haftung (§. 76) entscheidet lediglich die Eintragung in das Register der Hauptniederlassung. Der Entwurf stellt im Abs. 3 des §. 14 den entgegengesetzten Grundsatz auf.[1]) Soll das Register der Zweigniederlassung nicht seinen Zweck verfehlen und zur Irreleitung der Betheiligten führen, so muß es für die Personen, welche mit der Zweigniederlassung in Geschäftsverkehr treten, in Ansehung dieses Verkehrs auch entscheidende Bedeutung haben. Nur ist die Anwendung dieses Grundsatzes an die Voraussetzung zu knüpfen, daß die Zweigniederlassung selbst, um die es sich handelt, in das Handelsregister eingetragen ist; denn die Frage, ob eine Zweigniederlassung im Rechtssinne vorliegt und ob deshalb eine Verpflichtung besteht, die nach den Vorschriften des Gesetzes der Eintragung in das Handelsregister unterliegenden Thatsachen auch bei dem betreffenden Registergericht anzumelden, kann im einzelnen Falle zweifelhaft sein. Es empfiehlt sich daher, die Vorschriften des §. 14 in Bezug auf das Register einer Zweigniederlassung nur dann Anwendung finden zu lassen, wenn die Frage, ob die bezeichnete Verpflichtung besteht, durch die thatsächlich bewirkte Anmeldung und Eintragung der Zweigniederlassung ihre Erledigung gefunden hat.

Soweit es sich um Rechtsakte handelt, deren Wirksamkeit nicht blos relativ, sondern unbedingt von der Eintragung in das Handelsregister abhängt, wie die Errichtung der Aktiengesellschaft, die Aenderung des Statuts einer solchen u. dgl. m., kann selbstverständlich nur der Inhalt eines einzigen Registers, und zwar desjenigen der Hauptniederlassung, entscheiden. An den betreffenden Stellen des Entwurfs ist dies durch die Fassung der Vorschriften zum Ausdruck gebracht.

Verhältniß des Registergerichts zum Prozeßgerichte. (§. 15.)

Ueber das Verhältniß des Registergerichts zum Prozeßgericht gehen die Ansichten in der Wissenschaft und Rechtsprechung auseinander. Hält man sich streng an die bestehenden Vorschriften, so kann der Entscheidung des Prozeßgerichts über ein der Eintragung in das Handelsregister unterliegendes Rechtsverhältniß, zum Beispiel über die Vertretungsbefugniß der Gesellschafter oder über die Auflösung der Gesellschaft, eine bindende Wirkung für das Registergericht nicht beigelegt werden. Selbst dann, wenn durch einstweilige Verfügung oder vorläufig vollstreckbares Urtheil die Eintragung ausdrücklich angeordnet wird, kann dies die zur Eintragung erforderliche Anmeldung der Betheiligten nicht ersetzen, vielmehr muß, falls auch nur einer von ihnen sich weigert, bei der Anmeldung mitzuwirken, zunächst mit Ordnungsstrafen gegen ihn zur Erzwingung der Anmeldung eingeschritten werden. Denn der §. 779 der Civilprozeßordnung, wonach ein rechtskräftiges Urtheil auf Abgabe einer Willenserklärung der Abgabe gleichsteht, findet nach der von den meisten

[1]) Eine entsprechende Aenderung der erwähnten beiden Gesetze muß dem Einführungsgesetze vorbehalten bleiben.

Seiten vertretenen Meinung auf nur vorläufig vollstreckbare Entscheidungen keine Anwendung.

Wie die Erfahrung gezeigt hat, ist dieser Rechtszustand nicht befriedigend. Die Unabhängigkeit der Registerführung von den Prozeßentscheidungen läßt sich nicht damit begründen, daß das Register dem öffentlichen Interesse dient; denn die Eintragungen haben immerhin privatrechtliche Verhältnisse zum Gegenstande, und diese können im Streitfalle nur im Prozeßwege festgestellt werden. Es entspricht daher der Natur der Sache, wenn den Nachtheilen, die sich aus einer Verschiedenheit zwischen Registerinhalt und Prozeßentscheidungen ergeben, dadurch entgegengetreten wird, daß das Gesetz den letzteren einen gewissen Einfluß auf die Eintragungen gewährt. Ist durch eine rechtskräftige oder auch nur vollstreckbare Entscheidung des Prozeßgerichts die Verpflichtung zur Mitwirkung bei einer Anmeldung oder ein Rechtsverhältniß, bezüglich dessen eine Eintragung zu erfolgen hat, gegen einen von mehreren bei der Vornahme der Anmeldung Betheiligten festgestellt, so soll nach §. 15 Abs. 1 des Entwurfs die Anmeldung der übrigen Betheiligten für die Eintragung genügen. Das Bedürfniß nach einer Regelung in diesem Sinne besteht namentlich für den Fall von Streitigkeiten unter mehreren Gesellschaftern, zum Beispiel über die Rechtsgültigkeit einer Kündigung der Gesellschaft oder den Eintritt sonstiger Auflösungsgründe oder über die Entziehung der Vertretungsbefugniß. Hier kann nur eine schleunige Berichtigung des Handelsregisters den Betheiligten ausreichenden Schutz gegen unbefugte Verfügungen eines Mitgesellschafters gewähren. Für Fälle dieser Art ist schon in der Nürnberger Kommission auf einstweilige Verfügungen des Prozeßrichters hingewiesen worden.[1]) Ob die Entscheidung die Verpflichtung zur Anmeldung oder das einzutragende Rechtsverhältniß selbst feststellt, kann keinen Unterschied begründen; es liefe auf eine zweckwidrige Formvorschrift hinaus, wenn der Grundsatz des §. 15 auf die Entscheidungen der ersteren Art beschränkt würde. Die Feststellung der Verpflichtung oder des Rechtsverhältnisses braucht auch nicht gerade eine Feststellung im Sinne des §. 231 der Civilprozeßordnung zu sein; vielmehr fallen unter den §. 15 auch Entscheidungen, die zur Vornahme der Anmeldung verurtheilen, sowie einstweilige Verfügungen, die nicht ein bestehendes Rechtsverhältniß feststellen, sondern selbst in das streitige Rechtsverhältniß rechtserzeugend eingreifen, indem sie zum Beispiel während eines Prozesses über die Ausschließung eines Gesellschafters diesem einstweilen die Vertretungsbefugniß ganz oder theilweise entziehen.

Der Grundsatz, daß zur Eintragung der Antrag eines Betheiligten erforderlich ist, wird im §. 15 nicht aufgegeben. Es soll nur in Fällen, in denen zur Eintragung Mehrere mitwirken müssen, der Antrag eines von ihnen genügen, wenn der Antrag der Uebrigen durch eine Entscheidung des Prozeßrichters ersetzt wird. Wer, ohne zur Mitwirkung bei der Anmeldung berufen zu sein, an einer Eintragung sonst ein Interesse hat, zum Beispiel der Pächter eines Handelsgeschäfts, dem sich der Inhaber der Firma zur Ertheilung der Prokura verpflichtet hat,

[1]) Protokolle Bd. I S. 239 ff.

oder der Kaufmann, der mit dem Inhaber einer ähnlich lautenden Firma vereinbart hat, daß dieser seine Firma ändere, kann die Eintragung auf Grund des §. 15 nicht herbeiführen. Es würde bedenklich sein, in dieser Weise dritten Personen eine unmittelbare Verfügung über das Handelsregister einzuräumen; ein Bedürfniß dazu ist auch bisher nicht hervorgetreten.

Wenn durch eine rechtskräftige oder vollstreckbare Entscheidung des Prozeßgerichts die Vornahme einer Eintragung für unzulässig erklärt ist, so darf nach §. 15 Abs. 2 die Eintragung nicht gegen den Widerspruch desjenigen erfolgen, welcher die Entscheidung erwirkt hat. Die Bestimmung kommt beispielsweise zur Anwendung, wenn im Prozeßwege die Eintragung einer unbefugt geführten Firma verboten wird (§. 33 Abs. 2) oder wenn ein Aktionär oder die Staatsbehörde den Beschluß der Generalversammlung einer Aktiengesellschaft als ungültig anficht (§§. 248 bis 250). Da es sich hier darum handelt, eine unzulässige Eintragung zu verhindern, so ist im Gegensatze zu den Fällen des Abs. 1 auch der Widerspruch eines bei der Vornahme der Anmeldung nicht betheiligten Dritten zu berücksichtigen. Nicht angängig ist es, auch umgekehrt einer Entscheidung des Prozeßgerichts, die einen Widerspruch für unbegründet erklärt, bindende Wirkung gegenüber dem Registergerichte zu verleihen; sonst würden es die Parteien, da ihre Behauptungen und Erklärungen für den Ausgang des Civilprozesses maßgebend sind, in der Hand haben, unzulässige Eintragungen durch ihr beiderseitiges Einverständniß herbeizuführen. Es kann in dieser Beziehung bei dem thatsächlichen Einflusse bewenden, den eine Prozeßentscheidung für den Registerrichter hat.

Dritter Titel.

Handelsfirma.

Die Begriffsbestimmung der Firma als des Handelsnamens des Kaufmanns, mit welcher der §. 16 des Entwurfs diesen Titel einleitet, ist unverändert aus dem bisherigen Art. 15 übernommen. Auch im Uebrigen ist das Firmenrecht des Handelsgesetzbuchs seinen Grundzügen nach beibehalten, wenngleich die Vorschriften im Einzelnen mehrfache Aenderungen und Ergänzungen erfahren haben. Allgemeines.

Das Handelsgesetzbuch geht von dem Grundsatze der Firmenwahrheit aus, nach welchem die Firma den thatsächlichen Verhältnissen entsprechen, insbesondere den Inhaber des Geschäfts bezeichnen soll; der Grundsatz ist aber nur in Ansehung der Bildung der Firma bei der Errichtung eines Geschäfts durchgeführt. Wird ein bestehendes Geschäft durch Vertrag oder Erbgang auf einen anderen Inhaber übertragen, so tritt der Grundsatz außer Anwendung; der Erwerber des Geschäfts kann vielmehr, falls der bisherige Inhaber oder seine Erben zustimmen, die frühere Firma mit oder ohne Beifügung eines das Nachfolgeverhältniß andeutenden Zusatzes fortführen. Ebenso ist eine Handelsgesellschaft befugt, die alte Firma beizubehalten, auch wenn diese in Folge des Eintritts oder Austritts von Gesellschaftern nicht mehr mit den wirklichen Verhältnissen in Einklang steht (Art. 22, 24).

Das System des Handelsgesetzbuchs ist nicht ohne Anfechtung geblieben; namentlich ist in neuerer Zeit von manchen Seiten eine strengere Durchführung des Grundsatzes der Firmenwahrheit nach dem Muster ausländischer Gesetze, insbesondere des schweizerischen Obligationenrechts, als wünschenswerth bezeichnet worden. Es entspricht indessen einer von Alters her bestehenden, auf achtungswerthen Beweggründen beruhenden Gewohnheit des deutschen Handelsstandes, die Firma eines seit längerer Zeit bestehenden Geschäfts nicht aufzugeben, und es liegt kein ausreichender Grund dafür vor, dieser Uebung im Wege der Gesetzgebung entgegenzutreten. Mit der Firma verknüpfen sich die geschäftlichen Beziehungen sowie der Ruf des Hauses, und nicht nur für die Erben eines Kaufmanns, sondern auch für die sonstigen Rechtsnachfolger im Geschäft ist es ein Ehrenpunkt, die alte Firma fortzuführen und ihr Ansehen aufrecht zu erhalten. Auch erhebliche materielle Interessen sind hiermit verbunden.

Wollte man den Grundsatz der Firmenwahrheit unbedingt durchführen und dem Erwerber eines Geschäfts lediglich gestatten, seinem eigenen Namen die bisherige Firma beizufügen, so würde die Schwerfälligkeit der auf diese Weise gebildeten Firmen die weitere Verwendung des früheren Geschäftsnamens in vielen Fällen unthunlich machen. Die Firma müßte zudem unter Umständen, wie z. B. bei rascher Folge des Eintritts oder Austritts von Familiengliedern, innerhalb kurzer Zeiträume stets von Neuem geändert werden. Es liegt aber auf der Hand, daß jede solche Aenderung die Festhaltung der unter der bisherigen Firma gewonnenen Geschäftsbeziehungen erschweren würde. Namentlich könnte zum Nachtheil des deutschen Handels die Stellung, welche sich inländische Geschäfte im Ausland erworben haben, durch eine derartige Umgestaltung der Firmen dauernd erschüttert werden. Wollte man demgegenüber auf eine strenge Durchführung des Grundsatzes der Firmenwahrheit verzichten und nur verlangen, daß bei dem ersten Wechsel der Geschäftsinhaber der Firma ein Zusatz beigefügt werde, welcher ein Nachfolgeverhältniß andeutet, so würden gleichwohl die erwähnten Bedenken nicht durchweg beseitigt; andererseits aber wäre mit einer solchen Einrichtung kein wesentlicher Erfolg zu erreichen, weil ein Zusatz der bezeichneten Art, wenn einmal bewirkt, bei jedem späteren Wechsel der Geschäftsinhaber unverändert beibehalten werden könnte, also die Person des Firmenträgers doch nicht erkennbar machte.

Allerdings läßt sich nicht in Abrede stellen, daß der Grundsatz des Handelsgesetzbuchs, wonach der Erwerber eines Geschäfts mit Genehmigung des bisherigen Inhabers die alte Firma unverändert fortführen darf, zu Irrthümern über die Person des Geschäftsinhabers führen und Täuschungen Vorschub leisten kann; die Klagen, welche in dieser Beziehung auch aus kaufmännischen Kreisen erhoben werden, sind keineswegs unberechtigt. Um ihnen abzuhelfen, ist es aber nicht erforderlich, den erwähnten Grundsatz ohne Weiteres zu verlassen. Die hervorgetretenen Mißstände beschränken sich in der Hauptsache auf den kleineren Verkehr, insbesondere auf den Betrieb von Ladengeschäften, und hier läßt sich in anderer Weise Abhülfe schaffen. Es genügt, wenn den Gewerbetreibenden, die einen offenen Laden haben, unter Androhung von Strafe die Verpflichtung auferlegt wird, ihren persönlichen Namen an dem Laden in deutlich lesbarer Schrift anzubringen. Aehnliche Bestimmungen sind schon gegenwärtig für manche Orte im Wege der Polizeiverordnung getroffen; solche Verordnungen finden jedoch in den Vorschriften des Handelsgesetzbuchs ihre Schranken, und es ist von manchen Seiten angezweifelt worden, ob diese Schranken in allen Fällen eingehalten worden seien. Schon aus diesem Grunde verdient eine reichsgesetzliche Regelung den Vorzug. Hierbei werden aber nicht bloß die firmenberechtigten Kaufleute in Betracht zu ziehen sein, vielmehr entspricht es der Natur der Sache, die zu erlassenden Vorschriften auch auf Minderkaufleute und sonstige Gewerbetreibende, die einen offenen Laden haben, zu erstrecken. Der Gegenstand eignet sich demgemäß nicht für das Handelsgesetzbuch, sondern für die Gewerbeordnung. In diese sollen die durch die Anmerkung zum §. 16 des Entwurfs vorgesehenen Bestimmungen aufgenommen werden. Durch die fraglichen Bestimmungen wird die Befugniß der Kaufleute, die Firma eines von ihnen erworbenen Geschäfts fortzuführen, in keiner Weise berührt. Nur sind die firmenberechtigten Kaufleute verpflichtet, an dem Laden ihre Firma, daneben aber noch ihren persönlichen Namen anzubringen, wenn derselbe nicht bereits aus der Firma zu entnehmen ist. Gehört das Geschäft einer Frau, so ist in der Aufschrift außer dem Zunamen der Frau auch mindestens ein ausgeschriebener Vorname derselben anzugeben, sofern nicht ein solcher gleichfalls schon in der Firma enthalten ist. Es entspricht einem gerade in Handelskreisen vielfach geäußerten Wunsche, daß bei den von Frauen geführten Geschäften das wirkliche Sachverhältniß nach außen hin klar hervortrete. Der jetzige Rechtszustand führt, namentlich wenn es sich um verheirathete Frauen handelt, zu erheblichen Mißständen; dritte Personen können, zumal wenn der Ehemann selbst in dem Ladengeschäfte thätig ist, einem Irrthum über die Person des Geschäftsinhabers kaum entgehen. In zahlreichen Fällen ist eine solche Täuschung geradezu beabsichtigt. Wenn die Vermögensverhältnisse des Mannes zerrüttet sind, wird der Form nach das Geschäft auf die Frau übertragen, während der Mann als Bevollmächtigter der neuen Inhaberin dasselbe thatsächlich in der alten Weise fortführt, ohne daß eine derartige zur Benachtheiligung der Kreditgeber vorgenommene Schiebung nach außen erkennbar würde.

Wird ein Ladengeschäft durch eine Handelsgesellschaft betrieben, so sind die Namen der persönlich haftenden Gesellschafter in der Aufschrift anzugeben. Damit jedoch bei Gesellschaften mit einer erheblichen Zahl von Theilhabern die Vorschrift praktisch durchführbar bleibt, ist vorgesehen, daß in einem solchen Falle die Angabe der Namen von zwei Gesellschaftern mit einem das Vorhandensein weiterer Betheiligter andeutenden Zusatze genügt.

Neben den Bestimmungen, welche in die Gewerbeordnung aufgenommen werden sollen, dienen auch einzelne in den Entwurf neu aufgenommene Vorschriften dem Zwecke, Irreführungen Dritter thunlichst zu verhindern; insbesondere gilt dies von dem Verbote täuschender Firmenzusätze (§. 17 Abs. 2) und von den Vorschriften über die Kennzeichnung der Firmen von Kommanditgesellschaften auf Aktien und Aktiengesellschaften (§. 18 Abs. 2, §. 19 Abs. 1, §. 20 Abs. 2). Auch der Satz, daß die Fortführung des Geschäfts unter der alten Firma den Uebergang der Schulden und Forderungen auf den Erwerber des Geschäfts zur Folge hat (§§. 23 bis 26), steht hiermit in Zusammenhang.

Bildung neuer Firmen. (§§. 17—19.) Die Firmen der Einzelkaufleute sollen nach dem Handelsgesetzbuch aus dem Familiennamen des Geschäftsinhabers mit oder ohne Vornamen bestehen; sie dürfen aber Zusätze enthalten, die zur näheren Bezeichnung der Person oder des Geschäfts dienen. Ausdrücklich für unzulässig erklärt sind nur Zusätze, die ein Gesellschaftsverhältniß andeuten. Die Klagen, daß die Firmenzusätze vielfach marktschreierische Anpreisungen und thatsächlich falsche, zur Täuschung geeignete Angaben enthalten, sind indessen allgemein, und wenngleich bereits das Gesetz über den unlauteren Wettbewerb diesem Mißbrauch entgegentritt, so erscheint es doch zweckmäßig, im Handelsgesetzbuche noch besonders alle Firmenzusätze zu verbieten, die geeignet sind, eine Täuschung über die Art oder den Umfang des Geschäfts oder über die Verhältnisse des Geschäftsinhabers herbeizuführen. Die Folge dieses Verbots ist, daß der Registerrichter eine Firma, die einen derartigen Zusatz enthält, nicht in das Handelsregister eintragen darf und gegen denjenigen, welcher sich einer solchen Firma bedient, mit Ordnungsstrafen einzuschreiten hat.

Die neugebildeten Firmen der Handelsgesellschaften sollen nach dem Handelsgesetzbuch (Art. 17, 18) als Gesellschaftsfirmen kenntlich sein und keine anderen Namen als die persönlich haftender Gesellschafter enthalten. Der Entwurf geht von dem gleichen Grundgedanken aus, ordnet aber nach dem Vorgange des Genossenschaftsgesetzes und des Gesetzes, betreffend die Gesellschaften mit beschränkter Haftung, des Weiteren an, daß sich die Aktiengesellschaften und die Kommanditgesellschaften auf Aktien ausdrücklich in der Firma als solche bezeichnen (§. 18 Abs. 2, §. 19 Abs. 1). Die Entscheidung der Frage, inwieweit dieser Vorschrift auch bestehende Gesellschaften zu unterwerfen sind, bleibt dem Einführungsgesetze vorbehalten. Hierbei wird angesichts der Unzuträglichkeiten, welche mit Aenderungen der Firma regelmäßig verbunden sind, davon auszugehen sein, daß die Anwendung auf eine bestehende Gesellschaft nur einzutreten hat, wenn die Firma der Gesellschaft besonderen Anlaß zu Verwechslungen giebt, namentlich wenn sie lediglich Personennamen enthält, wie dies selbst bei Aktiengesellschaften, sofern sie die Firma eines von ihnen erworbenen Geschäfts fortführten, bisher nicht ausgeschlossen war.

Die Forderung, daß auch in die Firma jeder offenen Handelsgesellschaft sowie jeder Kommanditgesellschaft eine entsprechende Bezeichnung aufzunehmen sei, läßt sich nicht durchführen. Eine derartige Vorschrift würde nicht nur zahlreiche Geschäfte zur Annahme umständlicher Firmen zwingen, sondern auch einen häufigen Firmenwechsel nothwendig machen; namentlich müßte ein solcher Wechsel stets eintreten, wenn das Geschäft eines Einzelkaufmanns auf eine offene Handelsgesellschaft oder Kommanditgesellschaft, oder wenn umgekehrt das Geschäft einer Gesellschaft auf einen Einzelkaufmann überginge, desgleichen wenn sich eine Gesellschaft der einen Art durch den Eintritt oder Austritt eines Kommanditisten in eine Gesellschaft der anderen Art umwandelte.

Was die sonstigen Vorschriften über die Firmen der Aktiengesellschaften betrifft, so beläßt es der Entwurf bei dem Grundsatze des Art. 18 des Handelsgesetzbuchs, wonach die Firma in der Regel von dem Gegenstande des Unternehmens zu entlehnen ist. Anders gebildete Firmen (z. B. Norddeutscher Lloyd, Concordia, Providentia u. dgl.) den Aktiengesellschaften unbedingt zu untersagen, ist schon in der Nürnberger Kommission abgelehnt worden, und es liegt jetzt um so weniger ein Bedürfniß dazu vor, als sich nach dem Entwurfe jede neue Aktiengesellschaft als solche bezeichnen muß.

Abgeleitete Firmen. (§§. 20—22.)

Die §§. 20 bis 22 geben die Vorschriften der bisherigen Art. 22 bis 24 über die abgeleiteten Firmen im Wesentlichen unverändert wieder. Nur der §. 20 enthält einzelne neue Bestimmungen. Zunächst ist daselbst klargestellt, daß die Bezeichnung „Kommanditgesellschaft auf Aktien" oder „Aktiengesellschaft" auch den erworbenen Firmen dieser Gesellschaften hinzuzufügen ist. Von selbst versteht es sich andererseits, daß eine solche Bezeichnung nicht beibehalten werden darf, wenn sie in Folge eines Wechsels der Firmeninhaber nicht mehr paßt. Im §. 20 sind ferner noch besondere Vorschriften darüber getroffen, wie sich die Firmenführung gestaltet, wenn ein Geschäft auf Grund eines Nießbrauchs, eines Pachtvertrags oder eines ähnlichen Verhältnisses, insbesondere des ehelichen Güterrechts, übernommen wird. Nach geltendem Rechte ist dies nicht unzweifelhaft. Die Parteien können jedenfalls vereinbaren, daß nach außen der bisherige Geschäftsherr Inhaber der Firma bleibt und unter dieser allein berechtigt und verpflichtet wird; aber damit ist dem Bedürfnisse des Verkehrs nicht genügt, vielmehr muß der Gewerbetreibende, welcher ein Geschäft in der angegebenen Weise übernimmt, befugt sein, die alte Firma als seine eigene Firma in derselben Weise fortzuführen wie der sonstige Erwerber eines Geschäfts. Dies erkennt der Schlußabsatz des §. 20 an. Führt auf Grund dieser Vorschrift ein Pächter die alte Firma fort, so ist er in das Handelsregister als ihr Inhaber einzutragen; er haftet für die bisherigen Geschäftsschulden des Verpächters nach den Regeln des §. 23 und wird aus den von ihm unter der Firma geschlossenen Geschäften allein verpflichtet.

Scheidet ein Gesellschafter, dessen Name in der Firma enthalten ist, aus der Gesellschaft aus, so bedarf es nach dem Entwurfe ebenso wie nach dem Handelsgesetzbuche zur Fortführung der Firma der ausdrücklichen Einwilligung des Gesellschafters oder seiner Erben. Der Zustimmung der Erben ist zwar im §. 22 Abs. 2 nicht mehr besonders gedacht; hierin liegt aber keine Abweichung vom geltenden Rechte, da sich ohne Weiteres ergiebt, daß bei dem Tode eines Gesellschafters die nach §. 22 Abs. 2 zur Fortführung der Firma erforderliche Einwilligung von den Erben zu ertheilen ist.

Uebergang der Forderungen und Schulden auf den Erwerber eines Handelsgeschäfts. (§§. 23—25.)

Unter welchen Voraussetzungen der Erwerber eines Handelsgeschäfts in die Schulden und Forderungen des bisherigen Inhabers eintritt, ist im Handelsgesetzbuche nicht entschieden; die Berathungen der Nürnberger Kommission haben in dieser Beziehung zu keinem Ergebnisse geführt. Auch Rechtsprechung und Wissenschaft sind in dieser wichtigen Frage zu völlig sicheren Resultaten nicht gelangt, und es erscheint daher eine gesetzliche Regelung, für welche sich unter Anderen der deutsche Juristentag ausgesprochen hat, geboten.

Mit der bloßen Uebertragung des Handelsgeschäfts oder deren Kundmachung kann der Eintritt in die Geschäftsschulden und Forderungen nicht verbunden werden; denn es ist zunächst Thatfrage, ob die Parteien dies beabsichtigt haben. Die Uebertragung eines Handelsgeschäfts setzt, wie allgemein anerkannt wird, den Uebergang der Schulden und Forderungen auf den Erwerber an sich noch nicht nothwendig voraus. Anders verhält es sich im Falle der Fortführung der bisherigen Firma. Im Verkehr wird vielfach die Firma ohne Rücksicht auf die Person ihres Inhabers als Eigenthümerin des Handlungsvermögens, als Trägerin der durch den Handelsbetrieb begründeten Rechte und Pflichten angesehen. Diese Anschauung ist allerdings rechtlich nicht zutreffend; nichtsdestoweniger erscheint es gerechtfertigt, der Verkehrsauffassung, nach welcher der jeweilige Inhaber der Firma als der Verpflichtete und Berechtigte angesehen wird, in Bezug auf die Frage des Ueberganges der Geschäftsschulden und Geschäftsforderungen entgegenzukommen. Denn der Erwerber eines Geschäfts, der die Firma, wenngleich nur mit einem Zusatze, fortführt, erklärt dadurch seine Absicht, in die Geschäftsbeziehungen des früheren Geschäftsinhabers soweit als möglich einzutreten. Das Reichsgericht legt auch schon gegenwärtig der Fortführung der Firma in gewissen Beziehungen maßgebenden Einfluß bei.

Auf diesen Erwägungen beruhen die Vorschriften des §. 23 des Entwurfs. Danach haftet der Kaufmann, der ein von ihm erworbenes Handelsgeschäft unter der bisherigen Firma mit oder ohne Beifügung eines das Nachfolgeverhältniß andeutenden Zusatzes fortführt, für alle im Betriebe des Geschäfts, sei es aus Verträgen, unerlaubten Handlungen oder sonstigen Gründen, entstandenen Verbindlichkeiten, und auch die in dem Betriebe begründeten Forderungen gelten den Schuldnern gegenüber als auf den Erwerber übergegangen, falls der bisherige Inhaber oder seine Erben in die Fortführung der Firma gewilligt haben. Während aber für die Geschäftsschulden der bisherige Inhaber des Geschäfts neben dem Erwerber weiter haftet, läßt der Entwurf die Forderungen unter der bezeichneten Voraussetzung auf den Erwerber übergehen, ohne neben ihm den Veräußerer als Gesammtgläubiger anzuerkennen. Die Lage des Schuldners würde erschwert werden, wenn ihm zwei Gläubiger statt eines einzigen gegenüber ständen und auch die Rechte des Erwerbers der Firma würden gefährdet, wenn sein Vorgänger noch das Recht hätte, über die Forderungen zu verfügen. Zwar kann in Folge dessen der letztere, wenn er wegen einer Geschäftsverbindlichkeit in Anspruch genommen wird, die Geschäftsforderungen nicht aufrechnen; aber das gleiche Ergebniß tritt schon jetzt ein, wenn bei dem Erwerb eines Geschäfts den Dritten der Uebergang der Forderungen und Schulden bekannt gemacht wird. Will sich der Veräußerer dem nicht aussetzen, so muß er den Uebergang der Forderungen und Schulden oder nur den der Forderungen ausschließen.

Die Möglichkeit hierzu gewährt der §. 23 Abs. 2, nach welchem die gesetzlichen Folgen der Fortführung der Firma nicht eintreten, wenn der Erwerber oder der Veräußerer in handelsüblicher Weise bekannt gemacht hat, daß die Forderungen oder Schulden von dem Erwerber nicht übernommen seien. Zu welcher Zeit diese Bekanntmachung erfolgen muß, um die bezeichnete

Wirkung noch zu äußern, richtet sich nach den Umständen des Falles. Auch durch besondere Mittheilung an den Gläubiger oder den Schuldner kann selbstverständlich die gleiche Wirkung herbeigeführt werden. Dagegen ist es für Dritte an sich unerheblich, ob die Parteien unter einander den Uebergang der Forderungen und Schulden ausgeschlossen haben.

Der letzte Absatz des §. 23 hebt ausdrücklich hervor, daß der Erwerb eines Geschäfts ohne Fortführung der Firma nur dann die Haftung für die Geschäftsschulden zur Folge hat, wenn ein besonderer Verpflichtungsgrund vorliegt. Als ein solcher Verpflichtungsgrund wird es in Uebereinstimmung mit einem feststehenden Handelsgewohnheitsrecht anerkannt, wenn der Erwerber die Uebernahme der Verbindlichkeiten in handelsüblicher Weise bekannt macht. Unter Umständen wird im Falle der Uebernahme eines Handelsgeschäfts eine Haftung des Erwerbers für die Schulden des Veräußerers auch nach den Vorschriften des §. 413 des Bürgerlichen Gesetzbuchs begründet sein; insbesondere kann dies bei der Uebernahme des Geschäfts und Vermögens einer Handelsgesellschaft in Frage kommen.

Ist der Erwerber des Handelsgeschäfts auf Grund der Fortführung der Firma oder auf Grund einer handelsüblichen Bekanntmachung der Uebernahme der früheren Geschäftsverbindlichkeiten für diese haftbar, so verjähren nach §. 24 des Entwurfs die Ansprüche der Gläubiger gegen den früheren Inhaber in fünf Jahren von der Eintragung des neuen Inhabers in das Handelsregister oder von der Kundmachung an, falls nicht die Verjährung nach den allgemeinen für sie maßgebenden Vorschriften schon früher eintritt. Die Vorschriften des §. 24 sind denen des §. 145 (Handelsgesetzbuch Art. 146) über die Verjährung der Ansprüche gegen die ausgeschiedenen Mitglieder einer offenen Handelsgesellschaft nachgebildet und beruhen auf ähnlichen Gesichtspunkten wie diese. Haftet der Erwerber lediglich auf Grund des bürgerlichen Rechts für die Geschäftsschulden, so muß sich auch die Verjährung gegenüber dem früheren Geschäftsinhaber nach den allgemeinen Vorschriften richten.

Nach §. 25 treten die bezüglich der Schulden und Forderungen an die Fortführung der Firma geknüpften gesetzlichen Wirkungen nicht ein, solange ein zu einem Nachlasse gehöriges Handelsgeschäft nur einstweilen für Rechnung des Nachlasses unter der alten Firma fortgeführt wird. Ohne einen solchen Vorbehalt würde der Erbe, der nicht alsbald nach dem Tode des Inhabers das Geschäft aufgäbe oder eine neue Firma annähme, die Vortheile verlieren, die ihm das bürgerliche Recht einräumt, indem es seine Haftung für die Nachlaßverbindlichkeiten unter gewissen Voraussetzungen beschränkt. Die Vorschrift des Entwurfs gewährt dem Erben ausreichende Zeit, um sich über die endgültige Fortführung der Firma schlüssig zu machen.

Uebergang der Forderungen und Schulden bei dem Eintritt eines Gesellschafters in das Geschäft eines Einzelkaufmanns. (§. 26.)

Das Handelsgesetzbuch enthält keine Bestimmungen darüber, inwiefern derjenige, welcher in das Geschäft eines Einzelkaufmanns als Gesellschafter eintritt, für die früheren Geschäftsschulden haftet. Der Art. 113 (§. 118 des Entwurfs) bezieht sich nur auf den Fall, daß in eine bereits bestehende Gesellschaft ein neuer Gesellschafter eintritt, und es wird allgemein angenommen, daß die Vorschrift dieses Artikels dann keine

Anwendung findet, wenn erst durch den Eintritt eines Theilhabers eine Gesellschaft zu Stande kommt. In Wirklichkeit sind indessen die Verhältnisse in beiden Fällen so ähnlich, daß sich eine grundsätzlich verschiedene Behandlung sachlich nicht rechtfertigen läßt. Jedenfalls muß, nachdem im Entwurfe der Uebergang der Schulden und Forderungen im Falle der Uebertragung eines Handelsgeschäfts geordnet ist, auch der Fall der Einbringung eines bestehenden Handelsgeschäfts in die gleichzeitig errichtete Gesellschaft eine entsprechende Regelung erfahren.

Nach dem §. 26 des Entwurfs soll in diesem Falle die Gesellschaft für alle im Betriebe des Geschäfts entstandenen Verbindlichkeiten des früheren Geschäftsinhabers haften, woraus sich von selbst ergiebt, daß auch der eintretende Gesellschafter unbeschränkt oder, falls er Kommanditist wird, bis zum Betrage seiner Einlage haftbar ist. Ingleichen sollen die in dem früheren Betriebe begründeten Forderungen den Schuldnern gegenüber als auf die Gesellschaft übergegangen gelten. Der Eintritt dieser Rechtsfolgen ist nicht davon abhängig gemacht, daß die Firma des bisherigen Geschäftsinhabers von der Gesellschaft fortgeführt wird. Hierin gehen demnach die Vorschriften des §. 26 weiter als diejenigen des §. 23. Die thatsächlichen Verhältnisse rechtfertigen dies zur Genüge. Wenn der frühere Geschäftsinhaber selbst das Geschäft als Theilhaber weiterbetreibt, so wird selbst bei Annahme einer neuen Firma die Absicht der Parteien kaum jemals auf eine Trennung der alten und der neuen Geschäftsschulden und Forderungen mit Wirkung nach außen gerichtet sein. Eine solche Scheidung würde stets zu Schwierigkeiten und Verwickelungen führen. Das Naturgemäße ist, daß die Gesellschaft im Betriebe des Geschäfts die alten Schulden berichtigt und die früher entstandenen Forderungen einzieht. Die Gläubiger des bisherigen Einzelkaufmanns dürfen voraussetzen, daß sie sich an das Gesellschaftsvermögen halten können. Dazu kommt, daß die Annahme einer neuen Firma hier an sich weniger geeignet ist, die Betheiligten auf einen Wechsel des Trägers der Verbindlichkeiten und Forderungen hinzuweisen; denn als neue Firma muß schon der Name des bisherigen Inhabers mit einem ein Gesellschaftsverhältniß andeutenden Zusatze gelten.

Die Befugniß, durch eine handelsübliche Bekanntmachung, sei es des bisherigen Inhabers, sei es der neu entstandenen Gesellschaft, die Haftung für die Schulden und den Uebergang der Forderungen auszuschließen, gewährt der Entwurf in Uebereinstimmung mit der Vorschrift des §. 23 hier gleichfalls. Den Uebergang der Schulden und Forderungen zu einer unbedingt zwingenden Folge des Eintritts eines Gesellschafters in das Geschäft eines Einzelkaufmanns zu machen, ist nicht nothwendig. Die Vorschrift des §. 118 (Art. 113 des Handelsgesetzbuchs) geht allerdings weiter. Dort liegt aber der Schwerpunkt der Frage nicht darin, welche Schulden als Gesellschaftsschulden anzusehen sind, sondern darin, inwieweit die Gesellschafter für die Gesellschaftsschulden haften.

Eintragung der Firma in das Handelsregister. (§§. 27, 28.)

Die Vorschriften des §. 27 über die Anmeldung der Firma zum Handelsregister und über die Zeichnung derselben zur Aufbewahrung bei dem Gericht entsprechen im Wesentlichen dem bisherigen Art. 19. Die

Form der Anmeldung und Zeichnung bestimmt sich nach §. 11. Die Zeichnung der persönlichen Unterschrift, welche der Art. 19 neben der Zeichnung der Firma verlangt, erscheint entbehrlich, weil die Firma des Einzelkaufmanns seine Namensunterschrift ersetzt. Dagegen ordnet der §. 27 ausdrücklich die Angabe des Ortes der Niederlassung an. Von manchen Seiten ist auch eine Eintragung der Lage der Geschäftsräumlichkeiten innerhalb des Ortes der Niederlassung (Straße, Hausnummer) sowie des Geschäftszweiges, dem der Gewerbebetrieb des Anmeldenden angehört, befürwortet worden. Der Entwurf sieht jedoch hiervon ab, weil sonst auch jede in dieser Beziehung eintretende Veränderung eingetragen werden müßte. Hierdurch wird aber nicht ausgeschlossen, daß zum Zwecke besserer Unterscheidung die Angabe der Lage der Geschäftsräume und des Geschäftszweigs bei der Anmeldung verlangt und daß diese Angaben in die Bekanntmachung der Eintragung aufgenommen werden. Dies pflegt an größeren Orten schon jetzt zu geschehen, und es kann den Ausführungsverordnungen über die Führung des Handelsregisters überlassen bleiben, die Gerichte, soweit nöthig, mit einer entsprechenden Anweisung zu versehen.

Im §. 28 ist das durch die Eintragung begründete ausschließliche Recht zur Führung der Firma in denselben Grenzen wie im Art. 20 und 21 Abs. 2 des Handelsgesetzbuchs anerkannt. Den Schutz der Firma in räumlicher Beziehung über den Ort oder die Gemeinde der Niederlassung auszudehnen, ist weder erforderlich noch durchführbar, und es besteht auch kein ausreichender Grund, für die Firma der Aktiengesellschaften nach dem Vorbilde des Art. 873 des schweizerischen Obligationenrechts in dieser Beziehung etwas Abweichendes zu bestimmen. Soweit es sich um die unredliche Benutzung gleich oder ähnlich lautender Firmen handelt, wird das in Aussicht stehende Gesetz zur Bekämpfung des unlauteren Wettbewerbs eingreifen.

Eintragung von Veränderungen. (§. 29.)

Der bisherige Art. 25 Abs. 1, nach welchem die Aenderung und das Erlöschen einer Firma sowie ein Wechsel ihrer Inhaber zur Eintragung in das Handelsregister angemeldet werden müssen, ist insofern unvollständig, als er der Verlegung des Ortes der Niederlassung nicht gedenkt. Die Lücke ist in dem neuen §. 29 ausgefüllt. Die Wirkungen der erfolgten oder unterbliebenen Eintragung (Art. 25 Abs. 2, 3) sind im §. 14 geregelt.

Nach dem Reichsgesetze, betreffend die Löschung nicht mehr bestehender Firmen und Prokuren im Handelsregister, vom 30. März 1888 (Reichs-Gesetzbl. S. 129) hat das Gericht das Erlöschen einer Firma von Amtswegen einzutragen, wenn die Anmeldung durch die hierzu Verpflichteten nicht mittelst Ordnungsstrafen herbeigeführt werden kann. Dieser Grundsatz ist in den §. 29 Abs. 2 des Entwurfs aufgenommen. Ob derselbe nach dem erwähnten Gesetz auch auf die Firmen von Handelsgesellschaften Anwendung findet, ist bestritten. Nach dem Entwurfe kann die Anwendbarkeit nicht zweifelhaft sein; sie ergiebt sich aus der Bestimmung des §. 4 und aus den sonstigen die Löschung der Gesellschaftsfirmen betreffenden Vorschriften (§§. 143, 275). Die in dem Gesetze vom 30. März 1888 noch weiter enthaltenen Vorschriften gehören nicht in das Handelsgesetzbuch. Die Regelung des Verfahrens (§. 2) bleibt dem Gesetz über die Angelegenheiten der freiwilligen Gerichtsbarkeit vorbehalten, und die Vorschrift des §. 3, wonach das Gericht bei der Löschung einer Firma auch das Erlöschen der für sie eingetragenen Prokuren von Amtswegen eintragen soll, hat überhaupt nur Bedeutung, soweit nach den Ausführungsanweisungen über die Führung des Handelsregisters ein besonderes Prokurenregister geführt wird. Es wird nicht unerwogen bleiben können, ob ein solches Register, wo es jetzt besteht, noch weiter beizubehalten ist; und auch wenn dies bejaht werden sollte, wird es genügen, in die betreffenden Anweisungen die Bestimmung aufzunehmen, daß der Registerrichter im Falle der Löschung einer Firma einen entsprechenden Vermerk bei den für diese eingetragenen Prokuren zu machen hat.

Eintragung des Konkurses von Amtswegen. (§. 30.)

Nach den §§. 104, 105, 151, 175, 184 und 191 der Konkursordnung hat zwar der Gerichtsschreiber des Konkursgerichts den Handelsregisterbehörden von der Eröffnung, Wiederaufnahme, Aufhebung und Einstellung des Konkursverfahrens über das Vermögen eines Kaufmanns oder einer Handelsgesellschaft Mittheilung zu machen; eine entsprechende Eintragung in das Handelsregister ist aber — von dem Falle des Konkurses einer Gesellschaft mit beschränkter Haftung abgesehen (Gesetz vom 20. April 1892 §. 64 Abs. 3; zu vergl. Genossenschaftsgesetz §§. 95, 149) — reichsgesetzlich nicht vorgeschrieben. In den Landesgesetzen ist dagegen schon jetzt vielfach die Eintragung der Eröffnung des Konkurses über das Vermögen einer Handelsgesellschaft, zum Theil auch über das Vermögen eines Einzelkaufmanns angeordnet. Ebenso wird nach dem Bürgerlichen Gesetzbuche (§. 72) die Eröffnung des Konkurses über das Vermögen eines eingetragenen Vereins in das Vereinsregister von Amtswegen eingetragen. Da der Konkurs bei Handelsgesellschaften die Auflösung zur Folge hat und auch bei Einzelkaufleuten eine weitgehende Umgestaltung aller Verhältnisse bewirkt, so schreibt der Entwurf im §. 30 allgemein vor, daß die Eröffnung des Konkurses über das Vermögen eines Kaufmanns von Amtswegen einzutragen ist. Ebenso wie die Eröffnung des Konkurses muß die Beendigung desselben eingetragen werden. Daß eine etwaige Wiederaufnahme des Verfahrens in Bezug auf die Eintragung in das Handelsregister der Eröffnung gleichsteht, braucht nicht besonders hervorgehoben zu werden. Eine Veröffentlichung der den Konkurs betreffenden Eintragungen ist neben den Bekanntmachungen des Konkursgerichts nicht erforderlich, und auch die Regeln des §. 14 über die Wirkungen der erfolgten und nicht erfolgten Eintragung können hier keine Anwendung finden; in beiden Beziehungen enthält der §. 30 eine entsprechende Bestimmung.

Eintragung juristischer Personen. (§. 31.)

Es unterliegt schon nach dem geltenden Rechte keinem Zweifel, daß auch eine juristische Person, die ein Handelsgewerbe betreibt, in das Handelsregister eingetragen werden muß. Das Handelsgesetzbuch enthält jedoch keine Vorschriften darüber, in welcher Weise und von wem die Anmeldung zu bewirken und was im Einzelnen einzutragen ist; auch von den Landeseinführungsgesetzen hat nur das württembergische (Art. 19, 20) die Frage berücksichtigt. Da eine allgemeine Regelung des Gegenstandes als wünschenswerth betrachtet werden muß, so sind im §. 31 des Entwurfs die erforderlichen Bestimmungen getroffen. Sie schließen sich im Wesentlichen an die Vorschriften an, die für die Aktiengesellschaften bezüglich der Eintragungen in das Handelsregister gelten; auch die Vorschriften des Bürgerlichen Gesetzbuchs über die Eintragungen in das Vereinsregister stimmen damit im Wesentlichen überein. Als handeltreibende juristische Personen kommen, da für Unternehmungen des Reichs, eines Bundesstaats oder eines Kommunalverbandes der §. 32 besondere Vorschriften enthält, hier namentlich die Kolonialgesellschaften, welche auf Grund der §§. 8 bis 10 des Gesetzes, betreffend die Rechtsverhältnisse der deutschen Schutzgebiete, errichtet sind, ferner Vereine, denen die Rechtsfähigkeit staatlich verliehen ist (Bürgerliches Gesetzbuch §. 21 Abs. 2) und nach dem §. 2 des Entwurfs auch die Gewerkschaften in Betracht. Was die Firma dieser juristischen Personen betrifft, so sind die Verhältnisse der in Betracht kommenden Unternehmungen zu verschiedenartig, um eine einheitliche Regelung zu gestatten; es besteht hierfür auch kein Bedürfniß. Insbesondere muß den Gewerkschaften der bisherigen Sitte gemäß das Recht belassen werden, ihren Namen frei zu wählen. Die Vorschriften des §. 28 über das Verbot der Führung einer mit einer eingetragenen Firma gleichlautenden Firma kommen auch bei Firmen juristischer Personen zur Anwendung. Die Regel des §. 31 Abs. 2, nach welcher der Anmeldung zum Handelsregister die Satzung der juristischen Person beizufügen ist, wird natürlich gegenstandslos, wenn die juristische Person eine Satzung überhaupt nicht besitzt, wie dies namentlich bei älteren Korporationen vorkommen kann.

Unternehmungen des Reichs, der Bundesstaaten und der Kommunalverbände. (§. 32.)

Auch das Reich, die Bundesstaaten und die Kommunalverbände sind, soweit sie ein handelsgewerbliches Unternehmen betreiben, Kaufleute und unterstehen den für diese geltenden Vorschriften. Insbesondere gilt dies, wie allgemein anerkannt ist, in Betreff der staatlichen Banken, Eisenbahnen, Schiffahrtsunternehmungen und Manufakturen. Nach dem geltenden Rechte müßten daher streng genommen alle diese Unternehmungen in das Handelsregister eingetragen werden. Thatsächlich ist aber eine Eintragung nur ausnahmsweise erfolgt. Es besteht auch kein Bedürfniß in dieser Richtung; denn für die Oeffentlichkeit der Rechtsverhältnisse ist bei staatlichen Unternehmungen schon in anderer Weise gesorgt, und auch eine Eintragung der mit der Leitung betrauten Personen und des Umfanges ihrer Befugnisse läßt sich mit Rücksicht auf die in erster Linie im öffentlichen Rechte wurzelnde Stellung der betreffenden Beamten nicht durchführen. Für die Gewerbebetriebe der Gemeinden oder der sonstigen Kommunalverbände, wie zum Beispiel für städtische Pferdeeisenbahnen, Gasanstalten u. s. w., gilt im Wesentlichen das Gleiche. Im §. 32 des Entwurfs ist daher bestimmt, daß in Betreff der Unternehmungen des Reichs, eines Bundesstaats oder eines inländischen Kommunalverbandes eine Verpflichtung zur Anmeldung behufs der Eintragung in das Handelsregister nicht besteht. Das Recht, die Eintragung zu erwirken, bleibt auch in diesen Fällen gewahrt. Denn es sind Verhältnisse denkbar, in welchen sich eine solche Eintragung als wünschenswerth erweisen kann; namentlich muß die Möglichkeit gegeben sein, öffentliche Unternehmungen, die nur nach Maßgabe des §. 2 des Entwurfs, also nur im Falle der Eintragung in das Handelsregister, als Handelsunternehmungen gelten, insbesondere die staatlichen Bergwerke, durch Erwirkung dieser Eintragung dem Handelsrechte zu unterstellen. Es genügt aber, wenn in einem solchen Falle die Firma, unter welcher die Geschäfte geschlossen werden, sowie der Sitz und der Gegenstand des Unternehmens eingetragen werden (§. 32 a. E.; zu vergl. württembergisches Einführungsgesetz Art. 18).

Die Reichsbank ist bereits nach dem §. 66 des Bankgesetzes von der Eintragung in das Handelsregister befreit; diese Vorschrift bleibt unberührt. Die bestrittene Frage, ob die Post als Kaufmann anzusehen sei, ist durch den §. 426 des Entwurfs im verneinenden Sinne entschieden.

Unbefugte Führung einer Firma. (§. 33.)

Im Falle der unbefugten Führung einer Firma hat nach §. 33 des Entwurfs das Registergericht von Amtswegen mit Ordnungsstrafen einzuschreiten; auch kann jeder, der durch die unbefugte Firmenführung in seinen Rechten verletzt wird, die Unterlassung der Fortführung der Firma verlangen. Die bezeichneten Vorschriften sind aus dem Art. 26 Abs. 2 und dem Art. 27 Abs. 1 des Handelsgesetzbuchs entnommen. Die ausdrückliche Anerkennung der Befugniß zur Untersagung des Gebrauchs der Firma wird weder durch das Gesetz zur Bekämpfung des unlauteren Wettbewerbs noch durch den §. 12 des Bürgerlichen Gesetzbuchs entbehrlich; denn die Anwendung der Vorschriften über den unlauteren Wettbewerb setzt eine unredliche Absicht voraus, und der §. 12 des Bürgerlichen Gesetzbuchs kommt hier nur insofern in Betracht, als die unbefugte Führung des Familiennnamens eines Anderen in einer Firma in Frage steht. Das Untersagungsrecht muß aber auch begründet sein, wenn die Firma in irgend einer anderen Beziehung den Vorschriften des dritten Titels widerspricht, zum Beispiel weil sie sich von der für denselben Ort eingetragenen Firma eines Anderen nicht deutlich unterscheidet oder weil sie einen nach §. 17 Abs. 2 verbotenen Zusatz enthält, durch den die berechtigten Interessen eines Anderen verletzt werden.

Im Art. 27 des Handelsgesetzbuchs wird dem Verletzten außer dem Rechte zur Untersagung des Gebrauchs der Firma auch ein Anspruch auf Schadensersatz gewährt und zwar scheinbar unter denselben Voraussetzungen wie das Untersagungsrecht. Es wird jedoch allgemein angenommen, daß der Ersatzanspruch nur im Falle eines Verschuldens begründet ist, und es liegt auch kein Grund vor, weiter zu gehen. Für die hauptsächlich in Betracht kommenden Fälle werden die besonderen Vorschriften über den unlauteren Wettbewerb Anwendung finden. Im Uebrigen kann es bei den allgemeinen Grundsätzen des Bürgerlichen Rechts bewenden; die Grenzen, innerhalb deren das Bürgerliche Gesetzbuch eine Schadensersatzpflicht aus schuldhaftem Verhalten anerkennt (§§. 807 ff.), erscheinen auch hier sachgemäß. Der Entwurf begnügt sich deshalb damit, in Betreff des Schadensersatzanspruchs auf die sonst geltenden Vorschriften zu verweisen.

Der zweite Absatz des Art. 27 des Handelsgesetzbuchs, nach welchem das Gericht über das Vorhandensein und die Höhe des Schadens nach freiem Ermessen entscheidet, ist durch den §. 260 der Civilprozeßordnung entbehrlich geworden. Auch der dritte Absatz, wonach das Gericht berechtigt ist, die Veröffentlichung eines auf Unterlassung der Fortführung der Firma oder auf Schadensersatz lautenden Urtheils anzuordnen, kann in Wegfall kommen; in dieser Hinsicht genügen die Vorschriften des Gesetzes über den unlauteren Wettbewerb, wonach das Gericht, falls auf Unterlassung der Fortführung einer unredlicher Weise benutzten Firma erkannt wird, der obsiegenden Partei die Befugniß zur öffentlichen Bekanntmachung der Verurtheilung zusprechen kann.

Vierter Titel.

Handelsbücher.

Die Vorschriften der §§. 34 bis 42 über die Handelsbücher geben mit einigen meist redaktionellen Aenderungen den Inhalt der bisherigen Art. 28 bis 40 wieder, soweit diese nicht schon durch die Civilprozeßordnung ihre Geltung verloren haben.

Art der Buchführung. (§. 34.)

Schon die Nürnberger Konferenz hat es für unthunlich erachtet, die Zahl und die Gattung der zu führenden Handelsbücher im Gesetze näher zu bestimmen; nur ein Kopirbuch, in welches der Zeitfolge nach Abschriften der abgesendeten Handelsbriefe eingetragen werden sollen, ist ausdrücklich vorgeschrieben (Art. 28). Auch der Entwurf sieht davon ab, über Zahl und Gattung der Handelsbücher gesetzliche Regeln zu geben, beschränkt sich vielmehr auf die Vorschrift, daß der Kaufmann in den Büchern seine Handelsgeschäfte und die Lage seines Vermögens nach den Grundsätzen ordnungsmäßiger Buchführung ersichtlich zu machen hat (§. 34 Abs. 1). Durch den in dem bisherigen Art. 28 nicht enthaltenen Hinweis auf die Grundsätze ordnungsmäßiger Buchführung wird der wesentliche Punkt hervorgehoben; nach den Gepflogenheiten sorgfältiger Kaufleute ist zu beurtheilen, wie die Bücher geführt werden müssen. Je nach dem Gegenstande, der Art und insbesondere dem Umfange des Geschäfts können diese Anforderungen verschieden sein. Durch jenen Hinweis wird zugleich eine Ungenauigkeit in der Ausdrucksweise des bisherigen Art. 28 beseitigt. Denn in den Handelsbüchern werden nicht, wie die Fassung des Art. 28 anscheinend forderte, die Geschäftsabschlüsse als solche, sondern nur die in Folge der Geschäfte eintretenden Vermögensveränderungen ersichtlich gemacht; die Bezugnahme auf die Grundsätze der ordnungsmäßigen Buchführung wahrt den richtigen Sinn der Vorschrift.

Die Führung eines Kopirbuchs nach Maßgabe des bisherigen Art. 28 Abs. 2 verlangt der Entwurf nicht mehr; er bestimmt nur, daß der Kaufmann eine Abschrift der abgesendeten Handelsbriefe zurückzubehalten und die Abschriften geordnet aufzubewahren hat. Die erwähnte Vorschrift ist in Geschäften von größerem Umfange nicht durchführbar und wird hier thatsächlich nicht mehr befolgt. Es muß gestattet sein, die Behandlung der fraglichen Schriftstücke den Verhältnissen anzupassen und die ein- und ausgehende Korrespondenz, soweit sie denselben Gegenstand oder dieselbe Person betrifft, in geordneter Reihenfolge zusammenzustellen.

Inventar und Bilanz. (§§. 35—37.) Nach §. 35 des Entwurfs soll die Aufnahme des Inventars und der Bilanz nicht, wie es bisher im Art. 29 vorgeschrieben war, „in jedem Jahre", sondern für den Schluß jedes Jahres, und zwar innerhalb der einem ordnungsmäßigen Geschäftsgange entsprechenden Zeit erfolgen. Auf Grund der früheren Fassung ist in der strafrechtlichen Praxis bei Anwendung der §§. 209, 210 der Konkursordnung in einzelnen Fällen die Auffassung zur Geltung gekommen, daß das Inventar und die Bilanz schon am Ende des Geschäftsjahrs fertiggestellt sein müßten, eine Anforderung, welche in der Regel unerfüllbar ist. Es muß genügen, daß die Anfertigung binnen der bei ordnungsmäßigem Geschäftsgange erforderlichen Zeit erfolgt. Eine genauere Bestimmung der einzuhaltenden Zeit ist bei der Verschiedenheit der Verhältnisse nicht möglich; insbesondere lassen sich die Vorschriften, durch welche für Aktiengesellschaften, Kommanditgesellschaften auf Aktien, eingetragene Genossenschaften und Gesellschaften mit beschränkter Haftung bestimmte, vom Ende des Geschäftsjahrs an laufende Fristen zur Fertigstellung der Jahresbilanz festgesetzt sind, nicht verallgemeinern.

Mit dem Grundsatze, daß Inventar und Bilanz nicht am Schlusse des Geschäftsjahres, sondern für diesen Zeitpunkt aufgestellt werden, steht es im Einklang, wenn im §. 37 für den Werth, zu welchem die einzelnen Posten in das Inventar und die Bilanz einzustellen sind, nicht, wie im Art. 31 des Handelsgesetzbuchs, die Zeit der Inventar- und Bilanzaufnahme selbst, sondern der Zeitpunkt, für welchen die Aufnahme erfolgt, als maßgebend bezeichnet wird. Ferner ist bei der Fassung des §. 37 Rücksicht darauf genommen, daß nicht nur die Waaren, Forderungen und sonstigen Vermögensgegenstände, sondern ebenso die Schulden der Bewerthung unterliegen, da unter Umständen auch bei diesen, wie zum Beispiel bei betagten unverzinslichen Verbindlichkeiten, bei bedingten Verpflichtungen, bei Prämienanleihen, bei Zahlungen, die in ausländischer Währung zu erfolgen haben, eine Werthsberechnung nothwendig ist.

Die besonderen Bewerthungsregeln des Aktienrechts dehnt der Entwurf nicht über ihr jetziges Anwendungsgebiet aus. Ihre Verallgemeinerung ist zwar von einzelnen Seiten befürwortet worden; gegen eine solche Ausdehnung bestehen aber erhebliche Bedenken. Die fraglichen Bestimmungen, insbesondere die Vorschriften des Art. 185a Nr. 1 und 2 (§. 238 Nr. 1 und 2 des Entwurfs), wonach alle Vermögensgegenstände, auch wenn sie zur Weiterveräußerung bestimmt sind, nicht höher als zum Anschaffungs- oder Herstellungspreise angesetzt werden dürfen, haben den Zweck, eine Verminderung des statutenmäßigen Grundkapitals der Aktiengesellschaft und die Vertheilung eines thatsächlich noch nicht realisirten Gewinnes zu verhindern. Die Vorschriften erhalten daher ihre wahre Bedeutung erst im Zusammenhange mit den sonstigen Maßregeln, die das Aktienrecht zur Erhaltung des statutenmäßigen Grundkapitals trifft; sie können aber nicht ohne Weiteres auf andere Handelsgesellschaften oder auf Einzelkaufleute übertragen werden, da bei diesen die Verfügung über das Geschäftskapital im Allgemeinen nicht beschränkt ist und auch nicht beschränkt werden kann. Die betreffenden Vorschriften wären deshalb hier zwecklos und ohne praktische Bedeutung. In Frage kann höchstens kommen, ob nicht die Vorschrift der Nr. 3 des Art. 185a, wonach

Anlagen und sonstige Betriebsgegenstände ohne Rücksicht auf einen geringeren Werth zum Anschaffungs- oder Herstellungspreise angesetzt werden dürfen, wenn ein der Abnutzung gleichkommender Betrag abgeschrieben wird, als ein für alle kaufmännischen Bilanzen geltender Grundsatz besonders zur Anerkennung gebracht werden soll. Auch hierfür besteht jedoch kein Bedürfniß. Die allgemeine Vorschrift des §. 37 des Entwurfs bedingt keineswegs, daß die zu einem kaufmännischen Geschäfte gehörenden Betriebsanlagen zum Zwecke der Bilanzaufstellung einer Abschätzung nach ihrem jeweiligen Verkaufswerth unterzogen werden; in der Praxis geschieht dies auch nicht, vielmehr entscheidet das vernünftige Ermessen innerhalb der durch den Grundsatz des Art. 31 gezogenen Schranken. Hierbei kann es sein Bewenden behalten; für eine scharfe Grenze, wie sie im Aktienrechte wegen des Dividendenrechts der Aktionäre und der Verantwortlichkeit der Gesellschaftsorgane gezogen ist, besteht kein Bedürfniß. Ueberdies ist es eine weit verbreitete Handelssitte, die jährlichen Abschreibungen auf die Betriebsgegenstände höher zu bemessen, als es mit Rücksicht auf die stattgehabte Abnutzung an sich erforderlich wäre; diese Uebung dient nur zur Stärkung der wirthschaftlichen Grundlagen des Geschäftsbetriebes, und es besteht jedenfalls kein Anlaß, ihr durch gesetzliche Vorschriften entgegenzuwirken.

Aeußere Form der Handelsbücher; Aufbewahrung. (§§. 38, 39.)

Die Vorschriften der §§. 38 und 39 über die äußere Einrichtung der Handelsbücher und die Art der Eintragungen sowie über die Pflicht der Kaufleute zur Aufbewahrung ihrer Bücher und ihrer Handelskorrespondenz entsprechen mit unwesentlichen Aenderungen den bisherigen Art. 32 und 33 des Handelsgesetzbuchs.

Vorlegung der Handelsbücher. (§§. 40—42.)

Auch die auf die Vorlegung der Handelsbücher bezüglichen §§. 40 bis 42 des Entwurfs geben im Allgemeinen nur das geltende Recht wieder (Art. 37 Satz 1, Art. 38, Art. 40). Die Bestimmungen, welche das Handelsgesetzbuch in diesem Zusammenhang über die Beweiskraft der Handelsbücher, über die Folgen der unterbliebenen Vorlegung und über die Vorlegung an einem nicht zum Bezirke des Prozeßrichters gehörigen Orte enthielt (Art. 34 bis 36, 37 Satz 2, 39), sind bereits durch §. 13 Abs. 2 Nr. 2 des Einführungsgesetzes zur Civilprozeßordnung aufgehoben.

Nach Art. 37 Satz 1 des Handelsgesetzbuchs kann der Richter im Laufe eines Rechtsstreits auf den Antrag einer Partei die Vorlegung der Handelsbücher des Gegners anordnen. Diese Vorschrift geht insofern über die Bestimmungen der Civilprozeßordnung hinaus, als nach der letzteren eine Verpflichtung zur Vorlegung von Urkunden im Prozesse nur besteht, wenn ein besonderer gesetzlicher Grund vorliegt, was namentlich bei sogenannter Gemeinschaftlichkeit der Urkunden der Fall ist (§§. 387, 388 der Civilprozeßordnung in Verbindung jetzt mit §. 694 des Bürgerlichen Gesetzbuchs).[1] Auf der anderen Seite ist es nach Art. 37 des Handelsgesetzbuchs in das pflichtmäßige Ermessen des Richters gestellt, ob er von seiner Befugniß Ge-

[1]) Wegen der in Aussicht genommenen neuen Fassung des §. 387 der Civilprozeßordnung ist zu vergleichen die Anlage II der Denkschrift zum Entwurfe des Bürgerlichen Gesetzbuchs.

brauch machen will, während die Civilprozeßordnung in den betreffenden Fällen dem Gegner ein dem Ermessen des Richters entzogenes unbedingtes Recht auf Vorlegung der Urkunde gewährt. Der Entwurf (§. 40 Abs. 1) behält die vom Handelsgesetzbuche dem Richter eingeräumte allgemeine Befugniß bei, die Vorlegung der Handelsbücher einer Partei anzuordnen; dies ist schon aus dem Grunde angezeigt, weil in Wissenschaft und Praxis Zweifel darüber bestehen, in welchem Umfange die Handelsbücher eines Kaufmanns als für ihn und den Gegner gemeinschaftliche Urkunden anzusehen sind. Zugleich dehnt der Entwurf aus Gründen der Zweckmäßigkeit im Anschluß an die Bestimmung, die im Art. 79 des Handelsgesetzbuchs bezüglich der Tagebücher der Handelsmäkler getroffen ist, die fragliche Befugniß des Gerichts dahin aus, daß von derselben nicht blos auf Antrag einer Partei, sondern auch von Amtswegen Gebrauch gemacht werden kann. Im §. 40 Abs. 2 wird sodann zur Beseitigung der für das geltende Recht obwaltenden Zweifel ausdrücklich anerkannt, daß neben der allgemeinen Vorschrift des Abs. 1 auch die Bestimmungen der Civilprozeßordnung über die Verpflichtung des Gegners zur Urkundenvorlegung Anwendung finden. Liegen also die besonderen Voraussetzungen des letzteren Gesetzes vor, so besteht eine vom richterlichen Ermessen unabhängige Pflicht zur Vorlegung der Handelsbücher. Die entgegengesetzte Regelung, wonach im Prozesse ausschließlich die Vorschrift des Handelsgesetzbuchs Anwendung zu finden hätte, würde zu dem unangemessenen Ergebnisse führen, daß der Anspruch auf Vorlegung der Handelsbücher im Prozesse unter Umständen beschränkter wäre als außerhalb eines solchen; denn das vom richterlichen Ermessen unabhängige Recht auf die Vorlegung gemeinschaftlicher Urkunden ist nicht nur im Falle des Prozesses begründet.

Wenn im Prozesse Handelsbücher vorgelegt werden, so soll nach Art. 38 des Handelsgesetzbuchs nicht blos von ihrem Inhalte, soweit er den Streitpunkt betrifft, unter Zuziehung der Parteien Einsicht genommen, sondern auch ihr übriger Inhalt dem Richter insoweit offengelegt werden, als es zur Prüfung ihrer ordnungsmäßigen Führung erforderlich ist. Diese Bestimmung wurde bei der Berathung des Einführungsgesetzes zur Civilprozeßordnung als nothwendig crachtet und deshalb aufrecht erhalten[1]); sie ist daher auch in den §. 41 des Entwurfs übernommen.

Der §. 42 betrifft die Fälle, in denen eine Mittheilung der Handelsbücher zur vollständigen Kenntnißnahme von ihrem ganzen Inhalte gerichtlich angeordnet werden kann. Da der bisherige Art. 40 in dieser Hinsicht außer dem Konkurse des Kaufmanns nur Erbschafts-, Gütergemeinschafts- und Gesellschaftstheilungssachen erwähnt, so ist es streitig geworden, ob auch sonstige Vermögensauseinandersetzungen, wie sie zum Beispiel in Folge der Schenkung eines Vermögens oder des Bruchtheils eines solchen oder in Folge eines Leibrentenvertrags vorkommen können, hierher gehören. Durch die neue Fassung des §. 42 wird die Frage bejaht; es liegt kein Grund vor, die bezeichneten Fälle der Vermögensauseinandersetzung verschieden zu

[1]) Protokolle der Justizkommission des Reichstags, betr. die Berathung der Civilprozeßordnung und des Einführungsgesetzes (Berlin 1876) S. 640.

behandeln. Was die Geltendmachung des im §. 42 anerkannten Anspruchs auf Mittheilung der Handelsbücher betrifft, so muß derselbe ebenso wie jeder sonstige Anspruch auf Vorlegung von Urkunden im Wege der Klage verfolgt werden, es sei denn, daß über die Vermögensauseinandersetzung selbst schon ein Prozeß anhängig ist oder daß es sich um die Bücher des Gemeinschuldners handelt. In dem Umstande, daß die Entscheidung über den Anspruch von dem Ermessen des Richters abhängig ist, liegt kein genügender Grund, um für Streitigkeiten der fraglichen Art von den Formen des Prozesses abzusehen, und dies um so weniger, als dabei in der Regel wichtige Interessen der Betheiligten auf dem Spiele stehen.

Fünfter Titel.

Prokura und Handlungsvollmacht.

Der fünfte Titel regelt ohne Rücksicht auf das innere Verhältniß zwischen dem Inhaber des Handelsgeschäfts und dem Bevollmächtigten die Wirkungen, die durch die Ertheilung einer Prokura oder Handlungsvollmacht gegenüber Dritten entstehen. Dagegen behandelt der sechste Titel das Dienstverhältniß zwischen dem Inhaber des Handelsgeschäfts und seinen Angestellten, und zwar ohne Unterschied, ob die letzteren zugleich Bevollmächtigte sind oder nicht. Diese Anordnung liegt auch schon dem Handelsgesetzbuche zu Grunde, ist jedoch in diesem dadurch einigermaßen verdunkelt, daß der Art. 58 die Handlungsgehülfen und Handlungsbevollmächtigten als verschiedene Klassen von Personen einander gegenüberstellt, und daß nicht nur den Handlungsgehülfen, sondern im Art. 56 auch den Handlungsbevollmächtigten der eigene Handelsbetrieb untersagt wird, während in Wahrheit dieses Verbot nur in dem dauernden Dienstverhältnisse, nicht in der Vollmacht seine Rechtfertigung findet. Im Entwurf ist der Art. 58 gestrichen, das Verbot des Handelsbetriebes auf die Handlungsgehülfen beschränkt (§§. 55, 56), auch der Ausdruck „Prinzipal“, welcher bisher in beiden Titeln gebraucht war, aber nur beim Bestehen eines wirklichen Dienstverhältnisses angemessen erscheint, im fünften Titel vermieden. Ebenso tritt die veränderte Ueberschrift des fünften Titels der Auffassung entgegen, als ob es sich bei den Prokuristen und Handlungsbevollmächtigten einerseits und bei den in der Ueberschrift des sechsten Titels genannten Handlungsgehülfen andererseits um verschiedene, in einem Gegensatze zu einander stehende Personenklassen handle. Verhältniß des fünften und sechsten Titels.

Die Bedenken, welche zur Zeit der Berathung des Handelsgesetzbuchs gegen die der Praxis damals noch unbekannte Rechtsform der unbeschränkten und unbeschränkbaren Prokura laut geworden waren, können als durch die Erfahrung widerlegt gelten. Der Entwurf behält daher das bisherige Recht mit geringen Aenderungen bei. Prokura. (§§. 43—48.)

An Stelle der in dem bisherigen Art. 41 Abs. 1 enthaltenen ungenauen und mit Rücksicht auf die späteren Bestimmungen über Inhalt und Umfang der Prokura entbehrlichen Begriffsbestimmung begnügt sich der §. 43 des Entwurfs mit der Vorschrift, daß die Prokura nur von dem Inhaber des Handelsgeschäfts, also nicht von einem Prokuristen oder sonstigen Bevollmächtigten, ertheilt werden kann. Die Vorschriften des Art. 41 Abs. 2 über die verschiedenen Formen, in denen die Bestellung eines Prokuristen zulässig ist, sind durch die allgemeinere Bestimmung ersetzt, daß zur Ertheilung einer Prokura eine ausdrückliche Willenserklärung erfordert wird; die Wirksamkeit einer blos stillschweigenden Willenserklärung anzuerkennen, erscheint bei der weittragenden Bedeutung der Prokura nicht angemessen.

In den §. 44, der von dem Umfange der Vollmacht des Prokuristen handelt, sind die in dem bisherigen Art. 42 Abs. 1 enthaltenen Bestimmungen über die Entbehrlichkeit einer Spezialvollmacht und über die Berechtigung des Prokuristen zur Anstellung und Entlassung von Handlungsgehülfen und Handlungsbevollmächtigten nicht aufgenommen, weil das Bürgerliche Gesetzbuch das Erforderniß einer Spezialvollmacht nicht kennt, und die Befugniß des Prokuristen zur Anstellung von Handlungsgehülfen u. s. w. keiner ausdrücklichen Hervorhebung bedarf. Dagegen ist die Vorschrift des Art. 42 Abs. 2, wonach die gesetzliche Vollmacht des Prokuristen sich nicht auf die Veräußerung und Belastung von Grundstücken erstreckt, vom Entwurfe beibehalten. Ein zureichender Grund, die gesetzlichen, Dritten gegenüber eine Beschränkung nicht zulassenden Befugnisse des Prokuristen in der fraglichen Richtung noch über das geltende Recht hinaus zu erweitern, liegt nicht vor. Ist im einzelnen Falle das Bedürfniß für eine solche Ausdehnung der Vollmacht vorhanden, so bleibt es dem Prinzipal unbenommen, dem Prokuristen die entsprechende Befugniß besonders zu übertragen.

Die Bestimmung im Abs. 3 des §. 45 über die Zulässigkeit einer Beschränkung der Prokura auf eine von mehreren unter verschiedenen Firmen betriebenen Handelsniederlassungen entscheidet eine gegenwärtig bestrittene Frage. Die Vorschrift entspricht einem praktischen Bedürfnisse, steht übrigens auch mit der Auffassung im Einklange, die für das geltende Recht von den meisten Seiten vertreten wird.

Im Anschluß an den Art. 54 Abs. 1 des Handelsgesetzbuchs bestimmt der §. 46 des Entwurfs, daß die Prokura ohne Rücksicht auf das der Ertheilung zu Grunde liegende Rechtsverhältniß, jedoch unbeschadet des Anspruchs des Prokuristen auf die vertragsmäßige Vergütung, jederzeit widerrufen werden kann. Die Vorschrift enthält eine Abweichung von den allgemeinen Grundsätzen des Bürgerlichen Gesetzbuchs über die Vollmacht. Zwar ist im Zweifel die Vollmacht ebenfalls widerruflich, aber die Zulässigkeit des Widerrufs kann vermöge des zu Grunde liegenden Vertragsverhältnisses ausgeschlossen sein (§ 164 des Bürgerlichen Gesetzbuchs). Eine Vereinbarung der letzteren Art auch für die Prokura zuzulassen, erscheint nicht rathsam. Für die umfassende und nach außen unbeschränkbare Vertretungsmacht des Prokuristen bildet die freie Widerruflichkeit der Prokura ein nothwendiges Gegengewicht. Selbst dem ausdrücklichen Verzicht auf das Recht des Widerrufs muß deshalb hier die Wirkung versagt bleiben. Dies entspricht auch der in Handelskreisen bestehenden Auffassung.

Der §. 47 regelt die Form, in welcher der Prokurist zu zeichnen hat, übereinstimmend mit der Vorschrift des bisherigen Art. 44 Abs. 1. Der Abs. 2 dieses Artikels, der die Form der Zeichnung bei einer Gesammtprokura betrifft, kann als selbstverständlich wegfallen.

Hinsichtlich der Eintragung der Prokura in das Handelsregister beläßt es der §. 48 des Entwurfs im Allgemeinen bei den Grundsätzen des Handelsgesetzbuchs (Art. 45, 46), schreibt aber ausdrücklich vor, daß auch die Gesammtprokura als solche einzutragen ist. In Bezug auf die Form der Anmeldung und die Verhängung von Ordnungsstrafen, sowie in Bezug auf die relative Unwirksamkeit des nicht eingetragenen Erlöschens der Prokura oder einer nicht eingetragenen Beschränkung durch eine Gesammtprokura finden die allgemeinen Bestimmungen der §§. 11 bis 14 Anwendung; die betreffenden Vorschriften des Art. 45 und des Art. 46 sind demzufolge gestrichen.

Handlungsvollmacht (§§. 49, 50.)

Auch die Vorschriften der §§. 49, 50 über die Handlungsvollmacht schließen sich im Wesentlichen an das geltende Recht an. Die Bedeutung des bisherigen Art. 47 des Handelsgesetzbuchs besteht nach der Auslegung, die ihm seitens der Rechtsprechung und Wissenschaft zu Theil geworden ist, in dem gesetzlich zu vermuthenden Umfange der Handlungsvollmacht; insbesondere darf jeder Dritte bei der Prüfung des Umfangs der Vollmacht von dem Gewöhnlichen ausgehen und braucht besondere Beschränkungen nur dann gegen sich gelten lassen, wenn er sie kannte oder kennen mußte. Der §. 49 des Entwurfs bringt diesen Gedanken durch die Aufnahme der Bestimmung des Abs. 3 deutlicher zum Ausdruck. Was den Begriff der Handlungsvollmacht betrifft, so ist durch die Fassung des §. 49 klargestellt, daß der Handlungsbevollmächtigte nicht, wie bisher meistens angenommen wurde, in dem Verhältniß eines Bediensteten oder dauernd im Geschäft angestellten Gehülfen des Vollmachtgebers zu stehen braucht. Denn auch wo diese Voraussetzungen nicht zutreffen, die Vertretung vielmehr nur gelegentlich, etwa aus Gefälligkeit, stattfindet, oder wo ein selbständiger Kaufmann, wie der Handlungsagent, zum Vertreter bestellt wird, ist das Bedürfniß nach einer gesetzlichen Begrenzung des Umfangs der Vollmacht vorhanden. Ueberdies kann denjenigen, mit welchen der Vertreter Geschäfte eingeht, die Prüfung des Vertragsverhältnisses, in welchem der Vertreter zum Geschäftsinhaber steht, nicht angesonnen werden.

Die im Art. 47 Abs. 2 des Handelsgesetzbuchs vorgesehenen Beschränkungen der Vertretungsmacht des Handlungsbevollmächtigten sind im Entwurfe beibehalten. Daß der Handlungsbevollmächtigte zu Veräußerungen und Belastungen von Grundstücken einer besonderen Vollmacht bedürfe, war zwar bisher nicht besonders zum Ausdruck gebracht, entsprach aber wohl der Absicht des Gesetzes; der Entwurf hat eine ergänzende Bestimmung dieses Inhalts aufgenommen. Eine Vorschrift über die Entbehrlichkeit einer Spezialvollmacht (Art. 47 Abs. 3) ist aus demselben Grunde wie bei der Prokura auch hier nicht erforderlich.

Vollmacht der Reisenden, Agenten, Ladenverkäufer u. s. w. (§§. 51, 52)

Die besonderen Vorschriften des §. 51 über die Vollmacht der mit dem Waarenvertrieb und Waarenankauf betrauten Handlungsreisenden und Handlungsagenten enthalten in mehrfacher Beziehung neues Recht.

Während sich der Art. 49 des Handelsgesetzbuchs nach der in Theorie und Praxis vorherrschenden Meinung nur auf die in Gehülfenstellung befindlichen Reisenden bezieht, dehnt der Entwurf die Bestimmungen des §. 51 zunächst auch auf die als selbständige Kaufleute anzusehenden Reisenden (sog. Provisionsreisende oder reisende Agenten) aus. Die Frage, ob ein Reisender der einen oder anderen dieser Klassen angehört, ist oft schwer zu entscheiden; für Dritte ist eine Prüfung der maßgebenden Umstände der Regel nach ganz ausgeschlossen. Die Vollmacht der beiden Arten von Reisenden könnte daher nicht ohne Nachtheil für die Verkehrssicherheit verschieden geregelt werden.

Die Vorschriften des §. 51 sind ferner auch auf gewisse Arten von Handlungsagenten mit fester Niederlassung erstreckt. Die Rechte und Pflichten der Handlungsagenten in ihrem Verhältniß zu dem Inhaber des Handelsgeschäfts, für welches sie bestellt sind, werden zwar erst im siebenten Titel (§§. 74 ff.) geregelt; die Vorschriften über die Vollmacht der Agenten gehören aber, da auch hier eine Handlungsvollmacht im Sinne des §. 49 in Frage steht, schon in den gegenwärtigen Titel. Einheitliche Bestimmungen über die Vertretungsbefugniß aller Arten von Agenten, die unter die Begriffsbestimmung des §. 74 fallen, sind unmöglich; die Verhältnisse sind zu verschiedenartig, um dies zu gestatten. Der Entwurf beschränkt sich vielmehr darauf, die Vertretungsbefugniß einer besonders wichtigen und verbreiteten Art der Agenten, nämlich derjenigen, welche den Verkauf oder Ankauf von Waaren für bestimmte Handlungshäuser, insbesondere für industrielle Unternehmungen, besorgen, zu regeln. Diese Regelung kann in Uebereinstimmung mit den für die Handlungsreisenden getroffenen Vorschriften erfolgen.

Der Entwurf geht demgemäß im §. 51 Abs. 1 davon aus, daß nicht nur, wie bisher, die in Gehülfenstellung befindlichen Reisenden, sondern auch die selbständigen Reisenden und die Agenten mit fester Niederlassung im Zweifel als zum endgültigen und bindenden Abschlusse der ihnen aufgetragenen Waarenankäufe und Waarenverkäufe ermächtigt gelten sollen. Die Vollmacht dieser Reisenden und Agenten in der Weise einzuschränken, daß der Geschäftsherr an das ihm von dem Reisenden oder Agenten überschriebene Geschäft nur dann gebunden wäre, wenn er es nicht dem Kunden gegenüber unverzüglich ablehnt, erscheint nicht angängig. Der Kunde, welcher mit dem Reisenden oder Agenten abgeschlossen hat, würde hierdurch, zumal wenn es sich um Waaren handelt, die häufigen und raschen Preisschwankungen unterliegen, dem Geschäftsherrn gegenüber in unbilliger Weise benachtheiligt.

Der Abs. 2 des §. 51 weicht von dem geltenden Rechte insofern ab, als die Reisenden, entsprechend einem verschiedentlich laut gewordenen Wunsche, zur Einziehung des Kaufpreises und zur Bewilligung von Zahlungsfristen im Zweifel nicht befugt sein sollen. Die Einräumung der erwähnten Befugnisse ist bei der großen Bedeutung, die der richtige und rechtzeitige Eingang der Außenstände hat, für den Geschäftsherrn nicht unbedenklich und bei den heutigen Verkehrsverhältnissen im Interesse des Dritten auch nicht mehr erforderlich. Soll im einzelnen Falle der Kaufpreis durch den Reisenden eingezogen werden, so mag dem Käufer hiervon besondere Mittheilung gemacht werden, was schon durch einen entsprechenden Vermerk in der Faktura geschehen kann; eine stillschweigende, aus den Umständen des Falles sich ergebende Ermächtigung ist übrigens nicht ausgeschlossen. Die selbständigen Agenten haben auch nach dem geltenden Rechte die fraglichen Befugnisse nicht.

Aehnliche Erwägungen sprechen dagegen, dem Reisenden oder Agenten die nachträgliche Abänderung der Bedingungen des abgeschlossenen Geschäfts zu gestatten; auch empfiehlt es sich nicht, hierbei zwischen wesentlichen und unwesentlichen Bedingungen zu unterscheiden, da eine solche Unterscheidung leicht zu Zweifeln und Streitigkeiten führen würde. Ebensowenig kann dem Reisenden oder Agenten die Befugniß eingeräumt werden, die Dispositionsstellung verkaufter und gelieferter Waaren zu genehmigen. Dagegen bleibt es nach der Bestimmung des §. 51 Abs. 3, die sich der bisherigen Praxis anschließt, zulässig, die Anzeige von Mängeln einer Waare, die Erklärung über die Ausübung des Wahlrechts im Falle des Verzugs und ähnliche Mittheilungen dem Reisenden und Agenten gegenüber wirksam abzugeben. Bezüglich des Reisenden kann dies allerdings nur unter der Voraussetzung zugelassen werden, daß er am Orte anwesend ist; denn es erscheint nicht angängig, daß der Dritte Erklärungen der fraglichen Art, statt an den Geschäftsinhaber selbst, an dessen anderswo auf der Reise befindlichen Vertreter richtet.

Die Vorschriften des §. 51 über die Vollmacht der Reisenden und Agenten beschränken sich auf die Vertretung an solchen Orten, an denen sich eine Niederlassung des Geschäftsinhabers nicht befindet. Hierdurch ist die Anwendung des §. 51 auf sogenannte Stadtreisende ausgeschlossen. Auch diesen ohne Weiteres die gesetzliche Befugniß zum selbständigen Abschlusse von Geschäften für ihren Auftraggeber einzuräumen, würde zu weit gehen.

Die Bestimmung des §. 52 über die Vollmacht der in einem Laden oder in einem offenen Magazin oder Waarenlager angestellten Personen wiederholt lediglich die Vorschrift des bisherigen Art. 50. Eine Ausdehnung der letzteren auf Angestellte in anderen dem Publikum zugänglichen Geschäftsräumen erscheint nicht rathsam.

Unübertragbarkeit der Prokura und Handlungsvollmacht. (§ 53.)

Der Art. 53 des Handelsgesetzbuchs, welcher bestimmt, daß der Prokurist oder Handlungsbevollmächtigte seine Prokura oder Handlungsvollmacht ohne Einwilligung des Geschäftsinhabers nicht auf einen Anderen übertragen kann, ist im §. 53 des Entwurfs beibehalten. Die §§. 606, 651 des Bürgerlichen Gesetzbuchs beziehen sich zunächst nur auf das innere Verhältniß unter den Betheiligten; für die handelsrechtlichen Vollmachten muß aber die Unübertragbarkeit als gesetzliche Regel auch im Verhältnisse zu Dritten aufgestellt werden. Aus §. 43 Abs. 1 des Entwurfs würde diese Unübertragbarkeit noch nicht folgen, weil danach dem Prokuristen zwar die Ermächtigung zur Anstellung eines anderen Prokuristen, nicht aber die Befugniß zur Uebertragung seiner eigenen Prokura entzogen ist. Nur für die Handlungsvollmacht ließe sich vielleicht die Unübertragbarkeit schon aus dem §. 49 Abs. 1 ableiten, da eine Uebertragung der Vollmacht außerhalb des Bereichs des Gewöhnlichen liegt; auch hier erscheint jedoch eine ausdrückliche Bestimmung des Gesetzes erwünscht.

Streichung der bisherigen Art. 51, 52, 54 Abs. 2, 55, 56.

Die Vorschrift des bisherigen Art. 51, wonach derjenige, welcher die Waare und eine unquittirte Rechnung überbringt, noch nicht für ermächtigt gilt, die Zahlung zu empfangen, kann als selbstverständlich wegfallen; sie enthält jedenfalls nichts für den Handelsverkehr Eigenthümliches, und auch im Bürgerlichen Gesetzbuch ist eine entsprechende Bestimmung nicht für erforderlich erachtet worden. Aus dem §. 364 des Bürgerlichen Gesetzbuchs ergiebt sich übrigens der in Frage stehende Grundsatz von selbst.

Der Art. 52 des Handelsgesetzbuchs, welcher die direkte Stellvertretung für die handelsrechtlichen Vollmachtsverhältnisse zur Anerkennung bringt, wird durch den Grundsatz des §. 160 des Bürgerlichen Gesetzbuchs entbehrlich.

Hinsichtlich der Widerruflichkeit der Handlungsvollmacht ist im Entwurfe keine besondere Bestimmung getroffen; nur in Ansehung der Prokura wiederholt der §. 46 die Vorschrift, welche der bisherige Art. 54 Abs. 1 ebenso für die Prokura wie für die Handlungsvollmacht giebt. Bezüglich der letzteren kann es künftig bei den allgemeinen Bestimmungen des §. 164 des Bürgerlichen Gesetzbuchs bewenden. Demgemäß wird auch für die Handlungsvollmacht die Regel gelten, daß sie, unbeschadet der vertragsmäßigen Ansprüche des Bevollmächtigten, jederzeit zurückgenommen werden kann; insbesondere wird der Umstand, daß das Dienstverhältniß mit dem Bevollmächtigten für bestimmte Zeit eingegangen oder daß bei der Kündigung dieses Verhältnisses eine bestimmte Kündigungsfrist einzuhalten ist, an sich dem sofortigen Widerrufe der Vollmacht nicht entgegenstehen. Wohl aber wird es zulässig sein, im Rahmen des der Ertheilung der Vollmacht zu Grunde liegenden Vertragsverhältnisses ein Anderes besonders zu bedingen. Die Gründe, welche nach dem, was oben zum §. 46 bemerkt wurde, der Zulassung einer solchen Vereinbarung bei der Prokura entgegenstehen, treffen für die einfache Handlungsvollmacht nicht zu, und es liegt deshalb kein Anlaß vor, hier von den allgemeinen Grundsätzen des bürgerlichen Rechtes abzuweichen. Gerade für handelsrechtliche Verhältnisse können die Gesichtspunkte, welche zu der Anerkennung unwiderruflicher Vollmachten im Bürgerlichen Gesetzbuche geführt haben, besondere Bedeutung gewinnen. Beispielsweise wird im Falle der Verpachtung eines Handelsgeschäfts oder der Bestellung eines Nießbrauchs an einem solchen die Ertheilung einer für die Dauer des Rechtsverhältnisses unwiderruflichen Handlungsvollmacht unter Umständen ein geeignetes Mittel bilden, um ohne Firmenänderung die Vertragsabsicht der Parteien zur Ausführung zu bringen.

Auch der Abs. 2 des bisherigen Art. 54 ist in den Entwurf nicht aufgenommen. Die Bestimmung, daß die Prokura und die Handlungsvollmacht durch den Tod des Geschäftsinhabers nicht erlöschen, wurde bisher in Ansehung der Prokura meistens als zwingende Vorschrift, in Ansehung der Handlungsvollmacht dagegen nur als dispositive Rechtsnorm aufgefaßt. Zu dem gleichen Ergebnisse wird man auch nach der Streichung der gedachten Bestimmung gelangen, denn nach den §§. 164, 659, 662 des Bürgerlichen Gesetzbuchs bleibt die Vollmacht zwar nur in Ermangelung einer abweichenden Vereinbarung nach dem Tode des Vollmachtgebers in Kraft; eine solche Vereinbarung würde aber, soweit die Prokura in Betracht kommt, mit Rücksicht auf die Bestimmung des §. 45 des Entwurfs Dritten gegenüber ohne Wirkung sein. Eine Aenderung des bestehenden Rechts tritt nur in denjenigen Fällen ein, in welchen die Prokura oder Handlungsvollmacht nicht auf einem Auftrags- oder Dienstverhältnisse, sondern auf einem Gesellschaftsverhältnisse zwischen dem Inhaber des Handelsgeschäfts und dem Prokuristen oder Handlungsbevollmächtigten beruht; hier wird künftig mit der durch den Tod des Geschäftsinhabers bewirkten Auflösung des Gesellschaftsverhältnisses auch die Prokura oder Vollmacht erlöschen (Bürgerliches Gesetzbuch §§. 164, 714). Dieses Ergebniß ist aber nicht als unangemessen zu betrachten. Zum Schutze Dritter genügen die Bestimmungen des §. 14 des Entwurfs, aus welchen sich die relative Unwirksamkeit des in das Handelsregister nicht eingetragenen Erlöschens der Prokura ergiebt, und bezüglich der Handlungsvollmacht sind die Vorschriften der §§. 165 bis 169 des Bürgerlichen Gesetzbuchs als ausreichend zu betrachten.

Der bisherige Art. 55, der die Haftung desjenigen regelt, welcher als Prokurist oder Handlungsbevollmächtigter auftritt, ohne Prokura oder Handlungsvollmacht zu haben, kann mit Rücksicht auf den §. 175 des Bürgerlichen Gesetzbuchs, der im Wesentlichen die gleichen Grundsätze zur Geltung bringt, ebenfalls gestrichen werden. Die Abweichungen der letzteren Vorschrift vom Handelsgesetzbuche beziehen sich auf Einzelheiten und sind auch vom Standpunkte des Handelsrechts als Verbesserungen zu betrachten. Allerdings fällt mit der Beseitigung des bisherigen Art. 55 zugleich die Bestimmung hinweg, daß die Haftung desjenigen, der in der gedachten Weise als Vertreter auftritt, sich nach Handelsrecht bestimmt, also namentlich den in dem bisherigen vierten Buche enthaltenen allgemeinen Vorschriften unterliegt. Bei der nach dem Entwurfe sehr verminderten Bedeutung und Zahl dieser Vorschriften ist jedoch die gedachte Aenderung ohne besondere Erheblichkeit. Die im §. 101 des Gerichtsverfassungsgesetzes unter Nr. 3c vorgesehene Zuständigkeit der Kammern für Handelssachen in Streitigkeiten über Ansprüche aus dem bisherigen Art. 55 des Handelsgesetzbuchs wird aufrecht zu erhalten sein; die hierzu erforderliche Abänderung der Fassung der angeführten Vorschrift bleibt anderweiter Bestimmung vorbehalten.

Bezüglich der Streichung des Art. 56 des Handelsgesetzbuchs kann auf die einleitenden Bemerkungen zu diesem Titel verwiesen werden.

Sechster Titel.

Handlungsgehülfen und Handlungslehrlinge.

Das Handelsgesetzbuch unterscheidet zwischen Handlungsdienern und Handlungslehrlingen und faßt beide unter dem Ausdruck „Handlungsgehülfen" zusammen; der Entwurf vermeidet dagegen die jetzt ungebräuchlich gewordene Bezeichnung „Handlungsdiener" und stellt nach dem Vorgang anderer Reichs- Allgemeines.

gesetze die Handlungsgehülfen und Handlungslehrlinge einander gegenüber (zu vergl. Gewerbeordnung Titel VII, Krankenversicherungsgesetz §. 1 Abs. 4). Der sechste Titel trägt daher die Ueberschrift „Handlungsgehülfen und Handlungslehrlinge" und behandelt zunächst die Verhältnisse der Gehülfen und sodann die der Lehrlinge.

In beiden Beziehungen enthält der Entwurf wesentliche Ergänzungen der geltenden Vorschriften. Die Bestimmungen des Handelsgesetzbuchs über die Handlungsgehülfen reichen unter den heutigen Verhältnissen nicht mehr aus; sie genügen namentlich nicht, um die Handlungsgehülfen gegen unbillige Vertragsbestimmungen zu schützen, die ihnen bei der Anstellung auferlegt werden. Der Grundsatz unbedingter Vertragsfreiheit, von welchem das Handelsgesetzbuch ausgeht, ist deshalb im Entwurfe verlassen; insbesondere sind für Vereinbarungen über die Kündigungsfristen sowie für das vertragsmäßige Konkurrenzverbot im Interesse der Handlungsgehülfen bestimmte Schranken gezogen. Was die Verhältnisse der Handlungslehrlinge betrifft, so entbehren dieselben gegenwärtig überhaupt einer näheren Regelung; das Handelsgesetzbuch beschränkt sich darauf, einige wenige, sowohl für die Handlungsdiener als auch die Lehrlinge geltende Sätze aufzustellen, und verweist im Uebrigen auf den Ortsgebrauch; die Vorschriften der Gewerbeordnung über das Lehrlingswesen haben für die Handlungslehrlinge keine Geltung. Der Entwurf hat sich daher einer näheren Regelung des kaufmännischen Lehrverhältnisses, insbesondere der dem Lehrherrn obliegenden Pflichten, nicht entziehen können.

Bekanntlich sind von der Reichskommission für Arbeiterstatistik in den letzten Jahren Ermittelungen über die Lage der Handlungsgehülfen und Handlungslehrlinge angestellt worden, und die Kommission hat in jüngster Zeit einen Bericht erstattet, welcher zwar zum Theil Gegenstände betrifft, die ausschließlich auf dem Gebiete des Gewerberechts liegen und daher im Handelsgesetzbuch nicht erledigt werden können, zum Theil aber auch Vorschläge für die gesetzliche Regelung einzelner der hier in Betracht kommenden Fragen macht. Der Entwurf hat sich den letzteren Vorschlägen mehrfach anschließen können. In verschiedenen Beziehungen erschien dies allerdings um deswillen nicht thunlich, weil die Kommission bei ihren Ermittelungen und Vorschlägen nur die Geschäfte mit offenen Läden berücksichtigt hat.

Uebrigens will der Entwurf zu allen diesen Punkten nicht endgültig Stellung nehmen, vielmehr nur eine vorläufige Grundlage für die Erörterung der Frage schaffen, wie jene Punkte im Rahmen des Handelsgesetzbuchs zu ordnen sein würden. Die Vorschläge der Kommission für Arbeiterstatistik unterliegen zur Zeit noch der näheren Prüfung, und es ist nicht ausgeschlossen, daß diese Prüfung in einzelnen Beziehungen zu Ergebnissen führt, die von der Regelung, wie sie im Entwurf in Aussicht genommen ist, abweicht. Vielleicht führen auch die in Betreff der Organisation des Handwerks schwebenden, das gewerbliche Lehrlingswesen mitumfassenden Verhandlungen zu einer Ergänzung der Gewerbeordnung, welche zugleich für die Gestaltung der Bestimmungen über die Handlungslehrlinge von Bedeutung werden kann. Andererseits muß die Entscheidung darüber noch vorbehalten bleiben, ob nicht ein Theil der für jetzt im Entwurfe behandelten Fragen schon vor dem Inkrafttreten des Handelsgesetzbuchs der Regelung im Wege eines Sondergesetzes oder einer Novelle zur Gewerbeordnung entgegenzuführen sein möchte.

Im Uebrigen ist zu den Bestimmungen des Entwurfs Folgendes zu bemerken:

Eine erschöpfende Zusammenstellung der für die Verhältnisse der Handlungsgehülfen maßgebenden Rechtsvorschriften kann das Handelsgesetzbuch selbstverständlich nicht geben; neben demselben kommt noch eine Reihe anderer Gesetze in Betracht; insbesondere gehören hierher die Bestimmungen des siebenten Titels der Gewerbeordnung. Soweit diese Bestimmungen auch für die Handlungsgehülfen gelten, wird hieran durch den Entwurf nichts geändert. Ebenso bewendet es in Ansehung der Krankenversicherungspflicht der Handlungsgehülfen bei der Vorschrift des §. 1 Abs 4 des Krankenversicherungsgesetzes.

Ferner finden, soweit nicht im Entwurf ein Anderes bestimmt ist, die allgemeinen Vorschriften des Bürgerlichen Gesetzbuchs über den Dienstvertrag (§§. 604 ff.) auf die Handlungsgehülfen Anwendung. Nach dem Bürgerlichen Gesetzbuche bestimmt sich auch die Haftung des Prinzipals für seine Gehülfen. Bei Erfüllung seiner Verbindlichkeiten hat hiernach der Prinzipal den Gläubigern für das Verschulden seiner Gehülfen in gleichem Umfange wie für sein eigenes Verschulden einzustehen (§. 272 des Bürgerlichen Gesetzbuchs), wogegen er für den von seinen Angestellten in Ausführung ihrer Verrichtungen einem Dritten zugefügten Schaden insoweit verantwortlich ist, als er nicht nachweislich bei der Auswahl der Gehülfen und der Leitung ihrer Verrichtungen die erforderliche Sorgfalt angewendet hat (§. 815). Dem Unternehmer eines Erwerbsgeschäfts diesen Entlastungsbeweis abzuschneiden, hat das Bürgerliche Gesetzbuch, namentlich mit Rücksicht auf die kleineren Unternehmer, vermieden, und es wäre nicht gerechtfertigt, für den Handelsverkehr in dieser Beziehung besondere Grundsätze aufzustellen. Gegenüber dem bisherigen Recht enthalten für die meisten Rechtsgebiete schon die Vorschriften des Bürgerlichen Gesetzbuchs eine Verschärfung der Haftung des Prinzipals.

Begriffsbestimmung; Rechte und Pflichten der Handlungsgehülfen. (§. 54)

Im Handelsgesetzbuche sind die für den Begriff des Handlungsgehülfen wesentlichen Merkmale nicht näher bezeichnet. Eine gesetzliche Begriffsbestimmung trägt indessen zur leichteren Verständlichkeit des Gesetzes bei; sie wird auch in den Kreisen der Handlungsgehülfen behufs schärferer Abgrenzung ihres Berufsstandes für wünschenswerth erachtet. Dementsprechend bezeichnet der Entwurf im §. 54 Abs. 1 denjenigen als Handlungsgehülfen, welcher in einem Handelsgewerbe zur Leistung kaufmännischer Dienste gegen Entgelt angestellt ist. Diese Merkmale werden schon gegenwärtig in der Rechtsprechung und Wissenschaft als maßgebend angesehen. Bei der Entscheidung der Frage, welche Dienste als kaufmännische anzusehen sind, ist selbstverständlich auf die Verkehrsauffassung Rücksicht zu nehmen. Hat der Angestellte außer seinen kaufmännischen Dienstleistungen nebenbei noch gewisse technische Arbeiten, z. B. behufs der Erhaltung leicht verderblicher Waaren, zu verrichten, so schließt dies den Begriff des Handlungsgehülfen nicht aus. Im Uebrigen entsprechen die Vorschriften des §. 54 Abs. 1 über die vom Handlungsgehülfen zu leistenden Dienste und die ihm dafür zu gewährende Vergütung dem bisherigen Art. 57.

Der Abs. 2 des §. 54, wonach ein Gehülfe, der als Handlungsreisender angenommen ist, im Zweifel nicht zu anderen Diensten verbunden ist als zu solchen, die seine Reisen betreffen, entscheidet eine häufig vorkommende, von den Gerichten nicht immer gleichmäßig beantwortete Frage. An einzelnen Handelsplätzen mag in den betheiligten Berufskreisen eine von der Vorschrift des Entwurfs abweichende Auffassung bestehen: dies kann jedoch nicht hindern, eine allgemeine gesetzliche Regel aufzustellen, die zur Anwendung zu kommen hat, wenn nichts Anderes bedungen ist. Daß zu den Diensten, welche dem Reisenden nach der Vorschrift des Entwurfs obliegen, namentlich auch diejenigen gehören, die sich auf die Vorbereitung der Reise beziehen, bedarf keiner ausdrücklichen Hervorhebung im Gesetze.

Abgesehen von der Regel des §. 54 Abs. 2 giebt der Entwurf keine besonderen Vorschriften über das Verhältniß zwischen dem Reisenden und dem Prinzipal. Den Streitigkeiten, welche vielfach in Ansehung der Berechnung der Reisespesen entstehen, läßt sich durch allgemeine gesetzliche Bestimmungen nicht vorbeugen, da es sich dabei meistens um Fragen handelt, die nur nach den Umständen des einzelnen Falles im Wege der Vertragsauslegung entschieden werden können. Nicht minder ist bezüglich der Frage, ob dem Reisenden gegenüber dem Geschäftsherrn an dessen Mustern, Kundenbüchern und dergleichen ein Zurückbehaltungsrecht zusteht, von einer besonderen Bestimmung Abstand genommen; mit Rücksicht auf die Vorschrift des §. 839 des Bürgerlichen Gesetzbuchs wird die bezeichnete Frage der Regel nach verneint werden müssen, da hiernach derjenige, welcher für einen Anderen in dessen Erwerbsgeschäft die thatsächliche Gewalt über eine Sache ausübt, nicht als Besitzer gilt. Es liegt auch kein Grund vor, für die Reisenden in dieser Beziehung eine abweichende Vorschrift zu treffen.

Verbot des eigenen Handelsbetriebes. (§§. 55, 56.)

Die Vorschriften der §§. 55, 56, denen zufolge der Handlungsgehülfe ohne Einwilligung des Prinzipals weder für eigene noch für fremde Rechnung Handel treiben darf, treten an die Stelle der bisherigen Art. 56 und 59. Die Fassung des Art. 56, der dem Gehülfen den Abschluß von „Handelsgeschäften" untersagt, paßt mit Rücksicht auf die Begriffsbestimmung der Handelsgeschäfte, wie sie der §. 315 des Entwurfs giebt, jetzt nicht mehr und hat daher eine Aenderung erfahren müssen. Die neue Vorschrift ist nicht ganz so streng als die bisherige, welche an sich auch jeden gelegentlichen Ankauf eines Gegenstandes zum Zwecke der Weiterveräußerung verbietet und schon einem solchen Geschäfte gegenüber die im Art. 56 vorgesehenen Rechtsfolgen eintreten läßt. Wird nunmehr dem Gehülfen lediglich untersagt, „Handel zu treiben", so ist der Richter in der Lage, die Umstände des einzelnen Falles in ausreichender Weise zu berücksichtigen.

Was die Bestimmungen der §§. 55, 56 im einzelnen betrifft, so giebt zunächst der §. 55 Abs. 2 die Vermuthung wieder, welche das Handelsgesetzbuch in Ansehung der Zustimmung des Prinzipals zu dem Handelsbetriebe des Gehülfen aufstellt. Im §. 56 ist sodann durch die Fassung klargestellt, daß der Prinzipal auch die Herauszahlung einer Vergütung beanspruchen kann, die der Gehülfe durch den Abschluß von Geschäften für Rechnung Dritter verdient hat; bisher ist dies mit Rücksicht auf den Wortlaut des Art. 56 von den

Gerichten meistens verneint worden. Andererseits soll der Prinzipal die verschiedenen ihm nach §. 56 zustehenden Ansprüche nicht nebeneinander, sondern nur wahlweise geltend machen können, was der Billigkeit entspricht und auch mit der Vorschrift im Einklang steht, die nach Art. 97 des Handelsgesetzbuchs (§. 101 des Entwurfs) für den Fall der Verletzung der den Mitgliedern einer offenen Handelsgesellschaft obliegenden Pflicht zur Enthaltung vom eigenen Handelsbetriebe gilt. Auf dem Vorbilde des Art. 97 beruht ferner die Vorschrift über die Frist für die Erhebung der Ansprüche des Prinzipals (§. 56 Abs. 2); der Entwurf behandelt jedoch mit Rücksicht auf die Grundsätze des Bürgerlichen Gesetzbuchs diese Frist als Verjährungsfrist und nicht, wie der Art. 97, als Ausschlußfrist.

Fürsorgepflicht des Prinzipals. (§. 57.)

Nach dem §. 57 des Entwurfs ist der Prinzipal verpflichtet, die Geschäftsräume so einzurichten und zu unterhalten, auch den Geschäftsbetrieb so zu regeln, daß der Handlungsgehülfe gegen eine Gefährdung seiner Gesundheit, soweit die Natur des Betriebs es gestattet, geschützt und die Aufrechterhaltung der guten Sitten und des Anstandes gesichert ist; Vereinbarungen, durch welche diese Verpflichtungen des Prinzipals im voraus durch Vertrag aufgehoben oder beschränkt werden, sollen unwirksam sein. Die Bestimmungen schließen sich mit den durch die Verhältnisse gebotenen Aenderungen den Vorschriften der §§. 120a, 120b der Gewerbeordnung und des §. 610 des Bürgerlichen Gesetzbuchs an. Zu der letzteren Vorschrift hat die Kommission des Reichstags eine Erweiterung beschlossen, wonach für den Fall, daß der zur Dienstleistung Verpflichtete in die häusliche Gemeinschaft des Dienstberechtigten aufgenommen ist, der letztere unter Anderem verpflichtet sein soll, in Ansehung des Wohn- und Schlafraums und der Verpflegung diejenigen Einrichtungen und Anordnungen zu treffen, welche mit Rücksicht auf die Gesundheit, die Sittlichkeit und die Religion des Verpflichteten erforderlich sind. Wird diese Vorschrift in das Bürgerliche Gesetzbuch aufgenommen, so findet sie in Betreff derjenigen Handlungsgehülfen, die zur häuslichen Gemeinschaft des Prinzipals gehören, neben dem §. 57 des Entwurfs Anwendung.

Fortbezug der Vergütung bei Krankheit u. s. w. (§. 58.)

Nach Art. 60 des Handelsgesetzbuchs behält der Handlungsgehülfe, der durch unverschuldetes Unglück, insbesondere durch eine unverschuldete Krankheit, an der Leistung seiner Dienste zeitweise verhindert wird, den Anspruch auf Gehalt und Unterhalt für den Zeitraum von sechs Wochen, während das Bürgerliche Gesetzbuch (§. 609), ohne eine bestimmte Frist festzusetzen, nur vorschreibt, daß der zur Dienstleistung Verpflichtete des Anspruchs auf die Vergütung dadurch nicht verlustig geht, daß er für eine verhältnißmäßig nicht erhebliche Zeit durch einen in seiner Person liegenden Grund ohne sein Verschulden an der Dienstleistung verhindert wird. Der §. 58 des Entwurfs hält an dem Grundsatze des Art. 60 des Handelsgesetzbuchs fest. Wollte man es lediglich bei den Vorschriften des Bürgerlichen Gesetzbuchs bewenden lassen, so würde sich die Lage der Handlungsgehülfen verschlechtern oder doch weniger gesichert sein. Nur in Einzelheiten weicht der Entwurf von dem geltenden Rechte ab. Der feste Anspruch für die Zeit von sechs Wochen soll nicht allein dann bestehen, wenn der Gehülfe nur zeitweise an der Leistung seiner Dienste verhindert wird, wie dies der bisherige Art. 60

bestimmt, sondern auch dann, wenn sich von vornherein erkennen läßt, daß die Verhinderung eine dauernde ist. Daß der Anspruch wegfällt, sobald das Dienstverhältniß endigt, versteht sich von selbst und braucht im Gesetze nicht besonders ausgesprochen zu werden. Dagegen herrschte bisher Streit darüber, ob der Prinzipal zu der sechswöchigen Gewährung des Gehalts und Unterhalts auch dann nicht mehr verpflichtet ist, wenn er dem für längere Zeit an der Leistung seiner Dienste verhinderten Handlungsgehülfen wegen dieser Verhinderung ohne Einhaltung einer Kündigungsfrist kündigt. Der Entwurf entscheidet die Frage im §. 65 Abs. 2 zu Gunsten des Gehülfen; die Rechte des §. 58 könnten dem Gehülfen sonst gerade in den Fällen, in welchen er ihrer am meisten bedarf, insbesondere im Falle einer schweren, einen Kündigungsgrund darbietenden Krankheit, entzogen werden. Wird der Handlungsgehülfe nicht durch unverschuldetes Unglück, sondern aus einem anderen von ihm nicht verschuldeten Grunde an der Verrichtung seiner Dienste verhindert, so kommt der §. 609 des Bürgerlichen Gesetzbuchs zur Anwendung; der Handlungsgehülfe kann mithin künftig auch in einem solchen Falle die Fortzahlung des Gehalts verlangen, sofern sich die Verhinderung auf eine verhältnißmäßig nicht erhebliche Zeit beschränkt. Vermöge dieser Bestimmung wird der Handlungsgehülfe namentlich in der Lage sein, während einer Behinderung, die durch kurze militärische Dienstleistungen oder durch die Erfüllung sonstiger militärischer Verpflichtungen von vorübergehender Dauer veranlaßt ist, den Gehalt weiter zu beziehen. Ihm dieses Recht auch bei länger dauernden Abhaltungen der bezeichneten Art, insbesondere bei der Einberufung zu militärischen Uebungen für die Zeit von sechs oder acht Wochen, zuzusprechen, erscheint in Anbetracht der erheblichen Belastung, die hieraus für die kleineren Gewerbetreibenden entstehen würde, nicht angängig.

Nach dem §. 609 des Bürgerlichen Gesetzbuchs muß sich der an der Leistung seiner Dienste Verhinderte auf die ihm zu gewährende Vergütung den Betrag anrechnen lassen, der ihm für die Zeit der Verhinderung aus einer auf Grund gesetzlicher Verpflichtung bestehenden Kranken- oder Unfallversicherung zukommt. Von diesem Grundsatze, der auch für alle der Gewerbeordnung unterstehenden Gehülfen Anwendung findet, kann nicht wohl für die Handlungsgehülfen allein eine Ausnahme gemacht werden. Im §. 58 Abs. 2 des Entwurfs wird daher der bezeichnete Satz für die Vergütung, die dem erkrankten oder von einem Unfalle betroffenen Handlungsgehülfen zusteht, gleichfalls anerkannt. Obwohl die Handlungsgehülfen im Allgemeinen, solange ihnen die Rechte des bisherigen Art. 60 ungeschmälert zustehen, nach §. 1 Abs. 4 des Krankenversicherungsgesetzes der Krankenversicherung und nach den Vorschriften des Unfallversicherungsgesetzes, falls sie ausschließlich Komtordienste verrichten, auch der Unfallversicherung nicht unterliegen, ist die Vorschrift doch nicht ohne praktische Bedeutung. Denn unter der im §. 609 des Bürgerlichen Gesetzbuchs bezeichneten gesetzlichen Verpflichtung ist die statutarische Versicherungspflicht mit einbegriffen, und eine statutarische Krankenversicherungspflicht ist auch für die Handlungsgehülfen möglich. Ferner kann im Falle einer vertragsmäßigen Beschränkung des dem Handlungsgehülfen nach dem Handelsgesetzbuche zustehenden Anspruchs der so beschränkte Anspruch mit dem Anspruch aus der

Krankenversicherung zusammentreffen. Auch mit Rücksicht auf die Vorschriften des §. 5 Abs. 9, 10 des Unfallversicherungsgesetzes ist die Möglichkeit nicht ausgeschlossen, daß zugleich ein Anspruch aus der Versicherung und der Anspruch aus dem Handelsgesetzbuche besteht.

Ist bei einem dauernden Dienstverhältnisse der Verpflichtete in die häusliche Gemeinschaft des Dienstberechtigten aufgenommen, so hat ihm der letztere nach der Vorschrift, wie sie von der Reichstagskommission als §. 609a des Bürgerlichen Gesetzbuchs vorgeschlagen ist, im Falle der Erkrankung unter bestimmten Voraussetzungen für die Dauer von sechs Wochen die erforderliche Verpflegung und ärztliche Behandlung zu gewähren.[1]) Falls diese Vorschrift Gesetzeskraft erlangen sollte, würde sie neben dem §. 58 des Entwurfs und dem §. 609 des Bürgerlichen Gesetzbuchs auch zu Gunsten der Handlungsgehülfen Anwendung finden.

Das Handelsgesetzbuch enthält keine besonderen Vorschriften für den Fall, daß der Handlungsgehülfe nicht oder nicht ausschließlich mit festem Gehalt, sondern gegen Provision angestellt ist. Es fehlt namentlich an Bestimmungen darüber, wie die Provision zu berechnen ist, wann sie verdient ist, wann die Abrechnung zu geschehen hat, und welche Nachweisungen hierbei von dem Prinzipal zu geben sind. Besonders für die Handlungsreisenden sind diese Fragen von erheblicher Bedeutung. Der Entwurf (§. 59) füllt die bezeichnete Lücke in der Weise aus, daß er die in dem folgenden Abschnitt über den Provisionsanspruch der Handlungsagenten getroffenen Vorschriften auf den Anspruch der Handlungsgehülfen der Hauptsache nach für anwendbar erklärt. Die für die gesetzliche Regelung in Betracht kommenden Gesichtspunkte sind in Ansehung beider Arten von Personen im Wesentlichen dieselben; auch empfiehlt sich die Anerkennung übereinstimmender Grundsätze schon mit Rücksicht auf die oft schwer erkennbare Grenze zwischen den Agenten und Gehülfen. Die besonderen Bestimmungen über den Provisionsanspruch derjenigen Agenten, welche für einen bestimmten Bezirk bestellt sind (§. 78, §. 80 Satz 2), dehnt der Entwurf nicht auf die Handlungsgehülfen aus. Die Grundlage dieser Bestimmungen bildet der Satz, daß einem derartigen Agenten im Zweifel

Provision. (§. 59.)

---

[1]) Der § 609a lautet:

Ist bei einem dauernden Dienstverhältnisse, welches die Erwerbsthätigkeit des Verpflichteten vollständig oder hauptsächlich in Anspruch nimmt, der Verpflichtete in die häusliche Gemeinschaft aufgenommen, so hat der Dienstberechtigte ihm im Falle der Erkrankung die erforderliche Verpflegung und ärztliche Behandlung bis zur Dauer von sechs Wochen, jedoch nicht über die Beendigung des Dienstverhältnisses hinaus, zu gewähren, sofern nicht die Erkrankung von dem Verpflichteten vorsätzlich oder durch grobe Fahrlässigkeit herbeigeführt worden ist. Die Verpflegung und ärztliche Behandlung kann durch Aufnahme des Verpflichteten in eine Krankenanstalt gewährt werden. Die Kosten können auf die für die Zeit der Erkrankung geschuldete Vergütung angerechnet werden. Wird das Dienstverhältniß wegen der Erkrankung gekündigt, so bleibt die dadurch herbeigeführte Beendigung des Dienstverhältnisses außer Betracht.

Die Verpflichtung des Dienstberechtigten tritt nicht ein, wenn für die Verpflegung und ärztliche Behandlung durch eine Versicherung oder durch eine Einrichtung der öffentlichen Krankenpflege Vorsorge getroffen ist.

auch für Geschäfte, die ohne seine Mitwirkung in dem betreffenden Bezirke durch den Geschäftsherrn oder für diesen geschlossen sind, Provision gebühre. Es kann aber nicht ohne Weiteres angenommen werden, daß der Prinzipal dem Handlungsgehülfen durch die Anstellung für einen bestimmten Bezirk gleichfalls ein solches Recht beilegen wolle; bei der abhängigen Stellung, in der sich der Gehülfe befindet, würde eine allgemeine Vermuthung dieser Art nicht gerechtfertigt sein. Es ist vielmehr Thatfrage, ob die Anweisung des bestimmten Bezirks nur den Geschäftskreis des Handlungsgehülfen begrenzen oder ihm ein Recht auf Provision für alle Geschäfte dieses Bezirks gewähren soll. Trifft im einzelnen Falle das letztere zu, so ergiebt sich die Anwendbarkeit der Vorschriften des §. 78 und des §. 80 Satz 2 auch ohne ausdrückliche Bestimmung.

Ueber die Ansprüche des tantiemeberechtigten Handlungsgehülfen sind keine Bestimmungen in den Entwurf aufgenommen. Die Rechtsprechung ist schon bisher ohne solche zu befriedigenden Ergebnissen gelangt.

Beendigung des Dienstverhältnisses. (§§. 60—65.)

Das Handelsgesetzbuch enthält in Bezug auf die Kündigung des Dienstverhältnisses durch den Prinzipal oder den Handlungsgehülfen nur Vorschriften, welche der beliebigen Abänderung durch Vereinbarung der Betheiligten unterliegen. Nach Art. 61 kann das auf unbestimmte Zeit eingegangene Dienstverhältniß im Zweifel von jedem Theile mit Ablauf eines jeden Kalendervierteljahrs nach vorgängiger sechswöchentlicher Kündigung aufgehoben werden. Dieselbe Vorschrift enthält zwar auch der §. 60 des Entwurfs; die §§. 61 und 62 ziehen jedoch der Abänderung der gesetzlichen Regel durch Vereinbarung der Betheiligten bestimmte Grenzen. Die Beschränkung der Vertragsfreiheit in Bezug auf die Festsetzung der Kündigungsfristen, die von dem Prinzipal und dem Handlungsgehülfen bei der Auflösung des Dienstverhältnisses einzuhalten sind, wird allgemein als ein Bedürfniß anerkannt. Der Reichstag hat im Jahre 1894 einen Antrag auf Erlaß eines entsprechenden Gesetzes angenommen (Drucksachen von 1893/94 Nr. 337), und auch die von der Kommission für Arbeiterstatistik vorgenommenen Ermittelungen über die Verhältnisse der Angestellten in Ladengeschäften lassen keinen Zweifel an der Nothwendigkeit einer Regelung in dem bezeichneten Sinne. Mit dem Inhalte des von dem Reichstag angenommenen Antrags und mit den Vorschlägen, welche die Kommission für Arbeiterstatistik für die Angestellten in offenen Ladengeschäften gemacht hat, stimmen die Vorschriften des Entwurfs im Wesentlichen überein. Nach §. 61 muß, wenn durch Vertrag eine kürzere oder längere Kündigungsfrist als die gesetzliche bedungen wird, die Frist für beide Theile gleich sein (zu vergl. Gewerbeordnung §. 122), auch darf sie nicht weniger als einen Monat betragen. Ist das Dienstverhältniß für bestimmte Zeit mit der Vereinbarung eingegangen, daß es in Ermangelung einer vor Ablauf der Vertragszeit erfolgten Kündigung als verlängert gelten solle, so kommen dieselben Vorschriften zur Anwendung. In einer Beziehung geht der Entwurf weiter, als der Reichstagsbeschluß, sofern er bestimmt, daß die Auflösung des Dienstverhältnisses durch Kündigung vertragsmäßig nicht für einen anderen Zeitpunkt als für das Ende eines Kalendermonats gestattet werden kann. Von der Kommission für Arbeiterstatistik ist eine solche Bestimmung gleichfalls vorgeschlagen, und bereits im Reichstag ist sie mehrfach befürwortet worden. Sie entspricht in der That dem Interesse aller Betheiligten, weil bei einer derartigen Regelung die Nachfrage nach Stellen und das Angebot von solchen am leichtesten und sichersten ihre Ausgleichung finden.

Eine Ausnahme von diesen Bestimmungen ist im §. 62 des Entwurfs für den Fall vorgesehen, daß ein Handlungsgehülfe nur zu vorübergehender Aushülfe angenommen wird. Bei einer derartigen Anstellung soll die Vorschrift, wonach die Kündigung vertragsmäßig nur für den Schluß eines Kalendermonats zugelassen und die Kündigungsfrist durch Vereinbarung nicht auf weniger als einen Monat herabgesetzt werden kann, außer Anwendung bleiben, es sei denn, daß das Dienstverhältniß über die Zeit von drei Monaten hinaus fortgesetzt wird. Soweit es sich um bloße Aushülfestellen handelt, erfordert es das Interesse beider Betheiligten, daß der Vertragsfreiheit in den gedachten Beziehungen keine Schranke gesetzt wird. Von dem Grundsatze, daß die Kündigungsfrist für beide Theile gleich lang sein muß, kann dagegen auch hier nicht abgegangen werden.

Das Recht des Prinzipals wie des Handlungsgehülfen, aus wichtigen Gründen das Dienstverhältniß ohne Einhaltung einer Kündigungsfrist sofort zu kündigen (Handelsgesetzbuch Art. 62 bis 64) bleibt bestehen. Durch die Fassung der §§. 63 bis 65 des Entwurfs ist außer Zweifel gestellt, daß in den fraglichen Fällen die Auflösung des Dienstverhältnisses nicht eines Richterspruchs bedarf, sondern daß sie in Folge der Kündigung ohne Weiteres eintritt, sofern diese gerechtfertigt war. Die Vorschriften des Bürgerlichen Gesetzbuchs über den Dienstvertrag stimmen hiermit überein. Die im Handelsgesetzbuch aufgeführten Beispiele von Kündigungsgründen hat der Entwurf zum größten Theil beibehalten; doch sind zugleich die entsprechenden Vorschriften der Gewerbeordnung (§§. 123, 124, 133c, 133d) berücksichtigt. Die Bestimmung des §. 65 Abs. 2 über die Fortzahlung des Lohnes bei Kündigung wegen einer durch unverschuldetes Unglück herbeigeführten Verhinderung des Gehülfen hat schon in anderem Zusammenhange Erwähnung gefunden.

Zeugniß. (§. 66.)

Die Vorschriften des §. 66 über das Recht des Handlungsgehülfen, bei seinem Abgange ein Zeugniß zu verlangen, und über die Beglaubigung dieses Zeugnisses entsprechen dem §. 113 der Gewerbeordnung. Die gleichen Vorschriften sind in dem mehrerwähnten Gesetzesvorschlage des Reichstags enthalten, und ähnliche Bestimmungen werden, abgesehen von der die Beglaubigung des Zeugnisses betreffenden Anordnung, durch §. 620 des Bürgerlichen Gesetzbuchs für jedes dauernde Dienstverhältniß Geltung erlangen.

Konkurrenzklausel. (§. 67.)

Der §. 67 betrifft die Frage, inwieweit eine Vertragsbestimmung zulässig ist, durch die sich der Handlungsgehülfe dem Prinzipal gegenüber für den Fall der Beendigung des Dienstverhältnisses einer Beschränkung seiner gewerblichen Thätigkeit unterwirft, insbesondere die Verpflichtung eingeht, ein Konkurrenzgeschäft nicht zu errichten oder in ein solches als Angestellter nicht einzutreten. Daß mit diesen Konkurrenzverboten, deren Beobachtung durch hohe Konventionalstrafen gesichert zu werden pflegt, bedeutender Mißbrauch getrieben und den Handlungsgehülfen vielfach das fernere Fortkommen weit über das Maß des berechtigten Interesses des Prinzipals hinaus erschwert wird, läßt sich nicht bezweifeln. Die Klagen hierüber sind allgemein, und die Mittheilungen, welche von den durch die Kommission für Arbeiterstatistik vernommenen Prinzipalen und Gehülfen gemacht worden sind, haben die Berechtigung dieser Klagen nur bestätigt. Auch die in der Rechtsprechung gemachten Erfahrungen zeigen, daß von der Konkurrenzklausel häufig ein schonungsloser Gebrauch gemacht wird. Die Gerichte sind zwar bemüht, diese Mißstände zu bekämpfen; allein die Behelfe, welche das geltende Recht gegen Vertragsklauseln der in Frage stehenden Art an die Hand giebt, sind nicht ausreichend, um der Rechtsprechung eine durchgreifende Gegenwirkung zu ermöglichen. Das Reichsgericht steht im Allgemeinen auf dem Standpunkte, daß die Konkurrenzklausel dann als unverbindlich zu betrachten sei, wenn sie sich als eine gegen Sittlichkeit und öffentliche Ordnung verstoßende Beseitigung der Freiheit wirthschaftlicher Selbstbethätigung darstelle. Die Anwendung dieses Grundsatzes ist nur in besonders schweren Fällen von Erfolg. Man wird sich daher bei demselben nicht beruhigen dürfen. Die Konkurrenzklausel schlechthin für unverbindlich zu erklären, wie dies von manchen Seiten befürwortet wird, erscheint allerdings nicht angängig. Unter Umständen und innerhalb gewisser Grenzen muß eine Vereinbarung, durch welche sich ein Gewerbetreibender dagegen zu sichern sucht, daß ein aus seinem Geschäft austretender Angestellter die Kenntniß der Verhältnisse des Geschäfts, insbesondere der Kundschaft, unmittelbar zum Nachtheile seines früheren Dienstherrn ausnutze, als berechtigt anerkannt werden. Es wäre eine Unbilligkeit, wenn das Gesetz den Gewerbetreibenden die Möglichkeit vollständig entzöge, auf dem bezeichneten Wege ihre oft durch langjährige Bemühungen erlangte geschäftliche Stellung gegen unbefugte Eingriffe zu schützen. Das Gesetz über den unlauteren Wettbewerb enthält keine Bestimmungen, die für die Entziehung jener Befugniß Ersatz gewähren könnten. Auch die Kommission für Arbeiterstatistik hat sich deshalb gegen ein allgemeines Verbot der Konkurrenzklausel ausgesprochen; sie schlägt vielmehr vor, bestimmte zahlenmäßige Grenzen festzusetzen, welche ein vertragsmäßiges Konkurrenzverbot hinsichtlich seiner räumlichen und zeitlichen Ausdehnung nicht überschreiten dürfe. Es mag dahin gestellt bleiben, ob eine derartige Regelung auf dem beschränkten Anwendungsgebiete, für welche der Vorschlag berechnet ist, nämlich für die Geschäfte mit offenem Laden, praktisch durchführbar sein würde, oder ob nicht schon hier die Verhältnisse so verschiedenartig liegen, daß es unthunlich wäre, eine für alle Fälle bestimmte Grenze der bezeichneten Art festzusetzen. Jedenfalls kann eine solche Regelung nicht in Betracht kommen, wenn es sich um Bestimmungen handelt, die für alle Arten von Handlungsgehülfen Anwendung finden sollen. In Ansehung der Handlungsreisenden zum Beispiel, für welche, wie die Rechtsprechung zeigt, die Frage von ganz besonderer Bedeutung ist, erscheint eine gesetzliche Feststellung der räumlichen Ausdehnung des Konkurrenzverbots von vornherein als ausgeschlossen. Von anderen Seiten ist empfohlen worden, die Verbindlichkeit der Konkurrenzklausel von der Voraussetzung abhängig zu machen, daß dem Gehülfen eine besondere Vergütung für die Beschränkung, der er sich unterwirft, von dem Prinzipal gewährt werde. Allein wenn auch dem Gedanken, welcher diesem Vorschlage zu Grunde liegt, eine gewisse Berechtigung nicht abzusprechen sein mag, so ist derselbe doch für die Gesetzgebung praktisch nicht zu verwerthen; eine derartige Vorschrift würde voraussichtlich nur dahin führen, daß in den betreffenden Anstellungsverträgen ein Theil des Gehalts als Vergütung für die Unterwerfung unter das Konkurrenzverbot bezeichnet würde, ohne daß darum thatsächlich eine Verbesserung in der Lage der Gehülfen einträte. Unter diesen Umständen bleibt nur übrig, im Gesetze eine allgemeine Bestimmung dahin zu treffen, daß die Konkurrenzklausel in einer der Billigkeit entsprechenden Weise nach Zeit, Ort und Gegenstand begrenzt sein muß. Die Frage, ob eine Vereinbarung, die hiermit bezeichneten Grenzen überschreitet, ist alsdann nach den Umständen des einzelnen Falles zu entscheiden. Durch eine solche Regelung wird es möglich, dem richterlichen Ermessen einen erheblich weiteren Spielraum zu gewähren, als ihn das geltende Recht gestattet. Eine unerfüllbare Aufgabe wird den Gerichten damit nicht gestellt. Aehnliche Entscheidungen sind von ihnen auch sonst, z. B. nach dem §. 337 des Bürgerlichen Gesetzbuchs im Falle des Antrags auf Herabsetzung einer unverhältnißmäßigen Vertragsstrafe zu treffen. Es darf erwartet werden, daß eine die Verhältnisse des praktischen Lebens und die in Betracht kommenden Interessen in sachgemäßer Weise berücksichtigende Rechtsprechung am sichersten dahin gelangen wird, die Mißbräuche, die zur Zeit mit der Verwendung der Konkurrenzklausel getrieben werden, zu beseitigen.

Auf diesen Gesichtspunkten beruhen die Vorschriften, die im §. 67 Abs. 1 des Entwurfs enthalten sind. Danach ist eine Vereinbarung zwischen dem Prinzipal und dem Handlungsgehülfen, durch welche dieser für die Zeit nach der Beendigung des Dienstverhältnisses in seiner gewerblichen Thätigkeit beschränkt wird, für den Handlungsgehülfen nur insoweit verbindlich, als die Beschränkung nach Zeit, Ort und Gegenstand nicht die Grenzen überschreitet, durch welche eine unbillige Erschwerung des Fortkommens des Handlungsgehülfen ausgeschlossen wird.

Einen weiteren Schutz gewährt dem Handlungsgehülfen die Vorschrift im Abs. 2 des §. 67. Danach soll dem Prinzipal ein Anspruch aus der Konkurrenzklausel überhaupt nicht zustehen, wenn er, ohne daß in der Person des Gehülfen ein genügender Grund vorliegt, das Dienstverhältniß seinerseits auflöst. Es ist eine Forderung der Billigkeit, daß dem Prinzipal nur dann gestattet wird, dem Gehülfen auf Grund der getroffenen Vereinbarung Beschränkungen hinsichtlich der freien Verwerthung seiner Fähigkeiten aufzuerlegen, wenn er seinerseits bereit und in der Lage ist, in seinem Geschäfte dem Gehülfen die Möglichkeit des weiteren Fortkommens zu gewähren. Will oder kann er dies nicht, so darf er den Gehülfen, der ihm keinen Grund zur Auflösung des Dienstverhältnisses gegeben hat, auch nicht hindern, ein anderweitiges Unterkommen überall da, wo es sich ihm bietet, zu suchen. Ganz ebenso liegt die Sache, wenn der Gehülfe durch vertragswidriges Verhalten des Prinzipals zur Auflösung des Vertragsverhältnisses veranlaßt worden ist. Als Auslegungsregel ist der Grundsatz des Entwurfs bisher schon in gerichtlichen Entscheidungen anerkannt worden. Dies genügt jedoch nicht, vielmehr erscheint es angezeigt, entgegenstehende Vereinbarungen schlechthin für nichtig zu erklären. In dieser Beziehung stimmen auch die Vorschläge der Kommission für Arbeiterstatistik mit dem Entwurf überein.

Handlungslehrlinge. (§§. 68—73.) Das kaufmännische Lehrlingswesen ist im Entwurf, wie bereits erwähnt, eingehender geregelt als bisher im Handelsgesetzbuche.

Nach dem Handelsgesetzbuche gehören die Lehrlinge zu den Handlungsgehülfen, und es finden daher auf sie lediglich die für die Gehülfen im Allgemeinen getroffenen Vorschriften Anwendung; nur bezüglich der Dauer des Vertragsverhältnisses sind nicht die Bestimmungen des Art. 61 Abs. 1, sondern, in Ermangelung einer besonderen Festsetzung durch den Lehrvertrag, die örtlichen Verordnungen oder der Ortsgebrauch maßgebend.

Der Entwurf nimmt im §. 68 Abs. 1 zunächst gleichfalls auf eine Anzahl der für die Handlungsgehülfen geltenden Vorschriften Bezug; insbesondere sollen die Bestimmungen des §. 57 über die Verpflichtung des Prinzipals, die für die Gesundheit des Personals und für die Aufrechterhaltung der Sittlichkeit nothwendigen Maßnahmen zu treffen, sowie die Bestimmungen des §. 67 über die Konkurrenzklausel auch auf die Handlungslehrlinge Anwendung finden. Hieran schließt sich aber eine Reihe von Sondervorschriften, die ausschließlich für die Handlungslehrlinge bestimmt sind. Sie betreffen die Art und Weise der Ausbildung des Lehrlings (§. 68 Abs. 2 bis 4), die Dauer und die vorzeitige Auflösung des Lehrverhältnisses (§§. 69, 70), das Recht des Lehrlings auf Ertheilung eines Zeugnisses (§. 71) und das Verbot des Haltens oder der Ausbildung von Lehrlingen durch Personen, die sich nicht im Besitze der bürgerlichen Ehrenrechte befinden (§. 72). Der Entwurf schließt sich hierbei, soweit es mit Rücksicht auf die Verschiedenartigkeit der Verhältnisse thunlich ist, an die Vorschriften der §§. 126 ff. der Gewerbeordnung an. Die Bestimmungen des §. 120 der letzteren über die Verpflichtung der Gewerbeunternehmer, jugendlichen Arbeiternehmern die zum Besuch einer Fortbildungsschule nöthige, eintretenden Falls durch die zuständige Behörde festzusetzende Zeit zu gewähren, ist, wie sich aus dem §. 154 daselbst ergiebt, schon gegenwärtig für das Handelsgewerbe maßgebend. In den Kreisen der Betheiligten scheint aber hierüber vielfach Unklarheit zu herrschen, und es ist deshalb im §. 68 Abs. 4 des Entwurfs noch besonders auf die erwähnte Vorschrift der Gewerbeordnung hingewiesen.

Was die Auflösung des Lehrverhältnisses betrifft, so sind im §. 128 der Gewerbeordnung die Gründe, aus welchen nach Ablauf der vierwöchigen Probezeit der Lehrling oder dessen gesetzlicher Vertreter den Lehrvertrag kündigen kann, erschöpfend aufgeführt. Demgegenüber trifft der Entwurf im Anschluß an seine auf die Handlungsgehülfen bezüglichen Vorschriften die allgemeine Bestimmung, daß der Lehrling den Lehrvertrag aus wichtigen Gründen kündigen kann, hebt dann aber (§. 69 Abs. 3, 4) zur Erläuterung dieses Grundsatzes einzelne Beispiele von Kündigungsgründen hervor. Daß der Lehrvertrag namentlich dann aufgelöst werden kann, wenn der Lehrherr zur Erfüllung der ihm vertragsmäßig obliegenden Verpflichtungen unfähig wird (Gewerbeordnung §. 128 Abs. 3 Nr. 2 a. E.), braucht dabei nicht besonders ausgesprochen zu werden.

Die Vorschrift des §. 72, welche Personen, die sich nicht im Besitze der bürgerlichen Ehrenrechte befinden, von der Befugniß zum Halten und Ausbilden von Handlungslehrlingen ausschließt, trägt einem aus den Kreisen der

Handlungsgehülfen geäußerten Wunsche Rechnung. Der Entwurf lehnt sich hier an die Bestimmung des §. 106 der Gewerbeordnung an, erweitert diese Bestimmung aber insofern, als er nicht blos das Halten von Lehrlingen durch Personen, denen die bürgerlichen Ehrenrechte entzogen sind, sondern auch die Verwendung solcher Personen zur Ausbildung von Lehrlingen untersagt. Für den Fall der Zuwiderhandlung gegen die Vorschrift ist nach dem Vorgange der Gewerbeordnung der Polizeibehörde die Befugniß eingeräumt, die Entlassung des Lehrlings anzuordnen und nöthigenfalls auf dem durch die Landesgesetze für die Durchführung polizeilicher Verfügungen vorgesehenen Wege zu erzwingen. Auch tritt zufolge §. 73 Abs. 2, ähnlich wie nach §. 150 Nr. 1 der Gewerbeordnung, Bestrafung des Zuwiderhandelnden ein.

Eine fernere Strafbestimmung ist im Abs. 1 des §. 73 für den Fall getroffen, daß der Lehrherr die ihm nach §. 57 und nach §. 68 Abs. 2, 3 obliegenden Pflichten in Ansehung der zum Schutze der Gesundheit und zur Wahrung der Sittlichkeit erforderlichen Maßregeln oder in Ansehung der Ausbildung des Lehrlings verletzt. Ohne eine soche Strafbestimmung würde die Beobachtung der erwähnten Vorschriften des Entwurfs nur unvollkommen gesichert sein; auch der §. 149 Nr. 9 der Gewerbeordnung enthält eine entsprechende Strafvorschrift.

Sonstige Hülfspersonen. (§. 74.)

Hinsichtlich der Personen, die in einem Handelsgewerbe zu anderen als kaufmännischen Dienstleistungen angestellt sind, bewendet es bei den für das Arbeitsverhältniß dieser Personen geltenden Vorschriften. Im §. 74 ist dies besonders ausgesprochen. Der Art. 65 des Handelsgesetzbuchs enthält einen ähnlichen Satz, jedoch in zu enger Begrenzung, da er sich nur auf Personen bezieht, die bei dem Betrieb eines Handelsgewerbes Gesindedienste verrichten. Es handelt sich aber in der Hauptsache nicht um Personen in Gesindestellung, sondern um gewerbliche Arbeiter im Sinne der Gewerbeordnung.

Siebenter Titel.

Handlungsagenten.

Bedürfniß gesetzlicher Regelung.

Die Rechtsstellung der Handlungsagenten entbehrt bisher einer besonderen gesetzlichen Regelung. Uebrigens lassen sich auch nicht für alle Arten von Gewerbetreibenden, welche die Bezeichnung „Agent" führen, übereinstimmende Rechtsvorschriften aufstellen; denn es gehören dahin Personen aus sehr verschiedenen Berufsklassen. Vorzugsweise dient jedoch der Ausdruck „Handlungsagent" zur Bezeichnung eines engeren Kreises selbständiger Gewerbetreibender, welche dauernd die Interessen eines oder mehrerer bestimmter Handlungshäuser vertreten. Die Gemeinsamkeit der Verhältnisse bei diesen Gewerbetreibenden reicht weit genug, um eine gesetzliche Regelung zu gestatten. Hierfür besteht auch zweifellos ein Bedürfniß. Die Bestimmungen des bürgerlichen Rechts über den Dienst- oder Werkvertrag reichen nicht aus, und nur wenige Grundsätze sind in den Entscheidungen der Gerichte zu fester Anerkennung gelangt. Der Geschäftsbetrieb der Agenten hat gegenwärtig einen sehr bedeutenden Umfang erreicht und im Waarenverkehr zum Theil den Kommissionshandel verdrängt. Eine gesetzliche Regelung wird deshalb nicht nur von den Agenten selbst lebhaft gewünscht, sondern auch sonst von kaufmännischen Kreisen befürwortet.

Begriff des Handlungsagenten. (§. 75.)

Nach dem §. 75 des Entwurfs ist Handlungsagent derjenige, welcher, ohne als Handlungsgehülfe angestellt zu sein, ständig damit betraut ist, für das Handelsgewerbe eines Anderen Geschäfte zu vermitteln oder im Namen des Anderen abzuschließen. Die Handlungsagenten sind Kaufleute nach §. 1 Abs. 2 Nr. 8. Durch das dauernde Verhältniß zu einem oder mehreren bestimmten Handlungshäusern und durch die sich daraus ergebende Verpflichtung, deren ausschließliches Interesse zu vertreten, unterscheidet sich der Agent vom Handelsmäkler (§. 82 Abs. 1). Dieser wird nicht für eine bestimmte Firma als solche bestellt, sondern erhält nur einzelne Aufträge von Fall zu Fall; er steht nicht nur zu seinem ersten Auftraggeber, sondern auch zu dem Dritten, mit dem er das aufgetragene Geschäft zu Stande bringt, in einem Vertragsverhältniß; er haftet demgemäß beiden Theilen für sein Verschulden und kann die Provision der Regel nach von jeder Partei zur Hälfte fordern (§§. 87, 88). Dadurch, daß der Agent Geschäfte nur vermittelt oder sie doch nur als Bevollmächtigter im Namen des Hauses, für welches er bestellt ist, abschließt, unterscheidet er sich vom Kommissionär, der im eigenen Namen, wenngleich für fremde Rechnung, Geschäfte macht. Was die Grenze zwischen dem Agenten und dem Handlungsgehülfen betrifft, so läßt sich dieselbe durch bestimmte äußere Merkmale im Gesetze selbst nicht feststellen. Wesentlich ist, daß der Agent nicht ein unselbständiges Glied im Geschäftsorganismus des Handlungshauses bildet, sondern als selbständiger Gewerbetreibender thätig wird. Hierfür kommt aber eine Reihe thatsächlicher Momente in Betracht, die hauptsächlich in ihrem Zusammenhange Bedeutung gewinnen. So erhält der Agent regelmäßig nur Provision, der Handlungsgehülfe dagegen festes Gehalt, daneben freilich oft auch Provision oder Tantieme; der Agent dient häufig gleichzeitig mehreren Firmen, während dies beim Gehülfen nur selten vorkommen wird; der Agent ist meist an fremdem Orte thätig; er trägt seine Geschäftsunkosten selbst, wird insbesondere die Miethe für seine Geschäftsräume in der Regel aus eigenen Mitteln entrichten, während sich alles dieses bei dem Handlungsgehülfen anders verhält. Die Würdigung solcher und anderer thatsächlicher Umstände wird Sache der Rechtsprechung sein. Der Entwurf begnügt sich im §. 75 mit dem ausdrücklichen Hinweise darauf, daß der Agent von dem Geschäftsherrn nicht als Handlungsgehülfe angestellt sein darf, sucht jedoch außerdem Streitigkeiten darüber, ob eine Person als Agent oder Gehülfe anzusehen sei, in der Weise vorzubeugen, daß er die Vorschriften des siebenten Titels über die Rechte und Pflichten der Agenten thunlichst mit dem, was von den Gehülfen gilt, in Einklang bringt. Bezüglich des Verhältnisses zu Dritten ist hierauf schon im §. 51 Bedacht genommen, indem danach, insoweit als es sich um den Waarenverkehr handelt, die gesetzliche Vollmacht der reisenden Gehülfen und der reisenden Agenten, deren Unterscheidung häufig besondere Schwierigkeiten macht, sowie die der Agenten mit festem Geschäftssitze den gleichen Umfang hat. Auch für die übrigen Agenten und Handlungsgehülfen gilt, falls sie überhaupt Vollmacht haben, gemeinsam die Vorschrift des §. 49.

Außer den Waarenagenten des §. 51 gehören zu den Handlungsagenten im Sinne des Entwurfs insbesondere die Versicherungs-, Auswanderungs- und Transportagenten; die Bestimmungen dieses Titels können vorbehaltlich abweichender Vereinbarungen unbedenklich auch auf sie erstreckt werden. Nicht zu den Handlungsagenten gehören nach der Begriffsbestimmung des §. 75 die Agenten der Versicherungsgesellschaften auf Gegenseitigkeit, da diese Gesellschaften ein Handelsgewerbe nicht betreiben. Die entsprechende Anwendung der Vorschriften über die Handlungsagenten ist indessen nicht ausgeschlossen; eine ausdrückliche Vorschrift in diesem Sinne muß der gesetzlichen Regelung des Versicherungswesens vorbehalten bleiben.

Pflichten des Agenten. (§§. 75, 76.)

Der Handlungsagent hat bei Wahrnehmung der Interessen seines Geschäftsherrn die Sorgfalt eines ordentlichen Kaufmanns anzuwenden. Dieser Grundsatz, der an sich schon aus §. 319 folgt, ist im Anschluß an die den Kommissionär und Spediteur betreffenden Vorschriften der §§. 356 und 382 im §. 75 Abs. 1 noch besonders ausgesprochen. Nach §. 75 Abs. 2 hat der Handlungsagent dem Geschäftsherrn auch die erforderlichen Nachrichten zu geben, ihm namentlich, wozu der §. 653 des Bürgerlichen Gesetzbuchs den Beauftragten nicht ausdrücklich anweist, von jedem Geschäftsabschluß unverzüglich Anzeige zu machen. Besonderer Vorschriften über die Pflicht des Agenten, Auskunft zu ertheilen, die Anweisungen des Geschäftsherrn zu befolgen, Rechenschaft abzulegen und eingenommene Gelder herauszugeben, bedarf es nicht; in dieser Beziehung genügen die Vorschriften der §§. 652 bis 655 des Bürgerlichen Gesetzbuchs. Daß der Agent die Zahlungsfähigkeit der Personen, mit denen er Geschäfte abschließt oder vermittelt, nach Möglichkeit zu prüfen hat, ergiebt sich aus seinen allgemeinen Vertragspflichten.

Aus der Pflicht des Agenten, das Interesse des Geschäftsherrn zu wahren, ergiebt sich auch, daß er diesem keine Konkurrenz bereiten darf. Allerdings können dem Agenten in dieser Hinsicht nicht die weitgehenden Beschränkungen auferlegt werden, welche den Handlungsgehülfen nach §. 55 des Entwurfs treffen. Da der letztere der Regel nach seine ganze Arbeitskraft in den Dienst des Prinzipals zu stellen hat, so darf er überhaupt keinen eigenen Handel treiben. Der Agent findet dagegen in der Vertretung eines einzigen Hauses oft keine ausreichende Beschäftigung, und der Geschäftsherr kann daher von ihm nicht mehr verlangen, als daß er in demselben Handelszweige weder für eigene Rechnung noch für Rechnung eines Dritten, sei es durch Uebernahme weiterer Agenturen oder in sonstiger Weise, Geschäfte mache. In manchen Fällen kann aber der Agent, schon um den Kunden die erforderliche Auswahl zu bieten, selbst genöthigt sein, gleichzeitig mehrere Produzenten oder Großhändler zu vertreten, deren Waaren, wenn sie auch bestimmte Unterschiede aufweisen, doch derselben Gattung angehören. Für gewisse Geschäftszweige wird dies allgemein als zulässig angesehen. Das Gesetz muß hierauf Rücksicht nehmen und der Entwurf bestimmt deshalb ausdrücklich, daß die

Verpflichtung des Agenten, in dem Handelszweige des Geschäftsherrn keine sonstigen Geschäfte zu machen, nur besteht, soweit nicht nach Handelsgebrauch das Gegentheil zulässig ist. Damit wird sich unter Umständen die nicht immer einfache Prüfung der Frage erledigen, inwiefern ein Geschäft, das der Agent für eigene Rechnung oder für Rechnung Dritter geschlossen hat, in den Handelszweig des Geschäftsherrn fällt. Auch in Betreff der Folgen eines unerlaubten Konkurrenzbetriebes weicht der §. 76 von den für die Handlungsgehülfen geltenden Vorschriften ab, indem er den Agenten nur zum Schadensersatze verpflichtet. Die strengeren Grundsätze des §. 56 Abs. 1, die in dem Dienstverhältnisse des Handlungsgehülfen ihre Rechtfertigung finden, eignen sich nicht zur Anwendung auf den Agenten. Dagegen muß die kurze Verjährung sowie die Vermuthung, die der §. 56 Abs. 2 für die Einwilligung des Prinzipals in den Handelsbetrieb des Gehülfen aufstellt, auch zu Gunsten des Agenten Platz greifen.

Provision und Auslagen. (§§. 77—79.)

Darüber, wann die Provision des Agenten verdient ist, gehen die Ansichten auseinander. Nach der in der Rechtsprechung und in der Wissenschaft herrschenden Auffassung kann der Agent ebenso wie der Mäkler die Provision schon dann fordern, wenn der vermittelte Vertrag zu Stande gekommen ist. Dies entspricht jedoch nicht der Anschauung der Handelskreise; namentlich bei der wichtigen Klasse der Verkaufsagenten ist es vielfach gebräuchlich, daß die Provision erst nach Eingang der dem Käufer obliegenden Zahlung und nur im Verhältniß des eingegangenen Betrags entrichtet wird. Vom Standpunkte des Gesetzgebers aus erscheint es angemessen, den Provisionsanspruch des Agenten wenigstens in der Weise von dem thatsächlichen Erfolge des Geschäfts abhängig zu machen, daß ein solcher Anspruch nicht anerkannt wird, wenn die Ausführung des Geschäfts aus Gründen in der Person desjenigen unterbleibt, mit welchem der Agent das Geschäft abgeschlossen hat. Regelmäßig werden in einem derartigen Falle die Umstände, welche der Ausführung des Geschäfts entgegentreten, insbesondere die Kreditunwürdigkeit oder mangelnde Leistungsfähigkeit der betreffenden Partei, schon bei dem Abschlusse des Geschäfts vorhanden gewesen sein. Hat der Agent an dem Erfolge des Geschäfts ein unmittelbares Interesse, so bildet dies für ihn den wirksamsten Antrieb, nur mit einwandsfreien Personen Geschäfte zu schließen.

Der Entwurf stellt demgemäß im §. 77 Abs. 1 die Regel auf, daß der Agent die Provision nur für diejenigen durch seine Thätigkeit zum Abschlusse gekommenen Geschäfte, welche zur Ausführung gelangt sind, zu beanspruchen hat. Wann das Geschäft als ausgeführt anzusehen ist, insbesondere ob dazu nothwendig die vollständige Abwickelung der beiderseitigen Leistungen gehört, kann hier so wenig wie bei dem Provisionsanspruche des Kommissionärs durch eine alle Fälle umfassende Vorschrift entschieden werden. Lediglich für die Verkaufsagenten ist eine ausdrückliche Bestimmung angezeigt. Bei ihnen liegt die Gefahr besonders nahe, daß sie, um die Provision zu verdienen, einem Dritten ohne genügende Prüfung seiner Zahlungsfähigkeit Waaren verkaufen und so dem Geschäftsherrn Verluste verursachen. Der bereits erwähnte Handelsgebrauch, wonach der Verkaufsagent den Anspruch auf die Provision im Zweifel erst nach dem Eingange der Zahlung und nur nach dem Verhältnisse des eingegangenen Betrags erwirbt, ist deshalb im Entwurfe gesetzlich anerkannt.

Eine Ausnahme tritt nach §. 77 Abs. 2 ein, wenn die Ausführung des Geschäfts zufolge der Entschließung des Geschäftsherrn ganz oder theilweise unterbleibt, ohne daß zwingende Gründe in der Person desjenigen, mit welchem es abgeschlossen ist, vorliegen. Hier soll dem Agenten auch für das nicht zur Ausführung gekommene Geschäft das Recht auf die volle Provision zustehen, es sei denn, daß der Geschäftsherr unverzüglich nach der Ankunft der vom Agenten über den Geschäftsabschluß erstatteten Anzeige das Geschäft rückgängig gemacht hat. Die letztere Einschränkung ist mit Rücksicht auf diejenigen Fälle erforderlich, in denen der Agent eine Vollmacht zum festen Abschlusse von Geschäften hat, wie sie nach §. 51 bei den Verkaufs- und Einkaufsagenten im Zweifel anzunehmen ist. Wenn es im Interesse der Kunden erforderlich erscheint, diesen Agenten gesetzlich die Ermächtigung zum bindenden Abschlusse der Geschäfte zu ertheilen, so muß sich doch andererseits der Geschäftsherr in der Lage befinden, ein ihm nicht passendes Geschäft unbehindert von dem Provisionsanspruche des Agenten durch Benehmen mit der Gegenpartei rückgängig zu machen. Einem Mißbrauche der Befugniß wird dadurch vorgebeugt, daß sie unverzüglich erfolgen muß, mithin zeitlich eng begrenzt ist. Hat der Agent keine Vollmacht zum festen Abschlusse von Geschäften, so ergiebt sich von selbst, daß der Geschäftsherr zur Entrichtung der Provision nur verpflichtet ist, wenn er das ihm überschriebene Geschäft für vortheilhaft erachtet und sich demgemäß zur Genehmigung entschließt.

Die Bestimmung des §. 77 Abs. 4, wonach die Abrechnung zwischen dem *Handlungshause* und dem *Agenten* in Ermangelung einer abweichenden Vereinbarung am Schlusse eines jeden Kalenderhalbjahrs stattfindet, schützt den Agenten vor übermäßiger Verzögerung. Halbjährliche Abrechnung ist auch bisher schon vielfach üblich.

Der §. 78 giebt eine der Verkehrsauffassung entsprechende Auslegungsregel hinsichtlich derjenigen *Agenten, die für einen bestimmten Bezirk bestellt sind*. Sie sollen im Zweifel auch für die sogenannten direkten Geschäfte, d. h. für solche Geschäfte Provision beanspruchen können, welche in ihrem Bezirk ohne ihre Mitwirkung durch den Geschäftsherrn selbst oder für diesen durch Andere, insbesondere durch einen sonstigen Agenten, geschlossen sind. Doch wird dabei zur Vermeidung von Zweifeln und Streitigkeiten der Vorbehalt gemacht, daß die Bestellung für den bestimmten Bezirk ausdrücklich erfolgt ist. Auch muß, damit der Geschäftsherr durch die Lässigkeit des Agenten keinen Schaden erleidet, jenes Recht wegfallen, wenn es der Agent an ausreichenden Bemühungen für die Aufsuchung von Geschäftsgelegenheiten hat fehlen lassen und der Geschäftsherr hierdurch genöthigt gewesen ist, ohne dessen Mitwirkung Geschäfte zu machen. Die Entscheidung der Frage, ob der Agent vom Geschäftsherrn Schadensersatz verlangen kann, falls dieser in Folge veränderter geschäftlicher Entschließungen in dem Bezirke des Agenten überhaupt keine Geschäfte mehr machen will, überläßt der Entwurf der Praxis. Eine allgemein gültige gesetzliche Regel hierüber kann nicht wohl aufgestellt werden; im Allgemeinen neigen die Gerichte zur Bejahung der Frage.

Nach §. 79 kann der Agent für die im regelmäßigen Geschäftsbetrieb entstandenen Unkosten und Auslagen in Ermangelung einer entgegenstehenden Vereinbarung oder eines abweichenden Handelsgebrauchs Ersatz nicht verlangen; ein solcher Handelsgebrauch besteht unter Anderem vielfach in Ansehung der Auslagen für Porto und Depeschen. Diese Regelung entspricht der Stellung des Agenten als eines selbständigen Kaufmanns, wie denn auch dem Mäkler nach §. 642 Abs. 2 des Bürgerlichen Gesetzbuchs Aufwendungen nur zu ersetzen sind, wenn es vereinbart ist. Außerordentliche Auslagen des Agenten muß unbeschadet anderweitiger Vertragsbestimmungen der Geschäftsherr tragen, zum Beispiel Auslagen des Waarenagenten zum Schutze der Waaren gegen ungewöhnliche Gefahren oder Aufwendungen des Versicherungsagenten zur Rettung der versicherten Gegenstände.

Nachweisungspflicht des Geschäftsherrn. (§. 80.)

Der Agent ist ohne Mitwirkung des Geschäftsherrn nicht im Stande, den Umfang seiner Ansprüche gegen diesen festzustellen, da er nicht von allen wesentlichen Thatsachen aus eigener Wissenschaft genaue Kenntniß haben kann, insbesondere nicht davon, welche von den überschriebenen Geschäften das Handlungshaus genehmigt, welche es rückgängig gemacht hat, wie hoch sich die Fakturabeträge belaufen, wieviel von dem Kaufpreis eingegangen ist und in welcher Ausdehnung provisionspflichtige Geschäfte in seinem Bezirk ohne seine Vermittelung abgeschlossen worden sind. Der Geschäftsherr darf sich billiger Weise nicht weigern, seinem Agenten die nöthige Aufklärung zu geben. Eine Pflicht des Geschäftsherrn zur Rechenschaftsablage im Sinne des §. 252 des Bürgerlichen Gesetzbuchs ist außer Frage, da deren Voraussetzungen fehlen. Der Entwurf giebt daher im §. 80 dem Agenten das Recht, bei der Abrechnung von dem Geschäftsherrn die Mittheilung eines Buchauszugs über die durch seine Thätigkeit zu Stande gekommenen und, wenn er im Falle des §. 78 für sogenannte direkte Geschäfte Provision beanspruchen kann, auch über die ohne seine Mitwirkung in dem betreffenden Bezirk geschlossenen Geschäfte zu fordern. Entsteht über die Richtigkeit und Vollständigkeit des Auszugs ein Rechtsstreit, so kann das Gericht auf Antrag oder von Amtswegen die Vorlegung der Handelsbücher des Geschäftsherrn anordnen (§. 40). Hierdurch ist der Agent gegen Benachtheiligungen von Seiten des Geschäftsherrn in ausreichendem Maße geschützt. Ihm außerhalb eines Rechtsstreits den Anspruch auf Vorlegung der Handelsbücher zu gewähren, ist nicht erforderlich; dem Geschäftsherrn kann auch nicht wohl zugemuthet werden, ohne richterliche Anordnung und Mitwirkung dem Agenten seine Bücher zur Einsicht offen zu legen.

Beendigung des Agenturverhältnisses. (§. 81.)

Nach dem geltenden Rechte steht bei einem auf unbestimmte Zeit eingegangenen Agenturvertrage beiden Theilen die Befugniß zu, das Verhältniß jederzeit sofort zu lösen; dem Geschäftsherrn bietet diese Befugniß unter Umständen eine Handhabe, dem Agenten die Früchte seiner vorausgegangenen Bemühungen zu entziehen. Die unsichere Lage, in welche hierdurch der Agent versetzt ist, hat zu vielfachen Klagen Anlaß gegeben. Die Vorschriften des Bürgerlichen Gesetzbuchs würden den Agenten nicht ausreichend schützen; denn auch hiernach könnte er jederzeit oder, falls das Agenturverhältniß seine Erwerbsthätigkeit ausschließlich oder hauptsächlich in Anspruch nimmt, unter Innehaltung der kurzen Kündigungsfrist von vierzehn Tagen entlassen werden (§. 614). Der §. 81 des Entwurfs gewährt einen weitergehenden Schutz. Der auf unbestimmte Zeit eingegangene Agenturvertrag soll danach, ebenso wie der Dienstvertrag des Handlungsgehülfen (§. 60), nur zum Schlusse jedes Kalendervierteljahrs unter Beobachtung einer sechswöchigen Kündigungsfrist kündbar sein, vorbehaltlich des Rechts, ihn aus wichtigen Gründen sofort zu lösen. Doch läßt der Entwurf, während er bei dem Handlungsgehülfen abweichende Vereinbarungen nur in beschränktem Umfange gestattet, hier die Vertragsfreiheit unberührt. Die Agenten sind selbständige Kaufleute, sie vertreten sehr oft gleichzeitig mehrere Firmen oder betreiben das Agenturgeschäft nur neben einer sonstigen Erwerbsthätigkeit. Sie stehen daher gegenüber dem Geschäftsherrn nicht in solcher Abhängigkeit, daß sie eines Schutzes durch zwingende gesetzliche Vorschriften nothwendig bedürften; bei der Mannigfaltigkeit der in Betracht kommenden Verhältnisse würden derartige Bestimmungen häufig beide Theile in der Freiheit ihrer geschäftlichen Entschließungen ungebührlich beeinträchtigen.

Was die sonstigen Fälle der Beendigung des Vertragsverhältnisses zwischen dem Geschäftsherrn und dem Agenten betrifft, so kommen in dieser Beziehung die Vorschriften des Bürgerlichen Gesetzbuchs über den Dienstvertrag zur Anwendung. Auch besondere Bestimmungen darüber, welchen Einfluß die Eröffnung des Konkurses über das Vermögen des Geschäftsherrn auf das Agenturverhältniß hat, sind entbehrlich. In Folge der Konkurseröffnung erlischt das Recht und die Pflicht des Agenten zur Geschäftsbesorgung nach Maßgabe des in Aussicht genommenen §. 19a der Konkursordnung (Anlage II der Denkschrift zum Entwurfe des Bürgerlichen Gesetzbuchs). Das Dienstverhältniß des Agenten als solches bleibt zwar bestehen, es kann aber von jedem Theile sofort gekündigt werden, da der Konkurs des Geschäftsherrn jedenfalls als ein wichtiger Grund zur Kündigung im Sinne des §. 81 des Entwurfs zu erachten ist.

Aus den Kreisen der Agenten ist mehrfach der Wunsch laut geworden, daß ihnen im Konkurse des Geschäftsherrn ein Vorzugsrecht, wie den Handlungsgehülfen, verliehen werden möge. Hierzu fehlt es indessen an einem genügenden Grunde. Die Zahl der Konkursvorrechte muß im Interesse der Gesammtheit der Gläubiger möglichst beschränkt bleiben. Die Agenten können aber als selbständige Kaufleute bezüglich der Befriedigung im Konkurse nicht ohne Weiteres mit den Personen auf eine Stufe gestellt werden, die sich, wie der §. 54 Nr. 1 der Konkursordnung besagt, dem Gemeinschuldner für dessen Haushalt, Wirthschaftsbetrieb oder Erwerbsgeschäft zu dauerndem Dienste verdungen haben.

Achter Titel.

Handelsmäkler.

Amtliche Handelsmäkler.

Als Handelsmäkler bezeichnet das Handelsgesetzbuch nur die amtlich bestellten Vermittler von Handelsgeschäften; auf diese allein beziehen sich die Vorschriften der bisherigen Art. 66 bis 84. Die Privathandelsmäkler sind zwar Kaufleute nach Art. 272 Nr. 3 des Handelsgesetzbuchs, Vorschriften über ihre Rechte und Pflichten enthält das Gesetzbuch aber nicht. Der Entwurf kennt dagegen das Institut der amtlichen Handelsmäkler überhaupt nicht mehr; Handelsmäkler im Sinne desselben sind vielmehr die nach dem bisherigen Sprachgebrauch als Privathandelsmäkler bezeichneten Personen. Hiermit stellt sich der Entwurf auf denselben Standpunkt, welchen auch das Börsengesetz einnimmt; denn nach diesem wird in Uebereinstimmung mit den Vorschlägen der Börsen-Enquete-Kommission und mit den schon früher von den verschiedensten Seiten geäußerten Wünschen das Institut der amtlichen Handelsmäkler für das Gebiet des Börsenhandels, also für die in Betreff des Mäklerwesens weitaus wichtigsten Geschäftszweige, ganz beseitigt. Bezüglich der Mitwirkung bei der Feststellung der Börsenkurse treten an die Stelle der bisher damit betrauten amtlichen Handelsmäkler die Kursmäkler, welche nur in Ansehung der Kursfeststellung eine öffentliche Funktion zu versehen haben, hinsichtlich ihrer Vermittlerthätigkeit dagegen keine andere Stellung als die übrigen Handelsmäkler einnehmen und ebenso wie diese als Kaufleute gelten. Was die amtliche Bestellung von Handelsmäklern für andere als die zum Börsenhandel gehörenden Geschäftszweige betrifft, so ist dieselbe von den Vorschriften des Börsengesetzes zunächst unberührt gelassen; die vollständige Beseitigung des Instituts der amtlichen Handelsmäkler ergiebt sich aber ohne Weiteres als eine nothwendige Folge der für den Börsenverkehr getroffenen Regelung.

Handelsmäkler im Sinne des Entwurfs. (§. 82.)

Der Mangel handelsgesetzlicher Vorschriften über die Rechte und Pflichten der Privathandelsmäkler hat sich schon bisher als eine Lücke fühlbar gemacht, und diese Lücke würde in Zukunft, da es andere Handelsmäkler überhaupt nicht mehr geben wird, noch mehr hervortreten. Es erscheint deshalb geboten, die in Frage stehenden Verhältnisse gesetzlich zu regeln. In der Praxis sind auf die Privathandelsmäkler meistens die Vorschriften über die amtlichen Handelsmäkler angewendet worden, soweit sie nicht mit der amtlichen Stellung der letzteren zusammenhängen. Von diesem Grundgedanken geht auch der Entwurf aus, indem er die betreffenden Vorschriften des Handelsgesetzbuchs, soweit thunlich, beibehält und ihnen für alle nach der neuen Begriffsbestimmung als Handelsmäkler zu betrachtenden Personen Geltung beilegt.

Als den Gegenstand der gewerbsmäßigen Thätigkeit der Handelsmäkler bezeichnet der §. 82 des Entwurfs in Uebereinstimmung mit dem bisherigen Art. 67 die Vermittelung von Verträgen. Wenngleich sich der Mäklervertrag des bürgerlichen Rechts nach §. 642 des Bürgerlichen Gesetzbuchs auch auf den bloßen Nachweis der Gelegenheit zum Abschluß eines Vertrags beziehen kann, so entspricht das doch nicht der im Handelsverkehr bestehenden Auffassung. Der Handelsmäkler hat nach dieser nicht nur die Geschäftsgelegenheit nachzuweisen, sondern auch den Abschluß selbst herbeizuführen, wie sich schon aus seiner Verpflichtung zur Mittheilung von Schlußnoten ergiebt.

Die Geschäfte, welche der Handelsmäkler vermittelt, müssen Geschäfte über Gegenstände des Handelsverkehrs sein. Hierin sowie in Betreff der Anführung der wichtigsten Beispiele solcher Geschäfte schließt sich der Entwurf im Wesentlichen an den bisherigen Art. 67 des Handelsgesetzbuchs an. Zu den von ihm an erster Stelle genannten Geschäften über die Anschaffung oder Veräußerung von Waaren und Werthpapieren gehören auch Verträge über den Erwerb oder die Veräußerung von Edelmetallen, Geldsorten und Wechseln; nicht minder der Kauf oder Verkauf von Schiffen. Daß das vermittelte Geschäft zugleich ein Handelsgeschäft im Sinne des §. 315 des Entwurfs, d. h. ein zum Gewerbebetrieb eines Kaufmanns gehörendes Geschäft sei, ist nicht nothwendig; andererseits genügt es auch nicht, daß ein Handelsgeschäft vorliegt. Insbesondere kommen die bezeichneten Vorschriften auf die Vermittelung eines Kaufvertrags über ein Grundstück nicht zur Anwendung, selbst wenn der Vertrag für die Parteien ein Handelsgeschäft ist. Die Vorschriften dieses Titels sind nur insoweit gerechtfertigt, als wirkliche Gegenstände des Handelsverkehrs in Frage stehen, und wenngleich Verträge über Grundstücke nach dem Entwurf unter Umständen Handelsgeschäfte sein können, so bilden doch Grundstücke darum noch nicht einen regelmäßigen Gegenstand des Handelsverkehrs. Wird in einem einzelnen Falle ein solches Geschäft von einem Handelsmäkler vermittelt, so können nur die Vorschriften des bürgerlichen Rechts Anwendung finden. Im §. 82 Abs. 2 des Entwurfs ist dies durch eine entsprechende Bestimmung klargestellt.

Schlußnoten. (§§. 83, 84.)

Die im §. 83 in Uebereinstimmung mit dem bisherigen Art. 73 vorgeschriebene Zustellung von Schlußnoten ist schon jetzt auch bei den Privathandelsmäklern in weitem Umfange gebräuchlich; im Börsenverkehr bildet sie nach dem Reichsstempelgesetz bei den der Stempelabgabe unterliegenden Geschäften eine Pflicht jedes Vermittlers. Sie kann daher unbedenklich allen Handelsmäklern auferlegt werden. Eine Ausnahme für den Kleinverkehr in Waaren ist im §. 93 vorgesehen.

Neu sind die Vorschriften des §. 84 des Entwurfs; sie beziehen sich auf den Fall der Ertheilung einer Schlußnote, in der die Gegenpartei nicht bezeichnet ist. An Stelle der Bezeichnung der Gegenpartei findet sich in den Schlußnoten nicht selten nur der Vermerk, daß die Aufgabe vorbehalten werde (zu vergl. Reichsstempelgesetz §. 8 Abs. 2); namentlich im Börsenverkehr sind solche Schlußnoten häufig. Dessenungeachtet besteht über die rechtliche Bedeutung des Vorbehalts der Aufgabe in Handelskreisen keine volle Klarheit, und auch die Gerichte sind in dieser Beziehung noch nicht zu festen Grundsätzen gelangt. Eine gesetzliche Regelung ist daher wünschenswerth. Nach der dem §. 84 des Entwurfs zu Grunde liegenden Auffassung steht der Mäkler, der sich in der Schlußnote die Aufgabe vorbehält, für den Erfolg seiner Mäklerthätigkeit derart ein, daß er dem Auftraggeber innerhalb ortsüblicher oder angemessener Frist eine einwandsfreie, namentlich zahlungsfähige, Gegenpartei zu bezeichnen verpflichtet ist. Der Auftraggeber darf eine Schlußnote mit vorbehaltener Aufgabe zurückweisen; nimmt er sie aber an, so muß er bis zum Ablaufe jener Frist auf die nachträgliche Bezeichnung warten und jeden einwandsfreien Dritten als Gegenpartei annehmen. Wird der Dritte nicht rechtzeitig benannt oder lassen sich gegen ihn begründete Einwendungen erheben, so ist die Partei befugt, den Mäkler selbst auf Erfüllung des Geschäfts in Anspruch zu nehmen. Spekulationen des Auftraggebers auf Kosten des Mäklers ist dadurch vorgebeugt, daß, wenn der letztere es verlangt, der Auftraggeber sich unverzüglich darüber erklären muß, ob er Erfüllung fordere. Ein Recht zum Selbsteintritt steht dem Mäkler auch bei vorbehaltener Aufgabe nicht zu; die Gewährung dieses Rechts würde dem Begriffe der Vermittelung widersprechen und zu einer unangemessenen Vermischung der Mäklerthätigkeit mit dem Kommissionsgeschäfte führen. Ebensowenig wäre es auf der anderen Seite gerechtfertigt, die Entscheidung über die Annahme oder Zurückweisung der vom Mäkler nachträglich bezeichneten Partei ohne Rücksicht darauf, ob sich gegen die letztere begründete Einwendungen erheben lassen oder nicht, in das freie Belieben des Auftraggebers zu stellen. Hierin läge eine Unbilligkeit gegen den Dritten, aber auch gegen den Mäkler, da dieser alsdann ohne genügenden Grund gezwungen werden könnte, selbst für das Geschäft einzustehen.

(§§. 85, 86.) Die Vorschrift des §. 85 über die Aufbewahrung der Waarenproben durch den Handelsmäkler entspricht dem bisherigen Art. 80. Auch der §. 86, nach welchem der Mäkler durch Uebertragung der Geschäftsvermittelung mangels abweichender Handelsgebräuche im Zweifel nicht als ermächtigt anzusehen ist, Zahlungen oder andere Leistungen in Empfang zu nehmen, giebt lediglich die Vorschrift des Art. 67 Abs. 2 wieder.

Haftung des Handelsmäklers; Provision. (§§. 87, 88.) Bei dem Mäklervertrage des bürgerlichen Rechts steht der Mäkler an sich nur zu seinem Auftraggeber in einem Vertragsverhältnisse; von dem Dritten kann er der Regel nach keinen Mäklerlohn fordern und für Verschulden haftet er dem letzteren im Allgemeinen nur nach den Grundsätzen über die unerlaubten Handlungen. Für den amtlichen Handelsmäkler gilt dagegen nach Art. 81, 83 des Handelsgesetzbuchs in allen diesen Beziehungen das Gegentheil, und die in der Rechtsprechung und Wissenschaft herrschende Ansicht stellt hierin den Privathandelsmäkler dem amtlichen Mäkler gleich. Bei dieser Auffassung bleibt der Entwurf stehen. Im Handelsverkehr gilt der Mäkler als Vermittler für beide Parteien, er leistet beiden seine Dienste, und es ist meist vom Zufall abhängig, welche der Parteien sich zuerst an ihn gewendet hat. Nach den §§. 87, 88 haftet er daher beiden Parteien für den durch sein Verschulden entstehenden Schaden und in Ermangelung örtlicher Verordnungen oder eines Ortsgebrauchs kann er von jeder Partei die Hälfte des Mäklerlohns verlangen. Die Bestimmungen des bisherigen Art. 82 über die Bedingungen des Anspruchs auf den Mäklerlohn und über die Höhe des letzteren werden durch die betreffenden Vorschriften des Bürgerlichen Gesetzbuchs entbehrlich. Aus §. 642 des Bürgerlichen Gesetzbuchs ergiebt sich insbesondere, daß der Handelsmäkler die Gebühr nur fordern kann, wenn das Geschäft in Folge seiner Vermittelung zu Stande gekommen und eine etwaige aufschiebende Bedingung erfüllt ist. Daß er außerdem die Schlußnoten zugestellt haben muß, soweit nicht ausnahmsweise der endgültige Abschluß des von ihm vermittelten Geschäfts ohne seine Mitwirkung geschehen ist, folgt aus den Grundsätzen von der Vertragserfüllung.

Für den Titel des Bürgerlichen Gesetzbuchs über den Mäklervertrag hatte die Kommission des Reichstags in erster Lesung die Aufnahme einer Vorschrift beschlossen, wonach das Gericht befugt sein soll, einen unverhältnißmäßig hohen Mäklerlohn, solange er noch nicht entrichtet ist, auf Antrag des Schuldners durch Urtheil in angemessener Weise herabzusetzen. In der zweiten Lesung ist jedoch diese Bestimmung auf den Fall beschränkt worden, daß der Mäklerlohn für den Nachweis der Gelegenheit zum Abschluß eines Dienstvertrags oder für die Vermittelung eines solchen Vertrags versprochen ist. Die Vorschrift ist hiernach für den Handelsmäkler überhaupt nicht mehr von Bedeutung, wodurch auch die nach der Anmerkung zum §. 88 des Entwurfs eventuell in Aussicht genommene Bestimmung ihre Erledigung findet.

Buchführung. (§§. 89—91.)

Die nach Art. 71, 72 des Handelsgesetzbuchs den amtlichen Handelsmäklern obliegende Verpflichtung zur Führung eines Tagebuchs, in welches die von dem Mäkler vermittelten Geschäfte unter Angabe ihrer Bedingungen der Reihe nach einzutragen sind, ist im Entwurfe für alle Handelsmäkler anerkannt. Die Führung eines solchen Buches sowie die Pflicht des Mäklers, den Parteien auf Verlangen Auszüge daraus zu ertheilen, wird nicht lediglich durch die öffentliche Stellung der amtlichen Handelsmäkler bedingt; sie ist vielmehr durch die Natur des Gewerbebetriebs des Handelsmäklers und durch sein Verhältniß zu den Auftraggebern geboten. Der Handelsmäkler muß stets in der Lage sein, den Parteien, welchen er als Vermittler gedient hat, durch seine Buchführung ein Beweismittel für den Abschluß und die Bedingungen des vermittelten Geschäfts an die Hand zu geben. Selbstverständlich besteht die Verpflichtung zur Führung des Tagebuchs nur für Gewerbetreibende, die wirklich als Handelsmäkler im Sinne des Entwurfs anzusehen sind, nicht etwa für solche Personen, die, wie es namentlich an der Börse nicht selten ist, sich zwar als Mäkler bezeichnen, aber in Wahrheit nicht Geschäfte vermitteln, sondern nur Eigenhandel treiben.

Diejenigen auf die Führung des Tagebuchs bezüglichen Vorschriften des Handelsgesetzbuchs, welche nur in der besonderen Stellung der amtlichen Handelsmäkler ihren Grund haben, sind in den Entwurf nicht aufgenommen. Dahin gehören die Vorschriften über die Beglaubigung der Zahl der Tagebuchblätter durch die vorgesetzte Behörde und über die Niederlegung des Tagebuchs bei dieser im Falle des Todes oder der Amtsniederlegung des Handelsmäklers. Dagegen bestimmt der §. 91 des Entwurfs in Anlehnung an den Art. 79 des Handelsgesetzbuchs, daß im Laufe eines Rechtsstreits das Gericht die Vorlegung des Tagebuchs von Amtswegen anordnen kann, um es mit der Schlußnote, den Auszügen und anderen Beweismitteln zu vergleichen. Die durch die bisherige Fassung der Vorschrift entstandene Streitfrage, ob die Vorlegung des Tagebuchs nur zu dem Zwecke angeordnet werden dürfe, um die Glaubwürdigkeit der von den Parteien vorgebrachten Beweismittel zu prüfen, oder ob das Gericht auch befugt sei, das Tagebuch, entgegen den allgemeinen Grundsätzen der Civilprozeßordnung, von Amtswegen als ein neues und selbständiges Beweismittel in den Prozeß einzuführen, ist durch die Fassung des Entwurfs im ersteren Sinne entschieden. Die in den früheren Artikeln 77, 78, 79 Abs. 2 enthaltenen Vorschriften über die Führung des Beweises durch Tagebuch und Schlußnoten sind schon durch den §. 13 des Einführungsgesetzes zur Civilprozeßordnung aufgehoben. Daß der Abschluß eines durch Handelsmäkler vermittelten Vertrags von der Eintragung in das Tagebuch und von der Aushändigung der Schlußnoten unabhängig ist (Art. 76 des Handelsgesetzbuchs), bedarf keiner besonderen Hervorhebung.

Der §. 92 des Entwurfs bedroht den Mäkler, welcher den Vorschriften über die Führung und Aufbewahrung des Tagebuchs zuwiderhandelt, mit Strafe. Eine solche Strafandrohung ist erforderlich, um die Beobachtung der gedachten Vorschriften zu sichern.

Waarenmäkler des Kleinverkehrs. (§. 93.)

Eine Ausnahme von den Vorschriften über die Mittheilung von Schlußnoten und über die Führung des Tagebuchs ist bezüglich derjenigen Mäkler geboten, welche Waarengeschäfte im Kleinverkehr vermitteln. Für diese Gewerbetreibenden (sogenannte Krämermäkler) würden die bezeichneten Vorschriften nicht durchführbar sein; es besteht dafür auch kein Bedürfniß. Der §. 93 des Entwurfs enthält daher eine entsprechende Bestimmung.

Zweites Buch.

Handelsgesellschaften und stille Gesellschaft.

Zu den Handelsgesellschaften im Sinne des Handelsgesetzbuchs gehören nur die in dem bisherigen zweiten Buche geregelten Gesellschaftsarten, nämlich die offene Handelsgesellschaft, die Kommanditgesellschaft, die Aktiengesellschaft und die Kommanditgesellschaft auf Aktien, sowie nach dem Gesetze vom 20. April 1892 die Gesellschaften mit beschränkter Haftung. Das gemeinsame Merkmal der Handelsgesellschaften besteht darin, daß sie eine selbständige Firma haben, unter welcher sie Rechte erwerben und Verbindlichkeiten eingehen, klagen und verklagt werden können. Den sonst noch im Handelsgesetzbuche geregelten Gesellschaftsverhältnissen, nämlich der stillen Gesellschaft und der Gesellschaft zum Abschluß einzelner Handelsgeschäfte (sogenannte Gelegenheitsgesellschaft), fehlt diese rechtliche Selbständigkeit; ihre Bedeutung beschränkt sich im Wesentlichen auf das Rechtsverhältniß unter den Gesellschaftern. Das Handelsgesetzbuch zählt sie deshalb nicht zu den Handelsgesellschaften, und die Vorschriften, welche sich auf sie beziehen, finden sich, auch äußerlich von den die Handelsgesellschaften betreffenden Vorschriften getrennt, im dritten Buche. Diese äußere Eintheilung konnte zwar im Entwurfe nicht beibehalten werden, da die Vorschriften über die Gelegenheitsgesellschaft ganz wegfallen und diejenigen über die stille Gesellschaft nicht wohl den Inhalt eines selbständigen Buches bilden können. Die beschränkte Bedeutung des Ausdrucks „Handelsgesellschaften" liegt aber, wie die Ueberschrift dieses Buchs ersehen läßt, auch dem Entwurfe zu Grunde. An diesem Sprachgebrauche des Handelsgesetzbuchs mußte schon deshalb festgehalten werden, weil eine Reihe theils im Handelsgesetzbuche selbst, theils in anderen Gesetzen für die Handelsgesellschaften getroffener Vorschriften eben nur auf diejenigen Gesellschaften berechnet ist, bei welchen die oben erwähnten Merkmale zutreffen.

Erster Titel.

Offene Handelsgesellschaft.

Erster Abschnitt.

Errichtung der Gesellschaft.

Begriff. (§. 94 Abs. 1.)

Die Feststellung des Begriffs der offenen Handelsgesellschaft, wie sie im §. 94 des Entwurfs gegeben ist, entspricht im Wesentlichen dem bisherigen Art. 85 Abs. 1, doch ist zugleich die Fassung des §. 692 des Bürgerlichen Gesetzbuchs berücksichtigt. Hierbei geht der Entwurf davon aus, daß die offene Handelsgesellschaft ihrem Wesen nach auf einem Gesellschaftsvertrage beruht und nicht, wie dies für das geltende Recht von einzelnen Seiten angenommen wird, als ein Verhältniß betrachtet werden kann, durch das ohne Rücksicht auf die zu Grunde liegenden inneren Beziehungen der Betheiligten lediglich die Haftung für die Schulden eines unter gemeinschaftlicher Firma betriebenen Handelsgewerbes geregelt wird.

Verhältniß der Vorschriften des Entwurfs zum Bürgerlichen Gesetzbuche. (§. 94 Abs. 2.)

Das Verhältniß der handelsrechtlichen Vorschriften über die offene Handelsgesellschaft zu den allgemeinen Vorschriften des bürgerlichen Rechts über die Gesellschaft wird durch das Bürgerliche Gesetzbuch nicht unwesentlich umgestaltet. Während gegenwärtig die Grundsätze des bürgerlichen Rechts zum großen Theil auf anderen Grundlagen beruhen als die des Handelsgesetzbuchs, hat sich das Bürgerliche Gesetzbuch vielfach dem Handelsgesetzbuche genähert, sodaß zahlreiche und wichtige Rechtssätze, die bisher nur für die offene Handelsgesellschaft galten, jetzt die Bedeutung allgemeiner, für jede Art von Gesellschaften maßgebender Rechtsnormen erhalten. Die einheitliche Grundlage, welche in dieser Beziehung das Bürgerliche Gesetzbuch bietet, muß auch äußerlich zum Ausdruck kommen, indem die betreffenden Bestimmungen im Allgemeinen aus dem Handelsgesetzbuch ausgeschieden und statt ihrer die Vorschriften des Bürgerlichen Gesetzbuchs auch für die offene Handelsgesellschaft zur unmittelbaren Geltung gebracht werden. Eine abweichende Behandlung erscheint nur insoweit gerechtfertigt, als einzelne Vorschriften des Bürgerlichen Gesetzbuchs mit denen des Handelsgesetzbuchs in besonders nahem Zusammenhange stehen. Im Uebrigen würde die Wiederholung der ersteren Vorschriften im Handelsgesetzbuche dem bezeichneten Verhältnisse nicht gerecht werden; es genügt in der Hauptsache, wenn durch das Gesetz selbst auf die Nothwendigkeit hingewiesen wird, die betreffenden Vorschriften aus dem Bürgerlichen Gesetzbuche zu ergänzen (§. 94 Abs. 2).

Die Frage, ob die offene Handelsgesellschaft mit Rücksicht auf die Selbständigkeit ihres Vermögens und die Führung einer eigenen Firma als juristische Person aufzufassen sei, wird in Wissenschaft und Rechtsprechung jetzt fast allgemein verneint. Künftig dürfte um so weniger Veranlassung zur Annahme der juristischen Persönlichkeit vorliegen, als bei der Gesellschaft des Bürgerlichen Gesetzbuchs eine rechtliche Trennung des Gesellschaftsvermögens von dem Vermögen der einzelnen Gesellschafter gleichfalls anerkannt ist und zwar unter Verwerthung eines Rechtsgedankens, der im Allgemeinen auch zur Erklärung der Eigenthümlichkeiten der offenen Handelsgesellschaft ausreicht. Ein Bedürfniß nach einer ausdrücklichen Entscheidung der Frage im Gesetze besteht deshalb nicht. Die mit der rechtlichen Natur der offenen Handelsgesellschaft zusammenhängenden Streitfragen, welche sich hauptsächlich auf den Prozeß beziehen, sind meist durch die Rechtsprechung entschieden. Ueber einzelne besonders wichtige Punkte, für welche die Frage in Betracht kommt, wie über den zur Zwangsvollstreckung gegen die Gesellschaft erforderlichen Schuldtitel und über das Verhältniß der Gesellschaft zu der Haftung der einzelnen Gesellschafter, giebt der Entwurf ausdrückliche Bestimmungen (§. 112 Abs. 2, §. 117).

Die Vorschrift des bisherigen Art. 85 Abs. 2, wonach zur Gültigkeit des Gesellschafsvertrags die schriftliche Abfassung oder andere Förmlichkeiten nicht erforderlich sind, ist mit Rücksicht auf das Bürgerliche Gesetzbuch, nach welchem die Formfreiheit bei den Rechtsgeschäften die gesetzliche Regel bildet, gestrichen. Uebrigens ist im §. 307 des Bürgerlichen Gesetzbuchs für den Vertrag, durch den sich Jemand zur Uebertragung des Eigenthums an einem Grundstücke verpflichtet, die gerichtliche oder notarielle Beurkundung vorgeschrieben, und es wird daher künftig auch ein Vertrag über die Errichtung einer offenen Handelsgesellschaft dieser Form bedürfen, sofern sich darin einer der Gesellschafter verpflichtet, ein Grundstück in die Gesellschaft einzubringen. Ein genügender Grund, in dieser Beziehung von dem Bürgerlichen Gesetzbuch abzuweichen, liegt, wie von kaufmännischer Seite anerkannt ist, nicht vor. Wird nach Auflösung der Gesellschaft bei der Auseinandersetzung einem der Gesellschafter ein Gesellschaftsgrundstück überwiesen, so greifen schon gegenwärtig die für Verträge über Grundstücke geltenden Formvorschriften des bürgerlichen Rechts Platz. Entstehung.

Was die sonstigen Voraussetzungen der Entstehung der offenen Handelsgesellschaft betrifft, so ist nach dem Entwurfe die Art des Geschäftsbetriebes entscheidend, welche den Gegenstand des Unternehmens bildet. Bei den im §. 1 Abs. 2 aufgeführten Gewerbebetrieben entsteht die offene Handelsgesellschaft auch künftig, wie nach bisherigem Recht, ohne Rücksicht darauf, ob die Eintragung in das Handelsregister erfolgt ist oder nicht. Handelt es sich dagegen um den gemeinschaftlichen Betrieb eines Gewerbes der im §. 2 bezeichneten Art, so tritt die offene Handelsgesellschaft als solche erst mit der bewirkten Eintragung ins Leben.

Die §§. 95 bis 97 betreffen die Anmeldung der Gesellschaft zum Handelsregister sowie die Anmeldung späterer Veränderungen. Die Vorschriften des Handelsgesetzbuchs (Art. 86 bis 89) können in Folge der allgemeinen Regeln der §§. 11 bis 14 des Entwurfs über die Form der Anmeldungen und Zeichnungen sowie über die Eintragungen in das Register der Zweigniederlassungen und über die Ordnungsstrafen und die Wirkung der Eintragung wesentlich gekürzt werden. Entbehrlich ist auch der Art. 88 Abs. 1 Satz 2, demzufolge die Anmeldungen ihrem ganzen Inhalte nach einzutragen sind; dies hat, soweit nicht das Gegentheil im Gesetzbuch angeordnet ist, bei allen Eintragung in das Handelsregister. (§§. 95—97.)

Anmeldungen zu geschehen. Die auf die Vertretung der Gesellschaft bezüglichen Anmeldungen (Art. 86 Abs. 2 Nr. 4 und Art. 87 des Handelsgesetzbuchs) ordnet der Entwurf nicht in diesem Abschnitte, sondern im Zusammenhange mit den übrigen die Vertretung betreffenden Vorschriften (§. 113 Abs. 4).

Zweiter Abschnitt.

Rechtsverhältniß der Gesellschafter untereinander.

Dispositiver Karakter der Vorschriften.

Das Handelsgesetzbuch hebt im Art. 90 ausdrücklich hervor, daß sich das Rechtsverhältniß der Gesellschafter untereinander zunächst nach dem Gesellschaftsvertrage richtet und daß die Art. 91 bis 109 nur in Ermangelung besonderer Vereinbarungen zur Anwendung kommen. Da dieser Hinweis auf den dispositiven Karakter der fraglichen Vorschriften das richtige Verständniß des Gesetzes wesentlich erleichtert, so ist er auch in den Entwurf übernommen (§. 98).

Streichung der Art. 91, 92, 94, 98.

Im Einzelnen wird von den Bestimmungen, welche das Handelsgesetzbuch über das Rechtsverhältniß der Gesellschafter untereinander enthält, ein erheblicher Theil durch das Bürgerliche Gesetzbuch entbehrlich. Hierher gehören zunächst die Vorschriften des Art. 91 des Handelsgesetzbuchs. Wenn verbrauchbare oder vertretbare Sachen oder wenn unverbrauchbare und unvertretbare Sachen nach einer Schätzung, die nicht blos zum Zwecke der Gewinnvertheilung geschieht, in die Gesellschaft eingebracht werden, so gehen sie nach Art. 91 Abs. 1 in das Eigenthum der Gesellschaft über. Diese Vorschrift ist in den §. 693 Abs. 2 des Bürgerlichen Gesetzbuchs übernommen und zwar in verbesserter Form; denn während das Handelsgesetzbuch an die Thatsache des Einbringens den Eigenthumsübergang knüpft, beschränkt sich das Bürgerliche Gesetzbuch auf eine Auslegungsregel über die Bedeutung des Versprechens, einen Gegenstand einzubringen. Dadurch tritt klarer hervor, daß es, um den Gegenstand selbst gemeinschaftlich zu machen, immer noch desjenigen Uebertragungsaktes bedarf, welcher nach der Natur des Gegenstandes zur Rechtsübertragung erforderlich ist, daß also bei beweglichen Sachen die Uebergabe, bei Grundstücken die Auflassung stattfinden muß. Was den Abs. 2 des Art. 91 betrifft, wonach im Zweifel anzunehmen ist, daß die in das Gesellschaftsinventar mit der Unterschrift aller Gesellschafter eingetragenen, bis dahin einem Gesellschafter gehörigen Sachen Eigenthum der Gesellschaft geworden sind, so findet sich eine solche Vorschrift in dem Bürgerlichen Gesetzbuch allerdings nicht; bei der nach §. 259 der Civilprozeßordnung geltenden freien Beweiswürdigung erscheint sie aber auch für die offene Handelsgesellschaft entbehrlich, und soweit aus ihr gefolgert werden könnte, daß die Aufnahme in das Inventar die nach allgemeinen Grundsätzen erforderliche Uebertragungshandlung ersetze, ist sie überdies nicht zutreffend. Der ganze Art. 91 wird daher am besten gestrichen.

Der Art. 92, demzufolge ein Gesellschafter nicht verpflichtet ist, die Einlage über den vertragsmäßigen Betrag zu erhöhen oder die durch Verlust verminderte Einlage zu ergänzen, stimmt der Sache nach mit dem §. 694 des Bürgerlichen Gesetzbuchs überein.

Der Art. 94, nach welchem der Gesellschafter in den Angelegenheiten der Gesellschaft zu der Sorgfalt verpflichtet ist, die er in seinen eigenen Angelegenheiten anzuwenden pflegt, und gegen den durch sein Verschulden verursachten Schaden nicht die Vortheile aufrechnen kann, welche er der Gesellschaft in anderen Fällen durch seinen Fleiß verschafft hat, wird in seinem ersten Theile durch den §. 695 des Bürgerlichen Gesetzbuchs ersetzt, der für den Grad der anzuwendenden Sorgfalt die gleiche Regel aufstellt, während der zweite Theil der Vorschrift, welcher die Unzulässigkeit einer Aufrechnung der Vortheile und Nachtheile ausspricht, die der Gesellschaft aus der Thätigkeit eines Gesellschafters entstehen, selbstverständlich erscheint und deshalb gleichfalls entbehrlich ist.

Dasselbe gilt von dem Art. 98 des Handelsgesetzbuchs. Da der Eintritt eines neuen Gesellschafters in die Gesellschaft den Abschluß eines neuen Gesellschaftsvertrags voraussetzt, so versteht es sich von selbst, daß ein einzelner Gesellschafter ohne die Einwilligung der übrigen einen Dritten nicht in die Gesellschaft aufnehmen, ihn auch nicht mit Rechtswirkung gegenüber der Gesellschaft an seinem Antheile betheiligen oder ihm seinen Antheil abtreten kann. Das Wesentliche ist, daß die Ansprüche, welche den Gesellschaftern aus dem Gesellschaftsverhältnisse gegeneinander zustehen, mit bestimmten Ausnahmen, zu denen namentlich die Ansprüche auf einen Gewinnantheil gehören, nicht übertragbar sind; dieser Satz ist im §. 704 des Bürgerlichen Gesetzbuchs anerkannt, er braucht daher in den Vorschriften über die offene Handelsgesellschaft nicht wiederholt zu werden.

Haftung der Gesellschaft für Aufwendungen und Verluste eines Gesellschafters. (§. 99.)

Dagegen sind die Vorschriften des Art. 93 Abs. 1, 2 des Handelsgesetzbuchs beizubehalten; dieselben würden in den Vorschriften des Bürgerlichen Gesetzbuchs keinen vollständigen Ersatz finden. Insbesondere ist in das Bürgerliche Gesetzbuch die Vorschrift des Art. 93 nicht übernommen, wonach die Gesellschaft dem Gesellschafter schlechthin für Verluste haftet, die er unmittelbar durch seine Geschäftsführung oder aus Gefahren erleidet, die von ihr unzertrennlich sind. Bei der offenen Handelsgesellschaft entspricht aber eine solche Haftung der Billigkeit, und sie steht auch mit der in Handelskreisen herrschenden Auffassung im Einklange. Die offene Handelsgesellschaft begründet meist eine engere Gemeinschaft der Gesellschafter als Gesellschaften des bürgerlichen Rechts, und die Theilnehmer haben hier regelmäßig ihre ganze Thätigkeit und Arbeitskraft der Gesellschaft zu widmen. Deshalb können sie auch mit Recht verlangen, daß ihnen für Einbußen, die sie bei dieser Thätigkeit, insbesondere an ihrer Arbeitsfähigkeit, erleiden, von der Gesellschaft Entschädigung geleistet werde. Der §. 99 des Entwurfs schließt sich mit Rücksicht hierauf in der fraglichen Beziehung dem bisherigen Art. 93 an. Zugleich wiederholt er, um nicht den Zusammenhang zwischen den einzelnen gesetzlichen Bestimmungen und die Uebersichtlichkeit des Gesetzes zu beeinträchtigen, mit unwesentlichen Fassungsänderungen auch die sonstigen Vorschriften, welche der bisherige Art. 93 in Betreff des Rechtes der Gesellschafter auf den Ersatz nothwendiger Aufwendungen und auf die Verzinsung vorgeschossenen Geldes enthält. An sich würden allerdings die betreffenden Rechtssätze schon aus den §§. 700, 657, 670, 250 des Bürgerlichen Gesetzbuchs zu entnehmen sein. Der Abs. 3 des

Art. 93, wonach der Gesellschafter für seine Bemühungen bei dem Betriebe der Gesellschaftsgeschäfte keine Vergütung beanspruchen kann, ist in den Entwurf nicht aufgenommen. Soweit die Thätigkeit zur Geschäftsführung gehört, ist die Vorschrift selbstverständlich, da der Gesellschafter zur Geschäftsführung verpflichtet ist (§. 103 Abs. 1). Soweit es sich dagegen um andere Dienste handelt, namentlich um solche, zu denen der Gesellschafter kraft eines besonderen Berufs befähigt ist, erscheint ein allgemeiner Ausschluß jedes Vergütungsanspruchs nicht gerechtfertigt. Es muß vielmehr der Beurtheilung im einzelnen Falle überlassen bleiben, ob nicht eine Vergütung als stillschweigend zugesichert zu erachten ist. Auf diesem Standpunkte steht das Bürgerliche Gesetzbuch, und auch der Art. 93 Abs. 3 des Handelsgesetzbuchs wird schon gegenwärtig vielfach in dieser einschränkenden Weise ausgelegt.

Verzinsung der nicht rechtzeitig geleisteten Geldeinlage u. s. w. (§. 100.)

Der §. 100 des Entwurfs stimmt mit dem Art. 95 des Handelsgesetzbuchs überein. Es entspricht der kaufmännischen Auffassung, daß ein Gesellschafter, der seine Geldeinlage nicht zur rechten Zeit einzahlt, auch wenn er sich nicht im Verzuge befindet, insbesondere also ohne Mahnung, die Einlage von dem Tage an zu verzinsen hat, an welchem die Zahlung hätte geschehen sollen. Ebenso muß es bei dem Grundsatze bleiben, daß eine Zinspflicht nicht nur dann entsteht, wenn ein Gesellschafter Geld, welches er an die Gesellschafskasse herauszugeben oder für die Gesellschaft zu verwenden hatte, für sich verwendet (Bürgerliches Gesetzbuch §§. 655, 700), sondern in allen Fällen, in denen er Gesellschaftsgeld, sei es mit eigennütziger Absicht, sei es ohne solche, nicht zur rechten Zeit an die Gesellschaftskasse abliefert oder unbefugt Geld aus der Gesellschaftskasse für sich entnimmt. Durch den gesetzlichen Zinsanspruch der Gesellschaft wird, wie der §. 100 des Entwurfs im Anschluß an den Art. 95 Abs. 2 des Handelsgesetzbuchs und an den §. 282 Abs. 2 des Bürgerlichen Gesetzbuchs hervorhebt, der nach allgemeinen Grundsätzen etwa begründete Anspruch der Gesellschaft auf Ersatz eines weiteren Schadens nicht ausgeschlossen. Daß die sonstigen Folgen, welche die Säumniß bei der Zahlung der Geldeinlage oder bei der Ablieferung der Gesellschaftsgelder sowie die unbefugte Entnahme von Geldern nach sich ziehen kann, zum Beispiel die Auflösung der Gesellschaft oder die Ausschließung des Gesellschafters (§§. 121, 127), unberührt bleiben, versteht sich von selbst und braucht nicht besonders im Gesetz ausgesprochen zu werden.

Konkurrenzverbot. (§§. 101, 102.)

Die Vorschriften der Art. 96, 97 des Handelsgesetzbuchs über die Verpflichtung der Gesellschafter, sich des Betriebs von Geschäften in dem Handelszweige der Gesellschaft und der Betheiligung an einer gleichartigen Handelsgesellschaft zu enthalten, sind in den §§. 101, 102 des Entwurfs mit geringen Aenderungen wiedergegeben. Die letzteren verfolgen in der Hauptsache den Zweck, die thunlichste Uebereinstimmung mit den die Handlungsgehülfen betreffenden Vorschriften der §§. 55, 56 herzustellen.

Wer über die Geltendmachung der Ansprüche zu befinden hat, die im Falle der Zuwiderhandlung gegen die erwähnte Verpflichtung dem betreffenden Gesellschafter gegenüber begründet sind, ist gegenwärtig bestritten. Da es nicht angemessen erscheint, die Geltendmachung dem Belieben jedes einzelnen Gesellschafters zu überlassen, und da andererseits eine Handlung der Geschäftsführung nicht in Frage steht, so fordert der Entwurf einen Beschluß der übrigen Gesellschafter.

Hiermit hängt es zusammen, daß die im Entwurfe statt der dreimonatigen Ausschlußfrist des Art. 97 Abs. 2 vorgesehene dreimonatige Verjährung der Ansprüche erst mit dem Zeitpunkte beginnt, in welchem die übrigen Gesellschafter von dem Abschlusse des Geschäfts oder der Theilnahme des Gesellschafters an der anderen Gesellschaft Kenntniß erlangen; die Vorschrift des Handelsgesetzbuchs, welche von einer „Kenntniß der Gesellschaft" spricht, hat zu Meinungsverschiedenheiten Anlaß gegeben. Als verjährt können selbstverständlich immer nur diejenigen Ersatzansprüche gelten, welche vor mehr als drei Monaten entstanden waren. Dies bezieht sich auch auf den Ersatzanspruch, der aus der Betheiligung eines Gesellschafters bei einer anderen Gesellschaft hergeleitet wird; ein Einwand gegen weitere Ersatzansprüche wird daher durch den Ablauf der Frist von drei Monaten seit der Kenntniß der übrigen Gesellschafter nicht begründet.

Keiner Hervorhebung im Gesetze bedarf es, daß bei Zuwiderhandlungen eines Gesellschafters gegen die Vorschriften des §. 101 das Recht der übrigen Gesellschafter, geeignetenfalls die Auflösung der Gesellschaft oder die Ausschließung des betreffenden Gesellschafters herbeizuführen, unberührt bleibt.

Geschäftsführung. (§§. 102—106.)

Im Gegensatze zu dem Bürgerlichen Gesetzbuche, das in Bezug auf die Führung der Geschäfte der Gesellschaft davon ausgeht, daß für jedes Geschäft die Zustimmung aller Gesellschafter erforderlich ist (§§. 696 ff.), hält der Entwurf an dem Grundsatze des Handelsgesetzbuchs fest, wonach in Ermangelung einer anderen Vereinbarung jeder einzelne Gesellschafter zur Führung der Gesellschaftsgeschäfte berechtigt und verpflichtet ist und nur im Falle des Widerspruchs eines anderen Gesellschafters die Vornahme einer Handlung der Geschäftsführung unterlassen muß. Die Abweichung von den Vorschriften des Bürgerlichen Rechts ist durch die besonderen Bedürfnisse des Geschäftsbetriebes bei handelsgewerblichen Unternehmungen geboten.

In der äußeren Anordnung der Vorschriften über die Geschäftsführung weicht der Entwurf von dem Handelsgesetzbuch ab. Er stellt im §. 103 den Satz an die Spitze, daß alle Gesellschafter das Recht und die Pflicht zur Geschäftsführung haben (Art. 102 Abs. 1), und knüpft daran die Vorschrift, daß die übrigen Gesellschafter von der Geschäftsführung ausgeschlossen sind, wenn diese in dem Gesellschaftsvertrage, d. h. in dem ursprünglichen Gesellschaftsvertrage oder in einer nachträglichen Vereinbarung sämmtlicher Gesellschafter, einem oder mehreren Gesellschaftern übertragen ist (Art. 99 Satz 1). Der §. 104 Abs. 1 bringt sodann den Grundsatz zum Ausdruck, daß der einzelne geschäftsführende Gesellschafter, mag die Geschäftsführung allen Gesellschaftern zustehen (Art. 102 Abs. 2) oder mag sie durch den Gesellschaftsvertrag einem oder mehreren Gesellschaftern übertragen sein (Art. 100 Abs. 2), zwar ohne Zustimmung der übrigen geschäftsführenden Gesellschafter, aber nicht gegen den Widerspruch auch nur eines von ihnen zu handeln befugt ist. Bestimmt der Gesellschaftsvertrag, daß die Gesellschafter, denen die Geschäftsführung zusteht, nur zusammen handeln können, so bedarf es nach §. 104 Abs. 2 für jedes Geschäft der Zustimmung aller geschäftsführenden Gesellschafter, es sei denn, daß Gefahr im Verzuge ist (Art. 100 Abs. 1). Das Bürgerliche Gesetzbuch macht von dem Grundsatze der gemeinsamen Geschäftsführung aller Gesellschafter auch bei Gefahr im Verzuge keine Ausnahme; die besondere Berücksichtigung, welche jener Fall im Handelsgesetzbuche gefunden hat, ist jedoch für die bei den Handelsgesellschaften in Betracht kommenden Verhältnisse zweckmäßig und daher aufrecht zu erhalten.

Der §. 105 regelt den Umfang, in welchem die geschäftsführenden Gesellschafter, soweit das Verhältniß nach innen in Frage steht, zu handeln befugt sind. Er giebt den Inhalt des Art. 99 Satz 2, des Art. 103 Abs. 1 und 2 sowie des Art. 104 in vereinfachter Fassung wieder. Die Befugniß zur Geschäftsführung erstreckt sich danach nur auf Handlungen, die der gewöhnliche Betrieb des Handelsgewerbes mit sich bringt, wogegen zur Vornahme von Handlungen, die darüber hinausgehen, ein Beschluß aller, auch der von der Geschäftsführung ausgeschlossenen, Gesellschafter erforderlich ist. Das Bürgerliche Gesetzbuch macht einen solchen Unterschied zwischen gewöhnlichen und außergewöhnlichen Handlungen nicht; bei der gesetzlichen Regel gemeinsamer Geschäftsführung aller Gesellschafter besteht hierfür auch kein Bedürfniß, während bei dem entgegengesetzten Grundsatze, der für die offene Handelsgesellschaft gilt, eine derartige Unterscheidung nicht zu entbehren ist. Die Sondervorschrift des Art. 104, wonach es für die Bestellung eines Prokuristen der Zustimmung aller geschäftsführenden Gesellschafter bedarf, sofern nicht Gefahr im Verzug ist, hat der Entwurf gleichfalls beibehalten. Der Widerruf der Prokura kann dagegen durch jeden einzelnen der zur Ertheilung oder zur Mitwirkung bei der Ertheilung befugten Gesellschafter erfolgen, ohne daß den übrigen Gesellschaftern ein Recht des Widerspruchs zusteht; in dem Schlußsatze des §. 105 ist dies unter Abänderung der zweifelhaften Fassung des Art. 104 Abs. 2 besonders hervorgehoben.

Die Möglichkeit, einem Gesellschafter die Befugniß zur Geschäftsführung wider seinen Willen zu entziehen, ist in dem bisherigen Art. 101 nur für den Fall anerkannt, daß es sich um eine durch den Gesellschaftsvertrag übertragene Geschäftsführung handelt. Ein triftiger Grund für diese Beschränkung liegt nicht vor; vielmehr kann sich das Bedürfniß, einen Gesellschafter von der Geschäftsführung auszuschließen, gerade dann geltend machen, wenn in Ermangelung einer Bestimmung des Gesellschaftsvertrags jeder einzelne Gesellschafter kraft der Vorschrift des Gesetzes selbständig zur Geschäftsführung befugt ist. Das Bürgerliche Gesetzbuch hat freilich die gleiche Beschränkung aufgenommen (§. 699 Abs. 1); sie erscheint jedoch für die Gesellschaft des bürgerlichen Rechts, bei welcher der einzelne Gesellschafter nicht kraft Gesetzes zur selbständigen Führung der Geschäfte befugt ist, in höherem Grade gerechtfertigt. Für die offene Handelsgesellschaft trifft dies nicht zu. Der §. 106 des Entwurfs bestimmt daher, daß die Befugniß zur Geschäftsführung ohne Unterschied, ob sie auf dem Gesellschaftsvertrage oder auf dem Gesetze beruht, einem Gesellschafter aus wichtigen Gründen, namentlich wegen Unfähigkeit oder grober Pflichtverletzung, entzogen werden kann. Wie die Entziehung erfolgt, ist für das geltende Recht in Folge der Fassung des Art. 101 Abs. 2, 3 bestritten. Nach dem Entwurfe, wie nach dem Bürgerlichen

Gesetzbuche, bedarf es keiner gerichtlichen Klage, vielmehr genügt der Beschluß der übrigen Gesellschafter; mit diesem Beschlusse tritt die Entziehung in Kraft, vorausgesetzt, daß thatsächlich ein wichtiger Grund vorlag, und hierüber hat im Streitfalle nachträglich der Richter zu entscheiden. Da es sich bei der Entziehung der Geschäftsführung lediglich um das Verhältniß der Gesellschafter untereinander handelt, so treffen die Erwägungen, welche dafür sprechen, die Entziehung der Vertretungsbefugniß (§. 115) von einer gerichtlichen Entscheidung abhängig zu machen, hier nicht zu.

Das Recht des geschäftsführenden Gesellschafters, seinerseits die Geschäftsführung, wenn ein wichtiger Grund vorliegt, zu kündigen, bestimmt sich nach §. 699 Abs. 2 des Bürgerlichen Gesetzbuchs. Ob dieses Recht, trotzdem es im Handelsgesetzbuche nicht besonders anerkannt ist, schon gegenwärtig besteht, kann dahin gestellt bleiben; jedenfalls fehlt es an einem Grunde, für die offene Handelsgesellschaft in der fraglichen Beziehung etwas Anderes festzusetzen als für die Gesellschaft des bürgerlichen Rechts.

Befugniß der Gesellschafter, sich von den Gesellschaftsangelegenheiten zu unterrichten.

Der bisherige Art. 105, der die nicht in dem Geschäftsbetriebe der Gesellschaft thätigen Gesellschafter für berechtigt erklärt, sich von den Gesellschaftsangelegenheiten persönlich zu unterrichten, ist in den Entwurf nicht aufgenommen; er wird durch den ihm nachgebildeten §. 703 des Bürgerlichen Gesetzbuchs ersetzt.

Beschlüsse der Gesellschaft. (§. 107.)

Nach §. 107 Abs. 1 des Entwurfs bedarf es zu Beschlüssen der Gesellschaft der Uebereinstimmung aller Gesellschafter oder, wenn ein Gesellschafter von der Mitwirkung bei der Beschlußfassung ausgeschlossen ist, zum Beispiel weil es sich darum handelt, ihm die Befugniß zur Geschäftsführung zu entziehen oder Ansprüche wegen verbotswidrigen Handelsbetriebes gegen ihn geltend zu machen (§. 102 Abs. 2, §. 106), wenigstens der Uebereinstimmung aller zur Beschlußfassung berufenen Gesellschafter. Der bezeichnete Grundsatz entspricht dem Wesen der offenen Handelsgesellschaft, und seine Geltung ist deshalb auch nach dem bestehenden Rechte nicht zweifelhaft, wenngleich ihn das Handelsgesetzbuch nur an einzelnen Stellen zum Ausdruck bringt; er wird am besten allgemein ausgesprochen. Falls nach dem Gesellschaftsvertrage die Mehrheit der Stimmen entscheidet, kommt die Auslegungsregel des §. 696 Abs. 2 des Bürgerlichen Gesetzbuchs zur Anwendung, derzufolge die Mehrheit nach der Zahl der Gesellschafter zu berechnen ist. Um Zweifel auszuschließen, hebt der Abs. 2 des §. 107 dies ausdrücklich hervor.

Antheile der Gesellschafter am Gewinn und Verlust. (§§. 108, 109.)

Die Vorschriften des §. 108 über die jährliche Berechnung des Gewinns und Verlustes und über die Zuschreibungen oder Abschreibungen in dem Kapitalkonto jedes Gesellschafters stimmen sachlich mit den Vorschriften des Art. 107 überein. Daß auch die im Laufe des Geschäftsjahres von dem Gesellschafter auf seine Einlage gemachten Leistungen seinem Kapitalkonto zugeschrieben werden, versteht sich von selbst. An Stelle des im Art. 106 bisher gebrauchten Ausdrucks „Antheil am Gesellschaftsvermögen" ist im Entwurfe die Bezeichnung „Kapitalantheil" gewählt. Sie entspricht mehr dem kaufmännischen Sprachgebrauch und ist auch sachlich zutreffender. Der Ausdruck „Antheil am Gesellschaftsvermögen" hat zu dem Mißverständnisse geführt, als ob die zum Gesellschaftsvermögen gehörenden Gegenstände nach dem Verhältnisse der Kapitalkonten im Miteigenthume der Gesellschafter ständen; dies ist aber nicht richtig; am wenigsten dann, wenn das Konto eines Gesellschafters mit einem Passivsaldo abschließt.

Eine sachliche Abweichung vom Handelsgesetzbuche liegt in den Vorschriften, welche der §. 109 des Entwurfs über die Vertheilung des Gewinns und Verlustes enthält. Die Abweichung besteht darin, daß nach dem Entwurfe keine feste Verzinsung der Kapitalantheile mehr stattfindet, daß vielmehr nur aus dem Jahresgewinn und demnach nur soweit, als dieser reicht, ein gewisser Prozentsatz nach dem Verhältnisse der Kapitalantheile auf diese vorweg vertheilt wird. Der Art. 106 des Handelsgesetzbuchs steht auf einem anderen Standpunkte. Danach werden dem einzelnen Gesellschafter am Jahresschluß ohne Rücksicht auf das thatsächliche Geschäftsergebniß Zinsen zu vier vom Hundert auf seine Einlage oder seinen Kapitalantheil gutgeschrieben. Hierdurch wird aber die Vermögenseinlage vor der Arbeitseinlage und die höhere Vermögenseinlage vor der geringeren unbillig bevorzugt. Da nämlich bei ungünstigem Geschäftsgange der Verlust der Gesellschaft durch diese Zinsen vermehrt oder gebildet wird, die Vertheilung des Verlustes unter die Gesellschafter aber nach Köpfen geschieht (Art. 109), so werden die Zinsen für den mit hoher Vermögenseinlage betheiligten Gesellschafter unter Umständen nicht aus den Geschäftserträgnissen, sondern aus den Einlagen der Mitgesellschafter oder sogar aus deren Privatvermögen gedeckt. Denn wenn in Folge der Gutschrift der Zinsen für den einen Gesellschafter ein Passivsaldo für einen anderen Gesellschafter entsteht oder sich erhöht, so hat der letztere bei der Auflösung der Gesellschaft oder bei seinem Ausscheiden jenen Betrag herauszuzahlen. Eine derartige Verzinsung der Einlage auf Kosten der Mitgesellschafter würde sich nur aus der Annahme einer wechselseitigen Zinsgarantie der Gesellschafter rechtfertigen lassen. Eine solche Annahme wird aber regelmäßig der Absicht der Betheiligten nicht entsprechen. Sie steht mit dem Wesen einer Erwerbsgesellschaft, die auf Gemeinsamkeit des Gewinns und Verlustes gerichtet ist, nicht im Einklang. Wie die Entschädigung für die Arbeitsleistungen der Gesellschafter nur aus dem Gewinn erfolgt, so muß billigerweise auch das gesetzliche Entgelt für die Vermögenseinlage sich auf den Antheil am Gewinne beschränken. Für die stille Gesellschaft sieht denn auch das Handelsgesetzbuch eine feste Verzinsung der Vermögenseinlage nicht vor. Richtig ist, daß die Theilhaber einer offenen Handelsgesellschaft in vielen Fällen ihr gesammtes Vermögen in die Gesellschaft einbringen und darauf angewiesen sind, selbst wenn kein Gewinn erzielt ist, aus dem Gesellschaftsvermögen ihren Lebensunterhalt zu decken (Protokolle der Nürnberger Kommission Bd. III S. 1022), aber in dieser Beziehung genügt es, wenn den Gesellschaftern auch in einem Verlustjahre gestattet wird, einen Betrag von vier vom Hundert, unter Abschreibung des Betrags von ihrem Kapitalantheile, aus der Gesellschaftskasse zu entnehmen (§. 110 des Entwurfs); ein unbedingtes Recht auf die Gutschrift fester Zinsen läßt sich dagegen nicht rechtfertigen. Die ausländische Gesetzgebung kennt mit wenigen Ausnahmen[1]) einen Anspruch auf feste Zinsen gleichfalls nicht.

[1]) Ungarisches Handelsgesetzbuch §. 84 Abs. 1; schweizerisches Obligationenrecht Art. 556.

Der Grundsatz des §. 709 des Bürgerlichen Gesetzbuchs, daß der ganze Gewinn im Zweifel nach Köpfen unter die Gesellschafter zu vertheilen ist, kann allerdings bei der offenen Handelsgesellschaft keine Anwendung finden. Der den Vorschriften des Handelsgesetzbuchs zu Grunde liegende Gedanke ist vielmehr insofern zweifellos zutreffend, als der Verschiedenheit der Kapitalbetheiligung ein angemessener Einfluß bei der Gewinnvertheilung einzuräumen ist. Diesem Gesichtspunkte wird durch die Vorschriften des §. 109 des Entwurfs Rechnung getragen. Jedem Gesellschafter gebührt hiernach aus dem Jahresgewinne zunächst ein Antheil von vier vom Hundert seines Kapitalantheils oder, falls der Jahresgewinn hierzu nicht ausreicht, ein Antheil, der sich nach einem entsprechend niedrigeren Satze bestimmt. Bei der Berechnung des einem Gesellschafter zukommenden Gewinnantheils werden die im Laufe des Geschäftsjahrs auf den Kapitalantheil entnommenen Gelder nach dem Verhältniß der bis zur Entnahme abgelaufenen Zeit, umgekehrt aber auch die im Laufe des Geschäftsjahrs als Einlage gemachten Leistungennach dem Verhältniß der seit der Leistung abgelaufenen Zeit berücksichtigt. Derjenige Theil des Jahresgewinns, welcher übrig bleibt, nachdem in dieser Weise jedem Gesellschafter der auf seinen Kapitalantheil fallende Gewinnbetrag gutgeschrieben ist, und ebenso der Verlust eines Geschäftsjahrs werden nach Köpfen vertheilt. Hierin stimmt der Entwurf mit den bisherigen Vorschriften überein (Art. 109 des Handelsgesetzbuchs). Auf die Antheile der Gesellschafter an diesem Gewinnüberschuß findet auch die Vorschrift des §. 709 Abs. 2 des Bürgerlichen Gesetzbuchs Anwendung, wonach, falls nur der Antheil am Gewinn oder am Verluste bestimmt ist, die Bestimmung im Zweifel für Gewinn und Verlust gilt.

Recht der Gesellschafter zur Entnahme von Geld. (§. 110.)

Der §. 110, nach welchem jeder Gesellschafter aus der Gesellschaftskasse Geld bis zum Betrage von vier vom Hundert seines für das letzte Geschäftsjahr festgestellten Kapitalantheils zu seinen Lasten erheben darf und, soweit es nicht zum offenbaren Schaden der Gesellschaft gereicht, auch die Auszahlung seines diesen Betrag übersteigenden Antheils am Gewinne des letzten Jahres verlangen kann, im Uebrigen aber nicht befugt ist, ohne Einwilligung der anderen Gesellschafter seinen Kapitalantheil zu vermindern, entspricht dem Art. 108 des Handelsgesetzbuchs. Da aber zufolge §. 109 eine Gutschrift von vier vom Hundert auf die Kapitaleinlagen nur insoweit stattfindet, als der Jahresgewinn reicht, so wird nach dem Entwurfe, wenn ein Jahresgewinn nicht erzielt ist, durch die Entnahme dieses Betrages lediglich der bisherige Kapitalantheil des betreffenden Gesellschafters selbst vermindert, während nach dem Handelsgesetzbuche in Folge der Gutschrift fester Zinsen die Entnahme zum Theil auf Kosten der Mitgesellschafter erfolgt.

Dritter Abschnitt.

Rechtsverhältniß der Gesellschafter zu Dritten.

Wirksamkeit der Gesellschaft nach außen; Selbständigkeit des Gesellschaftsvermögens. (§§. 111, 112.)

Die Vorschriften des §. 111 Abs. 1 bis 3 und des §. 112 über den Zeitpunkt, mit welchem die offene Handelsgesellschaft Dritten gegenüber in Wirksamkeit tritt, und über die Fähigkeit der Gesellschaft, unter ihrer Firma Rechte zu erwerben und Verbindlichkeiten einzugehen sowie vor Gericht zu klagen und verklagt zu werden, stimmen im Wesentlichen mit den Art. 110 und 111 des Handelsgesetzbuchs überein. Im §. 111 Abs. 2 ist zur Vermeidung von Mißverständnissen ausdrücklich hervorgehoben, daß der Grundsatz, wonach die Wirksamkeit der offenen Handelsgesellschaft gegenüber Dritten schon vor der Eintragung der Gesellschaft in das Handelsregister durch den Beginn der Gesellschaftsgeschäfte eintritt, eine Ausnahme in den Fällen erleidet, in welchen es sich um ein Unternehmen handelt, das nach dem §. 2 erst durch die Eintragung die Eigenschaft als Handelsgewerbe erhält. Wie ferner durch die Fassung des Abs. 3 klargestellt wird, ist nicht nur die Vereinbarung, daß die Gesellschaft mit einem späteren Zeitpunkt als dem der Eintragung in das Handelsregister ihren Anfang nehmen solle, Dritten gegenüber unwirksam, sondern das Gleiche gilt, abgesehen von den Fällen des §. 2, auch bezüglich der Abrede, daß die Gesellschaft erst in einem späteren Zeitpunkt als dem des Geschäftsbeginnes ins Leben treten solle. Schon jetzt wird eine derartige Vereinbarung meist für unwirksam erachtet. Zufolge der neuen Vorschrift des §. 111 Abs. 4 kann nach der Eintragung in das Handelsregister die Unwirksamkeit der Gesellschaft nicht aus dem Grunde geltend gemacht werden, daß es in Ansehung des Gegenstandes oder der Art und des Umfanges des Gewerbebetriebes an den nach den §§. 1 bis 3 und 5 maßgebenden Voraussetzungen fehle; wegen dieser Vorschrift ist auf die Bemerkungen zu §. 2 zu verweisen.

Einer besonderen Vorschrift bedarf es in Bezug auf die Zwangsvollstreckung in das Gesellschaftsvermögen. Bei der Gesellschaft des bürgerlichen Rechts, die als solche nicht verklagt werden kann, soll nach der als §. 670b für die Civilprozeßordnung in Aussicht genommenen Vorschrift (Anlage II der Denkschrift zum Bürgerlichen Gesetzbuche) die Zwangsvollstreckung in das Gesellschaftsvermögen auf Grund eines gegen sämmtliche Gesellschafter vollstreckbaren Schuldtitels stattfinden und zwar ohne Unterschied, ob dem Schuldtitel eine Gesellschaftsschuld oder eine andere Gesammtschuld der Gesellschafter zu Grunde liegt. Für die offene Handelsgesellschaft eignet sich diese Vorschrift nicht. Der nach außen wirksamen Selbständigkeit des Gesellschaftsvermögens, insbesondere der Zulassung eines besonderen Gesellschaftskonkurses, welcher nur zur Befriedigung der Gesellschaftsgläubiger dient, entspricht es, daß das Gesellschaftsvermögen überhaupt dem unmittelbaren Zugriffe der Privatgläubiger der Gesellschafter entzogen wird, selbst wenn für die Schuld alle Gesellschafter haften. Bilden zum Beispiel dieselben Personen mehrere offene Handelsgesellschaften oder Kommanditgesellschaften, so dürfen nicht die Gläubiger der einen Gesellschaft das Vermögen der anderen in Anspruch nehmen. Auf dieser Erwägung beruht die Vorschrift des §. 112 Abs. 2 des Entwurfs, wonach die Zwangsvollstreckung in das Gesellschaftsvermögen nur auf Grund eines gegen die Gesellschaft gerichteten vollstreckbaren Schuldtitels stattfindet.

Die in dem Abs. 2 des bisherigen Art. 111 enthaltene Vorschrift über den Gerichtsstand der Gesellschaft ist durch den §. 19 der Civilprozeßordnung ersetzt und kann daher gestrichen werden.

Die Selbständigkeit des Gesellschaftsvermögens und die Trennung desselben von dem Rechtskreise der einzelnen Gesellschafter ist im Handelsgesetzbuch, abgesehen von dem Art. 111, noch durch eine Reihe anderer Vorschriften zum Ausdruck gebracht, nach welchen eine Verfügung der einzelnen Gesellschafter über ihren Antheil an den zum Gesellschaftsvermögen gehörenden Gegenständen sowie der Zugriff der Privatgläubiger eines Gesellschafters auf solche Gegenstände ausgeschlossen ist. Diese in den Art. 119 bis 121 des Handelsgesetzbuchs enthaltenen Vorschriften werden jetzt entbehrlich, da das Bürgerliche Gesetzbuch durch die Einführung des Grundsatzes der gesammten Hand die Unzulässigkeit solcher Verfügungen bei allen Gesellschaften anerkennt (§. 706 des Bürgerlichen Gesetzbuchs). Dies gilt insbesondere bezüglich der Aufrechnung zwischen Forderungen der Gesellschaft und Privatforderungen des Gesellschaftsschuldners gegen einen einzelnen Gesellschafter (Art. 121 des Handelsgesetzbuchs). Macht die Gesellschaft eine ihr zustehende Forderung geltend, so kann nach §. 706 Abs. 2 des Bürgerlichen Gesetzbuchs der Schuldner eine ihm gegen einen einzelnen Gesellschafter zustehende Forderung nicht aufrechnen; verlangt dagegen der Schuldner der Gesellschaft von einem Gesellschafter Befriedigung für eine ihm gegen diesen zustehende Privatforderung, so kann der Gesellschafter die Forderung der Gesellschaft deshalb nicht aufrechnen, weil er über das Gesellschaftsvermögen oder seinen Antheil daran nach §. 706 Abs. 1 nicht im eigenen Namen verfügen kann. Daß die Aufrechnung nach Auflösung der Gesellschaft zulässig ist, soweit die Gesellschaftsforderung dem Gesellschafter bei der Auseinandersetzung überwiesen ist (Art. 121 Satz 2 des Handelsgesetzbuchs), ist selbstverständlich, da eine solche Forderung mit der Ueberweisung an einen Gesellschafter aufhört, Gesellschaftsforderung zu sein.

Vertretung. (§§. 113—115.)

Die §§. 113 bis 115 regeln die Vertretung der Gesellschaft. Nach dem Handelsgesetzbuch (Art. 114 bis 118) ist jeder einzelne Gesellschafter selbständig zur Vertretung der Gesellschaft befugt, soweit nicht durch den Gesellschaftsvertrag abweichende Bestimmungen getroffen, insbesondere einzelne Gesellschafter von der Vertretung ausgeschlossen sind oder ein gemeinsames Handeln der vertretungsberechtigten Gesellschafter (Gesammtvertretung) für erforderlich erklärt ist; Dritten gegenüber erhalten solche Bestimmungen nur durch die Eintragung in das Handelsregister unbedingte Wirksamkeit; der Umfang der Vertretungsmacht der Gesellschafter ist unbeschränkt und unbeschränkbar. An diesen von den Vorschriften des Bürgerlichen Gesetzbuchs abweichenden, aber den Bedürfnissen des Handels entsprechenden Grundsätzen hält der Entwurf überall fest; nur in Einzelheiten sowie in der Anordnung und Fassung der Vorschriften unterscheidet er sich von dem Handelsgesetzbuche.

Für das geltende Recht ist es zweifelhaft, ob im Falle der Gesammtvertretung die vertretungsberechtigten Gesellschafter die Möglichkeit haben, einen Einzelnen von ihnen zur Vornahme bestimmter Arten von Geschäften oder Rechtshandlungen, zum Beispiel zur Ausstellung von Quittungen über den Empfang von Zahlungen oder Postsendungen, zu ermächtigen. Aus der Vorschrift des §. 177 des Bürgerlichen Gesetzbuchs, wonach, von gewissen Ausnahmen abgesehen, ein Vertreter mit sich im eigenen Namen ein Rechtsgeschäft nicht vornehmen kann, würde sich ein weiteres Bedenken gegen die Zulässigkeit einer solchen Ermächtigung entnehmen lassen, da bei der Ertheilung der Ermächtigung, streng genommen, auch der betreffende Gesellschafter selbst mitwirken muß. Es besteht nun aber unleugbar ein Bedürfniß, Ausnahmen von der Nothwendigkeit des gemeinsamen Handelns sämmtlicher vertretungsberechtigter Gesellschafter zuzulassen, auch wenn die Gesammtvertretung als allgemeine Regel im Gesellschaftsvertrag angeordnet ist. Die Häufigkeit von Prozessen, in denen es sich um die Gültigkeit von Ermächtigungen der fraglichen Art handelt, beweist dies zur Genüge. In noch höherem Grade besteht das Bedürfniß allerdings in Ansehung der Aktiengesellschaften und Genossenschaften, bei welchen die Gesammtvertretung durch sämmtliche Vorstandsmitglieder gesetzlich als Regel anerkannt ist. Immerhin erscheint auch für die offene Handelsgesellschaft eine gesetzliche Entscheidung der Frage wünschenswerth. In den Abs. 2 des §. 113 ist deshalb eine entsprechende Vorschrift aufgenommen.

Weiter ist daselbst bestimmt, daß, wenn der Gesellschaft gegenüber eine Willenserklärung abzugeben ist, stets die Abgabe gegenüber einem der zur Mitwirkung bei der Vertretung befugten Gesellschafter genügt. Den gleichen Grundsatz hat das Bürgerliche Gesetzbuch für den Vereinsvorstand aufgestellt (§. 25 Abs. 2); hinsichtlich der Zustellungen ist er auch bereits im Handelsgesetzbuch (Art. 117 Abs. 2) sowie in der Civilprozeßordnung (§. 157 Abs. 3) anerkannt.

Bestritten ist nach dem geltenden Rechte, ob die Vertretung der Gesellschaft auch in der Weise geordnet werden kann, daß die einzelnen Gesellschafter nur zusammen mit einem Prokuristen zur Vertretung ermächtigt werden. In der Praxis wird diese Form der Vertretung meist für statthaft gehalten, während sie in der Wissenschaft vielfach als unzulässig angesehen wird. Im Verkehr läßt sie sich, wie die Erfahrung zeigt, nicht entbehren, und der Entwurf erklärt sie deshalb im §. 113 Abs. 3 ausdrücklich für zulässig. Daß der Umfang der gemeinsamen Vertretungsmacht des Gesellschafters und des Prokuristen sich nach dem Umfange der Vollmacht des letzteren richtet, bedarf keiner besonderen Hervorhebung. Mit der Unbeschränkbarkeit der Vertretungsbefugniß des Gesellschafters steht dies nicht im Widerspruche; denn die Beschränkung hat nicht in der Vertretungsmacht des Gesellschafters, sondern in derjenigen des Prokuristen ihren Grund. Uebrigens bleiben auch in allen praktisch hauptsächlich bedeutsamen Beziehungen die Befugnisse des Prokuristen hinter denen eines vertretungsberechtigten Gesellschafters nicht zurück. Eine gemeinsame Vertretung der Gesellschaft durch einen Gesellschafter zusammen mit einem Handlungsbevollmächtigten läßt der Entwurf nicht zu. Da die Handlungsvollmacht keinen gesetzlich fest bestimmten Inhalt hat, so kann von ihrem Umfang ohne Gefährdung der Rechtssicherheit nicht die Wirksamkeit der Rechtshandlungen eines vertretungsberechtigten Gesellschafters abhängig gemacht werden.

Der letzte Absatz des §. 113 bestimmt genauer als der Art. 86 Nr. 4 und der Art. 87 des Handelsgesetzbuchs, welche Anmeldungen zum Handelsregister hinsichtlich der Vertretungsbefugniß erforderlich sind.

Die auf den Umfang der Vertretungsmacht bezüglichen Vorschriften des §. 114 (bisher Art. 114 Abs. 1, 116, 117 Abs. 1, 118) enthalten in sachlicher Beziehung keine wesentlichen Abweichungen von dem geltenden Rechte. Von dem Grundsatze der sachlichen Unbeschränkbarkeit der Vertretungsmacht der Gesellschafter läßt der Abs. 3 des §. 114 insofern eine Ausnahme zu, als die Vertretungsbefugniß eines Gesellschafters auf den Betrieb einer von mehreren Niederlassungen der Gesellschaft beschränkt werden kann, sofern die Niederlassungen unter verschiedenen Firmen betrieben werden. Der Vorschrift liegen die gleichen Gesichtspunkte zu Grunde, wie der darin in Bezug genommenen, die Prokura betreffenden Bestimmung des §. 45 Abs. 3.

Daß die Gesellschaft durch die von den vertretungsberechtigten Gesellschaftern abgeschlossenen Geschäfte unmittelbar berechtigt und verpflichtet wird (Handelsgesetzbuch Art. 114 Abs. 2), braucht nicht mehr besonders ausgesprochen zu werden; der Grundsatz ergiebt sich aus der allgemeinen Vorschrift des §. 160 des Bürgerlichen Gesetzbuchs. Ob und inwieweit auf die vertretungsberechtigten Gesellschafter die für gesetzliche Vertreter geltenden Vorschriften anwendbar sind (zu vergl. Civilprozeßordnung §§. 54, 55, 97, 219, §. 247 Abs. 2 Nr. 6), kann, wie bisher, der Entscheidung durch Wissenschaft und Rechtsprechung überlassen bleiben. Von praktischer Bedeutung ist hierbei hauptsächlich die Frage, wer in Prozessen der Gesellschaft die Parteieide zu leisten hat; diese Frage hat das Reichsgericht in Uebereinstimmung mit der herrschenden Meinung dahin beantwortet, daß nur die vertretungsberechtigten Gesellschafter zu schwören haben (Civilprozeßordnung §§. 435, 436, 439), und es liegt kein Grund vor, dem entgegenzutreten. Auch die Frage, inwieweit die Gesellschaft für den Schaden verantwortlich ist, den ein vertretungsberechtigter Gesellschafter bei seinen Verrichtungen einem Dritten zufügt, hat durch die Rechtsprechung des Reichsgerichts eine den praktischen Bedürfnissen entsprechende Lösung gefunden.

Der §. 115 des Entwurfs gewährt die Möglichkeit, einem Gesellschafter die Befugniß zur Vertretung der Gesellschaft unter besonderen Umständen auch gegen seinen Willen zu entziehen. Bisher gab es eine solche Entziehung nicht; der Art. 101 des Handelsgesetzbuchs gilt nur für die Geschäftsführung, also nur für das Verhältniß nach innen, nicht für die Legitimation gegenüber Dritten. Der einzige Weg, auf dem sich zur Zeit die Gesellschaft gegen die mißbräuchliche Ausübung der Vertretungsmacht eines Gesellschafters schützen kann, besteht in der vollständigen Ausschließung des Gesellschafters aus der Gesellschaft oder in der Auflösung der letzteren. Es erscheint jedoch nicht unbedenklich, die Gesellschaft auf einen dieser Wege zu drängen, wenn bereits mit der Entziehung der Vertretungsbefugniß der beabsichtigte Zweck erreicht werden kann. Auf diesem Standpunkte steht sowohl der §. 702 des Bürgerlichen Gesetzbuchs als auch der §. 38 Abs. 2 des Gesetzes, betreffend die Gesellschaften mit beschränkter Haftung. Der Entwurf bestimmt demgemäß, daß einem Gesellschafter die Vertretungsmacht aus wichtigem Grunde auf Antrag der übrigen Gesellschafter durch gerichtliche Entscheidung entzogen werden kann. Zwischen der auf Gesetz und der auf Vertrag beruhenden Vertretungsbefugniß wird nicht unterschieden. Auch erscheint es nicht erforderlich, die

Entziehung der Vertretungsbefugniß nach dem Vorgange des Bürgerlichen Gesetzbuchs an die Bedingung zu knüpfen, daß gleichzeitig dem Gesellschafter die Befugniß zur Geschäftsführung entzogen wird. Von dem Bürgerlichen Gesetzbuche weicht der Entwurf ferner darin ab, daß die Vertretungsbefugniß nicht durch einfachen Beschluß der anderen Gesellschafter, über dessen Rechtmäßigkeit das Gericht dann erst nachträglich im Streitfalle zu entscheiden hätte, sondern nur durch Richterspruch entzogen werden kann. Wird bei der offenen Handelsgesellschaft die unmittelbare Entziehung der Vertretungsbefugniß durch Beschluß der Gesellschafter zugelassen, so ergiebt sich für Dritte im Rechtsverkehr mit der Gesellschaft eine unsichere Lage, wenn sie zwar von dem Beschlusse Kenntniß erhalten haben (zu vergl. §. 14 Abs. 1 des Entwurfs), aber nicht übersehen, ob derselbe auf zureichenden Gründen beruht. Unter dem Einfluß von Streitigkeiten werden leicht übereilte und ungerechtfertigte Beschlüsse dieser Art gefaßt und durch Rundschreiben oder in sonstiger Weise bekannt gemacht. Der Gesellschafter, der von dem Beschlusse getroffen wird, kann auf diesem Wege in seiner kaufmännischen Stellung empfindlich geschädigt werden; der Erfolg, welchen er in einem sich daran schließenden Rechtsstreite hat, vermag jenen Nachtheil nicht immer auszugleichen. Hiernach erscheint es richtig, dem Beschluß als solchem keine rechtliche Wirkung beizulegen.

Haftung der Gesellschafter für die Gesellschaftsschulden. (§§. 116—118.)

Der Grundsatz, daß bei der offenen Handelsgesellschaft die Gesellschafter für die Verbindlichkeiten der Gesellschaft den Gläubigern als Gesammtschuldner mit ihrem ganzen Vermögen haften, ist im Art. 112 des Handelsgesetzbuchs ohne Einschränkung aufgestellt. Dessenungeachtet ist früher vielfach angenommen worden, daß die bezeichnete Regel eine Ausnahme erleiden müsse, soweit es sich um die Forderung eines Gesellschafters gegen die Gesellschaft handelt, und zwar ohne Unterschied, ob die Forderung sich auf das Gesellschaftsverhältniß gründet oder ob sie auf einem selbständigen Rechtsgeschäfte beruht, das der Gesellschafter mit der Gesellschaft geschlossen hat. Die neuere Rechtsprechung des Reichsgerichts ist jedoch von dieser Auffassung abgegangen und hat vielmehr unter gewissen Einschränkungen auch dem einzelnen Gesellschafter das Recht zugestanden, wegen seiner Forderungen an die Gesellschaft die Mitgesellschafter in Anspruch zu nehmen. Es liegt kein Grund vor, dieser Rechtsprechung durch gesetzliche Vorschriften entgegenzutreten. Im §. 116 des Entwurfs ist demzufolge der Grundsatz des bisherigen Art. 112 unverändert wiedergegeben.

Da die Gesellschafter als Gesammtschuldner haften, so kommen auf ihre nebeneinander bestehenden Verpflichtungen die Vorschriften des Bürgerlichen Gesetzbuchs über die Gesammtschuld zur Anwendung. In Ansehung der Vorschriften, welche nach §. 420 des Bürgerlichen Gesetzbuchs bezüglich des Rückgriffs der Gesammtschuldner unter einander im Zweifel maßgebend sind, gilt dies allerdings nicht; die Auseinandersetzung unter den Gesellschaftern findet vielmehr erst nach der Auflösung der Gesellschaft oder nach dem Ausscheiden eines Gesellschafters statt. Auch während der Liquidation hat der Gesellschafter noch nicht ohne Weiteres ein von dem schließlichen Ergebnisse der Auseinandersetzung unabhängiges Rückgriffsrecht gegen die Mitgesellschafter. Die bezeichneten Sätze sind durch Rechtsprechung und Wissenschaft hinreichend festgestellt, sodaß es keiner besonderen Vorschriften im Gesetze bedarf.

Anders verhält es sich mit einzelnen Fragen, die das Verhältniß der Haftung der Gesellschafter zu der Haftung der Gesellschaft betreffen. Die Schwierigkeiten, die sich dabei geltend machen, hängen hauptsächlich mit der Frage zusammen, in welchem Umfange die rechtliche Selbständigkeit der offenen Handelsgesellschaft gegenüber den Personen der Gesellschafter anzuerkennen ist. Hieraus ergeben sich bezüglich einzelner praktisch wichtiger Punkte Zweifel, und es muß als wünschenswerth betrachtet werden, dieselben durch das Gesetz zu entscheiden. Der §. 117 des Entwurfs enthält die nöthigen Vorschriften. Der Abs. 1 betrifft die Frage, inwieweit der Gesellschafter, welcher von einem Gesellschaftsgläubiger in Anspruch genommen wird, befugt ist, Einwendungen gegen die Gesellschaftsschuld als solche selbständig geltend zu machen. In Uebereinstimmung mit der in Wissenschaft und Rechtsprechung schon gegenwärtig herrschenden Auffassung entscheidet der Entwurf die Frage dahin, daß der Gesellschafter Einwendungen, die nicht in seiner Person begründet sind, nur insoweit erheben kann, als sie von der Gesellschaft selbst noch geltend gemacht werden können. Hiernach hat sowohl ein rechtsverbindliches Anerkenntniß der Gesellschaft als ein gegen sie ergangenes rechtskräftiges Urtheil die Wirkung, daß die Gesellschaftsschuld als solche auch den Gesellschaftern gegenüber festgestellt ist. Andererseits kann die Wirkung eines derartigen Urtheils nicht so weit gehen, daß aus demselben auch die Zwangsvollstreckung unmittelbar in das Privatvermögen der einzelnen Gesellschafter zuzulassen wäre. Dieser im Abs. 4 des §. 117 ausgesprochene Grundsatz steht gleichfalls im Einklang mit der in der Rechtsprechung der höchsten Gerichte zur Geltung gelangten Auffassung. Der Entwurf bringt demnach in den gedachten Beziehungen nur dasjenige zur gesetzlichen Anerkennung, was als das Ergebniß der bisherigen Rechtsentwicklung bezeichnet werden darf. Sowohl dem praktischen Bedürfniß als der rechtlichen Stellung der Gesellschafter in der Gesellschaft entspricht dasselbe vollkommen; umsomehr empfiehlt es sich, die betreffenden Sätze in das Gesetz aufzunehmen.

Der zweite und dritte Absatz des §. 117 betreffen die Fälle, in welchen ein Gesellschafter wegen einer Schuld der Gesellschaft in Anspruch genommen wird, hinsichtlich deren der Gesellschaft selbst ein Recht der Anfechtung oder mit Rücksicht auf eine Gegenforderung an den Gläubiger ein Recht der Aufrechnung zusteht. Nach dem geltenden Rechte wird meist angenommen, daß der wegen einer Gesellschaftsschuld in Anspruch genommene Gesellschafter kraft eigenen Rechts mit den Gesellschaftsforderungen aufrechnen könne. Dadurch wird jedoch dem Gesellschafter bezüglich der Forderungen der Gesellschaft ein weitergehendes Verfügungsrecht eingeräumt, als er es an den sonstigen zur Befriedigung der Gläubiger geeigneten Vermögensstücken der Gesellschaft hat. Hierzu fehlt es an einem genügenden Grunde. Bedenklich erscheint es auch, die Befugniß zur selbständigen Geltendmachung eines der Gesellschaft zustehenden Anfechtungsrechts dem einzelnen Gesellschafter zu gewähren. Am zweckmäßigsten wird das Verhältniß in beiden Beziehungen so geregelt, wie es im §. 754 des Bürgerlichen Gesetzbuchs für die Bürgschaft vorgesehen ist. Danach hat zwar der

Bürge, solange dem Hauptschuldner das Recht zusteht, das seiner Verbindlichkeit zu Grunde liegende Rechtsgeschäft anzufechten, oder solange sich der Gläubiger durch Aufrechnung gegen eine fällige Forderung des Hauptschuldners befriedigen kann, die Befugniß, die Befriedigung des Gläubigers zu verweigern, er kann aber nicht das Anfechtungs- oder Aufrechnungsrecht des Hauptschuldners selbständig geltend machen. Auch für den Gesellschafter einer offenen Handelsgesellschaft genügt in den fraglichen Fällen die Gewährung einer aufschiebenden Einrede.

Der §. 118, nach welchem der Gesellschafter, der in eine bestehende Gesellschaft eintritt, gleich den anderen Gesellschaftern für die von der Gesellschaft vor seinem Eintritt eingegangenen Verbindlichkeiten ohne Rücksicht auf eine entgegenstehende Vereinbarung haftet, wiederholt die Vorschrift des bisherigen Art. 113. Die Frage der Haftung in dem Falle, daß bei der Errichtung einer offenen Handelsgesellschaft einer der Gesellschafter ein bestehendes Handelsgeschäft in die Gesellschaft einbringt, ist schon im §. 26 geregelt.

Haftung im Falle des Gesellschaftskonkurses.

Während das Handelsgesetzbuch im Allgemeinen davon ausgeht, daß die Gesellschaftsgläubiger sich wegen ihrer Ansprüche nach ihrer Wahl an die Gesellschaft oder an jeden einzelnen Gesellschafter halten können, also nicht verpflichtet sind, zunächst aus dem Gesellschaftsvermögen Befriedigung zu suchen, ändert sich dieses Verhältniß nach Art. 122 im Falle des Konkurses der Gesellschaft. Die Gesellschaftsgläubiger können, sobald der Konkurs über das Vermögen der Gesellschaft eröffnet ist, aus dem Privatvermögen eines Gesellschafters nur insoweit Befriedigung verlangen, als sie im Gesellschaftskonkurs einen Ausfall erlitten haben. Die bis dahin prinzipale Haftung der Gesellschafter wird zu einer subsidiären. Dabei unterscheidet das Handelsgesetzbuch nicht, ob auch über das Vermögen des betreffenden Gesellschafters der Konkurs eröffnet ist oder nicht. In der Literatur wird zwar in neuerer Zeit von einzelnen Seiten die Auffassung vertreten, daß die Vorschrift des Art. 122 des Handelsgesetzbuchs nur für den Fall gelte, wenn sich auch der Gesellschafter, dessen Haftung geltend gemacht wird, im Konkurse befindet; das Reichsgericht hat jedoch diese Auffassung mit Rücksicht auf die unbedingte Fassung der Vorschrift als unzutreffend zurückgewiesen.

Der gegenwärtige Rechtszustand ist nicht befriedigend. Daß die Haftung des Gesellschafters eine subsidiäre wird, ist nur gerechtfertigt, wenn nicht blos über das Vermögen der Gesellschaft, sondern auch über das Vermögen des Gesellschafters der Konkurs eröffnet ist. Hier bedarf es eines Schutzes der Privatgläubiger des Gesellschafters, die auf die Befriedigung in dem Konkurs über dessen Vermögen angewiesen sind und den Antheil des Gesellschafters an den Gegenständen des Gesellschaftsvermögens den Gesellschaftsgläubigern überlassen müssen. Dagegen fehlt es an einem genügenden Grunde, auch die Haftung derjenigen Gesellschafter, welche trotz des Gesellschaftskonkurses zahlungsfähig geblieben sind, in der fraglichen Weise einzuschränken. Die Haftung versagt in Folge dieser Einschränkung gerade da, wo sie die größte praktische Bedeutung hätte; denn den Gesellschaftsgläubigern wird es hierdurch regelmäßig während der ganzen Dauer des Gesellschaftskonkurses unmöglich gemacht, sich an die vermögenden Mitglieder der Gesellschaft zu halten. Die Frage war früher von geringerer Erheblichkeit, weil nach den meisten Landesgesetzen die Eröffnung des Gesellschaftskonkurses die Eröffnung des Konkurses über das Vermögen der Gesellschafter zur nothwendigen Folge hatte. Durch die Reichskonkursordnung, in welcher ein solcher Grundsatz nicht aufgenommen worden ist, hat sich dies aber geändert. Um so mehr erscheint es angezeigt, jetzt auch die Vorschrift des Handelsgesetzbuchs einer Aenderung zu unterziehen und die Subsidiarität der Haftung der Gesellschafter auf den Fall zu beschränken, wenn sowohl über das Vermögen der Gesellschaft als über das Vermögen des betreffenden Gesellschafters der Konkurs eröffnet ist.

Der in dieser Weise einzuschränkende Grundsatz erhält seinen Ausdruck am besten durch eine veränderte Fassung des §. 201 der Konkursordnung, welcher sich auf die Rechte der Gläubiger einer offenen Handelsgesellschaft in den Konkursen der Gesellschafter bezieht. Der Art. 122 des Handelsgesetzbuchs kann dann ganz wegfallen; denn der darin noch enthaltene Satz, daß im Konkurse der offenen Handelsgesellschaft ausschließlich die Gesellschaftsgläubiger ihre Befriedigung suchen können, ergiebt sich auch aus der Konkursordnung.

Hierdurch erledigen sich zugleich die Streitfragen, zu denen bisher das Verhältniß des §. 201 der Konkursordnung zu den Vorschriften des Art. 122 des Handelsgesetzbuchs Anlaß gegeben hat. Sie beruhen hauptsächlich auf der Verschiedenheit des Sinnes, in welchem die beiden Gesetzesvorschriften von dem „Ausfalle der Gesellschaftsgläubiger in dem Gesellschaftskonkurse" sprechen. In Zukunft kommt nur noch die Bedeutung, welche die Konkursordnung mit diesem Ausdrucke verbindet, in Betracht.

Ueber sonstige Fragen, die sich in Bezug auf den Konkurs der offenen Handelsgesellschaft erheben lassen, bedarf es keiner neuen gesetzlichen Vorschriften. Insbesondere kann die Frage, ob auch Ansprüche von Gesellschaftern auf rückständigen Gewinn im Konkurse der Gesellschaft geltend gemacht werden können, der Entscheidung durch Wissenschaft und Rechtsprechung überlassen bleiben. Da die Geltendmachung solcher Ansprüche jedenfalls nur in Ansehung des Gewinns des letzten Geschäftsjahrs in Betracht kommen könnte, wogegen der unerhobene Gewinn aus früheren Jahren regelmäßig als Vermehrung der Kapitaleinlage der Gesellschafter anzusehen sein wird, so ist die Frage nicht von großer praktischer Bedeutung.

Vierter Abschnitt.

Auflösung der Gesellschaft und Ausscheiden von Gesellschaftern.

Gründe der Auflösung. (§. 119.)

Die im Art. 123 des Handelsgesetzbuchs enthaltene zusammenfassende Aufzählung der Thatsachen, durch welche die offene Handelsgesellschaft aufgelöst wird, ist in den §. 119 des Entwurfs übernommen. Dabei ist neben der Auflösung durch Kündigung auch die Auflösung durch gerichtliche Entscheidung (§. 121) besonders hervorgehoben. Ebenso mußte die Auflösung durch Ablauf der Zeit, für welche die Gesellschaft eingegangen ist, sowie durch Beschluß der Gesellschafter im §. 119 aufgeführt werden, während das Bürgerliche Gesetzbuch in den Vorschriften über die Gesellschaft diese Auflösungsgründe nicht erwähnt. Dagegen ist die Unfähigkeit zur selbständigen Vermögensverwaltung (Handelsgesetzbuch Art. 123 Nr. 3) nicht mehr als ein besonderer Auflösungsgrund anerkannt; es genügt, daß wegen jener Thatsache gegebenen Falls auf Auflösung der Gesellschaft geklagt werden kann. Andererseits endigt nach §. 713 des Bürgerlichen Gesetzbuchs die Gesellschaft von Rechtswegen, wenn der vereinbarte Zweck erreicht oder dessen Erreichung unmöglich geworden ist, wogegen dem Handelsgesetzbuche diese Auflösungsgründe nicht bekannt sind. Der Entwurf folgt hierin dem letzteren. Bei der offenen Handelsgesellschaft wird sich nur selten ohne Weiteres erkennen lassen, ob der Gesellschaftszweck erreicht oder seine Erreichung unmöglich geworden ist. Schon mit Rücksicht auf das Verhältniß der Gesellschaft zu Dritten erscheint es daher nicht angängig, jene Thatsachen als von Rechtswegen wirkende Auflösungsgründe anzuerkennen; auch hier wird es vielmehr am besten den Gesellschaftern überlassen, die Auflösung gemeinsam zu beschließen oder sie im Wege der gerichtlichen Entscheidung herbeizuführen.

Kündigung der Gesellschaft und Auflösung durch gerichtliche Entscheidung. (§§. 120 — 122.)

Eine Gesellschaft auf unbestimmte Zeit, der eine für die Lebenszeit eines Gesellschafters eingegangene oder nach dem Ablaufe der bestimmten Zeit stillschweigend fortgesetzte Gesellschaft gleichsteht, kann nach dem Bürgerlichen Gesetzbuche (§§. 710, 711) jederzeit gekündigt werden. Das Handelsgesetzbuch (Art. 124, Art. 123 Nr. 5, 6) gestattet dagegen die Kündigung nur zum Ablaufe des Geschäftsjahrs und nur unter Einhaltung einer Kündigungsfrist von sechs Monaten. Hierbei muß es verbleiben (§. 120). Das im §. 710 des Bürgerlichen Gesetzbuchs und im Art. 125 des Handelsgesetzbuchs jedem Gesellschafter gewährte Recht, aus wichtigen Gründen ohne Einhaltung einer Kündigungsfrist die sofortige Auflösung der Gesellschaft herbeizuführen, erkennt auch der Entwurf an (§. 121). Nach dem Bürgerlichen Gesetzbuche wird, falls ein wichtiger Grund vorliegt, die Gesellschaft schon durch die Kündigung des Gesellschafters aufgelöst, während für das Handelsgesetzbuch Streit darüber besteht, ob zur Auflösung die bloße Auflösungserklärung des Gesellschafters genügt oder ein Richterspruch erforderlich ist. Demgegenüber verlangt der Entwurf, ebenso wie bei der Entziehung der Vertretungsbefugniß (§. 115), im Interesse der Verkehrssicherheit ausdrücklich eine die Auflösung aussprechende richterliche Entscheidung. Als wichtige Gründe für eine solche Auflösung hebt der Entwurf die im §. 710 des Bürgerlichen Gesetzbuchs aufgeführten Umstände noch besonders hervor; die mehr ins Einzelne gehenden Beispiele, die der Art. 125 giebt, sind für die Rechtsprechung ohne wesentlichen Nutzen und deshalb entbehrlich.

Das Recht der Privatgläubiger eines Gesellschafters, die Gesellschaft zu dem Zwecke zu kündigen, um sich aus dem, was dem Gesellschafter bei der Auseinandersetzung zukommt, zu befriedigen, ist im §. 122 des Entwurfs der Hauptsache nach in derselben Weise wie in dem bisherigen Art. 126 geregelt. Die Vorschriften des §. 712 des Bürgerlichen Gesetzbuchs, welche das Kündigungsrecht des Gläubigers in mehrfacher Hinsicht an leichtere

Bedingungen knüpfen, sind für die offene Handelsgesellschaft nicht geeignet. Nur in einzelnen Beziehungen weichen die Vorschriften des Entwurfs von denjenigen des Handelsgesetzbuchs ab. Um nutzlose Weiterungen zu verhüten, wird nicht mehr verlangt, daß die fruchtlose Zwangsvollstreckung in das Vermögen des Gesellschafters, welche die Voraussetzung des Kündigungsrechts des Gläubigers bildet, gerade von dem kündigenden Gläubiger selbst versucht worden sei; auch soll es genügen, wenn die erfolglos gebliebene Zwangsvollstreckung nur in das bewegliche Vermögen des Gesellschafters unternommen worden ist. Andererseits kann nicht jeder irgend einmal in früherer Zeit erfolgte Versuch der Zwangsvollstreckung als ausreichend betrachtet werden; es bedarf vielmehr in dieser Beziehung einer bestimmten zeitlichen Begrenzung. Der Entwurf macht es im Anschluß an den §. 64 des Genossenschaftsgesetzes zur Bedingung, daß die vergeblich versuchte Zwangsvollstreckung innerhalb der Zeit von sechs Monaten vor der Pfändung und Ueberweisung des Auseinandersetzungsanspruchs des Gesellschafters stattgefunden habe.

Fortdauer der Pflicht und des Rechts zur Geschäftsführung. (§§. 123, 124.)

In den §§. 714 bis 716 des Bürgerlichen Gesetzbuchs sind besondere Bestimmungen über die einstweilige Fortdauer der Pflicht und des Rechts zur Geschäftsführung nach Auflösung der Gesellschaft getroffen. Diese Vorschriften eignen sich auch zur Anwendung auf die offene Handelsgesellschaft. Sie werden hier nicht etwa durch die Vorschriften über die Liquidation und über die Befugnisse der Liquidatoren zur Geschäftsführung entbehrlich; denn einerseits sind die geschäftsführenden Gesellschafter und die Liquidatoren nicht immer dieselben Personen, und andererseits haben die Befugnisse beider bezüglich der Geschäftsführung einen verschiedenen Umfang. Die §§. 714 bis 716 des Bürgerlichen Gesetzbuchs bedürfen jedoch für die offene Handelsgesellschaft einer Ergänzung. Denn sie beziehen sich nur auf die durch den Gesellschaftsvertrag übertragene Geschäftsführung, wogegen bei der offenen Handelsgesellschaft, da bei dieser die einzelnen Mitglieder für sich allein zur Geschäftsführung berufen sind, die gleichen Grundsätze bezüglich der kraft Gesetzes einem Gesellschafter zustehenden Geschäftsführung zur Anwendung kommen müssen. Dies ist in den §§. 123, 124 des Entwurfs vorgesehen.

Ausscheiden von Gesellschaftern. (§§. 125—128.)

Die §§. 125 bis 128 regeln das Ausscheiden eines Gesellschafters aus der im Uebrigen fortbestehenden Gesellschaft. Sie entsprechen, abgesehen von den neuen Bestimmungen des §. 126, im Wesentlichen den Vorschriften der bisherigen Art. 127, 128, 130 Abs. 1 und 132 des Handelsgesetzbuchs, in der Fassung ist die Sprachweise des Bürgerlichen Gesetzbuchs (§§. 723, 724) berücksichtigt. Letzteres gilt auch in Betreff der Anwendung des Wortes „Ausscheiden". Das Bürgerliche Gesetzbuch begreift unter diesem Ausdruck, ebenso wie das Genossenschaftsgesetz, sowohl den freiwilligen Austritt als die Ausschließung eines Gesellschafters; dem folgt auch der Entwurf, wogegen im Handelsgesetzbuche der Ausdruck eine engere Bedeutung hatte.

Der §. 126 des Entwurfs betrifft den Fall, daß nach dem Gesellschaftsvertrage die Gesellschaft mit den Erben eines verstorbenen Gesellschafters fortgesetzt werden soll. In der Rechtsprechung ist auf Grund des Art. 123 Nr. 2 in Verbindung mit Art. 113 des Handelsgesetzbuchs angenommen worden, daß der Erbe ohne Weiteres in die Gesellschaft eintritt und für deren Schulden mit seinem ganzen Vermögen auch dann einzustehen hat, wenn er nach dem bürgerlichen Rechte für die Nachlaßverbindlichkeiten an sich nur beschränkt haftet. Dieses Ergebniß enthält eine unbillige Härte gegen den Erben; derselbe kann in einem solchen Falle die unbeschränkte Haftung für die Gesellschaftsschulden nur durch rechtzeitige Ausschlagung der ganzen Erbschaft von sich abwenden. Allerdings läßt sich die Schwierigkeit nicht in der Weise beseitigen, daß der Erbe, selbst wenn er längere Zeit als offener Gesellschafter in der Gesellschaft verbleibt, immer nur mit der Erbschaft für die Gesellschaftsschulden zu haften braucht. Eine derartige Regelung würde die Rechtssicherheit gefährden und in Ansehung neu entstehender Verbindlichkeiten überhaupt nicht durchzuführen sein. Ebensowenig wird man dem Erben die Befugniß einräumen können, einerseits die Erbschaft zu behalten, andererseits aber die Fortsetzung der Gesellschaft unbedingt abzulehnen und demgemäß seinen Austritt zu erklären. Denn wenn in einem Gesellschaftsvertrage bestimmt wird, daß die Gesellschaft mit den Erben eines Gesellschafters fortgesetzt werden soll, so ist hierbei in der Regel neben der Rücksicht auf das Interesse der Erben hauptsächlich die Absicht maßgebend, daß das Gesellschaftskapital auch nach dem Tode eines der Gesellschafter dem gemeinsamen Unternehmen ungeschmälert erhalten bleiben soll. Eine solche Absicht ist an sich nicht zu beanstanden und hält sich namentlich innerhalb der Grenzen, welche dem Verfügungsrechte des Erblassers hinsichtlich der Belastung des Erben gezogen sind; ihre Verwirklichung muß deshalb auch möglich bleiben. Dies wäre aber nicht der Fall, wenn den Erben die Befugniß zustände, nach ihrem Belieben aus der Gesellschaft auszuscheiden und die Auszahlung des Kapitalantheils ihres Erblassers zu verlangen.

Die bezeichneten Bedenken werden vermieden, wenn der Erbe die Befugniß erhält, sein Verbleiben in der Gesellschaft davon abhängig zu machen, daß ihm unter Belassung seines Gewinnantheils die Stellung eines Kommanditisten eingeräumt und der auf ihn fallende Theil der Einlage des Erblassers als seine Kommanditeinlage anerkannt wird. Auf dieser Grundlage ist der Gegenstand im Entwurfe geregelt. Gehen die übrigen Gesellschafter auf den Antrag des Erben nicht ein, so ist dieser befugt, ohne Einhaltung einer Kündigungsfrist sein Ausscheiden aus der Gesellschaft zu erklären. Selbstverständlich kann dem Erben die Ausübung der bezeichneten Rechte nicht ohne jede zeitliche Begrenzung gestattet werden. Der Entwurf bestimmt hierfür eine Frist von drei Monaten von dem Zeitpunkt an, in welchem der Erbe von dem Anfalle der Erbschaft Kenntniß erlangt hat. Andererseits läßt es der Entwurf nicht zu, jene Rechte im voraus durch den Gesellschaftsvertrag auszuschließen, da sonst der Erblasser doch wieder in der Lage wäre, die Erben über die Kräfte der Erbschaft hinaus zu verpflichten. Scheidet innerhalb der dreimonatigen Frist der Erbe aus der Gesellschaft aus oder wird innerhalb der Frist die Gesellschaft aufgelöst oder dem Erben die Stellung eines Kommanditisten eingeräumt, so haftet er, wie der Entwurf weiterhin vorsieht, wegen der bis dahin entstandenen Gesellschaftsschulden nur nach Maßgabe der die Haftung des Erben für die Nachlaßverbindlichkeiten betreffenden Vorschriften des bürgerlichen

Rechtes; was die später entstehenden Verbindlichkeiten betrifft, so regelt sich, falls der Erbe als Kommanditist in der Gesellschaft verbleibt, seine Haftung für diese Verbindlichkeiten nach den für die Kommanditisten maßgebenden Grundsätzen. Macht der Erbe von den ihm nach §. 126 zustehenden Befugnissen überhaupt nicht oder nicht rechtzeitig Gebrauch, so trifft ihn die unbeschränkte Haftung für alle Gesellschaftsschulden, mögen sie vor oder nach dem Erbfalle entstanden sein.

Was die Voraussetzungen der Ausschließung eines Gesellschafters betrifft, so hält der §. 127 des Entwurfs in Abweichung von dem Bürgerlichen Gesetzbuch an den Grundsätzen des bisherigen Art. 128 des Handelsgesetzbuchs fest. Nach §. 724 des Bürgerlichen Gesetzbuchs kann ein Gesellschafter, in dessen Person ein die übrigen Gesellschafter zur Kündigung berechtigender Umstand eintritt, aus der Gesellschaft nur dann ausgeschlossen werden, wenn der Gesellschaftsvertrag bestimmt, daß im Falle der Kündigung eines Gesellschafters die Gesellschaft unter den übrigen fortbestehen solle. Der Entwurf läßt dagegen ebenso wie der bisherige Art. 128 die Ausschließung auch ohne diese Voraussetzung zu. In Anbetracht der dauernden Zwecke, welche die offene Handelsgesellschaft verfolgt, ist es angezeigt, den Fortbestand der Gesellschaft thunlichst zu sichern und demgemäß die Entfernung eines das Unternehmen gefährdenden Theilnehmers auch dann zu ermöglichen, wenn ein solcher Fall im Gesellschaftsvertrage nicht besonders vorgesehen ist. Daß die Ausschließung durch ausdrückliche Bestimmung des Gesellschaftsvertrags für unzulässig erklärt werden kann, versteht sich von selbst.

Auch in Betreff der Geltendmachung des Ausschließungsrechts weicht der Entwurf von dem Bürgerlichen Gesetzbuch ab. Nach §. 127 genügt zur Ausschließung nicht, wie nach dem Bürgerlichen Gesetzbuche, ein Beschluß der übrigen Gesellschafter, vielmehr erfolgt sie, ebenso wie die Entziehung der Vertretungsbefugniß (§. 115) und die vorzeitige Auflösung der Gesellschaft (§. 121), nur durch gerichtliche Entscheidung. Für die Auseinandersetzung zwischen der Gesellschaft und dem ausgeschlossenen Gesellschafter kann aber nicht die Vermögenslage der Gesellschaft zur Zeit des Urtheils, sondern nur die Vermögenslage zur Zeit der Erhebung der Klage auf Ausschließung maßgebend sein. Die Vorschriften des bisherigen Art. 128 und des Art. 130 Abs. 1 stimmen hiermit überein.

Der §. 128 giebt die Vorschrift des Art. 132 des Handelsgesetzbuchs wieder, durch welche im Falle der Kündigung der Gesellschaft von Seiten des Gläubigers eines Gesellschafters der Fortbestand der Gesellschaft unter den übrigen Gesellschaftern ohne Rücksicht auf eine entsprechende Bestimmung des Gesellschaftsvertrags ermöglicht wird. Es könnte in Frage kommen, ob diese Vorschrift nicht auf den Fall des Konkurses eines Gesellschafters ausgedehnt werden soll, sodaß den übrigen Gesellschaftern, auch wenn der Fortbestand der Gesellschaft unter ihnen nicht schon im Gesellschaftsvertrage vorgesehen ist (§. 125), die Fortsetzung gestattet würde, ohne daß es dazu der Zustimmung des Konkursverwalters bedürfte (schweizerisches Obligationenrecht Art. 577). Der Entwurf hat hiervon abgesehen. Eine derartige Ausdehnung der Vorschrift erscheint nicht unbedenklich; denn durch die Konkurseröffnung über das Vermögen eines Gesellschafters ist die Gesellschaft von Rechtswegen aufgelöst, und der Vereinbarung eines Theiles der Gesellschafter kann nicht ohne Weiteres die Wirkung beigelegt werden, die bereits eingetretene Auflösung der Gesellschaft rückgängig zu machen. Ertheilt der Konkursverwalter seine Zustimmung dazu, daß der Gemeinschuldner nur als aus der Gesellschaft ausgeschieden und diese im Uebrigen als fortbestehend angesehen werde, so steht der Fortsetzung nichts entgegen.

Die Bestimmungen des Art. 130 Abs. 2 bis 4 und des Art. 131 des Handelsgesetzbuchs, über die Auseinandersetzung zwischen dem ausgeschiedenen Gesellschafter und der Gesellschaft sind in den Entwurf nicht aufgenommen; sie werden durch die sachlich übereinstimmenden Vorschriften der §§. 725 bis 727 des Bürgerlichen Gesetzbuchs ersetzt. Für den Auseinandersetzungsanspruch haften dem Ausgeschiedenen die in der Gesellschaft verbliebenen Gesellschafter als Gesammtschuldner.

Gesellschaft mit zwei Gesellschaftern. (§. 129.)

Die Vorschriften des §. 129 sind bestimmt, eine Lücke des geltenden Rechts auszufüllen, die sich in der Praxis vielfach bemerkbar gemacht hat. Besteht eine offene Handelsgesellschaft nur aus zwei Gesellschaftern, so finden nach feststehender Rechtsprechung die Vorschriften des Handelsgesetzbuchs über die Ausschließung eines Gesellschafters keine Anwendung; denn diese Vorschriften setzen voraus, daß nicht blos das von der Gesellschaft betriebene Geschäft, sondern auch die Gesellschaft als solche fortbesteht; letzteres ist aber ausgeschlossen, wenn nur noch ein einziger von den bisherigen Gesellschaftern übrig bleibt. An dieser Rücksicht darf jedoch das berechtigte Interesse desjenigen Gesellschafters, welcher zur Auflösung der Gesellschaft keinen Anlaß gegeben hat, nicht scheitern. Es erscheint vielmehr geboten, daß auch in einem solchen Falle dem betreffenden Gesellschafter die Möglichkeit gegeben werde, die Liquidation des Geschäfts durch Uebernahme desselben mit Aktiven und Passiven unter Abfindung des anderen Gesellschafters zu verhüten. Auf diesem Gesichtspunkte beruhen die Vorschriften des §. 129; in den Art. 577, 578 des schweizerischen Obligationenrechts ist der Gegenstand in ähnlicher Weise geregelt.

Fortsetzung einer aufgelösten Gesellschaft.

Nicht unbestritten ist die Frage, inwieweit eine bereits aufgelöste Gesellschaft noch nachträglich auf Grund einer Vereinbarung sämmtlicher Gesellschafter fortgesetzt werden kann. Je nachdem einer solchen Vereinbarung die beabsichtigte Wirkung beigelegt oder darin die Errichtung einer neuen Gesellschaft gefunden wird, ergeben sich in wichtigen Beziehungen verschiedenartige Folgen. Insbesondere gilt dies in Betreff der Befugniß zur Fortführung der Firma (§§. 18, 22), der Verjährung der Ansprüche gegen die Gesellschafter (§§. 145, 146) und der Rechte der früheren Gesellschaftsgläubiger am Gesellschaftsvermögen. In sachlicher Uebereinstimmung mit Art. 123 Nr. 5 des Handelsgesetzbuchs erkennt der §. 120 des Entwurfs durch Bezugnahme auf §. 711 des Bürgerlichen Gesetzbuchs an, daß eine für eine bestimmte Zeit eingegangene und durch Ablauf der Zeit bereits aufgelöste Gesellschaft von den Gesellschaftern fortgesetzt werden kann. In Wissenschaft und Rechtsprechung wird auch für den Fall, daß eine Handelsgesellschaft aus anderen Gründen als durch Zeitablauf aufgelöst ist, die Fortsetzung durch nachträgliche Vereinbarung der sämmtlichen bei der Auflösung vorhandenen Gesellschafter vielfach für statthaft erklärt; insbesondere ist von dem Reichsgerichte die Fortsetzung einer durch die Eröffnung des Gesellschaftskonkurses bereits aufgelösten offenen Handelsgesellschaft im Falle des Abschlusses eines Zwangsvergleichs zwischen ihr und ihren Gläubigern für zulässig erachtet worden. Unzweifelhaft entspricht diese Auffassung dem praktischen Bedürfniß. Einer allgemeinen gesetzlichen Anerkennung derselben wird es jedoch nicht bedürfen.

Nach dem §. 130 ist die Auflösung der Gesellschaft, wenn sie nicht in Folge der Eröffnung des Konkurses über das Gesellschaftsvermögen eintritt, sowie das Ausscheiden eines Theilhabers zur Eintragung in das Handelsregister anzumelden (Art. 129 Abs. 1, 3 des Handelsgesetzbuchs). Die Eröffnung des Gesellschaftskonkurses wird von Amtswegen eingetragen (§§. 4, 30 des Entwurfs). Für die Verhängung von Ordnungsstrafen und für die Wirkung der Eintragung und Veröffentlichung gelten die allgemeinen Vorschriften der §§. 13 und 14. Daß die Eintragung auch dann zu erfolgen hat, wenn die Gesellschaft durch Ablauf der Zeit, für welche sie eingegangen war, beendigt wird, bedarf keiner besonderen Hervorhebung. Zur Anmeldung verpflichtet sind sämmtliche Gesellschafter, auch der ausscheidende; an die Stelle eines Verstorbenen treten dessen Erben. Ob die Eintragung der Auflösung oder des Ausscheidens nach der sonst im Allgemeinen geltenden Regel nur auf Grund einer Anmeldung aller Verpflichteten erfolgen kann, ist gegenwärtig wegen der unbestimmten Fassung des Art. 129 bestritten. Die in Betreff der Führung des Handelsregisters erlassenen Anweisungen stehen zum Theil auf dem Standpunkte, daß eine Mitwirkung der Erben eines verstorbenen Gesellschafters nicht erforderlich sei. Es geht jedoch zu weit, von dem für die Rechtssicherheit wesentlichen Erfordernisse der Mitwirkung aller Verpflichteten in diesem Falle grundsätzlich abzusehen. Andererseits ist zu berücksichtigen, daß der Erbe oder die Erben eines Gesellschafters unter Umständen nur mit Schwierigkeiten und unter großem Zeitverlust ermittelt und herangezogen werden können. Dem trägt die Vorschrift des §. 130 Abs. 3 des Entwurfs Rechnung; hiernach soll der Registerrichter, wenn kein Bedenken darüber besteht, daß der Tod eines Gesellschafters die Auflösung oder das Ausscheiden zur Folge gehabt hat, befugt sein, auch ohne daß die Erben oder die sämmtlichen Erben bei der Anmeldung mitwirken, die Eintragung vorzunehmen, soweit einer solchen Mitwirkung besondere Hindernisse entgegenstehen.

Eintragung der Auflösung und des Ausscheidens. (§. 130.)

Fünfter Abschnitt.

Liquidation der Gesellschaft.

Die Liquidation ist bei der offenen Handelsgesellschaft nicht die nothwendige Folge der Auflösung der Gesellschaft. Sie ist zwar ein unentziehbares Recht jedes einzelnen Gesellschafters, aber die Gesellschaftsgläubiger können ihre Vornahme nicht fordern; vielmehr sind die Gesellschafter befugt, eine andere Art der Auseinandersetzung, zum Beispiel durch Verkauf des Geschäfts und Theilung des Erlöses, durch Uebertragung des Vermögens an einen

Eintritt der Liquidation. (§. 131.)

Gesellschafter, durch Naturaltheilung oder durch Umwandlung in eine Gesellschaft mit beschränkter Haftung und dergleichen, zu vereinbaren. Es empfiehlt sich, diesen Grundsatz, der nicht für alle Handelsgesellschaften gilt, im Gesetze zum Ausdruck zu bringen (§. 131 Abs. 1). Daß bei Auflösung der Gesellschaft durch Kündigung eines Privatgläubigers oder durch den Konkurs eines Gesellschafters die Liquidation nur unterbleiben kann, wenn auch der Gläubiger oder der Konkursverwalter zustimmen (§. 131 Abs. 2), bildet keine Ausnahme von der Regel, da das Recht des Gläubigers oder Konkursverwalters, die Liquidation zu verlangen, sich nur als die Ausübung des dem Schuldner oder Gemeinschuldner zustehenden Rechts darstellt.

Berufung und Abberufung der Liquidatoren. (§§ 132—134.)

Die Vorschriften des §. 132 über die Berufung der Liquidatoren stimmen, abgesehen von einigen Zusätzen, mit dem Inhalte des bisherigen Art. 133 überein. Zweifel können darüber obwalten, ob im Falle des Konkurses eines Gesellschafters dieser oder der Konkursverwalter zum Liquidator berufen ist; der Entwurf entscheidet sich für den Konkursverwalter. Der nicht in Konkurs befindliche Gesellschafter, dessen Gläubiger die Gesellschaft gekündigt hat, bleibt dagegen selbst Liquidator. Was die gerichtliche Ernennung von Liquidatoren betrifft, die schon nach dem Handelsgesetzbuch aus wichtigen Gründen auf Antrag erfolgen kann, so empfiehlt es sich, näher festzustellen, welche Personen zur Stellung eines solchen Antrags befugt sind. Nach dem Entwurfe gelten als Betheiligte in diesem Sinne außer den Gesellschaftern selbst und, was als selbstverständlich anzusehen ist, ihren gesetzlichen Vertretern und Erben auch der Verwalter im Konkurse eines Gesellschafters sowie der Privatgläubiger, welcher die Gesellschaft gekündigt hat. Ueber den Antrag auf gerichtliche Ernennung von Liquidatoren soll nicht im Prozeßverfahren, sondern in einem einfachen Beschlußverfahren entschieden werden; die näheren Vorschriften hierüber bleiben dem Gesetz über die Angelegenheiten der freiwilligen Gerichtsbarkeit vorbehalten.

Der §. 133, nach welchem die Abberufung von Liquidatoren durch Beschluß der Gesellschafter geschieht und auf Antrag einer der nach §. 132 als betheiligt geltenden Personen aus wichtigen Gründen auch durch das Gericht erfolgen kann, entspricht dem bisherigen Art. 134.

In Uebereinstimmung mit dem bisherigen Art. 135 ordnet der §. 134 an, daß die ersten Liquidatoren und spätere Aenderungen in den Personen der Liquidatoren oder in ihrer Vertretungsmacht von den Gesellschaftern zur Eintragung in das Handelsregister anzumelden sind. Bei den Aktiengesellschaften und auch bei anderen Gesellschaften und Vereinen werden spätere Aenderungen durch die Liquidatoren angemeldet (Entwurf §. 269, Genossenschaftsgesetz §. 82, Gesetz, betreffend die Gesellschaften mit beschränkter Haftung §. 67, Bürgerliches Gesetzbuch §. 73). Das Verhältniß zwischen den Liquidatoren und Theilhabern einer offenen Handelsgesellschaft ist aber nicht das gleiche wie das zwischen den Liquidatoren und dem Vorstande einer Aktiengesellschaft, bei welcher die Liquidatoren vollständig an die Stelle des Vorstandes treten; zudem würde das Verfahren nicht vereinfacht, wenn die Liquidatoren die Anmeldung zu bewirken hätten, da alsdann Belege für die Veränderung beigebracht werden müßten. Der Entwurf erfordert als Regel auch hier die Anmeldung durch alle Gesellschafter; für den Fall, daß der Mitwirkung der Erben eines Gesellschafters besondere Hindernisse entgegenstehen, sind jedoch dieselben Erleichterungen vorgesehen wie nach §. 130 bei der Eintragung der Auflösung der Gesellschaft oder des Ausscheidens eines Gesellschafters. Die Eintragung gerichtlich bestellter Liquidatoren und der gerichtlichen Abberufung von Liquidatoren soll nach dem Vorbilde des §. 73 des Bürgerlichen Gesetzbuchs überhaupt nicht mehr auf Grund einer Anmeldung der Gesellschafter, sondern von Amtswegen erfolgen.

Die Liquidatoren haben ihre Unterschrift und, wie im Anschluß an die §§. 97 und 139 (Art. 88, 139) hinzugefügt ist, die Firma zur Aufbewahrung bei dem Gerichte zu zeichnen. In Bezug auf die Form der Zeichnung und Anmeldung und die Wirkung der Eintragung und Bekanntmachung sowie in Bezug auf die Verhängung von Ordnungsstrafen greifen die allgemeinen Regeln der §§. 11, 13 und 14 Platz.

Geschäftskreis und Stellung der Liquidatoren. (§§. 135—140.)

In den §§. 135 bis 140 werden der Geschäftskreis und die Stellung der Liquidatoren näher geregelt. Der §. 135 giebt zunächst die Vorschriften des Art. 137 Abs. 1 des Handelsgesetzbuchs in Anlehnung an die Fassung des die Vereine betreffenden §. 46 des Bürgerlichen Gesetzbuchs wieder: die Liquidatoren haben die laufenden Geschäfte der Gesellschaft zu beendigen, die Gläubiger zu befriedigen, die Forderungen einzuziehen und das übrige Vermögen in Geld umzusetzen. Die Vorschrift des Bürgerlichen Gesetzbuchs, daß die Einziehung der Forderungen und die Umsetzung des übrigen Vermögens in Geld unterbleiben kann, soweit diese Maßregeln zur Befriedigung der Gläubiger oder zur Vertheilung des Ueberschusses nicht erforderlich sind, ist in den Entwurf nicht aufgenommen. Selbstverständlich können die Gesellschafter den Liquidatoren eine entsprechende Weisung ertheilen und die schließliche Auseinandersetzung durch Theilung in Natur bewirken. In Ermangelung einer solchen Anweisung ist aber das Vermögen der offenen Handelsgesellschaft im Gegensatze zu dem, was nach §. 720 Abs. 3 des Bürgerlichen Gesetzbuchs für die Gesellschaft gilt, stets vollständig in Geld umzusetzen. Die Vorschriften über die Gemeinschaft (Bürgerliches Gesetzbuch §. 718 Satz 2) finden insofern keine Anwendung.

Die im Art. 137 Abs. 2 enthaltene Beschränkung, nach der die Liquidatoren unbewegliche Sachen ohne Zustimmung der Gesellschaft nicht anders als durch öffentliche Versteigerung veräußern können, erscheint mit Rücksicht auf die heutigen Verkehrsverhältnisse nicht mehr gerechtfertigt. Auch in den §. 46 des Bürgerlichen Gesetzbuchs sowie in den §. 71 des Gesetzes über die Gesellschaften mit beschränkter Haftung ist eine entsprechende Bestimmung nicht aufgenommen. Die Befugniß der Liquidatoren, „Vergleiche zu schließen und Kompromisse einzugehen" (Handelsgesetzbuch Art. 137 Abs. 1), bedarf keiner besonderen gesetzlichen Anerkennung.

Wie das Handelsgesetzbuch (Art. 136) geht der §. 136 des Entwurfs für den Fall, daß mehrere Liquidatoren vorhanden sind, von der gesetzlichen Regel der Gesammtvertretung aus. Ist etwas Anderes durch die Gesellschafter oder im Falle des §. 132 Abs. 2 durch das Gericht angeordnet, so muß eine solche Anordnung in das Handelsregister eingetragen werden, und zwar, falls die

Bestimmung vom Richter ausgeht, von Amtswegen, andernfalls auf Grund der Anmeldung der Gesellschafter. Das geltende Recht weist in dieser Beziehung eine Lücke auf, die durch den §. 136 Abs. 1 ausgefüllt wird. Auf die gesetzliche Gesammtvertretung durch die Liquidatoren müssen auch die erleichternden Vorschriften Anwendung finden, welche nach §. 113 Abs. 2 für den Fall einer vertragsmäßigen Gesammtvertretung durch die Gesellschafter in Betreff der Abgabe von Willenserklärungen gegenüber der Gesellschaft und in Betreff der Zulässigkeit der Ermächtigung eines einzelnen Gesellschafters zur Vornahme bestimmter Geschäfte gelten. Der §. 136 Abs. 2 enthält eine dahingehende Vorschrift.

Die Bestimmungen der §§. 137 und 138, wonach eine Beschränkung des Umfangs der Befugnisse der Liquidatoren Dritten gegenüber unwirksam ist, die Liquidatoren aber den Gesellschaftern gegenüber den von diesen in Betreff der Geschäftsführung beschlossenen Anordnungen Folge zu leisten haben, entsprechen den bisherigen Art. 136, 137. Ebenso stimmt der die Zeichnung der Firma durch die Liquidatoren betreffende §. 139 mit dem bisherigen Art. 139 überein.

Ueber die Aufstellung von Liquidationsbilanzen enthält das Handelsgesetzbuch keine Vorschriften. Nach dem §. 140 des Entwurfs sollen dagegen die Liquidatoren verpflichtet sein, sowohl bei dem Beginn als bei der Beendigung der Liquidation eine Bilanz aufzustellen. Diese beiden Bilanzen sind für die Auseinandersetzung unter den Gesellschaftern unentbehrlich. Die Liquidationszeit bildet einen in sich geschlossenen Rechnungsabschnitt, für den der Gesammtgewinn oder Gesammtverlust auf Grund der erwähnten beiden Bilanzen berechnet werden muß. Die Aufstellung von Jahresbilanzen während der Liquidation braucht nicht vorgeschrieben zu werden. Solche Bilanzen haben nur die Bedeutung, den Gesellschaftern eine Uebersicht über den Vermögensstand zu verschaffen; die Anfertigung derselben anzuordnen, kann daher bei der offenen Handelsgesellschaft den Gesellschaftern überlassen bleiben.

Vertheilung des Gesellschaftsvermögens und Auseinandersetzung. (§. 141.)

In Bezug auf die Vertheilung des nach Berichtigung der Schulden verbleibenden Vermögens der Gesellschaft bestimmt der Art. 143 des Handelsgesetzbuchs, daß einem Gesellschafter für die von ihm eingebrachten Sachen, welche Eigenthum der Gesellschaft geworden sind, der Werth erstattet werden soll, für den sie gemäß Uebereinkunft übernommen wurden oder den sie zur Zeit der Einbringung hatten. Diese Vorschrift ist ungenau und so, wie sie lautet, nicht durchführbar. Der richtige Maßstab für den Betrag, welcher einem Gesellschafter für die von ihm eingebrachten Sachen zukommt, ergiebt sich von selbst, wenn die Vertheilung des Vermögens nach dem Verhältnisse der Kapitalantheile erfolgt, wie sie auf Grund der Schlußbilanz, also unter Berücksichtigung des nach dem Ergebnisse der Liquidation auf jeden Gesellschafter fallenden Antheils am Gewinn und Verlust, festgestellt sind. Unter Zugrundelegung dieses Verhältnisses soll nach §. 141 Abs. 1 des Entwurfs die Vertheilung des Vermögens vollzogen werden. Hiermit steht auch die kaufmännische Buchführung im Einklang. Da während des Bestehens der Gesellschaft jede neue Bilanz auf der Grundlage der früheren aufgestellt wird und für jedes Geschäftsjahr Abschreibungen stattfinden, an denen die einzelnen Gesellschafter bei der Berechnung des Gewinns und Verlustes theilnehmen, so kann in die Schlußbilanz selbstverständlich nicht der ursprüngliche Werth der Einlage eingestellt werden, es muß vielmehr der durch den Werth der Einlage und durch Zuschreibungen und Abschreibungen gebildete Betrag des Kapitalantheils entscheiden. Daß einem Gesellschafter Gegenstände, die er der Gesellschaft nur zum Gebrauch überlassen hat, in Natur zurückzugewähren sind, und daß er für zufälligen Untergang oder zufällige Verschlechterung solcher Gegenstände Ersatz nicht verlangen kann, ist im §. 719 des Bürgerlichen Gesetzbuchs ausgesprochen. Diese Vorschriften finden auch bei der offenen Handelsgesellschaft Anwendung.

Das während der Liquidation entbehrliche Geld soll vorläufig vertheilt werden (§. 141 Abs. 2, Art. 141). Die Vertheilungen erfolgen auf Grund der Eröffnungsbilanz. Da aber der Verlust der Liquidationsperiode nach Köpfen unter die Gesellschafter vertheilt wird, so kann sich nach der Schlußbilanz der Vertheilungsmaßstab anders gestalten als nach der Eröffnungsbilanz; unter Umständen kann sich sogar auf diese Weise der Aktivsaldo eines Gesellschafters in einen Passivsaldo verwandeln. Deshalb müssen nicht nur zur Deckung noch nicht fälliger oder streitiger Verbindlichkeiten, sondern auch zur Sicherung der den Gesellschaftern bei der Schlußvertheilung zukommenden Beträge die erforderlichen Gelder zurückbehalten werden.

Das Handelsgesetzbuch enthält keine Bestimmung darüber, ob den Gesellschaftern während der Liquidation das Recht zusteht, nach Maßgabe des Art. 108 Abs. 2 sogenannte feste Zinsen auf ihren Kapitalantheil aus der Gesellschaftskasse zu entnehmen. Mit Rücksicht auf die allgemeine Vorschrift des Art. 144 wird die Frage von den meisten Seiten bejaht. Vom Standpunkte der Gesetzgebung läßt sich aber eine solche Befugniß der Gesellschafter nicht rechtfertigen. Denn sie kann unter Umständen das Ergebniß der Liquidation beeinträchtigen; überdies fehlt es in Ermangelung regelmäßiger Jahresbilanzen mit periodischer Berechnung der Antheile am Gewinn oder Verlust an der nöthigen Grundlage für die Ausübung des fraglichen Rechts. Es besteht auch kein Bedürfniß dafür, den Gesellschaftern neben dem Anspruch auf die vorläufige Vertheilung entbehrlichen Geldes eine solche Befugniß einzuräumen. Im §. 141 Abs. 2 des Entwurfs ist sie deshalb durch eine besondere Vorschrift ausgeschlossen.

Mit der Vertheilung des Gesellschaftsvermögens ist die Aufgabe der Liquidatoren beendet. Von rückständigen Einlagen abgesehen, ist es nicht Sache der Liquidatoren, den Passivsaldo eines Gesellschafters zur Ausgleichung der wechselseitigen Ansprüche der Gesellschafter oder zur Tilgung von Gesellschaftsschulden einzuziehen. Es handelt sich dabei nicht um Ansprüche der Gesellschaft als solcher; die entgegengesetzte Auffassung würde zu dem Ergebnisse führen, daß die fraglichen Ansprüche auch im Konkurse der offenen Handelsgesellschaft von dem Konkursverwalter geltend zu machen wären. Die Gesellschafter haben vielmehr den Verlust unter sich auszugleichen. Da diese Sätze als allgemein anerkannt gelten können, so bedarf es keiner besonderen Vorschriften darüber im Gesetze. Doch ist, um das Mißverständniß zu verhüten, als ob das Gesetz auf einem anderen Standpunkte stehe, im §. 141 Abs. 1 eine andere Fassung gewählt als diejenige des bisherigen Art. 142 Abs. 1, welcher besagt, daß die Liquidatoren die schließliche Auseinandersetzung unter den Gesellschaftern herbeizuführen haben.

Eine Meinungsverschiedenheit besteht gegenwärtig darüber, ob ein Ausfall, der durch Zahlungsunfähigkeit eines mit einem Passivsaldo belasteten Gesellschafters veranlaßt wird, von allen Gesellschaftern nach den Grundsätzen über die Vertheilung des Gesellschaftsverlustes oder nur von den Inhabern eines Aktivsaldos zu tragen ist. Das Bürgerliche Gesetzbuch entscheidet die Frage im ersteren Sinne (§. 722 a. E.), und hierbei muß es auch für das Handelsrecht bewenden.

Daß Streitigkeiten über die Vertheilung des Gesellschaftsvermögens oder über die sonstige Auseinandersetzung der richterlichen Entscheidung anheimfallen (Art. 142 Abs. 2 des Handelsgesetzbuchs), bedarf keiner Hervorhebung im Gesetze, dagegen ist es zweckmäßig, anzuordnen, daß die Liquidatoren, falls über die Vermögensvertheilung unter den Gesellschaftern Streit entsteht, die Vertheilung bis zur — gerichtlichen oder schiedsgerichtlichen — Entscheidung des Streites auszusetzen haben (§. 141 Abs. 3).

Fortdauer der Gesellschaft während der Liquidation. (§. 142.)

Der §. 142 stimmt mit Art. 144 Abs. 1 des Handelsgesetzbuchs überein: bis zur Beendigung der Liquidation sollen die für die bestehende Gesellschaft geltenden Vorschriften der §§. 98 bis 118 insoweit zur Anwendung kommen, als sich nicht aus den Bestimmungen über die Liquidation oder aus dem Wesen der letzteren ein Anderes ergiebt (zu vergl. Bürgerliches Gesetzbuch §. 46 Abs. 2, §. 717 Abs. 2). Schon hieraus folgt, daß der Gerichtsstand, den die Gesellschaft zur Zeit ihrer Auflösung hatte, während der Liquidation bestehen bleibt; Art. 144 Abs. 2 ist daher entbehrlich. Der dritte Absatz des Art. 144, nach welchem Zustellungen an die Gesellschaft wirksam an einen der Liquidatoren geschehen, wird durch die allgemeine Vorschrift des §. 157 Abs. 3 der Civilprozeßordnung ersetzt.

Beendigung der Liquidation. (§. 143.)

Schon zu §. 29 ist bemerkt, daß das Erlöschen der Gesellschaftsfirma ebenso wie das Erlöschen der Firma eines Einzelkaufmanns zum Handelsregister angemeldet und nöthigenfalls von Amtswegen eingetragen werden muß. Für den Fall der Liquidation überträgt der §. 143 Abs. 1 wegen des engen Zusammenhanges, in welchem das Erlöschen der Firma mit der Durchführung der Liquidation steht, die Anmeldung den Liquidatoren. Erlischt die Firma ohne Liquidation, zum Beispiel durch Verkauf des Geschäfts ohne Firma, so haben die Gesellschafter die Anmeldung vorzunehmen.

Die Vorschriften des §. 143 Abs. 2 und 3 über die Verwahrung der Bücher und Papiere der aufgelösten Gesellschaft und über das Recht der Gesellschafter, sie einzusehen und zu benutzen, entsprechen dem geltenden Rechte (Handelsgesetzbuch Art. 145). An die Vorschrift, daß in Ermangelung einer gütlichen Uebereinkunft der Gesellschafter das Gericht zu bestimmen hat, wer Bücher und Papiere verwahren soll, knüpfte sich bisher die Streitfrage, ob diese Entscheidung im Prozeßwege zu erfolgen habe oder in einem den Regeln der nicht streitigen Gerichtsbarkeit unterstehenden Verfahren. Die Frage wird ebenso wie bezüglich des Verfahrens bei der Ernennung und Abberufung von Liquidatoren im letzteren Sinne zu regeln sein. Die näheren

Vorschriften bleiben dem Gesetz über die Angelegenheiten der freiwilligen Gerichtsbarkeit vorbehalten.

Daß das Recht der Gesellschafter auf Einsicht und Benutzung der Bücher und Papiere auch den Erben eines Gesellschafters zusteht, ist selbstverständlich und braucht im Gesetze nicht besonders ausgesprochen zu werden. Dagegen erscheint es nicht angemessen, die gleiche Befugniß den Sondernachfolgern einzuräumen; die verschieden ausgelegte Vorschrift des Handelsgesetzbuchs, nach welcher die „Rechtsnachfolger" zur Einsicht und Benutzung berechtigt sind, wird daher am besten gestrichen.

Verhältniß zu Dritten bei Ausschluß der Liquidation. (§. 144.)

Den Grundsatz, daß die Gesellschaft trotz der Auflösung in gewissen Beziehungen als fortbestehend gilt, solange noch ungetheiltes Gesellschaftsvermögen vorhanden ist, hat das Handelsgesetzbuch nur für den Fall der Liquidation aufgestellt. Wie es sich verhält, wenn die Gesellschafter eine andere Art der Auseinandersetzung vereinbaren, insbesondere ob auch in einem solchen Falle die Gesellschaft noch unter ihrer Firma klagen und verklagt werden kann, ist nicht bestimmt. Die Frage ist nicht unzweifelhaft. Wird sie verneint, wie dies von manchen Seiten geschieht, so liegt es auf der Hand, daß sich Mißstände ergeben müssen; denn die Befugniß der Gesellschaftsgläubiger, sich an die einzelnen Gesellschafter zu halten, bietet keinen ausreichenden Ersatz für den Ausschluß der Möglichkeit, aus dem Gesellschaftsvermögen Befriedigung zu erlangen. Durch den neuen §. 144 wird hiergegen Vorkehrung getroffen. Danach finden, wenn die Gesellschafter statt der Liquidation eine andere Art der Auseinandersetzung vereinbart haben, und selbstverständlich auch, wenn eine bestimmte Entschließung hierüber noch nicht erfolgt ist, im Verhältniß zu Dritten die für die Liquidation geltenden Vorschriften entsprechende Anwendung, solange noch ungetheiltes Gesellschaftsvermögen vorhanden ist. Die Gesellschaft gilt daher einstweilen als fortbestehend (§. 142), Klagen und Vollstreckungshandlungen sind gegen die Gesellschaft als solche zulässig, und die Gesellschafter haben die unbeschränkbare gesetzliche Vertretungsbefugniß der Liquidatoren. Eine Eintragung von Liquidatoren findet allerdings nicht statt. Die Eröffnung des Konkurses über das Vermögen einer aufgelösten Gesellschaft ist schon nach §. 193 Abs. 2 und §. 198 Abs. 2 der Konkursordnung ohne Rücksicht auf die Einleitung der Liquidation so lange zulässig, als die Vertheilung des Vermögens nicht vollzogen ist.

Sechster Abschnitt.

Verjährung.

Dauer und Beginn der Verjährung. (§. 145)

Die Vorschriften des Handelsgesetzbuchs über die Verjährung der Ansprüche der Gesellschaftsgläubiger gegenüber den einzelnen Gesellschaftern (Art. 146 bis 149) können mit Rücksicht auf die allgemeinen Vorschriften des Bürgerlichen Gesetzbuchs erheblich gekürzt werden. Sachlich bleibt die Regelung im Wesentlichen unverändert.

Was den Beginn der Verjährung betrifft, so läßt das Handelsgesetzbuch den Tag entscheiden, an welchem die Auflösung der Gesellschaft oder das

Ausscheiden des Gesellschafters in das Handelsregister eingetragen ist. Das ungarische Handelsgesetzbuch (§. 121) erklärt statt dessen den Tag der Bekanntmachung der Eintragung für maßgebend, und von einzelnen Seiten ist eine entsprechende Aenderung auch für das deutsche Handelsgesetzbuch als wünschenswerth bezeichnet worden. Es fehlt indessen hier, wo es sich nicht um eine Anwendung der Grundsätze des §. 14 des Entwurfs handelt, an einem genügenden Grunde für eine solche Aenderung.

Mittelbar erfährt die Anwendung der Vorschriften über die fünfjährige Verjährung dadurch eine Ausdehnung, daß nach §. 30 des Entwurfs auch die Eröffnung des Gesellschaftskonkurses in das Handelsregister einzutragen ist. Da gegenwärtig das Handelsgesetzbuch eine Eintragung des Gesellschaftskonkurses in das Handelsregister nicht vorsieht, so fehlt es, wenn die Gesellschaft durch Eröffnung des Gesellschaftskonkurses aufgelöst wird, an einem Anfangspunkte für den Lauf der fünfjährigen Verjährung; diese greift daher hier, wie allgemein angenommen wird, überhaupt nicht Platz, und zwar selbst dann nicht, wenn nach dem Landesrechte der Konkurs einzutragen ist. Anders verhält es sich nach dem Entwurfe. Mit Rücksicht auf dessen sonstige Vorschriften ist die Anwendbarkeit der kurzen Verjährung im Falle des Gesellschaftskonkurses auch gar nicht zu entbehren. Denn die Ansprüche der Gesellschaftsgläubiger gegen diejenigen Gesellschafter, über deren Vermögen nicht gleichfalls der Konkurs eröffnet ist, sind nach dem Entwurfe nicht mehr auf den Ausfall beschränkt, den die Gläubiger im Gesellschaftskonkurse erleiden; die Geltendmachung dieser Ansprüche wird also durch die Eröffnung des Gesellschaftskonkurses nicht gehindert. Für den Fall, daß sich auch der Gesellschafter im Konkurse befindet, ist eine besondere Vorschrift nicht erforderlich; in diesem Falle ist die Verjährung gehemmt, bis der Ausfall im Gesellschaftskonkurse feststeht (Bürgerliches Gesetzbuch §. 197).

Der bisherige Art. 147, nach welchem dem Gläubiger beim Vorhandensein ungetheilten Gesellschaftsvermögens die fünfjährige Verjährung nicht entgegengesetzt werden kann, sofern er seine Befriedigung lediglich aus diesem Vermögen sucht, kann als überflüssig gestrichen werden; die fünfjährige Verjährung bezieht sich überhaupt nur auf die Befriedigung aus dem Privatvermögen der Gesellschafter.

Unterbrechung der Verjährung. (§. 146.)

Auch der bisherige Art. 148 ist zum Theil entbehrlich. Daß eine **Unterbrechung der Verjährung**, die gegenüber der aufgelösten Gesellschaft erfolgt, gegenüber den Gesellschaftern wirkt, welche der Gesellschaft zur Zeit der Auflösung angehört haben, ist allerdings nicht selbstverständlich und bedarf daher besonderer Hervorhebung (§. 146). Dagegen kommt es nicht darauf an, wie die Unterbrechung erfolgt, ob durch „Rechtshandlungen gegen die Liquidatoren" (Art. 148 Abs. 2), durch Anmeldung der Forderung im Gesellschaftskonkurse, durch Anerkenntniß der Gesellschaft oder in sonstiger Weise. Ueberflüssig sind die ferneren Vorschriften des Art. 148, wonach die zu Gunsten eines ausgeschiedenen Gesellschafters laufende Verjährung nicht durch Rechtshandlungen, die gegen die fortbestehende Gesellschaft oder einen anderen Gesellschafter vorgenommen werden, und die zu Gunsten eines bei der Auflösung der Gesellschaft zu ihr gehörigen Gesellschafters laufende Verjährung nicht durch Rechtshandlungen gegen einen anderen Gesellschafter unterbrochen wird. Denn die Unterbrechung der Verjährung in der Person eines Gesammtschuldners wirkt nach §. 419 des Bürgerlichen Gesetzbuchs nicht gegen die anderen Gesammtschuldner; was dagegen das Verhältniß zwischen der Gesellschaft und dem einzelnen Gesellschafter betrifft, so läßt sich dasselbe zwar nicht als ein reines Gesammtschuldverhältniß auffassen, es fehlt aber auch hier an jeder rechtlichen Grundlage, aus welcher hergeleitet werden könnte, daß die Unterbrechung der Verjährung gegen die fortbestehende Gesellschaft einem ausgeschiedenen Gesellschafter gegenüber Wirkung hätte.

Der Art. 149, nach welchem die Verjährung auch gegen Minderjährige, Bevormundete und solche juristische Personen läuft, denen gesetzlich die Rechte der Minderjährigen zustehen, ist im Entwurfe nicht wiederholt. Es kann in dieser Beziehung bei den Vorschriften des Bürgerlichen Gesetzbuchs bewenden; dasselbe kennt eine allgemeine Hemmung der Verjährung zu Gunsten der bezeichneten Personen nicht, läßt vielmehr nur unter besonderen Voraussetzungen eine Hemmung oder Verlängerung der Verjährung bei Ansprüchen gegen Geschäftsunfähige oder in der Geschäftsfähigkeit beschränkte Personen eintreten (§§. 199, 201, 202). Die letzteren Vorschriften müssen auch bei der hier in Frage stehenden fünfjährigen Verjährung zur Anwendung kommen.

Zweiter Titel.

Kommanditgesellschaft.

Das Wesen der Kommanditgesellschaft besteht in der Verbindung der unbeschränkten Haftung mindestens eines Gesellschafters mit der auf den Betrag einer Vermögenseinlage beschränkten Haftung mindestens eines anderen Gesellschafters. Die Begriffsbestimmung des §. 147 des Entwurfs unterscheidet sich sachlich nicht von derjenigen des bisherigen Art. 150; sie lehnt sich nur mehr an die Fassung der die offene Handelsgesellschaft betreffenden Bestimmung des §. 94 an und bringt die Bedeutung der beschränkten Betheiligung des Kommanditisten für die Haftung gegenüber den Gläubigern der Gesellschaft schärfer zum Ausdruck. Begriffsbestimmung. (§. 147 Abs. 1.)

Daß der Betrag der Einlage, zu deren Leistung sich der Kommanditist seinen Mitgesellschaftern gegenüber verpflichtet, nicht unter allen Umständen mit dem Betrage, welcher für seine Haftung gegenüber den Gesellschaftsgläubigern maßgebend ist, übereinstimmen muß, daß also der Betrag der Einlage für das Verhältniß unter den Gesellschaftern und gegenüber Dritten ein verschiedener sein kann, ist schon gegenwärtig allgemein anerkannt und kommt in den Vorschriften der §§. 157, 159 des Entwurfs noch klarer zum Ausdrucke. Der bezeichnete Umstand kann jedoch nicht dazu führen, die dem Handelsgesetzbuche zu Grunde liegende Auffassung einer Haftung des Kommanditisten mit seiner Einlage ganz aufzugeben und statt dessen, wie es von einzelnen Seiten befürwortet wird, das Wesen der Kommanditgesellschaft in die Betheiligung des Kommanditisten mit einer zunächst nur für das Verhältniß nach außen entscheidenden Haftsumme zu legen. Der wirthschaftlichen Natur der Kommanditgesellschaft und der im Verkehre herrschenden Auffassung über ihre Bedeutung würde man hiermit nicht gerecht werden. Nicht auf die Festsetzung einer Garantiesumme für die Verbindlichkeiten der Gesellschaft, sondern auf die Vereinbarung einer von dem Kommanditisten in die Gesellschaftskasse einzuschießenden Einlage pflegt die Absicht der Betheiligten zunächst gerichtet zu sein. Die innere und die äußere Verpflichtung des Kommanditisten decken sich überdies in den weitaus meisten Fällen, und auch wo es ausnahmsweise nicht der Fall ist, erlischt doch die Haftung des Kommanditisten gegenüber den Gläubigern, sobald der Kommanditist den seine Haftung begrenzenden Betrag nachträglich in die Gesellschaftskasse einlegt. Es ist daher nicht unzutreffend, wenn das Gesetz überall von der Haftung mit dem Betrag einer Einlage spricht.

Daß die Einlage des Kommanditisten in einer bestimmten Geldsumme ausgedrückt sein muß, ergiebt sich aus der Fassung des §. 147. Ein Bedürfniß nach besonderen Vorschriften für den Fall, daß die in solcher Weise festgesetzte Einlage nicht durch Baarzahlung, sondern durch Einbringung anderer Vermögensgegenstände geleistet wird, hat sich bei der einfachen Kommanditgesellschaft nicht gezeigt. Den Gesellschaftsgläubigern gegenüber ist eine solche Leistung selbstverständlich nur insoweit wirksam, als die eingebrachten Gegenstände den Werth des festgesetzten Einlagebetrags wirklich erreichen.

Verhältniß zur offenen Handelsgesellschaft. (§. 147 Abs. 2.)

Da die Kommanditgesellschaft im Handelsgesetzbuch als eine Abart der offenen Handelsgesellschaft geregelt ist, so stimmen die für beide Gesellschaften geltenden Rechtssätze vielfach überein. Trotzdem verweist das Handelsgesetzbuch in dem Titel über die Kommanditgesellschaft nur bezüglich einzelner Punkte (Art. 150 Abs 2, 157 Satz 2, 161 Abs. 1, 169, 170 Abs. 2, 171 Abs. 3, 172) auf die Vorschriften über die offene Handelsgesellschaft; im Uebrigen sind die betreffenden Vorschriften unverkürzt wiedergegeben. Der Entwurf verweist statt dessen im §. 147 Abs. 2 allgemein auf die Vorschriften über die offene Handelsgesellschaft. Der ungenau gefaßte Abs. 2 des Art. 150, nach welchem die Kommanditgesellschaft, falls mehrere persönlich haftende Gesellschafter vorhanden sind, in Ansehung ihrer zugleich ein offene Handelsgesellschaft ist, wird dadurch entbehrlich.

Was die Streichung des Art. 150 Abs. 3 betrifft, der auch den nicht schriftlich abgefaßten Gesellschaftsvertrag für gültig erklärt, so ist auf die Bemerkungen zum §. 94 des Entwurfs zu verweisen.

Anmeldungen zum Handelsregister. (§. 148.)

Die allgemeine Vorschrift des §. 147 Abs. 2 in Verbindung mit den §§. 11 bis 14 des Entwurfs macht auch die Bestimmungen der Art. 151 bis 156 über die Anmeldungen zum Handelsregister größtentheils entbehrlich. Der §. 148 des Entwurfs kann sich auf die Bestimmung beschränken, daß in der Anmeldung die Kommanditisten und der Betrag der Einlage eines jeden zu bezeichnen sind, und daß im Falle des Eintritts eines Kommanditisten in eine bestehende Handelsgesellschaft entsprechend zu verfahren ist. Die letztere Vorschrift bezieht sich nicht nur auf den Fall des Eintritts eines Kommanditisten in eine bestehende Kommanditgesellschaft, sondern auch auf den Fall des Eintritts eines Kommanditisten in eine offene Handelsgesellschaft. Hierdurch, wie durch die von der gleichen Auffassung ausgehenden Vorschriften des §. 126 und des §. 161 Abs. 2, ist zugleich anerkannt, daß sich eine offene Handelsgesellschaft in eine Kommanditgesellschaft umwandeln kann, ohne rechtlich als eine neu errichtete Gesellschaft zu gelten. Nach dem bestehenden Rechte ist dies nicht unzweifelhaft, und in der Rechtsprechung ist sogar das Gegentheil angenommen worden. Die Ergebnisse, zu welchen die letztere Ansicht führt, namentlich die Nothwendigkeit einer besonderen Uebertragung der Bestandtheile des Gesellschaftsvermögens auf die neue Gesellschaft sowie der Ausschluß der früheren Gesellschaftsgläubiger von der Befriedigung aus dem nunmehrigen Gesellschaftsvermögen, entsprechen jedoch nicht dem praktischen Bedürfnisse.

Nach Art. 151 Abs. 3, Art. 155 Abs. 2 und Art. 156 des Handelsgesetzbuchs unterbleibt bei der Bekanntmachung der Eintragungen die Angabe der Namen der Kommanditisten und des Betrags ihrer Einlagen. Diese Ausnahme von der Regel des Art. 13 (§. 10 des Entwurfs) soll künftig nicht mehr gelten; denn es läßt sich nicht rechtfertigen, daß bei der Bekanntmachung der Eintragung gerade die für dritte Personen wesentlichsten Umstände weggelassen werden (zu vergl. schweizerisches Obligationenrecht Art. 591, 592). Will der Kapitalist verhindern, daß seine Betheiligung an einem Handelsgewerbe in weiteren Kreisen bekannt werde, so mag er die Form der stillen Gesellschaft wählen; die Zulassung derselben neben der Kommanditgesellschaft beruht eben darauf, daß ein nur beschränkt betheiligter Gesellschafter nicht unter allen Umständen genöthigt werden soll, das Gesellschaftsverhältniß auch nach außen hervortreten zu lassen.

Rechtsverhältniß der Gesellschafter unter einander. (§§. 149—155.)

Der §. 149 des Entwurfs hebt im Anschluß an den Art. 157 des Handelsgesetzbuchs und an die im §. 98 für die offene Handelsgesellschaft gegebene Bestimmung besonders hervor, daß sich das Rechtsverhältniß der Gesellschafter unter einander zunächst nach dem Gesellschaftsvertrage richtet. Die Vorschriften, welche in Ermangelung von Bestimmungen des Gesellschaftsvertrags Anwendung finden, sind insoweit, als sie von den für die offene Handelsgesellschaft geltenden Grundsätzen abweichen, in den §§. 150 bis 155 enthalten.

Die §§. 150 bis 152 stimmen sachlich mit den Art. 158 bis 160 des Handelsgesetzbuchs überein. Der §. 150 bezieht sich auf den Ausschluß der Kommanditisten von der Geschäftsführung, der §. 151 betrifft die Unanwendbarkeit des für die persönlich haftenden Gesellschafter bestehenden Konkurrenzverbots und der §. 152 giebt Vorschriften über die Mittheilung und Prüfung der Jahresbilanz sowie über das Eingreifen des Gerichts, wenn aus wichtigen Gründen weitere Aufklärungen nothwendig erscheinen. Um eine Entscheidung der letzteren Art herbeizuführen, werden die Kommanditisten nicht auf den Weg der Klage verwiesen werden dürfen; vielmehr hat hierbei ein Beschlußverfahren einzutreten. Die näheren Bestimmungen bleiben dem Gesetz über die Angelegenheiten der freiwilligen Gerichtsbarkeit vorbehalten.

Was den Antheil des Kommanditisten am Gewinn und Verlust, die

Zuschreibungen und Abschreibungen in dem Kapitalkonto des Kommanditisten, sowie die Befugniß des Kommanditisten zur Entnahme von Geldern betrifft, so ergiebt sich eine Abweichung von dem geltenden Rechte zunächst insofern, als die im §. 109 für die offene Handelsgesellschaft aufgestellte Regel, wonach eine Verzinsung der Kapitalantheile mit vier vom Hundert nur erfolgt, soweit der Jahresgewinn reicht, auch in Ansehung der Kapitalantheile der Kommanditisten Anwendung finden muß (§. 154 Abs. 1). Aber auch abgesehen hiervon haben die zufolge Art. 161 in Verbindung mit Art. 106 bis 108 gegenwärtig maßgebenden Vorschriften in einzelnen Beziehungen eine Aenderung erfahren. Der Satz, daß die dem Kommanditisten nach der Jahresbilanz zukommenden Beträge, falls sie von ihm nicht erhoben werden, seinem Kapitalantheile unbedingt zuzuschreiben sind, steht mit der thatsächlichen Uebung der Handelskreise nicht im Einklang. Mit Rücksicht hierauf bestimmt der §. 153, daß der auf den Kommanditisten entfallende Gewinn seinem Kapitalantheile nur so lange zugeschrieben werden soll, als der letztere den Betrag der bedungenen Einlage nicht erreicht. Ist der Kapitalantheil auf diesen Betrag angewachsen, so sind die weiteren Gewinnantheile, falls sie nicht erhoben werden, wie eine gewöhnliche Buchforderung des Kommanditisten zu behandeln; sie bleiben daher bei der Berechnung des im neuen Geschäftsjahre auf den Kommanditisten fallenden Gewinns außer Betracht, und der Kommanditist nimmt mit ihnen am Verluste der Gesellschaft nicht Theil.

Das Recht des Kommanditisten auf Auszahlung des ihm zukommenden Gewinns ist im §. 155 des Entwurfs sachlich der gleichen Beschränkung unterworfen wie im Art. 161 des Handelsgesetzbuchs; nur ist die Vorschrift des Entwurfs zur Beseitigung von Zweifeln etwas anders gefaßt. Der Kommanditist kann danach die Auszahlung des Gewinns nicht fordern, solange sein Kapitalantheil durch Verlust unter den auf die bedungene Einlage geleisteten Betrag herabgemindert ist oder durch die Auszahlung unter diesen Betrag herabgemindert werden würde. Als auf die bedungene Einlage geleistet wird auch ein dem Kommanditisten im abgelaufenen Geschäftsjahr auf seinen Kapitalantheil zugeschriebener und am Schlusse des Jahres nicht erhobener Gewinnantheil zu betrachten sein.

Während der persönlich haftende Gesellschafter nach §. 110 das Recht hat, einen Betrag von vier vom Hundert des Kapitalantheils, auch wenn kein Gewinn erzielt oder die bedungene Einlage durch Verluste früherer Jahre vermindert ist, zu seinen Lasten, d. h. unter Abschreibung von seinem Kapitalantheile, aus der Gesellschaftskasse zu entnehmen, wird dem Kommanditisten durch den Entwurf eine solche Befugniß nicht gewährt. Hierin liegt eine sachliche Aenderung des gegenwärtigen Rechts, da mit Rücksicht auf den Wortlaut des Art. 161 Abs. 3 des Handelsgesetzbuchs angenommen wird, daß dem Kommanditisten im Verhältniß der Gesellschafter untereinander ein Recht auf Zinsen zu vier vom Hundert ohne Rücksicht auf die Erzielung eines Jahresgewinns oder auf eine durch Verluste früherer Jahre herbeigeführte Minderung der Einlage zustehe. Es erscheint jedoch nicht zweckmäßig, dem Kommanditisten gegenüber den anderen Gesellschaftern ein Recht einzuräumen, durch dessen Ausübung er den Gesellschaftsgläubigern wegen unzulässiger Verminderung seiner Einlage haftbar wird, zumal auch die übrigen Gesellschafter ein berechtigtes Interesse daran haben, daß die Kommanditeinlage, welche die einzige Leistung des Kommanditisten bildet, der Gesellschaft ungeschmälert erhalten bleibt. Dem Anspruche des Kommanditisten auf nachträgliche Auszahlung derjenigen Gewinnbeträge früherer Jahre, welche gemäß §. 153 seinem Kapitalantheile nicht zugeschrieben werden, sondern eine gewöhnliche Buchforderung gegen die Gesellschaft bilden, steht der §. 155 nicht entgegen.

Rechtsverhältniß zu Dritten.

Die §§. 156 bis 163 regeln das Rechtsverhältniß der Kommanditgesellschaft zu Dritten. Da die Vorschriften des Art. 163 Abs. 1, 2 und des Art. 164 des Handelsgesetzbuchs über den Beginn der Wirksamkeit der Gesellschaft nach außen und über die Rechtsfähigkeit der Gesellschaft durch die allgemeine Verweisung auf die Grundsätze der offenen Handelsgesellschaft entbehrlich werden, so giebt der Entwurf hier nur Bestimmungen über die Haftung der Kommanditisten und über die Vertretung der Gesellschaft.

Haftung des Kommanditisten. (§§. 156—158.)

Aus der Fassung des die Haftung der Kommanditisten betreffenden Art. 165 des Handelsgesetzbuchs ist nicht ohne Weiteres zu erkennen, ob dabei an eine unmittelbare Haftung gegenüber den Gesellschaftsgläubigern oder nur an eine mittelbare gegenüber der Gesellschaft gedacht ist. Gegenwärtig wird die Frage meist in dem ersteren Sinne beantwortet; auch die Rechtsprechung hat sich dem angeschlossen. In der That entspricht die unmittelbare Haftung des Kommanditisten mit dem nicht eingezahlten Theile seiner Einlage der allgemeinen Stellung, welche die Kommanditgesellschaft als eine Abart der offenen Handelsgesellschaft einnimmt. Sie ist aber auch aus praktischen Gründen nicht zu entbehren. Ohne die unmittelbare Haftung könnte jedenfalls der Grundsatz, daß nach der Auflösung der Gesellschaft die Liquidation unterbleiben und eine andere Art der Auseinandersetzung von den Gesellschaften vereinbart werden darf, nicht beibehalten werden; die Liquidation müßte vielmehr eine nothwendige sein und nach dem Muster der für die Aktiengesellschaft geltenden Vorschriften ausgestaltet werden. Andernfalls wären die Gläubiger der Gesellschaft ohne genügenden Schutz. Der §. 156 des Entwurfs hält demzufolge an der unmittelbaren Haftung der Kommanditisten fest und beseitigt durch eine klarere Fassung die in dieser Beziehung gegenwärtig bestehenden Zweifel. Der Kommanditist haftet danach den Gläubigern der Gesellschaft bis zur Höhe seiner Einlage unmittelbar, die Haftung ist aber ausgeschlossen, soweit die Einlage, sei es in der gewöhnlichen Weise, sei es durch Befriedigung eines anderen Gläubigers, an die Gesellschaft geleistet ist. Den Beweis, daß die Einlage gezahlt sei, hat der Kommanditist zu führen. Die unmittelbare Haftung des Kommanditisten erst nach Auflösung der Gesellschaft (schweizerisches Obligationenrecht Art. 603) oder nur bei Unzulänglichkeit des Gesellschaftsvermögens eintreten zu lassen, ist weder nothwendig noch gerechtfertigt. Dagegen muß allerdings im Konkurse der Gesellschaft das Recht des einzelnen Gläubigers, sich unmittelbar an den Kommanditisten zu halten, ausgeschlossen werden; denn der Gläubiger, der bei einem Kommanditisten Befriedigung sucht, entzieht dadurch der Konkursmasse den Anspruch auf die rückständige Einlage. Im Abs. 2 des §. 156 ist daher bestimmt, daß während des Konkurses der Gesellschaft das den Gesellschaftsgläubigern gegen den Kommanditisten zustehende Recht durch den Konkursverwalter ausgeübt wird.

Die Befugniß des Kommanditisten, mit Zustimmung seiner Mitgesellschafter die Einlage zu vermindern, wird durch sein Verhältniß zu den Gläubigern an sich nicht beschränkt. Von einer Bindung der Einlage im Interesse der Gläubiger kann daher nur in dem Sinne gesprochen werden, daß eine Vereinbarung der Gesellschafter, durch die dem Kommanditisten die Einlage erlassen oder gestundet wird, den Gläubigern gegenüber unwirksam ist, und daß, falls die eingezahlte Einlage zurückgezahlt oder durch Entnahme von Gewinnantheilen vermindert wird, die Einzahlung den Gläubigern gegenüber insoweit als nicht geschehen gilt. Dieser auch dem Art. 165 des Handelsgesetzbuchs zu Grunde liegende Gedanke ist im §. 157 Abs. 3, 4 des Entwurfs zum Ausdrucke gebracht. Eine Ausnahme tritt, nach der dem bisherigen Art. 165 Abs. 5 entsprechenden Vorschrift des §. 157 Abs. 5 in Ansehung dessen ein, was der Kommanditist auf Grund einer in gutem Glauben errichteten Bilanz in gutem Glauben als Gewinn bezogen hat.

Der §. 158, demzufolge der in eine bestehende Handelsgesellschaft eintretende Kommanditist ohne Rücksicht auf eine Aenderung der Firma und auf eine entgegenstehende Vereinbarung nach Maßgabe der §§. 156, 157 für alle von der Gesellschaft vor seinem Eintritt eingegangenen Verbindlichkeiten haftet, stimmt mit dem bisherigen Art. 166 überein.

Betrag der Einlage im Verhältniß zu den Gläubigern. (§. 157 Abs. 1, 2, §. 159.)

Da die Einlage, zu deren Leistung sich der Kommanditist seinen Mitgesellschaftern gegenüber verpflichtet, nicht unbedingt mit dem Betrag übereinstimmen muß, der den Gläubigern gegenüber als Einlage und Grenze der Haftung gelten soll, so bedarf es einer für Jedermann kenntlichen Festsetzung, aus der die Höhe der Einlage in der zuletzt gedachten Bedeutung zu entnehmen ist. Der Entwurf enthält hierüber sowie über eine Erhöhung oder Herabsetzung der Einlage besondere Vorschriften.

Sobald die Gesellschaft oder im Falle des Eintritts eines neuen Kommanditisten dieser in das Handelsregister eingetragen ist, muß der Natur der Sache nach zunächst der eingetragene Betrag für das Verhältniß zu Dritten entscheiden (§. 157 Abs. 1). Eine Erhöhung oder Herabsetzung der eingetragenen Einlage kann dann nicht mehr ohne Weiteres durch eine bloße Aenderung des Gesellschaftsvertrags den Gläubigern gegenüber Wirksamkeit erhalten. Die allgemeinen Grundsätze über die Rechtsfolgen des Vollzugs oder des Unterbleibens einer Eintragung in das Handelsregister, auf welche der Art. 171 des Handelsgesetzbuchs für den Fall des Ausscheidens des Kommanditisten mit einem Theile seiner Einlage verweist, genügen nicht; denn hiernach ist schon die Kenntniß eines Gläubigers von einer unter den Gesellschaftern getroffenen, aber nicht in das Handelsregister eingetragenen Vereinbarung über die Veränderung des Betrags der Einlage zur Wirksamkeit gegenüber dem betreffenden Gläubiger ausreichend. Es fragt sich aber gerade, ob eine solche Vereinbarung nach der Absicht der Betheiligten für das äußere und nicht nur für das innere Verhältniß gelten soll. Um Zweifel in dieser Beziehung auszuschließen, ist, falls die Wirksamkeit nach außen bezweckt wird, eine unzweideutige Bekundung dieser Absicht erforderlich. Soweit es sich um eine Erhöhung der Einlage handelt, braucht die Bekundung nicht nothwendig in der Eintragung in das Handelsregister zu bestehen. Nach dem §. 157 Abs. 2 des Entwurfs sollen sich vielmehr die Gesellschaftsgläubiger auf eine Erhöhung der Einlage auch dann berufen dürfen, wenn die Erhöhung in handelsüblicher Weise bekannt gegeben oder ihnen sonst von der Gesellschaft mitgetheilt ist. Anders verhält es sich im Falle einer Herabsetzung der Einlage. Hier empfiehlt es sich, die Eintragung in ähnlicher Weise wie bei der Herabsetzung des Grundkapitals der Aktiengesellschaft zur unbedingten Voraussetzung der Wirksamkeit zu machen. Eine sonstige Kundmachung muß unberücksichtigt bleiben, denn es ist nothwendig, den Eintritt der Wirksamkeit der Herabsetzung an einen fest bestimmten, jederzeit nachweisbaren Zeitpunkt zu knüpfen, aus dem sich ergiebt, welchen Gläubigern gegenüber sie überhaupt in Betracht kommt; sie kann jedenfalls nur denjenigen entgegengesetzt werden, deren Forderungen erst später begründet worden sind. Im §. 159 des Entwurfs ist die letztere Einschränkung noch besonders ausgesprochen.

Die allgemeinen Grundsätze des §. 14 über die Wirkungen der erfolgten oder unterlassenen Eintragung in das Handelsregister kommen neben den Sondervorschriften des §. 159 insoweit zur Anwendung, als sie mit diesen vereinbar sind. Insbesondere steht, solange die Eintragung noch nicht veröffentlicht ist, dem Gläubiger die Herabsetzung nur entgegen, falls er sie kannte. Ebenso wird in Ansehung von Forderungen, die aus dem Verkehr mit einer Zweigniederlassung entstanden sind, eine ausschließlich in das Register des Sitzes der Gesellschaft eingetragene und bekannt gemachte Herabsetzung dem Gläubiger nur bei nachgewiesener Kenntniß entgegengesetzt werden dürfen.

Anmeldung einer Erhöhung oder Herabsetzung zum Handelsregister. (§. 160.)

Eine Erhöhung oder Herabsetzung der Einlage ist zur Eintragung in das Handelsregister nach §. 160 durch sämmtliche Gesellschafter anzumelden. Hierbei muß jedoch die Verhängung von Ordnungsstrafen insoweit, als es sich um die Eintragung in das Handelsregister des Sitzes der Gesellschaft handelt, ausgeschlossen bleiben, da anderenfalls die Gesellschafter, der Absicht des Gesetzes entgegen, gezwungen werden würden, auch einer nur für das Verhältniß unter ihnen getroffenen Vereinbarung Dritten gegenüber Wirkung zu verleihen. Was die öffentliche Bekanntmachung der Eintragung betrifft, so ist nach dem Entwurf im Gegensatze zum Handelsgesetzbuche, das übrigens nur für den Fall der Herabsetzung der Einlage eine ausdrückliche Vorschrift über die Eintragung enthält, der ganze Inhalt der Eintragung einschließlich des Betrages der Erhöhung oder Herabsetzung von dem Registergerichte zu veröffentlichen.

Haftung des Kommanditisten vor der Eintragung. (§. 161.)

Hat die Gesellschaft ihre Geschäfte begonnen, bevor sie in das Handelsregister des Gerichts, in dessen Bezirke sie ihren Sitz hat, eingetragen ist, so haftet nach §. 161 jeder Kommanditist, welcher dem Geschäftsbeginne zugestimmt hat, für die bis zur Eintragung begründeten Verbindlichkeiten der Gesellschaft gleich einem persönlich haftenden Gesellschafter, es sei denn, daß seine Betheiligung als Kommanditist dem Gläubiger bekannt war. Der Art. 163 Abs. 3 des Handelsgesetzbuchs, welchem diese Vorschrift entlehnt ist, hat früher lebhafte Angriffe hervorgerufen; die Erfahrung hat jedoch die geäußerten Besorgnisse nicht gerechtfertigt. Wird die unbeschränkte Haftung von dem im Handelsgesetzbuche nicht ausdrücklich erwähnten Erfordernisse der Zustimmung des Kommanditisten zum Geschäftsbeginn abhängig gemacht, so kann in der Haftung eine unbillige Härte nicht gefunden werden; sie ist auch nicht zu entbehren, weil sie das wirksamste Mittel bildet, um die schleunige Eintragung in das Handelsregister und hierdurch eine sichere Grundlage für das Verhältniß zu Dritten herbeizuführen. Tritt ein Kommanditist in eine bestehende Gesellschaft ein, so muß er ebenfalls für die in der Zeit zwischen seinem Eintritt und dessen Eintragung begründeten Verbindlichkeiten haften (§. 161 Abs. 2).

Aufnahme des Namens des Kommanditisten in die Firma. (§. 162.)

Der §. 162 giebt die Vorschrift des bisherigen Art. 168 über die unbeschränkte Haftung des Kommanditisten, dessen Name in der Firma enthalten ist, mit einigen Ergänzungen wieder. Zunächst ist die unbeschränkte Haftung ausdrücklich an die Voraussetzung geknüpft, daß der Kommanditist der Aufnahme seines Namens in die Firma zugestimmt hat; auch soll die Haftung nur hinsichtlich derjenigen Geschäftsverbindlichkeiten eintreten, welche seit einer solchen Aufnahme des Namens in die Firma entstanden sind. Sodann bestimmt der §. 162, daß die Haftung wegfällt, wenn die Annahme ausgeschlossen erscheint, daß der Name den gegenwärtigen Inhaber oder Mitinhaber des Geschäfts bezeichnen solle; anderenfalls würde der Name eines Kommanditisten, der früher Geschäftsinhaber oder persönlich haftender Gesellschafter war, selbst mit einem auf ein Nachfolgerverhältniß hinweisenden Zusatze nicht in die Firma aufgenommen werden können. Dagegen kann es nicht darauf ankommen, ob der Gläubiger im einzelnen Falle gewußt hat, daß der Träger des Namens nicht Inhaber oder persönlich haftender Theilhaber des Geschäfts war, da der Kommanditist, dessen Name mit seiner Zustimmung in die Firma aufgenommen ist, sich gerade hierdurch einer persönlichen Haftung für die Geschäftsschulden unterwirft.

Vertretung. (§. 163.)

Bezüglich der Vertretung der Gesellschaft ist keine weitere Bestimmung erforderlich, als die, daß die Kommanditisten zur Vertretung nicht befugt sind (§. 163). Die sonstigen Bestimmungen des bisherigen Art. 167 Abs. 1, 2 werden durch die allgemeine Verweisung des §. 147 Abs. 2 auf die für die offene Handelsgesellschaft geltenden Vorschriften entbehrlich. Nicht in den Entwurf aufgenommen ist die Bestimmung des Art. 167 Abs. 3, nach welcher ein Kommanditist aus Geschäften, die er für die Gesellschaft schließt, ohne ausdrücklich zu erklären, daß er nur als Prokurist oder Handlungsbevollmächtigter handle, gleich einem persönlich haftenden Gesellschafter verpflichtet wird. Um einer Verdunkelung der Verhältnisse der Gesellschaft vorzubeugen, ist eine solche Vorschrift nicht erforderlich.

Auch der bisherige Art. 169 muß wegfallen. Die Vorschriften in dem Abschnitt über die offene Handelsgesellschaft, auf welche er verweist, werden theils durch die Vorschriften des Bürgerlichen Gesetzbuchs, theils durch die §§. 2 und 198 der Konkursordnung sowie durch den §. 156 Abs. 2 des Entwurfs ersetzt.

Auflösung und Ausscheiden. (§. 164.)

Vorschriften über die Auflösung der Gesellschaft und das Ausscheiden von Gesellschaftern, über die Liquidation und die Verjährung (bisher Art. 170 bis 172) sind, abgesehen von dem Satze, daß der Tod des Kommanditisten die Gesellschaft nicht auflöst (§. 164), neben dem §. 147 Abs. 2 nicht mehr erforderlich. Die eintretende Geschäftsunfähigkeit des Kommanditisten hat die Auflösung schon deshalb nicht mehr zur Folge, weil auch die Geschäftsunfähigkeit eines offenen Handelsgesellschafters die Gesellschaft nicht auflöst. Der Konkurs eines Kommanditisten ist, wie nach geltendem Rechte, so auch nach dem Entwurf ein Auflösungsgrund, es sei denn, daß der Gesellschaftsvertrag bestimmt, die Gesellschaft solle unter den übrigen Gesellschaftern fortbestehen (§. 119 Nr. 5 und §. 125 in Verbindung mit §. 147 Abs. 2).

Dritter Titel.

Aktiengesellschaft.

Allgemeine Gesichtspunkte.

Bei der Berathung der Aktiennovelle vom 18. Juli 1884 hat man sich nicht verhehlt, daß die Vorschriften derselben nicht im Stande sein würden, Mißbräuche auf dem Gebiete des Aktienwesens ein für allemal auszuschließen. Man war sich bewußt, daß ein solches Ziel durch Vorschriften auf dem Gebiete des Aktiengesellschaftsrechts überhaupt nicht zu erreichen sei, wenn man nicht die Vereinigungsform der Aktiengesellschaft für den Verkehr unbrauchbar machen und mit den schädlichen Wirkungen derselben auch ihre für die heutige Volkswirthschaft unentbehrlichen Vorzüge beseitigen wolle. Was man erstrebte, war, jene Mißbräuche durch thunlichste Oeffentlichkeit der Vorgänge bei der Gründung und Verwaltung der Gesellschaften und durch eine streng durchgeführte strafrechtliche und privatrechtliche Verantwortlichkeit der bei der Gründung und Verwaltung mitwirkenden Personen nach Möglichkeit einzudämmen. Es läßt sich nicht behaupten, daß innerhalb dieser Grenzen das Gesetz ohne die erwartete Wirkung geblieben sei. In der Periode hochgesteigerter Gründungsthätigkeit, welche in der Zeit seit dem Erlasse des Gesetzes gelegen hat, sind zwar bedenkliche Gründungen unternommen worden; immerhin lassen sich die Mißstände, welche dabei zu Tage traten, nicht mit denjenigen der Gründungsperiode des Anfangs der siebziger Jahre vergleichen. Die Vorschriften des neuen Gesetzes haben es in solchen Fällen auch wesentlich erleichtert, die Schuldigen zur Verantwortung zu ziehen.

Unzweifelhaft ist es wünschenswerth, den noch vorhandenen Mißbräuchen nach Möglichkeit entgegenzutreten. Die hierfür in Betracht kommenden Mittel liegen aber weniger auf dem Gebiete des Aktienrechts als auf dem der Börsengesetzgebung. Hier setzen denn auch die Bestimmungen des Entwurfs des Börsengesetzes ein; die Vorschriften desselben über die Emission von Werthpapieren, über die Kursfeststellung, über die Organisation der Börsen werden unmittelbar oder mittelbar auch auf das Aktienwesen von Einfluß sein.

Grundlegende Aenderungen im Systeme des geltenden Aktienrechts kommen hiernach nicht in Frage und sind auch von keiner Seite in Anregung gebracht.

Nichtsdestoweniger läßt sich im Einzelnen an dem bestehenden Zustande Manches bessern, und der Entwurf sieht zu diesem Zwecke mannigfache Aenderungen und Ergänzungen der geltenden Bestimmungen vor. Insbesondere mag auf die Vorschriften über die Revision der Gründungen (§§. 178 bis 180), über die Erhöhung oder Herabsetzung des Grundkapitals, namentlich in Ansehung des Rechts der Aktionäre auf einen entsprechenden Theil neu auszugebender Aktien (§§. 253 ff., bes. §§. 257, 258), über die Veräußerung des Vermögens der Gesellschaft im Ganzen (§§. 276 ff.), über die Anfechtung von Generalversammlungsbeschlüssen im öffentlichen Interesse (§. 250), über die Nichtigkeitserklärung von Aktiengesellschaften (§§. 281 bis 283) hingewiesen werden. Auch die Bestimmungen, welche die besonderen Verhältnisse der Rübenzuckerfabriken und ähnlicher mit der Landwirthschaft zusammenhängender Unternehmungen betreffen (§. 197 Abs. 2, §. 200), gehören hierher.

Eine durchgreifende Aenderung hat die äußere Stellung und Eintheilung der Vorschriften über die Aktiengesellschaft erfahren. Es wird allgemein als ein Mißstand empfunden, daß im Handelsgesetzbuch an erster Stelle die jetzt praktisch nur noch wenig bedeutsame Kommanditgesellschaft auf Aktien und erst nach dieser, zum Theil nur durch Verweisungen auf sie, die Aktiengesellschaft geregelt ist. Im Entwurf ist das Verhältniß umgekehrt, die Aktiengesellschaft vorangestellt und die Kommanditgesellschaft auf Aktien in wesentlich abgekürzter Form behandelt. Auch die Eintheilung des die Aktiengesellschaft selbst betreffenden Rechtsstoffes ist eine andere als im Handelsgesetzbuche, dessen Vorschriften durch die wiederholte Einschiebung neuer Bestimmungen die Uebersichtlichkeit und den Zusammenhang verloren haben.

Erster Abschnitt.

Allgemeine Vorschriften.

Begriffsmerkmale. (§. 165.)

Nach Art. 207 Abs. 1 des Handelsgesetzbuchs ist eine Gesellschaft dann eine Aktiengesellschaft, wenn sich sämmtliche Gesellschafter nur mit Einlagen betheiligen, ohne persönlich für die Verbindlichkeiten der Gesellschaft zu haften. Die Bestimmung erweckt den Anschein, als ob, wenn die darin bezeichneten Merkmale bei einer Gesellschaft zutreffen, die Gesellschaft unter allen Umständen als eine Aktiengesellschaft zu behandeln und nach den für die letztere geltenden Vorschriften zu beurtheilen sei. Dies hat unter Anderem dahin geführt, daß in einzelnen Fällen die Rechtsgültigkeit von Gesellschaften angezweifelt worden ist, die auf Grund einer nach den Landesgesetzen erfolgten Verleihung der Korporationsrechte errichtet waren. In Wahrheit ist die Begriffsbestimmung des Art. 207 in keiner Weise erschöpfend. Da ein praktisches Bedürfniß für eine gesetzliche Definition nicht besteht, so ist im Entwurfe von dem Versuch einer solchen abgesehen.

Aktien und Interimsscheine. (§§. 166, 167.)

Die Vorschriften des §. 166 wiederholen den Inhalt der Absätze 3 bis 5 des bisherigen Art. 207. Was die Interimsscheine betrifft, so werden dieselben im Handelsgesetzbuch als Antheilscheine bezeichnet, in welchen der Bezug der Aktien zugesichert wird oder welche sonst über das Antheilsrecht des Aktionärs vor Ausgabe der Aktien ausgestellt werden. Der Entwurf spricht nur von „Antheilscheinen, die den Aktionären vor der Ausgabe der Aktien ausgestellt werden". Das Wesentliche der Interimsscheine ist hierin enthalten; Urkunden, durch welche der Bezug von Aktien zugesichert wird, ohne daß der Inhaber als Mitglied der Gesellschaft gelten soll, sind keine Interimsscheine im Sinne des Gesetzes.

Der durch die Novelle vom 18. Juli 1884 auf eintausend Mark festgesetzte Mindestbetrag jeder Aktie ist im §. 167 Abs. 1 des Entwurfs unverändert beibehalten. Von einzelnen Seiten wird eine weitere Erhöhung des gesetzlichen Mindestbetrags befürwortet, und auch bei den Berathungen der Börsen-Enquete-Kommission ist die Frage erörtert worden, ob nicht wenigstens für die Zulassung von Aktien zum Börsenhandel ein höherer Nennbetrag gefordert werden solle; die Kommission ist indessen nicht dazu gelangt, eine solche Maßregel zu empfehlen. Um so weniger erscheint es angezeigt, eine Erhöhung des gesetzlichen Mindestbetrags ohne Rücksicht darauf eintreten zu lassen, ob die Aktien an die Börse gebracht werden oder nicht. Die kleinen Vermögen werden schon durch das Erforderniß eines Betrags von wenigstens eintausend Mark geschützt, soweit dies nach Lage der Sache möglich ist, und der rein spekulative Erwerb von Aktien auf Bankierkredit gegen Leistung eines Einschusses wäre selbst durch die Festsetzung eines erheblich höheren Nennbetrags nicht zu verhindern. Dagegen würde eine solche Erhöhung auch den Erwerb guter und sicherer Aktien erheblich erschweren und aller Wahrscheinlichkeit nach zu einer Begünstigung ausländischer Papiere mit geringerem Nennwerthe führen. In Frankreich, wo am 1. August 1893 ein neues Gesetz zur Abstellung einzelner Mißbräuche im Aktienwesen ergangen ist, hat man nicht nur von einer Erhöhung des Nennbetrags der Aktien abgesehen, sondern für kleinere Gesellschaften den Mindestbetrag noch erheblich, nämlich bis zu fünfundzwanzig Francs, herabgesetzt.

Die im Art. 207a Abs. 2 des Handelsgesetzbuchs dem Bundesrath eingeräumte Befugniß, die Ausgabe von Aktien mit geringerem Nennbetrage für gemeinnützige oder in bestimmter Weise öffentlich garantirte Unternehmungen zu gestatten, ist im Entwurfe beibehalten. Das Gleiche gilt in Betreff der Ausnahme, welche der Art. 207a in Ansehung von Namensaktien macht, die nur mit Einwilligung der Gesellschaft und mittelst gerichtlich oder notariell beglaubigter Erklärung (Art. 220, 182 Abs. 2) übertragen werden können.

Bestritten ist, ob die Vorschrift, daß die Aktien auf eintausend Mark lauten müssen, auch dann Anwendung zu finden hat, wenn eine ältere Gesellschaft, deren Aktien mit Rücksicht auf die bis zum Jahre 1884 in Geltung gewesenen Vorschriften auf einen geringeren Betrag gestellt sind, bei einer Kapitalsherabsetzung an Stelle der bisherigen Aktien andere ausstellt oder bei einer Kapitalserhöhung neue Aktien ausgiebt. Die Frage wird von den Gerichten verschieden beantwortet, und bei der großen Wichtigkeit derselben ist eine ausdrückliche Vorschrift nothwendig; diese muß jedoch dem Einführungsgesetze vorbehalten bleiben.

Die Vorschriften des §. 168 über die Feststellung und den Inhalt des Statuts der Aktiengesellschaft sind der Hauptsache nach unverändert aus dem Art. 209 des Handelsgesetzbuchs übernommen. Weggefallen ist die bisherige Nr. 4, wonach der Gesellschaftsvertrag auch die Art der Aktien, Gesellschaftsvertrag. (§§. 168—172.)

ob sie auf den Inhaber oder auf Namen lauten, und im Falle der Ausgabe beider Arten die Zahl der Aktien einer jeden Art bestimmen muß. An die Stelle dieser Vorschrift tritt der §. 169 Abs. 1, welcher verordnet, daß die Aktien, wenn der Gesellschaftsvertrag nichts darüber bestimmt, ob Namens- oder Inhaberaktien ausgegeben werden sollen, auf Namen zu stellen sind. Da jeder Verstoß gegen die Vorschriften über die Aufnahme der im §. 168 Abs. 2 bezeichneten Bestimmungen in den Gesellschaftsvertrag die Nichtigkeit der Gesellschaft zur Folge hat, so erscheint es wünschenswerth, diese Bestimmungen nach Möglichkeit zu beschränken und durch subsidiär eintretende gesetzliche Vorschriften zu ersetzen.

Der Art. 209a des Handelsgesetzbuchs führt eine Anzahl von Bestimmungen auf, die zwar nicht nothwendig im Gesellschaftsvertrag enthalten sein müssen, aber nur in diesem getroffen werden können. Die Aufzählung ist indessen keineswegs vollständig und wird daher in dieser Form am besten beseitigt. Die Vorschrift unter Nr. 1 des Art. 209a, daß eine Bestimmung, wonach das Unternehmen auf eine gewisse Zeit beschränkt sein soll, der Aufnahme in den Gesellschaftsvertrag bedarf, ist überhaupt entbehrlich; in dieser Hinsicht genügen vielmehr die Vorschriften des §. 184 Abs. 2 und des §. 265 Nr. 1. Die Nr. 5 des Art. 209a bezieht sich auf statutarische Anordnungen über die Beschlußfassung in der Generalversammlung und findet daher am besten bei den Vorschriften über diese ihre Stelle (§. 231). Der übrige Inhalt des Art. 209a wird durch den §. 169 Abs. 2 und die §§. 170, 171 des Entwurfs ersetzt.

Was die Umwandlung von Namens- in Inhaberaktien oder der letzteren in Namensaktien betrifft (§. 169 Abs. 2, bisher Art. 209a Nr. 3), so wird durch die oben erwähnte Streichung der Nr. 4 des Art. 209 der Zweifel beseitigt, ob es nicht zu einer solchen Umwandlung jedesmal einer Aenderung des Gesellschaftsvertrags bedürfe. Diejenige Umwandlung, welche nach §. 169 Abs. 2 des Entwurfs im Falle einer entsprechenden Bestimmung des Gesellschaftsvertrags auf Verlangen des Aktionärs zu geschehen hat, ist eine Verwaltungshandlung, die im Zweifel durch den Vorstand zu bewirken ist. Darüber, inwieweit eine Umwandlung der Aktien durch Mehrheitsbeschluß der Aktionäre erfolgen kann, sind besondere Vorschriften nicht erforderlich; auch ohne Anerkennung im Gesetze wird der Grundsatz gelten müssen, daß eine Zwangsumwandlung, da sie in die Sonderrechte der Aktionäre eingreift, nur auf Grund einer vor der Entstehung der betreffenden Antheilsrechte zu Stande gekommenen Bestimmung des Gesellschaftsvertrags zulässig ist.

Die Ausgabe der Aktien zu einem höheren als dem Nennbetrage soll nach §. 170 Abs. 2 des Entwurfs ebenso wie nach dem bisherigen Art. 209a Nr. 2 nur unter der Voraussetzung gestattet sein, daß die Ausgabe über Pari im Gesellschaftsvertrage vorgesehen ist. Der Betrag, zu welchem die Ausgabe erfolgt, braucht im Gesellschaftsvertrage nicht festgesetzt zu sein. Auch nach dem geltenden Rechte ist eine solche Festsetzung, die thatsächlich nicht immer zum Voraus geschehen kann, nicht erforderlich.

In Betreff der Rechtsverhältnisse, welche entstehen, wenn nach Maßgabe des §. 171 (Handelsgesetzbuch Art. 209a Nr. 4) Prioritätsaktien ausgegeben werden, trifft der Entwurf, abgesehen von den schon im Handelsgesetzbuch enthaltenen Bestimmungen über die unter Umständen nothwendige Beschlußfassung in Sonderversammlungen der verschiedenen Klassen von Aktionären (§. 251 Abs. 4, §. 253 Abs. 2, §. 262 Abs. 3), keine besonderen Vorschriften. Es handelt sich dabei meistens um Fragen, die nur unter Berücksichtigung der im einzelnen Falle maßgebenden statutarischen Bestimmungen beantwortet werden können. Die Frage, ob bei einer bestehenden Gesellschaft auch außer dem Falle der Erhöhung des Grundkapitals Prioritätsrechte begründet werden können, ist durch die auf den Reservefonds bezügliche Vorschrift des §. 239 Nr. 3 entschieden.

Die Vorschriften des §. 172 über die Festsetzungen, welche in den Gesellschaftsvertrag aufzunehmen sind, wenn besondere Vortheile für einzelne Aktionäre bedungen oder Sacheinlagen gemacht oder Vermögensgegenstände von der Gesellschaft übernommen werden sollen, weichen sachlich nicht von dem bisherigen Art. 209b ab. Auch die §§. 173 bis 175, welche die Personen der Gründer, die Errichtung der Gesellschaft im Falle der Simultangründung und die Aktienzeichnung bei der Successivgründung betreffen, stimmen bis auf geringe, meistens die Fassung betreffende Verschiedenheiten mit den Art. 209c bis 209e des Handelsgesetzbuchs überein.

Wahl des ersten Aufsichtsraths. (§. 176.)

Ueber die Wahl des ersten Aufsichtsraths enthält das Handelsgesetzbuch keine besonderen Vorschriften; nur für die Kommanditgesellschaft auf Aktien ist im Art. 175e eine solche Bestimmung getroffen. Der Mangel einer entsprechenden Vorschrift für die Aktiengesellschaft tritt darin hervor, daß auch im Falle der Simultangründung an sich eine förmliche Generalversammlung für die Wahl des Aufsichtsraths berufen werden muß, daß es aber nicht nur hier, sondern auch für den Fall der Successivgründung zweifelhaft bleibt, von wem die Generalversammlung zu berufen ist. Der §. 176 des Entwurfs füllt diese Lücke aus und erstreckt die betreffenden Vorschriften zugleich auf die Bestellung des ersten Vorstandes, sofern der Vorstand nach der Bestimmung des Gesellschaftsvertrags durch die Generalversammlung zu wählen ist. Der Art. 209f des Handesgesetzbuchs, in welchem noch besonders ausgesprochen ist, daß die Aktiengesellschaft einen Aufsichtsrath haben müsse, ist entbehrlich, da sich der Grundsatz aus den übrigen Vorschriften des Gesetzes von selbst ergiebt. Die Streichung des Art. 209f beseitigt zugleich einen Zweifel, der mit Rücksicht auf die Uebergangsbestimmungen der Novelle vom 18. Juli 1884 entstanden ist. Der §. 2 der letzteren führt nämlich auch den Art. 209f unter denjenigen Vorschriften an, welche auf Gesellschaften, die vor dem Inkrafttreten der Novelle bereits zum Handelsregister angemeldet waren, keine Anwendung finden sollen, und hieraus ist, der Absicht des Gesetzes entgegen, gefolgert worden, der Aufsichtsrath bilde für ältere Gesellschaften auch jetzt noch keine nothwendige Einrichtung. Nach dem Entwurfe kann es keinem Zweifel mehr unterliegen, daß alle Aktiengesellschaften ohne Ausnahme einen Aufsichtsrath haben müssen.

Gründererklärung. (§. 177.)

Nach Art. 209g des Handelsgesetzbuchs haben die Gründer, sofern Sacheinlagen gemacht oder der Gesellschaft Vermögensstücke überlassen werden, in einer besonderen schriftlichen Erklärung die Angemessenheit des in Ansatz gebrachten Werthes zu rechtfertigen. Durch den §. 177 des Entwurfs werden die Angaben, welche diese Gründererklärung enthalten muß, in einzelnen Beziehungen näher bestimmt oder erweitert. Der Art. 209g ist mit Rücksicht auf seine Fassung zuweilen dahin verstanden worden, daß die für die Werthsbemessung der eingelegten oder überlassenen Gegenstände wesentlichen Thatsachen nur insoweit angegeben werden müßten, als sie für die subjektive Auffassung der Gründer thatsächlich maßgebend gewesen seien. Hieraus werden dann Folgerungen gezogen, welche die Verpflichtung der Gründer zur Offenlegung der objektiv wesentlichen Umstände in einer zweckwidrigen Weise beschränken. Im Abs. 1 des §. 177 ist deshalb eine etwas andere Fassung gewählt. Selbstverständlich bezieht sich auch hiernach die Darlegungspflicht immer nur auf diejenigen Umstände, welche die Gründer bei pflichtmäßiger Sorgfalt nach Maßgabe der in dem fraglichen Zeitpunkte bestehenden Verhältnisse als wesentlich für die Werthsbemessung ansehen müssen (§. 188 Abs. 2). Ferner ist im Abs. 2 des §. 177 bestimmt, daß im Falle des Ueberganges eines Unternehmens auf die Gesellschaft auch die Betriebserträgnisse aus den letzten zwei Jahren unter die Angaben der Gründererklärung aufzunehmen sind. Die Wichtigkeit der bisherigen Erträgnisse für die Beurtheilung des Werthes eines Unternehmens bedarf keiner näheren Darlegung.

Revisoren. (§§. 178—180.) Keine von den neuen Einrichtungen, die durch die Novelle vom 18. Juli 1884 eingeführt worden sind, hat zu so vielfachen Erörterungen Anlaß gegeben wie die Prüfung der Gründung durch Revisoren und durch den Vorstand und den Aufsichtsrath der Gesellschaft. Wünsche nach Aenderungen in den gesetzlichen Vorschriften sind von vielen Seiten laut geworden; sie beziehen sich indessen nur auf Einzelheiten.

Es unterliegt keinem Zweifel, daß die Vorschriften über die Revision in der Praxis sehr verschieden gehandhabt werden, sowohl was das Verhalten der Handelskammern gegenüber den Revisoren betrifft, als was die Art und Weise anlangt, wie die Revisoren selbst ihre Aufgabe auffassen. Während einzelne Handelskammern keinen Anstand nehmen, die Thätigkeit der Revisoren in gewissem Umfange zu überwachen und den Revisoren Anweisungen über die Ausführung der Revision zu ertheilen, lehnt die Mehrzahl der Organe des Handelsstandes unter Berufung auf die Vorschriften des Gesetzes jedes Eingreifen in die Revision ab, nachdem die Bestellung der Revisoren erfolgt ist. Diese ihrerseits beschränken sich zum großen Theil auf eine mehr oder weniger formelle Prüfung der ihnen von den Gründern vorgelegten Urkunden und enthalten sich häufig jeder sachlichen Untersuchung in Betreff der Angemessenheit des Werthansatzes für die von der Gesellschaft zu erwerbenden Anlagen oder sonstigen Gegenstände. Andere Revisoren lassen sich auch in dieser Beziehung eine eingehendere Prüfung angelegen sein.

Zum Theil findet die vielfach mangelhafte Ausführung der Revisionen ihre Erklärung in der Schwierigkeit der den Revisoren gestellten Aufgabe, wie auch in der mangelnden Bereitwilligkeit geeigneter Personen, die Stellung eines Revisors zu übernehmen. Immerhin läßt sich nicht verkennen, daß die Zweifel, welche hinsichtlich des Umfanges der gesetzlichen Prüfungspflicht der Revisoren und ihrer Rechte gegenüber den Gründern erhoben werden können, zu jenem

Ergebnisse nicht unwesentlich beigetragen haben. Diesen Mängeln sucht der Entwurf abzuhelfen. Die Aenderungen, die er vornimmt, bezwecken hauptsächlich:

1. die Bestellung von Revisoren in weiteren Grenzen anzuordnen und für alle Fälle ihre Ernennung durch ein von den Gründern unabhängiges Organ zu sichern,
2. den Umfang der den Revisoren sowie dem Vorstand und Aufsichtsrath obliegenden Prüfung in Betreff des Werthes der von der Gesellschaft zu erwerbenden Gegenstände klarzustellen und auszudehnen,
3. das Verhältniß der Revisoren zu den Gründern, namentlich ihre Befugniß, die erforderlichen Aufklärungen und Nachweise zu verlangen, genauer zu bestimmen und in Streitfällen die Entscheidung einer geeigneten Stelle herbeizuführen, endlich
4. auch hinsichtlich des Anspruchs auf Vergütung die Revisoren von den Gründern unabhängiger zu machen.

Nach dem Art. 209h des Handelsgesetzbuchs werden besondere Revisoren nur bestellt, wenn ein Mitglied des Vorstandes oder Aufsichtsraths selbst Gründer ist oder der Gesellschaft ein Vermögensstück überläßt oder sich einen besonderen Vortheil ausbedungen hat. Mit Recht ist bemängelt worden, daß diese Voraussetzungen zu eng begrenzt seien, und daß namentlich bei Gründungen mit Sacheinlagen eine Prüfung durch besondere Revisoren auch dann nöthig sei, wenn keiner der bezeichneten Fälle vorliege, die Einlage vielmehr von einem Aktionär, der nicht Mitglied des Vorstandes oder Aufsichtsraths ist, gemacht werde; denn die Rollen können immerhin so vertheilt werden, daß diejenigen, welche die Einlagen machen, gerade um die Bestellung von Revisoren zu verhüten, zunächst nicht in den Aufsichtsrath oder Vorstand der Gesellschaft eintreten. Im §. 178 Abs. 2 des Entwurfs ist deshalb die Bestellung von Revisoren vorgeschrieben, sobald überhaupt ein Fall des §. 172 Abs. 2 vorliegt.

Da wo eine Handelskammer oder ein ähnliches Organ des Handelsstandes nicht vorhanden ist, erfolgt nach Art. 209h des Handelsgesetzbuchs die Ernennung der Revisoren durch den Vorstand und den Aufsichtsrath. In einem Falle, in dem der Vorstand und der Aufsichtsrath als befangen und deshalb zur alleinigen Vornahme der Revision nicht geeignet angesehen werden, kann aber diesen Organen auch nicht wohl die Bestellung der Revisoren übertragen werden. Nach dem Entwurfe soll in den betreffenden Fällen die Ernennung der Revisoren durch das Gericht erfolgen. In ähnlicher Weise ist die Frage im §. 59 des Genossenschaftsgesetzes geregelt.

Im §. 179 des Entwurfs wird der Umfang der den Revisoren, wie auch dem Vorstand und dem Aufsichtsrath, obliegenden Prüfungspflicht in der Weise festgestellt, daß im Falle einer Sacheinlage oder einer Uebernahme von Vermögensgegenständen die Prüfung sich darauf zu erstrecken hat, ob bezüglich der Angemessenheit der für die eingelegten oder übernommenen Gegenstände gewährten Beträge Bedenken obwalten. Eine Klarstellung der betreffenden Vorschrift ist von den verschiedensten Seiten, insbesondere von einer größeren Zahl von Handelskammern, befürwortet worden, indem mit Recht darauf hingewiesen wurde, daß einer Revision, die sich nicht auf die in Frage stehende sachliche Seite der Gründung erstrecke, kaum eine Bedeutung beizulegen sei.

Gegenwärtig ist es zweifelhaft, wie sich die Revisoren zu verhalten haben, wenn die von ihnen für nöthig erachteten Aufklärungen und Nachweise von den Gründern nicht gegeben werden. Da es an einer zuständigen Stelle für die Entscheidung eines solchen Streites fehlt, so kann zur Zeit nur in Frage kommen, ob die Revisoren in einem solchen Falle befugt sind, die Erstattung des Revisionsberichts zu verweigern, oder ob sie lediglich das Verhalten der Gründer in dem Berichte darzulegen haben. Das erstere ist bedenklich, da hierdurch das Zustandekommen einer Aktiengesellschaft von dem alleinigen Ermessen der Revisoren abhängig gemacht wird; das letztere dagegen ist ungenügend und mit dem Zwecke der Revision nicht vereinbar. Am besten wird die Entscheidung von Meinungsverschiedenheiten der gedachten Art der Handelskammer beziehungsweise der Gerichtsbehörde übertragen, von welcher die Revisoren bestellt sind (§. 180 Abs. 1). Schon jetzt haben sich einzelne Handelskammern der Entscheidung solcher Streitpunkte unterzogen, und es kann sich nur als nützlich erweisen, wenn von dieser Seite ein gewisser Einfluß auf die Ausführung der Revisionen geübt wird. Zugleich erhalten die Revisoren durch die Möglichkeit einer Anrufung der Handelskammer den Gründern gegenüber eine selbständigere und geschütztere Stellung. Eine Verantwortlichkeit der Handelskammer für die Gründung kommt dabei ebensowenig wie bisher in Frage. Für den Fall, daß die Gründer auch der Entscheidung der Handelskammer oder des Gerichts keine Folge leisten, kann unbedenklich bestimmt werden, daß die Erstattung des Revisionsberichts zu unterbleiben hat.

Auch die Festsetzung der den Revisoren gebührenden Vergütung wird zweckmäßig der Handelskammer oder, wenn die Revisoren durch das Gericht ernannt sind, diesem übertragen (§. 180 Abs. 2). Gegenwärtig ist die Höhe der Vergütung lediglich der Vereinbarung zwischen den Revisoren und den Gründern überlassen, was der Unabhängigkeit der ersteren jedenfalls nicht förderlich sein kann.

Vielfach erörtert ist die Frage, ob nicht der von den Revisoren erstattete Bericht seinem ganzen Umfange nach oder auszugsweise zur öffentlichen Kenntniß gebracht werden soll. Nach dem Handelsgesetzbuche wird der Bericht zum Handelsregister eingereicht, er bleibt bei den Akten des Registergerichts, und von diesem werden nur die Namen der Revisoren veröffentlicht (Art. 210 Abs. 2 Nr. 3, Art. 210c Nr. 2). Eine Veröffentlichung des Revisionsberichts schreibt auch der Entwurf nicht vor. Wenngleich die erheblichen Kosten, welche durch eine solche Veröffentlichung in den für die Bekanntmachungen des Registergerichts bestimmten Blättern entständen, für sich allein noch nicht in Betracht kommen würden, so wäre ein gesetzlicher Zwang zur Veröffentlichung doch jedenfalls nur gerechtfertigt, wenn sich ein wirklicher Nutzen davon erwarten ließe. Dies ist aber zu bezweifeln. Umfangreiche Schriftstücke, wie die Revisionsberichte, werden von dem großen Publikum wenig gelesen, und die Veröffentlichung würde vielfach zu einer Zeit geschehen, in der ein Interesse weiterer Kreise an dem Unternehmen noch nicht besteht. Es muß genügen, wenn in der Bekanntmachung des Registergerichts über die Eintragung der Gesellschaft darauf hingewiesen wird, daß der Revisionsbericht bei dem Gerichte von Jedermann eingesehen werden kann. Der Entwurf enthält im §. 185 Abs. 2 eine Vorschrift dieses Inhalts. Dagegen soll eine Veröffentlichung der Namen der Revisoren nicht mehr stattfinden. In dieser Beziehung ist aus den Kreisen des Handelsstandes nicht ohne Grund geltend gemacht worden, daß eine solche Veröffentlichung mangels einer gleichzeitigen Bekanntgabe des Ergebnisses der Revision unter Umständen nur dazu führe, eine grundlose Reklame für das Unternehmen zu begünstigen.

Eintragung der Gesellschaft in das Handelsregister; konstituirende Generalversammlung (§§ 181—187.)

Die §§. 181 bis 187 des Entwurfs betreffen die Eintragung der Aktiengesellschaft in das Handelsregister und die hiermit zusammenhängende Thätigkeit des Registergerichts. Sie stimmen im Allgemeinen mit den Art. 210 bis 212 des Handelsgesetzbuchs überein; nur Einzelheiten sind geändert.

Den Gegenstand der Anmeldung und Eintragung bildet nach §. 181 die Gesellschaft und nicht mehr, wie nach dem Handelsgesetzbuche, der Gesellschaftsvertrag; dieser ist der Anmeldung nur beizufügen. Auch gegenwärtig findet aus naheliegenden Gründen nicht die Eintragung des ganzen Gesellschaftsvertrags statt; die Ausführungsverordnungen sehen vielmehr nur eine auszugsweise Eintragung vor. Die Zulässigkeit einer derartigen Anordnung ist indessen mit Rücksicht auf den Wortlaut des Gesetzes bemängelt worden. Durch die Fassung des Entwurfs, die auch mit den Vorschriften über die Eintragung der offenen Handelsgesellschaft und der Kommanditgesellschaft im Einklang steht, erledigen sich diese Bedenken. Der Inhalt der Eintragung wird im §. 184 näher bestimmt.

Die Einrichtung, daß im Falle der Successivgründung die konstituirende Generalversammlung durch das Gericht berufen und geleitet wird, ist im Entwurfe beibehalten. Die Abweichungen des §. 182 von dem Art. 210a des Handelsgesetzbuchs beschränken sich auf zwei Punkte. Nach dem letzteren Artikel können auch Rechtsnachfolger der ersten Zeichner oder Uebernehmer von Aktien in der konstituirenden Generalversammlung mitwirken, sofern sie von der Versammlung zugelassen werden. Diese Bestimmung, welche die Zulassung der Käufer von Antheilsrechten ermöglichen sollte, aber in Bezug auf die Voraussetzungen einer solchen Zulassung zu erheblichen Zweifeln Anlaß giebt, konnte in den Entwurf schon deshalb nicht aufgenommen werden, weil im §. 186 Abs. 2 die Uebertragung von Antheilsrechten vor der Eintragung der Gesellschaft in das Handelsregister gänzlich ausgeschlossen ist. Daß die Erben der ersten Zeichner oder Uebernehmer von Aktien die Rechte ihres Erblassers auch in der konstituirenden Generalversammlung ausüben können, bedarf keiner besonderen Hervorhebung.

Nach dem geltenden Rechte ist es nicht unzweifelhaft, inwieweit bei der Beschlußfassung über die Errichtung der Gesellschaft auch diejenigen Gründer oder sonst Betheiligten stimmberechtigt sind, welche Vermögensgegenstände in die Gesellschaft einbringen oder sich einen besonderen

Vortheil oder eine Gründervergütung ausbedungen haben; denn für diese Personen besteht immerhin ein besonderes, mit dem Interesse der übrigen Aktionäre nicht zusammenfallendes Interesse an dem Zustandekommen der Gesellschaft. Im Abs. 4 des §. 182 ist die Frage dahin entschieden, daß den Betreffenden zwar das Stimmrecht nicht entzogen ist, daß die Errichtung der Gesellschaft aber als abgelehnt gilt, wenn die Mehrheit der Stimmen der übrigen bei der Beschlußfassung mitwirkenden Aktionäre sich dagegen ausgesprochen hat. Ein vollständiger Ausschluß der in Frage stehenden Personen von der Ausübung des Stimmrechts würde nicht der Billigkeit entsprechen, da die übrigen Aktionäre sonst in der Lage wären, die Errichtung der Gesellschaft ohne die Mitwirkung der für die Gründung verantwortlichen Betheiligten zu beschließen. Ueberdies wird in den meisten Fällen nur dadurch, daß die Aktien jener Betheiligten mitgezählt werden, die von dem Gesetze geforderte Mehrheit von einem Viertheile des Grundkapitals zu erreichen sein.

Da nach dem Entwurfe nicht der Gesellschaftsvertrag, sondern die Gesellschaft in das Handelsregister eingetragen wird, so ist es nothwendig, den Inhalt der Eintragung näher zu bestimmen. Dies geschieht im §. 184. Die im Abs. 2 erwähnten Bestimmungen des Gesellschaftsvertrags über die Befugniß des Vorstandes oder der Liquidatoren zur Vertretung der Gesellschaft beschränken sich auf etwaige Abweichungen von dem Grundsatze der Gesammtvertretung; denn die Vertretungsbefugniß des Vorstandes als solchen sowie die Vertretungsbefugniß der Liquidatoren in ihrer Stellung als Gesellschaftsorgan unterliegen nicht der Abänderung durch den Gesellschaftsvertrag.

Der Inhalt der öffentlichen Bekanntmachung, welche von dem Registergerichte nach erfolgter Eintragung der Gesellschaft zu erlassen ist, wird im §. 185 des Entwurfs in einigen Punkten anders bestimmt als im Art. 210c des Handelsgesetzbuchs. Neu ist die Vorschrift unter Nr. 2, wonach auch der Betrag, zu welchem die Aktien für Rechnung der Gesellschaft ausgegeben werden, in der Bekanntmachung anzugeben ist. Da die Aktien nicht selten nach kürzester Zeit zu weit höheren Beträgen für Rechnung der ersten Betheiligten an die Börse gebracht werden, so ist jene Mittheilung in der Bekanntmachung von wesentlicher Bedeutung. Um dem Gerichte die Mittheilung zu ermöglichen, ist im §. 181 Abs. 3 vorgeschrieben, daß der Betrag, zu welchem die Aktien ausgegeben werden, bei der Anmeldung der Gesellschaft durch die Gründer und durch die Mitglieder des Vorstandes und des Aufsichtsraths besonders anzugeben ist. Eine falsche Angabe ist nach §. 285 Nr. 1 strafbar.

Daß vor der Eintragung in das Handelsregister die Aktiengesellschaft als solche nicht besteht, und daß, wenn vorher im Namen der Gesellschaft gehandelt worden ist, die Handelnden persönlich haften (§. 186 Abs. 1), entspricht dem geltenden Rechte (Handelsgesetzbuch Art. 211). Im Abs. 2 des §. 186 ist die Vorschrift des bisherigen Art. 215c Abs. 2, derzufolge Aktien und Interimsscheine vor der Eintragung der Gesellschaft nicht ausgegeben werden dürfen, dahin erweitert, daß die Antheilsrechte vor diesem Zeitpunkt überhaupt nicht veräußerlich sind. Solange die Eintragung nicht erfolgt ist, bilden die Betheiligungen an dem Unternehmen keinen zur Veräußerung geeigneten Gegenstand, und auch aus allgemeinen wirthschaftlichen Gründen muß die Zulassung eines Handels mit Antheilen an einer noch nicht ins Leben getretenen Gesellschaft als bedenklich erscheinen. Im belgischen und im italienischen Handelsgesetzbuche finden sich ähnliche Bestimmungen. Uebrigens wird die Gültigkeit eines Vertrags, durch welchen der eine Theil lediglich die Verpflichtung übernimmt, die von ihm gezeichneten Aktien dem anderen zu übertragen, durch die Vorschrift nicht berührt.

Die in dem Abschnitt über das Handelsregister enthaltenen allgemeinen Vorschriften in Betreff der Eintragungen in das Register einer Zweigniederlassung sind für die Aktiengesellschaft insoweit, als es sich um die erste Eintragung der Zweigniederlassung handelt, nicht ausreichend. Der §. 187 des Entwurfs giebt die erforderlichen Ergänzungen. Er weicht von den Bestimmungen des Art. 212 des Handelsgesetzbuchs vornehmlich darin ab, daß die ausschließlich für die Beurtheilung der Gründung bedeutsamen Umstände, insbesondere die Namen der Gründer und der Mitglieder des ersten Aufsichtsraths sowie die Festsetzungen des §. 172, nur dann in die öffentliche Bekanntmachung des Gerichts der Zweigniederlassung aufgenommen werden sollen, wenn die Eintragung bei diesem Gerichte innerhalb der ersten zwei Jahre nach der Eintragung am Sitze der Gesellschaft stattfindet. Der letztere Zeitraum wird auch sonst im Gesetz als derjenige behandelt, in welchem die Verhältnisse der Gesellschaft noch wesentlich unter dem Einflusse des Gründungsherganges stehen. Ist seit der Errichtung der Gesellschaft ein längerer Zeitraum verstrichen, so hat die Veröffentlichung der erwähnten Thatsachen keine praktische Bedeutung mehr.

Die Vorschriften der ersten vier Absätze des §. 187 finden nach der allgemeinen Regel des §. 12 Abs. 3 auch auf die Eintragung der inländischen Zweigniederlassung einer ausländischen Aktiengesellschaft Anwendung, soweit nicht das am Sitze der Gesellschaft geltende Recht eine Abweichung nöthig macht. Das letztere kann zum Beispiel hinsichtlich der Bekanntmachung der ersten Aufsichtsrathsmitglieder der Fall sein, wenn nach dem maßgebenden fremden Rechte die Aktiengesellschaft keinen Aufsichtsrath zu haben braucht. Außerdem enthält der Abs. 5 des §. 187 noch einige besondere Vorschriften, welche der Hauptsache nach aus dem bisherigen Art. 179 Abs. 3 entnommen sind. Auch die Vorschrift, daß die sämmtlichen von dem Registergerichte bekannt zu machenden Angaben schon in die Anmeldung aufzunehmen sind, ist für den hier in Frage stehenden Fall beibehalten, da dem Registergerichte nicht wohl zugemuthet werden kann, sich die betreffenden Thatsachen lediglich aus den mit der Anmeldung eingereichten, nach den Bestimmungen eines fremden Rechts errichteten Urkunden zusammenzustellen. Dem Ergebnisse nach stimmt mithin die Regelung des Entwurfs in allem Wesentlichen mit den bisherigen Vorschriften überein.

Verantwortlichkeit für die Gründung. (§§. 188—192.)

Die Vorschriften, welche die Art. 213a bis 213e des Handelsgesetzbuchs über die civilrechtliche Verantwortlichkeit der Gründer und Gründergenossen, der Emittenten und der Mitglieder des Vorstandes und des Aufsichtsraths enthalten, sind in den §§. 188 bis 192 des Entwurfs fast unverändert wiedergegeben. Es fehlt zwar nicht an Streitfragen, die sich an die Einzelheiten dieser Vorschriften knüpfen; zu einer gesetzlichen Entscheidung derselben besteht indessen kein Bedürfniß, zumal die wichtigste Frage, nämlich die, inwieweit die Gründer auch für den Inhalt der im Art. 209g des Handelsgesetzbuchs (§. 177 des Entwurfs) vorgeschriebenen Erklärung haften, durch die Rechtsprechung des Reichsgerichts eine befriedigende Lösung im Sinne der ausgedehnteren Haftung gefunden hat.

Geändert ist die Vorschrift des bisherigen Art. 213a Abs. 3, wonach für den durch die Zahlungsunfähigkeit eines Aktionärs entstehenden Ausfall die Gründer schon dann haftbar sein sollen, wenn sie die Zahlungsunfähigkeit des Aktionärs bei der Anmeldung des Gesellschaftsvertrags gekannt hatten. Die Vorschrift geht zu weit, da die Gründer in dem Zeitpunkte der Anmeldung der Gesellschaft regelmäßig nicht mehr in der Lage sind, einen Betheiligten zurückzuweisen. Im Entwurf ist statt dessen der Zeitpunkt für maßgebend erklärt, zu welchem die Gründer die Betheiligung des Zahlungsunfähigen angenommen haben, also im Falle der Simultangründung der Zeitpunkt der gerichtlichen oder notariellen Verhandlung, bei welcher der Betreffende die Aktien übernommen hat, im Falle der Successivgründung der Zeitpunkt der Zutheilung der Aktien.

Der mit dem Art. 213b des Handelsgesetzbuchs übereinstimmende §. 189 des Entwurfs, welcher die Haftung im Falle der öffentlichen Ankündigung von Aktien zur Einführung in den Verkehr betrifft, enthält keine Vorschriften über die Haftung für unrichtige oder unvollständige Angaben, die in der erlassenen Ankündigung selbst enthalten sind. Die aktienrechtliche Verantwortlichkeit des Emittenten hat vielmehr eine andere Grundlage; sie beruht auf der Unrichtigkeit oder Unvollständigkeit der von den Gründern gemachten Angaben. Dagegen bestimmt sich die unmittelbare Haftung für den Inhalt der Ankündigung nach dem bürgerlichen Rechte; künftig werden in dieser Beziehung, soweit es sich um den behufs Zulassung der Aktien zum Börsenhandel erforderlichen Prospekt handelt, die Vorschriften des Börsengesetzes eingreifen.

Nachgründung. (§§. 193, 194.) Der die sogenannte Nachgründung betreffende Art. 213f des Handelsgesetzbuchs hat den Zweck, zu verhindern, daß die gesetzlichen Vorschriften über die Einbringung von Vermögensgegenständen bei Gründung der Gesellschaft in der Weise umgangen werden, daß die Gesellschaft nachträglich die betreffenden Gegenstände erwirbt. Die Erfahrungen, welche seit dem Erlasse des Gesetzes vom 18. Juli 1884 gemacht worden sind, berechtigen nicht zu der Annahme, daß die fraglichen Bestimmungen zur Erreichung des beabsichtigten Zwecks ungeeignet seien. Immerhin erscheint in einzelnen Beziehungen eine Aenderung angezeigt.

Der Art. 213f setzt den Erwerb von „vorhandenen oder herzustellenden Anlagen oder von unbeweglichen Gegenständen“ für eine den zehnten Theil des Grundkapitals übersteigende Vergütung voraus. In Betreff der unbeweglichen Gegenstände ist jedoch im Abs. 6 eine Ausnahme für die Fälle gemacht, daß der Zweck des Unternehmens auf den Erwerb solcher Gegenstände gerichtet ist, oder daß der Erwerb im Wege der Zwangsvollstreckung geschieht. Im Entwurfe (§. 193) ist zunächst der Begriff der Anlage in Uebereinstimmung mit der schon gegenwärtig überwiegend vertretenen Auslegung des Gesetzes dahin erläutert, daß darunter Betriebsanlagen der Gesellschaft zu verstehen sind; außerdem ist die Vorschrift des bisherigen Abs. 5 erweitert. Dieser Vorschrift zufolge sollen in dem Falle, daß ein Erwerb in Ausführung einer vor der Errichtung der Gesellschaft von den Gründern getroffenen Vereinbarung stattgefunden hat, hinsichtlich dieses Erwerbes die Bestimmungen über die Verantwortlichkeit der Gründer und Gründergenossen Anwendung finden. Nach dem Handelsgesetzbuche bezieht sich auch diese Bestimmung nur auf den Erwerb von Anlagen und unbeweglichen Gegenständen für eine den zehnten Theil des Grundkapitals übersteigende Vergütung, und bei Grundstücken findet sie in den Fällen des bisherigen Abs. 6 keine Anwendung. Für diese Beschränkungen fehlt es an einem inneren Grunde. Ist von den Gründern eine Vereinbarung der fraglichen Art getroffen worden, so mußte dieselbe bei richtigem Verfahren nach Maßgabe des Art. 209b des Handelsgesetzbuchs (§. 172 des Entwurfs) in den Gesellschaftsvertrag aufgenommen werden. Dann würden die Gründer für den Erwerb der Gesellschaft ohne Rücksicht auf die Beschaffenheit des Gegenstandes und die Höhe der Vergütung verantwortlich geworden sein. Ist nun eine entsprechende Festsetzung im Gesellschaftsvertrag unterblieben, weil die Gründer sich darauf verließen, daß ihr thatsächlicher Einfluß auf die Gesellschaft genügen werde, die Vereinbarung, auch ohne daß sie der Gesellschaft gegenüber rechtsverbindlich geworden war, zur Ausführung zu bringen, so dürfen die Voraussetzungen der Verantwortlichkeit der Gründer nicht enger begrenzt werden, als wenn bei der Gründung ordnungsmäßig verfahren worden wäre (§. 194).

Nichtigkeit von Aktien. (§. 195.)

Die im §. 195 Abs. 1, 2 aufgeführten Fälle der Nichtigkeit von Aktien sind sämmtlich aus dem bisherigen Art. 215c entnommen; auch die Vorschrift des Abs. 3 findet sich schon dort. Die Bestimmung, daß im Falle der Erhöhung des Grundkapitals Aktien oder Interimsscheine nicht vor der Eintragung der Erhöhung in das Handelsregister ausgegeben werden sollen, ist im Entwurf an eine andere Stelle verwiesen (§. 261). Was den Abs. 4 des Art. 215c betrifft, wonach im Fall der Ausgabe von Kleinaktien gewisse Vermerke in die Aktienurkunden aufzunehmen sind, so ist diese Vorschrift bereits im §. 167 Abs. 4 wiedergegeben.

Zweiter Abschnitt.

Rechtsverhältniß der Gesellschaft und der Gesellschafter.

Aeußeres Verhältniß der Aktiengesellschaft. (§. 196.)

Die Vorschriften der bisherigen Art. 213 und 208 über die Rechtspersönlichkeit der Aktiengesellschaft und über ihre von dem Gegenstande des Unternehmens unabhängige Stellung als Handelsgesellschaft sind an den Eingang dieses Abschnitts gestellt. Der Abs. 2 des Art. 213 über den Gerichtsstand der Aktiengesellschaft kann mit Rücksicht auf den §. 19 der Civilprozeßordnung wegfallen.

Beitragspflicht der Aktionäre. (§. 197.)

In Bezug auf die Festsetzung des Gegenstandes und des Umfanges der Beitragspflicht der Aktionäre gewährt der Entwurf dem Gesellschaftsvertrag einen weiteren Spielraum als das geltende Recht. Nach dem bisherigen Art. 219 ist die Verpflichtung der Aktionäre, Beiträge zu den Zwecken der Gesellschaft zu leisten, unter allen Umständen auf die Kapitaleinlagen beschränkt, deren Höhe durch den Nennbetrag der Aktien oder, wenn diese zu einem höheren Betrag ausgegeben werden, durch den Ausgabepreis bestimmt wird; sonstige Leistungen können den Gesellschaftern als solchen nicht auferlegt werden. Diese Auslegung des geltenden Gesetzes, welche schon früher in der Literatur vertreten war, ist weiterhin auch in der Rechtsprechung des Reichsgerichts zur Anerkennung gelangt. Hieraus haben sich bei einer wichtigen Gattung industrieller Unternehmungen erhebliche Schwierigkeiten ergeben. Es sind dies diejenigen Rübenzuckerfabriken, bei welchen die Aktionäre die Verpflichtung übernehmen, für jede ihrer Aktien eine bestimmte Bodenfläche mit Zuckerrüben zu bebauen und diese gegen Vergütung an die Gesellschaft zu liefern. Die Rechtsprechung ist allerdings nicht dahin gelangt, die letzte Folgerung aus der bezeichneten Auffassung zu ziehen und die betreffenden Statutenbestimmungen einfach für unverbindlich zu erklären; vielmehr wahrt sie ihnen im Allgemeinen die Gültigkeit, indem sie die betreffenden Festsetzungen als selbständige Nebenverträge der Gesellschaft mit ihren Mitgliedern behandelt. Dieser Nothbehelf wird indessen der wirklichen Natur des Verhältnisses und der Absicht der Betheiligten offenbar nicht gerecht. Zudem ist es auch so nicht möglich gewesen, einzelnen Statutenbestimmungen, auf welche von den fraglichen Gesellschaften mit Recht entscheidender Werth gelegt wird, die Wirksamkeit zu sichern. Ein Mangel macht sich namentlich insoweit fühlbar, als die Statuten der Generalversammlung die Befugniß einräumen, den Preis, welchen die Gesellschaft den Aktionären für die gelieferten Rüben zu zahlen hat, unter Berücksichtigung der Betriebsergebnisse selbständig zu bestimmen, insbesondere einen in dem Statute vorläufig ausgeworfenen Normalpreis im Hinblick auf die Geschäftslage herabzusetzen. Es wird als unvereinbar mit den allgemeinen Grundsätzen über Verträge bezeichnet, daß eine Partei die ihr obliegende Gegenleistung in solcher Weise einseitig festsetze. Demgemäß ist dieser Theil der Statutenbestimmungen bisher für ungültig erachtet worden. Der sich hieraus ergebende Rechtszustand, der namentlich auch die betheiligten landwirthschaftlichen Interessen berührt, bedarf einer Aenderung. Allerdings bietet das Gesetz, betreffend die Gesellschaften mit beschränkter Haftung, vom 20. April 1892 eine Gesellschaftsform, die sich für Zuckerfabriken mit Rübenbaupflicht der Mitglieder und für ähnliche mit der Landwirthschaft im Zusammenhange stehende Unternehmungen in manchen Beziehungen besser eignet als die Aktiengesellschaft. Thatsächlich hat aber die letztere Vereinigungsform in weitem Umfange bei der Errichtung von Zuckerfabriken Verwendung gefunden, und die Umwandlung der bestehenden Unternehmungen in eine andere Gesellschaftsart läßt sich, wie die Erfahrung zeigt, nicht überall ohne Schwierigkeit bewerkstelligen. Es erscheint daher geboten, auf dem Gebiete des Aktienrechts gleichfalls Abhülfe zu schaffen. An sich widerspricht es auch dem Wesen der Aktiengesellschaft nicht, die Beitragspflicht der Aktionäre auf andere Leistungen auszudehnen. Immerhin wird man in dieser Beziehung nicht weiter gehen dürfen, als das Bedürfniß verlangt. Zugleich darf nicht unbeachtet bleiben, daß die freie Uebertragbarkeit von Aktien, mit denen außer der Pflicht zur Einzahlung des Nennbetrags eine Verbindlichkeit zu weiteren Leistungen verknüpft ist, Mißstände hervorrufen könnte.

Auf diesen Gesichtspunkten beruhen die Vorschriften, welche im §. 197 des Entwurfs getroffen sind. Derselbe behält im Abs. 1 hinsichtlich der Kapitaleinlagen den Grundsatz des bisherigen Art. 219 bei, wonach die Einzahlungspflicht der Aktionäre durch den Nennbetrag der Aktie oder, falls der Ausgabepreis ein höherer ist, durch diesen begrenzt wird. Der Abs. 2 gestattet aber, daß im Gesellschaftsvertrage den Aktionären neben den Kapitaleinlagen die Verpflichtung zu wiederkehrenden, nicht in Geld bestehenden Leistungen auferlegt wird, sofern die Uebertragung der Antheilsrechte an die Zustimmung der Gesellschaft gebunden ist. Die betreffende Verpflichtung und der Umfang der Leistungen müssen aus den Aktien oder Interimsscheinen zu ersehen sein. Was das Erforderniß der Zustimmung der Gesellschaft zu der Uebertragung der Antheilsrechte betrifft, so erscheint es unbedenklich, eine Einschränkung in der Richtung zu gestatten, daß die Versagung der Zustimmung nur aus wichtigen Gründen zulässig sein soll. Als ein wichtiger Grund wird namentlich die Unfähigkeit des Erwerbers, den mit dem Aktienrechte verbundenen Verpflichtungen, insbesondere der Rübenbaupflicht, zu genügen, in Betracht kommen.

Die bezeichneten Vorschriften in Verbindung mit der Bestimmung des §. 200, welcher den Anspruch der Aktionäre auf die ihnen für die fraglichen Leistungen gebührende Vergütung gegenüber dem Grundsatze der Unzulässigkeit einer Rückzahlung des Grundkapitals anerkennt, erscheinen ausreichend, um den betreffenden Gesellschaften eine angemessene Ordnung ihrer Verhältnisse zu gestatten. Das Weitere kann den Bestimmungen des Gesellschaftsvertrags überlassen werden; aus den Vorschriften des Gesetzes werden sich hierbei, sobald die Möglichkeit eröffnet ist, die Rübenbaupflicht und ähnliche Verbindlichkeiten zu einem Bestandttheil des Gesellschaftsverhältnisses selbst zu machen, wesentliche Schwierigkeiten nicht weiter ergeben. Namentlich unterliegt es alsdann keinem Zweifel mehr, daß der Generalversammlung durch das Statut die Befugniß übertragen werden kann, den Rübenpreis alljährlich durch Mehrheitsbeschluß festzustellen.

Bindung des Grundkapitals; Gewinnvertheilung. (§§. 198—200.)

Die §§. 198 und 199 des Entwurfs regeln im Zusammenhange mit den späteren Vorschriften über die Bilanz die **Bindung des Grundkapitals** der Gesellschaft und den **Anspruch der Aktionäre auf den Reingewinn**; sie stimmen im Allgemeinen mit den Art. 216 und 217 des Handelsgesetzbuchs überein. Nicht in den Entwurf aufgenommen ist der Abs. 1 des bisherigen Art. 216, welcher besagt, daß jeder Aktionär einen verhältnißmäßigen Antheil an dem Vermögen der Gesellschaft habe. Dieser Satz ist, wenn man ihn auf die einzelnen das Gesellschaftsvermögen bildenden Gegenstände beziehen will, unrichtig und, soweit er abgesehen hiervon eine Bedeutung beanspruchen kann, praktisch unerheblich.

Die Bestimmung, daß die **Gewinnvertheilung** bei der Aktiengesellschaft im Allgemeinen nach dem Verhältniß der Aktienbeträge geschieht, muß eine Ausnahme erleiden, wenn ein **Theil der Aktien vollständig, ein anderer nur theilweise eingezahlt** ist. Wie sich in diesem Falle der Vertheilungsmaßstab im Zweifel bestimmt, ist nicht unbestritten; doch wird schon gegenwärtig meistens angenommen, daß das Verhältniß der eingezahlten oder eingeforderten Beträge maßgebend sei. Da dieser Grundsatz im §. 273 Abs. 2 für die Vertheilung des Gesellschaftsvermögens nach der Auflösung der Gesellschaft anerkannt ist, wird es einer entsprechenden Vorschrift für die Gewinnvertheilung nicht bedürfen.

Eine neue Vorschrift enthält der §. 200; sie steht, wie bereits erwähnt, mit den veränderten Bestimmungen des §. 197 im Zusammenhange. Wird die Möglichkeit gewährt, den Aktionären im Gesellschaftsvertrage neben den Kapitaleinlagen die Verpflichtung zu wiederkehrenden Leistungen, insbesondere bei Zuckerfabriken die Verbindlichkeit zum alljährlichen Anbau und zur Lieferung einer bestimmten Menge von Rüben, aufzuerlegen, so bedarf es einer Regelung der Frage, wie sich das statutarische Recht der Aktionäre auf eine ihnen für ihre Leistungen zu gewährende Vergütung zu dem Grundsatze verhält, daß das Grundkapital nicht an die Aktionäre ausbezahlt werden darf. Von dem bisher in der Rechtsprechung eingenommenen Standpunkt aus, wonach die betreffenden Festsetzungen als selbständige Verträge der Gesellschaft mit den einzelnen Aktionären behandelt wurden, ergeben sich in der gedachten Beziehung keine Schwierigkeiten, da die Aktionäre in Ansehung ihres Anspruchs auf den Rübenpreis der Gesellschaft nicht als Mitglieder, sondern wie dritte Kontrahenten gegenüber standen. Werden hingegen jene Rechte und Pflichten in das Gesellschaftsverhältniß selbst hineingezogen, so liegt, wenn das Gesetz keine besondere Bestimmung trifft, die Auffassung nahe, daß den Aktionären eine Vergütung für ihre Leistungen unter allen Umständen nur aus dem jährlichen Reingewinne gewährt werden dürfe. Durch eine solche Beschränkung würden aber die neuen Vorschriften des §. 197 ihren praktischen Nutzen zum großen Theil verlieren. Um dies zu verhüten, ist im §. 200 bestimmt, daß die den Aktionären nach dem Gesellschaftsvertrag oder dem Beschlusse der Generalversammlung zukommende Vergütung insoweit, als sie den Werth ihrer Leistungen nicht übersteigt, ohne Rücksicht darauf zu entrichten ist, ob die Jahresbilanz einen Reingewinn ergiebt oder nicht.

Haftung der Aktionäre für rechtswidrig empfangene Zahlungen. (§. 201.)

Hinsichtlich der Kommanditgesellschaft auf Aktien ist im Art. 198 des Handelsgesetzbuchs ausdrücklich bestimmt, daß die Kommanditisten, wenn sie den gesetzlichen Bestimmungen entgegen Zahlungen von der Gesellschaft empfangen haben, für die Verbindlichkeiten der Gesellschaft haften, es sei denn, daß es sich um Dividenden oder Zinsen handelt, die in gutem Glauben bezogen sind. Für die Aktiengesellschaft fehlt es an einer solchen Vorschrift, der §. 201 des Entwurfs soll diese Lücke ausfüllen. Das Vermögen der Aktiengesellschaft bildet den einzigen Gegenstand der Befriedigung für die Gesellschaftsgläubiger, und wenn Theile dieses Vermögens in ungesetzlicher Weise, insbesondere durch Auszahlung eines in Wirklichkeit nicht erzielten Gewinns oder durch Rückzahlung von Einlagen, den Aktionären ausgeantwortet werden, so ist die Haftung der letzteren gegenüber den Gesellschaftsgläubigern gerechtfertigt; die Verantwortlichkeit der Gesellschaftsorgane reicht zur Sicherung der Gläubiger nicht aus. Davon, daß für die Gesellschaft selbst nach allgemeinen Rechtsgrundsätzen ein Anspruch auf Rückerstattung begründet ist, kann die Haftung der Aktionäre nicht abhängig gemacht werden; die Voraussetzungen eines solchen Anspruchs, insbesondere ein Irrthum auf

Seiten der Gesellschaft, werden meistens nicht vorliegen. Auch eine Beschränkung der Haftung auf den Fall, daß die ungerechtfertigte Auszahlung zu einer Beeinträchtigung des Grundkapitals geführt hat, ist im Entwurfe nicht vorgesehen; wenn auch nur der Reservefonds seinem gesetzlich bestimmten Zwecke zuwider den Aktionären ausgeantwortet wird, liegt eine unmittelbare Verletzung der berechtigten Interessen der Gläubiger vor. Was die Geltendmachung der Haftung betrifft, so bleibt diese im Allgemeinen den einzelnen Gläubigern überlassen; nur für den Fall des Konkurses der Gesellschaft ist in Uebereinstimmung mit der für die Kommanditgesellschaft getroffenen Vorschrift des §. 156 Abs. 2 angeordnet, daß die den Gläubigern gegen die Aktionäre zustehenden Rechte durch den Konkursverwalter ausgeübt werden. Die gutgläubigen Aktionäre werden durch den Entwurf in demselben Umfange geschützt wie durch die bisherigen Art. 190 und 218.

Einzahlungspflicht der Aktionäre und Kaduzirungsverfahren. (§§. 202—205.)

Die auf die Leistung der Einlagen, insbesondere auf die Folgen der verzögerten Leistung, bezüglichen Vorschriften der §§. 202 bis 205 des Entwurfs treten an die Stelle der auch für die Aktiengesellschaft maßgebenden Art. 184 bis 184c des Handelsgesetzbuchs. Die letzteren sind fast unverändert in den Entwurf übernommen. Die Vorschrift des bisherigen Art. 184 Abs. 2 ist insoweit, als sie die Festsetzung von Vertragsstrafen für den Fall der verzögerten Einzahlung zuläßt, im Entwurfe mit Rücksicht auf etwaige Zweifel, die bei einer engen Auslegung des §. 197 entstehen könnten, beibehalten. Dagegen ist es in Folge der Vorschriften des Bürgerlichen Gesetzbuchs nicht mehr nöthig, hervorzuheben, daß in Bezug auf die Höhe der Strafe die Festsetzungen des Gesellschaftsvertrags einer Beschränkung nicht unterliegen.

Die Vorschrift des §. 205, wonach die Aktionäre von den ihnen nach dem §. 197 Abs. 1 und den §§. 203, 204 obliegenden Leistungen nicht befreit werden können, faßt die Bestimmungen der bisherigen Art. 184a Abs. 3 und 184b Abs. 3 zusammen und bringt gleichzeitig zum Ausdruck, daß sich die Unzulässigkeit einer solchen Befreiung namentlich auch auf die Einzahlungspflicht des letzten Aktionärs bezieht. In Ansehung der Verpflichtung des Aktionärs zur Entrichtung von Zinsen oder Vertragsstrafen gilt diese Beschränkung nicht, und ebensowenig soll, abweichend von dem bisherigen Art. 184c, der Ausschluß der Aufrechnungsbefugniß des Aktionärs auf die erwähnten Leistungen Anwendung finden. Der zweite Satz des Art. 184c, nach welchem an dem Gegenstand einer zu leistenden Einlage auch ein Zurückbehaltungsrecht nicht stattfindet, soweit es sich nicht um eine Gegenforderung handelt, die sich auf die Einlage selbst bezieht, ist in den Entwurf nicht aufgenommen. Eine solche Bestimmung würde ohne Bedeutung sein, da der §. 267 des Bürgerlichen Gesetzbuchs ein Zurückbehaltungsrecht überhaupt nur für Ansprüche anerkennt, die auf demselben rechtlichen Verhältnisse wie die Verbindlichkeit des Schuldners beruhen. Das weiter gehende kaufmännische Zurückbehaltungsrecht kommt hier nicht in Frage.

Uebertragung von Namensaktien und Interimsscheinen. (§§. 206—208.)

Die §§. 206 bis 208, welche die Eintragung der auf Namen lautenden Aktien und der Interimsscheine in das Aktienbuch und die Uebertragung derselben auf Andere regeln, geben mit einigen

Aenderungen den Inhalt der bisherigen Art. 182 bis 183a wieder. Die Aenderungen beschränken sich auf folgende Punkte.

Auf die Uebertragung der Aktien durch Indossament sind im Handelsgesetzbuche nur die von der Form des Indossaments handelnden Art. 11 bis 13 der Wechselordnung, nicht aber die auf die Legitimation des Besitzers der Urkunde und seine Verpflichtung zur Herausgabe bezüglichen Art. 36 und 74 für anwendbar erklärt. Der gutgläubige Erwerber einer dem Veräußerer nicht gehörenden Namensaktie entbehrt daher gegenwärtig eines Schutzes. Im §. 206 Abs. 3 des Entwurfs ist diese Lücke ergänzt.

Die Vorschrift des bisherigen Art. 183 Abs. 3, daß zur Prüfung der Legitimation des zur Eintragung in das Aktienbuch angemeldeten Erwerbers einer Aktie die Gesellschaft zwar berechtigt, aber nicht verpflichtet sei, hat der Auslegung große Schwierigkeiten bereitet. Die Vorschrift ist in dieser Fassung kaum verständlich; denn es versteht sich, daß die Legitimation des Erwerbers in dem Sinne, in welchem der Ausdruck gewöhnlich gebraucht wird, also namentlich der Zusammenhang der Indossamente, von der Gesellschaft allerdings geprüft werden muß, und daß sich diese im Falle der Unterlassung nicht auf die unberechtigter Weise bewirkte Eintragung des Erwerbers in das Aktienbuch berufen kann.

Im §. 207 Abs. 2 des Entwurfs ist der erwähnte Satz durch die dem Art. 36 der Wechselordnung entsprechende Bestimmung ersetzt, daß die Gesellschaft nicht verpflichtet ist, die Echtheit der auf der Aktie befindlichen Indossamente zu prüfen.

Bestritten ist auch die Tragweite der Vorschrift des Art. 183 Abs. 2, wonach im Verhältniß zu der Gesellschaft nur diejenigen als die Eigenthümer der Aktien angesehen werden, welche als solche im Aktienbuche verzeichnet sind. Es fragt sich, ob hierdurch der Gesellschaft nur ein Recht gegeben ist, dem Eigenthümer einer Aktie, der nicht in das Aktienbuch eingetragen ist, die Ausübung der Mitgliederrechte zu verweigern, oder ob sie auch verpflichtet ist, in dieser Weise zu verfahren, sodaß zum Beispiel die Theilnahme eines nicht eingetragenen Aktienbesitzers an der Generalversammlung zur Anfechtung der gefaßten Beschlüsse führen kann. Vom Standtpunkte des Gesetzgebers empfiehlt es sich, zwischen vollbezahlten Aktien und Interimsscheinen zu unterscheiden. Bezüglich der ersteren hat das Erforderniß der Eintragung des Eigenthumswechsels in das Aktienbuch keinen anderen Zweck als den, der Gesellschaft die jedesmal erneute Prüfung der Legitimation des Besitzers der Aktie zu ersparen, und hier fehlt es deshalb an einem Grunde, der Gesellschaft das Recht zu entziehen, einen zwar noch nicht eingetragenen, aber sonst als Eigenthümer legitimirten Aktienbesitzer zur Ausübung der Mitgliederrechte zuzulassen. Anders verhält es sich bei noch nicht vollbezahlten Aktien; denn hier ist es im Interesse des Veräußerers, der, solange der Eigenthumsübergang noch nicht in das Aktienbuch eingetragen ist, an erster Stelle für die Einzahlungen auf die Aktie haftet, geboten, den Erwerber zur alsbaldigen Erwirkung der Eintragung zu nöthigen. Dies geschieht am wirksamsten, wenn es der Gesellschaft schlechthin untersagt wird, den Erwerber vor der Eintragung als Aktionär anzuerkennen. Aus diesem Grunde ist im

§. 207 Abs. 3 und im §. 208 Abs. 2 die Bedeutung der Eintragung für Aktien und für Interimsscheine verschieden geregelt.

Das Handelsgesetzbuch enthält keine besonderen Vorschriften über Inhaberaktien, und auch der Entwurf hat hiervon abgesehen. Die Bestimmungen der §§. 777 bis 792 des Bürgerlichen Gesetzbuchs haben allerdings nur die Schuldverschreibungen auf den Inhaber zum Gegenstande. Soweit sie indessen Fragen regeln, welche die Natur der Inhaberpapiere überhaupt betreffen, werden sie für alle Inhaberpapiere Anerkennung zu finden haben. Inhaberaktien.

Die Vorschriften des Art. 215d Abs. 1 des Handelsgesetzbuchs über den Erwerb eigener Aktien durch die Gesellschaft sind im §. 209 des Entwurfs ohne sachliche Aenderung wiedergegeben. An Stelle der Worte „im geschäftlichen Betriebe" ist im Anschluß an den §. 8 Abs. 4 des Genossenschaftsgesetzes der dem Zwecke der Vorschrift besser entsprechende Ausdruck „im regelmäßigen Geschäftsbetriebe" gewählt. Erwerb eigener Aktien durch die Gesellschaft. (§. 209.)

Was die Einziehung (Amortisation) von Aktien betrifft, so unterscheidet der Art. 215d Abs. 2 des Handelsgesetzbuchs zwei Fälle: die Amortisation aus dem Grundkapital und die Amortisation aus dem nach der Jahresbilanz verfügbaren Reingewinn. In dem ersteren Falle ist die Amortisation, auch wenn sie bereits in dem ursprünglichen Gesellschaftsvertrage vorgesehen ist, nur unter Beobachtung der für die Zurückzahlung oder Herabsetzung des Grundkapitals maßgebenden Vorschriften zulässig, wogegen es im letzteren Falle der Beobachtung dieser Vorschriften nicht bedarf. Dieses zur Sicherung der Gesellschaftsgläubiger durch die Novelle vom 18. Juli 1884 eingeführte System liegt auch dem §. 210 des Entwurfs zu Grunde. Dagegen enthält derselbe nach anderen Richtungen eine Abweichnung von den geltenden Vorschriften. Die Novelle vom 18. Juli 1884 hat nämlich, soweit es sich um die Amortisation von Aktien aus dem Grundkapital handelt, eine die Amortisation gestattende Bestimmung des Gesellschaftsvertrags nicht nur für unzureichend, sondern auch für nicht erforderlich erklärt, sofern die Vorschriften über die Herabsetzung des Grundkapitals beobachtet werden. Dies gilt ebensowohl, wenn die Amortisation mit dem Willen der betreffenden Aktionäre durch Ankauf oder ohne Rücksicht auf ihren Willen durch Ausloosung, Kündigung und dergleichen mehr geschieht. Hiergegen sind mit Grund Bedenken erhoben worden. Die Beobachtung der zum Schutze der Gläubiger getroffenen Vorschriften über die Kapitalsherabsetzung rechtfertigt es nicht, einem Theile der Aktionäre ohne ihre Zustimmung die Mitgliedschaft zu entziehen, falls dies nicht etwa durch eine schon in dem ursprünglichen Gesellschaftsvertrage oder durch eine vor der Zeichnung der betreffenden Aktien bewirkte Aenderung desselben zugelassen ist. Andererseits verlangt das Handelsgesetzbuch für eine Amortisation, die nicht aus dem Grundkapital, sondern aus dem Reingewinn geschieht, unter allen Umständen, daß die Zulässigkeit der Amortisation durch den ursprünglichen Gesellschaftsvertrag oder durch eine vor Ausgabe der betreffenden Aktien bewirkte Aenderung desselben vorgesehen sei. Dies geht jedoch zu weit; denn soweit die Einziehung der Aktien nicht durch Ausloosung oder Kündigung, sondern durch Ankauf ausgeführt wird, fehlt es an einem Grunde, weshalb nicht auch eine erst nach der Zeichnung der Aktien zu Stande gekommene Statutenänderung Einziehung (Amortisation) von Aktien. (§. 210.)

des fraglichen Inhalts genügen sollte. Auf diesen Erwägungen beruhen die Vorschriften des §. 210.

Besondere Bestimmungen darüber, wie die Amortisation eines Theiles der Aktien in der Bilanz zum Ausdruck zu bringen ist, sind entbehrlich. Namentlich versteht es sich von selbst, daß im Falle der Amortisation aus dem Jahresgewinn entweder das unveränderte Grundkapital oder neben dem verminderten Grundkapital ein dem Nennbetrage der amortisirten Aktien entsprechender besonderer Posten unter die Passiven aufzunehmen ist.

Kraftloserklärung von Aktien. (§. 211.)

Das Aufgebot und die Kraftloserklärung abhanden gekommener oder vernichteter Aktien ist reichsgesetzlich bisher nicht geregelt. Das Handelsgesetzbuch hat die für die Kraftloserklärung von Wechseln geltenden Vorschriften der Wechselordnung nur auf die kaufmännischen Anweisungen und Verpflichtungsscheine übertragen; andererseits gestatten die im §. 783 des Bürgerlichen Gesetzbuchs enthaltenen Vorschriften über die Kraftloserklärung von Schuldverschreibungen auf den Inhaber nicht ohne Weiteres eine entsprechende Anwendung auf andere Werthpapiere. Es bedarf daher besonderer Vorschriften, und zwar nicht blos für Inhaberaktien, sondern auch für Namensaktien, einschließlich derjenigen, welche nicht durch Indossament übertragen werden können; denn auch die letzteren Urkunden sind Werthpapiere, deren Besitz zur ungehinderten Geltendmachung des Aktienrechts nothwendig ist. Der §. 211 des Entwurfs trifft die erforderlichen Bestimmungen. Namentlich ist die Frage zu regeln, welchen Einfluß die Kraftloserklärung der Aktie hinsichtlich der Gültigkeit der für die Urkunde ausgegebenen, auf den Inhaber lautenden Gewinnantheilscheine ausübt. Der §. 787 des Bürgerlichen Gesetzbuchs hat in Betreff der Zinsscheine, welche für eine Schuldverschreibung auf den Inhaber ausgestellt sind, den Grundsatz anerkannt, daß die Scheine, sofern nicht darin das Gegentheil bestimmt ist, in Kraft bleiben, auch wenn die Hauptforderung erlischt. Auf Gewinnantheilscheine kann aber dieser Grundsatz, soweit es sich um die zur Zeit der Kraftloserklärung der Aktie noch nicht fälligen Scheine handelt, keine Anwendung finden. Der Dividendenschein hat nicht in dem Maße wie der Zinsschein die Bedeutung eines von der Haupturkunde vollständig und in allen Beziehungen losgelösten Werthpapiers; auch verdient der Handel mit noch nicht fälligen Dividendenscheinen, zu dessen Erleichterung die nach der Kraftloserklärung der Aktie fortdauernde Gültigkeit des Scheins dienen würde, keine Begünstigung. Im Abs. 2 des §. 211 ist deshalb eine dem §. 787 des Bürgerlichen Gesetzbuchs entgegengesetzte Regel aufgestellt. Die entsprechende Anwendung derselben auf Fälle, in welchen die Aktie aus anderen Gründen als durch gerichtliche Kraftloserklärung ihre Gültigkeit verliert, insbesondere auf den Fall der Kaduzirung sowie auf den Fall der Kraftloserklärung nach §. 264 Abs. 1, ergiebt sich aus der Natur der Sache.

Dritter Abschnitt.

Organisation und Geschäftsführung.

Vorstand. (§§. 212—222.)

Die den Vorstand betreffenden §§. 212 bis 222 des Entwurfs entsprechen, wenn auch in veränderter Anordnung und zum Theil in abweichender

Fassung, den bisherigen Art. 227, 229, 231 bis 234, 239 Abs. 1, 240 und 241. Die Art. 228, 230 und 235 sind als überflüssig weggelassen. Sachliche Aenderungen und Ergänzungen enthält der Entwurf nur in geringer Zahl. In Bezug auf das Vertragsverhältniß zwischen den Vorstandsmitgliedern und der Gesellschaft kommen jetzt in Ermangelung besonderer Vereinbarungen der Regel nach die Vorschriften des Bürgerlichen Gesetzbuchs über den Dienstvertrag zur Anwendung; hiernach bestimmt sich im Zweifel auch das beiderseitige Kündigungsrecht sowie der Umfang der Ansprüche eines Vorstandsmitgliedes, dessen Bestellung gemäß §. 212 Abs. 3 des Entwurfs widerrufen wird.

Der Grundsatz des bisherigen Art. 229 Abs. 1, wonach in Ermangelung einer abweichenden Bestimmung des Gesellschaftsvertrags die sämmtlichen Mitglieder des Vorstands nur gemeinsam zur Vertretung der Gesellschaft ermächtigt sind, ist im §. 213 des Entwurfs beibehalten, aber ebenso, wie es im §. 113 für den Fall der vertragsmäßig festgesetzten Gesammtvertretung bei der offenen Handelsgesellschaft geschehen ist, durch die Vorschrift abgeschwächt, daß der Vorstand einzelne seiner Mitglieder zur Vornahme bestimmter Geschäfte oder bestimmter Arten von Geschäften ermächtigen kann. Gerade bei den Aktiengesellschaften hat sich das Bedürfniß nach einer derartigen Erleichterung besonders geltend gemacht. Sie ist nicht blos durch die Rücksicht auf die Gesellschaften, sondern namentlich durch die Rücksicht auf das mit den Gesellschaften verkehrende Publikum geboten. Insbesondere kommt hier der Fall in Betracht, daß die selbständige Vornahme bestimmter Geschäfte durch ein einzelnes Vorstandsmitglied von den übrigen Mitgliedern fortgesetzt geduldet wird. In Uebereinstimmung mit dem §. 113 ist ferner die statutarische Anordnung für zulässig erklärt, daß die einzelnen Vorstandsmitglieder nicht nur mit anderen Vorstandsmitgliedern, sondern auch mit einem Prokuristen zusammen zur Vertretung der Gesellschaft befugt sein sollen.

Der Grundsatz, daß, sofern die gesetzliche Regel nicht durch den Gesellschaftsvertrag abgeändert wird, die Mitglieder des Vorstandes nicht einzeln zum selbständigen Handeln befugt sind, erstreckt sich auch auf das innere Verhältniß. Die Vorschrift des §. 25 des Bürgerlichen Gesetzbuchs, wonach die Beschlußfassungen des Vorstandes einer juristischen Person im Zweifel nach Stimmenmehrheit erfolgen, findet mithin bei der Aktiengesellschaft auch in Betreff der Geschäftsführung keine Anwendung.

Die auf die Anmeldung zum Handelsregister bezüglichen Vorschriften des §. 215 des Entwurfs betreffen ebenso wie der bisherige Art. 233 nur die Anmeldung von Veränderungen im Vorstande. Die Anmeldung und Eintragung der Mitglieder des ersten Vorstandes ist bereits in den §§. 181, 184 geregelt. Was die Wirkungen der erfolgten oder unterbliebenen Eintragung und Bekanntmachung betrifft (bisher Art. 233 Abs. 2), so bestimmen sich diese nach den allgemeinen Regeln des §. 14 des Entwurfs.

In den Art. 232, 196 des Handelsgesetzbuchs ist die Verpflichtung der Vorstandsmitglieder, sich des eigenen Handelsbetriebs und der Betheiligung an einer anderen Handelsgesellschaft zu enthalten, im Anschluß an die für die Mitglieder einer offenen Handelsgesellschaft geltenden Vorschriften geregelt und demgemäß auf den Abschluß von Geschäften in dem Handelszweige der Aktiengesellschaft und auf die Betheiligung an einer gleichartigen Gesellschaft beschränkt. Es erscheint indessen zutreffender, hier das Verhältniß der Handlungsgehülfen zu Grunde zu legen; denn auch die Mitglieder des Vorstandes einer Aktiengesellschaft stehen regelmäßig in einem dauernden Dienstverhältnisse zu der Gesellschaft und haben die Verpflichtung, ihre Thätigkeit der Gesellschaft ungeschmälert zu widmen. Im §. 217 des Entwurfs wird daher den Mitgliedern des Vorstands jede Art eigenen Handelsbetriebs, außerdem aber auch die Betheiligung als persönlich haftende Gesellschafter an einer anderen Handelsgesellschaft untersagt. Hiervon abgesehen entspricht der §. 217 im Wesentlichen den bisherigen Vorschriften.

Die Verpflichtung des Vorstandes, im Falle des **Verlustes der Hälfte des Grundkapitals** unverzüglich der Generalversammlung Mittheilung zu machen und im Falle der **Ueberschuldung der Gesellschaft die Konkurseröffnung** zu beantragen, ist im Art. 240 des Handelsgesetzbuchs davon abhängig gemacht, daß sich der Verlust oder die Ueberschuldung aus der Jahresbilanz oder einer im Laufe des Geschäftsjahrs aufgestellten Bilanz ergiebt. Nach dieser Fassung könnte es scheinen, daß für die fragliche Bilanz auch die besonderen Vorschriften des Art. 185a (jetzt §. 238) über die Werthsansätze maßgebend seien. Es ist jedoch einleuchtend, daß diese im Wesentlichen nur zur Verhütung der vorzeitigen Vertheilung unsicherer Gewinne bestimmten Vorschriften hier nicht maßgebend sein können. Im Entwurf ist der erwähnte Zweifel durch die ausdrückliche Vorschrift des §. 220 Abs. 3 beseitigt. Zugleich ergiebt die neue Fassung der Abs. 1 und 2, daß es dem Vorstande niemals zur Entschuldigung gereichen kann, wenn die Bilanz falsch aufgestellt und demzufolge der Verlust des halben Grundkapitals oder die Ueberschuldung aus der Bilanz selbst nicht zu ersehen ist.

Die Vorschriften des §. 221 über die **Haftung der Vorstandsmitglieder für eine Verletzung ihrer Obliegenheiten** stimmen im Wesentlichen mit dem Inhalt des bisherigen Art. 241 überein. Der Abs. 1 dieses Artikels, in welchem besonders ausgesprochen ist, daß die Mitglieder des Vorstands aus den von ihnen im Namen der Gesellschaft vorgenommenen Rechtshandlungen nicht persönlich verpflichtet werden, ist als selbstverständlich gestrichen. Dagegen sind die besonderen Fälle, in denen eine Ersatzpflicht der schuldigen Vorstandsmitglieder auch ohne den Nachweis eines der Gesellschaft entstandenen Schadens eintritt, im Abs. 3 des §. 221 besonders aufgeführt, da die den Aufsichtsrath betreffenden Vorschriften, auf welche der bisherige Art. 241 in dieser Beziehung verweist, erst an einer späteren Stelle folgen. Einzelne von diesen Fällen sind übrigens als nicht hierher gehörig ausgeschieden. Dies gilt zunächst von dem Falle, daß bei einer Erhöhung des Grundkapitals Aktien oder Interimsscheine vor der Eintragung der Erhöhung in das Handelsregister ausgegeben werden (Art. 226 Nr. 4); denn hier kann niemals eine Ersatzleistung an die Gesellschaft oder an die Gesellschaftsgläubiger, sondern höchstens eine solche an die Erwerber der Urkunden in Frage kommen. Ferner ist der in der Nr. 5 bisher aufgeführte Fall einer Zuwiderhandlung gegen die Vorschriften über die getrennte Vermögensverwaltung bei der Vereinigung einer Aktiengesellschaft mit einer anderen weggelassen, da die Verantwortlichkeit der Vorstandsmitglieder für eine solche Zuwiderhandlung im §. 280 Abs. 6 besonders geregelt ist.

Aufsichtsrath. (§§. 223—229.)

Die §§. 223 bis 229 fassen die in den Art. 224, 191, 192, 194, 225 bis 226 des Handelsgesetzbuchs enthaltenen Vorschriften über den Aufsichtsrath zusammen. Bezüglich der gesetzlichen Dauer des ersten Aufsichtsraths und der höchsten Grenze für die Dauer der späteren Aufsichtsräthe (§. 223 Abs. 2, 3) ist insofern eine Aenderung vorgenommen, als die betreffenden Zeiträume nicht mehr wie bisher mit dem Schlusse eines bestimmten Geschäftsjahres, sondern mit der Beendigung derjenigen ordentlichen Generalversammlung, welche die Neuwahlen vorzunehmen hat, ablaufen sollen. Die bisherige Vorschrift führt zu dem Mißstande, daß die Aufsichtsrathsmitglieder regelmäßig in einem Zeitpunkt ausscheiden müssen, in dem die Möglichkeit von Neuwahlen durch die ordentliche Generalversammlung nicht besteht. Diesem Uebelstande wird durch die veränderte Fassung des Entwurfs abgeholfen.

Was den Widerruf der Bestellung zum Aufsichtsrathsmitgliede betrifft, so bedarf nach dem Entwurfe (§. 223 Abs. 4) ein dahingehender Beschluß einer Mehrheit von drei Viertheilen des bei der Beschlußfassung vertretenen, nicht, wie es bisher im Art. 191 Abs. 4 hieß, des in der Generalversammlung vertretenen Grundkapitals. Durch die veränderte Fassung wird hier, wie an anderen Stellen des Entwurfs, die Streitfrage, ob auch die Stimmen der sich der Abstimmung enthaltenden Aktionäre bei der Berechnung des maßgebenden Theiles des Grundkapitals zu berücksichtigen sind, in Uebereinstimmung mit der Rechtsprechung des Reichsgerichts im verneinenden Sinne entschieden.

Während die Mitglieder des ersten Aufsichtsraths schon gegenwärtig nach Art. 210, 210c des Handelsgesetzbuchs dem Registergericht angezeigt und von diesem öffentlich bekannt gemacht werden, sind Veröffentlichungen über spätere Veränderungen im Aufsichtsrathe nicht vorgeschrieben. Hierfür besteht jedoch ebenfalls ein Bedürfniß, da die Zusammensetzung des Aufsichtsraths für die Beurtheilung der Verhältnisse des Unternehmens von Bedeutung sein kann und der Aufsichtsrath unter Umständen, namentlich im Falle einer Anfechtung von Beschlüssen der Generalversammlung, die Vertretung der Gesellschaft zu übernehmen hat. Die Eintragung der jeweiligen Mitglieder in das Handelsregister ist aber nicht erforderlich; es genügt, wenn der Vorstand die im Aufsichtsrath eingetretenen Aenderungen in den Gesellschaftsblättern bekannt macht und die Bekanntmachung zum Handelsregister einreicht. Dies ist im §. 224 des Entwurfs vorgeschrieben.

Die Legitimation des Aufsichtsraths zur Führung der namens der Gesellschaft gegen die Mitglieder des Vorstands anzustrengenden Rechtsstreitigkeiten ist im §. 227 des Entwurfs in demselben Umfange wie in den bisherigen Art. 223 Abs. 3 und 194 anerkannt. Außerdem führt der Entwurf, im Anschluß an den §. 37 des Genossenschaftsgesetzes, auch noch die Vornahme von Rechtsgeschäften mit den Vorstandsmitgliedern als einen besonders wichtigen Fall an, in welchem dem Aufsichtsrathe die Vertretung der Gesellschaft zukommt.

Die Pflicht der Aufsichtsrathsmitglieder, bei der Erfüllung ihrer Obliegenheiten die Sorgfalt eines ordentlichen Geschäftsmanns anzuwenden, bezieht sich nicht nur auf die ihnen im Gesetze zugewiesene Aufsichtsführung, sondern auch auf die ihnen sonst, insbesondere im Gesellschaftsvertrag, übertragenen Verrichtungen. Die veränderte Fassung des §. 229 Abs. 1 des Entwurfs (bisher Art. 226 Abs. 1) setzt dies außer Zweifel. Im Uebrigen ist die Verantwortlichkeit der Aufsichtsrathsmitglieder für Pflichtwidrigkeiten sachlich in der gleichen Weise wie in dem bisherigen Art. 226 geregelt; nur wird dieselbe durch die Bezugnahme auf den §. 221 Abs. 3 und 4 insofern erweitert, als nunmehr die verschärfte Ersatzpflicht, welche einen besonderen Schadensnachweis nicht voraussetzt und von den Gesellschaftsgläubigern geltend gemacht werden kann, auch in dem Falle eintritt, daß mit Wissen und ohne Einschreiten des Aufsichtsraths Zahlungen geleistet sind, nachdem die Zahlungsunfähigkeit der Gesellschaft eingetreten ist oder ihre Ueberschuldung sich ergeben hat. Ein Grund, diesen Fall anders als die übrigen im Art. 226 Abs. 2 bezeichneten Fälle zu behandeln, liegt nicht vor.

Generalversammlung. (§§. 230—236.) An die Spitze der die Generalversammlung betreffenden Vorschriften ist der bisher im Art. 221 ausgesprochene Grundsatz gestellt, daß die den Aktionären in den Angelegenheiten der Gesellschaft zustehenden Rechte durch Beschlußfassung in der Generalversammlung ausgeübt werden. Wenn sich nach diesem Grundsatze die Wirksamkeit der durch die Mehrheit gebildeten Entschließungen auf die Angelegenheiten der Gesellschaft im Gegensatze zu den Angelegenheiten der einzelnen Mitglieder erstreckt, so ist hiermit die den Mehrheitsbeschlüssen gezogene Grenze hinreichend zum Ausdruck gebracht. Der im §. 32 des Bürgerlichen Gesetzbuchs für Vereine ausgesprochene Grundsatz, daß Sonderrechte der Mitglieder ohne deren Zustimmung durch Beschlüsse der Mitgliederversammlung nicht beeinträchtigt werden können, gilt auch für die Aktiengesellschaft. Welche einzelnen Rechte der Aktionäre als Sonderrechte in diesem Sinne zu betrachten sind, entzieht sich der erschöpfenden Feststellung im Gesetze. Solche Rechte können auch auf dem Gesellschaftsvertrage beruhen. Die gesetzlichen Sonderrechte haben im Entwurfe zum Theil eine schärfere Ausprägung erfahren, so namentlich das Recht der Aktionäre auf die Vertheilung des Gesellschaftsvermögens im Falle der Auflösung der Gesellschaft (§ 273). Auch ist die Mitgliedschaft selbst gegen eine Beseitigung durch Mehrheitsbeschluß im Wege der Aktienamortisation geschützt (§. 210). Im Uebrigen steht der Entwurf in Uebereinstimmung mit dem geltenden Rechte auf dem Standpunkte, daß die Grenze der als gemeinschaftlich geltenden Angelegenheiten, innerhalb welcher sich der Einfluß der Generalversammlung bethätigt, bei der Aktiengesellschaft nicht zu eng gezogen werden darf.

Als Ersatz für die bisher im Art. 209a Nr. 5 enthaltene Vorschrift bestimmt der §. 231, daß die Beschlüsse der Generalversammlung der Mehrheit der abgegebenen Stimmen bedürfen, sofern nicht durch das Gesetz oder den Gesellschaftsvertrag eine größere Mehrheit oder sonstige Erfordernisse vorgeschrieben sind. Durch die Fassung wird zugleich klargestellt, daß der Ausdruck „einfache Stimmenmehrheit" überall im Gesetze in der Bedeutung von absoluter Mehrheit zu verstehen ist. In Ansehung der Beschlußfassung bei Wahlen enthält der Abs. 2 einen besonderen Vorbehalt, wonach im Gesellschaftsvertrage auch andere Bestimmungen über die Voraussetzungen des Zustandekommens eines Beschlusses getroffen werden können, insbesondere dahin, daß bei der Vornahme von Wahlen die relative Mehrheit genügen oder im Falle der Stimmengleichheit das Loos entscheiden soll.

Die §§. 232 und 233 stimmen, abgesehen von geringen, meist die Fassung betreffenden Aenderungen, mit den Art. 190 und 236 des Handelsgesetzbuchs überein. Durch §. 232 Abs. 3 ist im Anschluß an den §. 31 des Bürgerlichen Gesetzbuchs auch für den Fall der Beschlußfassung über die Einleitung oder Erledigung eines Rechtsstreits gegen einen Theilnehmer der Generalversammlung das Stimmrecht des letzteren ausgeschlossen.

Die Vorschrift, wonach Aktionäre, deren Aktien zusammen den zwanzigsten Theil des Grundkapitals erreichen, die Berufung der Generalversammlung verlangen können (Art. 237 des Handelsgesetzbuchs), hat im §. 234 des Entwurfs mit einigen Aenderungen Aufnahme gefunden. Zunächst ist durch die Fassung des Abs. 1 klargestellt, daß den Gesellschaftsorganen keinerlei Prüfung hinsichtlich des Grundes und der Zweckmäßigkeit des gestellten Verlangens zusteht, daß sie vielmehr dem Antrag unbedingt zu entsprechen haben, wenn dessen formelle Erfordernisse vorliegen. Im Abs. 3 ist der gleiche Grundsatz aber auch in Betreff der Ermächtigung anerkannt, die im Falle einer Weigerung der Gesellschaftsorgane auf Anrufen der Aktionäre von dem Gerichte zu ertheilen ist; das freie Ermessen des Gerichts bezüglich dieser Anordnung ist demnach beseitigt. Die Aenderung rechtfertigt sich durch die Erwägung, daß dem gesetzlich anerkannten Rechte auf die Berufung der Generalversammlung unter allen Umständen die Durchführung gesichert sein muß, zumal es sich dabei nicht um die Ausübung einer Befugniß handelt, bezüglich deren es besonderer Einschränkungen zur Sicherung gegen Mißbrauch bedürfte. Allerdings steht das Bürgerliche Gesetzbuch (§. 34 Abs. 2) in Ansehung der gerichtlichen Entscheidung über die Berufung der Mitgliederversammlung eines Vereins auf einem anderen Standpunkte; derselbe erklärt sich jedoch aus der Natur und dem Zwecke der hier in Betracht kommenden Vereine. Dagegen ist die Vorschrift des Bürgerlichen Gesetzbuchs, wonach das Gericht zugleich über den Vorsitz in der Versammlung Bestimmung treffen kann, auch für die Aktiengesellschaft zweckmäßig und deshalb in den Entwurf übernommen. Ferner ist der bisherige Art. 237 durch die Vorschrift ergänzt, daß die Generalversammlung selbst über die durch die Berufung und Abhaltung der Versammlung entstandenen Kosten, einschließlich der Kosten des etwaigen gerichtlichen Verfahrens, zu beschließen hat. Endlich wird durch die Fassung des Eingangs des Abs. 3 außer Zweifel gesetzt, daß das Gericht erst angegangen werden kann, nachdem der Antrag sowohl bei dem Vorstand als bei dem Aufsichtsrath vergeblich gestellt worden ist.

Der §. 235, welcher die Art der Berufung der Generalversammlung und der Ankündigung der Tagesordnung regelt, giebt ohne sachliche Aenderungen den bisherigen Art. 238 wieder. Dagegen enthält der die gerichtliche oder notarielle Beurkundung der Generalversammlungsbeschlüsse betreffende §. 236 mehrfache Ergänzungen des den gleichen Gegenstand behandelnden Art. 238a Abs. 1 des Handelsgesetzbuchs. Der letztere beschränkt sich auf die Bestimmung, daß jeder Beschluß der Generalversammlung zu seiner Gültigkeit der gerichtlichen oder notariellen Beurkundung bedarf und daß die Zuziehung von Zeugen nicht erforderlich ist. In der Praxis haben sich bezüglich der Art dieser Beurkundung Zweifel und Schwierigkeiten ergeben, da die landesgesetzlichen Vorschriften über die Aufnahme öffentlicher, insbesondere notarieller, Urkunden, aus welchen man die Bestimmung des Handelsgesetzbuchs in der fraglichen Beziehung ergänzen zu müssen glaubte, nur die Beurkundung des Inhalts von Rechtsgeschäften, nicht aber die Beurkundung von Vorgängen, insbesondere von Verhandlungen und Beschlußfassungen einer Generalversammlung, berücksichtigen. Der Entwurf bestimmt daher ausdrücklich, daß die fragliche Beurkundung in der Aufnahme eines Protokolls besteht, und giebt zugleich über den Inhalt dieses Protokolls die nöthigen Vorschriften. Auch über die ordnungsmäßige Berufung der Generalversammlung muß das Protokoll, das zum Handelsregister einzureichen ist, Aufklärung geben. Unbedingt vorzuschreiben, daß die meist sehr umfangreichen Belege über die Berufung dem Protokolle beizufügen sind, empfiehlt sich nicht, es genügt vielmehr, wenn die einzelnen Belege unter Angabe ihres meist übereinstimmenden Inhalts in dem Protokolle selbst aufgeführt werden. In dieser Weise wird schon gegenwärtig vielfach verfahren. Die Unterschrift des Vorsitzenden und zweier weiterer Theilnehmer der Versammlung ist neben der für die Gültigkeit wesentlichen Vollziehung durch den Richter oder Notar nur mit der Bedeutung einer Anweisung vorgeschrieben, um nicht bei Schwierigkeiten, die unter Umständen der Unterzeichnung durch die nöthige Anzahl von Personen entgegentreten können, die Gültigkeit der gefaßten Beschlüsse selbst in Frage zu stellen. Was die Einreichung einer beglaubigten Abschrift des Protokolls zum Handelsregister betrifft, so ergiebt sich aus der allgemeinen Bestimmung des §. 12, daß die Einreichung nicht nur zum Handelsregister des Sitzes der Gesellschaft, sondern auch zum Register jeder Zweigniederlassung zu erfolgen hat.

Die ordentliche Generalversammlung und die Jahresbilanz. (§§. 237—241.)

Die Vorschriften der §§. 237 bis 241 über die ordentliche Generalversammlung, insbesondere über die Zeit der Berufung, die Vorbereitung und die Beschlußfassung derselben, über die für die Aufstellung der Bilanz maßgebenden Grundsätze, über den Reservefonds sowie über die Veröffentlichung der genehmigten Bilanz und Gewinn- und Verlustrechnung entsprechen mit einzelnen Aenderungen den bisherigen Art. 239 Abs. 2, 239b, 185a bis 185c und 239a Abs. 2.

Im Eingange des §. 237 ist klarer zum Ausdruck gebracht, daß ausschließlich die Generalversammlung berufen ist, über die Genehmigung der Jahresbilanz und die Gewinnvertheilung sowie über die Entlastung des Vorstandes zu beschließen. Bezüglich der Entlastung des Vorstandes ist dies nach dem geltenden Rechte nicht unzweifelhaft, und in Ermangelung einer ausdrücklichen Vorschrift des Gesetzes wird es von manchen Seiten als zulässig betrachtet, die Entscheidung über die Entlastung dem Aufsichtsrathe zu übertragen. Vom Standpunkte des Gesetzgebers erscheint eine solche Uebertragung jedenfalls bedenklich; die Entscheidung über die Befreiung des Vorstandes von seiner Verantwortlichkeit für die zurückliegende Geschäftsführung muß vielmehr nothwendig dem obersten Organ der Gesellschaft vorbehalten bleiben, zumal die Generalversammlung auch über die Geltendmachung von Ersatzansprüchen gegen die Mitglieder des Vorstandes beschließt (§. 227 Abs. 1, §. 244 Abs. 1). Auch hängt die Frage der Entlastung aufs engste mit der Prüfung und Genehmigung der Jahresbilanz zusammen.

Die sachlichen Vorschriften, welche der Art. 185a des Handelsgesetzbuchs bezüglich der Aufstellung der Bilanz, insbesondere bezüglich der Werthsansätze in derselben, aufstellt, sind im §. 238 des Entwurfs unverändert beibehalten. Was die bestrittene Frage betrifft, ob bei der Berechnung des Herstellungspreises von Waaren (§. 238 Nr. 2) auch ein entsprechender Theil der Generalunkosten des Unternehmens mit in Ansatz gebracht werden kann, so erscheint es nicht angängig, eine solche Berechnungsweise durch ausdrückliche Vorschrift ohne jede Einschränkung zu gestatten, weil alsdann der Vorschrift der Nr. 4 entgegen die sämmtlichen Kosten der Verwaltung auf einem Umwege doch als Aktivum in die Bilanz eingesetzt werden könnten. Es muß dem verständigen Ermessen im einzelnen Falle überlassen bleiben, inwieweit ohne Verletzung der erwähnten Vorschrift gewisse allgemeinere Kosten als Bestandtheil der Herstellungskosten berücksichtigt werden können.

In den Reservefonds ist nach dem Entwurfe (§. 239) ebenso wie nach dem bisherigen Art. 185b mindestens der gesetzlich bestimmte Theil des Jahresgewinns sowie im Falle einer Ausgabe von Aktien über Pari der über den Nennbetrag hinaus erzielte Betrag einzustellen. Das Gleiche soll nach dem Entwurfe regelmäßig in Ansehung der Beträge gelten, welche die Gesellschaft dadurch erhält, daß ohne Erhöhung des Grundkapitals von Aktionären Zuzahlungen gegen Gewährung von Vorzugsrechten für ihre Aktien geleistet werden. Dieser Weg wird nicht selten eingeschlagen, um ohne Kapitalserhöhung neue Mittel für das Unternehmen zu gewinnen. Hier muß es ebenso wie im Falle der Erzielung eines Agio bei der Ausgabe neuer Aktien ausgeschlossen sein, daß die Kapitaleinzahlungen dazu benutzt werden, um in der Bilanz den Anschein eines zur beliebigen Verwendung geeigneten Gewinnes hervorzurufen, während in Wirklichkeit ein Gewinn überhaupt nicht oder doch nicht in solcher Höhe vorhanden ist. Immerhin besteht zwischen beiden Fällen ein Unterschied. Die Ausgabe neuer Aktien wird meistens bei günstiger Geschäftslage und unter Benutzung einer zeitweiligen Konjunktur beschlossen und ausgeführt. Dagegen finden die in Frage stehenden Zuzahlungen der Aktionäre vielfach bei Gesellschaften statt, die zwar an sich auf günstige Jahreserträgnisse rechnen können, aber in Folge vorausgegangener außerordentlicher Verluste oder wegen einer ursprünglich zu hohen Bewerthung ihrer Bilanzaktiven zunächst eine entsprechende Ausgleichung vornehmen müssen, um das Unternehmen wieder auf eine gesunde Grundlage zu stellen und die thatsächlich erzielten Jahreserträgnisse ohne Umgehung des Gesetzes frei verwendbar zu machen. Hierdurch rechtfertigt es sich, wenn der Entwurf die Einstellung der von den Aktionären geleisteten Zuzahlungen in den Reservefonds nur insoweit verlangt, als nicht die Verwendung derselben zu außerordentlichen Abschreibungen oder zur Deckung außerordentlicher Verluste beschlossen wird. Was das Agio bei Ausgabe neuer Aktien betrifft, so ist im Art. 185b Nr. 2 des Handelsgesetzbuchs der erzielte Mehrbetrag als „Gewinn“ bezeichnet. Da hieraus der Schluß gezogen werden könnte, daß das Handelsgesetzbuch das Agioerträgniß an sich nicht als eine Kapitalsvermehrung auffasse, so ist der erwähnte Ausdruck im Entwurfe vermieden.

In Betreff der Verwendung des Reservefonds bedarf es keiner besonderen gesetzlichen Vorschriften. Namentlich gilt dies in Betreff der Fragen, ob im Falle einer Unterbilanz die einzelnen Aktionäre das Recht haben, die Verwendung des Reservefonds zur Deckung des Fehlbetrags zu verlangen, und ob der Reservefonds, soweit er den gesetzlich vorgeschriebenen Betrag übersteigt, durch Beschluß der Generalversammlung zu einem anderen als dem gesetzlich bestimmten Zwecke verwendet werden kann. Diese früher streitigen Fragen sind gegenwärtig auch in der Rechtsprechung entschieden.

Der §. 240, wonach die Verhandlung über die Bilanz auf Grund eines einfachen Mehrheitsbeschlusses der Generalversammlung oder auf Verlangen einer näher bestimmten Minderheit zu vertagen ist, stimmt mit dem Art. 239a Abs. 2 des Handelsgesetzbuchs überein. Daß das Recht, die Vertagung zu verlangen, von der Minderheit nicht mehr als einmal ausgeübt werden dürfe, wie dies von manchen Seiten angenommen wird, läßt sich in dieser Allgemeinheit nicht rechtfertigen. Es kommt darauf an, ob dem Zwecke, welchen die Vertagung verfolgte, nämlich der Gewährung näherer Aufklärung über die Grundlagen der Bilanz, thatsächlich entsprochen worden ist oder nicht. Hiervon ist deshalb im Abs. 2 des §. 240 das Recht der Minderheit, eine erneute Vertagung der Verhandlung zu verlangen, abhängig gemacht. Was die im Abs. 1 des Art. 239a getroffene Vorschrift über die Bestellung von Bilanzrevisoren anlangt, so findet dieselbe richtiger unter den die Revisoren überhaupt betreffenden Bestimmungen ihre Stelle (§. 242 Abs. 1, §. 243). Der bisherige Abs. 3 des Art. 239a ist ganz gestrichen. Nach demselben soll, falls die Verhandlung auf Verlangen der Minderheit vertagt wird, bezüglich der nicht bemängelten Ansätze der Bilanz die Entlastung des Vorstandes als erfolgt gelten. Die Vorschrift ist mit Grund als nicht gerechtfertigt bezeichnet worden; der Thatsache, daß eine Minderheit in der Generalversammlung gewisse Ansätze der Bilanz nicht bemängelt, kann für sich allein nicht die Bedeutung einer Entlastung des Vorstands beigelegt werden, zumal selbst die Genehmigung der Bilanz durch die Mehrheit der Generalversammlung noch nicht ohne Weiteres die Entlastung des Vorstandes in sich schließt.

Ueber den Inhalt der von dem Vorstande zu veröffentlichenden Bilanz enthält der Art. 185c des Handelsgesetzbuchs keine besondere Vorschrift. Vielfach wird von Aktiengesellschaften, die ihrer Generalversammlung sehr eingehende Bilanzen vorlegen, demnächst zum Zwecke der Veröffentlichung eine Kürzung vorgenommen, indem eine Anzahl Unterposten gestrichen und nur die Hauptposten in der Bilanz belassen werden. Dieses Verfahren zu untersagen und schlechthin vorzuschreiben, daß die Bilanz in demselben Umfange veröffentlicht werden müsse, in welchem sie der Generalversammlung vorgelegt worden ist, erscheint nicht rathsam. Die Folge könnte sein, daß, um die nicht unerheblichen Kosten der umfangreichen Veröffentlichung zu ersparen, auch der Generalversammlung minder umfangreiche Bilanzen vorgelegt würden; die Vorschrift wäre überdies leicht zu umgehen, indem die Zerlegung der einzelnen Bilanzposten in die erläuternden Bemerkungen des Geschäftsberichts verwiesen würde. Es muß genügen, wenn das Registergericht in der Lage ist, etwaige Bilanzveröffentlichungen, welche derart summarisch gehalten sind, daß sie überhaupt keine Uebersicht über die Vermögensverhältnisse der Gesellschaft gewähren, als ungenügend zurückzuweisen und den Vorstand durch Ordnungsstrafen zu einer anderweitigen Veröffentlichung anzuhalten. Die nöthige Grundlage hierzu wird durch die Vorschrift des Entwurfs gegeben, daß die Belege über die öffentliche Bekanntmachung zum Handelsregister einzureichen sind. Für den gedachten Zweck ist es jedoch nur erforderlich, daß die betreffenden Belege, wie auch der Geschäftsbericht und die Bemerkungen des Aufsichtsraths, zum Register des Sitzes der Gesellschaft eingereicht werden. Im Entwurf ist deshalb hier, wie an anderen Stellen, wo es sich im Wesentlichen lediglich um die Beibringung von Nachweisen über die von dem Registergerichte zu beaufsichtigende Erfüllung gewisser Obliegenheiten des Vorstandes handelt, von einer Einreichung bei den Gerichten der Zweigniederlassungen abgesehen.

Der Abs. 2 des bisherigen Art. 185c ist gestrichen. Er besagt, daß, soweit das Gesetz keine Vorschriften enthält, die Grundsätze über die Aufstellung der Bilanz, über die Bildung und Anlegung von Reservefonds und über die Prüfung der Bilanz durch den Gesellschaftsvertrag bestimmt werden. Die Vorschrift ist entbehrlich, übrigens insofern auch nicht zutreffend, als die bezeichneten Grundsätze keineswegs nur im Gesellschaftsvertrage, sondern unter Umständen durch einfache Beschlüsse der Generalversammlung oder durch Anweisungen des Aufsichtsraths festgestellt werden können.

Revisoren können nach dem Handelsgesetzbuche sowohl zur Prüfung der Bilanz (Art. 239a Abs. 1) als zur Prüfung von Vorgängen bei der Gründung oder bei der Geschäftsführung oder Liquidation (Art. 222a) von der Generalversammlung bestellt werden. Zu dem letzteren Zwecke ist unter gewissen Voraussetzungen auch eine gerichtliche Ernennung von Revisoren auf Antrag einer Minderheit vorgesehen. Der Entwurf behandelt in den §§. 242, 243 diese verschiedenen Fälle im Zusammenhange und beseitigt hierbei den Mangel, der zur Zeit darin besteht, daß die Vorschriften über das Verhalten des Vorstandes gegenüber den Revisoren und über die Behandlung des Revisionsberichts (Art. 222a Abs. 3, 4) sich nur auf den Fall der gerichtlichen Ernennung von Revisoren, nicht aber auf die Fälle der Bestellung von Revisoren durch die Generalversammlung beziehen. Die Bestimmungen des §. 243 des Entwurfs berücksichtigen auch die letzteren Fälle. Der Abs. 1 des §. 242 stellt außerdem klar, daß die Befugniß der Generalversammlung, die Ernennung von Revisoren zu beschließen, durch den Gesellschaftsvertrag nicht beeinträchtigt, insbesondere nicht an das Erforderniß einer größeren als der einfachen Stimmenmehrheit gebunden werden kann. Revisoren. (§§. 242, 243.)

Für die Entscheidung über einen Antrag der Minderheit auf Bestellung von Revisoren ist nach dem Handelsgesetzbuche das Landgericht zuständig, in dessen Bezirke die Gesellschaft ihren Sitz hat. Es liegt indessen kein genügender Anlaß vor, hier eine Ausnahme von dem im Uebrigen schon jetzt allgemein geltenden Grundsatze zu machen, daß die gerichtlichen Verfügungen in Handelssachen, welche nicht zu den Angelegenheiten der streitigen Gerichtsbarkeit gehören, von dem Registergerichte erlassen werden. Der Entwurf beschränkt sich deshalb darauf, von einer Ernennung der Revisoren durch das Gericht zu sprechen. Hier wie in Betreff anderer im Entwurfe den Gerichten zugewiesener Entscheidungen (§. 132 Abs. 2, §. 133, §. 143 Abs. 2, §. 152 Abs. 3, §. 180, §. 234 Abs. 3 u. A. m.) bleiben die näheren Bestimmungen über die Zuständigkeit und das Verfahren dem Gesetz über die Angelegenheiten der freiwilligen Gerichtsbarkeit vorbehalten.

Die Kosten, welche durch die gerichtliche Ernennung von Revisoren entstehen, sind selbstverständlich zunächst von den Antragstellern zu tragen. Nach §. 243 Abs. 3 soll jedoch ähnlich wie im Falle des §. 234 die Generalversammlung darüber beschließen, ob die entstandenen Kosten von der Gesellschaft zu übernehmen sind. Ueber die Frage, ob die Revisoren eine Vergütung beanspruchen können, bedarf es keiner besonderen Vorschriften; es muß den Antragstellern überlassen bleiben, ihrerseits eine entsprechende Vereinbarung mit den Revisoren zu treffen; auch über die Tragung der hierdurch entstehenden Kosten hat demnächst die Generalversammlung zu befinden.

Aus den Bestimmungen über die Liquidation der Aktiengesellschaft (§. 267 Abs. 2, §. 271 Abs. 2) ergiebt sich von selbst, daß die Vorschriften über die Bestellung von Revisoren zur Prüfung von Vorgängen bei der Geschäftsführung auch auf die Geschäftsführung der Liquidatoren Anwendung finden; in den §§. 242, 243 des Entwurfs ist daher die Prüfung von Vorgängen bei der Liquidation nicht mehr besonders erwähnt.

Geltendmachung von Ersatzansprüchen aus der Gründung oder Geschäftsführung. (§§. 244—246.)

Die Vorschriften des bisherigen Art. 223 über das Recht der Generalversammlung oder einer gewissen Minderheit in derselben, die Geltendmachung von Ersatzansprüchen der Gesellschaft gegen die für die Gründungsvorgänge oder für die Geschäftsführung verantwortlichen Personen zu verlangen, sind in den §§. 244 bis 246 des Entwurfs mit einigen Aenderungen und Ergänzungen wiedergegeben. Aus der Fassung des Art. 223 ist gefolgert worden, daß eine Erhebung von Ansprüchen der gedachten Art überhaupt nur auf Beschluß der Generalversammlung oder auf Verlangen der im Gesetze bezeichneten Minderheit zulässig sei. Unter Umständen ist es aber erforderlich, sofort geeignete Maßregeln zu ergreifen, um die schuldigen Personen zur Verantwortung zu ziehen und die Ansprüche der Gesellschaft gegen sie zu sichern. Der Vorstand darf daher nicht unbedingt an einen vorgängigen Beschluß der Generalversammlung gebunden werden. Durch die veränderte Fassung des §. 244 Abs. 1 wird die oben erwähnte Auffassung ausgeschlossen sein.

Die Bestimmungen, welche der §. 244 Abs. 2 über die Vertretung der Gesellschaft in den zu führenden Rechtsstreitigkeiten enthält, sollen die Zweifel beseitigen, welche sich gegenwärtig daraus ergeben, daß das Verhältniß des Art. 223a zu den Art. 194, 195 nicht ganz klar ist. Der Abs. 1 des letzteren Artikels kann für die Aktiengesellschaft nur die Bedeutung haben, daß von der Generalversammlung besondere Vertreter der Gesellschaft zur Führung des Rechtsstreits gewählt werden können; dies ist im Eingange des nunmehrigen Abs. 2 des §. 244 ausgesprochen. Der zweite Absatz des Art. 195, wonach, falls die Wahl besonderer Vertreter in der Generalversammlung gehindert wird, das Gericht solche Bevollmächtigte bestellen kann, hat keine erhebliche Bedeutung und ist im Entwurfe weggeblieben. Eine gerichtliche Bestellung von Vertretern der Gesellschaft für die Prozeßführung ist dagegen, wie in dem bisherigen Art. 223, für den Fall vorgesehen, daß der Rechtsstreit auf Verlangen der Minderheit geführt werden muß. Es versteht sich von selbst, daß in diesem Falle die von dem Gerichte bestellten Vertreter alle anderen Personen, die an und für sich noch sonst zur Vertretung der Gesellschaft legitimirt sein würden, von dieser Vertretung ausschließen. Andererseits ergiebt sich aus der am Schlusse des §. 244 noch beigefügten Verweisung auf die Vorschriften des §. 227, daß, wenn die Geltendmachung der Ansprüche durch die Minderheit verlangt, ein Antrag auf gerichtliche Bestellung von Prozeßvertretern jedoch nicht gestellt ist, der Aufsichtsrath sich insoweit, als Ansprüche gegen die Mitglieder des Vorstandes in Frage stehen, der Führung des Rechtsstreits zu unterziehen hat.

Der §. 245 des Entwurfs entspricht, abgesehen von der ergänzenden Verweisung auf den §. 105 der Civilprozeßordnung, dem Abs. 3 des bisherigen Art. 223.

Eine Lücke bietet das Handelsgesetzbuch insofern, als keine Vorsorge getroffen ist, um zu verhindern, daß Ansprüche gegen die für die Geschäftsführung verantwortlichen Personen durch Verzicht oder Vergleich der Gesellschaft beseitigt werden, nachdem die Minderheit die Geltendmachung der Ansprüche verlangt hat. Nur in Bezug auf die Ansprüche aus der Gründung gewährt der Art. 213d durch das der Minderheit eingeräumte Recht des Widerspruchs einen gewissen Schutz. Der §. 246 des Entwurfs soll diesem Mangel abhelfen. Danach ist ein solcher Verzicht oder Vergleich nur zulässig, wenn von den die Minderheit bildenden Aktionären wenigstens so viele ihre Zustimmung erklären, daß die Aktien der übrigen nicht mehr den fünften Theil des Grundkapitals darstellen. Die Zustimmung sämmtlicher die Minderheit bildenden Aktionäre kann nicht gefordert werden, da sonst jeder einzelne die Befugniß hätte, einen dem Interesse der Gesellschaft entsprechenden Ausgleich durch seinen Widerspruch zu verhindern. Daß die Zustimmung nicht mehr nöthig ist, wenn das von der Minderheit erhobene Verlangen einer Geltendmachung des Anspruchs durch den Ablauf der im §. 245 Abs. 1 für die Anstellung der Klage bestimmten Frist seine Wirkung verloren hat, braucht als selbstverständlich nicht besonders im Gesetze hervorgehoben zu werden.

Anfechtung von Generalversammlungsbeschlüssen. (§§. 247—250.)

Ein Beschluß der Generalversammlung kann nach Art. 222, 190a, 190b des Handelsgesetzbuchs nur von den Aktionären oder von dem Vorstand als ungültig im Wege der Klage angefochten werden, und die Anfechtung ist nur innerhalb eines Monats zulässig. Dies genügt auch insoweit, als die Anfechtung auf die Verletzung von Bestimmungen des Gesellschaftsvertrags oder von gesetzlichen Vorschriften, die lediglich die Interessen der vorhandenen Aktionäre berühren, gestützt wird; insbesondere kommt hier eine Verletzung der Vorschriften über die Berufung der Generalversammlung, über die Ankündigung der Tagesordnung, über die Vorbereitung des Beschlusses wegen Genehmigung der Bilanz und dergleichen mehr in Betracht. Dagegen reichen die bestehenden Vorschriften nicht überall aus, soweit ein Beschluß der Generalversammlung seinem Inhalte nach gesetzlichen Vorschriften zuwiderläuft, die nicht diesen beschränkten Zweck haben, sondern darüber hinaus zur Sicherung der Gläubiger oder zum Schutze des Publikums im Allgemeinen dienen. Daß ein Generalversammlungsbeschluß, der gesetzlichen Vorschriften dieser Art zuwiderläuft, nicht etwa durch die Unterlassung rechtzeitiger Anfechtung seitens der Aktionäre und des Vorstandes Gültigkeit erlangt, versteht sich von selbst, und es unterliegt auch keinem Zweifel, daß die Mitglieder des Vorstandes und des Aufsichtsraths, welche einen solchen Beschluß zur Ausführung bringen, sich nicht auf die unterbliebene Anfechtung berufen können, um sich von der Verantwortlichkeit gegenüber dritten Personen, insbesondere gegenüber den Gesellschaftsgläubigern, zu befreien (§. 221 Abs. 3, 4, §. 229 Abs. 3). Handelt es sich hierbei um einen Beschluß, der nicht in das Handelsregister einzutragen ist, so kann es bei der Verantwortlichkeit der Gesellschaftsorgane für die Ausführung des Beschlusses bewenden. Diese genügt aber nicht, wenn ein ungültiger, mit zwingenden Rechtsvorschriften im Widerspruche stehender Beschluß in das Handelsregister eingetragen und hierdurch zu Unrecht mit dem Scheine dauernder öffentlicher Anerkennung versehen ist. Die Erfahrung hat gezeigt, daß die dem Registerrichter obliegende Prüfung nicht in allen Fällen genügt, um die Eintragung gesetzwidriger Beschlüsse zu verhindern, und ein Mittel, um die Ungültigkeit eines solchen Beschlusses in einer für alle Betheiligten bindenden Weise festzustellen, insbesondere die Beseitigung der Eintragung herbeizuführen, besteht nach dem geltenden Rechte nicht, sobald die Anfechtungsfrist von einem Monat verstrichen ist. Auf diese Weise bleiben zum Beispiel Beschlüsse, die den gesetzlichen Vorschriften über den Mindestbetrag der Aktien, über die Unzulässigkeit der Ausgabe neuer Aktien vor der Vollzahlung der alten, über die Höhe des Reservefonds u. s. w. zuwiderlaufen, äußerlich in Geltung, und es ist auch kein Weg gegeben, ihrer Ausführung unmittelbar entgegenzutreten. Das geltende Recht bedarf daher einer Ergänzung in der Richtung, daß zur Sicherung der im öffentlichen Interesse getroffenen Vorschriften auch einer öffentlichen Stelle die Befugniß zur Anfechtung der in das Handelsregister eingetragenen Generalversammlungsbeschlüsse, und zwar ohne Beschränkung auf die Frist von einem Monat, eingeräumt wird. Im §. 250 des Entwurfs ist diese Befugniß ebenso, wie im §. 281 das Recht zur Erhebung der die Nichtigkeit einer Gesellschaft betreffenden Klage der Staatsbehörde übertragen, indem zugleich den Landesregierungen die Befugniß eingeräumt wird, das Nähere über die zur Erhebung der Klage zuständigen Behörden zu bestimmen. Auch in diesem Falle kann, wie sich aus den Vorschriften des Entwurfs ergiebt, die Anfechtung nur vor den ordentlichen Gerichten im Wege des Civilprozesses erfolgen. Die gesetzlichen Vorschriften, deren Verletzung das Anfechtungsrecht der Staatsbehörde begründen soll, können nicht wohl bestimmter, als es im Entwurfe geschieht, bezeichnet werden; es wird sich im einzelnen Falle meistens ohne Schwierigkeit entscheiden lassen, ob eine Gesetzesvorschrift den im §. 250 angegebenen Karakter hat oder nicht.

Von Wichtigkeit ist die Frage, wie sich gegenüber den Vorschriften über die Anfechtung von Generalversammlungsbeschlüssen die Stellung des

Registergerichts bei der Prüfung der Gültigkeit von Beschlüssen, die in das Handelsregister einzutragen sind, gestaltet. Ist ein eingetragener Beschluß durch rechtskräftiges Urtheil für ungültig erklärt, so muß dies, wie schon jetzt im Gesetze vorgeschrieben ist, in das Handelsregister eingetragen werden, und hieraus ergiebt sich von selbst, daß die Eintragung des Beschlusses, wenn sie zur Zeit des Urtheils noch nicht geschehen war, nunmehr unter allen Umständen zu unterbleiben hat. Der §. 15 Abs. 2 des Entwurfs setzt den Anfechtungskläger auch in den Stand, die Eintragung durch Erwirkung einer einstweiligen Verfügung zu verhindern. Andererseits wird es sich empfehlen, in den über das Verfahren bei dem Registergerichte zu treffenden Vorschriften ausdrücklich zu bestimmen, daß in denjenigen Fällen, in welchen, wie hier, ein besonderes Anfechtungs- oder Nichtigkeitsverfahren vorgesehen ist, der Registerrichter nicht die Befugniß hat, eine bereits erfolgte Eintragung nachträglich von Amtswegen zu löschen. Von der gesetzlichen Entscheidung sonstiger den Gegenstand betreffender Fragen muß abgesehen werden. Insbesondere erscheint es nicht angängig, anzuordnen, daß auch die rechtskräftige Abweisung der Anfechtungsklage schlechthin für das Registergericht bindend sei, dieses also zur Eintragung des angefochtenen Beschlusses verpflichte. Wie bereits in der Begründung zum §. 15 bemerkt ist, würde hierdurch den Betheiligten, in deren Händen die Prozeßführung liegt, eine zu weitgehende Verfügung über das Handelsregister eingeräumt; es muß vielmehr bei der thatsächlichen Bedeutung bewenden, die ein solches Urtheil auch für das Registergericht regelmäßig haben wird. Ebensowenig empfiehlt sich eine gesetzliche Vorschrift darüber, ob das Registergericht die Eintragung eines Beschlusses noch nach dem Ablaufe der für die Aktionäre und den Vorstand maßgebenden Anfechtungsfrist ablehnen kann, wenn es die Gültigkeit des Beschlusses lediglich aus Gründen beanstandet, die sich auf die Verletzung einer Bestimmung des Gesellschaftsvertrags oder einer nicht vorwiegend im öffentlichen Interesse gegebenen gesetzlichen Vorschrift beziehen. Die Frage wird in der Rechtsprechung meistens verneint, und hierbei kann es sein Bewenden behalten.

Im Einzelnen ist zu den §§. 247 bis 250 noch Folgendes zu bemerken:

Der Abs. 3 des §. 247 giebt in Ergänzung der bisherigen Vorschriften das Anfechtungsrecht auch denjenigen Aktionären, welche zu der Generalversammlung unberechtigter Weise nicht zugelassen worden sind. Ferner soll nach dem Abs. 4 in dem Falle, daß der Beschluß der Generalversammlung eine Maßregel zum Gegenstande hat, durch deren Ausführung sich die Mitglieder des Vorstandes und des Aufsichtsraths den Gläubigern der Gesellschaft verantwortlich machen würden, nicht blos der Vorstand als solcher, sondern außerdem jedes einzelne Mitglied desselben und in der gleichen Weise jedes Mitglied des Aufsichtsraths zur Erhebung der Anfechtungsklage befugt sein. In Ansehung der Mitglieder des Aufsichtsraths ist die Vorschrift um deswillen geboten, weil sie ein berechtigtes Interesse haben, in Fällen der fraglichen Art zur Erhebung der Anfechtungsklage auch dann schreiten zu können, wenn sie in der Generalversammlung nicht anwesend waren oder ihren Widerspruch nicht zu Protokoll erklärt haben.

Vierter Abschnitt.

Abänderungen des Gesellschaftsvertrags.

Aenderungen des Gesellschaftsvertrags im Allgemeinen. (§§ 251, 252.)

Der Entwurf faßt die im Handelsgesetzbuch an verschiedenen Stellen sich findenden Vorschriften über Aenderungen des Gesellschaftsvertrags in einem besonderen Abschnitte zusammen; auch die Erhöhung und Herabsetzung des Grundkapitals gehört der Natur der Sache nach in diesen Zusammenhang. Die gleiche Anordnung ist in dem Gesetze, betreffend die Gesellschaften mit beschränkter Haftung, gewählt.

Die auf alle Arten von Statutenänderungen bezüglichen Vorschriften der §§. 251 und 252 stimmen sachlich im Wesentlichen mit den Art. 214, 215 des Handelsgesetzbuchs überein. Jedoch ist der Abs. 4 des Art. 215, welcher sich auf den Fall der Vereinigung einer Aktiengesellschaft mit einer anderen bezieht, nicht hierher übernommen; der Inhalt desselben findet durch die späteren Vorschriften des Entwurfs seine Erledigung (§§. 278, 279 in Verbindung mit §. 276 Abs. 1, §. 277 Abs. 2). Auch Abs. 5 und 7 des Art. 215 sind gestrichen. Der Abs. 5 bestimmt, daß die Abs. 1 bis 4 auch dann zur Anwendung kommen, wenn mehrere Gattungen von Aktien mit verschiedener Berechtigung ausgegeben sind, und der Abs. 7 erklärt die Abänderung einer Bestimmung des Gesellschaftsvertrags für unzulässig, nach der die Uebertragung von Kleinaktien an die Einwilligung der Gesellschaft gebunden ist. Beide Vorschriften können als selbstverständlich wegfallen.

In dem auf die Eintragung von Statutenänderungen bezüglichen §. 252 (bisher Art. 214) ist der Beschluß über eine Fortsetzung der Gesellschaft nicht mehr besonders erwähnt; denn auch die Fortsetzung der Gesellschaft ist, wenn die Dauer des Unternehmens im Gesellschaftsvertrag auf bestimmte Zeit beschränkt war, nicht anders als im Wege einer Aenderung des Gesellschaftsvertrags möglich. Was die Anmeldung von Statutenänderungen bei dem Registergerichte betrifft, so kann von einer Mitwirkung sämmtlicher Vorstandsmitglieder im Allgemeinen abgesehen werden, da die Anmeldung stets durch die öffentliche Urkunde über den Abänderungsbeschluß belegt sein muß; es genügt vielmehr, daß die zum Handeln für die Gesellschaft auch sonst nothwendige Zahl von Vorstandsmitgliedern bei der Anmeldung mitwirkt. Für die Anmeldung einer Erhöhung des Grundkapitals gelten mit Rücksicht auf die hierbei abzugebenden Erklärungen und Versicherungen besondere Vorschriften (§. 255 Abs. 1).

Daß eine öffentliche Bekanntmachung der Eintragung nur stattfindet, soweit die Aenderung des Gesellschaftsvertrags eine Bestimmung zum Gegenstande hat, die auch bei der ersten Eintragung der Gesellschaft veröffentlicht werden muß, ist im Abs. 2 des §. 252 ausdrücklich angeordnet. Was in die Eintragung selbst aufzunehmen ist, ergiebt sich aus der entsprechend anzuwendenden Vorschrift des §. 184. Bezieht sich die Aenderung nicht auf eine der dort angeführten Bestimmungen des Gesellschaftsvertrags, so wird es genügen, daß der Gegenstand der Abänderung nur im Allgemeinen in der Eintragung bezeichnet wird. Das Nähere kann, soweit nöthig, in den

Ausführungsbestimmungen über die Führung des Handelsregisters geordnet werden.

Die Vorschrift des Art. 215a Abs. 1 des Handelsgesetzbuchs, wonach eine Erhöhung des Grundkapitals nicht vor der vollen Einzahlung des bisherigen Kapitals erfolgen darf, ist im Entwurfe beibehalten. Läßt sich auch nicht verkennen, daß in Folge der Unzulässigkeit einer Befreiung der Aktienzeichner die Bedenken zum Theil weggefallen sind, welche nach den bis zu der Novelle von 1884 gemachten Erfahrungen der Zulassung einer Kapitalserhöhung vor der Vollzahlung des bisherigen Kapitals entgegenstanden, so erscheint es doch nicht rathsam, jene Beschränkung ganz aufzugeben, da sie immerhin den Nutzen hat, einer übermäßigen, durch die Bedürfnisse des Unternehmens nicht gerechtfertigten Vermehrung des Aktienkapitals entgegenzuwirken.

Erhöhung des Grundkapitals. (§§. 253—261.)

Aus der Fassung des Art. 215a ist gefolgert worden, daß eine Zuwiderhandlung gegen die Vorschrift nicht nur die Ungültigkeit des Erhöhungsbeschlusses, sondern auch die Nichtigkeit der neu ausgegebenen Aktien nach sich ziehe. Dies geht zu weit; denn die Nichtigkeit der Aktien führt in erster Linie zu einer Benachtheiligung der Erwerber der Aktien und der Gesellschaftsgläubiger, welche sich auf die Gültigkeit der eingetragenen Kapitalserhöhung verlassen müssen, weil sie nicht in der Lage sind, zu ermitteln, ob in der That das bisherige Aktienkapital vollständig eingezahlt ist. Um die Beobachtung der Vorschrift zu sichern, genügt es, wenn der Beschluß über die Erhöhung des Grundkapitals nicht eingetragen wird, ohne daß von dem Vorstand und Aufsichtsrath eine Versicherung über die Einzahlung des bisherigen Kapitals abgegeben wird (§. 255 Abs. 2), und wenn die Mitglieder des Vorstandes und Aufsichtsraths, welche eine falsche Versicherung dieses Inhalts abgeben, bestraft werden (§. 285 Nr. 3). Im §. 253 Abs. 1 ist daher die Fassung entsprechend geändert.

Mit Rücksicht auf die unbedingt lautende Vorschrift des Art. 215a Abs. 1 ist es ferner zweifelhaft geworden, ob nicht auch unerhebliche Rückstände, die auf einzelne Aktien verblieben sind, die Vornahme einer Kapitalserhöhung unzulässig machen. Vielfach wird eine solche Unzulässigkeit mit Rücksicht auf den Wortlaut der Vorschrift angenommen. Um dieser, mit der Absicht des Gesetzes nicht im Einklang stehenden Auslegung entgegenzutreten, ist eine ausdrückliche Vorschrift in den §. 253 aufgenommen; der Entscheidung im einzelnen Falle muß es überlassen bleiben, was als ein „verhältnißmäßig unerheblicher Theil der eingeforderten Einzahlungen" anzusehen ist. Bei der Anmeldung des Erhöhungsbeschlusses behufs Eintragung in das Handelsregister ist zu diesem Zwecke der Betrag der etwaigen Rückstände auf die Einzahlungen anzugeben (§. 256 Abs. 2).

Für den Fall, daß mehrere Gattungen von Aktien mit verschiedener Berechtigung vorhanden sind, ist im Art. 215a nur auf die allgemeinen Vorschriften des Art. 215 Abs. 6 verwiesen, welche die Beschlußfassung bei einer Aenderung des Verhältnisses der verschiedenen Aktiengattungen betreffen. An Stelle dieser in ihrer Tragweite nicht ganz klaren Bezugnahme ist im Abs. 2 des §. 253 des Entwurfs ausdrücklich bestimmt, daß, wenn mehrere Aktiengattungen vorhanden sind, stets auch in Sonderversammlungen über eine Kapitalserhöhung Beschluß gefaßt werden muß.

Während nach Art. 209b des Handelsgesetzbuchs (§. 172 des Entwurfs) bei der Errichtung der Gesellschaft jede Vereinbarung, nach welcher eine nicht durch Baarzahlung zu leistende Einlage gemacht oder eine Anlage oder ein sonstiges Vermögensstück von der Gesellschaft übernommen werden soll, zu ihrer Wirksamkeit gegenüber der Gesellschaft der Festsetzung im Gesellschaftsvertrage bedarf, fehlen ähnliche Vorschriften für den Fall der Erhöhung des Grundkapitals. Auch hier ist es aber möglich, daß Sacheinlagen gemacht oder Vermögensstücke gegen eine Vergütung, die auf die Einlage angerechnet werden soll, der Gesellschaft überlassen werden. Es empfiehlt sich, für diese Fälle Vorschriften zu treffen, welche, ähnlich wie diejenigen über die Gründung der Gesellschaft, die Kundbarkeit von Vereinbarungen der fraglichen Art gewährleisten. Die Bestimmungen über die Nachgründung (§§. 193, 194) genügen hierzu nicht, da sie nur die Erwerbungen betreffen, die von der Gesellschaft innerhalb der ersten zwei Jahre nach der Eintragung in das Handelsregister gemacht werden. Auf diesem Gesichtspunkte beruhen die Vorschriften des §. 254 des Entwurfs. In ähnlicher Weise ist der Gegenstand in dem §. 57 des Gesetzes über die Gesellschaften mit beschränkter Haftung geregelt.

Eine Uebertragung der für die Errichtung der Gesellschaft geltenden Bestimmungen enthalten auch die Vorschriften des §. 256 über den Inhalt der Zeichnungsscheine, mittelst deren im Falle der Erhöhung des Grundkapitals die Betheiligungen an dem erhöhten Kapital zu übernehmen sind. Der Art. 215b des Handelsgesetzbuchs beschränkt sich auf die Vorschrift, daß die Zeichnung der neu auszugebenden Aktien durch schriftliche Erklärung erfolgt, die in zwei Exemplaren unterzeichnet werden soll. Aus den Gründen, auf welchen die Vorschriften des Art. 209e (§. 175 des Entwurfs) beruhen, empfiehlt sich jedoch auch hier eine nähere Festsetzung des Inhalts der Zeichnungsscheine, insbesondere der zur Aufklärung der Zeichner in die Scheine aufzunehmenden Angaben. Ebenso ist die Bestimmung des Zeitpunktes, mit welchem die Zeichnung unverbindlich wird, sofern nicht bis dahin die Kapitalserhöhung in das Handelsregister eingetragen ist, nicht wohl zu entbehren. Endlich müssen die Vorschriften des §. 175 Abs. 4, 5 über die Nichtigkeit mangelhafter Zeichnungsscheine, über die Heilung der Mängel durch die Ausübung von Mitgliedsrechten und über die Unwirksamkeit von Beschränkungen der Verpflichtungen des Zeichners ebenfalls Anwendung finden.

Die Aktiennovelle vom 18. Juli 1884 hat den Mißbräuchen, welche sich aus der Einräumung von Bezugsrechten auf neu auszugebende Aktien an die bei der Gründung der Gesellschaft betheiligten Personen ergeben hatten, dadurch zu steuern gesucht, daß derartigen Zusicherungen, wenn sie vor dem Beschlusse der Generalversammlung über die Erhöhung des Grundkapitals ertheilt waren, die Wirksamkeit entzogen wurde (Art. 215a Abs. 4). Die Klagen über Mißbräuche bei der Ausgabe neuer Aktien sind jedoch nicht verstummt, und die Erfahrung hat gezeigt, daß trotz jener Bestimmung die Erhöhung des Grundkapitals vielfach zum Zwecke der Agiotage und zwar im Interesse einer verhältnißmäßig kleinen Zahl von Betheiligten bewerkstelligt wird, welche die übernommenen Aktien demnächst mit einem beträchtlichen Aufschlag an die Börse bringen. Dies läßt sich auch ohne vorgängige Einräumung eines rechtsverbindlichen Bezugsrechts ermöglichen; denn da den Aktionären als solchen nach dem geltenden Rechte kein Anspruch auf die Zutheilung eines ihrem Aktienbesitz entsprechenden Theiles der neuen Aktien zusteht, der Vorstand und der Aufsichtsrath vielmehr in Ermangelung eines besonderen Vorbehalts der Generalversammlung freie Hand bei der Zutheilung der neuen Aktien haben, so ist die einseitige Berücksichtigung des Interesses von Personen, die einen maßgebenden Einfluß in der Gesellschaft und deren Organen besitzen, stets ausführbar. Um hiergegen weitere Abhülfe zu schaffen, gewährt der §. 257 des Entwurfs unter der Voraussetzung, daß die Generalversammlung selbst in dem Beschluß über die Erhöhung des Grundkapitals nichts Anderes bestimmt hat, jedem Aktionär das Recht, die Zutheilung eines seinem Antheil an dem bisherigen Grundkapital entsprechenden Theiles der neu auszugebenden Aktien zu verlangen. In der That erscheint es nur billig, daß, wenn nach der geschäftlichen Lage des Unternehmens ein Gewinn von der Veräußerung der neuen Aktien zu erwarten ist, dieser Gewinn thunlichst allen Aktionären zu Gute kommt. Nach der Vorschrift des §. 257 Abs. 2 ist der Betrag, zu welchem die neuen Aktien an die Aktionäre ausgegeben werden, von dem Vorstand in den Gesellschaftsblättern zu veröffentlichen, wobei zugleich für die Ausübung des gesetzlichen Bezugsrechts der Aktionäre eine nicht weniger als eine Woche betragende Frist bestimmt werden kann. Hierdurch wird einerseits den Aktionären eine ausreichende Gelegenheit zur Ausübung ihres Rechts gesichert, andererseits die Möglichkeit gegeben, verspätet erhobenen Ansprüchen die Berücksichtigung zu versagen. Im Falle der Auflegung der Aktien zur öffentlichen Zeichnung kann die für die Aktionäre bestimmte Bekanntmachung des Vorstandes auch noch gleichzeitig mit dem Beginne der Zeichnung geschehen; diese selbst darf dann aber für die Aktionäre selbstverständlich nicht vor dem Ablaufe der in der Bekanntmachung bestimmten Frist geschlossen werden.

Eine vertragsmäßige Zusicherung von Bezugsrechten ist bei dieser Regelung nur noch unter Vorbehalt des gesetzlichen Bezugsrechts der Aktionäre möglich. Dies ist im §. 258 besonders ausgesprochen. Daneben giebt der §. 258 die Vorschrift des geltenden Rechts wieder, wonach eine solche Zusicherung mit Wirksamkeit erst nach dem Beschlusse der Generalversammlung über die Kapitalserhöhung geschehen kann.

Was die Eintragung einer Erhöhung des Grundkapitals in das Handelsregister betrifft, so hat das Gesetz vom 18. Juli 1884, um die verschiedenen Abschnitte, in welchen sich die Erhöhung vollzieht, schärfer hervortreten zu lassen, eine doppelte Eintragung vorgesehen, nämlich zunächst die Eintragung des Beschlusses der Generalversammlung über die Erhöhung des Grundkapitals und sodann — nach erfolgter Deckung des erhöhten Kapitals durch Zeichnung der neuen Aktien und Leistung der ersten Einzahlung auf dieselben — die Eintragung der vollzogenen Erhöhung (Art. 215a Abs. 3 und 215b Abs. 2). Das Verfahren ist jedoch nicht ohne Weitläufigkeit, und hat unter Umständen, insbesondere wenn die Deckung des neuen Kapitals schon zur Zeit des Erhöhungsbeschlusses vorbereitet und gesichert war, keinen eigentlichen Zweck. In dem Gesetze, betreffend die Gesellschaften mit beschränkter Haftung (§. 58), ist ein einfacheres Verfahren in Bezug auf die Eintragung einer Erhöhung des Stammkapitals der Gesellschaft vorgesehen, indem nur eine einmalige Eintragung, diese aber erst nach der Deckung des erhöhten Kapitals durch Uebernahme der neuen Einlagen, stattfindet. Man wird allerdings nicht so weit gehen können, dieses Verfahren auch für die Aktiengesellschaften als das allein zulässige vorzuschreiben, da immerhin Fälle vorkommen, in denen die Gesellschaft ein begründetes Interesse daran hat, zunächst die Gewißheit zu erhalten, daß in Bezug auf die Eintragung des Erhöhungsbeschlusses in das Handelsregister rechtliche Bedenken nicht bestehen, und dann erst die nöthigen Schritte wegen Erlangung der Zeichnungen vorzunehmen. Es ist aber wenigstens die Möglichkeit zu gewähren, daß die in Frage stehenden beiden Eintragungen und die hierzu erforderlichen Anmeldungen mit einander verbunden werden. In dieser Weise ist der Gegenstand vom Entwurfe geregelt (§. 259 Abs. 5). Mit der Vorschrift des §. 252 Abs. 3, wonach eine Aenderung des Gesellschaftsvertrags vor der Eintragung in das Handelsregister keine Wirkung hat, steht es nicht im Widerspruch, daß gegebenen Falls an den Erhöhungsbeschluß gewisse Folgen, insbesondere die Annahme der Zeichnungen und der ersten Einzahlungen, schon vor der Eintragung geknüpft sind; denn diese Rechtshandlungen setzen nicht nothwendig die vorgängige Aenderung des Gesellschaftsvertrags voraus, sie geschehen vielmehr umgekehrt in der Voraussetzung des demnächstigen Eintritts der Rechtswirksamkeit dieser Aenderung. Das Verhältniß ist dasselbe wie bei der Aktienzeichnung behufs Errichtung der Gesellschaft.

In Bezug auf die Anmeldung der Kapitalserhöhung zum Handelsregister und auf die der Anmeldung beizufügenden Belege sind nach Art. 215b Abs. 2 des Handelsgesetzbuchs die für die erste Anmeldung der Gesellschaft maßgebenden Vorschriften der Art. 210, 212 entsprechend anwendbar. Da jedoch diese Vorschriften für den Fall der Kapitalserhöhung zum Theil nicht passen, so ergeben sich im Einzelnen Zweifel darüber, welche Belege bei der Anmeldung einer Kapitalserhöhung vorzulegen sind. Der §. 259 des Entwurfs giebt deshalb besondere Vorschriften in dieser Richtung.

Anmeldung zum Handelsregister einer Zweigniederlassung. (§. 260.)

Die Anmeldung der Erhöhung des Grundkapitals zu dem Handelsregister der Gerichte, in deren Bezirke die Gesellschaft **Zweigniederlassungen** besitzt, ist im §. 260 geregelt. Die betreffenden Vorschriften sind nöthig, weil ohne sie nach der allgemeinen Regel des §. 12 die Belege, Erklärungen und Versicherungen, welche für die Anmeldung am Sitze der Gesellschaft vorgeschrieben sind, bei der Anmeldung zu dem Register einer Zweigniederlassung gleichfalls nothwendig sein würden. Für die Zweigniederlassung muß jedoch eine vereinfachte Anmeldung genügen, wie sie im §. 187 schon für die erste Eintragung der Zweigniederlassung als ausreichend erklärt ist.

Die Ausgabe der neuen Aktien oder Interimsscheine vor erfolgter Eintragung der Kapitalserhöhung in das Handelsregister ist schon gegenwärtig untersagt. Während aber in dem Falle der Ausgabe von Aktien oder Interimsscheinen vor der ersten Eintragung der Gesellschaft die Rechtsfolge der Nichtigkeit der Urkunden eintreten soll, ist für den Fall der Erhöhung des Grundkapitals das Verbot nur in der Form einer Anweisung gegeben, durch deren Uebertretung die Gültigkeit der Urkunden nicht berührt wird (Handelsgesetzbuch Art. 215c Abs. 2, 3). Für eine so verschiedenartige Behandlung liegt indessen kein ausreichender Grund vor, da auch im Falle der Erhöhung des Grundkapitals die Erwerber der Aktien in der Lage sind, zu prüfen, ob die Eintragung in das Handelsregister stattgefunden hat, und da auch hier ein dringendes Interesse besteht, die Ausgabe der Urkunden zu verhindern, solange nicht die Zulässigkeit der Kapitalserhöhung von dem Registergerichte geprüft ist. Der §. 261 Abs. 1 hat daher die Vorschrift in einer Fassung aufgenommen, welche ihr die weiter gehende Bedeutung verleiht. Daß vor der Eintragung der Kapitalserhöhung in das Handelsregister nicht nur die Ausgabe von Aktien oder Interimsscheinen unzulässig ist, sondern die Antheilsrechte auch in sonstiger Weise nicht übertragen werden können (§. 261 Abs. 2), entspricht dem Grundsatze, welcher im §. 186 bezüglich des Verhältnisses bei der Errichtung der Gesellschaft anerkannt ist.

Herabsetzung des Grundkapitals. (§§. 262—264.)

Die §§. 262 bis 264 des Entwurfs betreffen die Herabsetzung des Grundkapitals. Der Art. 248 des Handelsgesetzbuchs unterscheidet die theilweise Zurückzahlung des Grundkapitals an die Aktionäre und die Herabsetzung desselben; außerdem ist im Art. 215d Abs. 2 die Amortisation von Aktien aus dem Grundkapital noch besonders erwähnt. Diese Unterscheidung ist indessen nicht zutreffend; denn auch die theilweise Zurückzahlung des Grundkapitals und die Amortisation von Aktien aus demselben setzen eine Abänderung der Bestimmung des Gesellschaftsvertrags über die Höhe des Grundkapitals, also eine Herabsetzung desselben, voraus. Die theilweise Zurückzahlung und die Amortisation bezeichnen in Wahrheit nur den besonderen Zweck, zu welchem die Herabsetzung erfolgt. Es erscheint daher richtiger, wenn das Gesetz ausschließlich von der Herabsetzung des Grundkapitals spricht. Auf diesem Standpunkte steht der Entwurf, er bestimmt aber zugleich, daß der Zweck, zu welchem die Herabsetzung erfolgt, in dem Beschlusse der Generalversammlung über die Herabsetzung festgesetzt werden muß. Die theilweise Zurückzahlung des Grundkapitals auf sämmtliche Aktien ist als ein besonders wichtiges Beispiel hervorgehoben; daneben kommen aber auch andere Zwecke, insbesondere die Befreiung der Aktionäre von noch nicht geleisteten Einzahlungen, die Amortisation eines Theiles der Aktien, die Beseitigung einer Unterbilanz oder die Umwandlung eines Theiles des Grundkapitals in einen der freien Verfügung unterliegenden Reservefonds, in Betracht. Außerdem muß der Beschluß ebenso wie nach dem geltenden Rechte Bestimmung darüber treffen, wie die Herabsetzung auszuführen ist, namentlich ob eine Verminderung des Nennbetrags oder der Zahl der Aktien eintreten und ob dies im Wege einer Zusammenlegung, Umtauschung, Abstempelung u. s. w. der Aktien bewerkstelligt werden soll. Die Vorschrift, daß der Herabsetzungsbeschluß unter allen Umständen einer Mehrheit von drei Viertheilen des bei der Beschlußfassung vertretenen Grundkapitals bedarf, ist aus dem bisherigen Art. 248 übernommen, während die Beschlußfassung für den Fall, daß mehrere Gattungen von Aktien mit verschiedener Berechtigung vorhanden sind, ebenso geregelt ist wie im §. 253 Abs. 2 die Beschlußfassung über eine Erhöhung des Grundkapitals.

Die zum Schutze der Gesellschaftsgläubiger gegen eine sofortige Verminderung des Grundkapitals dienenden Maßregeln, insbesondere die öffentliche Aufforderung an die Gläubiger, sich zum Zwecke ihrer Befriedigung oder Sicherstellung bei der Gesellschaft zu melden, und die Einhaltung eines Sperrjahrs, vor dessen Ablauf der Herabsetzungsbeschluß nicht zur Ausführung gebracht werden darf, sind im Art. 248 des Handelsgesetzbuchs nur durch Bezugnahme auf die Vorschriften geregelt, welche für die Vertheilung des Gesellschaftsvermögens im Falle der Auflösung maßgebend sind. Diese Vorschriften gestatten jedoch nicht in allen Beziehungen eine unmittelbare Anwendung, und es verdient daher den Vorzug, das bei der Herabsetzung des Grundkapitals zu beobachtende Verfahren selbständig zu ordnen (§. 263).

Da auch bei einer Herabsetzung des Grundkapitals die Vorschriften über den Mindestbetrag, auf welchen die Aktien lauten müssen, unberührt bleiben, der Nennbetrag der Antheile an dem herabgesetzten Kapital sich also der Regel nach immer noch auf eintausend Mark belaufen muß, so kann eine Verminderung des Nennbetrags der Aktien als Mittel zur Ausführung der Kapitalsherabsetzung nur in den verhältnißmäßig seltenen Fällen in Betracht kommen, in welchen die Aktien auf mehr als eintausend Mark gestellt sind. In allen anderen Fällen bleibt, abgesehen von dem Falle der Amortisation eines Theiles der Aktien, nur das Mittel übrig, die Zahl der Aktien zu vermindern, indem an die Stelle einer bestimmten Anzahl der bisherigen Aktien eine geringere Zahl der nunmehrigen Aktien tritt. Dies setzt aber voraus, daß die Aktionäre ihre Aktien bei der Gesellschaft einreichen, um sie gegen die festgesetzte Zahl neuer Aktien umzutauschen oder nach erfolgter Abstempelung zu einem entsprechenden Theile zurückzuempfangen. Erreichen die im Besitz eines Aktionärs befindlichen Aktien nicht die zum Umtausch erforderliche Zahl oder handelt es sich um die überschießenden Aktien eines Aktionärs, die für sich allein die Zusammenlegung nicht gestatten, so läßt sich die Maßregel, falls ein solcher Aktionär nicht gewillt oder im Stande ist, die fehlende Zahl dazu zu erwerben, nur durchführen, wenn die betreffenden Aktien der Gesellschaft zur Verfügung gestellt werden, damit für sie zusammen mit den Antheilen anderer Aktionäre, die sich in der gleichen Lage befinden, eine entsprechende Zahl von neuen Aktien durch die Gesellschaft veräußert und der Erlös jedem der Betheiligten zu seinem Antheil ausgehändigt werde. Ob nach dem geltenden Rechte der Gesellschaft irgend welche Zwangsrechte in der gedachten Beziehung zustehen, ist bestritten, neuerdings übrigens von dem Reichsgerichte bejaht worden. Eine gesetzliche Entscheidung ist bei der Wichtigkeit der Frage nicht zu entbehren, und sie kann nur dahin gehen, daß in den erwähnten Fällen der Widerspruch des einzelnen Aktionärs gegenüber dem Interesse der Gesammtheit, das die Herabsetzung des Grundkapitals unter Umständen zur unbedingten Nothwendigkeit macht, zurücktreten muß. Der §. 264 des Entwurfs giebt daher der Gesellschaft das Recht, die Aktien, welche nicht bei ihr eingereicht oder zwar eingereicht, aber trotz ihrer zum Ersatze durch neue Aktien unzureichenden Zahl nicht behufs der Verwerthung für Rechnung des

Besitzers zur Verfügung gestellt werden, für kraftlos zu erklären und die an Stelle derselben auszugebenden neuen Aktien für Rechnung der Betheiligten verkaufen zu lassen. Die Vorschriften im Abs. 2 und 3 des §. 264 über die Art, wie die Aufforderung zur Einreichung der Aktien und die Kraftloserklärung bekannt zu machen, die neuen Aktien zu verwerthen und die erzielten Beträge sicher zu stellen sind, haben den Zweck, den Interessen der Betheiligten den nöthigen Schutz zu gewähren.

Fünfter Abschnitt.

Auflösung und Nichtigkeit der Gesellschaft.

Auflösungsgründe. (§§. 265, 266.)

Die im Art. 242 des Handelsgesetzbuchs bezeichneten Thatsachen, durch welche die Aktiengesellschaft aufgelöst wird, nämlich der Ablauf der Zeit, für welche die Gesellschaft nach dem Gesellschaftsvertrag errichtet ist, der Auflösungsbeschluß der Generalversammlung und die Eröffnung des Gesellschaftskonkurses, sind auch im §. 265 des Entwurfs hervorgehoben. Daß diese Aufzählung nicht erschöpfend ist, ergiebt sich aus dem gleichfalls beibehaltenen Abs. 2, wonach die Vorschriften des fünften Abschnitts entsprechende Anwendung finden, wenn die Auflösung der Gesellschaft aus anderen Gründen, zum Beispiel durch Amortisation sämmtlicher Aktien, eintritt.

Neu ist die Vorschrift des Entwurfs, wonach in dem Falle, daß der Gesellschaftskonkurs in Folge eines Zwangsvergleichs aufgehoben oder auf Grund des §. 188 der Konkursordnung, d. h. mit Zustimmung sämmtlicher bis zum Ablaufe der Anmeldefrist aufgetretenen Konkursgläubiger, eingestellt ist, die Generalversammlung die Fortsetzung der Gesellschaft beschließen kann. Für die offene Handelsgesellschaft ist schon gegenwärtig durch die Rechtsprechung anerkannt, daß auch eine durch die Konkurseröffnung aufgelöste Gesellschaft im Falle des Abschlusses eines Zwangsvergleichs mit Zustimmung sämmtlicher Gesellschafter fortgesetzt werden kann, ohne daß es der Errichtung einer neuen Gesellschaft bedarf. Für die Aktiengesellschaft würde dies in Ermangelung einer besonderen gesetzlichen Vorschrift kaum angenommen werden können. Gründe der Zweckmäßigkeit sprechen aber dafür, auch hier eine Fortsetzung der Gesellschaft zu ermöglichen und in diesem Sinne die durch den Konkurs eingetretene Auflösung rückgängig zu machen. Durch eine solche Wiederherstellung der Gesellschaft wird unter Umständen dem Interesse aller Betheiligten am meisten gedient sein, während ohne sie die Aufhebung oder Einstellung des Konkurses nur die Wirkung haben würde, daß nunmehr die Liquidation stattzufinden hätte. Der Natur der Sache nach kann aber die Fortsetzung der Gesellschaft nicht die von Rechtswegen eintretende Folge der Aufhebung oder Einstellung des Konkurses sein; es bedarf vielmehr einer Entschließung der Gesellschaft, und diese ist bei der Aktiengesellschaft von der Generalversammlung zu treffen. Daß auch im Falle der Fortsetzung der Gesellschaft die Folgen des Konkurses nicht schlechthin beseitigt werden, die Rechtshandlungen des Konkursverwalters vielmehr von der fortgesetzten Gesellschaft als bindend anerkannt werden müssen, versteht sich von selbst.

Da die Eröffnung und ebenso die Aufhebung oder Einstellung des Kon=

kurses nach der auch für die Aktiengesellschaften maßgebenden Vorschrift des §. 30 von Amtswegen in das Handelsregister einzutragen ist, so muß die von der Generalversammlung beschlossene Fortsetzung der Gesellschaft gleichfalls eingetragen werden. Im §. 266 des Entwurfs, der sich im Uebrigen dem Art. 243 des Handelsgesetzbuchs anschließt, ist dem Vorstande die Verpflichtung auferlegt, diese Anmeldung zu bewirken.

Liquidation. (§§. 267—275.) Die auf die Liquidation der Aktiengesellschaft bezüglichen §§. 267 bis 275 des Entwurfs enthalten nur in wenigen Beziehungen sachliche Abweichungen von den in den Artikeln 244 bis 246 des Handelsgesetzbuchs getroffenen Vorschriften. Die Aenderungen der Fassung bezwecken, einzelne Unklarheiten zu beseitigen. Insbesondere ist, um eine größere Uebersichtlichkeit zu erzielen, von einer allgemeinen Verweisung auf die für die Liquidation der offenen Handelsgesellschaft geltenden Bestimmungen, wie sie sich im Art. 244a des Handelsgesetzbuchs findet, abgesehen. Von den fraglichen Bestimmungen sind nur die eine unmittelbare Anwendung gestattenden Vorschriften über den Geschäftskreis der Liquidatoren und über die Art ihrer Zeichnung in Bezug genommen (§. 271 Abs. 1). Im Einzelnen ist Folgendes zu bemerken:

Der Abs. 1 des §. 267 stellt klar, daß im Gegensatze zu der offenen Handelsgesellschaft und der Kommanditgesellschaft die Liquidation bei der Aktiengesellschaft die nothwendige, der Regel nach auch durch die Gesammtheit der Aktionäre nicht zu beseitigende Folge der Gesellschaftsauflösung ist. Ausnahmen von diesem Grundsatze sind, abgesehen von dem Falle des Konkurses, in den §§. 277 und 279 anerkannt.

Der Fortbestand der Verfassung der Gesellschaft ist im §. 267 Abs. 2 zwar nur für den Fall der Liquidation besonders vorgesehen; es versteht sich aber von selbst, daß der gleiche Grundsatz auch da, wo die Auflösung der Gesellschaft die Liquidation nicht zur Folge hat, Anwendung finden muß, solange das Gesellschaftsvermögen noch vorhanden und die Firma der Gesellschaft nicht erloschen ist.

Die im Art. 243 des Handelsgesetzbuchs vorgesehene dreimalige Bekanntmachung, durch welche die Gläubiger der Gesellschaft aufgefordert werden, sich bei dieser zu melden, ist nach dem §. 270 des Entwurfs (zu vergl. auch §. 47 des Bürgerlichen Gesetzbuchs) nicht durch den Vorstand, sondern durch die Liquidatoren zu erlassen, zu deren Obliegenheiten die fragliche Maßnahme der Natur der Sache nach gehört. Die Vorschrift des bisherigen Art. 202, wonach die aus den Handelsbüchern der Gesellschaft ersichtlichen oder in anderer Weise bekannten Gläubiger durch besondere Erlasse aufzufordern sind, sich zu melden, ist in den Entwurf nicht aufgenommen; denn diese Gläubiger müssen von der Gesellschaft befriedigt werden, auch wenn sie sich nicht besonders gemeldet haben. Ist die Befriedigung nicht möglich, so hat Hinterlegung oder Sicherheitsleistung stattzufinden (§. 274).

Eingehender als das Handelsgesetzbuch regelt der Entwurf im §. 272 die Aufstellung und Behandlung der Bilanzen während der Liquidation. Der Art. 244a Abs. 3 des Handelsgesetzbuchs beschränkt sich auf die Vorschrift, daß die Liquidatoren bei Beginn der Liquidation eine Bilanz aufzustellen und diese ohne Verzug in den Gesellschaftsblättern bekannt zu machen, auch zum Handelsregister einzureichen haben. Es bestehen aber Zweifel und Meinungsverschiedenheiten darüber, ob nicht mit Rücksicht auf die allgemeine Bestimmung des Art. 244a Abs. 2, wonach die Liquidatoren die Rechte und Pflichten des Vorstandes haben, neben jener Vorschrift auch die sämmtlichen nach den Art. 239 bis 239b bezüglich der Jahresbilanzen einer bestehenden Aktiengesellschaft maßgebenden Bestimmungen, einschließlich derjenigen des Art. 185a über die Werthsansätze in der Bilanz, Anwendung finden müssen. Der Entwurf nimmt diesen Standpunkt insofern ein, als er nicht nur die Aufstellung einer Bilanz für den Zeitpunkt der Eröffnung der Liquidation, sondern auch die Aufstellung weiterer Bilanzen für den Schluß jedes Jahres vorschreibt und außerdem rücksichtlich aller dieser Bilanzen die Vorschriften Anwendung finden läßt, welche in Bezug auf die Vorlegung an die Generalversammlung und die Beschlußfassung der letzteren, auf die Bestellung von Bilanzrevisoren sowie auf die Veröffentlichung der genehmigten Bilanz und auf die Einreichung zum Handelsregister in den §§. 237, 240 bis 243 des Entwurfs getroffen sind. Es bedarf keiner näheren Begründung, daß die Aktionäre während der oft lange Zeit sich hinziehenden Abwickelung der Gesellschaftsverhältnisse in regelmäßigen Zwischenräumen eine Uebersicht über das Gesellschaftsvermögen erhalten und in den Stand gesetzt werden müssen, über die Richtigkeit derselben zu befinden. Hiernach ist erforderlich, daß alljährlich eine ordentliche Generalversammlung stattfindet. Dieser ist außer der Bilanz auch ein Geschäftsbericht der Liquidatoren mit den Bemerkungen des Aufsichtsraths vorzulegen, um den Aktionären die nöthigen Grundlagen für die Entscheidung über die Entlastung der Liquidatoren zu gewähren.

Auf der anderen Seite kommt in Betracht, daß während der Liquidation Gewinnvertheilungen nicht stattfinden, daß die Liquidation vielmehr in Bezug auf ihre Ergebnisse als eine einheitliche Rechnungsperiode behandelt wird. Die Liquidationsbilanzen haben daher auch nicht, wie die Jahresbilanzen einer bestehenden Gesellschaft, den Zweck, als Grundlage für die Gewinnvertheilung zu dienen. Im Abs. 2 des §. 272 sind die hieraus sich ergebenden Folgerungen gezogen. Es bedarf danach keiner Ergänzung der Bilanz durch eine Gewinn- und Verlustrechnung; eine solche ist überhaupt nur für die Beurtheilung der Verhältnisse eines im Betriebe befindlichen Unternehmens von wesentlicher Bedeutung. Aber auch die für die Aufstellung der Bilanz im Art. 185a des Handelsbesetzbuchs (§ 238. des Entwurfs) aufgestellten Grundsätze können für die Liquidationsbilanzen nicht maßgebend sein; denn diese Grundsätze haben im Wesentlichen nur den Zweck, zu verhindern, daß das Grundkapital durch Vertheilung eines nicht hinreichend sicheren Gewinns gemindert werde. Für die Liquidationsbilanzen, welche nur eine Uebersicht über den Vermögensstand der Gesellschaft gewähren sollen, genügen die allgemeinen Vorschriften des §. 37. Eine in dieser Weise aufgestellte Eröffnungsbilanz kann allerdings nicht ohne Weiteres als Schlußbilanz für das letzte Geschäftsjahr der Gesellschaft dienen, und wenn es sich im einzelnen Falle darum handelt, einen Gewinn für dieses Jahr festzustellen, so werden die mit Rücksicht auf die Vorschriften des §. 238 etwa nothwendigen Abweichungen von der Eröffnungsbilanz in einer besonderen Bilanz ersichtlich gemacht werden müssen.

Das Vermögen der aufgelösten Gesellschaft ist unter die Aktionäre zu vertheilen. Hierauf haben dieselben ein Recht, das ihnen durch Mehrheitsbeschluß der Generalversammlung nicht entzogen werden kann. Im ersten Satze des §. 273 ist dieses Sonderrecht ausdrücklich anerkannt. Daraus folgt namentlich, daß eine Verwendung des Gesellschaftsvermögens zu einem anderen Zwecke als zur Vertheilung unter die Mitglieder nur zulässig ist, wenn eine solche Verwendung schon in dem ursprünglichen Gesellschaftsvertrage, dem sich sämmtliche Aktionäre unterworfen haben, vorgesehen war, sowie daß ein grundsätzlicher Ausschluß eines Theiles der Aktionäre von der Berücksichtigung bei der Vermögensvertheilung nicht angängig ist.

Für das Verhältniß, in welchem die einzelnen Aktien bei der Vermögensvertheilung berücksichtigt werden, entscheidet im Zweifel der Nennbetrag der Aktien (§. 273 Abs. 1 Satz 2). Dies wird auch nach geltendem Recht allgemein angenommen. Meinungsverschiedenheiten bestehen nur darüber, wie es sich verhält, wenn die Einzahlungen nicht auf alle Aktien in demselben Verhältniß geleistet sind, insbesondere wenn vollbezahlte und nicht vollbezahlte Aktien zusammentreffen. Der einen Meinung zufolge soll in einem solchen Falle die Vertheilung nach dem Verhältniß der geleisteten Einzahlungen stattfinden, während eine andere Meinung dahingeht, daß der Mehrbetrag, welcher auf die höher einbezahlten Aktien geleistet ist, diesen Aktien vorweg zu erstatten, der Rest aber auf sämmtliche Aktien gleichmäßig zu vertheilen sei. Je nachdem die Liquidation einen Ueberschuß oder einen Kapitalverlust ergiebt, ist die erste oder die zweite Berechnungsart für die höher einbezahlten Aktien vortheilhafter. Vom Standpunkte des Gesetzgebers wird man jener den Vorzug geben müssen. Dem Wesen der Aktiengesellschaft, bei welcher sich die Mitglieder ausschließlich mit ihren Kapitaleinlagen betheiligen und nicht, wie bei der offenen Handelsgesellschaft, auch noch eine jeden Gesellschafter gleichmäßig treffende persönliche Haftung übernehmen, entspricht es am meisten, das Verhältniß der geleisteten Einzahlungen nicht nur für die Vertheilung der Jahresgewinne, sondern auch für die Antheile an einem Kapitalsüberschuß oder an einem Kapitalsverlust entscheiden zu lassen. Der entgegengesetzte Grundsatz würde auch, falls man ihn für maßgebend erklären wollte, nicht wohl auf den Fall des Zusammentreffens vollbezahlter und nicht vollbezahlter Aktien beschränkt werden können. Er müßte vielmehr mit demselben Rechte im Falle des Zusammentreffens von Aktien mit verschiedenen Nennbeträgen Anwendung finden; denn wirthschaftlich steht dieser Fall dem ersteren gleich, und ohne eine solche Ausdehnung würden sich kaum lösbare Schwierigkeiten ergeben, wenn die einzelnen Gattungen der Aktien auch noch in verschiedener Höhe einbezahlt wären. Hiernach rechtfertigt sich die im §. 273 Abs. 2 des Entwurfs getroffene Vorschrift. Um für den Fall, daß nur Rückstände auf einzelne Aktien verblieben sind, weitläufige Berechnungen entbehrlich zu machen, ist nicht der Betrag der thatsächlich geleisteten, sondern der eingeforderten Einzahlungen für maßgebend erklärt. Dem Zahlungssäumigen ist alsdann der rückständige Betrag von dem auf ihn entfallenden

Antheil in Abzug zu bringen. Nur wenn, wie es bei manchen Aktiengesellschaften vorkommt, auf einzelne Aktien Einzahlungen über den eingeforderten Betrag hinaus geleistet und von der Gesellschaft angenommen worden sind, ist eine besondere Bestimmung angezeigt, um solchen Einzahlungen die volle Berücksichtigung bei der Vermögensvertheilung zu sichern.

Die Vorschriften des §. 274 über den Zeitpunkt der Vertheilung des Vermögens entsprechen im Wesentlichen den Art. 245 Abs. 1 bis 3 und 202 des Handelsgesetzbuchs. Im Einzelnen sind sie den §§. 48, 49 des Bürgerlichen Gesetzbuchs, welche die Vertheilung des Vermögens eines aufgelösten Vereins betreffen, nachgebildet.

Nach dem §. 275 des Entwurfs haben die Liquidatoren, wenn die Liquidation beendigt und die Schlußrechnung gelegt ist, das Erlöschen der Firma der Aktiengesellschaft zur Eintragung in das Handelsregister anzumelden. Da die Eintragung nach der allgemeinen Vorschrift des §. 9 von dem Registergerichte zu veröffentlichen ist, so bedarf es in Zukunft nicht mehr der im Art. 245 Abs. 4 des Handelsgesetzbuchs angeordneten besonderen Bekanntmachung durch die Liquidatoren; diese Vorschrift ist deshalb nicht in den Entwurf aufgenommen. Die Bestimmungen, welche der bisherige Art. 246 in Betreff der Aufbewahrung der Handelsbücher der Gesellschaft nach beendigter Liquidation enthält, sind mit geringfügigen Fassungsänderungen im §. 275 Abs. 2, 3 des Entwurfs wiedergegeben.

Veräußerung des Gesellschafts-Vermögens im Ganzen. (§§. 276—280)

Die Veräußerung des gesammten Vermögens der Aktiengesellschaft ist im Handelsgesetzbuche nur insoweit berücksichtigt, als es sich um die Uebertragung an eine andere Aktiengesellschaft gegen Gewährung von Aktien der letzteren handelt. Im Uebrigen fehlt es an besonderen Vorschriften. Es wird jedoch allgemein angenommen, daß die gesetzlichen Bestimmungen über die Liquidation der Aktiengesellschaft einer solchen Verwerthung des Gesellschaftsvermögens nicht entgegenstehen, daß diese Verwerthung sich vielmehr nur als eine besondere Art der Liquidation darstelle. Indessen sind die hierbei sich ergebenden Abweichungen von dem in den Vorschriften des Gesetzes allein in Betracht gezogenen regelmäßigen Verlaufe der Liquidation so erheblich, daß es angezeigt erscheint, die Zulässigkeit des in Frage stehenden Verfahrens im Gesetz ausdrücklich anzuerkennen und zugleich die Voraussetzungen und Wirkungen desselben in den Hauptpunkten zu regeln. Die betreffenden Vorschriften sind in den §§. 276 ff. enthalten.

Im Allgemeinen geht auch der Entwurf davon aus, daß die Uebertragung des Vermögens der Aktiengesellschaft im Ganzen eine besondere Art der Liquidation bildet, bei der namentlich die Maßregeln, welche die Befriedigung der Gesellschaftsgläubiger aus dem Gesellschaftsvermögen zu sichern bestimmt sind, zu entsprechender Anwendung kommen müssen. Von dieser Regel werden jedoch zwei Ausnahmen zugelassen, deren eine die Uebertragung des Gesellschaftsvermögens an den Staat oder an einen inländischen Kommunalverband betrifft (§. 277), während die zweite, auch gegenwärtig im Handelsgesetzbuche vorgesehene Ausnahme sich auf die Vereinigung einer Aktiengesellschaft mit einer anderen bezieht (§§. 278, 279). In beiden Fällen soll der Ausschluß der Liquidation gestattet sein und alsdann eine unmittelbare Gesammtnachfolge des Uebernehmers des Gesellschaftsvermögens in die Rechtsverhältnisse der aufgelösten Gesellschaft einschließlich ihrer Schulden eintreten.

Nach §. 276 Abs. 1 setzt die Uebertragung des Gesellschaftsvermögens im Ganzen stets einen Beschluß der Generalversammlung voraus, für welchen mit Rücksicht auf die Wichtigkeit der Maßregel und ihre eingreifende Bedeutung für die Interessen der Aktionäre eine Mehrheit von drei Viertheilen des bei der Beschlußfassung vertretenen Grundkapitals gefordert wird. Eine Erleichterung der Beschlußfassung kann auch durch den Gesellschaftsvertrag nicht angeordnet werden. Wird die Vermögensübertragung beschlossen, so hat dies nach §. 276 Abs. 2 die Auflösung der Gesellschaft von Rechtswegen zur Folge; denn das Vermögen der Gesellschaft bildet die nothwendige Voraussetzung ihres Bestehens, und eine Fortdauer der Gesellschaft zum Zwecke der Ausnutzung der Gegenleistung des Uebernehmers kann nicht in Frage kommen. Ein besonderer Auflösungsbeschluß ist daher nicht erforderlich; vielmehr hat alsbald nach der Genehmigung der Vermögensübertragung durch die Generalversammlung der Vorstand die Auflösung zur Eintragung in das Handelsregister anzumelden (§. 266). Die Vorschrift des §. 276 Abs. 2 schließt selbstverständlich nicht aus, daß auch das Vermögen einer bereits aufgelösten Gesellschaft nach Maßgabe der §§. 276 ff. übertragen wird; in diesem Falle ist die erwähnte Bestimmung gegenstandslos.

Wenn der Beschluß der Generalversammlung gefaßt ist, gilt der Regel nach die Gesellschaft als in Liquidation befindlich, und der §. 276 Abs. 3 erklärt demgemäß die Vorschriften über die Liquidation im Allgemeinen für anwendbar. Nur in Betreff des Geschäftskreises und der Befugnisse der Liquidatoren sowie in Betreff der Vertheilung des Gesellschaftsvermögens ist eine andere Regelung erforderlich. Die Liquidatoren sollen nach dem Entwurfe zu allen Geschäften und Rechtshandlungen befugt sein, welche die Ausführung der beschlossenen Vermögensübertragung mit sich bringt. Diese Befugnisse werden sich je nach der Art, wie das Verhältniß zu dem Uebernehmer geordnet ist, verschieden gestalten. In der Regel wird es sich um den Uebergang eines im Betriebe befindlichen Unternehmens handeln, das bis zu der erst nach Ablauf des Sperrjahrs zulässigen Ausantwortung an den Uebernehmer weiter betrieben werden muß. Die Fortsetzung des Unternehmens darf daher der Gesellschaft auch nach der Auflösung nicht unmöglich gemacht werden; vielmehr ist den Liquidatoren in einem solchen Falle die Befugniß zu allen Geschäften einzuräumen, welche der Betrieb mit sich bringt. Andererseits schließt der Entwurf nicht aus, daß die Geschäftsleitung schon während des Liquidationsstadiums in weiteren oder engeren Grenzen dem Uebernehmer selbst überlassen wird, wobei dann die Aufgabe der Liquidatoren der Hauptsache nach nur darin bestehen wird, darüber zu wachen, daß die zum Gesellschaftsvermögen gehörenden Anlagen und Gegenstände von dem Vermögen des Uebernehmers getrennt bleiben und dem Liquidationszwecke nicht entfremdet werden.

Soweit es sich um die zur Sicherung der Gesellschaftsgläubiger bestimmten Maßregeln handelt, tritt an die Stelle der Vertheilung des Gesellschaftsvermögens die Ausantwortung desselben an den Uebernehmer; sie darf dem §. 276 Abs. 3 zufolge erst nach Ablauf des Sperrjahrs und nach erfolgter Befriedigung oder Sicherstellung der Gläubiger geschehen. Hierfür sind den Gläubigern die Liquidatoren und Mitglieder des Aufsichtsraths verantwortlich (§§. 221, 229), und auch die Aktionäre haften, soweit sie ihren Antheil aus der Gegenleistung des Uebernehmers erhalten haben (§. 201). Die Befriedigung der Gläubiger erfolgt zwar namens der Gesellschaft, aber für Rechnung des Uebernehmers, da unter den Parteien die Uebertragung des Vermögens im Ganzen bedungen ist. Dem Uebernehmer muß es deshalb überlassen bleiben, die zur Befriedigung der Gläubiger erforderlichen Beträge, soweit die bereiten Mittel der Gesellschaft nicht ausreichen, zu beschaffen.

Uebertragung des Vermögens an den Staat oder an einen Kommunalverband. (§. 277.)

Eine Ausnahme von dem Grundsatze, daß auch im Falle der Uebertragung des ganzen Gesellschaftsvermögens die Vorschriften über die Liquidation im Allgemeinen zur Anwendung kommen, findet, wie bemerkt, statt, wenn ein von einer Aktiengesellschaft betriebenes Unternehmen von dem Reiche, einem Bundesstaate oder einem inländischen Kommunalverbande übernommen wird. In diesem Falle bildet die Nöthigung zum Aufschube der Ausantwortung des Vermögens an den Uebernehmer eine nutzlose Erschwerung; denn die Haftung des Uebernehmers für die Verbindlichkeiten der Gesellschaft wird hier überall zur Sicherung der Gesellschaftsgläubiger ausreichen. Die öffentlichen Verbände haben nicht selten versucht, die Schwierigkeiten, welche sich aus den gesetzlichen Vorschriften ergeben, durch Vertragsbestimmungen zu beseitigen. Die rechtliche Gültigkeit solcher Bestimmungen konnte aber zu Zweifeln Anlaß geben. Der §. 277 des Entwurfs gestattet mit Rücksicht hierauf ausdrücklich, daß in dem Vertrage zwischen der Aktiengesellschaft und dem Uebernehmer die Liquidation ausgeschlossen wird. Den Wegfall derselben von einer besonderen Vereinbarung abhängig zu machen, empfiehlt sich aus dem Grunde, weil es unter Umständen doch im Interesse des Uebernehmers liegen kann, nicht ohne Weiteres als Rechtsnachfolger der Gesellschaft einzutreten, sondern zunächst eine Klärung der Vermögenslage durch das im §. 276 Abs. 3 vorgesehene Liquidationsverfahren stattfinden zu lassen.

Der Ausschluß der Liquidation muß ebenso wie die Vermögensübertragung selbst von der Genehmigung der Generalversammlung abhängig sein, und die Vorschriften des § 276 Abs. 1 über das Erforderniß einer Mehrheit von drei Viertheilen des bei der Beschlußfassung vertretenen Grundkapitals gelten auch für diesen Theil des Beschlusses (§. 277 Abs. 2). Im Hinblick auf die Bedeutung, welche der Wegfall der Liquidation für die Gesellschaftsgläubiger hat, ist ferner die Eintragung des Beschlusses in das Handelsregister vorgeschrieben. Die Anmeldung, welche in der Regel mit derjenigen über die Auflösung der Gesellschaft zu verbinden sein wird, liegt dem Vorstand ob, der zugleich den mit dem Uebernehmer geschlossenen, der Formvorschrift des §. 305 des Bürgerlichen Gesetzbuchs unterliegenden Vertrag einzureichen hat. Erst durch die Eintragung in das Handelsregister erhält der Beschluß Wirksamkeit; bis dahin muß daher auch die Ausantwortung des Vermögens an den Uebernehmer unterbleiben. Da aber das Registergericht die Eintragung nur vorzunehmen hat, nachdem die Rechtsgültigkeit des geschlossenen Vertrags und des Beschlusses der Generalversammlung geprüft ist, so läßt sich der Eintragung eine unmittelbare Wirkung bezüglich des Vermögensüberganges beilegen. Nach der Vorschrift des §. 277 Abs. 5 gilt demgemäß mit der Eintragung in das Handelsregister der Uebergang des Vermögens der Gesellschaft einschließlich der Schulden als erfolgt und die Firma der Gesellschaft als erloschen; der Uebernehmer allein haftet nunmehr den Gesellschaftsgläubigern.

Vereinigung einer Aktiengesellschaft mit einer anderen Aktiengesellschaft oder mit einer Kommanditgesellschaft auf Aktien. (§§. 278, 279.)

Die §§. 278 und 279 regeln im Zusammenhange mit den vorhergehenden Bestimmungen den im Art. 215 Abs. 4 und im Art. 247 des Handelsgesetzbuchs vorgesehenen Fall der Vereinigung zweier Aktiengesellschaften, von denen die eine gegen Gewährung von Aktien der anderen in dieser aufgehen soll. Nach dem Handelsgesetzbuch unterbleibt in einem solchen Falle die Liquidation der durch die Vereinigung aufgelösten Gesellschaft, die andere Gesellschaft hat aber das übernommene Vermögen zur Sicherung der Gläubiger der aufgelösten Gesellschaft so lange getrennt zu verwalten, bis die Gläubiger öffentlich aufgefordert sind, sich bei der übernehmenden Gesellschaft zu melden, und bis ein Jahr seit dieser Aufforderung verstrichen ist. Auf dieser Grundlage beruhen auch die Vorschriften des Entwurfs; sie gestalten nur die Vorschriften des Handelsgesetzbuchs in einzelnen Beziehungen näher aus. Zugleich ist im Entwurfe die Vereinigung einer Aktiengesellschaft mit einer Kommanditgesellschaft auf Aktien der Vereinigung zweier Aktiengesellschaften gleichgestellt, da in beiden Fällen dieselben Gesichtspunkte in Betracht kommen.

Die allgemeinen Vorschriften des §. 276 Abs. 1, 2 über den zur Vermögensübertragung erforderlichen Beschluß der Generalversammlung sowie über dessen Voraussetzungen und Wirkungen gelten, wie sich aus dem Zusammenhange der §§. 276 bis 279 ergiebt, auch für eine Aktiengesellschaft, die durch Vereinigung mit einer anderen aufgelöst werden soll. Dies entspricht dem Art. 215 Abs. 4 des Handelsgesetzbuchs. Ob die Vereinigung der beiden Gesellschaften ohne Liquidation der aufgelösten Gesellschaft zu geschehen hat, überläßt der Entwurf zunächst der Bestimmung des Vertrags; ein genügender Grund, die Liquidation kraft Gesetzes auszuschließen, besteht hier ebensowenig wie in den Fällen des §. 277. Soll die Liquidation unterbleiben, so finden nach §. 279 Abs. 1 bezüglich der Genehmigung der fraglichen Bestimmung durch die Generalversammlung der aufzulösenden Gesellschaft sowie bezüglich der Anmeldung und Eintragung des Beschlusses in das Handelsregister und der Wirkungen dieser Eintragung die für den Fall der Uebertragung des Gesellschaftsvermögens an den Staat oder einen inländischen Kommunalverband im §. 277 getroffenen Vorschriften Anwendung. Da die Eintragung einen für beide Gesellschaften bindenden Vertrag voraussetzt (§. 277 Abs. 1, 3), so bedarf es keiner besonderen Vorschrift dahin, daß die Eintragung nur geschehen kann, wenn sowohl der Generalversammlungsbeschluß der aufgelösten Gesellschaft als der durch die Erhöhung des Grundkapitals der anderen Gesellschaft bedingte Genehmigungsbeschluß der Generalversammlung dieser Gesellschaft bei dem Registergericht angemeldet sind. Das Registergericht hat die Rechtsgültigkeit beider Beschlüsse zu prüfen und demnächst die Eintragung für beide Gesellschaften gleichzeitig vorzunehmen. Mit der Eintragung gilt die Vereinigung der Gesellschaften als vollzogen; die Firma der aufgelösten Gesellschaft erlischt und das Vermögen derselben geht durch Gesammtnachfolge auf die andere Gesellschaft über. Hierdurch finden die Zweifel und Meinungsverschiedenheiten ihre Erledigung, welche gegenwärtig in Betreff der Art, wie sich die Vereinigung vollzieht, bestehen.

Einer besonderen Regelung bedarf die Frage, in welcher Weise die mit der Vereinigung der beiden Gesellschaften verbundene Erhöhung des Grundkapitals der übernehmenden Gesellschaft zur Ausführung zu bringen ist. Das Handelsgesetzbuch enthält hierüber keine Vorschriften; solche sind jedoch wünschenswerth, da die allgemeinen Bestimmungen über die Erhöhung des Grundkapitals, insbesondere diejenigen, welche die Zeichnung und Einzahlung des erhöhten Kapitals und die dem Registergericht in dieser Beziehung einzureichenden Belege betreffen, bei der Uebernahme des Vermögens einer Gesellschaft gegen Gewährung von Aktien keine Anwendung finden können. Im §. 278 des Entwurfs ist demzufolge bestimmt, daß die betreffenden Vorschriften außer Anwendung bleiben, und daß zum Nachweise der Deckung des erhöhten Kapitals dem Registergerichte nur der von der Generalversammlung der aufgelösten Gesellschaft genehmigte Vertrag über die Vermögensübertragung einzureichen ist. Außer Anwendung soll auch die Vorschrift bleiben, wonach eine Erhöhung des Grundkapitals nicht vor der vollständigen Einzahlung des bisherigen Kapitals gestattet ist (§. 253 Abs. 1); denn für diese Beschränkung fehlt es hier, wo nur der Umtausch von Aktien der einen Gesellschaft gegen solche der anderen in Frage steht, an einem genügenden Grunde. Was den Umtausch selbst betrifft, so wird ein solcher ebenso, wie bei einer Zusammenlegung von Aktien im Falle der Herabsetzung des Grundkapitals, unter Umständen undurchführbar sein, wenn die übernehmende Gesellschaft nicht die Befugniß erhält, einzelne Aktien der aufgelösten Gesellschaft, die nicht eingereicht oder zur Verfügung gestellt werden, für kraftlos zu erklären und die an ihre Stelle tretenden neuen Aktien für Rechnung der Betheiligten zu verwerthen. Nach §. 278 Abs. 3 sollen deshalb die in dieser Beziehung für den Fall der Herabsetzung des Grundkapitals gegebenen Vorschriften Anwendung finden.

Die Vorschriften des §. 279 Abs. 2 bis 6 betreffen die Verpflichtung der übernehmenden Gesellschaft, das von ihr erworbene Vermögen der anderen Gesellschaft einstweilen getrennt zu verwalten. Im Wesentlichen stimmen diese Vorschriften mit denjenigen des Art. 247 des Handelsgesetzbuchs überein; sie ergänzen jedoch das geltende Recht in einem wesentlichen Punkte. Das Handelsgesetzbuch enthält keinerlei Vorschrift dahin, daß den Gläubigern der aufgelösten Gesellschaft ein Recht auf vorzugsweise Befriedigung aus dem getrennt verwalteten Vermögen zusteht, und es läßt sich bezweifeln, ob den Bestimmungen der Konkursordnung gegenüber ein derartiges Recht angenommen werden kann. Wäre die Frage zu verneinen, so hätte die getrennte Vermögensverwaltung für die Gläubiger der aufgelösten Gesellschaft keinerlei praktische Bedeutung. Die Vorschrift des §. 279 Abs. 4 beseitigt diesen Zweifel. Danach soll bis zur Vereinigung der beiden Vermögen im Verhältniß der Gläubiger der aufgelösten Gesellschaft zu der übernehmenden Gesellschaft und zu deren sonstigen Gläubigern das übernommene Vermögen noch immer als Vermögen der aufgelösten Gesellschaft gelten. Eine Regelung in diesem Sinne verdient den Vorzug vor der Einräumung eines Konkursvorrechts; denn ein solches, auf einen Theil des Vermögens der übernehmenden Gesellschaft beschränktes Vorrecht würde mit den Grundsätzen der Konkursordnung nicht im Einklang stehen und den Gläubigern überdies keinen Schutz gegen Zwangsvollstreckungen außerhalb des Konkursverfahrens bieten. Die im Entwurfe vorgesehene Regelung ermöglichst gegebenenfalls auch die Eröffnung eines besonderen Konkurses über das Vermögen der aufgelösten Gesellschaft nach Maßgabe des §. 193 Abs. 2 der Konkursordnung. Was die Frage betrifft, ob das Recht der Gläubiger der aufgelösten Gesellschaft gegenüber allen sonstigen Gläubigern der übernehmenden Gesellschaft oder nur gegenüber denjenigen anerkannt werden soll, deren Forderungen bereits vor der Vereinigung beider Gesellschaften begründet waren, so entscheidet der Entwurf diese Frage in dem ersteren Sinne; denn auch die Forderungen, welche erst nach dem gedachten Zeitpunkte entstanden sind, würden für die Gläubiger der aufgelösten Gesellschaft außer Betracht geblieben sein, wenn die Liquidation stattgefunden hätte.

Anfechtung der Vermögensübertragung. (§. 280.)

Wenn das Vermögen einer Aktiengesellschaft ohne vorgängige Liquidation auf eine andere Gesellschaft oder juristische Person übergegangen und die Firma der Gesellschaft erloschen ist, so muß nichtsdestoweniger für die bisherigen Mitglieder der erloschenen Gesellschaft noch die Möglichkeit bestehen, die etwaige Ungültigkeit der in Bezug auf die Vermögensübertragung gefaßten Beschlüsse der Generalversammlung im Wege der Anfechtungsklage geltend zu machen. Dies betrifft nicht nur die Fälle der §§. 277 und 279 des Entwurfs, sondern auch den Fall der Umwandlung einer Aktiengesellschaft in eine Gesellschaft mit beschränkter Haftung nach Maßgabe der §§. 78, 79 des Gesetzes vom 20. April 1892. Gegen die erloschene Gesellschaft kann die Anfechtungsklage selbstverständlich nicht mehr gerichtet werden; in Ermangelung einer besonderen Vorschrift wäre es aber auch nicht zweifellos, ob der Rechtsnachfolge in das Vermögen dieser Gesellschaft ohne Weiteres die Wirkung beigelegt werden könnte, daß die übernehmende Gesellschaft oder juristische Person die Rolle des Beklagten in einem solchen Rechtsstreite zu übernehmen hätte. Im §. 280 ist deshalb eine ausdrückliche Vorschrift hierüber getroffen.

Nichtigkeit der Aktiengesellschaft. (§§. 281 bis 283.)

Ueber die Voraussetzungen, unter welchen eine Aktiengesellschaft trotz der Eintragung in das Handelsregister als nichtig anzusehen ist, sowie über die Folgen und die Geltentmachung der Nichtigkeit fehlt es zur Zeit an gesetzlichen Vorschriften. Daß eine Aktiengesellschaft trotz der Eintragung in das Handelsregister nicht besteht, wenn im Gesellschaftsvertrag eine der vom Gesetze für wesentlich erklärten Bestimmungen fehlt oder wenn eine solche Bestimmung ungültig ist, gilt schon jetzt als zweifellos. Andererseits wird in der Wissenschaft und Rechtsprechung überwiegend angenommen, daß sonstige Mängel des Gründungsherganges im Allgemeinen nicht genügen, um die Gültigkeit der in das Handelsregister eingetragenen Gesellschaft nachträglich in Frage zu stellen, wenngleich sie unter Umständen die Folge haben können, daß eine größere oder geringere Zahl von Uebernehmern oder Zeichnern von Aktien befugt ist, ihre Betheiligung als unverbindlich anzufechten. Auf diesen Standpunkt, welcher dem praktischen Bedürfniß und dem Interesse aller Betheiligten am meisten entspricht, stellt sich auch der Entwurf: die Vorschriften desselben über die Nichtigkeit der Aktiengesellschaft beziehen sich nur auf den Fall, daß Mängel in Betreff der wesentlichen Bestimmungen des Gesellschaftsvertrags vorliegen.

Das geltende Recht gewährt kein Mittel, um in einem solchen Falle die Nichtigkeit der Gesellschaft in einer für alle Betheiligten bindenden Weise festzustellen und die in das Handelsregister eingetragene Gesellschaft wieder aus dem Register zu entfernen. Der Entwurf füllt diese Lücke durch die Vorschriften des §. 281 aus, wonach sowohl jedem Gesellschafter und jedem Mitgliede des Vorstandes und des Aufsichtsraths als auch der Staatsbehörde das Recht zustehen soll, im Wege der Klage zu beantragen, daß die Gesellschaft für nichtig erklärt werde.

Auf der anderen Seite eröffnet der Entwurf einen Weg, um, soweit möglich, Mängel des Gesellschaftsvertrags, welche die Nichtigkeit der Gesellschaft zur Folge haben, nachträglich zu heilen (§. 282). Da im Falle der Nichtigkeit der Gesellschaft an sich auch eine Aenderung oder Ergänzung des Gesellschaftsvertrags durch Mehrheitsbeschluß der Generalversammlung ausgeschlossen sein würde, so bedarf es einer ausdrücklichen Vorschrift des Gesetzes, wenn dies dennoch ermöglicht werden soll. Bei einzelnen der in Betracht kommenden Mängel kann dies auch unbedenklich geschehen. Fehlt im Gesellschaftsvertrage nur eine Bestimmung über die Firma oder den Sitz der Gesellschaft, über den Gegenstand des Unternehmens, die Form der Bekanntmachungen oder die Zusammensetzung des Vorstandes, oder ist eine solche Bestimmung ungültig, so bildet es keine unzulässige Beeinträchtigung der Rechte der einzelnen Betheiligten, wenn ein solcher Mangel durch einen den gesetzlichen Vorschriften über eine Aenderung des Gesellschaftsvertrags entsprechenden Mehrheitsbeschluß verbessert wird. Betrifft der Mangel die Bestimmungen über die Zusammenberufung der Generalversammlung, so kann wenigstens der einstimmige Beschluß sämmtlicher Gesellschafter zur Heilung des Mangels als ausreichend betrachtet werden, ohne daß es einer förmlichen Neugründung der Gesellschaft bedarf. Als wirklich unheilbare Mängel bleiben demnach nur solche, welche die Bestimmungen über die Höhe des Grundkapitals und den Betrag der einzelnen Aktien betreffen. Hier kann auch die Zustimmung sämmtlicher Gesellschafter zu einer entsprechenden Aenderung oder Ergänzung des Gesellschaftsvertrags nicht helfen; denn die im öffentlichen Interesse getroffenen Vorschriften über die Gründung der Gesellschaft dürfen auf diesem Wege nicht umgangen werden.

Das Urtheil, durch welches die Gesellschaft für nichtig erklärt wird, hat nur deklaratorische Bedeutung; der Standpunkt des Entwurfs ist nicht etwa der, daß die Gesellschaft bis dahin als Aktiengesellschaft zu Recht bestände. Diese Auffassung wird schon durch die Natur der Mängel, welche die Nichtigkeit begründen, ausgeschlossen. Hieraus folgt insbesondere, daß die Mitglieder sich jederzeit auf die Nichtigkeit berufen, also auch die

Leistung von Einlagen zum Betriebe des Unternehmens verweigern und die Beschlüsse der Generalversammlung, soweit nicht im §. 282 eine Ausnahme vorgesehen ist, als unverbindlich behandeln können, ohne dabei an die Vorschriften der §§. 247, 248 über die Anfechtung von Generalversammlungsbeschlüssen gebunden zu sein.

Das schließt aber nicht aus, daß der Gesellschaft insoweit, als es sich um die Abwickelung ihrer Verhältnisse handelt, dennoch eine gewisse Rechtsbeständigkeit beigelegt wird. Auf Grund der Eintragung in das Handelsregister ist sie thatsächlich ins Leben getreten; möglicher Weise hat der Betrieb des Unternehmens längere Zeit gedauert, sind Rechtsgeschäfte geschlossen, Ansprüche erworben und Verbindlichkeiten eingegangen worden. Alles dieses kann nicht einfach als nicht geschehen behandelt werden. Das vorhandene Vermögen läßt sich auch nicht derart auflösen, daß jeder einzelne Gegenstand wieder seinem früheren Eigenthümer zufiele; hieraus würde sich nur Verwirrung und eine Schädigung aller Betheiligten ergeben. Sollten ferner wegen der eingegangenen Verbindlichkeiten lediglich diejenigen haften, die namens der Gesellschaft gehandelt haben, so wäre dies nicht nur eine unbillige Härte, sondern auch für die Gläubiger unzureichend. Hiernach rechtfertigt es sich, wenn der Entwurf zum Zwecke der Abwickelung der Verhältnisse der als Aktiengesellschaft für nichtig erklärten Vereinigung dennoch die im Falle der Auflösung der Aktiengesellschaft geltenden Vorschriften entsprechende Anwendung finden läßt, auch die Rechtsverbindlichkeit der im Namen der Gesellschaft mit Dritten vorgenommenen Geschäfte trotz der Nichtigkeitserklärung ausdrücklich anerkennt. Die Gesellschaft, welcher insoweit, als es sich um die Bethätigung des Gesellschaftszwecks handelt, die Eigenschaft einer Aktiengesellschaft versagt werden muß, wird nunmehr als Liquidationsgesellschaft anerkannt und ist als solche auch nach den Grundsätzen des Aktienrechts zu beurtheilen. Sie hat demgemäß nicht nur die für den Liquidationszweck nöthige Rechts- und Handlungsfähigkeit, sodaß selbst die Eröffnung des Konkurses gegebenen Falls nicht ausgeschlossen ist, sondern auch in Betreff der inneren Verhältnisse finden die hinsichtlich einer aufgelösten Aktiengesellschaft geltenden Vorschriften Anwendung, soweit die Mängel des Statuts es gestatten. Demzufolge erscheint es namentlich gerechtfertigt, die Gesellschafter zur Leistung der versprochenen Einlagen heranzuziehen, falls es zur Erfüllung der für die Gesellschaft eingegangenen Verbindlichkeiten erforderlich ist; denn die Befriedigung der Gläubiger gehört zu den Zwecken, für welche die Gesellschaft und die Mitgliedschaft in ihr nunmehr als rechtswirksam behandelt werden sollen. Vorausgesetzt ist dabei allerdings, daß die Verpflichtung zur Leistung der Einlagen in einer Weise übernommen ist, die nach den allgemeinen Grundsätzen des Aktienrechts zur Entstehung der Verbindlichkeit genügen würde; denn die Mitglieder einer für nichtig erklärten Aktiengesellschaft dürfen selbstverständlich nicht in weiterem Umfange herangezogen werden als die Aktionäre einer gültig errichteten und demnächst aufgelösten Gesellschaft. Für einen Ausfall sollen nach dem Entwurfe den Gläubigern die Gründer sowie die Mitglieder des Vorstandes und des Aufsichtsraths als Gesammtschuldner haften.

Sechster Abschnitt.

Strafvorschriften.

Im Handelsgesetzbuche bilden die Strafvorschriften (Art. 249 bis 249g) einen besonderen Titel, der sowohl die Aktiengesellschaft als die Kommanditgesellschaft auf Aktien berücksichtigt; im Entwurfe beziehen sich die Strafvorschriften zunächst nur auf die Aktiengesellschaft, während die Anwendung derselben auf die Aktienkommanditgesellschaft durch eine allgemeine Bezugnahme in dem nächsten Titel gesichert wird. Die Fassung der einzelnen Strafvorschriften wird auf diese Weise nicht unwesentlich vereinfacht. Sachliche Aenderungen sind nur in geringem Umfange vorgenommen; sie stellen sich zum Theil als nothwendige Folgen anderweitiger Vorschriften des Entwurfs dar.

Insbesondere müssen jetzt im §. 285 (Art. 249a) unter Nr. 1 und 3 auch falsche Angaben über den Betrag, zu welchem die Aktien ausgegeben werden, sowie unter Nr. 3 falsche Angaben bezüglich der in dem neuen §. 254 für den Fall einer Erhöhung des Grundkapitals vorgesehenen Festsetzungen unter Strafe gestellt werden. Die Strafvorschrift des §. 286 Nr. 3 (Art. 249b Nr. 3), welche sich bisher nur auf die Ausgabe von Aktien oder Interimsscheinen vor der Eintragung einer Kapitalserhöhung in das Handelsregister bezog, ist auch auf den Fall einer Ausgabe der Urkunden vor der ersten Eintragung der Gesellschaft in das Handelsregister erstreckt, da ein Grund zu verschiedener Behandlung beider Fälle nach dem Entwurfe nicht mehr vorliegt. In demselben §. 286 ist zur Ergänzung der Vorschrift unter Nr. 4, welche nur die Ausgabe von Kleinaktien ohne die für diese besonders vorgeschriebenen Vermerke mit Strafe bedroht, eine neue Nr. 5 aufgenommen, wonach die unberechtigte Ausgabe solcher Aktien schlechthin strafbar sein soll.

Die Nummern 1 und 2 des bisherigen Art. 249d, welche die öffentliche Vorspiegelung falscher oder Entstellung wahrer Thatsachen behufs der Verleitung zur Betheiligung an einem Aktienunternehmen sowie die betrügerische Beeinflussung des Kurses von Aktien betrafen, sind durch die umfassenderen Vorschriften im §. 75 des Börsengesetzes[1]) ersetzt. Durch den Wegfall dieser Bestimmungen wird auch der mit ihnen zusammenhängende Abs. 4 des Art. 249d gegenstandslos. Es bleibt daher von den Bestimmungen dieses Artikels nur die in den §. 288 des Entwurfs aufgenommene Strafvorschrift übrig, welche sich gegen die fälschliche Anfertigung, Verfälschung oder fälschliche Benutzung von Bescheinigungen über die Hinterlegung solcher Aktien oder Interimsscheine richtet, die zum Nachweise des Stimmrechts in einer Generalversammlung dienen sollen.

Die Strafvorschrift des bisherigen Art. 249f, welche gegen die mißbräuchliche Benutzung oder unentgeltliche Leihe oder Verleihung von Aktien zur Ausübung des Stimmrechts in der Generalversammlung gerichtet ist, wird im §. 290 des Entwurfs auf die Fälle ausgedehnt, daß die

---

[1]) Nach den Beschlüssen des Reichstags.

betreffenden Aktien zur Ausübung eines der Rechte benutzt werden, welche das Gesetz einer Minderheit von Aktionären einräumt. Auch in diesen Fällen treffen die Gründe zu, welche einen strafrechtlichen Schutz gegen die Fälschung von Entschließungen der Gesellschaft und der bei denselben mitwirkenden Aktionäre nothwendig machen. Ingleichen erscheint die Ausdehnung der Strafvorschrift auf den Fall angezeigt, daß unter mißbräuchlicher Benutzung fremder Aktien ein Beschluß der Generalversammlung angefochten oder eine Nichtigkeitsklage gemäß §. 281 erhoben wird.

Der §. 291 des Entwurfs bezieht sich ebenso wie der bisherige Art. 249g auf die Verhängung von Ordnungsstrafen durch das Registergericht. Ein Theil der in dem letzteren Artikel angeführten Vorschriften braucht mit Rücksicht auf die allgemeine Bestimmung des §. 13 des Entwurfs hier nicht mehr besonders erwähnt zu werden. Dies gilt bezüglich aller Vorschriften, welche die Anmeldungen, die Zeichnungen von Unterschriften und die Einreichungen von Schriftstücken bei dem Registergerichte betreffen. Es bleiben demnach nur die sonst noch im Art. 249g bezeichneten Vorschriften übrig, durch welche dem Vorstand oder den Liquidatoren gewisse Pflichten auferlegt sind, deren Erfüllung das Registergericht gegebenen Falls durch Ordnungsstrafen zu erzwingen hat. Diese Vorschriften sind im Abs. 1 des §. 291 aufgeführt. Dagegen bezeichnet der Abs. 2 diejenigen Fälle, in welchen Anmeldungen zum Handelsregister vorgesehen sind, ohne daß eine Erzwingung durch Androhung und Verhängung von Ordnungsstrafen stattfinden soll. Es sind dies die Fälle, in welchen, wie bei der Errichtung der Gesellschaft und bei einer Aenderung des Gesellschaftsvertrags, der Rechtserfolg unbedingt von der Eintragung abhängig ist, ein Zwang zur Anmeldung also ausgeschlossen bleiben muß.

Vierter Titel.

Kommanditgesellschaft auf Aktien.

Beibehaltung der Gesellschaftsform.

Bei den Berathungen über die Aktiennovellen vom 11. Juni 1870 und vom 18. Juli 1884 ist die Frage aufgeworfen worden, ob bei der geringen Bedeutung, welche der Kommanditgesellschaft auf Aktien nach der Beseitigung des Erfordernisses der staatlichen Genehmigung für die Errichtung von Aktiengesellschaften noch zukomme, es überhaupt angezeigt sei, die fragliche Gesellschaftsform im Handelsgesetzbuche beizubehalten und eingehende Vorschriften über sie zu treffen. Die Verhältnisse liegen gegenwärtig noch ungefähr ebenso wie zu der Zeit, als die Novelle vom 18. Juli 1884 erlassen wurde. Eine irgendwie erhebliche Vermehrung der Zahl der Kommanditgesellschaften hat nicht stattgefunden; den verhältnißmäßig wenigen Neugründungen scheint vielmehr eine ungefähr gleiche Zahl von Auflösungen oder Umwandlungen in Aktiengesellschaften gegenüber zu stehen. Eine vollständige Beseitigung der die Kommanditgesellschaften auf Aktien betreffenden

Vorschriften des Handelsgesetzbuchs kann aber auch jetzt nicht in Frage kommen. Es besteht noch immer eine nicht geringe Zahl solcher Gesellschaften, für welche die fortdauernde Geltung besonderer Vorschriften nothwendig ist, und auch abgesehen hiervon erscheint es wünschenswerth, eine Gesellschaftsform beizubehalten, die auf dem an sich berechtigten Gedanken der Vereinigung eines Aktienkapitals mit der persönlichen Haftung einzelner, der Gesammtheit der Aktionäre gleichberechtigt und unabhängig gegenüberstehender Mitinhaber des Unternehmens beruht.

Verhältniß zur Aktiengesellschaft. (§. 292.)

Dagegen ist allerdings eine wesentliche Vereinfachung der umfangreichen Vorschriften des Handelsgesetzbuchs über die Kommanditgesellschaft auf Aktien wünschenswerth. Sie läßt sich am besten durch einen möglichst engen Anschluß an die für die Aktiengesellschaften geltenden Bestimmungen erreichen. Nach dem Handelsgesetzbuche besteht in Betreff der beiden Gesellschaftsarten neben vielen übereinstimmenden Vorschriften doch eine große Zahl von Verschiedenheiten, die nicht unbedingt nothwendig sind, zum Theil sogar eines ersichtlichen Grundes entbehren. Hierhin gehört es zum Beispiel, daß bei der Kommanditgesellschaft auf Aktien eine bestimmte Mindestzahl von Gründern nicht erforderlich ist, daß die Errichtung der Gesellschaft nur im Wege der Successivgründung stattfindet, daß Revisoren zur Prüfung des Gründungshergangs nicht bestellt werden, daß die konstituirende Generalversammlung nicht durch das Gericht berufen und geleitet wird, daß es im Allgemeinen der gerichtlichen oder notariellen Beurkundung der Generalversammlungsbeschlüsse und der Einreichung der Beschlüsse zum Handelsregister nicht bedarf, auch besondere Vorschriften über die Vorbereitung der ordentlichen Generalversammlung nicht bestehen, daß die meisten der bei der Aktiengesellschaft anerkannten Minderheitsrechte, einschließlich des Rechtes auf Bestellung von Revisoren, fehlen, daß ein öffentliches Aufgebot der Gesellschaftsgläubiger im Falle der Liquidation oder der Herabsetzung des Aktienkapitals nicht erlassen zu werden braucht u. A. m. Im Allgemeinen besteht die Bedeutung dieser Verschiedenheiten in einer Befreiung der Kommanditgesellschaft auf Aktien von Schutzmaßregeln, die bei der Aktiengesellschaft zur Sicherung der Gläubiger oder der Aktionäre vorgesehen sind. Es erscheint indessen vollkommen gerechtfertigt, beide Gesellschaften in allen diesen Beziehungen den gleichen Regeln zu unterstellen; denn das Vorhandensein eines persönlich haftenden Gesellschafters oder einer Mehrzahl von solchen kann für sich allein keinen ausreichenden Ersatz für die bei der Aktiengesellschaft als nothwendig erachteten Sicherungsvorschriften bieten.

Auf der anderen Seite können dann auch die erschwerenden Bestimmungen wegfallen, welche sich auf den Mindestbetrag der Kapitalbetheiligung der persönlich haftenden Gesellschafter und die Unzulässigkeit von Verfügungen über die betreffenden Kapitalantheile beziehen. Nach Art. 174a, 180h und 181 des Handelsgesetzbuchs haben sich die persönlich haftenden Gesellschafter bei der Errichtung der Gesellschaft und ebenso bei einer innerhalb der ersten zwei Jahre eintretenden Erhöhung des Aktienkapitals ihrerseits mit Einlagen zu betheiligen, welche zusammen mindestens dem zehnten Theile des Aktienkapitals und, wenn dieses drei Millionen Mark übersteigt, für den übersteigenden Betrag mindestens dem fünfzigsten Theile gleichkommen müssen. Die Antheile für diese Einlagen dürfen die persönlich haftenden Gesellschafter, auch wenn die Antheile in Aktien bestehen, nicht an Dritte veräußern; die betreffenden Aktien sind vielmehr dem Aufsichtsrathe zur Verwahrung zu übergeben und von diesem mit einem Sperrvermerke zu versehen. Hierdurch soll verhindert werden, daß vermögenslose Personen, die nicht das Gewicht eines erheblichen eigenen Interesses in die Wagschale zu werfen haben, sondern, wie die Mitglieder des Vorstandes einer Aktiengesellschaft, von dem Aufsichtsrath und der Generalversammlung abhängig sind, in die Stellung von persönlich haftenden Gesellschaftern eingeschoben werden. Wenn aber künftig die Kommanditgesellschaft auf Aktien in allen Beziehungen den erschwerenden Vorschriften unterliegt, welche für die Aktiengesellschaft gelten, so kann eine Umgehung der letzteren Vorschriften durch die Errichtuug einer Kommanditgesellschaft auf Aktien und durch Vorschiebung von Strohmännern als persönlich haftende Gesellschafter nicht mehr in Frage kommen. Bei der bezeichneten Regelung bildet vielmehr die persönliche Haftung eines Theiles der Gesellschafter unter allen Umständen eine Verstärkung der Garantien, welche die Aktiengesellschaft bietet, und es erscheint daher nicht gerechtfertigt, einer solchen Verstärkung dadurch ein Hinderniß zu bereiten, daß den haftpflichtigen Gesellschaftern noch eine weitere Belastung auferlegt wird. In den Entwurf sind daher die betreffenden Sonderbestimmungen nicht aufgenommen.

Nach alledem können die Verhältnisse der Kommanditgesellschaft auf Aktien zum größten Theil durch eine allgemeine Bezugnahme auf die Vorschriften über die Aktiengesellschaft geordnet werden. Während das Handelsgesetzbuch die Kommanditgesellschaft auf Aktien als eine Unterart der Kommanditgesellschaft behandelt und demzufolge im Zweifel die Vorschriften über diese Gesellschaft Anwendung finden läßt, erklärt der Entwurf nur in bestimmten Beziehungen, nämlich für das Verhältniß der persönlich haftenden Gesellschafter untereinander und zu den ihnen als organisirte Gesammtheit gegenüber stehenden Kommanditisten sowie für das Verhältniß der persönlich haftenden Gesellschafter gegenüber Dritten, insbesondere in Bezug auf die Befugniß zur Vertretung der Gesellschaft, die in Betreff der Kommanditgesellschaft geltenden Vorschriften für maßgebend (§. 292 Abs. 2). Abgesehen hiervon sollen dagegen im Allgemeinen die Vorschriften über die Aktiengesellschaft Anwendung finden. Soweit im Einzelnen Abweichungen von diesen Vorschriften durch die Betheiligung der persönlich haftenden Gesellschafter bedingt werden, ist in den §§. 293 ff. das Nöthige vorgesehen.

Gründung. (§§. 293—296).

Die §§. 293 bis 296 betreffen die Errichtung der Gesellschaft. Der Gründungshergang ist der gleiche wie bei der Aktiengesellschaft; auch der Rechtsbegriff der Gründer, welcher nach dem Handelsgesetzbuche bei der Kommanditgesellschaft auf Aktien keine Geltung hat, wird in derselben Weise wie bei der Aktiengesellschaft verwendet. Zu den Gründern, welche den Gesellschaftsvertrag feststellen, müssen hier aber unter allen Umständen die sämmtlichen persönlich haftenden Gesellschafter gehören; nur neben ihnen können auch Kommanditisten bei der Feststellung des Statuts mitwirken (§. 293).

Die Höhe und Art der Einlage jedes persönlich haftenden Gesellschafters gehört nach dem Entwurfe nicht mehr, wie nach Art. 175 Nr. 1 des Handelsgesetzbuchs, zu den wesentlichen Bestimmungen des Gesellschaftsvertrags, da die Vorschriften über den gesetzlichen Mindestbetrag dieser Einlagen weggefallen sind. Soweit die persönlich haftenden Gesellschafter Aktien übernehmen, was im Gegensatze zu der für die Gründer der Aktiengesellschaft geltenden Vorschrift des §. 168 Abs. 1 nicht unbedingt nothwendig ist, findet die Uebernahme in der Verhandlung über die Feststellung des Statuts oder in der Nachtragsverhandlung zu derselben (§. 174 Abs. 2) ihre Beurkundung; eine Feststellung im Statute selbst ist nicht nöthig, auch unpraktisch, da sich der Aktienbesitz der persönlich haftenden Gesellschafter jederzeit ändern kann. Nur soweit es sich um Einlagen der letzteren handelt, die nicht auf das Grundkapital gemacht werden, gehört die betreffende Festsetzung ebenso wie bei der einfachen Kommanditgesellschaft in den Gesellschaftsvertrag (§. 294 Abs. 2).

Im Falle der Successivgründung wird die konstituirende Generalversammlung nunmehr auch bei der Kommanditgesellschaft auf Aktien durch das Gericht berufen und geleitet. Zur Beseitigung von Zweifeln ist im §. 295 Abs. 3 ausdrücklich bestimmt, daß an dieser Versammlung die persönlich haftenden Gesellschafter ebenfalls theilnehmen, wenngleich sie kein Stimmrecht haben und der Konstituirung, sofern die Versammlung nicht zugleich Aenderungen des Gesellschaftsvertrags beschließt, nicht mehr widersprechen können. Auch soll bei Anwendung der Vorschrift, daß die für den Konstituirungsbeschluß erforderliche Mehrheit ein Viertheil des Grundkapitals erreichen muß, das letztere nur insoweit berücksichtigt werden, als es nicht von den persönlich haftenden Gesellschaftern übernommen ist. Eine solche Einschränkung ist nothwendig, weil bei einer anderen Berechnungsweise ein gültiger Beschluß in vielen Fällen von vornherein unmöglich wäre. Die auf die Beschlußfassung im Falle der Nachgründung bezügliche Vorschrift des §. 296 beruht auf derselben Erwägung.

Die persönlich haftenden Gesellschafter an Stelle des Vorstands. (§. 297.)

Nach §. 297 sollen gewisse Rechte und Pflichten des Vorstands der Aktiengesellschaft auch für die persönlich haftenden Gesellschafter der Kommanditgesellschaft auf Aktien gelten. Was die Anmeldungen zum Handelsregister betrifft, so liegt die erste Anmeldung der Gesellschaft den persönlich haftenden Gesellschaftern schon in ihrer Stellung als Gründer ob; wenn sonach in der Nr. 1 des §. 297 die Vorschriften über die dem Vorstand obliegenden Anmeldungen für anwendbar erklärt werden, so ist dies hauptsächlich für die Anmeldung von Aenderungen des Gesellschaftsvertrags, einschließlich des Falles des Eintritts eines persönlich haftenden Gesellschafters, von Bedeutung. Die Anmeldung des Ausscheidens eines persönlich haftenden Gesellschafters ist im §. 301 Abs. 5 besonders vorgesehen, weil sich das Ausscheiden nicht unter allen Umständen in der Form einer Aenderung des Gesellschaftsvertrags vollzieht.

Nach der Vorschrift unter Nr. 8 des §. 297 sollen die persönlich haftenden Gesellschafter zur Stellung des Antrags auf Eröffnung des Gesellschaftskonkurses in denselben Fällen verpflichtet sein, in welchen dem Vorstande der Aktiengesellschaft nach §. 220 Abs. 2 diese Verpflichtung obliegt, also nicht nur im Falle der Zahlungsunfähigkeit, sondern auch im Falle der Ueberschuldung der Gesellschaft. Dies setzt voraus, daß durch eine entsprechende Aenderung des §. 198 der Konkursordnung die Kommanditgesellschaft auf Aktien in Bezug auf die Gründe der Konkurseröffnung der Aktiengesellschaft gleichgestellt wird. Letzteres ist in der That als angezeigt zu betrachten; denn auch bei der Kommanditgesellschaft auf Aktien beruht das Unternehmen in der Regel vorwiegend auf dem Aktienkapital, und für die Sicherheit der Gläubiger wird die persönliche Haftung einzelner Gesellschafter meistens von verhältnißmäßig untergeordneter Bedeutung im Vergleiche zu dem Vermögen der Gesellschaft sein.

Generalversammlung (§. 298.)

Die Generalversammlung ist bei der Kommanditgesellschaft auf Aktien nicht in dem Sinne wie bei der Aktiengesellschaft Organ der Gesellschaft als solcher; denn sie dient nur dazu, den Willen des einen Theiles der Gesellschafter, nämlich der Kommanditisten, zum Ausdruck zu bringen. Der Generalversammlung stehen die persönlich haftenden Gesellschafter gegenüber, sie sind in der Lage, ihr Mitbestimmungsrecht in den Angelegenheiten der Gesellschaft selbständig zur Geltung zu bringen. Daher erscheint es angezeigt, im Einklang mit den geltenden Vorschriften den persönlich haftenden Gesellschaftern das Stimmrecht in der Generalversammlung zu versagen, auch wenn sie Aktien besitzen (Entwurf §. 298 Abs. 1, Handelsgesetzbuch Art. 190 Abs. 4). Eine Ausdehnung ihres Einflusses auf die Generalversammlung ist nicht rathsam, da die letztere berufen sein soll, die Interessen der Kommanditisten den persönlich haftenden Gesellschaftern gegenüber zu wahren.

Daß die Beschlüsse der Generalversammlang der Zustimmung der persönlich haftenden Gesellschafter bedürfen, soweit sie Angelegenheiten betreffen, die nach der Stellung der persönlich haftenden Gesellschafter zu den Kommanditisten von diesen nicht allein entschieden werden können, wird an sich schon aus der allgemeinen Vorschrift des §. 292 Abs. 2 folgen; zur Verhütung von Mißverständnissen ist jedoch eine ausdrückliche Bestimmung dieses Inhalts in den Abs. 2 des §. 298 aufgenommen. Aus derselben ergiebt sich, daß die nur auf Angelegenheiten der Kommanditisten bezüglichen Beschlüsse, wie die Wahl oder Abberufung der Mitglieder des Aufsichtsraths, die Bestellung von Prozeßbevollmächtigten, die Kündigung der Gesellschaft u. s. w., einer Zustimmung der persönlich haftenden Gesellschafter nicht bedürfen. Zweifelhaft könnte dies insoweit sein, als es sich um das im Entwurf auch für die Kommanditgesellschaft auf Aktien anerkannte Recht der Generalversammlung oder einer Minderheit von Kommanditisten handelt, die Bestellung von Revisoren herbeizuführen oder die Geltendmachung von Ersatzansprüchen aus der Gründung oder der Geschäftsführung zu verlangen; denn an sich stehen hier Angelegenheiten der Gesellschaft und nicht bloß der Kommanditisten in Frage, wie denn die erwähnten Ersatzansprüche nur Forderungen der Gesellschaft sind und in deren Namen verfolgt werden müssen. Der Zweck der fraglichen Maßnahme würde aber vereitelt werden, wenn den Kommanditisten hier nicht die Befugniß zu einem selbständigen Vorgehen in den Angelegenheiten der Gesellschaft zustände. Im §. 298 Abs. 3 ist diese Befugniß ausdrücklich anerkannt.

Die Vorschrift des Abs. 4, wonach Beschlüsse der Generalversammlung, die der Zustimmung der persönlich haftenden Gesellschafter bedürfen, nur zum

Handelsregister einzureichen sind, wenn sie diese Zustimmung gefunden haben, enthält eine nothwendige Einschränkung der bei der Aktiengesellschaft bestehenden unbedingten Verpflichtung zur Einreichung aller Generalversammlungsbeschlüsse. Die weitere Vorschrift, daß bei Beschlüssen, die der Eintragung in das Handelsregister bedürfen, also namentlich bei Beschlüssen über eine Aenderung des Gesellschaftsvertrags, die Zustimmung der persönlich haftenden Gesellschafter in dem gerichtlichen oder notariellen Protokoll oder in einem Anhange zu diesem zu beurkunden ist, bezweckt, die Grundlagen für die Eintragung in das Handelsregister zu sichern. Für sonstige Beschlüsse, welche der Zustimmung der persönlich haftenden Gesellschafter bedürfen, insbesondere für den Beschluß über die Bilanz und die Gewinnvertheilung, kann eine derartige Formvorschrift entbehrt werden.

Aufsichtsrath. (§. 299.)

Der Aufsichtsrath hat bei der Kommanditgesellschaft auf Aktien in erster Linie die Interessen der Kommanditisten zu vertreten; er ist demzufolge das ausführende Organ derselben (Entwurf §. 299 Abs. 1, Handelsgesetzbuch Art. 186 Abs. 2). Dies muß insbesondere bezüglich der Führung von Prozessen zwischen der Gesammtheit der Kommanditisten und den persönlich haftenden Gesellschaftern gelten, und zwar nicht blos, wenn die Kommanditisten gegen die persönlich haftenden Gesellschafter, sondern ebenso, wenn diese gegen die Kommanditisten klagen wollen. Beides kann mit Rücksicht auf das Gesellschaftsverhältniß zwischen den persönlich haftenden Gesellschaftern und den Kommanditisten aus den verschiedenartigsten Gründen vorkommen. In allen solchen Prozessen werden nach §. 299 Abs. 2 des Entwurfs die Kommanditisten durch den Aufsichtsrath vertreten, sofern nicht in der Generalversammlung besondere Vertreter gewählt sind. Dagegen ist der Aufsichtsrath für die Gesellschaft als solche nur dann zur Prozeßführung gegen die persönlich haftenden Gesellschafter legitimirt, wenn es sich um die Ersatzansprüche aus der Geschäftsführung handelt, deren Geltendmachung die Generalversammlung der Kommanditisten oder eine Minderheit in derselben verlangt hat (§§. 244 bis 246, §. 297 Nr. 7, §. 298 Abs. 3).

Was die Kosten eines von der Gesammtheit der Kommanditisten geführten Rechtsstreits betrifft, so ist im Entwurf aus Zweckmäßigkeitsgründen bestimmt, daß für diese Kosten, auch wenn sie den Kommanditisten zur Last gelegt sind, doch die Gesellschaft vorschußweise zu haften hat, da sie in der Lage ist, sich durch Abzug der auf die Kommanditisten fallenden Dividende oder Liquidationsrate an dieselben zu halten.

Gewinnantheile der persönlich haftenden Gesellschafter. (§. 300.)

Wenn die Kapitalantheile der persönlich haftenden Gesellschafter in Aktien bestehen, so finden in Betreff der Gewinnberechnung und Gewinnauszahlung für diese Antheile dieselben Regeln Anwendung wie für alle anderen Aktien. Zweifel ergeben sich dagegen bezüglich der Berechnung und Auszahlung des Gewinns für Einlagen, die außerhalb des Grundkapitals von den persönlich haftenden Gesellschaftern gemacht sind. Sowohl nach dem Handelsgesetzbuche wie nach dem Entwurfe sind in dieser Beziehung zunächst die für die einfache Kommanditgesellschaft geltenden Grundsätze maßgebend, da es sich dabei um das Rechtsverhältniß der persönlich haftenden Gesellschafter zu der Gesammtheit der Kommanditisten handelt. Dies führt zu dem Ergebnisse, daß die betreffenden Kapitalantheile der persönlich haftenden Gesellschafter nicht etwa, wie das Aktienkapital, als unveränderliche Passivposten in die Bilanz einzustellen sind, sondern daß der auf einen persönlich haftenden Gesellschafter fallende Antheil am Verluste eines Geschäftsjahrs von seinem Kapitalantheile abgeschrieben wird, und daß, wenn das Geschäftsergebniß des folgenden Jahres — für sich betrachtet — einen Gewinn aufweist, ein entsprechender Antheil hieran (§. 154) dem persönlich haftenden Gesellschafter gutzuschreiben und nach Maßgabe des §. 110 auf Verlangen auszuzahlen ist. Bis zu dem Gesetze vom 18. Juli 1884 bestand auch keine Meinungsverschiedenheit über die Anwendbarkeit dieser Grundsätze, zumal nach dem früheren Rechte das Gesammtkapital der Kommanditisten gleichfalls durch Abschreibung des Jahresverlustes vermindert wurde, nur daß der auf die Kommanditisten fallende Theil des Gewinns späterer Jahre so lange nicht ausbezahlt werden durfte, bis das Gesammtkapital seine ursprüngliche Höhe wieder erreicht hatte. Durch die Vorschriften des Gesetzes vom 18. Juli 1884, nach welchen das Gesammtkapital der Kommanditisten in derselben Weise wie das Grundkapital bei der Aktiengesellschaft einen unveränderlichen Posten der Bilanz bildet, hat sich dies einigermaßen geändert; denn nun kann, solange das bezeichnete Kapital nicht vollständig gedeckt ist, ein bilanzmäßiger Gewinn der Gesellschaft überhaupt nicht vorhanden sein. Es ist bestritten, wie sich zu diesem Grundsatze der Anspruch der persönlich haftenden Gesellschafter auf ihren Antheil an einem lediglich nach dem Ergebnisse des Geschäftsjahrs zu berechnenden Gewinne verhält.

Der Entwurf hat zwar die Vorschrift, daß das statutenmäßige Aktienkapital einen unveränderlichen Bilanzposten bildet, auch für die Kommanditgesellschaft auf Aktien beibehalten, er geht im Uebrigen aber davon aus, daß diese Vorschrift, welche im Wesentlichen dem Interesse der Gesellschaftsgläubiger dient, die Rechte der persönlich haftenden Gesellschafter im Verhältnisse zu den Kommanditisten nicht berühren kann. Es erscheint namentlich nicht gerechtfertigt, die persönlich haftenden Gesellschafter zu nöthigen, auch ihre nicht auf das Aktienkapital gemachten Einlagen in unveränderter Höhe zu erhalten und bis zur Wiederergänzung derselben auf jeden Gewinnbezug zu verzichten; denn diese Einlagen sind nicht, wie das Aktienkapital, als ein die Grundlage des Gesellschaftskredits bildender Garantiefonds den Gläubigern kundgemacht. Bilanzmäßig hat die Gesellschaft als solche allerdings nie Gewinn, sondern nur Verlust, wenn das Grundkapital noch nicht wieder vollständig gedeckt ist; dies hindert aber nicht, daß für das Verhältniß der Gesellschafter untereinander der Ueberschuß des einzelnen Geschäftsjahrs als Gewinn behandelt und demgemäß ein entsprechender Antheil daran den persönlich haftenden Gesellschaftern gutgeschrieben wird. Auch der Auszahlung solcher Gewinnantheile kann das Vorhandensein einer Unterbilanz nicht schlechthin entgegenstehen. Es kommt vielmehr darauf an, ob nicht die Unterbilanz nur darauf beruht, daß neben dem Grundkapital zugleich die außerhalb desselben bestehenden Kapitalantheile der persönlich haftenden Gesellschafter in den Bilanzpassiven enthalten sind; denn soweit die Unterbilanz den Betrag dieser Kapitalantheile nicht übersteigt, ist das Nettovermögen der Gesellschaft mindestens ausreichend, um den Gesellschaftsgläubigern die in Höhe des Grundkapitals zugesagte Sicherheit zu gewähren. Anders verhält es sich, wenn und solange die Unterbilanz den Betrag jener Kapitalantheile übersteigt; in diesem Falle wird allerdings die Auszahlung des Gewinns an die persönlich haftenden Gesellschafter unterbleiben müssen, da auch von ihnen verlangt werden kann, daß sie auf einen Gewinnbezug solange verzichten, bis ein der Höhe des Grundkapitals entsprechendes Vermögen wieder angesammelt ist. Das Gleiche muß bezüglich jeder sonstigen Entnahme von Geldern auf den Kapitalantheil, insbesondere bezüglich der nach §. 110 den persönlich haftenden Gesellschaftern gestatteten Entnahme eines jährlichen Betrags von vier vom Hundert des Antheils, gelten. Diese Grundsätze bringt der Entwurf im §. 300 Abs. 1 zur Anerkennung.

Die Vorschrift des Abs. 2, wonach auch von dem auf die persönlich haftenden Gesellschafter fallenden Gewinne der gesetzlich oder statutarisch bestimmte Abzug für den Reservefonds zu machen ist, wäre entbehrlich, wenn nur die Verwendung eines bilanzmäßigen Gewinns in Frage käme; denn insoweit würde die allgemeine Bezugnahme auf die für die Aktiengesellschaft geltenden Vorschriften genügen. Mit Rücksicht auf die Möglichkeit, daß sich auch im Falle einer Unterbilanz der Gesellschaft ein Gewinn für die persönlich haftenden Gesellschafter ergiebt, erscheint jedoch eine besondere Vorschrift angezeigt.

Auflösung der Gesellschaft und Ausscheiden von persönlich haftenden Gesellschaftern. (§§. 301, 302.)

Die Gründe, aus welchen die Kommanditgesellschaft auf Aktien aufgelöst wird, bestimmen sich, wie der §. 301 des Entwurfs im Einklange mit dem Art. 200 des Handelsgesetzbuchs ausspricht, im Allgemeinen nach den Vorschriften über die Kommanditgesellschaft. Dies gilt jedoch nur für die einzelnen Auflösungsgründe, nicht für die Folgen der Auflösung; in der letzteren Beziehung sind vielmehr die Vorschriften der die Aktiengesellschaft betreffenden §§. 266 ff. maßgebend. Um die entsprechende Anwendung der im §. 265 Nr. 3 enthaltenen Vorschrift über die Möglichkeit einer Fortsetzung der Gesellschaft im Falle der Aufhebung oder Einstellung des Gesellschaftskonkurses zu sichern, wird es einer ausdrücklichen Bestimmung nicht bedürfen.

Die Entschließungen, welche von den Kommanditisten bezüglich der Auflösung, namentlich bezüglich der Kündigung der Gesellschaft, bezüglich der Zustimmung zu einer Vereinbarung über die Auflösung oder bezüglich der Stellung eines Antrags auf gerichtliche Auflösung nach §. 121 zu treffen sind, erfolgen durch die Generalversammlung. Im Einklange mit den für die Aktiengesellschaft geltenden Bestimmungen verlangt der Entwurf für diese Beschlüsse eine Mehrheit von drei Viertheilen des bei der Beschlußfassung vertretenen Grundkapitals (§. 301 Abs. 3).

Was das Ausscheiden von persönlich haftenden Gesellschaftern betrifft, so entspricht die im §. 301 Abs. 4 enthaltene Vorschrift nicht vollständig dem Art. 199 des Handelsgesetzbuchs. Nach dem letzteren soll eine mit Zustimmung der Generalversammlung der Kommanditisten getroffene Uebereinkunft über das Ausscheiden eines persönlich haftenden Gesellschafters der Auflösung der Gesellschaft gleichstehen; im Gesellschaftsvertrage kann jedoch bestimmt werden, daß das Ausscheiden die Auflösung nicht zur Folge hat, wenn mindestens noch ein persönlich haftender Gesellschafter in der Gesellschaft verbleibt. In Ermangelung einer solchen Bestimmung des Gesellschaftsvertrags hat also die Vereinbarung über das Ausscheiden eines Gesellschafters eine Wirkung, die gar nicht beabsichtigt war, nämlich die Auflösung der Gesellschaft. Richtiger ist es jedenfalls, daß in dem bezeichneten Falle die Vereinbarung wirkungslos bleibt. Dies ist die nach der Vorschrift des Entwurfs sich ergebende Folge. Im Uebrigen finden nach der Bestimmung des §. 301 Abs. 1 in Betreff des Ausscheidens von persönlich haftenden Gesellschaftern die für die einfache Kommanditgesellschaft und die offene Handelsgesellschaft maßgebenden Vorschriften Anwendung. In Uebereinstimmung mit diesen Vorschriften sieht der Entwurf für den Fall der Ausschließung eine Ausnahme von dem Grundsatze vor, wonach die Fortdauer der Gesellschaft trotz des Ausscheidens eines persönlich haftenden Gesellschafters nur möglich ist, wenn der Gesellschaftsvertrag eine entsprechende Bestimmung enthält. Macht ein persönlich haftender Gesellschafter sich grober Pflichtverletzungen gegenüber der Gesellschaft schuldig, so kann es im Interesse aller anderen Betheiligten, und namentlich der Kommanditisten, dringend nothwendig sein, den Betreffenden aus der Gesellschaft zu entfernen, und eine solche Maßregel darf hier noch weniger als bei der offenen Handelsgesellschaft oder der einfachen Kommanditgesellschaft davon abhängen, daß im Gesellschaftsvertrag ein derartiger Fall besonders vorgesehen ist. Daß sowohl die Ausschließung als jedes sonstige Ausscheiden eines persönlich haftenden Gesellschafters nur möglich ist, wenn mindestens noch ein anderer Gesellschafter dieser Art übrig bleibt, ist selbstverständlich und braucht nicht besonders im Gesetz ausgesprochen zu werden.

Die Liquidation der aufgelösten Kommanditgesellschaft auf Aktien vollzieht sich nach dem Entwurfe ganz in derselben Weise wie die Liquidation der Aktiengesellschaft. Die Vorschriften, welche die Art. 205 und 206 des Handelsgesetzbuchs in Betreff der Personen der Liquidatoren und in Betreff der Legitimation zur Stellung des Antrags auf gerichtliche Ernennung oder Abberufung von Liquidatoren enthalten, sind, soweit nöthig, in den §. 302 des Entwurfs aufgenommen.

Vereinigung mit einer anderen Gesellschaft und Umwandlung in eine Aktiengesellschaft. (§§. 303—305.)

Die im §. 292 Abs. 3 enthaltene allgemeine Bezugnahme auf die Vorschriften über die Aktiengesellschaft umfaßt auch die Bestimmungen der §§. 278, 279 über die Vereinigung mit einer anderen Aktiengesellschaft oder Kommanditgesellschaft auf Aktien. Diese Vorschriften eignen sich auch für die Kommanditgesellschaft auf Aktien. Daß die persönlich haftenden Gesellschafter der aufgelösten Gesellschaft von deren Gläubigern noch bis zum Ablaufe der fünfjährigen Verjährung in Anspruch genommen werden können, ergiebt sich von selbst.

Durch die Anwendbarkeit der Vorschriften über die Vereinigung werden die im Art. 206a des Handelsgesetzbuchs enthaltenen Bestimmungen über die Umwandlung einer Kommanditgesellschaft auf Aktien in eine Aktiengesellschaft nicht entbehrlich; denn es handelt sich hierbei um einen von der Vereinigung mit einer anderen Gesellschaft wesentlich verschiedenen Vorgang.

Die betreffenden Bestimmungen sind deshalb in den §§. 303 bis 305 des Entwurfs mit einer Anzahl meistens untergeordneter, zum Theil nur die Fassung betreffender Aenderungen wiedergegeben. Hervorzuheben sind die Bestimmungen des §. 304 Abs. 2 über die mit der Anmeldung der Umwandlung einzureichende Bilanz. Die Vorschrift des Art. 206a, wonach die Bilanz für den Tag der Anmeldung aufzustellen ist, läßt sich thatsächlich nicht ausführen, da die Bilanzaufnahme für ein größeres Unternehmen stets eine nicht unerhebliche Zeit in Anspruch nimmt. Der Entwurf begnügt sich daher mit der Vorschrift, daß der Bilanztag nicht weiter als vier Wochen vor dem Tage der Anmeldung bei dem Registergerichte liegen darf. Außerdem sind Bestimmungen über die Art der Aufstellung und die Behandlung der Bilanz getroffen, wobei davon ausgegangen ist, daß die letztere nicht nur dazu dienen soll, den Gesellschaftsgläubigern ein Urtheil über die Vermögenslage der Gesellschaft zu ermöglichen, sondern daß sie auch den Zweck hat, den Aktionären selbst eine Grundlage für die Entscheidung zu geben, ob die Umwandlung und mit dieser die Entlassung der persönlich haftenden Gesellschafter aus der Gesellschaft stattfinden kann. Die Bilanz ist deshalb der Generalversammlung nach den für die ordentliche Jahresbilanz maßgebenden Regeln zur Genehmigung vorzulegen. Ebenso sind die für die Aufstellung der letzteren Bilanz geltenden sachlichen Grundsätze zu beobachten, da die der Umwandlung zu Grunde gelegte Bilanz mit den späteren Bilanzen der nunmehrigen Aktiengesellschaft im Einklang stehen muß.

Die öffentliche Bekanntmachung, mittelst welcher nach §. 305, sobald die Umwandlung erfolgt ist, die Gläubiger der Gesellschaft aufgefordert werden sollen, sich zu melden, ist aus denselben Gründen angezeigt wie in den Fällen der Herabsetzung des Grundkapitals oder der Vereinigung mit einer anderen Gesellschaft. Andererseits braucht nur eine Befriedigung oder Sicherstellung derjenigen Gläubiger vorgeschrieben zu werden, welche sich zu diesem Zwecke bei der Gesellschaft melden. Der letzte Satz des Art. 206a, wonach die Verantwortlichkeit der Mitglieder des Vorstandes und des Aufsichtsraths für die Beobachtung der zum Schutze der Gläubiger gegebenen Vorschriften nicht dadurch aufgehoben wird, daß die Unterlassung auf einem Beschlusse der Generalversammlung beruht, erscheint hier, wo es sich um eine unmittelbare Haftbarkeit gegenüber den Gläubigern handelt, überflüssig und ist deshalb im Entwurfe weggelassen.

Fünfter Titel.

Stille Gesellschaft.

Beibehaltung der stillen Gesellschaft.

Die stille Gesellschaft hat mit der Kommanditgesellschaft den Zweck gemein, beschränkt und unbeschränkt betheiligte Gesellschafter zu vereinigen. Aber während die Kommanditgesellschaft als solche auch nach außen hervortritt, eine besondere Firma führt und ein selbständiges Gesellschaftsvermögen besitzt, geht die stille Gesellschaft in dem Vertragsverhältnisse zwischen dem stillen Gesellschafter und dem Inhaber des Handelsgeschäfts auf. Die Frage, ob es angezeigt sei, auf dieser Grundlage zwei selbständige Gesellschaftsformen mit theils beschränkter theils unbeschränkter Betheiligung der Gesellschafter zuzulassen, ist bei der Berathung des Handelsgesetzbuchs vielfach erörtert worden; in einige neuere ausländische Gesetzbücher, welche sonst im Allgemeinen auf der Grundlage des deutschen Rechtes beruhen, hat die stille Gesellschaft keine Aufnahme gefunden. Für die Reichsgesetzgebung wird jedoch die Frage als erledigt gelten müssen, da sich beide Gesellschaftsarten seit langen Jahren im Verkehr eingelebt haben und besondere Bedürfnisse befriedigen.

Auch das Gesellschaftsrecht des Bürgerlichen Gesetzbuchs macht die Vorschriften über die stille Gesellschaft nicht entbehrlich. Das Bürgerliche Gesetzbuch wird zwar zur Ergänzung dieser Vorschriften dienen, da die stille Gesellschaft trotz des Mangels einer Vermögensgemeinschaft der Theilhaber unter den allgemeinen Begriff der Gesellschaft im Sinne des §. 692 des Bürgerlichen Gesetzbuchs fällt. Aber zum Ersatze der besonderen handelsrechtlichen Vorschriften sind die Rechtssätze des letzteren nicht geeignet. Die meist nur dispositive Regelung, welche das Handelsgesetzbuch in Betreff der Verhältnisse der stillen Gesellschaft enthält, würde zwar in der Hauptsache auch auf dem Wege des Vertrags zu erreichen sein; allein es bedürfte doch jedesmal eingehender Vertragsbestimmungen, um die Anwendung gewisser auf einer ganz anderen Grundlage beruhenden Vorschriften des Bürgerlichen Gesetzbuchs auszuschließen. Insbesondere gilt dies von den Vorschriften über die im Zweifel eintretende Vermögensgemeinschaft bezüglich der Einlagen der Gesellschafter, über die Bindung des Gesellschaftsvermögens nach den Grundsätzen der gesammten Hand, über das Kündigungsrecht der Gesellschafter und dergleichen mehr. Auch die Rechtsstellung des stillen Gesellschafters im Konkurse des Geschäftsinhabers (Handelsgesetzbuch Art. 258, Entwurf §. 313) bliebe unklar, und einzelne Besonderheiten, wie die Frist für die Kündigung der Gesellschaft durch einen Gläubiger des stillen Gesellschafters (Handelsgesetzbuch Art. 263, Entwurf §. 311) und das Anfechtungsrecht der Konkursgläubiger im Falle der Rückzahlung der Einlage des stillen Gesellschafters (Handelsgesetzbuch Art. 259, Entwurf §. 314), sind ihrer Natur nach der Festsetzung durch Vertrag überhaupt entzogen.

Aus diesen Gründen ist dem von einzelnen Seiten gemachten Vorschlage, den Abschnitt des Handelsgesetzbuchs über die stille Gesellschaft ganz zu streichen, keine Folge gegeben. Die betreffenden Vorschriften sind vielmehr mit geringen sachlichen Aenderungen in den Entwurf übernommen.

Begriff; Rechte und Pflichten. (§§. 306—309.)

Der Begriff der stillen Gesellschaft (Art. 250 Abs. 1) ist aus dem Gesammtinhalte der §§. 306 und 307 zu entnehmen. Der stille Gesellschafter betheiligt sich an dem Handelsgeschäfte, das ein Anderer betreibt, gegen Antheil am Gewinne und regelmäßig auch am Verluste; die Einlage ist so zu leisten, daß sie in das Vermögen des Inhabers des Handelsgeschäfts übergeht, und der Inhaber, der die Geschäfte nur unter seiner eigenen, nicht unter einer Gesellschaftsfirma betreiben darf (§. 17 Abs. 1), wird aus diesen Geschäften allein berechtigt und verpflichtet.

Die Vorschrift des bisherigen Art. 250 Abs. 2 über die Formfreiheit des Gesellschaftsvertrags braucht nicht aufrecht erhalten zu werden, vielmehr genügen die Vorschriften des Bürgerlichen Gesetzbuchs, denen zufolge eine Form nur ausnahmsweise, insbesondere wenn der stille Gesellschafter als Einlage ein Grundstück einzubringen verspricht, erforderlich sein wird.

Nach dem Handelsgesetzbuche wird der Inhaber des Handelsgewerbes „Eigenthümer der Einlage" (Art. 252 Abs. 1); die neue Fassung, wonach der stille Gesellschafter die Einlage so zu leisten hat, daß sie in das Vermögen des Inhabers des Handelsgeschäfts übergeht, trifft auch für Gegenstände zu, die der stille Gesellschafter dem Geschäftsinhaber nur zum Gebrauch überläßt, und sie läßt zugleich erkennen, daß es zum Eigenthumsübergange auch hier der nach allgemeinen Grundsätzen erforderlichen Uebertragungshandlungen bedarf. Zu einer Erhöhung der vereinbarten Einlage oder zur Ergänzung der durch Verlust verminderten Einlage (Handelsgesetzbuch Art. 252 Abs. 2) ist der stille Gesellschafter schon nach §. 694 des Bürgerlichen Gesetzbuchs nicht verpflichtet.

Die gegenwärtig mit Rücksicht auf den Wortlaut des Art. 250 des Handelsgesetzbuchs bestrittene Frage, ob durch den Gesellschaftsvertrag die Theilnahme des stillen Gesellschafters am Verluste ganz ausgeschlossen werden könne, entscheidet der Entwurf bejahend, indem er im §. 307 Abs. 2 nur den Ausschluß von der Betheiligung am Gewinne für unzulässig erklärt. Hiermit stimmt die Rechtsprechung des Reichsoberhandelsgerichts und nunmehr auch die des Reichsgerichts überein, welches früher allerdings die Auffassung vertreten hatte, daß im Falle des vertragsmäßigen Ausschlusses einer Betheiligung des stillen Gesellschafters am Verluste die Vorschriften des Handelsgesetzbuchs über die stille Gesellschaft nicht unmittelbar maßgebend seien, sondern nur insofern Platz zu greifen hätten, als die Parteien sich denselben unterwerfen wollten. Die betreffenden Entscheidungen[1]) zeigen zugleich, daß ein entschiedenes Bedürfniß besteht, die Regeln über die stille Gesellschaft auch in dem Falle zur Anwendung zu bringen, daß der stille Gesellschafter am Verluste nicht Theil nimmt. Ist im Gesellschaftsvertrage über den Antheil am Gewinne und Verluste nichts bestimmt, so muß ein den Umständen nach angemessener Antheil als bedungen gelten (§. 307 Abs. 1; zu vergl. Art. 254 des Handelsgesetzbuchs).

Die Vorschriften des §. 308 über die jährliche Berechnung des Gewinns und Verlustes, über die Auszahlung des dem stillen Gesellschafter gebührenden Gewinnantheils und über die Begrenzung seiner Theilnahme am Verluste entsprechen dem Inhalte des bisherigen Art. 255. Ebenso giebt der §. 309 die Vorschriften des bisherigen Art. 253 über die dem stillen Gesellschafter zustehenden Rechte auf Mittheilung der Bilanzen und auf Einsicht der Bücher und Papiere mit den die Fassung betreffenden Aenderungen wieder, welche der auf den Kommanditisten bezügliche Art. 160 im §. 152 des Entwurfs erfahren hat.

Aufnahme des Namens des stillen Gesellschafters in die Firma. (§. 310.)

Die Vorschrift des bisherigen Art. 257 Satz 1, wonach der Name des stillen Gesellschafters nicht in der Firma des Inhabers des Handelsgeschäfts

---

[1]) Entsch. des Reichsoberhandelsgerichts Bd. XII S. 100, Entsch. des Reichsgerichts in Civils. Bd. III S. 9, Bd. XXVII S. 16, Bd. XXX S. 57, Bd. XXXI S. 35.

enthalten sein darf, findet sich bereits im §. 17 des Entwurfs und konnte deshalb in dem Titel über die stille Gesellschaft gestrichen werden. Dagegen ist der Grundsatz des Art. 257 Satz 2 über die Haftung des stillen Gesellschafters, dessen Name dem Verbote zuwider in die Firma aufgenommen ist, im §. 310 des Entwurfs wiederholt; im Einzelnen hat dabei die entsprechende Vorschrift für die Kommanditgesellschaft (§. 162) als Vorbild gedient.

Kundgemachte stille Gesellschaft.

Besondere Bestimmungen über die kundgemachte stille Gesellschaft enthält der Entwurf nicht. Der bisherige Art. 260 beschränkt sich darauf, bezüglich der Frage, ob und wieweit eine rechtliche Wirkung zu Gunsten dritter Personen eintritt, wenn durch den stillen Gesellschafter oder mit dessen Willen das Vorhandensein der stillen Gesellschaft kundgemacht wird, die allgemeinen Rechtsgrundsätze für maßgebend zu erklären. Der Artikel hat demnach keine selbständige Bedeutung. Dessenungeachtet hat er Anlaß zu zahlreichen Streitfragen über die Voraussetzungen und Wirkungen der Kundmachung einer stillen Gesellschaft gegeben; er wird daher am besten gestrichen. Dies schließt nicht aus, daß unter Umständen durch die Kundmachung des Gesellschaftsverhältnisses eine Haftung des stillen Gesellschafters gegenüber den Geschäftsgläubigern eintreten kann, sofern nach allgemeinen Grundsätzen, insbesondere nach den Vorschriften über den Kreditauftrag, die Voraussetzungen hierfür vorliegen.

Auflösung. (§§. 311, 312.)

Die Art. 261 bis 264 des Handelsgesetzbuchs, welche die einzelnen Fälle der Auflösung der stillen Gesellschaft aufzählen und zum Theil näher regeln, können mit Ausnahme der im §. 311 des Entwurfs beibehaltenen Bestimmungen beseitigt werden. Im Allgemeinen genügen die Vorschriften des Bürgerlichen Gesetzbuchs (§§. 710 ff.) Eine sachliche Aenderung tritt in Folge derselben insofern ein, als nicht mehr, wie bisher nach Art. 261 Nr. 2, die stille Gesellschaft von Rechtswegen endigt, wenn der Inhaber des Handelsgeschäfts die Fähigkeit zur selbständigen Vermögensverwaltung verliert; die Beibehaltung der bisherigen Vorschrift ist hier ebenso wenig ein Bedürfniß wie bei der offenen Handelsgesellschaft, vielmehr reicht in dem bezeichneten Falle die Befugniß zur sofortigen Kündigung aus. Durch gegenseitige Uebereinkunft und durch Ablauf der für ihre Dauer festgesetzten Zeit (Art. 261 Nr. 4, 5) wird die Gesellschaft auch nach dem Bürgerlichen Gesetzbuch aufgelöst, wenngleich darin diese Auflösungsgründe nicht besonders hervorgehoben sind. Da die stille Gesellschaft nach außen nicht hervortritt, so ist es nicht unangemessen, daß sie von selbst endigt, wenn der vereinbarte Zweck erreicht oder dessen Erreichung unmöglich geworden ist (Bürgerliches Gesetzbuch §. 713). Aus dem gleichen Grunde kann es für die stille Gesellschaft bei der Vorschrift des §. 710 des Bürgerlichen Gesetzbuchs bewenden, wonach die Gesellschaft, falls ein wichtiger Grund zu ihrer sofortigen Auflösung vorliegt, durch die bloße Kündigung, also ohne daß es eines Richterspruches bedarf, aufgelöst wird. Nur zwei Besonderheiten mußten aufrecht erhalten werden, nämlich die, daß der Tod des stillen Gesellschafters die Gesellschaft nicht auflöst, und daß hinsichtlich der Kündigung einer auf unbestimmte Zeit eingegangenen Gesellschaft sowie hinsichtlich der Kündigung durch einen Gläubiger des stillen Gesellschafters die für die offene Handelsgesellschaft geltenden Vorschriften der §§. 120, 122 Anwendung finden. Eine Befugniß, die Gesellschaft jederzeit ohne Einhaltung einer Kündigungsfrist zu kündigen, wie sie sich aus §. 710 des Bürgerlichen Gesetzbuchs ergeben würde, kann weder den Gesellschaftern selbst noch einem Gläubiger des stillen Gesellschafters eingeräumt werden; denn der Inhaber des Handelsgeschäfts muß die Rückzahlung der Einlage, der stille Gesellschafter, welchem gekündigt ist, deren anderweitige Verwerthung vorbereiten können.

Die Vorschriften des Art. 265 des Handelsgesetzbuchs über die nach der Auflösung der Gesellschaft eintretende Auseinandersetzung zwischen dem stillen Gesellschafter und dem Inhaber des Handelsgeschäfts sind im §. 312 des Entwurfs in Anlehnung an die Vorschriften des Bürgerlichen Gesetzbuchs ergänzt. Da es bei der stillen Gesellschaft kein Gesellschaftsvermögen giebt, auch ein Ausscheiden eines Gesellschafters ohne Auflösung der Gesellschaft bei ihr nicht möglich ist, weil sie immer nur zwischen zwei Personen besteht, so können zwar in Bezug auf die Auseinandersetzung weder die §§. 717 bis 722 noch die §§. 725 und 727 des Bürgerlichen Gesetzbuchs unmittelbare Anwendung finden; allein die Vorschriften, welche der §. 727 über die Theilnahme eines ausscheidenden Gesellschafters an dem aus schwebenden Geschäften sich ergebenden Gewinne und Verluste sowie über seinen Anspruch auf jährliche Rechenschaftsablage, Auszahlung und Auskunftsertheilung enthält, sind auch für die Auseinandersetzung zwischen dem Inhaber des Handelsgeschäfts und dem stillen Gesellschafter geeignet und deshalb in den §. 312 des Entwurfs übernommen.

Konkurs des Inhabers des Handelsgeschäfts. (§§. 313, 314.)

Der §. 313 wiederholt die Vorschriften des Art. 258 über die Stellung des stillen Gesellschafters im Konkurse des Inhabers des Handelsgeschäfts. Gegenüber den §§. 14 und 44 der Konkursordnung erscheint es zweckmäßig, auch fernerhin ausdrücklich zu bestimmen, daß der stille Gesellschafter wegen der Einlage, soweit sie den Betrag des auf ihn fallenden Antheils am Verluste übersteigt, Konkursgläubiger ist. Ebenso muß die Bestimmung, daß der stille Gesellschafter die rückständige Einlage nur bis zu demjenigen Betrage an die Konkursmasse zu zahlen hat, welcher zur Deckung seines Antheils am Verluste erforderlich ist, beibehalten werden; die von einzelnen Seiten gegen diese Bestimmung erhobenen Bedenken entbehren der Begründung.

Das Anfechtungsrecht, welches der Art. 259 des Handelsgesetzbuchs den Konkursgläubigern gewährt, wenn innerhalb eines Jahres vor der Eröffnung des Konkurses über das Vermögen des Inhabers des Handelsgeschäfts auf Grund einer Vereinbarung zwischen diesem und dem stillen Gesellschafter die Einlage des letzteren zurückgezahlt oder ihm die Verpflichtung zur Tragung seines Antheils an dem entstandenen Verluste erlassen ist, geht erheblich weiter als das allgemeine Anfechtungsrecht der Konkursordnung. Der Anfechtende braucht eine Absicht der Gesellschafter, die Konkursgläubiger zu benachtheiligen, nicht nachzuweisen; umgekehrt ist dem stillen Gesellschafter der Nachweis gestattet, daß der Konkurs in Umständen seinen Grund hat, die erst nach der fraglichen Vereinbarung eingetreten sind. Der Art. 259 ist demnach durch die Vorschriften der Konkursordnung nicht überflüssig geworden, und es empfiehlt sich, den Inhalt desselben auch weiterhin neben diesen Vorschriften in Geltung zu erhalten. Wenngleich die Einlage des stillen Gesellschafters nicht in der Weise wie diejenige des Kommanditisten im Interesse der Gläubiger gebunden ist, so erscheint es doch gerechtfertigt, einer Herausziehung derselben aus dem Geschäfte, die zu einer Zeit geschieht, in der die Ursachen des späteren Vermögensverfalls schon vorliegen, durch besondere Maßnahmen entgegenzutreten. Andererseits ist das Anfechtungsrecht nicht über seine bisherigen Grenzen hinaus auszudehnen; insbesondere kann es nicht auf den Fall erstreckt werden, daß der noch rückständige, zur Deckung des Verlustantheils des stillen Gesellschafters nicht erforderliche Theil der Einlage erlassen wird. Eine solche Bestimmung wäre auch mit der Vorschrift des §. 313 Abs. 2 nicht in Einklang zu bringen. Der §. 314 des Entwurfs giebt deshalb nur den Inhalt des bisherigen Art. 259 in etwas kürzerer Fassung wieder. In Bezug auf die Geltendmachung und die Wirkungen de Anfechtung sind die betreffenden Vorschriften der Konkursordnung für anwendbar erklärt.

Vereinigung zu einzelnen Handelsgeschäften für gemeinschaftliche Rechnung.

Die Bestimmungen, welche das Handelsgesetzbuch im zweiten Titel des dritten Buches über die Vereinigung zu einem oder mehreren einzelnen Handelsgeschäften für gemeinschaftliche Rechnung (sog. Gelegenheitsgesellschaft) aufstellt, werden mit der Einführung des Bürgerlichen Gesetzbuchs entbehrlich. Die Vorschriften des letzteren über die Gesellschaft sind auch für Vereinigungen zu vorübergehenden kaufmännischen Zwecken ausreichend und führen im Allgemeinen zu denselben Ergebnissen wie die bisherigen Vorschriften des Handelsgesetzbuchs. Was zunächst den für die Gelegenheitsgesellschaft im Art. 266 ausgesprochenen Grundsatz der Formfreiheit des Gesellschaftsvertrags betrifft, so bleibt derselbe nach den Grundsätzen des Bürgerlichen Gesetzbuchs im Wesentlichen bestehen. Daß in Ermangelung einer anderen Vereinbarung die Gesellschafter gleiche Beiträge zu leisten haben und den Gewinn und Verlust nach Köpfen unter sich theilen (Art. 267, 268), ist im Bürgerlichen Gesetzbuch gleichfalls anerkannt (§§. 693, 709). Dagegen findet eine Verzinsung der Einlage (Art. 268 des Handelsgesetzbuchs) nach dem Bürgerlichen Gesetzbuche nicht statt; die Frage der Berechnung fester Zinsen bleibt aber auch am besten der Vereinbarung der Gesellschafter überlassen. Hinsichtlich der Verpflichtung der Gesellschafter aus den für die Gesellschaft geschlossenen Geschäften gilt nach dem Bürgerlichen Gesetzbuche dasselbe wie nach Art. 269 des Handelsgesetzbuchs; insbesondere haften die Gesellschafter gemäß §. 421 des Bürgerlichen Gesetzbuchs im Zweifel als Gesammtschuldner, falls das Geschäft von ihnen gemeinschaftlich, sei es von allen persönlich, sei es von einem einzelnen zugleich im Auftrage der übrigen oder von einem bevollmächtigten Dritten, geschlossen ist. Die Bestimmung des Art. 269, daß die Gesellschafter aus den für alle geschlossenen Geschäften auch als Gesammtgläubiger berechtigt sein sollen, kann wegfallen. Sie enthält eine rechtliche Besonderheit, für die es an einem ausreichenden Grunde fehlt; die §§. 705, 706 des Bürgerlichen Gesetzbuchs führen auch hier zu einem angemessenen Ergebnisse. Schon aus den §§. 700 und 653 daselbst folgt ferner, daß nach Beendigung des gemeinschaftlichen Geschäfts derjenige Gesellschafter, welcher das Geschäft führte, Rechnung zu legen hat (Art. 270 Abs. 1 des Handelsgesetzbuchs); auch ist es selbstverständlich, daß der Theilnehmer, welcher das Geschäft führte, die Liquidation besorgt (Art. 270 Abs. 2), soweit von einer Liquidation hier überhaupt gesprochen werden kann, da es sich nur um die endgültige Erledigung der einzelnen Geschäfte handelt. Für die Auseinandersetzung unter den Gesellschaftern nach beendigter Gesellschaft sind die §§. 717 bis 722 des Bürgerlichen Gesetzbuchs maßgebend. Hiernach rechtfertigt sich die völlige Streichung des von der Gelegenheitsgesellschaft handelnden Titels.

Drittes Buch.

Handelsgeschäfte.

Erster Titel.

Allgemeine Vorschriften.

Begriff der Handelsgeschäfte. (§§ 315—317.) Das Handelsgesetzbuch unterscheidet in den Art. 271 bis 273 drei Gattungen von Handelsgeschäften: die sogenannten objektiven Handelsgeschäfte, d. h. Geschäfte, welche Handelsgeschäfte sind, auch wenn sie nicht gewerbsmäßig betrieben werden (Art. 271), ferner die subjektiven Handelsgeschäfte des Art. 272 Abs. 1, welche nur bei gewerbsmäßigem Betriebe als Handelsgeschäfte gelten — beide zusammen die Grundgeschäfte des Handels darstellend, deren gewerbsmäßiger Betrieb die Eigenschaft als Kaufmann begründet —, endlich eine weitere Art subjektiver Handelsgeschäfte, nämlich nach Art. 273 und Art. 272 Abs. 2 die einzelnen Geschäfte eines Kaufmanns, welche zum Betriebe seines Handelsgewerbes gehören oder im Betriebe seines Handelsgewerbes gemacht werden (sogenannte accessorische Handelsgeschäfte). Im Entwurf ist dagegen der Rechtsbegriff der objektiven Handelsgeschäfte beseitigt, die Grundgeschäfte sind als solche im §. 1 aufgeführt, und der Begriff der Handelsgeschäfte wird im §. 315 lediglich dahin bestimmt, daß Handelsgeschäfte die Geschäfte eines Kaufmanns sind, welche zum Betriebe seines Handelsgewerbes gehören oder doch gemäß §. 315 Abs. 3 in diesem Betriebe geschlossen werden.

Die Beseitigung des Begriffs der objektiven Handelsgeschäfte bedarf einer näheren Begründung. Unter denselben fallen nach Art. 271 die folgenden Geschäfte: 1. der Kauf oder die anderweitige Anschaffung von Waaren oder Werthpapieren behufs der Weiterveräußerung, 2. die Uebernahme einer Lieferung von Waaren oder Werthpapieren, die der Uebernehmer zum Zwecke der Lieferung anschafft, 3. die Uebernahme einer Versicherung gegen Prämie, 4. die Uebernahme der Beförderung von Gütern oder Reisenden zur See und das Darleihen gegen Verbodmung. Gehört ein Geschäft zu dem bezeichneten Kreise, so hat dies praktisch die Bedeutung, daß das Geschäft stets den allgemeinen Vorschriften über Handelsgeschäfte, der Spekulationskauf sowie das Lieferungsgeschäft außerdem auch den Bestimmungen über den Handelskauf unterliegt. Was die ersteren Vorschriften betrifft, so kommt die Mehrzahl derselben mit Rücksicht auf die Bestimmungen des Bürgerlichen Gesetzbuchs in Wegfall. Die noch übrig bleibenden setzen schon nach dem Handelsgesetzbuche meistens die Kaufmannseigenschaft mindestens eines Betheiligten, also ein subjektives Handelsgeschäft, voraus, und wo dies bisher nicht der Fall ist, wie bei den Vorschriften über die Bürgschaft (Art. 281 Abs. 2), über das Maß der anzuwendenden Sorgfalt (Art. 282), über die Formfreiheit der Rechtsgeschäfte (Art. 317), erscheint die Anwendung der betreffenden Vorschriften auf andere Personen als Kaufleute sachlich nicht gerechtfertigt. Daß beispielsweise Jemand, der nicht Kaufmann ist, dessenungeachtet bei einem einzelnen Geschäfte die Sorgfalt eines ordentlichen Kaufmanns anzuwenden verpflichtet ist, entspricht nicht der Natur der Sache.

Der gelegentliche Spekulationskauf oder das gelegentliche Lieferungsgeschäft, bei welchem keiner der Betheiligten Kaufmann ist, braucht nicht den Vorschriften über den Handelskauf unterstellt zu werden. Abgesehen von dem inneren Widerspruche, der darin liegt, daß zwar das Spekulationsgeschäft, nicht aber das mit ihm nothwendig verbundene Realisationsgeschäft als Handelsgeschäft gelten soll, erscheint es auch nicht unbedenklich, die rechtliche Natur des Geschäfts lediglich von dem Zwecke abhängig zu machen, welchen der eine der vertragschließenden Theile bei dem Abschlusse des Geschäfts verfolgt. Uebrigens hat die Bestimmung in Wirklichkeit keine erhebliche praktische Bedeutung, weil zugleich ein erkennbares Hervortreten des fraglichen Zweckes nothwendig ist. Denn wenn man von den Börsengeschäften absieht, welche schon um deswillen, weil hier mindestens auf der einen Seite stets ein Kaufmann betheiligt ist, den Vorschriften über den Handelskauf unterliegen, wird die Spekulationsabsicht nur ausnahmsweise aus den Umständen des einzelnen Geschäfts hervorgehen, vielmehr regelmäßig aus dem Gewerbebetriebe des Betheiligten entnommen werden müssen. Das System des Handelsgesetzbuchs führt daher thatsächlich doch auf die Kaufmannseigenschaft zurück, und die Rechtsprechung zeigt denn auch, daß die Anwendung der Vorschriften über den Handelskauf in Fällen, in welchen nicht mindestens einer der Betheiligten Kaufmann ist, nur selten vorkommt.

In Ansehung der Versicherung gegen Prämie und der Seefracht- und Bodmereigeschäfte hat die Beibehaltung der objektiven Handelsgeschäfte kaum ein praktisches Interesse, da diese Geschäfte nicht leicht anders als gewerbsmäßig oder doch von einem Kaufmann im Betriebe seines anderweitigen Handelsgewerbes geschlossen werden. Ist in einem einzelnen Falle ausnahmsweise eines der erwähnten Geschäfte des Seerechts nicht als ein Handelsgeschäft im Sinne des dritten Buches anzusehen, so wird hierdurch die Anwendung der seerechtlichen Vorschriften über das Frachtgeschäft und die Bodmerei selbstverständlich nicht berührt.

Nach dem Handelsgesetzbuch ist der Begriff der objektiven Handelsgeschäfte noch insofern von Bedeutung, als einzelnen anderen Rechtsbegriffen, nämlich denjenigen der Gelegenheitsgesellschaft, des Kommissionärs und des kaufmännischen Vermittlers der Begriff der Handelsgeschäfte zu Grunde liegt (Art. 266, 272 Nr. 4, 360, 378). Dies trifft aber für den Entwurf nicht mehr zu, welcher die Vorschriften über die Gelegenheitsgesellschaft gestrichen hat, die gewerbsmäßige Vermittelung und Abschließung von Handelsgeschäften neben dem Gewerbe der Handlungsagenten und Handelsmäkler nicht mehr als ein Handelsgewerbe im Sinne des §. 1 anerkennt und den Begriff des Kommissionärs anders bestimmt.

Durch den Wegfall der objektiven Handelsgeschäfte wird das System des Gesetzbuchs wesentlich vereinfacht; außerdem steht es mit dem allgemeinen Standpunkte des Entwurfs im Einklange, die Anwendung der Vorschriften des dritten Buches auf diejenigen Geschäfte zu beschränken, welche im Betriebe des Handelsgewerbes geschlossen werden. Die der geschichtlichen Entwickelung des Handelsrechts entsprechende Bedeutung desselben als eines Rechtes der Kaufleute tritt auch in dieser Beziehung wieder mehr in den Vordergrund.

Im Einzelnen ist zu den §§. 315 bis 317 des Entwurfs das Folgende zu bemerken:

Der §. 315 spricht zunächst den Grundsatz aus, daß Handelsgeschäfte alle Geschäfte eines Kaufmanns sind, welche zum Betriebe seines Handelsgewerbes gehören; diese Begriffsbestimmung umfaßt sowohl die Geschäfte, welche die Grundlage des Betriebes bilden und das Gewerbe nach den §§. 1 bis 3 zum Handelsgewerbe machen, als auch die, welche dem Betriebe als Neben- oder Hülfsgeschäfte dienen. Im Abs. 3 wird sodann noch besonders bestimmt, daß die im §. 1 aufgeführten Grundgeschäfte des Handels auch dann Handelsgeschäfte sind, wenn sie zwar einzeln, jedoch von einem Kaufmann im Betriebe seines gewöhnlich auf andere Geschäfte gerichteten Handelsgewerbes gemacht werden. Für die subjektiven Grundgeschäfte des bisherigen Art. 272 Abs. 1 war bereits durch Art. 272 Abs. 2 die gleiche Vorschrift getroffen. Wenn diese Vorschrift auch vielfach nur als eine Folgerung aus dem Satze angesehen wird, daß alle Geschäfte eines Kaufmanns, die zum Betriebe seines Handelsgewerbes gehören, Handelsgeschäfte sind, so empfiehlt es sich doch zur Vermeidung von Zweifeln, dieselbe beizubehalten, zumal sie vermöge der Beseitigung des Begriffs der objektiven Handelsgeschäfte erhöhte Bedeutung erlangt.

Die Vorschrift, daß die Weiterveräußerungen der Handwerker, soweit sie nur in Ausübung des Handwerksbetriebes geschehen, nicht als Handelsgeschäfte zu betrachten sind (Art. 273 Abs. 3 des Handelsgesetzbuchs), ist gestrichen. Sie soll verhüten, daß die Kunden der Handwerker in dem geschäftlichen Verkehr mit diesen den Bestimmungen über die Handelsgeschäfte unterworfen werden. Bei dem künftig sehr verringerten Umfange dieser Bestimmungen wäre die Vorschrift nicht mehr von derselben Tragweite wie bisher. Immerhin würde sie zu einer Benachtheiligung der Handwerker im Vergleiche zu anderen Kaufleuten führen. Bliebe der Art. 273 Abs. 3 beibehalten, so hätten zum Beispiel die Handwerker nicht die Rechte des §. 344 gegen den in Annahmeverzug befindlichen Käufer, und sie könnten von ihren Kunden, auch wenn diese Kaufleute sind, nicht die sofortige Untersuchung der gelieferten Gegenstände und die alsbaldige Anzeige der entdeckten Mängel verlangen.

Im §. 316 sind die Vermuthungen wiedergegeben, welche der Art. 274 des Handelsgesetzbuchs für die Zugehörigkeit von Geschäften eines Kaufmanns zum Handelsgewerbebetrieb aufstellt; nur ist im Abs. 1 an Stelle des zu engen Wortes „Verträge" der umfassendere Ausdruck „Rechtsgeschäfte" gesetzt.

Auch die Regel des §. 317, derzufolge auf ein Rechtsgeschäft, das für einen der beiden Theile ein Handelsgeschäft ist, die Vorschriften über Handelsgeschäfte in Ermangelung einer entgegenstehenden gesetzlichen Anordnung für beide Theile gleichmäßig zur Anwendung kommen, entspricht dem geltenden Rechte (Art. 277); sie hat jedoch künftig in der Hauptsache nur noch für die Vorschriften des zweiten bis siebenten Titels über einzelne Arten von Handelsgeschäften Bedeutung.

In Betreff der Streichung des Art. 275, nach welchem Verträge über unbewegliche Sachen keine Handelsgeschäfte sind, kann auf die Bemerkungen zu den §§. 1 und 2 des Entwurfs verwiesen werden. Auch der bisherige Art. 276 ist in den Entwurf nicht aufgenommen. Nach demselben wird die Eigenschaft eines Geschäfts als Handelsgeschäft und die Gültigkeit desselben nicht dadurch berührt, daß es einer Person wegen ihres Amtes, Standes oder aus ähnlichen Gründen untersagt ist, Handel zu treiben oder Handelsgeschäfte zu schließen. Neben dem §. 6 des Entwurfs ist eine solche Vorschrift entbehrlich.

Vorschriften des Handelsgesetzbuchs, welche mit Rücksicht auf das Bürgerliche Gesetzbuch wegfallen. (Art. 278, 280, 281 Abs 1, 283, 285, 286, 288, 293—299, 318—322, 324—326, 327 Abs. 2, 328 Nr. 2, 329—331, 333, 334, 336 Abs. 2.)

Was die sonstigen Bestimmungen über die Handelsgeschäfte betrifft, so macht sich hier der Einfluß des Bürgerlichen Gesetzbuchs besonders geltend. Die große Mehrzahl der in den Art. 278 bis 336 des Handelsgesetzbuchs unter den Ueberschriften: „Allgemeine Bestimmungen über Handelsgeschäfte", „Abschließung der Handelsgeschäfte", „Erfüllung der Handelsgeschäfte" sich findenden Vorschriften kann wegfallen, da das Bürgerliche Gesetzbuch entweder völlig übereinstimmende Vorschriften enthält oder die betreffenden Fragen mit Abweichungen regelt, die auch vom Standpunkte des Handelsverkehrs als zweckmäßig oder unbedenklich zu betrachten sind. In Betreff der einzelnen Artikel des Handelsgesetzbuchs, welche aus diesem Grunde nicht in den Entwurf aufgenommen sind, ist Folgendes zu bemerken:

Der Art. 278, welcher die Auslegung der Handelsgeschäfte betrifft, wird durch den §. 129 des Bürgerlichen Gesetzbuchs ersetzt.

Eine Gesammtschuld entsteht nach §. 421 des Bürgerlichen Gesetzbuchs im Zweifel schon dann, wenn sich Mehrere gemeinschaftlich durch Vertrag zu einer Leistung verpflichten; der Art. 280 des Handelsgesetzbuchs, der den gleichen Grundsatz für den Fall ausspricht, daß das Geschäft auf der Seite der Schuldner ein Handelsgeschäft ist, wird hierdurch überflüssig. Ebenso muß der Art. 281 Abs. 1, welcher die Einrede der Theilung bei Handelsgeschäften ausschließt, wegfallen, da das Bürgerliche Gesetzbuch diese Einrede weder den Gesammtschuldnern im Allgemeinen noch auch den Bürgen, die sich für dieselbe Schuld verbürgt haben, gewährt.

Nach Art. 283 des Handelsgesetzbuchs kann, wer Schadensersatz zu fordern hat, bei Handelsgeschäften Erstattung des wirklichen Schadens und des entgangenen Gewinns fordern. Auch dieser Satz braucht nicht aufrecht erhalten zu werden, da die betreffenden Vorschriften des Bürgerlichen Gesetzbuchs (§§. 243, 245, 246) im Wesentlichen damit übereinstimmen.

Die Vorschriften des Art. 285 über die Daraufgabe werden in Folge der damit übereinstimmenden §§. 330 bis 332 des Bürgerlichen Gesetzbuches entbehrlich. Eine Anfechtung von Geschäften wegen Verletzung über die Hälfte, welche der Art. 286 bei Handelsgeschäften für unzulässig erklärt, findet nach dem Bürgerlichen Gesetzbuch überhaupt nicht statt.

Der Grundsatz des Art. 288 Abs. 1, wonach spätestens von der

Mahnung an Verzugszinsen zu entrichten sind, folgt aus den §§. 278 und 282 des Bürgerlichen Gesetzbuchs. Daß die Uebersendung der Rechnung für sich allein nicht als Mahnung gilt (Art. 288 Abs. 2 des Handelsgesetzbuchs), bedarf keiner besonderen Hervorhebung mehr, weil das Bürgerliche Gesetzbuch eine entgegenstehende Vorschrift, wie sie sich im §. 685 II 8 des preußischen Allgemeinen Landrechts findet, nicht enthält.

Der Art. 293 des Handelsgesetzbuchs fällt weg, weil das Bürgerliche Gesetzbuch ein Verbot von Zinsen, die in ihrem Gesammtbetrage das Kapital übersteigen, nicht kennt.

Der Grundsatz des Art. 294, daß die Anerkennung einer Rechnung den Beweis eines Irrthums oder Betrugs in der Rechnung nicht ausschließt, ergiebt sich aus den Vorschriften des Bürgerlichen Gesetzbuchs über die ungerechtfertigte Bereicherung, und der Art. 295, nach welchem die Beweiskraft eines Schuldscheins oder einer Quittung bei Handelsgeschäften an den Ablauf einer Frist nicht gebunden ist, ist schon durch den §. 17 des Einführungsgesetzes zur Civilprozeßordnung überflüssig geworden. Die Vorschrift des Art. 296 über die Ermächtigung des Ueberbringers einer Quittung zur Empfangnahme der Zahlung ist in den §. 364 des Bürgerlichen Gesetzbuchs übergegangen.

Ebenso erhalten die Vorschriften der Art. 297 und 298 über den Einfluß des Todes des Vollmachtgebers, über die Wirkung der von einem Bevollmächtigten abgeschlossenen Geschäfte und über die Haftung dessen, der als Bevollmächtigter auftritt, ohne Vollmacht zu haben, durch das Bürgerliche Gesetzbuch allgemeine Anerkennung und sind daher im Handelsgesetzbuche zu entbehren; aus dem gleichen Grunde sind schon im ersten Buche die für die Prokura und Handlungsvollmacht im Art. 54 Abs. 2 und in den Art. 52, 55 gegebenen Bestimmungen gestrichen. Soweit der Art. 297 sich auf den Antrag oder Auftrag bezieht, kann er gleichfalls wegfallen; denn auch nach dem Bürgerlichen Gesetzbuche (§. 126 Abs. 2, §§. 149, 659, 662) erlischt ein Antrag oder ein Auftrag im Zweifel nicht durch den Tod des Antragstellers oder Auftraggebers.

Der Art. 299, nach welchem im Falle der Abtretung einer Forderung die Bezahlung ihres vollen Betrags verlangt werden kann, wenngleich dieser Betrag die Summe des für die Abtretung vereinbarten Preises übersteigt, wird überflüssig, da das Bürgerliche Gesetzbuch beschränkende Vorschriften in der fraglichen Beziehung nicht enthält.

In Betreff der bindenden Kraft von Vertragsanträgen und des Abschlusses der Verträge müssen in Zukunft auch für Handelsgeschäfte die Vorschriften der §§. 126 bis 128, 141 bis 151 des Bürgerlichen Gesetzbuchs zur Anwendung kommen; die Art. 318 bis 322 des Handelsgesetzbuchs fallen deshalb weg.

Die in den Art. 324 und 325 über den Erfüllungsort aufgestellten Regeln werden durch die im Wesentlichen übereinstimmenden Grundsätze der §§. 262 und 263 des Bürgerlichen Gesetzbuchs ersetzt. Neben der allgemeinen Verweisung auf die Umstände und die Natur des Schuldverhältnisses ist eine Berücksichtigung des Falles, daß eine bestimmte bewegliche Sache geschuldet wird (Art. 324 Abs. 2 Satz 2), nicht erforderlich, wie auch schon aus der Natur des Schuldverhältnisses folgt, daß Geldschulden aus indossabelen oder auf den Inhaber lautenden Papieren keine Bringschulden sind (Art. 325 i. A.).

Nicht minder können im Hinblick auf die §§. 152 bis 188, 264 bis 266 des Bürgerlichen Gesetzbuchs die Vorschriften des Handelsgesetzbuchs über die Erfüllungszeit (Art. 326 bis 334) der Hauptsache nach gestrichen werden. Ist im Vertrag eine Zeit für die Leistung bestimmt, so soll nach §. 264 Abs. 2 des Bürgerlichen Gesetzbuchs im Zweifel angenommen werden, daß der Gläubiger vor dieser Zeit die Leistung nicht fordern, der Schuldner aber zu jeder früheren Zeit leisten kann. Eine solche Vermuthung ist dem entsprechenden Art. 334 Abs. 1 des Handelsgesetzbuchs unbekannt, es liegt aber kein Grund vor, sie nicht auch im Handelsverkehre zur Anwendung zu bringen. Der Art. 330 Abs. 2, wonach, wenn der letzte Tag einer für die Leistung bedungenen Frist auf einen Sonntag oder Feiertag fällt, spätestens am nächstvorhergehenden Werktage erfüllt werden muß, kann neben dem §. 265 des Bürgerlichen Gesetzbuchs, welches statt dessen den nächstfolgenden Werktag entscheiden läßt, um so weniger bestehen bleiben, als auch nach dem Handelsgesetzbuche (Art. 329) dann, wenn ein Erfüllungstermin auf einen Sonntag oder allgemeinen Feiertag fällt, der nächste Werktag als Erfüllungstag gelten soll. Ein besonderer Vorbehalt für die Bestimmungen der Börsenordnungen über die Liquidationstermine der Börsengeschäfte (Art. 331) ist angesichts der Auslegungsregel des §. 153 des Bürgerlichen Gesetzbuchs nicht erforderlich; denn es ergiebt sich ohne Weiteres, daß bei Börsentermingeschäften die Parteien mit den von ihnen unter der üblichen Bezeichnung bedungenen Lieferungsterminen die Zeitpunkte oder Fristen im Auge haben, welche herkömmlicher Weise von den Börsenorganen zu dem Behufe im voraus bekannt gemacht werden. Die Börsenordnungen selbst, auf welche das Handelsgesetzbuch verweist, pflegen derartige Bestimmungen überhaupt nicht zu enthalten.

Die Vorschriften des Entwurfs.

Die Vorschriften, welche in den §§. 318 bis 343 des Entwurfs auf die Bestimmungen über den Begriff der Handelsgeschäfte folgen, betreffen durchweg Punkte, die auch schon im Handelsgesetzbuche geregelt sind, und stimmen meistens mit den bisherigen Vorschriften überein. Zum Theil stellen sie Abweichungen von dem Bürgerlichen Gesetzbuche dar, die in den besonderen Bedürfnissen des Handelsverkehrs ihren Grund haben (§§. 320 bis 323, 334, 338, 339), zu einem anderen Theil enthalten sie nur Ergänzungen des bürgerlichen Rechts (§§. 318, 319, 324, 325, 329 bis 333). Außerdem sind, wie bisher, einige dem Handelsverkehr eigenthümliche Rechtsinstitute, nämlich das Kontokurrentverhältniß (§§. 326 bis 328), die Orderpapiere (§§. 335 bis 337) und das kaufmännische Zurückbehaltungsrecht (§§. 340 bis 343), in diesem Titel geregelt.

Berücksichtigung der Handelsgebräuche. (§. 318.)

Der §. 318, wonach in Ansehung der Bedeutung und Wirkung von Handlungen und Unterlassungen auf die im Handelsverkehre geltenden Gewohnheiten und Gebräuche Rücksicht zu nehmen ist, stimmt mit dem bisherigen Art. 279 überein. Wie bereits an anderer Stelle bemerkt worden ist, erhält die Bestimmung dadurch, daß im Entwurfe dem eigentlichen Handelsgewohnheitsrechte der ihm bisher gegenüber dem bürgerlichen Rechte eingeräumte Vorrang entzogen wird, eine besondere Bedeutung.

Sorgfalt eines ordentlichen Kaufmanns. (§. 319.) Nach Art. 282 des Handelsgesetzbuchs hat derjenige, welcher aus einem Geschäfte, das auf seiner Seite ein Handelsgeschäft ist, einem Anderen zur Sorgfalt verpflichtet ist, die Sorgfalt eines ordentlichen Kaufmanns anzuwenden. Die Vorschrift ist im §. 319 des Entwurfs wiederholt. Das Bürgerliche Gesetzbuch geht von dem Grundsatze aus, daß der Schuldner Vorsatz und Fahrlässigkeit zu vertreten hat und daß fahrlässig handelt, wer die im Verkehr erforderliche Sorgfalt außer Acht läßt; diese Regel erhält durch den §. 319 für den Handelsverkehr einen bestimmteren Inhalt. Das Handelsgesetzbuch läßt übrigens den Maßstab der Sorgfalt eines ordentlichen Kaufmanns eintreten, wo überhaupt eine Pflicht zur Sorgfalt im bürgerlichen Rechte anerkannt ist, also selbst dann, wenn nach den betreffenden Rechtsvorschriften der Schuldner an sich nur für grobes Verschulden haften würde oder nur für diejenige Sorgfalt einzustehen hätte, die er gewöhnlich in eigenen Angelegenheiten anwendet. Dem Bürgerlichen Gesetzbuche gegenüber kann es hierbei nicht bewenden. Die Ausnahmevorschriften desselben, nach denen der Schuldner nicht für jede Fahrlässigkeit verantwortlich ist — zum Beispiel bei der Schenkung, der Leihe, der unentgeltlichen Aufbewahrung, der Gesellschaft[1] —, sind vielmehr auch für den Handelsverkehr sachgemäß, und der §. 319 Abs. 2 des Entwurfs behält daher ihre Geltung ausdrücklich vor. Der Theilhaber einer offenen Handelsgesellschaft oder Kommanditgesellschaft hat schon nach dem Handelsgesetzbuche nur für die Sorgfalt einzustehen, welche er in eigenen Angelegenheiten anzuwenden pflegt (Art. 94, 157).

Vertragsstrafe. (§. 320.) Die Vorschriften, welche der Art. 284 des Handelsgesetzbuchs über die Vertragsstrafe enthält, insbesondere die Auslegungsregeln in Abs. 2 und 3, werden durch die auf der gleichen Grundlage beruhende Regelung des Gegenstandes in den §§. 333 bis 339 des Bürgerlichen Gesetzbuchs entbehrlich und sind deshalb in den Entwurf nicht aufgenommen. Dagegen bedarf es für den Handelsverkehr, in welchem mit der pünktlichen und genauen Erfüllung aller Verbindlichkeiten in höherem Maße gerechnet werden muß als im bürgerlichen Verkehr, einer besonderen Vorschrift mit Rücksicht auf die im §. 337 des Bürgerlichen Gesetzbuchs den Gerichten übertragene Befugniß, eine verwirkte Strafe, wenn sie unverhältnißmäßig hoch ist, durch Urtheil auf den angemessenen Betrag herabzusetzen. Der §. 320 des Entwurfs schließt die Anwendung dieser Vorschrift aus, wenn die Strafe von einem Kaufmann im Betriebe seines Handelsgewerbes versprochen ist. Es darf im Allgemeinen angenommen werden, daß ein selbständiger Kaufmann, der sich zu einer Leistung unter Vereinbarung eines Strafgedinges verpflichtet, die Tragweite seines Versprechens richtig würdigt. Gegen Vertragsstrafen, welche wider die guten Sitten verstoßen, gewährt schon der §. 134 des Bürgerlichen Gesetzbuchs Schutz.

Einrede der Vorausklage. (§. 321.) Nach Art. 281 Abs. 2 des Handelsgesetzbuchs steht bei Handelsgeschäften dem Bürgen die Einrede der Vorausklage nicht zu, und zwar gilt dies schon dann, wenn die Bürgschaft nur für einen der Betheiligten, sei es der Gläubiger,

[1] Bürgerliches Gesetzbuch §§. 516, 518, 519, 592, 593, 667, 677, 695, auch §. 294.

der Bürge oder der Hauptschuldner, ein Handelsgeschäft ist. Im §. 321 des Entwurfs ist hingegen der Ausschluß der Einrede der Vorausklage auf den Fall beschränkt, daß die Bürgschaft sowohl auf der Seite des Gläubigers als auch auf der des Bürgen ein Handelsgeschäft ist. Ein Bürge, der nicht selbst dem Handelsstande angehört, darf nicht der ihm nach §. 755 des Bürgerlichen Gesetzbuchs zustehenden Rechtswohlthat dadurch verlustig gehen, daß er sich einem Kaufmann oder für einen Kaufmann verbürgt hat; der Ausschluß der Einrede muß vielmehr auf den Verkehr der Kaufleute untereinander beschränkt bleiben. Für den Kreditauftrag (Bürgerliches Gesetzbuch §. 762) muß dasselbe gelten wie für die Bürgschaft.

Ausschluß des Kündigungsrechtes trotz einer Verzinsung von mehr als sechs vom Hundert. (§. 322.)

Der von den Beschränkungen des Zinsfußes handelnde Art. 292 ist bereits durch das Bundesgesetz, betreffend die vertragsmäßigen Zinsen, vom 14. November 1867, und für Elsaß-Lothringen durch den §. 27 des Einführungsgesetzes zum Handelsgesetzbuche beseitigt; künftig greift der §. 241 des Bürgerlichen Gesetzbuchs Platz. Nach diesem ist ebenso wie nach den erwähnten Gesetzen bei einem höheren Zinssatz als sechs vom Hundert für das Jahr der Schuldner im Allgemeinen berechtigt, nach Ablauf eines halben Jahres das Kapital unter Einhaltung einer halbjährigen Kündigungsfrist zu kündigen.[1]) In dem Bundesgesetze vom 14. November 1867 und in dem Einführungsgesetze für Elsaß-Lothringen ist jedoch entsprechend dem Art. 292 Abs. 2 des Handelsgesetzbuchs diese Kündigungsbefugniß bei Darlehen, die ein Kaufmann empfängt, und bei Schulden eines Kaufmanns aus seinen Handelsgeschäften ausgeschlossen, und diese Ausnahme muß nunmehr, da die fraglichen Gesetze ihre Geltung verlieren, dem §. 241 des Bürgerlichen Gesetzbuchs gegenüber in das Handelsgesetzbuch aufgenommen werden. Der §. 322 des Entwurfs enthält eine entsprechende Vorschrift. Die Darlehen, welche ein Kaufmann empfängt, sind darin nicht mehr besonders erwähnt; denn wenn das Darlehen nicht im Betriebe des Handelsgewerbes aufgenommen ist, muß auch der Kaufmann zur Kündigung befugt sein.

Ausnahmebestimmung für Minderkaufleute. (§. 323.)

Eine Einschränkung erfahren die Vorschriften der §§. 320 bis 322 des Entwurfs durch den §. 323, welcher ihnen die Anwendbarkeit gegenüber den Minderkaufleuten versagt. Diese Ausnahme rechtfertigt sich durch die Rücksicht auf die Verhältnisse der kleineren Gewerbetreibenden, insbesondere der Handwerker.

Kaufmännische Zinsen. Gesetzlicher Zinsfuß. (§. 324.)

Das Recht der Kaufleute, unter einander für ihre Forderungen aus beiderseitigen Handelsgeschäften von dem Tage der Fälligkeit an Zinsen zu fordern (Art. 289 des Handelsgesetzbuchs), hält der Entwurf im §. 324 aufrecht. Da diese Zinspflicht unabhängig vom Verzug eintritt und der §. 283 des Bürgerlichen Gesetzbuchs deshalb keine unmittelbare Anwendung findet, so ist zur Vermeidung von Zweifeln ausdrücklich bestimmt, daß Zinsen von Zinsen auf Grund des §. 324 nicht beansprucht werden können.

Eine Aenderung des geltenden Rechtes ist in Betreff der Höhe des gesetzlichen Zinsfußes erforderlich. Nach Art. 287 des Handelsgesetzbuchs

[1]) Die Anmerkung zum §. 322 des Entwurfs (S. 91) beruht auf einem Versehen und ist zu streichen.

ist bei Handelsgeschäften die Höhe der gesetzlichen Zinsen, namentlich der Verzugszinsen, jährlich sechs vom Hundert; auch sollen gemäß Art. 287 in allen Fällen, in denen im Handelsgesetzbuche die Verpflichtung zur Zahlung von Zinsen ohne Bestimmung der Höhe ausgesprochen wird, darunter Zinsen zu sechs vom Hundert jährlich zu verstehen sein. Nach den §§. 240 und 282 des Entwurfs eines Bürgerlichen Gesetzbuchs beträgt der gesetzliche Zinsfuß fünf vom Hundert für das Jahr, die Kommission des Reichstags hat aber eine Herabsetzung auf vier vom Hundert beschlossen. Für den Handelsverkehr genügt der letztere Zinsfuß jedenfalls nicht. Andererseits entspricht, da seit dem Erlasse des Handelsgesetzbuchs der Kapitalzins wesentlich gesunken ist, auch eine Verzinsung mit sechs vom Hundert nicht mehr den thatsächlichen Verhältnissen. Die gesetzlichen Zinsen sollen dem Gläubiger keinen Unternehmergewinn gewähren; sie sollen ihm nicht mehr ersetzen, als was er im Allgemeinen bei angemessener Anlage des Kapitals als Zins erhalten haben würde oder zur anderweitigen Beschaffung des entbehrten Kapitals aufwenden muß. Hierzu reicht jetzt im Handelsverkehr eine Verzinsung mit fünf vom Hundert aus. Der Bankdiskont ist im letzten Jahrzehnt nur vereinzelt über fünf Prozent hinausgegangen und regelmäßig sehr erheblich darunter geblieben. Wird ein Kaufmann im einzelnen Falle durch das Ausbleiben einer Zahlung genöthigt, für die Geldbeschaffung höhere Zinsen als fünf vom Hundert zu zahlen, so schützt ihn der §. 282 Abs. 2 des Bürgerlichen Gesetzbuchs, nach welchem durch den Anspruch auf Verzugszinsen die Geltendmachung eines weiteren Schadens nicht ausgeschlossen wird. Hiernach werden, wenn für den bürgerlichen Verkehr ein gesetzlicher Zinsfuß von vier Prozent zur Geltung gelangen sollte, die Vorschriften des Art. 287 des Handelsgesetzbuchs mit der Maßgabe aufrecht zu erhalten sein, daß an die Stelle einer Verzinsung mit sechs eine solche mit fünf vom Hundert tritt.

Provision, Lagergeld, Verzinsung von Vorschüssen u. s. w. (§. 325.)

Die Ansprüche der Kaufleute auf Provision für Geschäftsbesorgungen und Dienstleistungen, sowie auf Lagergeld und auf Verzinsung ihrer Darlehen, Vorschüsse, Auslagen und anderen Verwendungen erkennt der §. 325 des Entwurfes in demselben Umfange an wie das Handelsgesetzbuch (Art. 290), also insbesondere auch dann, wenn der andere Theil nicht Kaufmann ist. Der Abs. 3 des Art. 290 ist überflüssig und daher vom Entwurfe nicht aufgenommen.

Kontokurrent. (§§. 326—328.)

Ueber das Kontokurrent enthält der Art. 291 des Handelsgesetzbuchs keine weiteren Bestimmungen, als daß derjenige, welchem beim Rechnungsabschluß ein Ueberschuß gebührt, von dem ganzen Betrage des Ueberschusses, wenngleich darunter Zinsen begriffen sind, seit dem Tage des Abschlusses Zinsen fordern kann, und daß der Rechnungsabschluß jährlich einmal geschieht, soweit nicht von den Parteien ein Anderes vereinbart ist. Die wichtigsten Rechtswirkungen des Kontokurrentverhältnisses werden durch diese Vorschriften nicht berührt; sie sind vielmehr ebenso wie der Begriff des Verhältnisses nur durch die Wissenschaft und Rechtsprechung an der Hand der Verkehrsgewohnheiten entwickelt worden. Das Wesen des Kontokurrentvertrags besteht, wie der Entwurf, um für seine Vorschriften über das Kontokurrent eine sichere Grundlage zu schaffen, ausdrücklich bestimmt, in einer Geschäftsverbindung, für welche vereinbart ist, daß während ihrer Dauer die aus ihr entspringenden beiderseitigen Ansprüche und Leistungen in regelmäßigen Zeitabschnitten durch Verrechnung und Feststellung des für den einen oder anderen Theil sich ergebenden Ueberschusses ausgeglichen werden sollen. Der Zweck der Kontokurrentverbindung ist, die aus einem dauernden Geschäftsverkehre sich ergebenden Beziehungen zu vereinfachen und die Vielheit der gegenseitigen Ansprüche durch periodische Feststellung eines einzigen Forderungspostens zu ersetzen. Die für das Kontokurrentverhältniß maßgebenden Rechtssätze ergeben sich im Allgemeinen aus dessen Wesen und Zweck. Immerhin erscheint es angezeigt, über einzelne Fragen, die sich bezüglich der Rechtsfolgen der laufenden Rechnung ergeben, gesetzliche Bestimmungen zu treffen, und dies umsomehr, als die Praxis durch scharfe Zuspitzung gewisser aus dem Begriffe des Kontokurrents gezogener Folgerungen in mancher Hinsicht zu Ergebnissen gelangt ist, die mit dem Verkehrsbedürfnisse nicht im Einklang stehen.

Der Bestimmung des Handelsgesetzbuchs, wonach in Ermangelung einer entgegenstehenden Vereinbarung der Rechnungsabschluß jährlich einmal zu geschehen hat, fügt der Entwurf im §. 326 Abs. 3 die Vorschrift hinzu, daß im Zweifel die laufende Rechnung auch während der Dauer einer Rechnungsperiode jederzeit mit der Wirkung kündbar ist, daß derjenige, welchem nach der Rechnung ein Ueberschuß gebührt, dessen sofortige Zahlung beanspruchen kann. Zwar wird in der juristischen Literatur meistens die Ansicht vertreten, daß den Parteien das Recht der freien Kündigung nicht zustehe; der Grundsatz des Entwurfs entspricht aber der in den Handelskreisen allgemein herrschenden Auffassung. Er soll übrigens nur Platz greifen, wenn nicht etwas Anderes vereinbart ist oder sich aus den Umständen ergiebt. Unberührt bleiben daher insbesondere die Wirkungen eines mit dem Kontokurrentverhältniß verbundenen Vertrags, durch den sich die eine Partei verpflichtet, dem Gegner bis zu einem gewissen Zeitpunkte einen Kredit in bestimmter Höhe zu gewähren.

Welche Forderungen und Leistungen in das Kontokurrent gehören, läßt sich nur im einzelnen Falle aus der Art und dem Gegenstande der Geschäftsverbindung mit Bestimmtheit entnehmen. Immerhin giebt es gewisse Arten von Forderungen, hinsichtlich deren es sich empfiehlt, allgemein auszusprechen, daß sie im Zweifel nicht in die laufende Rechnung aufzunehmen sind. Der §. 327 des Entwurfs rechnet hierher Forderungen, die durch Pfand, Bürgschaft oder in anderer Weise, zum Beispiel durch fiduziarische Eigenthumsübertragung, gesichert sind, sowie Forderungen aus Wechseln oder anderen Werthpapieren. Es wird auch gegenwärtig meistens angenommen, daß die bezeichneten Forderungen von der Einstellung in das Kontokurrent ausgeschlossen sind. Vom Standpunkte des Entwurfs rechtfertigt sich dies bezüglich der Forderungen mit besonderer Sicherheit durch die veränderten Voraussetzungen, von welchen im Falle der Aufnahme einer solchen Forderung in die laufende Rechnung die Geltendmachung der Rechte aus der bestellten Sicherheit abhängig wird. Der Grundsatz kann allerdings nur im Zweifel gelten. Unter Umständen wird sich schon aus der Art der Geschäftsverbindung, auf welche sich das Kontokurrent bezieht, das Gegentheil ergeben; letzteres trifft namentlich zu für die laufende Rechnung in Kommissionsgeschäften, bei welcher die einzelnen Forderungen des Kommissionärs, falls sich das Kommissionsgut in seinem Besitze befindet, durch ein gesetzliches Pfandrecht gesichert sind. Was die Forderungen aus Wechseln und anderen Werthpapieren betrifft, so begründen hier die besonderen Vortheile der Rechtsverfolgung von Ansprüchen aus solchen Papieren, bei Wechselregreßforderungen überdies die kurze Verjährungsfrist, welche für den Schuldner und seine etwaigen Vormänner besteht, die Vermuthung, daß solche Forderungen von der laufenden Rechnung, als deren Bestandtheile sie nicht mehr für sich geltend gemacht werden könnten, ausgeschlossen sein sollen.

Meistens wird angenommen, daß, wenn in die laufende Rechnung Forderungen eingestellt sind, für welche vertragsmäßige oder gesetzliche Pfandrechte bestehen oder Bürgen oder Mitschuldner haften, die Anerkennung des Saldos das Erlöschen der Sicherheiten ohne Weiteres zur Folge habe. Hat sich ein Kaufmann von seinem Kontokurrentkunden für den zu seinem Gunsten bei dem letzten Rechnungsabschlusse festgestellten Saldo eine Hypothek oder eine sonstige Sicherheit bestellen lassen, um die Geschäftsverbindung fortsetzen zu können, so soll nach dieser Rechtsauffassung die Anerkennung des vielleicht noch weiter angewachsenen Saldos der nächsten Rechnung die Rechtsfolge haben, daß die Hypothek oder die sonstige Sicherheit erlischt. Ebenso wird in dem Falle des Ausscheidens eines Gesellschafters aus einer offenen Handelsgesellschaft, welche zur Zeit dieses Ausscheidens Kontokurrentschuldnerin eines Kaufmanns war, dem auf diesen Zeitpunkt folgenden erneuten Saldoanerkenntnisse der Gesellschaft die Wirkung beigelegt, daß der ausgeschiedene Gesellschafter von jeder Haftung frei wird. Diese Rechtssätze stehen mit den Bedürfnissen und Anschauungen des Verkehrs nicht im Einklange. Sie werden auch durch das Wesen des Kontokurrentverhältnisses nicht nothwendig bedingt. Wenn dieses eine Einrede gegen die abgesonderte Geltendmachung der Einzelforderungen begründet und wenn das Saldoanerkenntniß einen selbständigen Verpflichtungsgrund bildet, so ist damit nicht ausgeschlossen, daß die in der Rechnung enthaltenen Einzelforderungen in gewissen Beziehungen noch eine Wirkung äußern. Hindert doch selbst die Verjährung des Anspruchs, für welchen eine Hypothek oder ein Pfandrecht besteht, nach §. 218 des Bürgerlichen Gesetzbuchs den Berechtigten nicht, seine Befriedigung aus dem verhafteten Gegenstande zu suchen. Ohnehin findet eine eigentliche Aufrechnung der Einzelposten bei der Saldoziehung nicht statt; denn es stehen sich nicht nur wirkliche Forderungen gegenüber, und die gänzliche Ausgleichung erfolgt buchmäßig nur durch Einstellung des Saldopostens selbst. Auf Grund dieser Erwägungen bestimmt der §. 327 des Entwurfs, daß, wenn im einzelnen Falle eine durch Pfand, Bürgschaft oder in anderer Weise gesicherte Forderung in die laufende Rechnung aufzunehmen ist, der Gläubiger dadurch nicht gehindert wird, aus der Sicherheit insoweit Befriedigung zu suchen, als sein Guthaben aus der laufenden Rechnung und die Forderung sich decken. Folgen mehrere Abrechnungen auf einander, so entscheidet der niedrigste Saldo. Sind mehrere Forderungen, die den Gesammtbetrag des Saldos übersteigen, durch verschiedene Pfänder gesichert, so haftet jedes Pfand bis zur Höhe des Saldos, soweit die einzelne Forderung nicht hinter dem Betrage des letzteren zurückbleibt. Ein Uebergang der Pfand- oder sonstigen Sicherungsrechte auf die Saldoforderung findet nach dem Entwurfe nicht statt; vielmehr besteht die alte Forderung fort, soweit es sich um die Geltendmachung der Sicherheit handelt. Dem Bürgen oder dritten Verpfänder bleiben daher auch alle Einreden gegen diese Forderung vorbehalten.

Bei dem Kontokurrentverhältnisse würde es mit der vereinbarten Art der Ausgleichung im Widerspruche stehen, wenn einer der Betheiligten zur gesonderten Erfüllung einzelner Schuldposten genöthigt würde; eine in das Kontokurrent gehörige Forderung kann deshalb jedenfalls nur in der Weise abgetreten werden, daß der neue Gläubiger sie, ebenso wie der bisherige Gläubiger, nicht ohne Rücksicht auf den Zeitpunkt des Rechnungsabschlusses und lediglich in Höhe des sich aus diesem ergebenden Saldos einzufordern befugt ist. Einer gesetzlichen Bestimmung bedarf es in dieser Beziehung nicht, insbesondere kann der Wissenschaft die Frage überlassen bleiben, ob die so beschränkte Uebertragung überhaupt noch als eine Abtretung der einzelnen Forderung aufgefaßt werden darf oder ob es sich dabei in Wahrheit blos um eine Abtretung des Saldoanspruchs handelt. Die für die Abtretung maßgebenden Grundsätze gelten an sich auch hinsichtlich der Pfändung. Es genügt jedoch hier nicht, dem Gläubiger, welcher den Saldoanspruch pfändet, entsprechend der gegenwärtig herrschenden Auffassung, nur ein Recht auf dasjenige zu gewähren, was sich demnächst bei dem vereinbarungsgemäßen Rechnungsabschlusse als Guthaben des Schuldners ergiebt; denn dieser hätte es dann in der Hand, seine Forderung an den Kontokurrentgegner dem Gläubiger durch Schaffung neuer Schuldposten zu entziehen. Dem Gläubiger muß vielmehr die Möglichkeit gewährt werden, ohne Rücksicht auf Leistungen, die seinem Schuldner erst nach der Pfändung im Kontokurrentverkehre gemacht werden, bei dem Drittschuldner Befriedigung zu suchen. Nach §. 328 soll deshalb der Gläubiger, der die Pfändung und Ueberweisung des Anspruchs auf dasjenige erwirkt hat, was seinem Schuldner als Ueberschuß aus der laufenden Rechnung zukommt, den Betrag verlangen dürfen, der sich als Ueberschuß zu Gunsten des Schuldners ergiebt, wenn die Rechnung für den Zeitpunkt der Pfändung abgeschlossen wird. Daß hierbei Posten, für welche der Schuldner nur unter Vorbehalt erkannt ist, insbesondere die Gutschriften für eingesandte, aber noch nicht eingelöste Rimessen, auch dem pfändenden Gläubiger noch keinen endgültigen Anspruch gewähren, versteht sich von selbst. Der Anspruch auf den Betrag des gepfändeten Saldos wird übrigens nicht immer sofort fällig. Handelt es sich um ein Kontokurrentverhältniß, welches gemäß der Regel des §. 326 Abs. 3 selbst während der Dauer einer Rechnungsperiode jederzeit mit der Wirkung kündbar ist, daß die Partei, der nach der Rechnung ein Ueberschuß gebührt, dessen sofortige Zahlung beanspruchen kann, so hat allerdings auch der pfändende Gläubiger das Recht, von dem Drittschuldner den Betrag des Saldos sogleich einzufordern. Dagegen muß ihm ein solches Recht versagt bleiben, wenn für den Schuldner die Befugniß, das Kontokurrentverhältniß beliebig zu kündigen, ausgeschlossen ist. Der Drittschuldner darf der Pfändung wegen nicht zu einer früheren Zahlung genöthigt werden, als sie ihm ohne die Pfändung hätte zugemuthet werden können. Der Entwurf bestimmt deshalb, daß der pfändende Gläubiger die Zahlung des Saldos von dem Drittschuldner nicht vor dem Zeitpunkte fordern kann, in welchem der Schuldner sie würde verlangen können, wenn er zur Zeit der Pfändung die laufende Rechnung gekündigt hätte. Wird ungeachtet der Pfändung das Kontokurrentverhältniß fortgesetzt, so kommt eine nachträgliche Erhöhung des Guthabens des Schuldners dem Gläubiger nicht zu Gute. Dieser muß daher, wenn er sich eine etwaige Erhöhung sichern will, ausdrücklich die Pfändung des demnächstigen Saldos beantragen.

Im Gegensatze zu dem bisherigen Art. 291, welcher nur das Kontokurrentverhältniß zwischen Kaufleuten im Auge hat, beziehen sich übrigens die Vorschriften des Entwurfs auch auf das Kontokurrentverhältniß zwischen einem Kaufmann und einem Nichtkaufmann. Derartige Kontokurrentverträge sind häufig und unterliegen schon jetzt gewohnheitsrechtlich denselben Normen wie die Kontokurrentverträge unter Kaufleuten.

Zeit der Leistung. (§§. 329, 330.)

Der §. 329 giebt in etwas veränderter Fassung die Vorschrift des bisherigen Art. 332 wieder, wonach die Erfüllung am Erfüllungstage während der gewöhnlichen Geschäftszeit geleistet und angenommen werden muß. Auch der §. 330 wiederholt lediglich geltendes Recht. Ist als Zeit der Leistung das Frühjahr oder der Herbst oder ein in ähnlicher Weise bestimmter Zeitpunkt vereinbart, so soll, wie nach Art. 327 Abs. 1 des Handelsgesetzbuchs, im Zweifel der Handelsgebrauch des Ortes der Erfüllung entscheiden (§. 330 Abs. 1 des Entwurfs). Ebenso hat der Entwurf (§. 330 Abs. 2) die Vorschrift des bisherigen Art. 328 Abs. 1 Nr. 1 des Handelsgesetzbuchs beibehalten, wonach, falls eine Frist von acht Tagen vereinbart ist, darunter im Zweifel volle acht Tage zu verstehen sind. Wenn das Bürgerliche Gesetzbuch es lediglich der Vertragsauslegung überläßt, welche Bedeutung der Abrede einer achttägigen Frist beizulegen ist, so liegt hierin kein ausreichender Grund, die bisher für den Handelsverkehr geltende Bestimmung, die zur Verhütung von Zweifeln und Streitigkeiten beiträgt, zu beseitigen.

Handelsgut mittlerer Art und Güte. (§. 331.)

Nach Art. 335 des Handelsgesetzbuchs hat der Schuldner in Ermangelung einer abweichenden Vereinbarung Handelsgut mittlerer Art und Güte zu gewähren. Dieser Satz ist beizubehalten. In den §§. 236, 237 des Bürgerlichen Gesetzbuchs ist zwar bestimmt, daß der Schuldner, der eine nur der Gattung nach bestimmte Sache schuldet, eine Sache von mittlerer Art und Güte zu leisten hat und daß die Leistung so zu bewirken ist, wie Treu und Glauben mit Rücksicht auf die Verkehrssitte es erfordern; es erscheint aber nicht unzweckmäßig, die Ansprüche, die gerade im Handelsverkehr in dieser Beziehung an die Waare zu stellen sind, noch näher zu kennzeichnen.

Maß, Gewicht, Währung u. s. w. (§. 332.)

Nicht minder empfiehlt es sich, die Auslegungsregel des Art. 336 Abs. 1 aufrechtzuerhalten, wonach Maß, Gewicht, Währung, Zeitrechnung und Entfernungen, die an dem Orte gelten, wo der Vertrag erfüllt werden soll, im Zweifel als die vertragsmäßigen gelten (§. 332). Dagegen werden die Vorschriften des Art. 336 Abs. 2 in Betreff der Geldschulden, die in einer nicht in Umlauf befindlichen Münzsorte zahlbar sind, durch die im Wesentlichen übereinstimmenden §§. 238 und 239 des Bürgerlichen Gesetzbuchs ersetzt. Inwieweit die letzteren auch auf Zahlungen im Auslande entsprechende Anwendung finden, entscheidet sich nach den Regeln des internationalen Privatrechts.

Unverzügliche Beantwortung von Anträgen wegen Geschäftsbesorgung; Behandlung der mit dem Antrag übersandten Waaren. (§. 333.)

Wenn zwischen dem Kaufmanne, welchem ein Auftrag gegeben wird, und dem Auftraggeber eine Geschäftsverbindung besteht oder sich der Kaufmann gegenüber dem Auftraggeber zur Ausrichtung solcher Aufträge erboten hat, so ist er nach Art. 323 Abs. 1 des Handelsgesetzbuchs zu einer Antwort ohne Zögern verpflichtet, widrigenfalls sein Schweigen als Uebernahme des Auftrags gilt. Das Bürgerliche Gesetzbuch (§§. 650, 662) geht insofern noch weiter, als es auch denjenigen, welcher zur Besorgung von Geschäften öffentlich bestellt ist oder sich öffentlich erboten hat, verpflichtet, die etwaige Ablehnung eines an ihn ergehenden Antrags unverzüglich anzuzeigen. Dagegen ist der Fall der Geschäftsverbindung im Bürgerlichen Gesetzbuche nicht erwähnt. Auch gilt nach dem letzteren, falls die Anzeige nicht rechtzeitig erfolgt, der Antrag nicht als angenommen, vielmehr entsteht nur eine Verpflichtung zum Schadensersatze. Dies entspricht indessen nicht der kaufmännischen Anschauung. Hat ein Kaufmann sich einem Anderen gegenüber zur Besorgung gewisser Geschäfte erboten oder steht er mit einem Anderen in einer Geschäftsverbindung, so wird es im Handelsverkehr als selbstverständlich angesehen, daß er sich der Besorgung eines ihm aufgetragenen Geschäfts unterziehen will, wenn er nicht das Gegentheil erklärt; gerade hierin wird ein besonderer Vortheil der kaufmännischen Geschäftsverbindung erblickt. Im §. 333 Abs. 1 des Entwurfs ist deshalb die Vorschrift des bisherigen Art. 323 Abs. 1 beibehalten. Nur ist der Ausdruck „Auftrag", der sich im Bürgerlichen Gesetzbuch ausschließlich auf die unentgeltliche Besorgung von Geschäften bezieht, vermieden und außerdem zur Verhütung von Zweifeln hervorgehoben, daß eine bestehende Geschäftsverbindung den Kaufmann zur unverzüglichen Antwort blos dann verpflichtet, wenn der Antrag die Besorgung von Geschäften betrifft, wie sie das Handelsgewerbe des Kaufmanns mit sich bringt. Hat der Kaufmann sich nicht gegenüber dem Antragsteller, sondern öffentlich zur Besorgung gewisser Geschäfte erboten, so kann es bei dem Grundsatze des Bürgerlichen Gesetzbuchs bewenden, wonach bei nicht rechtzeitiger Ablehnung des Antrags nur eine Schadensersatzpflicht eintritt.

Ueber die Aufbewahrung der mit dem Antrag etwa übersandten Waaren enthält das Bürgerliche Gesetzbuch keine Bestimmung. Von dem Kaufmanne verlangt dagegen das Handelsgesetzbuch, daß er in den Fällen des Art. 323 Abs. 1 die Waare, soweit er für die Kosten gedeckt ist und es ohne Nachtheil für ihn geschehen kann, einstweilen vor Schaden behüte (Art. 323 Abs. 2). Dem schließt sich auch der Entwurf (§. 333 Abs. 2) an. Keine Aufnahme in den Entwurf hat dagegen der Abs. 3 des bisherigen Art. 323 gefunden, nach welchem das Gericht auf Antrag des Kaufmanns anordnen kann, daß das Gut in einem öffentlichen Lagerhaus oder bei einem Dritten so lange niedergelegt werde, bis der Eigenthümer anderweitige Vorkehrung trifft. Denn wenn der Kaufmann das Gut in der bezeichneten Weise niederlegen will, so ist ein gerichtliches Verfahren hierfür ebenso wenig erforderlich wie in den Fällen des Annahmeverzugs des Käufers oder der

Mangelhaftigkeit der gelieferten Waare (Art. 343 Abs. 2, Art. 348 Abs. 1 des Handelsgesetzbuchs; §. 344 Abs. 1, §. 349 Abs. 1 des Entwurfs).

Formfreiheit. (§. 334.) Der im Art. 317 des Handelsgesetzbuchs ausgesprochene Grundsatz, daß bei Handelsgeschäften die Gültigkeit der Verträge durch schriftliche Abfassung oder andere Förmlichkeiten nicht bedingt ist, gilt als Regel nach dem Bürgerlichen Gesetzbuche für alle Rechtsgeschäfte. Die Ausnahmen, welche er nach diesem erleidet, sind — abgesehen von den Vorschriften des Grundbuchrechts sowie des Familien- und Erbrechts — nicht zahlreich und, soweit sie im Handelsverkehr überhaupt Bedeutung haben, im Allgemeinen auch für diesen nicht unangemessen.

Verträge über den Nachlaß eines noch lebenden Dritten, Schenkungsversprechen und Erbschaftskäufe (Bürgerliches Gesetzbuch §§. 306, 513, 2344) kommen für den Handelsverkehr kaum in Betracht; dasselbe gilt von Leibrentenverträgen, die nach einem zum Bürgerlichen Gesetzbuche von der Kommission des Reichstags gefaßten Beschlusse nur verbindlich sein sollen, wenn die Rente schriftlich versprochen ist. Der Vertrag, durch den sich Jemand verpflichtet, sein gegenwärtiges Vermögen oder einen Bruchtheil davon zu übertragen, bedarf nach §. 305 des Bürgerlichen Gesetzbuchs der gerichtlichen oder notariellen Beurkundung. Die Vorschrift ist für handelsrechtliche Verhältnisse nicht ohne Bedeutung, wie sie denn z. B. bei der Uebertragung des Vermögens einer Aktiengesellschaft (§§. 276 ff. des Entwurfs) zur Anwendung gelangen muß; sie ist in solchen Fällen auch wohl am Platze. Das Erforderniß der Schriftlichkeit für Mieth- oder Pachtverträge von mehr als einjähriger Dauer (§§. 559, 574 a. a. O.) steht im Zusammenhange mit dem Satze: „Kauf bricht nicht Miethe" und unterliegt auch für die Miethe von Geschäfts- und Lagerräumen keinem Bedenken.

Nach einem Beschlusse der Kommission des Reichstags soll ferner zur Gültigkeit des Bürgschaftsvertrags schriftliche Ertheilung der Bürgschaftserklärung erforderlich sein. Wird diese Vorschrift Gesetz, so ist von derselben auch keine Ausnahme für den Fall zu machen, daß ein Kaufmann im Betriebe seines Handelsgewerbes eine Bürgschaft übernimmt. Im Handelsverkehr wird sich ohnehin der Gläubiger nur selten mit einem mündlichen Bürgschaftsversprechen begnügen. Jedenfalls wäre es, wenn das mündliche Bürgschaftsversprechen nach dem künftigen bürgerlichen Rechte unverbindlich ist, dem kleineren Gewerbetreibenden, insbesondere dem Handwerker, gegenüber nicht angemessen, ein solches Versprechen um deswillen für gültig zu erklären, weil es von ihm in seiner Eigenschaft als Kaufmann abgegeben ist. Für die Uebernahme des Delkredere durch den Kommissionär wird es, auch wenn eine blos mündliche Bürgschaftserklärung künftig unverbindlich ist, gleichwohl der schriftlichen Form nicht bedürfen; denn da dem Kommittenten keine unmittelbare Forderung gegen den Dritten zusteht, mit welchem der Kommissionär das Geschäft abgeschlossen hat, der Kommissionär vielmehr der einzige Schuldner des Kommittenten ist, so fällt die Delkrederehaftung des Kommissionärs nicht unter den Begriff der Bürgschaft, sondern stellt eine mit dem Kommissionsverhältnisse verbundene Garantieübernahme besonderer Art dar.

Nicht minder kann für den Handelsverkehr der §. 307 des Bürgerlichen Gesetzbuchs uneingeschränkte Geltung erhalten, wonach es für Verträge, durch welche die Verpflichtung zur Uebertragung des Eigenthums an einem Grundstück übernommen wird, der gerichtlichen oder notariellen Beurkundung bedarf. Mögen sich hieraus unter besonderen Umständen, namentlich im Geschäftsbetriebe der dem Grundstücksverkehre gewidmeten handelsgewerblichen Unternehmungen, einzelne Unbequemlichkeiten ergeben, so sind dieselben doch zu überwinden. Jedenfalls kann diese Rücksicht es nicht rechtfertigen, den Schutz, welchen die Formvorschrift des §. 307 des Bürgerlichen Gesetzbuchs bei dem Kaufe und Verkaufe von Grundstücken gewährt, demjenigen, welcher ein Grundstück von einem gewerbsmäßigen Güterhändler erwirbt oder an denselben veräußert, zu entziehen. Auch bisher fand der im Art. 317 des Handelsgesetzbuchs ausgesprochene Grundsatz der Formfreiheit auf Verträge über Grundstücke vermöge der Vorschrift des Art. 275 keine Anwendung; die erschwerenden Formen, welche in einzelnen Landesrechten für die Uebernahme der Verpflichtung zur Uebertragung des Eigenthums an einem Grundstücke vorgesehen sind, mußten deshalb von dem Kaufmann, der im Betriebe seines Handelsgewerbes Geschäfte dieser Art abschließt, gleichfalls beobachtet werden. Eine Ausnahme tritt nach dem geltenden Handelsgesetzbuche nur dann ein, wenn von dem Theilhaber einer offenen Handelsgesellschaft oder Kommanditgesellschaft oder von einem stillen Gesellschafter in dem Gesellschaftsvertrage die Verpflichtung zur Einbringung eines Grundstücks übernommen wird (Handelsgesetzbuch Art. 85 Abs. 2, Art. 150 Abs. 3, Art. 250 Abs. 2). Auch hier kann es jedoch in Zukunft bei dem allgemeinen Grundsatze des Bürgerlichen Gesetzbuchs bewenden.

Dagegen würde es mit den Bedürfnissen des Handelsverkehrs nicht verträglich sein, wenn die §§. 764 bis 766 des Bürgerlichen Gesetzbuchs, welche für das Schuldversprechen und das Schuldanerkenntniß außer in den Fällen der Abrechnung oder des Vergleichs die schriftliche Form vorschreiben, ohne Einschränkung zur Anwendung kämen. Der blos mündlichen Zusage eines Kaufmanns, eine Schuld zu bezahlen, darf die Wirkung eines selbständigen Verpflichtungsgrundes nicht versagt werden. Nach §. 334 des Entwurfs soll deshalb ein Schuldversprechen oder Schuldanerkenntniß, falls es auf der Seite des Schuldners ein Handelsgeschäft ist, den Formvorschriften des §. 764 und 765 Satz 1 nicht unterliegen. Ist für die Begründung des Schuldverhältnisses, dessen Bestehen anerkannt wird, auch nach handelsrechtlichen Grundsätzen die Beobachtung einer besonderen Form erforderlich, so ist selbstverständlich die gleiche Form bei dem Anerkennungsvertrage zu beobachten (§. 765 Satz 2 des Bürgerlichen Gesetzbuchs).

Kaufmännische Anweisungen und sonstige Werthpapiere. (§§. 335—337.)

Die Vorschriften des Handelsgesetzbuchs über kaufmännische Anweisungen betreffen einerseits die verbindliche Kraft der Annahme einer auf einen Kaufmann oder von einem Kaufmann ausgestellten Anweisung (Art. 300, Art. 301 Abs. 3), andererseits die Uebertragung der von einem Kaufmann ausgestellten an Order lautenden Anweisung durch Indossament (Art. 301, 303, 305). Im Entwurf ist nur die letztere Seite des Gegenstandes berücksichtigt, wogegen die Vorschriften des Handelsgesetzbuchs über die Anweisungsannahme im Hinblick auf die Bestimmungen des Bürgerlichen Gesetzbuchs nicht aufgenommen sind. Das Recht der Anweisungen ist in den §§. 767 bis 776 daselbst ausführlich geregelt, und zwar in der Weise, daß die Annahmeerklärung, welche auf eine schriftliche Anweisung über Geld, Werthpapiere oder andere vertretbare Sachen gesetzt wird, die Natur eines selbständigen Verpflichtungsgrundes hat. Die betreffenden Vorschriften stellen sich im Einzelnen auch vom Standpunkte der Handelsinteressen aus als eine zweckmäßige, dem Verkehrsbedürfniß entsprechende Regelung dar. Die Voraussetzungen, unter denen nach dem Bürgerlichen Gesetzbuche die Annahme einer Anweisung verbindliche Kraft hat, decken sich allerdings nicht vollständig mit den Voraussetzungen des Art. 300 des Handelsgesetzbuchs; denn ein Kaufmann, der eine auf ihn lautende Anweisung annimmt, wird nach dem Handelsgesetzbuche durch die Annahmeerklärung auch dann verpflichtet, wenn die Anweisung auf einen anderen Gegenstand als auf Geld, Werthpapiere oder sonstige vertretbare Sachen lautet, ferner auch dann, wenn die Anweisung nur mündlich ertheilt ist, endlich auch dann, wenn die Annahme nur mündlich gegenüber dem Anweisungsempfänger erfolgt. Praktisch kommen jedoch diese Abweichungen von der Regelung des Bürgerlichen Gesetzbuchs kaum in Betracht, und sie brauchen um so weniger aufrecht erhalten zu werden, als in den bezeichneten Fällen der Kaufmann, welcher die Anweisung dem Anweisungsempfänger gegenüber angenommen hat, regelmäßig schon nach den Grundsätzen über das Schuldversprechen, das nach §. 334 des Entwurfs für Kaufleute auch ohne schriftliche Form verbindlich ist, verpflichtet sein wird.

Die Uebertragung der Anweisung auf einen Anderen ist zwar nach dem Bürgerlichen Gesetzbuche nicht ausgeschlossen; sie geschieht aber nicht in der Form des Indossaments und hat nicht dessen besondere Wirkungen. Die Uebertragbarkeit durch Indossament bleibt demnach auch in Zukunft eine Eigenthümlichkeit der kaufmännischen Anweisungen. Diese sind in den auf die Orderpapiere bezüglichen §§. 335 bis 337 des Entwurfs an erster Stelle berücksichtigt. Nur ist dabei der Begriff der kaufmännischen Anweisung anders bestimmt als bisher; denn während der Art. 301 des Handelsgesetzbuchs sich auf Anweisungen bezieht, die von Kaufleuten ausgestellt sind, erklärt der §. 335 Abs. 1 des Entwurfs die an Kaufleute ausgestellten Anweisungen über Geld, Werthpapiere oder andere vertretbare Sachen für indossabel. Die Aenderung beruht zunächst auf der Erwägung, daß es nicht gerechtfertigt ist, die von Nichtkaufleuten auf Kaufleute ausgestellten Anweisungen von der Uebertragung durch Indossament auszuschließen. Darin, daß die Leistung durch einen Kaufmann erfolgen soll, liegt das Wesentliche für den Begriff der kaufmännischen Anweisung; die Person des Angewiesenen und Akzeptanten ist für die Nehmer des Papiers in erster Linie von Bedeutung, während die Person des Ausstellers, da gegen ihn ein besonderer Anspruch aus der Urkunde nicht begründet ist, weniger in Betracht kommt. Andererseits erscheint es nicht unbedenklich, die verschärfte Haftung, welche bei einer indossirbaren Anweisung durch den Ausschluß der Einreden aus der Person der Vormänner für den Akzeptanten eintritt, ohne Rücksicht darauf anzuerkennen, ob der Angewiesene ein Kaufmann ist oder nicht. Auf die allgemeine Wechselfähigkeit kann man sich hierfür nicht berufen; denn bei der Unterzeichnung eines Wechsels ist sich der Unterzeichner regelmäßig bewußt, eine besonders strenge Haftung zu übernehmen; dagegen ist eine sich nicht als Wechsel kennzeichnende Anweisung viel eher geeignet, einen Unerfahrenen irre zu führen, während doch thatsächlich die Verpflichtung des Akzeptanten einer indossabelen Orderanweisung in ihren Rechtswirkungen der Wechselverpflichtung nahe steht. Auch im Hinblick auf den kaufmännischen Verpflichtungsschein, bei welchem das Gesetz die Uebertragbarkeit durch Indossament nur insoweit anerkannt, als der aus der Urkunde Verpflichtete ein Kaufmann ist, erscheint es gerechtfertigt, wenn der Entwurf die besonderen Vorschriften über die Orderanweisung auf solche Anweisungen, die auf einen Kaufmann lauten, beschränkt, dafür aber auf der anderen Seite von dem Erforderniß absieht, daß die Anweisung von einem Kaufmann ausgestellt ist.

In einzelnen Bundesstaaten ist durch die Landesgesetzgebung die Ausstellung indossirbarer Anweisungen weit über die im Handelsgesetzbuche und jetzt im Entwurfe gezogenen Grenzen hinaus zugelassen. Abgesehen von den Vorschriften des bremischen und des hamburgischen Einführungsgesetzes, nach welchen die Bestimmungen der Art. 301 bis 305 des Handelsgesetzbuchs Anwendung finden, auch wenn keiner der Betheiligten ein Kaufmann ist, kommen hauptsächlich die in Bayern, in Sachsen und in einer Reihe thüringischer Staaten ergangenen Gesetze in Betracht, durch die im Anschluß an den vor der deutschen Wechselordnung bestehenden Rechtszustand die an Order gestellte Geldanweisung in den wesentlichsten Beziehungen dem Wechsel gleichgestellt ist. Die so gestaltete Anweisung unterscheidet sich in ihren sachlichen Wirkungen von dem Wechsel wesentlich nur dadurch, daß sie nicht zum Akzepte bestimmt ist und daher bei verweigertem Akzept auch keinen Regreß mangels Annahme begründet. Eine Verallgemeinerung dieser Einrichtung, für welche anderwärts keinerlei Bedürfniß hervorgetreten ist, kann jedenfalls nicht in Betracht kommen. Dem Einführungsgesetze muß die Entscheidung der Frage vorbehalten bleiben, ob eine Nothwendigkeit besteht, die betreffenden Gesetze noch weiterhin in Geltung zu lassen.

Unter den allgemeinen Begriff der Anweisung fällt auch der Check. Die Regelung des Checkrechts wird nöthigenfalls im Wege eines besonderen Gesetzes ihre Erledigung finden müssen. Der weiteren Entwicklung des Checkwesens auf der bisherigen Grundlage stehen weder die Vorschriften des Entwurfs noch diejenigen des Bürgerlichen Gesetzbuchs im Wege. Der Regel nach sind die Checks auf den Inhaber gestellt, oder sie lauten zwar auf eine bestimmte Person, aber mit dem Zusatze, daß der Bezogene auch an jeden Inhaber zahlen solle. Die rechtliche Zulässigkeit solcher Checks ist auch künftig nicht zweifelhaft; nur das Akzept eines Inhaberchecks wird durch den §. 779 des Bürgerlichen Gesetzbuchs ausgeschlossen, was auch vom Standpunkte des Checkrechts als ein angemessenes Ergebniß zu betrachten ist. In Ansehung derjenigen Checks, welche auf eine bestimmte Person oder den Inhaber lauten, wird der §. 792 des Bürgerlichen Gesetzbuchs entsprechende Anwendung finden können. Checks, welche an Order lauten und durch Indossament übertragbar sein sollen, sind nicht häufig; ist der Bezogene ein Kaufmann, was wohl ausnahmslos der Fall sein wird, so ergiebt sich die Indossirbarkeit aus dem §. 335 des Entwurfs.

Außer den kaufmännischen Anweisungen und Verpflichtungsscheinen zählt der §. 335 des Entwurfs in Uebereinstimmung mit dem Art. 302 des Handelsgesetzbuchs die Konnossemente, die Ladescheine, die Lagerscheine, die Bodmereibriefe und die Seeversicherungspolizen zu denjenigen Papieren, welche, wenn sie an Order lauten, durch Indossament mit der Wirkung übertragen werden können, daß die Geltendmachung von Einreden aus der Person eines Vormannes ausgeschlossen ist. Zu einer Ausdehnung des Kreises der Orderpapiere liegt keine Veranlassung vor. Schuldverschreibungen des Staates oder öffentlicher Verbände, die auf Namen lauten und indossirbar sind, kommen nicht mehr vor, und Schuldverschreibungen gewerblicher Unternehmungen werden, falls sie nicht auf den Inhaber lauten, mit Rücksicht auf die Ausdehnung des Kaufmannsbegriffes im §. 2 des Entwurfs regelmäßig als kaufmännische Verpflichtungsscheine an Order gestellt werden können. Auch der bisherige Art. 304, der es den Landesgesetzen überläßt, zu bestimmen, ob außer den in den Art. 301, 302 bezeichneten Papieren noch andere Urkunden mit den für die Orderpapiere vorgesehenen Wirkungen durch Indossament übertragen werden können, muß wegfallen.

Die Vorschriften der §§. 336 und 337 über die Wirkung und die Form des Indossaments, über die Legitimation des Besitzers und über die Verpflichtung des Besitzers zur Herausgabe der Urkunde stimmen in allem Wesentlichen mit den Art. 303, 305 des Handelsgesetzbuchs überein. In der Fassung schließt sich der zweite Absatz des §. 336 den Vorschriften an, welche das Bürgerliche Gesetzbuch hinsichtlich der Zulässigkeit von Einwendungen des Schuldners gegenüber dem Anweisungsempfänger und gegenüber dem Besitzer einer Schuldverschreibung auf den Inhaber giebt (§. 768 Abs. 1, §. 780). Daß es zur Gültigkeit der Urkunde oder des Indossaments der Angabe des Verpflichtungsgrundes oder des Empfangsbekenntnisses der Valuta nicht bedarf, braucht mit Rücksicht auf die allgemeinen Grundsätze des Bürgerlichen Gesetzbuchs nicht mehr besonders ausgesprochen zu werden; der Abs. 2 des Art. 301 kann daher wegfallen.

Was die Kraftloserklärung vernichteter oder abhanden gekommener Urkunden betrifft, so beziehen sich die Vorschriften des §. 337 Abs. 2 des Entwurfs nicht, wie der Art. 305 Abs. 2 des Handelsgesetzbuchs, blos auf kaufmännische Anweisungen und Verpflichtungsscheine, sondern auf die sämmtlichen im §. 335 angeführten Orderpapiere. Auch bei Konnossementen, Lager- und Ladescheinen, Bodmereibriefen und Seeversicherungspolizen soll demnach künftig ebenso wie bei einem verloren gegangenen oder vernichteten Wechsel der Berechtigte nach Einleitung des Verfahrens, wenn er bis zur Kraftloserklärung Sicherheit bestellt, Leistung gemäß der Urkunde von dem Schuldner verlangen können. Dagegen soll weder bei diesen Urkunden noch bei Anweisungen und Verpflichtungsscheinen der im Art. 73 Satz 3 der Wechselordnung noch weiter anerkannte Grundsatz Anwendung finden, daß der Berechtigte nach der Einleitung des Verfahrens auch ohne Sicherheitsleistung die Hinterlegung der Schuldsumme vom Akzeptanten zu fordern befugt ist.

Hierin liegt eine Abweichung von dem geltenden Rechte, da im Handelsgesetzbuche für die Anweisungen und Verpflichtungsscheine und in einzelnen Einführungsgesetzen[1]) auch für die anderen Orderpapiere auf den gesammten Inhalt des Art. 73 der Wechselordnung Bezug genommen ist. Es erscheint indessen bei den in Frage stehenden Papieren nicht unbedenklich, auf die bloße Bescheinigung des Verlustes der Urkunde hin dem Schuldner eine so weitgehende Verpflichtung aufzuerlegen, zumal bei Inhaberpapieren der Gläubiger lediglich auf die Zahlungssperre angewiesen ist (zu vergl. die Vorschriften des §. 850a der Civilprozeßordnung in der Anlage II der Denkschrift zum Bürgerlichen Gesetzbuche).

Schutz des redlichen Erwerbes bei Veräußerung oder Verpfändung beweglicher Sachen. (§. 338.)

Die Bestimmungen des Art. 306 des Handelsgesetzbuchs, nach welchen der redliche Erwerber einer beweglichen Sache, die im Handelsbetriebe eines Kaufmanns veräußert oder verpfändet wird, das Eigenthum oder das Pfandrecht auch dann erlangt, wenn die Sache nicht dem Veräußerer oder Verpfänder gehört hat, verlieren zwar in der Hauptsache ihre Bedeutung, weil der Grundsatz, daß bei beweglichen Sachen der gutgläubige Erwerb zur Begründung des Eigenthums oder Pfandrechts ausreicht, im Bürgerlichen Gesetzbuch allgemein durchgeführt ist. Der Schutz des guten Glaubens, der nach den §§. 916 bis 920, 1190 und 1191 des Bürgerlichen Gesetzbuchs eintritt, deckt sich indessen nicht vollständig mit dem Schutze, welchen das Handelsgesetzbuch gewährt. Das erstere bleibt vielmehr in einem wesentlichen Punkte hinter dem Handelsgesetzbuche zurück, indem der Regel nach nur derjenige geschützt wird, welcher des Glaubens war, daß die Sache dem Veräußerer oder Verpfänder gehöre, wogegen die Vorschriften des Handelsgesetzbuchs auch dann Anwendung finden, wenn der Erwerber den Veräußerer oder Verpfänder zwar nicht für den Eigenthümer gehalten, aber angenommen hat, daß derselbe zur Verfügung über die Sache befugt sei. Im Handelsverkehr wird auf diese weitergehende Berücksichtigung des guten Glaubens nicht verzichtet werden können. Der Fall, daß auf Grund eines handelsrechtlichen Vertragsverhältnisses die Befugniß begründet ist, über eine fremde Sache, sei es im eigenem Namen, sei es im Namen des Eigenthümers zu verfügen, ist so häufig, daß die Sicherheit des Verkehrs beeinträchtigt werden würde, wenn dem entschuldbaren Irrthum über das Vorhandensein einer solchen Verfügungsbefugniß der Schutz versagt bliebe. Wer von einem Kaufmanne, der gewerbsmäßig Kommissionsgeschäfte betreibt, Waaren oder Werthpapiere erwirbt oder zum Pfande nimmt, wird oftmals nicht im Unklaren darüber sein, daß die betreffenden Gegenstände nicht dem Veräußerer oder Verpfänder gehören, er darf sich aber, wenn ihm die Umstände keine Veranlassung zu Zweifeln geben, darauf verlassen, daß der Kommissionär zur Verfügung über den Gegenstand befugt ist, und es kann ihm der Regel nach nicht angesonnen werden, Ermittelungen darüber anzustellen, ob ein gültiger Kommissionsauftrag besteht und wieweit er reicht. Das Gleiche gilt, wenn ein Handlungsagent im Namen des Geschäftsherrn die

[1]) Einführungsgesetz für Kurhessen §. 22, für Nassau §. 18, für Baden Art. 39, für Mecklenburg-Schwerin und Mecklenburg-Strelitz §. 35, für Waldeck §. 19.

Waaren desselben, welche er auf seinem Lager hat, veräußert und übergiebt. Zudem steht die Frage in Zusammenhang mit der Regelung der gesetzlichen Pfandrechte, die dem Kommissionär, dem Spediteur, dem Frachtführer und nach dem Entwurfe dem Lagerhalter gewährt sind (§§. 370, 384, 395, 414). Nach Art. 306 Abs. 3 des Handelsgesetzbuchs gilt der Grundsatz des Schutzes des guten Glaubens auch in Ansehung solcher gesetzlichen Pfandrechte, und hieran wird im Gegensatze zum bürgerlichen Rechte festgehalten werden müssen. Für die bezeichneten Pfandrechte würde jener Schutz in sehr vielen Fällen ohne Bedeutung sein, wenn er auf den Fall beschränkt bliebe, daß der Berechtigte irrthümlicher Weise den anderen Theil für den Eigenthümer der Sache gehalten hat. Bei dem Frachtführer, der das Gut von dem Spediteur oder Lagerhalter zur Beförderung übernimmt, bei dem Lagerhalter oder Kommissionär, der eine Waare von einem Konsignationshause erhält, ist jene Annahme von vornherein ausgeschlossen. Der Schutz des guten Glaubens hat hier überhaupt nur einen Sinn, wenn er die Fälle umfaßt, in denen der Berechtigte angenommen hat, daß der andere Theil befugt sei, so wie geschehen, für den Eigenthümer über die Waare zu verfügen. In dieser Weise wird die Bestimmung des Handelsgesetzbuchs über den redlichen Erwerb bei den gesetzlichen Pfandrechten allgemein aufgefaßt. Es leuchtet aber ein, daß der Schutz des guten Glaubens nicht eine grundsätzlich verschiedene Regelung erfahren kann, je nachdem es sich um den Erwerb eines gesetzlichen oder eines vertragsmäßigen Pfandrechts handelt. Es erscheint daher nothwendig, den Art. 306 des Handelsgesetzbuchs, soweit er über die Bestimmungen des Bürgerlichen Gesetzbuchs hinausgeht, aufrecht zu erhalten.

Auf diesen Erwägungen beruht der §. 338 des Entwurfs. Er erklärt in dem Falle, daß von einem Kaufmann eine ihm nicht gehörige oder mit dem Rechte eines Dritten belastete bewegliche Sache im Betriebe seines Handelsgewerbes veräußert oder verpfändet wird, die Vorschriften des Bürgerlichen Gesetzbuchs über den Schutz des guten Glaubens auch dann für anwendbar, wenn der gute Glaube des Erwerbers sich auf die Befugniß des Veräußerers oder Verpfänders, über die Sache für den Eigenthümer oder für den dinglich Berechtigten zu verfügen, bezieht. Im Schlußabsatze des §. 338 wird sodann der Schutz des guten Glaubens auf das gesetzliche Pfandrecht des Kommissionärs, des Spediteurs, des Lagerhalters und des Frachtführers ausgedehnt. Durch die Fassung der Vorschrift wird außer Zweifel gestellt, daß es bei den bezeichneten gesetzlichen Pfandrechten für den Schutz des guten Glaubens keinen Unterschied begründet, ob der Schuldner Kaufmann ist oder nicht. Die sonstigen Vorschriften des Art. 306 des Handelsgesetzbuchs sowie die Art. 307 und 308 können wegfallen. Bei gestohlenen oder verlorenen Sachen hat auch nach dem Bürgerlichen Gesetzbuche (§. 919 Abs. 1) der gute Glaube des Erwerbers im Allgemeinen keine Wirkung, und wenn dasselbe hiervon nicht nur für Inhaberpapiere, sondern außerdem noch für Geld und öffentlich versteigerte Sachen eine Ausnahme macht (§. 919 Abs. 2), so liegt darin eine auch für den Handelsverkehr zweckmäßige Erweiterung des Schutzes des guten Glaubens. Der in dem bisherigen Art. 308 enthaltene Vorbehalt für die Landesgesetze wird mit dem einheitlichen bürgerlichen Rechte gegenstandslos.

Die Vorschriften der Art. 309 bis 312 des Handelsgesetzbuchs über die kaufmännische Pfandbestellung an beweglichen Sachen, Inhaberpapieren und Papieren, die durch Indossament übertragen werden können, sowie über die Befriedigung aus den unter Kaufleuten bestellten Pfändern werden durch das Bürgerliche Gesetzbuch entbehrlich. In Bezug auf die Form der Pfandbestellung stimmen die Vorschriften des letzteren Gesetzbuchs mit dem Art. 309 des Handelsgesetzbuchs im Wesentlichen überein, und auch in Bezug auf die Befriedigung aus dem Pfande können nunmehr in der Hauptsache die Grundsätze des Bürgerlichen Gesetzbuchs zur Anwendung kommen. Nach diesem erfolgt bei der Verpfändung von beweglichen Sachen und Inhaberpapieren sowie von Papieren, die durch Indossament übertragen werden können und einen Börsen- oder Marktpreis haben, die Befriedigung des Pfandgläubigers durch außergerichtlichen Verkauf des Pfandes. Zum Schutze des Verpfänders sind gewisse Förmlichkeiten vorgeschrieben, und bezüglich der wesentlichsten von diesen Förmlichkeiten ist bestimmt, daß der Pfandgläubiger von der Beobachtung derselben auch durch Vereinbarung nicht zum voraus befreit werden kann. Insbesondere gehört hierher die Vorschrift, daß der Verkauf im Wege der öffentlichen Versteigerung zu bewirken ist. Hat das Pfand einen Börsen- oder Marktpreis, so darf der Verkauf zwar aus freier Hand, aber nur durch einen zu solchen Verkäufen öffentlich ermächtigten Handelsmäkler oder durch einen öffentlichen Versteigerer zum laufenden Preise erfolgen (Bürgerliches Gesetzbuch §. 1218, §. 1228 Abs. 2). In Bezug auf die Befriedigung aus dem Pfande wird demnach in Zukunft kraft Gesetzes gelten, was im Art. 311 des Handelsgesetzbuchs nur als Folge einer besonderen schriftlichen Vereinbarung über die Befugniß des Pfandgläubigers zur außergerichtlichen Befriedigung vorgesehen ist. Andererseits ergiebt sich eine nach dem Handelsgesetzbuche nicht bestehende Einschränkung der Vertragsfreiheit daraus, daß der Pfandgläubiger nicht mehr in der Lage ist, die Befreiung von den für den außergerichtlichen Pfandverkauf vorgesehenen Formen von vornherein auszubedingen. Diese Regelung ist auch für den Handelsverkehr als angemessen zu betrachten, wie denn gerade für gewisse Handelszweige, namentlich für den Kommissionshandel, eine Einschränkung der Vertragsfreiheit in der vorbezeichneten Richtung vielfach, insbesondere bei den Berathungen der Börsen-Enquete-Kommission, als nothwendig bezeichnet worden ist.

Kaufmännisches Pfandrecht. (§. 339.)

Zwischen der Androhung und dem Vollzuge des Pfandverkaufs muß nach §. 1217 Abs. 2 des Bürgerlichen Gesetzbuchs eine Frist von einem Monate liegen. Für die Verhältnisse des Handelsverkehrs ist diese Frist zweifellos zu reichlich bemessen; im §. 339 Abs. 1 des Entwurfs ist deshalb für den Fall, daß die Verpfändung auf der Seite des Pfandgläubigers und des Verpfänders ein Handelsgeschäft ist, also unter Kaufleuten im Betriebe ihres Handelsgewerbes stattgefunden hat, die Frist auf eine Woche verkürzt. Noch weiter zu gehen und die kurze Frist schon dann eintreten zu lassen, wenn nur der Pfandgläubiger Kaufmann ist, erscheint nicht angemessen; auch die Sondervorschriften der bisherigen Art. 310 und 311 finden nur zwischen Kaufleuten untereinander Anwendung.

In Ansehung der Befriedigung aus dem Pfande begründet es nach dem Bürgerlichen Gesetzbuche keinen Unterschied, ob das Pfandrecht auf Vertrag oder auf Gesetz beruht. Auch für die gesetzlichen Pfandrechte des Handelsgesetzbuchs wird es in Zukunft bei den allgemeinen Vorschriften des bürgerlichen Rechts über die Befriedigung aus dem Pfande bewenden können. Zwar sind gegenwärtig nach den Art. 375, 387 des Handelsgesetzbuchs der Kommissionär und der Spediteur nur auf Grund einer gerichtlichen Anordnung zum Verkauf ermächtigt; allein diese Mitwirkung des Gerichts ist ohne erhebliche praktische Bedeutung, da ausdrücklich vorgeschrieben ist, daß die Anordnung des Verkaufs ohne Gehör des Schuldners zu erfolgen hat. Ebenso wird, wenn der Frachtführer behufs Befriedigung seiner Ansprüche den Verkauf von Frachtgütern vornimmt, eine gerichtliche Mitwirkung, wie sie im Art. 407 des Handelsgesetzbuchs vorgesehen ist, entbehrt werden können. Die Vorschriften des Bürgerlichen Gesetzbuchs, nach welchen der Pfandgläubiger zunächst dem Eigenthümer des Pfandes den Verkauf androhen und von da an eine längere Frist bis zur Vornahme des Verkaufs verstreichen lassen muß, reichen aus, um dem Schuldner die Wahrung seiner Interessen, nöthigenfalls auch die Erwirkung einer einstweiligen Verfügung des Gerichts, durch welche dem Gläubiger der Verkauf untersagt wird, zu ermöglichen. In Betreff der Dauer der Wartefrist muß für die gesetzlichen Pfandrechte im Allgemeinen das Gleiche gelten wie für die vertragsmäßigen Pfandrechte. Im Abs. 2 des §. 339 ist deshalb die Vorschrift des Abs. 1 auf die gesetzlichen Pfandrechte für entsprechend anwendbar erklärt. Daraus ergiebt sich, daß die verkürzte Frist von einer Woche auch hier in der Regel nur dann maßgebend ist, wenn sich das Rechtsgeschäft, auf Grund dessen das gesetzliche Pfandrecht entstanden ist, als zweiseitiges Handelsgeschäft darstellt. Eine Ausnahme ist für das gesetzliche Pfandrecht des Frachtführers und des Spediteurs angezeigt; denn die Natur des Betriebs der Transportunternehmungen und die Art, wie sie von dem Publikum benutzt werden, macht es unthunlich, eine Verschiedenheit in Betreff der Geltendmachung des Pfandrechts eintreten zu lassen, je nachdem der Absender oder Versender ein Kaufmann ist oder nicht.

Kaufmännisches Zurückbehaltungsrecht. (§§. 340—343.)

Das **kaufmännische Zurückbehaltungsrecht** ist in den §§. 340 bis 343 des Entwurfs auf der Grundlage der bisherigen Art. 313 bis 316 geregelt; nur in einzelnen Beziehungen sind Aenderungen oder Ergänzungen vorgenommen.

Zunächst **dehnt** der §. 340 Abs. 1 des Entwurfs **das Zurückbehaltungsrecht in Ansehung der Gegenstände aus**, an welchen es geltend gemacht werden kann. Nach Art. 313 des Handelsgesetzbuchs besteht das Zurückbehaltungsrecht ausschließlich an Sachen des Schuldners, also nicht an Sachen, die im Eigenthume des Gläubigers stehen und von diesem dem Schuldner zu leisten sind. Die Vorschrift hat in der Rechtsprechung stets eine wörtliche Auslegung erfahren, sodaß das Zurückbehaltungsrecht auch dann als ausgeschlossen betrachtet wird, wenn es sich um eine Sache handelt, die nur zeitweise aus dem Vermögen des Schuldners in dasjenige des Gläubigers übergegangen ist, um demnächst in das erstere wieder zurückzukehren, oder die für den Schuldner von einem Dritten dem Gläubiger übergeben, seitens des letzteren aber dem Schuldner zurückzugeben ist. Hierher gehört namentlich der Fall, daß der Käufer die bereits in sein Eigenthum übergegangene Waare dem Verkäufer zur Verfügung stellt. Der Käufer kann zwar, falls er die Waare mit Recht bemängelt hat, die Rückerstattung des gezahlten Kaufpreises beanspruchen, er darf sich aber zur Befriedigung für diesen Anspruch nicht an die in seinem Besitze befindliche Waare halten, weil sie nicht mehr im Eigenthume des Verkäufers steht. Ebenso verhält es sich in Ansehung von Sachen, die nach den Grundsätzen von der ungerechtfertigten Bereicherung an den Schuldner zurückzugewähren sind, und das Gleiche gilt in dem Falle, daß ein als Rimesse übersandter Wechsel, der unbezahlt geblieben ist, von dem Gläubiger eingelöst werden mußte; auch hier besteht kein Zurückbehaltungsrecht an dem Wechsel, da dieser durch die Einlösung in das Eigenthum des Gläubigers gelangt ist. In allen diesen Fällen beruht der Ausschluß des Zurückbehaltungsrechts auf einem wesentlich äußeren Grunde und erscheint sachlich nicht gerechtfertigt. Der natürlichen Auffassung im Verkehr erscheint auch die zur Verfügung gestellte Waare oder der zurückgelangte Wechsel als ein Vermögensgegenstand des Schuldners, der nicht weniger geeignet ist, dem Gläubiger zur Deckung zu dienen, als eine Sache, die wirklich im Eigenthume des Schuldners geblieben ist. Hiernach rechtfertigt es sich, wenn der Entwurf das Zurückbehaltungsrecht auch in Betreff solcher Gegenstände für zulässig erklärt, deren Eigenthum von dem Schuldner auf den Gläubiger übergegangen oder von einem Dritten für den Schuldner auf den Gläubiger übertragen, aber auf den Schuldner zurückzuübertragen ist.

Der Abs. 2 des §. 340 entscheidet die nach dem geltenden Rechte bestrittene Frage, inwieweit das Zurückbehaltungsrecht Dritten gegenüber, denen ein Recht an dem zurückbehaltenen Gegenstande zusteht, geltend gemacht werden kann. Die Entscheidung der Frage hängt davon ab, ob das kaufmännische Zurückbehaltungsrecht nur als ein obligatorisches oder als ein dingliches Recht zu betrachten ist. Die Rechtsprechung und Wissenschaft neigen überwiegend dahin, den dinglichen Karakter des Zurückbehaltungsrechts zu verneinen, und der Entwurf stellt sich auf den gleichen Standpunkt. Um den Gläubiger gegen Verfügungen des Schuldners über den zurückbehaltenen Gegenstand zu sichern, ist es nicht nothwendig, dem Zurückbehaltungsrechte die Bedeutung eines dinglichen, dem gesetzlichen Pfandrechte ähnlichen Rechts beizulegen. Veräußert oder belastet der Schuldner die im Besitze des Gläubigers befindliche Sache, so kann der Gläubiger dem Rechtsnachfolger des Schuldners die ihm gegen den Anspruch des letzteren auf Herausgabe zustehenden Einwendungen, also auch das Zurückbehaltungsrecht, entgegensetzen (Bürgerliches Gesetzbuch §. 970 Abs. 2, §§. 1015, 1048, §. 1188 Abs. 2, §§. 854, 1210). Ebenso ist ein Pfandgläubiger, der an der Pfandsache zugleich für eine andere Forderung ein Zurückbehaltungsrecht hat, durch die Vorschriften des §. 1232 Satz 2 und des §. 261 Abs. 3 Satz 2 des Bürgerlichen Gesetzbuchs dagegen geschützt, daß dieses Recht durch Einlösung des Pfandes von Seiten eines Rechtsnachfolgers des Schuldners beeinträchtigt werde. Gegenüber später entstandenen gesetzlichen Pfandrechten oder Zurückbehaltungsrechten hat allerdings ein blos obligatorisches Zurückbehaltungsrecht keine Wirkung. Dies ist aber auch sachgemäß; denn wenn beispielsweise der Verkäufer die bereits in das Eigenthum des Käufers übergegangene Waare diesem durch einen Spediteur zusenden läßt, so wäre es nicht gerechtfertigt, einem dem Verkäufer wegen anderweitiger Forderungen an den Käufer zustehenden Zurückbehaltungsrechte den Vorrang vor dem gesetzlichen Pfandrechte des Spediteurs und des Frachtführers einzuräumen. Ebenso würde in dem Falle, daß über die Waare ein Lagerschein, ein Konnossement oder ein Ladeschein ausgestellt ist, die Anerkennung des dinglichen Karakters des Zurückbehaltungsrechts zu ungeeigneten Ergebnissen führen, da das Zurückbehaltungsrecht alsdann wegen jeder gegen einen Zwischenbesitzer des Papiers für den Auslieferungspflichtigen begründeten Forderung auf der Waare haften bliebe und daher, sofern es nicht etwa durch gutgläubigen Erwerb erloschen ist, auch gegenüber dem legitimirten Besitzer des Papiers troß der im §. 336 vorgesehenen Beschränkung der Einreden geltend gemacht werden könnte. Hiernach rechtfertigt sich die im §. 340 Abs. 2 des Entwurfs getroffene Bestimmung, daß das kaufmännische Zurückbehaltungsrecht gegenüber einem Anderen als dem Schuldner nur insoweit besteht, als dem Anderen gegenüber die Einwendungen gegen den Anspruch des Schuldners auf Herausgabe geltend gemacht werden können. Die häufig erörterte Frage über das Rangverhältniß zwischen dem Verfolgungsrechte des Absenders (§. 36 der Konkursordnung) und dem Zurückbehaltungsrechte des Spediteurs und des Frachtführers wegen Forderungen an den Empfänger wird hierdurch zu Gunsten des ersteren Rechts entschieden.

Die Vorschriften des §. 340 Abs. 3 über den Ausschluß des Zurückbehaltungsrechts in dem Falle, daß die Geltendmachung desselben einer bei oder vor Uebergabe der Sache ertheilten Anweisung des Schuldners oder einer von dem Gläubiger übernommenen Verpflichtung widerstreiten würde, sowie die Vorschriften des §. 341 über die Fälle, in welchen ausnahmsweise troß einer solchen Anweisung oder Verpflichtung und auch vor der Fälligkeit der Forderung dem Gläubiger das Zurückbehaltungsrecht zusteht, geben den Inhalt des Art. 313 Abs. 2 und des Art. 314 des Handelsgesetzbuchs wieder.

Der wichtigste Inhalt des kaufmännischen Zurückbehaltungsrechts besteht in der Befugniß des Gläubigers, sich aus dem zurückbehaltenen Gegenstande mit dem Vorrange vor Dritten zu befriedigen, und zwar auch im Konkurse des Schuldners, was mit Rücksicht auf die Vorschrift des §. 41 Nr. 8 der Konkursordnung jeßt im Handelsgesetzbuche nicht mehr besonders ausgesprochen zu werden braucht. Das Recht zur Befriedigung kann naturgemäß nicht weiter reichen als das Zurückbehaltungsrecht selbst und ist daher, wie der §. 342 des Entwurfs noch besonders hervorhebt, nur gegenüber solchen Rechten Dritter begründet, gegen welche das Zurückbehaltungsrecht nach §. 340 Abs. 2 geltend gemacht werden kann. Die Befriedigung erfolgt nach Art. 315 des Handelsgesetzbuchs in der Weise, daß der Gläubiger im Wege der Klage den Verkauf des zurückbehaltenen Gegenstandes beantragt. Im Allgemeinen steht der Entwurf auf dem gleichen Standpunkte; er verlangt, falls nicht die dem Gläubiger zustehende Forderung selbst vollstreckbar ist, sodaß die Befriedigung im Wege der Zwangsvollstreckung geschehen kann, einen vollstreckbaren Titel für das Recht zur Befriedigung, und dieser Titel ist regelmäßig nur im Wege der Klage zu erwirken. Der Umstand, daß die Befriedigung aus Pfändern, und zwar nicht blos bei dem vertragsmäßigen, sondern auch bei dem gesetzlichen Pfandrechte, eine gerichtliche Anordnung nicht mehr erfordert, kann nicht dahin führen, auch in Ansehung der Geltendmachung des kaufmännischen Zurückbehaltungsrechts von einer gerichtlichen Mitwirkung abzusehen. Bei dem gesetzlichen Pfandrechte läßt sich eine solche Mitwirkung entbehren, weil das Pfandrecht immer nur wegen bestimmter Forderungen besteht, welche eine Beziehung zu dem Pfandgegenstande haben oder für welche dieser Gegenstand nach der Verkehrsauffassung von vornherein als Sicherheit zu dienen bestimmt ist. Bezüglich des kaufmännischen Zurückbehaltungsrechts trifft dies nicht zu. Die Forderungen, für welche es geltend gemacht, und die Gegenstände, an welchen es ausgeübt wird, brauchen in keinem Zusammenhange zu stehen, und die Voraussetzungen des Zurückbehaltungsrechts sind keineswegs immer leicht und einfach festzustellen. Für die Erwirkung der gerichtlichen Entscheidung statt des Prozeßweges ein besonderes abgekürztes Verfahren vorzusehen, erscheint nicht erforderlich, zumal auch in einem solchen Verfahren die Entscheidung jedenfalls nicht ohne vorgängiges Gehör des Eigenthümers oder Schuldners ergehen könnte. Dagegen ist im Anschluß an Art. 315 des Handelsgesetzbuchs zur Erleichterung des Gläubigers bestimmt, daß die Klage bei demjenigen Gericht erhoben werden kann, bei welchem der allgemeine Gerichtsstand des Gläubigers oder der Gerichtsstand seiner Niederlassung begründet ist (§. 342 Abs. 4). Die Klage ist an sich gegen den Eigenthümer des zurückbehaltenen Gegenstandes zu richten (§. 342 Abs. 3), doch soll, falls nach dem Besitzerwerbe des Gläubigers das Eigenthum an der Sache von dem Schuldner auf einen Anderen übergegangen ist, das von dem Gläubiger in gutem Glauben gegen den Schuldner erstrittene Urtheil auch gegen den Rechtsnachfolger wirksam sein (§. 343 Abs. 2). Gehört die Sache dem Gläubiger selbst und sind die besonderen Voraussetzungen vorhanden, unter welchen nach §. 340 Abs. 1 dem Gläubiger das kaufmännische Zurückbehaltungsrecht an seiner eigenen Sache zusteht, so ist die Klage stets gegen den Schuldner zu richten (§. 342 Abs. 3).

Nach dem Art. 315 des Handelsgesetzbuchs geht die Klage in allen Fällen auf Anordnung des Verkaufs des Gegenstandes; dies erscheint jedoch nicht angemessen, da auch Gegenstände dem Zurückbehaltungsrechte unterliegen, aus welchen die Befriedigung nicht wohl im Wege des Verkaufs geschehen kann. Vielmehr müssen hier dieselben Grundsätze entscheiden, welche für die Befriedigung aus dem Gegenstande eines Pfandrechts gelten. Auf diesem Standpunkte steht der §. 342 Abs. 2 des Entwurfs. Durch das gerichtliche Urtheil wird dem Gläubiger die Befugniß zugesprochen, sich aus dem zurückbehaltenen Gegenstande zu befriedigen, und die Befriedigung selbst richtet sich dann nach den für das Pfandrecht geltenden Vorschriften des Bürgerlichen Gesetzbuchs. Bei körperlichen Sachen, bei Inhaberpapieren und bei Papieren, die durch Indossament übertragen werden können und einen Börsenpreis haben, erfolgt demnach die Befriedigung durch Verkauf unter entsprechender Anwendung der §§. 1211 bis 1230 des Bürgerlichen Gesetzbuchs, wobei jedoch die Frist zwischen der Androhung und der Ausführung des Verkaufs, ebenso wie nach §. 339 Abs. 1 des Entwurfs, nur eine Woche zu betragen braucht. Bei anderen Werthpapieren findet, sofern sie ein Forderungsrecht begründen, die Einziehung gemäß §. 1265 des Bürgerlichen Gesetzbuchs statt. Für Werthpapiere, die weder der einen noch der anderen dieser Gattungen angehören, wie zum Beispiel für Namensaktien ohne Börsenpreis, ist nur der Weg der Zwangsvollstreckung gegeben (§. 1260 des Bürgerlichen Gesetzbuchs).

Für einzelne Fragen, bei denen die einfache Bezugnahme auf die Vorschriften des Bürgerlichen Gesetzbuchs nicht genügend erscheint, um ein zweifelsfreies Ergebniß zu sichern, sind besondere Bestimmungen im Entwurfe getroffen. Hierher gehören die Vorschriften des §. 342 Abs. 3, wonach, wenn die zurückbehaltene Sache dem Gläubiger selbst gehört, die den Eigenthümer betreffenden Vorschriften des Bürgerlichen Gesetzbuchs, insbesondere diejenigen, welche die Androhung des Verkaufs und die Benachrichtigung von dem vollzogenen Verkaufe betreffen, auf den Schuldner Anwendung finden sollen, und wonach in Ermangelung eines vollstreckbaren Titels über das Befriedigungsrecht der Verkauf als nicht rechtmäßig im Sinne der §§. 1225 bis 1227 des Bürgerlichen Gesetzbuchs gilt. Aus dem gleichen Grunde ist im §. 343 Abs. 1 des Entwurfs an Stelle des die unmittelbare Anwendung auf das kaufmännische Zurückbehaltungsrecht nicht gestattenden §. 1231 des Bürgerlichen Gesetzbuchs eine dem Gedanken desselben entsprechende selbständige Bestimmung aufgenommen.

Zweiter Titel.

Handelskauf.

Besondere Vorschriften über den Handelskauf.

Die Vorschriften des Handelsgesetzbuchs über den Kauf werden zum größten Theile durch das Bürgerliche Gesetzbuch entbehrlich. Immerhin müssen in einzelnen wichtigen Punkten besondere Rechtssätze aufrecht erhalten bleiben. Was den Begriff des Handelskaufs anlangt, so ergiebt sich aus den an den Eingang des dritten Buches gestellten Bestimmungen über den Begriff der Handelsgeschäfte, daß ein Handelskauf nur vorliegt, wenn mindestens einer der beiden Theile ein Kaufmann ist und das Geschäft im Betriebe seines Handelsgewerbes geschlossen hat. Die Bestimmungen des zweiten Titels beziehen sich indessen nicht auf jeden Kauf, der sich in dieser Weise als Handelsgeschäft darstellt; sie finden vielmehr, wie aus dem §. 353 zu entnehmen ist, nur auf den Kauf von Waaren oder Werthpapieren Anwendung.

Annahmeverzug des Käufers. (§§. 344, 345.)

Die Vorschriften des §. 344 über den Annahmeverzug des Käufers schließen sich dem bisherigen Art. 343 Abs. 2 und 3 an. Der Abs. 1 dieses Artikels, demzufolge der Verkäufer die Waare, solange der Käufer mit der Empfangnahme nicht im Verzug ist, mit der Sorgfalt eines ordentlichen Geschäftsmannes aufzubewahren hat, ist gestrichen, da schon nach allgemeinen Rechtsgrundsätzen kein Zweifel daran bestehen kann, daß der Verkäufer verpflichtet ist, die verkaufte Sache bis zur Absendung oder Uebergabe an den Käufer aufzubewahren und hierbei die im Verkehr erforderliche Sorgfalt, oder, falls er Kaufmann ist, die Sorgfalt eines ordentlichen Kaufmanns anzuwenden (Bürgerliches Gesetzbuch §. 270, Entwurf §. 319). Der Art. 343 Abs. 1 bezieht sich allerdings auch auf den Fall, daß die Waare nach der Uebergabe an den Käufer noch beim Verkäufer verbleibt; dieser Fall ist indessen nicht von großer praktischer Bedeutung, und in der Regel wird hier eine vertragsmäßige Erweiterung der Pflichten des Verkäufers als solchen vorliegen oder doch das Verhältniß als entgeltliche Hinterlegung zu beurtheilen sein. Ist ausnahmsweise eine unentgeltliche Aufbewahrung anzunehmen, so erscheint es nicht unangemessen, daß der Verkäufer gemäß §. 677 des Bürgerlichen Gesetzbuchs nur für die Sorgfalt einzustehen hat, die er in eigenen Angelegenheiten anzuwenden pflegt.

Die Rechte, welche der Verkäufer bei dem Annahmeverzuge des Käufers gemäß den §§. 366 bis 380 des Bürgerlichen Gesetzbuchs hat, reichen für den Handelsverkehr nicht aus. Der Verkäufer kann diesen Bestimmungen zufolge die Waare nicht, wie es der Art. 343 des Handelsgesetzbuchs ihm gestattet, nach seiner Wahl verkaufen lassen oder sie in einem öffentlichen Lagerhaus oder bei einem Dritten niederlegen; vielmehr ist eine Niederlegung nur bei Kostbarkeiten, Werthpapieren oder sonstigen Urkunden oder bei Sachen, die sich nach den Landesgesetzen zur Hinterlegung eignen, als öffentliche Hinterlegung zulässig. Ein Verkauf findet nur bei nicht zur öffentlichen Hinterlegung geeigneten Sachen statt, ist also namentlich bei Werthpapieren ausgeschlossen; auch bezweckt er nicht, das Geschäft im Wege der Selbsthülfe dadurch zu beendigen, daß sich der säumige Käufer einfach an die Forderung auf Herausgabe des Erlöses zu halten hat, sondern er soll den Verkäufer nur in den Stand setzen, sich durch Hinterlegung des Erlöses von seinen Verpflichtungen zu befreien. Demgegenüber behält der Entwurf die Vorschriften des bisherigen Art. 343 Abs. 2, 3 mit einigen zur Klarstellung dienenden Aenderungen bei.

Der Ausdruck „öffentliche Versteigerung" ist im §. 377 Abs. 3 des Bürgerlichen Gesetzbuchs näher bestimmt, und der Entwurf gebraucht, um den betreffenden Bestimmungen auch hier die Anwendung zu sichern, die gleiche Bezeichnung. Was den freihändigen Verkauf von Waaren betrifft, die einen Börsen- oder Marktpreis haben, so kann in Zukunft, da die Handelsmäkler als solche nicht mehr amtlich bestellte Vermittler sind, auch nicht schlechthin der Verkauf durch einen Handelsmäkler genügen; vielmehr bedarf es der Vornahme des Verkaufs durch einen zu solchen Verkäufen öffentlich ermächtigten Mäkler. Die vorgängige Androhung des Verkaufs wird im Entwurf ebenso wie im §. 378 des Bürgerlichen Gesetzbuchs nicht nur dann für entbehrlich erklärt, wenn die Waare dem Verderb ausgesetzt und Gefahr im Verzug ist, sondern auch dann, wenn die Androhung aus sonstigen Gründen unthunlich ist. Nach dem Vorbilde der im §. 1222 des Bürgerlichen Gesetzbuchs für den Pfandverkauf gegebenen Vorschrift und um einer Verschleuderung möglichst vorzubeugen, erkennt ferner der Entwurf im Abs. 4 des §. 344 ausdrücklich das Recht des Verkäufers wie auch des Käufers an, bei der Versteigerung mitzubieten. Daß der Selbsthülfeverkauf für Rechnung des Käufers erfolgt und es mithin ihm zu Gute kommt, wenn ein höherer Erlös erzielt wird als der zwischen ihm und dem Verkäufer vereinbarte Preis, entspricht der Natur der Sache sowie dem geltenden Rechte und ist nur, um den Gegensatz zu dem hervorzuheben, was künftig bei dem Zahlungsverzuge des Käufers gilt, im Abs. 3 besonders ausgesprochen. Die Streitfrage, ob durch die besonderen handelsrechtlichen Vorschriften die Befugnisse berührt werden, welche dem Verkäufer bei Annahmeverzug des Käufers nach dem bürgerlichen Rechte zustehen, wird durch den §. 345 im verneinenden Sinne entschieden; denn wenn auch die selbständige Bedeutung dieser Befugnisse neben den Vorschriften des Entwurfs nicht erheblich ist, so liegt doch kein Grund vor, die dem Verkäufer nach Handelsrecht zustehenden Rechte zu ausschließlichen zu machen.

Darüber, inwieweit ein Selbsthülfeverkauf zulässig ist, wenn die Waare nicht zur unmittelbaren Verfügung des Verkäufers steht, enthält das Handelsgesetzbuch keine Bestimmung. Die Frage ist namentlich wichtig für Lieferungsverträge, die in zeitlich auseinanderliegenden Theilleistungen zu erfüllen sind. Bei solchen Geschäften kann der Annahmeverzug des Käufers hinsichtlich einer Lieferung den Verzug in Betreff aller Lieferungen begründen, und der Verzug als solcher setzt hier nicht voraus, daß sich die zu liefernde Waare oder die ganze zu liefernde Menge von Waaren bereits im Gewahrsam des Verkäufers befindet, vielmehr genügt es, wenn der Verkäufer nur überhaupt, insbesondere auf Grund von Verträgen, welche er seinerseits mit Dritten abgeschlossen hat, rechtzeitig hätte liefern können. Dies wird auch allgemein anerkannt. Dagegen ist die Befugniß des Verkäufers, in derartigen Fällen die Waare, die er nicht selbst besitzt, sondern nur von Dritten zu beziehen hat, im Wege der Selbsthülfe zu verkaufen, mehrfach und namentlich in der früheren Rechtsprechung aus dem Grunde verneint worden, weil alsdann nicht die Waare selbst, sondern nur das Bezugsrecht des Verkäufers im Wege der Selbsthülfe verkauft werde. Daß eine solche Auffassung zu praktisch unbefriedigenden Ergebnissen führt, insbesondere den Verkäufer ohne ausreichenden Schutz läßt, ist einleuchtend. Indessen hat sich das Reichsgericht in den letzten Jahren von dieser Ansicht mehr und mehr entfernt, insbesondere wiederholt anerkannt, daß eine Waare, die der Verkäufer jederzeit aus dem Gewahrsam des ihm verpflichteten Dritten dem Käufer zu verschaffen vermag, auch im Wege der Selbsthülfe verkauft werden kann; die Weiterentwickelung der Lehre wird daher der Rechtsprechung überlassen werden dürfen.

Spezifikationskauf. (§. 346.)

Dagegen ist es geboten, für eine praktisch wichtige Gattung von Kaufgeschäften, die sogenannten Spezifikationskäufe, besondere Vorschriften zu treffen. Derartige Kaufverträge, bei welchen die Menge und Beschaffenheit der von dem Verkäufer herzustellenden Gegenstände unter Festsetzung gewisser Grundpreise nur im Allgemeinen vereinbart, die nähere Bestimmung über Form, Maaß oder ähnliche Verhältnisse aber dem Käufer vorbehalten wird, sind namentlich in der Eisenindustrie gebräuchlich, kommen jedoch auch auf anderen Gebieten in immer weiterem Umfange vor. Der Spezifikationskauf ist ein Erzeugniß der neueren Entwicklung des gewerblichen Verkehrs und im Handelsgesetzbuch noch nicht berücksichtigt. Der Mangel einer gesicherten Rechtsgrundlage hat zu erheblichen Mißständen geführt; namentlich gilt dies in Betreff der Frage, welche Rechtsfolgen eintreten, wenn der Käufer sich bezüglich der Vornahme der Spezifikation als säumig erweist. Nach dem geltenden Rechte geräth der Käufer, der die Spezifikation unterläßt, in Annahmeverzug. Der Verkäufer erhält damit, wie in der Rechtsprechung anerkannt ist, die Befugniß, die von ihm an den Käufer zu liefernde Waare im Wege der Selbsthülfe und zwar in der Weise zu verkaufen, daß nunmehr der neue Käufer die Spezifikation vornimmt. Statt dessen soll es dem Verkäufer auch freistehen, unter Vorbehalt des Spezifikationsrechts des Käufers von diesem sofort die Zahlung desjenigen Preises zu verlangen, welcher sich bei der billigsten Spezifikation ergeben würde. Beide Wege sind jedoch nicht ausreichend, um die Interessen der Betheiligten zu wahren. Bei dem Selbsthülfeverkauf mit Spezifikationsrecht des neuen Erwerbers wird selten ein angemessener Preis zu erzielen sein. Die Geltendmachung der nach der billigsten Spezifikation bemessenen Kaufpreisforderung aber kann für den Verkäufer mit einer empfindlichen Hemmung seiner geschäftlichen Thätigkeit verbunden sein, da er für ungewisse Zeit verpflichtet bleibt, auf Verlangen des nachträglich spezifizirenden Käufers die Herstellung der Waare auszuführen. Ob dem Verkäufer noch der fernere Ausweg offen steht, die Spezifikation an Stelle des säumigen Käufers selbst vorzunehmen, ist nach dem geltenden Rechte zweifelhaft. Für das Gebiet des Preußischen Allgemeinen Landrechts ist die Frage in neuester Zeit von einem Senate des Reichsgerichts bejaht worden; im Uebrigen wird sie meistens verneint. Vom Standpunkte des Gesetzgebers erscheint es aber in der That gerechtfertigt, die Befugniß zur Spezifikation im Falle der Säumniß des Käufers unter thunlichster Schonung des letzteren auf den Verkäufer übergehen zu lassen. Dieser hat meist ein wohlbegründetes Interesse daran, daß er so bald wie möglich in den Stand gesetzt werde, die ihm aufgegebene Bestellung thatsächlich auszuführen; denn wenn er sich auf die Anfertigung der Waare eingerichtet hat, die Arbeit aber nicht zu der erwarteten Zeit vornehmen kann, so wird er unter Umständen genöthigt, seinen Betrieb einzuschränken oder einzustellen, insbesondere Arbeiter zu entlassen. Der Uebergang des Spezifikationsrechts auf den Verkäufer steht zudem im Einklange mit den Grundsätzen, welche nach §. 257 Abs. 2 des Bürgerlichen Gesetzbuches bei Wahlverbindlichkeiten im Falle des Verzuges des wahlberechtigten Gläubigers gelten. Allerdings kann der Verkäufer nicht lediglich auf das Recht verwiesen werden, die Waare nach einer von ihm selbst vorgenommenen Spezifikation anzufertigen. Ist von vornherein zu erwarten, daß der mit der Spezifikation säumige Käufer schließlich auch die Waare nicht abnehmen und bezahlen wird, und daß für diese ein annehmbarer Preis bei einem etwaigen Selbsthülfeverkauf nicht zu erzielen ist, so wäre Zeit und Arbeit für die Herstellung der Waare nutzlos aufgewendet, und der Verkäufer würde sich gerade durch diese Herstellung der Gefahr erheblicher Verluste aussetzen. Derselbe muß daher im Falle der Säumniß des Käufers mit der Vornahme der Spezifikation auch in der Lage sein, sich von der Ausführung des Auftrages ganz zu befreien.

Auf diesen Gesichtspunkten beruhen die Vorschriften des §. 346. Er erblickt in der Spezifikation ebensowohl ein Recht wie eine selbständige Vertragspflicht des Käufers und läßt folgeweise, falls die Spezifikation nicht rechtzeitig geschieht, nicht einfach die Folgen des Annahmeverzugs eintreten, erklärt vielmehr den Verkäufer für befugt, nach seiner Wahl entweder die Spezifikation selbst vorzunehmen oder die gemäß §. 320 des Bürgerlichen Gesetzbuchs bei dem Erfüllungsverzug einer Partei dem nichtsäumigen Theile zustehenden Rechte geltend zu machen, d. h. Schadensersatz wegen Nichterfüllung zu fordern oder vom Vertrage zurückzutreten. Die Geltendmachung der letzteren beiden Rechte hat schon nach den Vorschriften des §. 320 des Bürgerlichen Gesetzbuchs zur Voraussetzung, daß eine dem Käufer zur Vornahme der Spezifikation gestellte Nachfrist fruchtlos verstrichen ist. Um aber auch für den Fall, daß der Verkäufer sich entschließt, die Spezifikation selbst vorzunehmen, das Interesse des Käufers thunlichst zu wahren, verpflichtet der Entwurf den Verkäufer, der selbst spezifiziren will, seine Spezifikation dem säumigen Käufer mitzutheilen und ihm zugleich zur Vornahme einer anderweitigen Spezifikation eine angemessene Frist zu setzen; erst nach fruchtlosem Ablaufe dieser Frist ist die vom Verkäufer vorgenommene Spezifikation für den Käufer bindend. Die dem Verkäufer im Entwurfe gewährten Rechte stehen ihm jedoch nur wahlweise zu. Hat er die Spezifikation selbst vorgenommen, so darf er nicht etwa nachträglich noch wegen des Verzugs des Käufers in der Vornahme der Spezifikation Schadensersatz wegen Nichterfüllung fordern oder vom Vertrage zurücktreten, sondern er muß nunmehr auf Grund seiner Spezifikation liefern, wie wenn der Vertrag von vornherein über die betreffenden, genau bestimmten Waaren abgeschlossen wäre. Selbstverständlich kann er aber die im §. 320 des Bürgerlichen Gesetzbuchs bezeichneten Rechte von neuem geltend machen, wenn der Käufer später mit der Zahlung in Verzug kommt.

Daß durch die Rechtsfolgen, welche der Entwurf mit dem Verzuge des Käufers in der Erfüllung der Spezifikationspflicht verbindet, die Befugnisse nicht berührt werden, welche sich für den Verkäufer aus dem gleichzeitig eingetretenen Annahmeverzuge des Käufers ergeben, und daß demnach der Verkäufer auch das ihm schon bisher zustehende Recht des Selbsthülfeverkaufs für Rechnung des Käufers ausüben kann, bedarf keiner besonderen Hervorhebung im Gesetze.

Erfüllungsverzug.

Die Vorschriften der Art. 354 bis 356 über den Erfüllungsverzug bei Handelskäufen, die nicht Fixgeschäfte sind, werden künftig durch den §. 320 des Bürgerlichen Gesetzbuchs ersetzt, welcher das im Handelsgesetzbuch anerkannte dreifache Wahlrecht des nichtsäumigen Theils — Erfüllung und Schadensersatz wegen verspäteter Erfüllung, Schadensersatz wegen Nichterfüllung oder Rücktritt vom Vertrage — mit einzelnen Abweichungen auf den bürgerlichen Verkehr ausdehnt.

Während der Käufer schon nach dem geltenden Handelsrechte in der Art, wie er seinen Anspruch auf Schadensersatz wegen Nichterfüllung begründen will, nicht beschränkt ist und regelmäßig, auch ohne einen Deckungsankauf vorzunehmen, den Unterschied zwischen dem vereinbarten Preise und dem Handelspreise der Waare zur Erfüllungszeit auf Grund der sogenannten abstrakten Schadensberechnung fordern darf, kann der Verkäufer bei Säumniß des Käufers seinen Anspruch auf Schadensersatz wegen Nichterfüllung nach Art. 354 des Handelsgesetzbuchs nur in der Weise geltend machen, daß er die Waare unter Beobachtung der im Art. 343 für den Fall des Annahmeverzugs vorgeschriebenen Formen verkauft und den Unterschied zwischen dem bedungenen Preise und dem Erlöse fordert. Das Bürgerliche Gesetzbuch kennt eine solche Beschränkung nicht, und der Entwurf behält sie auch für den Handelsverkehr nicht bei, da kein Grund vorliegt, den Verkäufer anders zu behandeln als den Käufer und ihn zum Selbsthülfeverkaufe zu nöthigen, wenn er glaubt, seinen Schaden in anderer Weise, namentlich durch bloße Berechnung des Preisunterschiedes, gehörig nachweisen zu können. Der Zwang zum Selbsthülfeverkaufe führt bei nicht marktgängigen Waaren unter Umständen zur Verschleuderung, während die Zwangsverkäufe börsengängiger Waaren und Werthpapiere, bei denen der Erfüllungsverzug des Käufers meist durch die fallenden Preise veranlaßt wird, einen ungünstigen Einfluß auf die Lage der Börse ausüben und einen weiteren, auch dem säumigen Käufer schädlichen Preisdruck zur Folge haben.

Die Befugniß des Verkäufers, seinen Schaden auf Grund eines anderweit vorgenommenen Verkaufs zu berechnen, bleibt selbstverständlich bestehen; der Verkauf erfolgt aber in einem solchen Falle ebenso wie der Deckungsankauf des Käufers nicht mehr für Rechnung der säumigen Partei, vielmehr behält der nichtsäumige Verkäufer den etwa über den bedungenen Preis hinaus erzielten Erlös. Die entgegengesetzte Vorschrift des bisherigen Art. 354 entbehrt der inneren Berechtigung. Daß, falls ein anderweitiger Verkauf dem Schadensersatzanspruche zu Grunde gelegt werden soll, ein solcher Verkauf in denselben Formen erfolgen muß wie der Selbsthülfeverkauf bei dem Annahmeverzuge des Käufers, schreibt der Entwurf nur für Fixgeschäfte über Waaren mit einem Börsen- oder Marktpreise vor (§. 347). Für die sonstigen Handelskäufe die Befugnisse des Verkäufers abweichend vom bürgerlichen Rechte in dieser Weise zu beschränken, erscheint weder erforderlich noch angemessen. Namentlich wäre es nicht gerechtfertigt, eine Partei, die nicht selbst Kaufmann ist, bei dem Selbsthülfeverkauf einem Kaufmann gegenüber an die Beobachtung von Formen zu binden, die sie in anderen Fällen nicht einzuhalten hat.

In Betreff der Frage, welche Rechte dem Verkäufer im Falle des Erfüllungsverzugs des Käufers zustehen, wenn die Waare bereits dem Käufer übergeben, d. h. zu Eigenthum übertragen ist, weichen die Vorschriften des Bürgerlichen Gesetzbuchs von denen des Handelsgesetzbuchs ab. Nach dem letzteren wird durch die Uebergabe der Waare das Recht des Verkäufers, die Waare zu verkaufen und Schadensersatz wegen Nichterfüllung zu verlangen oder von dem Vertrage zurückzutreten, ausgeschlossen (Art. 354). Nach dem §. 448 des Bürgerlichen Gesetzbuchs wird dagegen durch die Uebergabe der Waare das Recht auf Schadensersatz wegen Nichterfüllung sowie das Rücktrittsrecht noch nicht berührt; etwas Anderes gilt nur dann, wenn sich mit der Vertragserfüllung durch den Verkäufer zugleich eine Stundung des Kaufpreises verbindet, und auch hierdurch wird nur das Rücktrittsrecht, nicht das Recht auf Schadensersatz wegen Nichterfüllung beseitigt. Für den Handelskauf die Vorschrift des Handelsgesetzbuchs beizubehalten, liegt kein Grund vor; vielmehr muß auch hier die günstigere Stellung, welche das Bürgerliche Gesetzbuch dem Verkäufer einräumt, als zweckentsprechend angesehen werden, und dies um so mehr, als gerade im Handelsverkehre der Verkäufer, selbst wenn er an sich Erfüllung Zug um Zug verlangen könnte, doch thatsächlich in sehr vielen Fällen genöthigt ist, vorzuleisten und die Waare ohne Bezahlung aus der Hand zu geben. Daß der Verkäufer die Waare, nachdem sie in das Eigenthum des Käufers übergegangen ist, nicht mehr verkaufen kann, um das Verkaufsergebniß seinem Schadensersatzanspruche zu Grunde zu legen, braucht nicht besonders bestimmt zu werden; es bedürfte umgekehrt einer besonderen Vorschrift, um eine Ermächtigung zum Verkaufe der fremden Sache zu begründen. Der Anspruch auf Schadensersatz wegen Nichterfüllung wird sich daher hier meist mit dem Anspruche auf Erfüllung und auf Schadensersatz wegen verspäteter Erfüllung decken.

Will der nicht säumige Theil statt der Erfüllung Schadensersatz wegen Nichterfüllung fordern oder von dem Vertrage abgehen, so muß er nach Art. 356 des Handelsgesetzbuchs dem Säumigen davon Anzeige machen und ihm dabei, wenn die Natur des Geschäfts dies zuläßt, noch eine den Umständen angemessene Frist zur Nachholung des Versäumten gewähren. Die letztere Vorschrift hat in der Rechtsprechung die Auslegung erfahren, daß nicht ausdrücklich eine Frist gesetzt zu werden braucht, daß diese vielmehr dem Säumigen von der Anzeige an kraft Gesetzes läuft. Die Nachfrist fällt weg, wenn die Natur des Geschäfts sie nicht zuläßt; eine vorgängige Anzeige ist aber immer nothwendig, wenn der Gläubiger Schadensersatz wegen Nichterfüllung fordern oder vom Vertrage zurücktreten will, und bis zur Anzeige kann der Säumige den Verzug noch heilen, indem er erfüllt und Schadensersatz wegen verspäteter Erfüllung leistet. Der §. 320 des Bürgerlichen Gesetzbuchs weicht hiervon in mehrfacher Beziehung ab. Zunächst bestimmt er in unzweideutiger Weise, daß es der ausdrücklichen Festsetzung einer angemessenen Nachfrist durch den nichtsäumigen Theil bedarf. Eine Ausnahme tritt ein, wenn die Erfüllung in Folge des Verzugs für den nichtsäumigen Theil kein Interesse mehr hat, nicht, wie nach dem Handelsgesetzbuche, wenn die Natur des Geschäfts eine Nachfrist nicht gestattet; in jenem Ausnahmefalle bedarf es aber nicht nur keiner Festsetzung einer Nachfrist, sondern auch keiner Erklärung, daß die Annahme der Leistung abgelehnt werde; es kann ohne Weiteres Schadensersatz wegen Nichterfüllung gefordert oder der Rücktritt erklärt werden. Die Vorschriften des Bürgerlichen Gesetzbuchs sind auch für den Handelsverkehr nicht ungeeignet. Soweit eine Nachholung des Versäumten noch zulässig ist, kann, da die Dauer der Frist sich nicht lediglich nach den Verhältnissen des Säumigen richtet, dem nicht säumigen Theile unbedenklich zugemuthet werden, daß er die Dauer der Frist zunächst bestimme; glaubt der Schuldner aus besonderen, dem Gläubiger unbekannten Gründen Anspruch auf Gewährung einer längeren Frist zu haben, so ist eine nachträgliche Berücksichtigung dieser Gründe nicht ausgeschlossen. Ob die Natur des

Geschäfts oder das Interesse des Gläubigers für die Zulässigkeit einer Nachholung des Versäumten maßgebend ist, wird thatsächlich meist keinen Unterschied begründen; wo dies aber dennoch der Fall ist, verdient der Grundsatz des Bürgerlichen Gesetzbuchs den Vorzug. Endlich hat die nach dem Handelsgesetzbuche dem Säumigen gewährte Befugniß, auch in denjenigen Fällen, in welchen er keinen Anspruch auf eine Nachfrist hat, den Verzug noch bis zur Anzeige des Gläubigers durch nachträgliche Erfüllung und Ersatz des in Folge der verspäteten Erfüllung entstandenen Schadens zu heilen, für den Schuldner keinen erheblichen Werth; denn da der Gläubiger ihm jederzeit erklären kann, daß er die Erfüllung ablehne, so läuft schon nach dem geltenden Rechte der Schuldner Gefahr, daß sich die Arbeit und die Kosten, die er auf die Ausführung der nachträglichen Lieferung verwendet, als nutzlos erweisen. Dazu kommt, daß sich der Schadensersatz wegen verspäteter Erfüllung in den Fällen, wo der Gläubiger an der nachträglichen Erfüllung kein Interesse mehr hat, von dem Schadensersatze wegen Nichterfüllung in der Regel wenig unterscheiden wird.

In der Rechtsprechung ist anerkannt, daß, wenn sich der Schuldner bestimmt geweigert hat, zu erfüllen, der Gläubiger die im Art. 356 vorgesehene Erklärung schon vor dem Eintritte der Erfüllungszeit abgeben kann, und daß in einem solchen Falle dem Schuldner auch eine Nachfrist nicht zusteht. Diese Auffassung entspricht der Natur der Sache sowie den Bedürfnissen des Handelsverkehrs; es ist anzunehmen, daß sie unter der Herrschaft des Bürgerlichen Gesetzbuchs, welches in der hier fraglichen Beziehung nichts wesentlich Anderes vorschreibt als das Handelsgesetzbuch, gleichfalls befolgt werden wird.

Ueber die Folgen der nicht rechtzeitigen Leistung bei Fixgeschäften trifft der Entwurf ebenso wie das Handelsgesetzbuch in mehrfacher Hinsicht besondere Bestimmungen. Geräth bei einem Fixgeschäfte der eine Theil in Erfüllungsverzug, so ist nach Art. 357 Abs. 1 des Handelsgesetzbuchs das Recht des anderen Theils auf Erfüllung ausgeschlossen, wenn er nicht unverzüglich nach Ablauf der bedungenen Lieferungszeit oder Lieferungsfrist dem Gegner erklärt, daß er auf Erfüllung bestehe. Das Bürgerliche Gesetzbuch enthält eine solche Vorschrift nicht, sondern beschränkt sich (§. 351) auf eine Auslegungsregel, derzufolge, falls die Parteien bei einem gegenseitigen Vertrage vereinbart haben, daß die Leistung des einen Theils genau zu einer festbestimmten Zeit oder innerhalb einer festbestimmten Frist bewirkt werden soll, im Zweifel anzunehmen ist, daß der andere Theil zum Rücktritt berechtigt sein soll, wenn die Leistung nicht zu der bestimmten Zeit oder innerhalb der bestimmten Frist erfolgt. Hiernach kann zwar der nichtsäumige Theil, wie nach dem Handelsgesetzbuch, vom Vertrage zurücktreten, ohne daß er dem Säumigen noch gemäß §. 320 eine Nachfrist zu setzen braucht; er ist aber, wenn er Erfüllung verlangen will, nicht genöthigt, dies dem Säumigen sofort zu erklären, vielmehr ist das Recht des Gläubigers, zwischen Erfüllung und Rücktritt zu wählen, nur insofern zeitlich begrenzt, als auf Grund des §. 349 der säumige Schuldner befugt ist, dem Gläubiger für die Ausübung des Rücktrittsrechts eine angemessene Frist zu bestimmen, nach deren fruchtlosem Ablauf das Rücktrittsrecht erlischt. Für den Handelskauf reicht diese Art der

Fixgeschäft. (§. 347.)

Regelung nicht aus, insbesondere paßt sie nicht für die wichtigsten Fälle des Fixgeschäfts, nämlich für Geschäfte über Waaren und Werthpapiere mit einem Markt- oder Börsenpreise. Nach der regelmäßigen Absicht der vertragschließenden Theile soll hier eine verspätete Erfüllung von vornherein ausgeschlossen sein. Daraus ergiebt sich, daß der Gläubiger, der nach Ablauf des Termins noch auf Erfüllung bestehen will, gehalten sein muß, dies unverzüglich dem Schuldner mitzutheilen, und zwar ohne eine entsprechende Aufforderung des letzteren abzuwarten. Wollte man nach Ablauf des Termins zunächst noch eine Aufforderung des Schuldners an den Gläubiger verlangen, daß dieser sich erkläre, so würde dies immer einen Zeitverlust herbeiführen, der den Gläubiger in die Lage brächte, auf Kosten des Schuldners zu spekuliren. Der Entwurf behält daher das geltende Recht bei (§. 347 Abs. 1).

Bei markt- oder börsengängigen Waaren weist das Handelsgesetzbuch im Art. 357 Abs. 3 für den Fall des Verzugs des Verkäufers ausdrücklich auf den Unterschied zwischen dem Markt- oder Börsenpreise und dem Kaufpreise als Maßstab für die Feststellung des Schadensersatzes wegen Nichterfüllung hin. Wennschon diese Berechnung keine Eigenthümlichkeit der Fixgeschäfte ist, so hat sie doch bei ihnen besondere Wichtigkeit, und es empfiehlt sich deshalb, auch in den Entwurf eine entsprechende Bestimmung aufzunehmen. Nur muß, da nach dem Entwurf der Verkäufer nicht mehr auf den Selbsthülfeverkauf angewiesen ist, die Befugniß zu jener Schadensberechnung auch für ihn in gleicher Weise wie für den Käufer ausgesprochen werden (§. 347 Abs. 2). Will statt dessen der Verkäufer das Ergebniß eines Realisationsverkaufs seinem Schadenersatzanspruche zu Grunde legen, so hat er den Verkauf nach §. 347 Abs. 3 des Entwurfs ebenso wie nach dem bisherigen Rechte in der für den Fall des Annahmeverzugs des Käufers vorgeschriebenen Form zu bewirken. Der Verkauf muß außerdem, wie gleichfalls schon der Art. 357 Abs. 2 des Handelsgesetzbuchs bestimmt, unverzüglich nach Ablauf der bedungenen Leistungszeit oder Leistungsfrist geschehen. Die letztere Vorschrift ist, der Natur der Sache entsprechend, auch auf den Deckungskauf ausgedehnt, den der Käufer beim Erfüllungsverzuge des Verkäufers vornimmt.

Im Gegensatze zum Art. 357 des Handelsgesetzbuchs, der einen Verzug voraussetzt, räumt das Bürgerliche Gesetzbuch bei Fixgeschäften das Recht zum Rücktritte nach Maßgabe des §. 351 dem Gläubiger auch dann ein, wenn die Gegenpartei, ohne sich in Verzug zu befinden, nicht rechtzeitig erfüllt hat, insbesondere also, wenn sie durch einen von ihr nicht zu vertretenden Umstand an der Erfüllung gehindert worden ist. Da dieser Grundsatz der Natur des Fixgeschäfts entspricht und auch mit den Bedürfnissen des Handelsverkehrs im Einklang steht, so schließt sich der Entwurf ihm an. Außerdem ist im §. 347 des Entwurfs ebenso wie im Bürgerlichen Gesetzbuche nicht blos der Fall der Festsetzung einer bestimmten Zeit für die Lieferung der Waare, sondern zugleich der Fall der Festsetzung einer solchen Zeit für die Zahlung des Kaufpreises berücksichtigt.

Die Vorschrift des Art. 358 des Handelsgesetzbuchs, wonach bei Fixgeschäften der nichtsäumige Theil befugt ist, den Verzug des Säumigen auf dessen Kosten durch eine öffentliche Urkunde feststellen zu lassen, ist da sie keine praktische Bedeutung gewonnen hat, im Entwurfe nicht wiederholt.

Theilweise Nichterfüllung.

Der Art. 359 des Handelsgesetzbuchs enthält noch eine sowohl für Fixgeschäfte als für andere Kaufgeschäfte geltende Bestimmung über die Wirkungen des Verzugs im Falle theilweiser Nichterfüllung. Auch dieser Artikel ist in den Entwurf nicht aufgenommen, da in der gedachten Beziehung künftig die Vorschriften des Bürgerlichen Gesetzbuchs (§. 320 Abs. 1 Satz 3) Anwendung zu finden haben.

Untersuchung und Mängelanzeige. (§. 348.)

Nach Art. 347 des Handelsgesetzbuchs muß der Käufer die ihm von einem anderen Orte übersendete Waare unverzüglich nach der Ablieferung, soweit dies nach ordnungsmäßigem Geschäftsgange thunlich ist, untersuchen und die bei der Untersuchung oder später entdeckten Mängel alsbald dem Verkäufer anzeigen, widrigenfalls die Waare als genehmigt gilt. Das Bürgerliche Gesetzbuch legt dem Käufer eine solche Verpflichtung nicht auf; nach demselben kann allerdings die Thatsache, daß eine den Umständen nach mögliche Untersuchung und Rüge unterblieben ist, insofern in Betracht kommen, als sich daraus vielleicht der Schluß ziehen läßt, der Empfänger habe auf seine Rechte verzichten wollen; aber in der Regel ist der Gewährleistungsanspruch des Käufers nur ausgeschlossen, wenn er eine mangelhafte Sache angenommen hat, obschon er den Mangel kannte (§. 458). Für den Handelsverkehr genügt dies nicht; hier muß vielmehr die Pflicht zur sofortigen Untersuchung und Mängelanzeige, wie sie das Handelsgesetzbuch vorsieht, im Allgemeinen beibehalten werden.

In zwei wesentlichen Beziehungen sind jedoch die Vorschriften des bisherigen Art. 347 durch den Entwurf geändert: sie sind einerseits auf Platzgeschäfte ausgedehnt, andererseits auf zweiseitige Handelskäufe beschränkt. Wenn das Handelsgesetzbuch nur die Distanzgeschäfte berücksichtigt, so ist dies sachlich nicht gerechtfertigt, da bei Platzgeschäften der Kaufmann das gleiche Interesse hat, schnell zu erfahren, ob ein Geschäft in Ordnung geht, wie bei Uebersendungskäufen. Der in der Nürnberger Kommission gegen die Ausdehnung des Art. 347 auf Platzgeschäfte geltend gemachte Grund, daß diese Frage für den Verkehr der verschiedenen Staaten untereinander ohne Interesse sei und daher der Landesgesetzgebung überlassen werden könne,[1]) trifft nicht mehr zu. In einer Anzahl von Einführungsgesetzen ist die Ausdehnung bereits erfolgt,[2]) und für die übrigen Gebiete ist zum mindesten soviel gewohnheitsrechtlich anerkannt, daß der Käufer die Anzeige der entdeckten Mängel nicht ungebührlich verzögern darf. Noch weiter geht das Hamburger Recht,[3]) nach welchem schon durch den Empfang der Waare die Einwendungen gegen ihre Beschaffenheit ausgeschlossen werden.

---

[1]) Protokolle S. 657.

[2]) Einführungsgesetz für Hannover §. 28, für Schleswig-Holstein und Lauenburg §. 53, für Mecklenburg-Schwerin und Mecklenburg-Strelitz §. 39, für Oldenburg Art. 24, für Bremen §. 33. Ebenso schweizerisches Obligationenrecht Art. 246.

[3]) Einführungsgesetz §. 43; zu vergl. für Altona das schleswig-holsteinsche Einführungsgesetz §. 54.

Die Ausdehnung der Untersuchungs- und Anzeigepflicht auf Platzgeschäfte ist um so weniger bedenklich, als der Entwurf andererseits den Grundsatz des bisherigen Art. 347 auf den Verkehr unter Kaufleuten beschränkt. Diese Aenderung erscheint schon mit Rücksicht auf die Grundsätze des Bürgerlichen Gesetzbuchs geboten; denn wenn dieses den Käufer, weil er häufig nicht die nöthige Sachkunde und Erfahrung hat, zur sofortigen Untersuchung der Waare nicht verpflichtet, so darf auch im Handelsgesetzbuche nicht einem Käufer, der nicht Kaufmann ist, eine solche Verpflichtung blos deshalb auferlegt werden, weil er von einem Kaufmanne gekauft hat; hierdurch würde das kaufmännische Interesse in zu einseitiger Weise berücksichtigt. Der Gegengrund, daß auch der Händler, welcher unmittelbar an den Konsumenten verkauft, von den Mängeln der verkauften Waare unverzüglich Kenntniß erhalten müsse, um seinerseits rechtzeitig seinen Verkäufer in Anspruch nehmen zu können, ist nicht durchgreifend, zumal ein solcher Händler häufig vom eigenen Lager verkauft und deshalb ohnehin wegen der von dem Kunden gerügten Mängel keinen Rückgriff mehr hat.

Was die Gefahr der Ankunft der Mängelanzeige betrifft, so ist dieselbe schon nach dem Handelsgesetzbuche von dem Käufer zu tragen; gegenüber dem §. 126 des Bürgerlichen Gesetzbuchs muß dies aber jetzt besonders zum Ausdruck gebracht werden. Der Abs. 4 des §. 348 enthält eine entsprechende Vorschrift.

Nach Art. 347 Abs. 4 gilt die Vorschrift des Abs. 3 über die Verpflichtung des Käufers zur Anzeige der entdeckten Mängel auch für den Verkauf auf Besicht oder Probe oder nach Probe, sofern es sich um Mängel handelt, die bei ordnungsmäßigem Besicht oder ordnungsmäßiger Prüfung nicht erkennbar waren. Dieser Satz ist, soweit er sich auf den Verkauf nach Probe bezieht, selbstverständlich und überdies, da auch die Pflicht zur unverzüglichen Untersuchung und zur Anzeige der hierbei entdeckten Mängel (Art. 347 Abs. 1, 2) bei dem Verkaufe nach Probe Platz greift, unvollständig. In Ansehung des Verkaufs auf Probe ergiebt er sich gleichfalls von selbst.

Die Vorschriften des Art. 349 Abs. 1 bis 3 des Handelsgesetzbuchs, denen zufolge, sofern nicht vertragsmäßig eine kürzere oder längere Frist festgesetzt ist, der Käufer nach Ablauf von sechs Monaten seit der Ablieferung der Waare eine Klage wegen ihrer mangelhaften Beschaffenheit nicht mehr erheben kann und auch die Einreden wegen eines Mangels erlöschen, falls die Anzeige nicht innerhalb einer Frist von sechs Monaten nach der Ablieferung erstattet ist, werden ersetzt durch die §§. 471 bis 473 und den §. 220 Satz 2 des Bürgerlichen Gesetzbuchs. Zwar ist in diesem die Frist von sechs Monaten als Verjährungsfrist und nicht, wie im Handelsgesetzbuch, als Ausschlußfrist behandelt, indessen können im Handelsverkehr unbedenklich die Hemmungs- und Unterbrechungsgründe, die das Bürgerliche Gesetzbuch für die Verjährung aufstellt, ebenfalls Anwendung finden. Auch die Vorschrift des bisherigen Art. 349 Abs. 4, nach welchem an den besonderen Gesetzen oder Handelsgebräuchen nichts geändert wird, die für einzelne Arten von Gegenständen eine kürzere Frist bestimmen, braucht für den Handelskauf nicht aufrecht erhalten zu werden. Die Dauer der Fristen bei der Gewährleistung für Viehmängel, für welche die

Zulässigkeit einer landesgesetzlichen Verkürzung der Zeit hauptsächlich in Betracht kommt, richtet sich künftig nach dem Bürgerlichen Gesetzbuche (Entwurf §. 354), und was die Wirkung der Handelsgebräuche betrifft, so kann es bei dem bewenden, was sich aus allgemeinen Grundsätzen und aus der Vorschrift des §. 318 ergiebt.

Der Art. 350 des Handelsgesetzbuchs, der die Bestimmungen der Art. 347 und 349 im Falle eines Betrugs des Verkäufers für unanwendbar erklärt, wird insoweit, als er sich auf die Befristung der Klagen und Einreden bezieht, entbehrlich, da nach dem Bürgerlichen Gesetzbuche die kurze Verjährung des Gewährleistungsanspruchs ausgeschlossen ist, falls der Verkäufer den Mangel arglistig verschwiegen hat (§. 471 Abs. 1, §. 472 Abs. 2). Hinsichtlich der handelsrechtlichen Pflicht zur sofortigen Untersuchung und Rüge bedarf es dagegen noch einer besonderen Bestimmung, bei deren Fassung sich der Entwurf dem Bürgerlichen Gesetzbuche anschließt, indem er den Begriff des Betrugs durch den des arglistigen Verschweigens eines Mangels ersetzt (§. 348 Abs. 5).

Aufbewahrung und Verkauf der beanstandeten Waare. (§. 349.)

Der §. 349 des Entwurfs wiederholt die Vorschriften des bisherigen Art. 348 Abs. 1 und 5 über die Pflicht des Käufers, für die einstweilige Aufbewahrung der ihm von einem anderen Orte übersendeten und von ihm beanstandeten Waare zu sorgen, und über die Befugniß desselben, eine dem Verderb ausgesetzte Waare zu verkaufen. Aus dem Zwecke der ersteren Bestimmung, welche den Verkäufer dagegen schützen soll, daß die Waare, noch bevor er darüber Verfügung treffen kann, vom Käufer zurückgesendet und mit hohen Frachtkosten belastet wird, ergiebt sich, daß die in Frage stehende Verpflichtung des Käufers auf Platzgeschäfte nicht ausgedehnt werden kann. Dagegen spricht auch hier die Berücksichtigung des nichtkaufmännischen Abnehmers für eine Beschränkung der Vorschrift auf zweiseitige Handelskäufe. Im Platzverkehr und für einseitige Handelsgeschäfte kann es bei dem bewenden, was sich aus der allgemeinen Vertragspflicht des Käufers zu sorgfältigem Verhalten sowie aus den Grundsätzen von Treu und Glauben ergiebt. Nur in demselben Umfange wie die gesetzliche Aufbewahrungspflicht ist andererseits das Recht des Käufers anzuerkennen, die beanstandete Waare, falls sie dem Verderb ausgesetzt und Gefahr im Verzuge ist, verkaufen zu lassen; im Uebrigen genügen die Regeln über die Geschäftsführung ohne Auftrag. Keiner besonderen Hervorhebung bedarf es, daß durch einen nach Maßgabe des Abs. 2 bewirkten Verkauf der Anspruch des Käufers auf Wandelung oder auf Lieferung einer mangelfreien Waare (§§. 461, 474, 347 des Bürgerlichen Gesetzbuchs) nicht ausgeschlossen wird.

An die Stelle der Vorschriften des Art. 348 Abs. 2 bis 4 des Handelsgesetzbuchs, die sich auf die Feststellung des Zustandes der Waare durch Sachverständige beziehen, wird künftig die auch auf Platzgeschäfte anwendbare Vorschrift treten, welche nach der Anlage II der Denkschrift zum Bürgerlichen Gesetzbuch als §. 449a in die Civilprozeßordnung aufgenommen werden soll.

Lieferung einer Waare anderer Gattung und Quantitätsmängel. (§. 350.)

Der Grundsatz, daß die Waare als genehmigt gilt, wenn die unverzügliche Untersuchung und Mängelanzeige nicht erfolgt, bezieht sich, wie in der Rechtsprechung allgemein angenommen wird, nur auf den Fall von Mängeln in den Eigenschaften der Waare, nicht aber auf den Fall, daß eine Waare anderer Gattung als die bestellte oder eine andere Menge von Waaren als die vereinbarte geliefert wird. Dieser Unterscheidung ist mit Recht der Vorwurf gemacht worden, daß sie der sachlichen Begründung entbehre. Einerseits ist die Grenze zwischen den Fällen, in welchen ein Mangel jener Art vorliegt, und den Fällen, in welchen eine Waare mit Rücksicht auf die Abweichung ihrer Beschaffenheit von der zu liefernden als zu einer anderen Waarengattung gehörig anzusehen ist, häufig schwer zu ziehen. Andererseits ist die Unterscheidung in dieser Allgemeinheit auch innerlich nicht berechtigt; denn selbst wenn die gelieferte Waare nach der durch das Urtheil von Sachverständigen bekundeten Verkehrsauffassung zu einer anderen Waarengattung als die bestellte zu rechnen ist, so kann doch unter Umständen eine solche Abweichung von der Bestellung für den Käufer von geringerer Bedeutung sein als mancher Mangel hinsichtlich der Tauglichkeit. Es ist daher erklärlich, daß die Entscheidungen der Gerichte, welche, je nachdem der von dem Käufer gerügte Mangel der einen oder der anderen Art von Vertragswidrigkeiten zugezählt wird, den Einwand der verspäteten Mängelanzeige für erheblich oder unerheblich erklären, den Eindruck einer gewissen Willkürlichkeit machen. Dieser Rechtszustand hat keinen Anspruch auf fernere Geltung. Unbedingt läßt sich die Gleichstellung der in Frage stehenden Fälle allerdings nicht durchführen; denn wenn die gelieferte Waare mit der bestellten gar nichts gemein hat und offensichtlich für den Zweck des Käufers ohne Bedeutung ist, so darf auch die Unterlassung der sofortigen Rüge dem Käufer nicht zum Nachtheile gereichen; hier können vielmehr nur die Grundsätze, die für den Fall der Zusendung einer unbestellten Waare gelten, Anwendung finden. Wenngleich daher nach §. 350 des Entwurfs die Vorschriften über das Verhalten des Käufers bei Mängeln im Allgemeinen auch dann Platz greifen sollen, wenn der Verkäufer eine andere als die bedungene Waare geliefert hat, so ist doch eine Ausnahme für den Fall vorgesehen, daß die gelieferte Waare offensichtlich von der Bestellung so erheblich abweicht, daß der Verkäufer die Genehmigung des Käufers als ausgeschlossen betrachten mußte. Gleichgültig ist es, ob der Verkäufer thatsächlich nicht erwartet hat, daß der Käufer die Waare genehmigen werde, und ob er überhaupt von der Vertragswidrigkeit der Waare Kenntniß hatte. Daß auch das nach dem Entwurfe maßgebende Unterscheidungsmerkmal etwas Schwankendes hat, läßt sich nicht verkennen; immerhin gewährt es die Möglichkeit, den Umständen des einzelnen Falles die gebührende Berücksichtigung zu Theil werden zu lassen, und wird daher in der Praxis voraussichtlich zu angemesseneren Ergebnissen führen als die gegenwärtig ausschließlich maßgebende Unterscheidung zwischen Mängeln und Gattungsverschiedenheit. Was für den Fall der Lieferung einer anderen als der bedungenen Waare bestimmt wird, muß auch für den Fall der Lieferung einer anderen als der bedungenen Waarenmenge gelten.

Ob der Käufer die Pflicht zur Aufbewahrung der Waare und das Recht des Verkaufs nach Art. 348 des Handelsgesetzbuchs auch dann hat, wenn er die Waare wegen einer Abweichung von der bestellten Gattung oder von der vereinbarten Menge beanstandet, ist nach dem geltenden Rechte bestritten. Der Entwurf bejaht diese Frage gleichfalls unter der Voraussetzung, daß die gelieferte Waare von der Bestellung nicht offensichtlich so erheblich abweicht, daß der Verkäufer die Genehmigung des Käufers als ausgeschlossen betrachten mußte. Andernfalls werden die Grundsätze über die Zusendung unbestellter Waaren und über die Geschäftsführung ohne Auftrag zur Anwendung zu kommen haben.

Zahlung des Kaufpreises bei Zusendung der Waare. (§. 351.)

Der §. 351 des Entwurfs, nach welchem der Käufer, dem die Waare von einem anderen Orte übersendet wird, im Zweifel nicht verpflichtet ist, den Kaufpreis vor der Ablieferung zu bezahlen, enthält eine Ausnahme von der Vorschrift, daß bei einem gegenseitigen Vertrage jeder Theil sofern er nicht vorzuleisten hat, die ihm obliegende Leistung bis zur Bewirkung der Gegenleistung verweigern kann (Bürgerliches Gesetzbuch §. 314). Denn nach dieser Vorschrift würde an sich der Verkäufer die Zahlung des Kaufpreises schon bei der Absendung der Waare verlangen können. Die Ausnahme ist in der Rechtsprechung schon bisher anerkannt. Sie entspricht auch für die überwiegende Mehrheit der Fälle der Natur des in Frage stehenden Geschäfts und der thatsächlichen Uebung. Bei der praktischen Bedeutung des Grundsatzes empfiehlt es sich, denselben wenigstens in der Form einer Auslegungsregel, welche für die Berücksichtigung der Umstände des einzelnen Falles dem Richter den erforderlichen Spielraum läßt, im Gesetze selbst zum Ausdrucke zu bringen. Um das Mißverständniß auszuschließen, als ob nach §. 351 der Käufer, wenn die Waare auf dem Transporte untergeht, von der Verpflichtung zur Zahlung des Kaufpreises befreit sein solle, ist in dem Schlußsatze des §. 351 noch besonders bestimmt, daß die für den Uebergang der Gefahr auf den Käufer geltenden Vorschriften unberührt bleiben.

Im Uebrigen sind besondere Vorschriften über die Erfüllungszeit und ebenso über den Erfüllungsort bei dem Handelskaufe nicht erforderlich; die Vorschriften des bisherigen Art. 342 werden durch die §§. 262, 263 und 314 des Bürgerlichen Gesetzbuchs entbehrlich.

Berechnung des Kaufpreises nach dem Gewichte der Waare. (§. 352.)

Die Bestimmungen des §. 352 des Entwurfs über die Berechnung des Kaufpreises nach dem Gewichte der Waare entsprechen dem bisherigen Art. 352. Zwar verweist das Handelsgesetzbuch nicht, wie der Entwurf, auf den Handelsgebrauch des Ortes, an welchem der Verkäufer zu erfüllen hat, sondern auf den Handelsgebrauch am Orte der Uebergabe; hierunter ist jedoch, wie allgemein anerkannt wird, der Handelsgebrauch des Erfüllungsortes zu verstehen.

Kauf von Werthpapieren (§. 353 Abs 1.)

Wenngleich das Handelsgesetzbuch in dem Titel über den Kauf nur von Waaren spricht, so ist es doch nicht zweifelhaft, daß die betreffenden Vorschriften auf Kaufverträge über Werthpapiere ebenfalls Anwendung finden; dagegen unterliegt der Kauf von Rechten, die nicht in Werthpapieren verkörpert sind, auch wenn der Kauf im einzelnen Falle ein Handelsgeschäft ist, jenen Vorschriften nicht; Hypothekenforderungen zum Beispiel bilden, wie in der Rechtsprechung anerkannt ist, keinen Gegenstand des Handelskaufs im engeren Sinne. Dieses der Natur der Sache entsprechende Verhältniß bringt der Entwurf im §. 353 Abs. 1 zum Ausdruck, indem er die für den Kauf von Waaren getroffenen Vorschriften auf den Kauf von Werthpapieren ausdehnt, hiermit aber zugleich ihre Anwendbarkeit im Uebrigen ausschließt. Der Begriff des Wortes „Werthpapier" braucht auch an dieser Stelle nicht näher bestimmt zu werden; es handelt sich, wie die Vorschrift von selbst ergiebt, nur um Papiere, die als solche den Gegenstand des Kaufes bilden, bei denen also der Erwerb des Rechtes aus dem Papiere den sachenrechtlichen Grundsätzen über den Erwerb des Rechtes an dem Papiere folgt. Daß auf die Haftung des Verkäufers eines für kraftlos erklärten Werthpapiers der §. 348 des Entwurfs keine Anwendung findet, braucht nicht besonders ausgesprochen zu werden, da es sich hierbei nicht um einen Sachmangel, sondern um einen Mangel im Rechte handelt (Bürgerliches Gesetzbuch §. 431 Abs. 2). Bei Lieferung eines ausgeloosten oder gekündigten Werthpapiers wird dagegen in der Regel anzunehmen sein, daß eine andere als die bedungene Sache geliefert, die Abweichung aber so erheblich ist, daß eine Genehmigung von vornherein ausgeschlossen erscheinen mußte; der §. 348 greift daher auch in einem solchen Falle nicht Platz.

Kauf- und Werkvertrag. (§. 353 Abs. 2.) Der Art. 338 des Handelsgesetzbuchs, der die Bestimmungen über den Kauf auch auf ein Handelsgeschäft für anwendbar erklärt, dessen Gegenstand in der Lieferung einer Quantität vertretbarer Sachen besteht, ist künftig entbehrlich, weil ein Vertrag, durch den sich der Unternehmer verpflichtet, aus einem von ihm zu beschaffenden Stoffe eine vertretbare Sache herzustellen, schon nach §. 641 des Bürgerlichen Gesetzbuchs als Kauf zu beurtheilen ist. Ob auch ein Vertrag über die Herstellung einer nicht vertretbaren Sache aus einem Stoffe des Unternehmers als Kauf zu beurtheilen ist, überläßt das Handelsgesetzbuch den Landesgesetzen, deren Vorschriften in dieser Beziehung auseinandergehen. Nach dem §. 641 des Bürgerlichen Gesetzbuchs gelten für einen solchen Vertrag im Allgemeinen die Rechtssätze vom Kaufe, jedoch mit wesentlichen Abweichungen, die auf einer theilweisen Heranziehung der Vorschriften über den Werkvertrag beruhen. In Ermangelung einer ausdrücklichen Bestimmung könnte es zweifelhaft erscheinen, ob ein derartiges Geschäft den Vorschriften über den Handelskauf unterliegt. Ein sachlicher Grund, diese Vorschriften nur bei der Herstellung vertretbarer Sachen Platz greifen zu lassen, besteht aber nicht, und der §. 353 des Entwurfs bestimmt deshalb, daß die Vorschriften des Titels vom Handelskauf Anwendung finden, wenn aus einem von dem Unternehmer zu beschaffenden Stoffe eine nicht vertretbare bewegliche Sache herzustellen ist. Hieraus ergiebt sich unter Anderem, daß, falls ein zweiseitiges Handelsgeschäft des fraglichen Inhalts vorliegt, der Besteller, obwohl nach dem Bürgerlichen Gesetzbuche die Verjährung der Gewährleistungsansprüche hier nicht mit der Ablieferung (§. 471 daselbst), sondern mit der Abnahme des Werkes beginnt (§. 628), dennoch das Werk gemäß §. 348 des Entwurfs unverzüglich nach der Ablieferung zu untersuchen verpflichtet ist; hat er dies gethan und seine Rechte durch Anzeige gewahrt, so verjähren die Ansprüche erst von der Abnahme an.

Liegt ein eigentlicher Werkvertrag vor, sei es, daß aus dem eigenen Stoffe des Bestellers eine Sache herzustellen, sei es, daß eine Sache des Bestellers zu verändern oder auszubessern ist, so kann es bei den Vorschriften des Bürgerlichen Gesetzbuchs bewenden. Auch auf diesen Fall einzelne Rechtssätze vom Handelskaufe für anwendbar zu erklären, ist nicht angezeigt; es genügt, daß etwaige Handelsgebräuche zu berücksichtigen sind, und daß außerdem das Verhalten der Betheiligten, namentlich ein längeres Stillschweigen des Bestellers bei Mängeln des Werkes, mit Rücksicht auf Treu und Glauben im Handelsverkehre zu würdigen ist. Auf dieser Grundlage ist die Rechtsprechung schon bisher zu befriedigenden Ergebnissen gelangt.

Viehmängel. (§. 354.)

Die Schlußvorschrift des Titels (§. 354), wonach beim Viehhandel nicht die Vorschriften des Entwurfs über die unverzügliche Untersuchung und Mängelanzeige, sondern die besonderen Regeln des Bürgerlichen Gesetzbuchs (§§. 475 ff.) zur Anwendung kommen, wird einer Rechtfertigung nicht bedürfen.

In den Entwurf nicht aufgenommene Vorschriften des Handelsgesetzbuchs. (Handelsgesetzbuch Art. 337, 339—341, 344—346, 351, 353.)

Hinsichtlich der in den Entwurf nicht aufgenommenen Vorschriften des bisherigen Titels über den Handelskauf, deren Wegfall nicht bereits im Vorstehenden Erwähnung gefunden hat, ist Folgendes zu bemerken.

Die Bestimmung des Art. 337, daß ein Anerbieten zum Verkaufe, welches erkennbar für mehrere Personen, insbesondere durch Mittheilung von Preislisten oder Proben, geschieht oder welches die Waare, den Preis oder die Menge nicht bestimmt bezeichnet, kein verbindlicher Antrag zum Kaufe ist, stellt keine Besonderheit des Handelsrechts dar, sondern enthält nur eine Anwendung allgemeiner Grundsätze des bürgerlichen Rechts. Der Satz kann daher gestrichen werden, zumal es Sache der Willensauslegung sein muß, ob einem Anerbieten der fraglichen Art nach den besonderen Umständen des Falles nicht doch eine weitergehende Bedeutung beizulegen ist.

Die Art. 339 und 340, welche den Kauf auf Probe und nach Probe betreffen, werden durch die §§. 489 bis 491 des Bürgerlichen Gesetzbuchs ersetzt; auch der im Art. 339 enthaltene Hinweis auf die ortsgebräuchliche Genehmigungsfrist ist mit Rücksicht auf den §. 318 des Entwurfs entbehrlich. Die Begriffsbestimmung des Kaufes zur Probe im Art. 341 des Handelsgesetzbuchs ist überflüssig und kann wegfallen.

Gleichfalls selbstverständlich erscheint die Bestimmung des Art. 344, daß bei Uebersendung der Waare von einem anderen Orte, falls der Käufer über die Art der Uebersendung nichts bestimmt hat, der Verkäufer die Bestimmung mit der gehörigen Sorgfalt zu treffen hat. Dies ergiebt sich schon aus den allgemeinen Grundsätzen des Bürgerlichen Gesetzbuchs,[1] während allerdings bisher der Art. 344 des Handelsgesetzbuchs mit Rücksicht auf abweichende landesrechtliche Vorschriften eine selbständige Bedeutung hatte. Eine unbedingte Verpflichtung, die Uebersendung zu besorgen, legt anerkanntermaßen auch der Art. 344 dem Verkäufer nicht auf, vielmehr sind in dieser Beziehung der Vertrag und die Verkehrssitte maßgebend. Was den Zeitpunkt betrifft, mit welchem die Gefahr der gekauften Sache im Falle der Uebersendung auf den Käufer übergeht, so gilt in dieser Beziehung nach dem Bürgerlichen Gesetzbuche (§§. 440, 441, 262 Abs. 3) dasselbe wie nach Art. 345 des Handelsgesetzbuchs; auch dieser kann demnach wegfallen.

Der Art. 346, welcher den Käufer verpflichtet, die Waare, falls sie den gesetzlichen und vertragsmäßigen Erfordernissen entspricht, zu empfangen,

[1]) Motive zum Entwurf I des Bürgerlichen Gesetzbuchs Bd. II S. 328; s. auch Bürgerliches Gesetzbuch §. 441 Abs. 2.

wird durch den sachlich übereinstimmenden §. 427 Abs. 2 des Bürgerlichen Gesetzbuchs ersetzt. Daß die Empfangnahme im Zweifel sofort geschehen muß (Art. 346 Abs. 2), ergiebt sich aus der allgemeinen Vorschrift des §. 264 des Bürgerlichen Gesetzbuchs.

Die Regel des Art. 351 über die Tragung der Kosten der Uebergabe und der Abnahme der Waare ist von dem Bürgerlichen Gesetzbuche (§. 442 Abs. 1) übernommen. Wenn nach diesem der Käufer nicht nur die Kosten „der Abnahme“, sondern die „der Abnahme und der Versendung nach einem anderen Orte als dem Erfüllungsorte“ zu tragen hat, so liegt hierin eine sachgemäße Ergänzung der bisherigen Vorschrift des Handelsgesetzbuchs, die indessen keine Aenderung des geltenden Rechtes bedeutet.

Auch den Art. 353 des Handelsgesetzbuchs, welcher den Fall behandelt, daß der Markt- oder Börsenpreis als Kaufpreis bestimmt ist, hat der Entwurf nicht übernommen. Im Anschluß an diesen Artikel stellt der §. 447 des Bürgerlichen Gesetzbuchs die Auslegungsregel auf, daß im Zweifel, falls als Kaufpreis der Marktpreis bestimmt ist, der für den Erfüllungsort zur Erfüllungszeit maßgebende Marktpreis als vereinbart gilt. Da der Börsenpreis an sich nur eine Art des Marktpreises ist, so erscheint es nicht nothwendig, jenen Grundsatz für den Börsenpreis noch besonders im Handelsgesetzbuche zum Ausdruck zu bringen. Ueberdies sind Kaufabschlüsse zum Börsenpreise nicht gewöhnlich, vielmehr erfolgen im Eigenhandel meist feste Anstellungen. Für den Selbsteintritt des Kommissionärs aber, für welchen der Börsenpreis eine weit größere Bedeutung hat, enthält der Entwurf im §. 374 besondere, dem Entwurfe des Börsengesetzes entnommene Vorschriften. Was der Art. 353 noch weiter über den Begriff des Börsen- und Marktpreises bestimmt, ist theils selbstverständlich, theils nicht erschöpfend.

Dritter Titel.

Kommissionsgeschäft.

Begriffsbestimmung. (§§. 355, 380.)

Nach Art. 360 Abs. 1 des Handelsgesetzbuchs ist Kommissionär, wer im eigenen Namen für Rechnung eines Auftraggebers (Kommittenten) Handelsgeschäfte abschließt, und nach Art. 378 kommen die Bestimmungen über das Kommissionsgeschäft auch zur Anwendung, wenn von einem Kaufmanne, dessen gewöhnlicher Handelsbetrieb nicht in Kommissionsgeschäften besteht, ein einzelnes Handelsgeschäft in der bezeichneten Art geschlossen wird. In welchem Sinne das Erforderniß des Abschlusses von „Handelsgeschäften“ verstanden werden soll, ist zweifelhaft und sehr bestritten; keine der verschiedenen Ansichten, die darüber aufgestellt worden sind, führt zu einem angemessenen Ergebnisse. Wird die Bestimmung so aufgefaßt, daß das von dem Kommissionär abgeschlossene Ausführungsgeschäft für diesen selbst ein Handelsgeschäft sein muß, so bleiben überhaupt nur wenige Geschäfte als selbständige Grundlage des Kommissionärgewerbes übrig. Gerade die wichtigsten, nämlich der Kauf und Verkauf, scheiden aus; denn der Abschluß von Käufen und Verkäufen für fremde Rechnung ist kein Handelsgeschäft im Sinne der Nummern 1 und 2 des bisherigen Art. 271. Am meisten Anklang hat eine andere Ansicht gefunden, nach der es nicht darauf ankommen soll, ob das Ausführungsgeschäft für den Kommissionär ein Handelsgeschäft ist, sondern darauf, ob es für den Kommittenten ein Handelsgeschäft sein würde, falls es von diesem selbst oder in seinem Namen geschlossen wäre. Allein auch hierbei ergiebt sich, daß zahlreiche Geschäfte, auf welche die Vorschriften über das Kommissionsgeschäft Anwendung finden müssen, wie zum Beispiel der von einer Privatperson einem Bankier ertheilte Auftrag zur Anschaffung oder Veräußerung von Werthpapieren, die zur Kapitalanlage dienen, nicht unter den Begriff des Kommissionsgeschäfts fallen. Wenn nichtsdestoweniger angenommen werden muß, daß die zuletzt bezeichnete Auslegung den Sinn der Vorschrift am richtigsten trifft, so folgt hieraus, daß das Handelsgesetzbuch von einer Auffassung über den Zweck und die Bedeutung des Kommissionsgeschäfts ausgeht, die den heutigen Verkehrsverhältnissen nicht entspricht; denn die Kommissionäre sind gegenwärtig nicht mehr bloße Hülfspersonen der Kaufleute, sie stellen sich vielmehr dem Privatpublikum unmittelbar zur Verfügung, und in einzelnen Geschäftszweigen, wie namentlich im Effektenverkehr, ist der Kommissionshandel sogar die weit überwiegende Form, in welcher die Bedürfnisse des nicht zu den Handelskreisen gehörenden Publikums befriedigt werden. Der Güterumsatz kann nicht blos im Wege des Kaufs und Wiederverkaufs, sondern ebenso im Wege einer Vermittelung erfolgen, bei der das eine Glied zwar durch einen Kaufvertrag, das andere aber durch die Uebernahme eines Auftrags und ein zu dessen Erledigung dienendes Abwickelungsgeschäft gebildet wird. Der Handelskarakter des Kommissionärgewerbes liegt deshalb nicht sowohl in der Hülfsthätigkeit für den Handelsbetrieb des Auftraggebers als vielmehr in der eigenen Vermittlerstellung des Kommissionärs zwischen Angebot und Nachfrage. Hiernach wird es als das Richtige betrachtet werden müssen, den Begriff des Kommissionsgeschäfts von der Voraussetzung, daß das Ausführungsgeschäft ein Handelsgeschäft sein müsse, ganz loszulösen und denselben anders zu begrenzen. Der Entwurf thut dies in der Weise, daß er unter theilweisem Anschluß an das schweizerische Obligationenrecht nur die Einkaufs- und Verkaufskommission als selbständige Grundlage des Kommissionärgewerbes anerkennt, dies aber ohne Rücksicht auf die Person des Kommittenten und auf den Zweck, welchen derselbe bei der Ertheilung der Kommission verfolgt (§. 355). Die einzelnen Vorschriften über das Kommissionsgeschäft sollen dabei auch weiterhin Anwendung finden, wenn ein Kommissionär ein anderes Geschäft oder wenn ein Kaufmann, der nicht Kommissionär ist, irgend ein Geschäft im eigenen Namen für Rechnung eines Anderen im Betriebe seines Handelsgewerbes zu schließen übernimmt (§. 380). Eine Regelung in diesem Sinne trägt durchaus dem thatsächlich bestehenden Verhältnisse Rechnung; denn die Einkaufs- und Verkaufskommission bildet nicht blos das weitaus wichtigste aller Kommissionsgeschäfte, sondern es liegt auch in Wahrheit nur insoweit ein Bedürfniß vor, den Betrieb von Kommissionsgeschäften als selbständige Grundlage der Kaufmannseigenschaft anzuerkennen. Was die Versicherungskommission betrifft, so kommt sie als ein selbständiger Geschäftszweig kaum vor, und die Rechtssätze vom Kommissionsgeschäfte finden überdies auf die Versicherung für fremde Rechnung nicht ohne Weiteres Anwendung. Die Kommission im Gütertransportverkehr ist als Spedition besonders geregelt; der kommissionsweise Abschluß von Bankiergeschäften wird regelmäßig selbst Bankiergeschäft und außerdem meist mit der gewerbsmäßigen Uebernahme von Einkaufs- oder Verkaufskommissionen verbunden sein; der Kommissionsverlag endlich gehört zu den Verlagsgeschäften. Ueberdies ist zu berücksichtigen, daß die Erweiterung des Kaufmannsbegriffs, wie sie im Entwurfe vorgesehen ist, künftig auch hier eingreift. Denn sofern noch in anderen als den bezeichneten Fällen der Abschluß von Geschäften für fremde Rechnung im eigenen Namen gewerbsmäßig betrieben werden sollte, wird ein solcher Betrieb, falls er in größerem Umfange und in kaufmännischer Weise stattfindet, nach §. 2 des Entwurfs in das Handelsregister einzutragen sein und hierdurch für den Unternehmer die Eigenschaft als Kaufmann begründen; dann gelten aber nach §. 380 auch die betreffenden Geschäfte eines solchen Gewerbetreibenden als Kommissionsgeschäfte im Sinne dieses Titels.

Im Anschluß an seine Begriffsbestimmung hebt das Handelsgesetzbuch im Art. 360 Abs. 2, 3 noch besonders hervor, daß der Kommissionär durch die Geschäfte, die er mit Dritten schließt, allein berechtigt und verpflichtet wird, und daß, falls vom Auftraggeber ausdrücklich bestimmt ist, das Geschäft solle auf seinen Namen abgeschlossen werden, keine kaufmännische Kommission, sondern ein gewöhnlicher Auftrag zu einem Handelsgeschäfte vorliegt. Beide Bestimmungen, von welchen die letztere überdies nicht ganz richtig gefaßt ist, besagen Selbstverständliches und können wegfallen.

Verhältniß zum Bürgerlichen Gesetzbuche.

Während nach dem geltenden Rechte der Kommissionsvertrag als eine besondere Art des Auftrags anzusehen und demzufolge, soweit das Handelsgesetzbuch keine Bestimmungen enthält, nach den Grundsätzen über den Auftrag zu beurtheilen ist, sind nach dem Bürgerlichen Gesetzbuche, das zum Begriffe des Auftrags die Unentgeltlichkeit erfordert, im Allgemeinen die Grundsätze vom Dienstvertrage maßgebend. Diese werden indessen, wenn es sich, wie hier, um eine Geschäftsbesorgung handelt, die durch einen Dienstvertrag übernommen ist, nach §. 662 des Bürgerlichen Gesetzbuchs durch die wesentlichsten Bestimmungen über den Auftrag ergänzt. Einzelne Fragen, die für das Kommissionsgeschäft in Betracht kommen, finden in den hiernach zur Anwendung kommenden Vorschriften des Bürgerlichen Gesetzbuchs eine sachgemäße Entscheidung und bedürfen daher keiner besonderen Regelung im Handelsgesetzbuche. Dies gilt namentlich in Ansehung der Frage, inwieweit die *Ausführung der Kommission einem Unterkommissionär* übertragen werden darf, sowie in Ansehung der *Kündigung* der Kommission. Aus dem §. 606 des Bürgerlichen Gesetzbuchs ergiebt sich, daß der Kommissionär die Kommission im Zweifel selbst auszuführen hat, wie dies schon nach dem geltenden Rechte angenommen werden muß. Die Würdigung der Umstände des einzelnen Falles, welche es nicht selten rechtfertigen werden, eine stillschweigende Gestattung der Uebertragung der Kommission an einen Unterkommissionär anzunehmen, wird hierdurch nicht gehindert. Auch darf der Kommissionär selbstverständlich seine Angestellten zur Ausführung des Auftrags heranziehen. Daß die Kommission von dem Kommittenten jederzeit zurückgenommen werden kann, folgt schon aus §. 618 des Bürgerlichen Gesetzbuchs; inwieweit der Kommissionär in diesem Falle eine Vergütung zu beanspruchen hat, ist im §. 367 des Entwurfs bestimmt.

Rechte und Pflichten des Kommissionärs. (§§. 356—362.)

Im Anschluß an den bisherigen Art. 361 legt der §. 356 des Entwurfs dem Kommissionär die Pflicht auf, das Geschäft mit der Sorgfalt eines ordentlichen Kaufmanns auszuführen, dabei das Interesse des Kommittenten wahrzunehmen und dessen Weisungen zu befolgen, auch dem Kommittenten die erforderlichen Nachrichten zu geben, insbesondere die Ausführung der Kommission unverzüglich anzuzeigen, sowie über das Geschäft Rechenschaft abzulegen und das, was er aus der Geschäftsbesorgung erlangt hat, dem Kommittenten herauszugeben. Diese Obliegenheiten des Kommissionärs sind zwar im Allgemeinen auch aus den §§. 270, 652 bis 655 und 662 des Bürgerlichen Gesetzbuchs zu entnehmen; es empfiehlt sich jedoch, dieselben, da sie für das Verhältniß des Kommissionärs zu seinem Kommittenten in erster Linie entscheidend sind, hier noch besonders hervorzuheben.

Während das Bürgerliche Gesetzbuch die Folgen einer Ueberschreitung des Auftrags seitens des Beauftragten nicht besonders regelt, sind im Entwurfe nach dem Vorgange des Handelsgesetzbuchs ausdrückliche Bestimmungen hierüber getroffen. Nach §. 357 Abs. 1 des Entwurfs ist ebenso wie nach dem bisherigen Art. 362 bei auftragswidrigem Handeln der Kommissionär zum Schadensersatze verpflichtet und der Kommittent nicht an das Geschäft gebunden. Unter welchen Voraussetzungen ausnahmsweise der Kommissionär von den Weisungen des Kommittenten abgehen kann, ist eine Frage für sich. In dieser Beziehung kommt, wie der Abs. 2 des §. 357 außer Zweifel stellt, künftig der §. 652 des Bürgerlichen Gesetzbuchs zur Anwendung. Danach ist der Beauftragte berechtigt, von den Weisungen des Auftraggebers abzuweichen, wenn er den Umständen nach annehmen darf, daß der Auftraggeber bei Kenntniß der Sachlage die Abweichung billigen würde; vor der Abweichung hat er jedoch, sofern nicht mit dem Aufschube Gefahr verbunden ist, dem Auftraggeber Anzeige zu machen und dessen Entschließung abzuwarten. Besondere Vorschriften gelten nach Art. 363 und 364 des Handelsgesetzbuchs, wenn der Verkaufs- oder Einkaufskommissionär die von dem Kommittenten bestimmte Preisgrenze nicht einhält. Verkauft der Kommissionär unter dem ihm gesetzten Preise, so soll er nach Art. 363 verpflichtet sein, dem Kommittenten den Preisunterschied zu vergüten, falls er nicht beweist, daß ein Verkauf zu dem gesetzten Preise nicht ausgeführt werden konnte und die Vornahme des Verkaufs von dem Kommittenten Schaden abgewendet hat. Ueberschreitet andererseits ein Kommissionär den für den Einkauf gesetzten Preis, so ist nach Art. 364 der Kommittent nicht berechtigt, das Geschäft als nicht für seine Rechnung geschlossen zurückzuweisen, sofern sich der Kommissionär zugleich mit der Einkaufsanzeige zur Deckung des Unterschiedes erbietet; auch muß der Kommittent, der den Einkauf als nicht für seine Rechnung geschehen zurückweisen will, dies ohne Verzug auf die Einkaufsanzeige erklären, widrigenfalls die Ueberschreitung des Auftrags als genehmigt gilt. Der Entwurf (§. 358) weicht hiervon insofern ab, als er die Verkaufs- und die Einkaufskommission einander gleichstellt, und zwar in der Weise, daß er die Vorschriften des Art. 364 auf die Verkaufskommission ausdehnt. Ein genügender Grund, die Verkaufskommission und die Einkaufskommission verschieden zu behandeln, liegt nicht vor. Insbesondere erscheint es unbillig, wenn das geltende Gesetz bei der Verkaufskommission dem Kommittenten die Befugniß, den unter dem gesetzten Preise ausgeführten Verkauf als nicht für seine Rechnung geschlossen zurückzuweisen, vollständig versagt und ihm stets nur den Anspruch auf den Preisunterschied gegen den Kommissionär gewährt. Der Entwurf erkennt daher jene Befugniß des Kommittenten nicht blos für die Einkaufskommission, sondern auch für die Verkaufskommission an; in beiden Fällen darf jedoch die Befugniß vom Kommittenten nicht dazu benutzt werden, auf Kosten des Kommissionärs zu spekuliren, und er muß deshalb, wenn er von ihr Gebrauch machen will, dies dem Kommissionär unverzüglich auf die Anzeige von der Ausführung des Geschäfts mittheilen. Die Interessen des Kommissionärs werden weiterhin dadurch gewahrt, daß demselben, wie schon bisher bei der Einkaufskommission, so künftig auch bei der Verkaufskommission das Recht gegeben wird, sich zugleich mit der Anzeige über die Ausführung des Geschäfts zur Deckung des Preisunterschieds zu erbieten und auf diese Weise die Zurückweisung des Geschäfts durch den Kommittenten zu verhindern. Einer besonderen Bestimmung darüber, inwieweit der Kommissionär befugt ist, unter dem gesetzten Preise zu verkaufen, bedarf es nicht mehr, da der oben erwähnte §. 652 des Bürgerlichen Gesetzbuchs zu demselben Ergebnisse führt, wie der bisherige Art. 363 des Handelsgesetzbuchs. Um die für das geltende Recht bestehenden Zweifel zu beseitigen, hebt der Entwurf noch ausdrücklich hervor, daß durch die Vorschriften über den Ersatz des Preisunterschieds der dem Kommittenten nach der allgemeinen Regel des §. 357 zustehende Anspruch auf den Ersatz eines den Preisunterschied übersteigenden Schadens nicht berührt wird. Ist beispielsweise durch den von dem Kommissionär unter dem gesetzten Preise bewirkten Verkauf eines Werthpapiers, von welchem der Kommittent noch größere Beträge besitzt, nachweisbar der Kurs gedrückt worden und hierdurch für den Kommittenten ein Schaden entstanden, so muß der Kommissionär dafür dem Kommittenten aufkommen, es sei denn, daß ihm ein Verschulden nicht zur Last fällt.

Die §§. 359 bis 362 des Entwurfs wiederholen im Wesentlichen die Vorschriften der Art. 365 bis 367 des Handelsgesetzbuchs über die Haftung des Kommissionärs für den Verlust und die Beschädigung des Kommissionsgutes und über die hiermit im Zusammenhange stehenden Rechte und Pflichten. Was die Befugniß des Kommissionärs zur Erwirkung einer gerichtlich angeordneten Untersuchung des Zustandes des Gutes betrifft, so würde es insoweit, als es sich darum handelt, eine Beschädigung des Gutes festzustellen, für welche der Frachtführer oder Schiffer verantwortlich gemacht werden soll, einer besonderen Vorschrift nicht bedürfen, da hier schon die nach der Anlage II der Denkschrift zum Bürgerlichen Gesetzbuch in Aussicht genommene Vorschrift der Civilprozeßordnung (§. 449 a) ausreichend wäre. Nach dem Art. 365 Abs. 3 des Handelsgesetzbuchs ist aber das Recht des Kommissionärs, die Untersuchung des Gutes durch gerichtlich ernannte Sachverständige zu beantragen, nicht auf den bezeichneten Fall beschränkt, wie denn in der That der Kommissionär ein berechtigtes Interesse hat, auch dem Kommittenten gegenüber den Zustand, in welchem das Gut ihm zugegangen ist, feststellen zu lassen, und zwar ohne Rücksicht darauf, ob die Beschädigung auf dem Transport oder schon vorher erfolgt ist. Für einen solchen Fall genügt aber jene Vorschrift der Civilprozeßordnung nicht, da dem Kommittenten eine eigentliche Gewährleistungspflicht, wie sie dort vorausgesetzt ist, dem Kommissionär gegenüber regelmäßig nicht obliegt. Der §. 359 Abs. 2 des Entwurfs bestimmt deshalb ganz allgemein, daß der Kommissionär zur Feststellung von Mängeln des Gutes eine Beweisaufnahme nach §. 449a der Civilprozeßordnung beantragen kann. Das gleiche Recht ist im Anschluß an den Abs. 2 des mehrerwähnten §. 449a auch dem Kommittenten eingeräumt, falls der Kommissionär ihm einen Mangel angezeigt oder die Annahme des Gutes wegen Mangelhaftigkeit abgelehnt hat.

Das Recht des Kommissionärs, das Gut, wenn es dem Verderb oder der Entwerthung ausgesetzt und Gefahr im Verzuge ist, öffentlich verkaufen zu lassen, erkennt der §. 360 des Entwurfs in demselben Umfange an wie der Art. 365 Abs. 3 und der Art. 366 Abs. 1 des Handelsgesetzbuchs. Außerdem gewährt der Entwurf aber auch, abgesehen von dem Fall des drohenden Verderbs des Gutes, dem Kommissionär, sofern der Kommittent mit der Abnahme im Verzuge ist, die dem Verkäufer im Falle des Annahmeverzugs des Käufers zustehende Befugniß zum Verkauf und zur Niederlegung (§. 361). Es läßt sich nicht rechtfertigen, den Kommissionär in diesen Beziehungen ungünstiger zu behandeln als den Verkäufer, zumal ihm im Falle der Ausführung der Kommission durch Eintritt als Selbstkontrahent die Befugnisse des letzteren ohnehin zustehen.

Wegen Unterlassung der Versicherung des Gutes ist der Kommissionär nach dem Handelsgesetzbuch nur verantwortlich, wenn er von dem Kommittenten den Auftrag zur Versicherung erhalten hat. Diesen, gemäß Art. 387 auch für den Spediteur geltenden Grundsatz behält der Entwurf unverändert bei. Den Kommissionär und Spediteur allgemein zur Versicherung zu verpflichten, ist nicht angängig, zumal es sich oft um eine nur vorübergehende, kurze Zeit dauernde Aufbewahrung handelt. Bei dem Spediteur kommt noch besonders in Betracht, daß derselbe vielfach schon wegen mangelnder Kenntniß des Werthes der Waare gar nicht in der Lage ist, die Versicherung zu bewirken.

Pflicht des Einkaufskommittenten zur Untersuchung der Waare und zur Mängelanzeige. (§. 363.)

Die Vorschriften, denen zufolge der Käufer verpflichtet ist, die Waare unverzüglich nach der Ablieferung zu untersuchen und dem Verkäufer die entdeckten Mängel anzuzeigen, finden nach dem geltenden Rechte auf den Kommittenten, welchem die für ihn von dem Kommissionär angekaufte Waare übersendet wird, an sich keine Anwendung. Nur wenn der Kommissionär als Selbkontrahent eingetreten ist, müssen, wie auch gegenwärtig meistens angenommen wird, in der fraglichen Beziehung die Vorschriften über den Kauf Platz greifen. Schon die Verschiedenheit der Beurtheilung, welcher hiernach das Verhalten des Kommittenten unterliegt, je nachdem die Kommission in der einen oder anderen Weise zur Ausführung gelangt ist, stellt sich als ein Uebelstand dar, und auch abgesehen hiervon erscheint es nicht gerechtfertigt, den Kommittenten in Bezug auf die Untersuchung der Waare und die Mängelanzeige von den Pflichten zu entbinden, die dem Käufer obliegen. Der Kommissionär hat aus ganz ähnlichen Gründen wie der Verkäufer ein berechtigtes Interesse daran, von einer Beanstandung der Waare baldmöglichst Kenntniß zu erhalten. Der §. 363 des Entwurfs bestimmt demgemäß, daß die nach den §§. 348 bis 350 für den Käufer getroffenen Vorschriften über die Untersuchung und Mängelanzeige sowie über die Sorge für die beanstandete Waare auf den Kommittenten bei der Einkaufskommission Anwendung finden. Ebenso wie bei dem Kaufe soll dies jedoch nur unter der Voraussetzung gelten, daß das Geschäft für beide Betheiligte ein Handelsgeschäft darstellt, daß also auch der Kommittent ein Kaufmann ist, der die Kommission im Betriebe seines Handelsgewerbes ertheilt hat. Eine weitere Einschränkung ergiebt sich aus dem Wesen des Kommissionsgeschäfts, insbesondere aus der Pflicht des Kommissionärs, alles, was er in Folge der Kommission erlangt hat, dem Kommittenten herauszugeben. Mit dieser Pflicht würde es nicht im Einklange stehen, wenn der Kommissionär, falls er seinerseits Ansprüche wegen der Mangelhaftigkeit der Waare gegen den Verkäufer erheben kann, mit dem er das Geschäft für Rechnung des Kommittenten abgeschlossen hat, dem Kommittenten die Abtretung dieser Ansprüche unter Berufung auf die verspätete Mängelanzeige verweigern wollte. Um Zweifel auszuschließen, ist eine solche Weigerung im Entwurf ausdrücklich für unzulässig erklärt. Aus den bereits zum §. 359 erörterten Gründen sind endlich im Abs. 2 des §. 363 noch besondere Vorschriften getroffen, um dem Kommittenten und dem Kommissionär das Recht zu sichern, eine Untersuchung des Zustandes des Gutes durch gerichtlich ernannte Sachverständige herbeizuführen.

Was den Fall der Verkaufskommission betrifft, so kann hier — von dem Eintritte des Kommissionärs als Selbstkäufer abgesehen — eine den Vorschriften über den Handelskauf entsprechende Regelung der Verpflichtung des Kommissionärs zur sofortigen Untersuchung der Waare und Anzeige der Mängel nicht in Frage kommen, da der Verkaufskommissionär die Waare nicht für eigene Rechnung in Empfang nimmt. Hier muß es vielmehr bei der Verpflichtung des Kommissionärs zur sorgfältigen Wahrnehmung der Interessen des Kommittenten (§§. 356, 359) bewenden. Tritt der Kommissionär selbst als Käufer ein, so finden die Vorschriften der §§. 348 bis 350 unmittelbare Anwendung.

Rechte des Kommittenten an den vom Kommissionär erworbenen Forderungen. (§. 364.)

Im Einklange mit dem Art. 368 des Handelsgesetzbuchs bestimmt der §. 364, daß der Kommittent *Forderungen aus einem vom Kommissionär abgeschlossenen Geschäfte* dem Schuldner gegenüber erst nach der Abtretung geltend machen kann, daß solche Forderungen aber, auch wenn sie nicht abgetreten sind, *im Verhältnisse zwischen dem Kommittenten und dem Kommissionär oder dessen Gläubigern als Forderungen des Kommittenten gelten.* Für die Sicherung des Kommittenten ist die letztere Vorschrift genügend; sie hat namentlich zur Folge, daß im Konkurse des Kommissionärs die noch ausstehende Forderung aus dem Ausführungsgeschäfte nur zur Befriedigung des Kommittenten dienen kann. Die Forderung schlechthin, also auch dem Schuldner gegenüber, auf den Kommittenten übergehen zu lassen, wie dies der Art. 399 des schweizerischen Obligationenrechts für den Fall der Befriedigung des Kommissionärs durch den Kommittenten vorsieht, ist weder nothwendig noch zweckmäßig, da hierdurch die Lage des Dritten, der nur mit dem Kommissionär in ein Vertragsverhältniß getreten ist, sehr erschwert würde.

Erwerb des Eigenthums durch den Kommittenten.

Ueber die Frage, in welcher Weise der Kommittent das Eigenthum an den für ihn von dem Kommissionär angeschafften Sachen erwirbt, enthält das Handelsgesetzbuch keine Bestimmungen; die seiner Zeit bei der Berathung des Gesetzbuchs gemachten Versuche, bestimmte Rechtssätze in dieser Richtung aufzustellen, haben zu keinem Ergebnisse geführt. Auch der Entwurf sieht davon ab, besondere Vorschriften über den Eigenthumserwerb des Kommittenten zu treffen, er läßt es vielmehr bei den allgemeinen Grundsätzen des bürgerlichen Rechts bewenden. Nach diesen muß es als Regel gelten, daß der Kommissionär, da er im eigenen Namen handelt, auch das Eigenthum an den für Rechnung des Kommittenten angeschafften Sachen zunächst für sich erwirbt, und daß es demnach einer Uebertragung des Eigenthums von dem Kommissionär auf den Kommittenten bedarf, um diesen zum Eigenthümer zu machen. Hierzu ist nicht unbedingt die Ausantwortung der Sache an den Kommittenten erforderlich; vielmehr genügt, falls der Gegenstand in der Verwahrung des Kommissionärs bleiben soll, der in erkennbarer Weise bekundete Wille des letzteren, den Besitz weiterhin für den Kommittenten auszuüben. Eine solche Eigenthumsübertragung kann zeitlich mit dem Erwerbe des Kommissionärs zusammenfallen; zu ihrer Wirksamkeit ist es bei Sachen, die nur der Gattung nach bestimmt sind, genügend, daß sie für den Kommittenten ausgesondert werden. An diesen Grundsätzen wird auch durch das Bürgerliche Gesetzbuch nichts geändert.

Als unzulänglich hat sich der bezeichnete Rechtszustand bei dem Kommissionsgeschäft in Werthpapieren erwiesen. Hier werden in den meisten Fällen die angeschafften Papiere dem Kommissionär zur Verwahrung belassen, und da eine Verpflichtung des letzteren zur schleunigen Uebertragung des Eigenthums an den Kommittenten gesetzlich nicht vorgesehen ist, so verbleibt häufig das Eigenthum an den Papieren dem Kommissionär, während die Rechte des Kommittenten sich auf einen obligatorischen Anspruch gegen diesen beschränken. Wie bekannt, hat dieses Verhältniß zu erheblichen Mißständen geführt. Da die im Besitze des Kommissionärs befindlichen Papiere nicht als fremde im sachenrechtlichen Sinne angesehen werden können, so sind auch eigenmächtige Verfügungen des Kommissionärs über dieselben nicht strafbar, und wenn der Kommissionär in Konkurs geräth, so steht dem Kommittenten ein Aussonderungsrecht an den vorhandenen Papieren nicht zu. Um diese Mißstände zu beseitigen, ist der Weg eines besonderen Gesetzes gewählt worden. Der dem Reichstag vorliegende Entwurf eines Gesetzes, betreffend die Pflichten der Kaufleute bei Aufbewahrung fremder Werthpapiere, enthält Bestimmungen, welche dem Kommittenten in der fraglichen Richtung ausreichenden Schutz gewähren.

Mit dem Erlasse dieses Gesetzes wird dem Bedürfnisse einer gesetzlichen Regelung des Eigenthumserwerbes des Kommittenten insoweit, als es sich um Werthpapiere handelt, genügt sein, und damit erledigt sich zugleich die Frage, ob nicht, wie es mehrfach befürwortet worden ist, allgemein bestimmt werden soll, daß das Eigenthum der von dem Kommissionär für den Kommittenten angeschafften Gegenstände im Augenblicke des Erwerbes des Kommissionärs von Rechtswegen auf den Kommittenten übergehe. Eine solche Vorschrift könnte nur noch für das Waarenkommissionsgeschäft in Betracht kommen. Sie für dieses allein zu treffen, empfiehlt sich jedoch nicht. Es besteht dafür auch kein Bedürfniß; denn Verhältnisse, wie sie bei der Kommission zur Anschaffung von Werthpapieren in Folge der dauernden Belassung der eingekauften Papiere im Gewahrsam des Kommissionärs regelmäßig vorkommen, sind im Waarengeschäfte nicht häufig. Der Satz, daß das Eigenthum der Waare sofort mit dem Besitzerwerbe des Kommissionärs auf den Kommittenten übergeht, würde auch nur eine beschränkte Anwendung finden können; die Möglichkeit hierzu bestände jedenfalls nur da, wo der Kommissionär das Geschäft mit einem Dritten für Rechnung des Kommittenten abschließt und für diesen die Waare bezieht, weil nur in einem solchen Falle der Gegenstand, an welchem der Kommittent das Eigenthum erwerben soll, hinreichend bestimmt ist. Dagegen könnte in den zahlreichen Fällen, in welchen die Kommission durch Selbsteintritt des Kommissionärs ausgeführt wird, der fragliche Rechtssatz überhaupt nicht Platz greifen; denn hier fehlt es zunächst an einer bestimmten Waare, die durch äußerlich erkennbare Umstände in eine Beziehung zu dem Kommittenten gebracht ist und deshalb als dessen Eigenthum betrachtet werden könnte. Eine solche Beziehung ist vielmehr in diesen Fällen immer nur mittelst einer besonderen Handlung des Kommissionärs herzustellen, und diese Handlung erhält eben hierdurch die Bedeutung einer Uebertragung des Besitzes und Eigenthums.

Unbefugte Kreditgewährung; Delkrederestehen. (§§. 365, 366.)

Die §§. 365 und 366, welche die Folgen einer *unbefugten Kreditgewährung oder Vorschußleistung* des Kommissionärs und die *Delkrederekommission* betreffen, stimmen mit den bisherigen Art. 369 und 370 überein.

Anspruch auf Provision und Ersatz von Aufwendungen. (§. 367.)

Auch hinsichtlich des *Anspruchs des Kommissionärs auf Provision* beläßt es der §. 367 des Entwurfs im Wesentlichen bei dem geltenden Rechte. Nach dem Art. 371 Abs. 2 des Handelsgesetzbuchs, der das Ergebniß eingehender Berathungen der Nürnberger Kommission bildete, hat der Kommissionär die Provision nur zu fordern, wenn das Geschäft zur Ausführung gekommen ist. Das hiergegen erhobene Bedenken, daß es nicht hinreichend klar sei, was unter der „Ausführung" des Geschäfts im Sinne der Vorschrift verstanden werden müsse, erscheint nicht geeignet, eine Aenderung des Gesetzes zu rechtfertigen. Der bloße *Abschluß* des Geschäfts kann für die Entstehung des Provisionsanspruchs jedenfalls nicht als ausreichend erachtet werden, zumal die Aufgabe des Kommissionärs in der Regel nicht auf den Geschäftsabschluß beschränkt ist. Andererseits würde es zu weit gehen, unter allen Umständen die vollständige Erfüllung des Geschäfts zu verlangen. Namentlich in Fällen, in welchen die Abwickelung des Geschäfts unmittelbar zwischen dem Kommittenten und dem

Dritten stattfindet und längere Zeit in Anspruch nimmt, kann die Entstehung des Provisionsanspruchs des Kommissionärs nicht wohl bis zur vollständigen Erledigung des Geschäfts hinausgeschoben werden. Es bleibt daher am besten bei der Vorschrift des Handelsgesetzbuchs, welche der Würdigung der Umstände des Falles einen gewissen Spielraum läßt. Nur empfiehlt es sich, besonders auszusprechen, daß der Kommissionär die Provision auch verlangen kann, wenn die Ausführung eines von ihm abgeschlossenen Geschäfts lediglich aus einer in der Person des Kommittenten liegenden Veranlassung, also ohne einen dem Kommissionär zuzurechnenden Grund, unterblieben ist. Ebenso darf billigerweise das Recht auf die Provision dem Kommissionär nicht unbedingt versagt werden, wenn der Kommittent die Kommission vor Abschluß des Geschäfts widerruft, vielmehr wird ihm in einem solchem Falle ein Recht auf einen den Umständen nach angemessenen Theil der Provision zu gewähren sein; eine Bestimmung dieses Inhalts ist im §. 367 Abs. 2 des Entwurfs getroffen.

Bezüglich des Rechtes des Kommissionärs auf Ersatz seiner Aufwendungen genügen im Allgemeinen die Vorschriften der §§. 657 und 662 des Bürgerlichen Gesetzbuchs. Der Art. 371 Abs. 1 des Handelsgesetzbuchs wird hierdurch in der Hauptsache entbehrlich; der Entwurf hebt im Anschluß an die bisherige Vorschrift hervor, daß auch die Benutzung der Lagerräume und der Beförderungsmittel des Kommissionärs zu vergüten ist (§. 367 Abs. 2). Ob der Kommissionär neben der Provision auch noch eine Vergütung für die Arbeit seiner Leute beanspruchen kann, wie dies im Handelsgesetzbuche bestimmt ist, ist nach den Umständen des Falles, insbesondere nach der Natur der Dienste, unter Berücksichtigung der Handelssitte zu beurtheilen.

(§§. 368, 369.)

Der Art. 372 des Handelsgesetzbuchs, wonach es nur dem Kommittenten zu Statten kommt, wenn der Kommissionär zu vortheilhafteren Bedingungen abschließt, als sie ihm von dem Kommittenten gesetzt sind, ist im §. 368 des Entwurfs unverändert wiedergegeben. Ebenso entspricht der §. 369, welcher die Indossirung eines von dem Kommissionär für den Kommittenten angekauften Wechsels betrifft, dem bisherigen Art. 373.

Gesetzliches Pfandrecht des Kommissionärs. (§. 370.)

Das gesetzliche Pfandrecht des Kommissionärs an dem in seinem Besitze befindlichen Kommissionsgute ist durch den §. 370 Abs. 1 des Entwurfs in demselben Umfange anerkannt wie durch den Art. 374 des Handelsgesetzbuchs; es besteht danach nicht nur wegen der Forderungen aus der das einzelne Gut betreffenden Kommission, sondern wegen aller Forderungen aus laufender Rechnung in Kommissionsgeschäften. Auch der gute Glaube des Kommissionärs wird ebenso wie bisher geschützt. Steht das Kommissionsgut nicht im Eigenthume des Kommittenten, so gelangt nichtsdestoweniger das Pfandrecht des Kommissionärs zur Entstehung, sofern dieser sich in gutem Glauben befindet (§. 338 Abs. 3, bisher Art. 306 Abs. 3). Zu Mißständen haben die Vorschriften über den Schutz des guten Glaubens des Kommissionärs nur bei den Kommissionsgeschäften in Werthpapieren geführt. Da der Kommissionär als solcher nach außen im eigenen Namen auftritt, so pflegen die Bankiers, wenn sie Kommissionsaufträge, die sie von ihren Kunden erhalten haben, an einen anderen Bankier weitergeben, hierbei die Mittheilung zu unterlassen, daß es sich nicht um Geschäfte für ihre eigene Rechnung, sondern um Geschäfte für ihre Kunden handelt. Die Werthpapiere des Kunden, die in den Besitz des letzten Kommissionärs gelangen, haften dann demselben in Folge des Schutzes, der seinem guten Glauben zu Theil wird, für alle Forderungen, die er aus seiner Geschäftsverbindung gegen den Zwischenkommissionär hat, mag auch der Kunde weder dem Zwischenkommissionär noch dem letzten Kommissionär etwas schuldig sein. Geräth demnächst der Zwischenkommissionär in Konkurs, so ist das Kommissionsgut, wenn es sich noch im Besitze des letzten Kommissionärs befindet, für den Kommittenten in der Regel verloren. Auch diesem Uebelstande wird jedoch durch die Vorschriften des Gesetzes, betreffend die Pflichten der Kaufleute bei Aufbewahrung fremder Werthpapiere, abgeholfen werden. Nach dem §. 9 des Entwurfs in der Fassung, welche die Bestimmung durch die Kommission des Reichstags erhalten hat, ist ein Kaufmann, der im Betriebe seines Handelsgewerbes fremde Werthpapiere zum Zwecke der Aufbewahrung, der Veräußerung, des Umtauschs oder des Bezugs von anderen Werthpapieren einem Dritten ausantwortet, verpflichtet, hierbei dem Dritten mitzutheilen, daß die Papiere fremde sind. Ebenso hat der Kaufmann in dem Falle, daß er einen ihm ertheilten Auftrag zur Anschaffung von Werthpapieren an einen Dritten weitergiebt, diesem davon Kenntniß zu geben, daß die Anschaffung für fremde Rechnung geschieht. Die Mittheilung hat die Wirkung, daß der Dritte an den übergebenen oder an den neu beschafften Papieren ein Pfandrecht nur wegen solcher Forderungen an seinen Auftraggeber geltend machen kann, welche mit Bezug auf diese Papiere entstanden sind. Wer den Vorschriften über die Anzeigepflicht zum eigenen Nutzen oder zum Nutzen eines Dritten zuwiderhandelt, macht sich strafbar. Durch diese Bestimmung wird der Kommittent in wirksamer Weise gegen die Gefahr geschützt, daß seine Werthpapiere für die sämmtlichen Schulden des Zwischenkommissionärs aus der Geschäftsverbindung desselben mit dem letzten Kommissionär haften. Es liegt daher keine Veranlassung vor, im Handelsgesetzbuche das gesetzliche Pfandrecht des gutgläubigen Kommissionärs gegenüber dem geltenden Rechte einer Einschränkung zu unterwerfen. Eine solche Einschränkung wäre auch praktisch ohne wesentliche Bedeutung, da die Möglichkeit bestehen bliebe, daß sich der letzte Kommissionär, wie dies thatsächlich schon jetzt im weitesten Umfange geschieht, zum voraus ein vertragsmäßiges Pfandrecht an allen auf Grund der Geschäftsverbindung mit dem Zwischenkommissionär in seinen Besitz gelangenden Werthpapieren bestellen läßt. Auf ein solches durch Vertrag begründetes Pfandrecht würden aber die allgemeinen Vorschriften über den Schutz des gutgläubigen Pfandnehmers ohne Vorbehalt Anwendung finden müssen.

Recht des Kommissionärs, sich aus den Forderungen zu befriedigen. (§. 371.)

Nach §. 371 kann sich der Kommissionär aus den Forderungen, die durch das für Rechnung des Kommittenten geschlossene Geschäft begründet sind, sowohl wegen seiner Ansprüche aus der in Frage stehenden Kommission als auch wegen aller Forderungen aus laufender Rechnung in Kommissionsgeschäften vor dem Kommittenten und dessen Gläubigern befriedigen. Die Vorschrift stimmt mit dem geltenden Rechte überein (Art. 374 Abs. 2) und enthält eine nicht zu entbehrende Einschränkung des im §. 364 Abs. 2 (Art. 368 Abs. 2) ausgesprochenen Grundsatzes.

Der Art. 375 des Handelsgesetzbuchs, nach welchem der Kommissionär bei einem Verzuge des Kommittenten das Recht hat, sich gemäß Art. 310 aus dem Kommissionsgute bezahlt zu machen, hat eine doppelte Bedeutung; er regelt einerseits die Art und Weise, in der sich der Kommissionär auf Grund seines gesetzlichen Pfandrechts befriedigt, und verleiht andererseits dem Kommissionär die Befugniß, auch solches Kommissionsgut, welches noch in seinem Eigenthume steht und an welchem er daher ein Pfandrecht nicht haben kann, behufs der Befriedigung für seine Forderungen zu verkaufen. Hinsichtlich der Befriedigung aus den dem gesetzlichen Pfandrecht unterliegenden Gegenständen bedarf es besonderer Bestimmungen nicht mehr, da in dieser Beziehung künftig die allgemeinen Vorschriften des Bürgerlichen Gesetzbuchs über das Pfandrecht in Verbindung mit dem §. 339 des Entwurfs Anwendung finden. Dagegen ist der bisherige Art. 375 insoweit aufrecht zu erhalten, als er auch die Befriedigung des Kommissionärs aus dem in seinem Eigenthume stehenden Kommissionsgute den für die Pfandbefriedigung geltenden Vorschriften unterwirft. Die Beobachtung der für den Pfandverkauf vorgeschriebenen Förmlichkeiten schützt den Kommittenten gegen Willkürlichkeiten des Kommissionärs, und da der letztere, nachdem er das Gut für den Kommittenten angeschafft hat, es zu dessen Verfügung halten muß, so erscheint eine entsprechende Anwendung der für die Befriedigung aus den Sachen des Kommittenten geltenden Vorschriften auch innerlich berechtigt. Bei der manchmal zweifelhaften Frage, ob das Eigenthum an dem Kommissionsgute bereits auf den Kommittenten übergegangen ist oder nicht, dient es überdies zur Beseitigung von Schwierigkeiten, wenn die beiden Fälle in Ansehung des Befriedigungsrechts des Kommissionärs einander gleichgestellt werden. Eine Vereinfachung der Rechtslage wird hierdurch aber nur dann erzielt, wenn die Rechte, welche dem Kommissionär im Falle des Erfüllungsverzugs des Kommittenten zustehen, auf die Befugniß beschränkt werden, sich für seinen Anspruch auf Erfüllung und auf Ersatz des etwaigen Schadens wegen verspäteter Erfüllung aus dem in seinem Besitze befindlichen Kommissionsgute zu befriedigen. Wie sich dies nach dem geltenden Rechte verhält, ist bestritten. Künftig kommt der §. 320 des Bürgerlichen Gesetzbuchs in Betracht, nach welchem bei allen gegenseitigen Verträgen, wenn der eine Theil mit der ihm obliegenden Leistung im Verzuge ist, der andere Theil die Erfüllung ablehnen und Schadensersatz wegen Nichterfüllung verlangen oder vom Vertrage zurücktreten kann. Da auch das Kommissionsgeschäft mit Rücksicht auf die Verpflichtung des Kommittenten zur Provisionszahlung zu den gegenseitigen Verträgen gerechnet werden darf, so könnte sich in Ermangelung einer ausdrücklichen Bestimmung vielleicht die Auffassung Geltung verschaffen, daß der Kommissionär, wenn der Kommittent im Erfüllungsverzug ist, neben dem Rechte der pfandweisen Befriedigung aus dem Kommissionsgute auch die Befugnisse des §. 320 geltend machen dürfe. Hieraus würde sich indessen ein verwickelter Rechtszustand ergeben, der zu Unklarheiten bei der praktischen Handhabung der verschiedenen Rechtsbehelfe, insbesondere zu Zweifeln darüber führen müßte, welche rechtliche Bedeutung der Verkauf des Gutes im einzelnen Falle gehabt habe. Die Befugniß, vom Vertrage zurückzutreten und die angeschaffte Waare für sich zu

Recht des Kommissionärs, sich aus eigenem Kommissionsgute zu befriedigen. (§§. 372, 373.)

behalten oder Schadensersatz wegen Nichterfüllung zu fordern und den Ueberschuß eines etwaigen Selbsthülfeverkaufs für sich zu beziehen, entspricht auch nicht dem Wesen des Kommissionsgeschäfts. Denn selbst wenn das Gut noch dem Kommissionär gehört, so ist es doch für Rechnung des Kommittenten angeschafft, dessen Interesse der Kommissionär wahrnehmen soll. Andererseits ist das nach den §§. 370 und 372 dem Kommissionär zustehende Befriedigungsrecht zu dessen Sicherung völlig ausreichend, und es rechtfertigt sich deshalb, wenn im §. 373 des Entwurfs dem Kommissionär, welcher das Gut für den Kommittenten in Empfang genommen hat, die im §. 320 des Bürgerlichen Gesetzbuchs bezeichneten Rechte entzogen werden, solange er befugt ist, sich nach den §§. 370 und 372 des Entwurfs aus dem Gute zu befriedigen. Der Anspruch auf Schadensersatz aus dem Verzuge bleibt natürlich unberührt. Auch muß die Ausschließung der Rechte des §. 320 des Bürgerlichen Gesetzbuchs auf den Fall der Einkaufskommission beschränkt bleiben; denn bei der Verkaufskommission liegt keine Veranlassung vor, von den allgemeinen für die gegenseitigen Verträge geltenden Vorschriften abzuweichen. Auch bei der ersteren kommen diese Vorschriften dann zur Anwendung, wenn das Befriedigungsrecht der §§. 370 und 372 nicht begründet ist, insbesondere wenn der Kommissionär das Gut dem Kommittenten schon ausgeantwortet hat.

Selbsteintrittsrecht. (§§. 374—379.) Die §§. 374 bis 376 und die Abs. 1 und 2 des §. 378, welche das Selbsteintrittsrecht des Kommissionärs betreffen, stimmen sachlich mit den §§. 71 bis 74 des Entwurfs eines Börsengesetzes[1]) überein. Das Gleiche gilt von dem hiermit in unmittelbarem Zusammenhange stehenden §. 379, wonach bei Waaren oder Werthpapieren, welche einen Börsen- oder Marktpreis haben, der Kommissionär, auch wenn die Kommission nicht als durch Selbsteintritt, sondern als durch Abschluß des Geschäfts mit einem Dritten ausgeführt gilt, für die Erfüllung des Geschäfts haftet, falls er nicht zugleich mit der Anzeige von der Ausführung des Geschäfts den Dritten namhaft macht. Die bezeichneten Vorschriften treten an die Stelle des Art. 376 des Handelsgesetzbuchs. Der bisherige Art. 377 ist dem §. 378 des Entwurfs als Abs. 3 beigefügt.

Eine neue Vorschrift ist im §. 377 in Betreff der dem selbsteintretenden Kommissionär gegen den säumigen Kommittenten zustehenden Rechte getroffen. Nach dem Handelsgesetzbuche hat der Kommissionär, welcher als Selbstkontrahent eingetreten ist, im Falle des Erfüllungsverzugs des Kommittenten das Wahlrecht des Verkäufers oder Käufers, während ihm das gesetzliche Pfandrecht des Kommissionärs nach der von den meisten Seiten vertretenen Ansicht zu versagen ist. Eine so vollständige Beseitigung der rechtlichen Besonderheiten des Kommissionsverhältnisses läßt sich jedoch vom Standpunkte des Gesetzgebers nicht rechtfertigen. Einerseits wird dem Kommissionär das Recht gewährt werden müssen, auch das Gut, welches er selbst liefert, als Gegenstand der Befriedigung für seine Ansprüche gegen den Kommittenten, einschließlich der Forderungen aus laufender Rechnung in

---

[1]) Nach den Beschlüssen des Reichstags.

Kommissionsgeschäften, zu verwenden, und andererseits ist es im Falle des Selbsteintritts ebenso wie bei der Ausführung der Kommission durch Abschluß des Geschäfts mit einem Dritten geboten, die Rechtsfolgen einzuschränken, welche sich aus den Vorschriften des §. 320 des Bürgerlichen Gesetzbuchs über den Erfüllungsverzug ergeben würden; denn mit dem Selbsteintritt wird die Eigenschaft des Kommissionärs als Vertrauensperson und seine Pflicht, sich von dem Interesse des Kommittenten leiten zu lassen, nicht aufgehoben. Unbedingt ist natürlich auch hier die Anwendung des §. 320 des Bürgerlichen Gesetzbuchs nicht auszuschließen, vielmehr kann der Kommissionär nur dann auf das Recht, sich nach den §§. 370 und 372 des Entwurfs aus dem Gute zu befriedigen, verwiesen werden, wenn er das Gut für den Kommittenten zur Verfügung halten muß. Eine solche Verpflichtung wird aber stets anzunehmen sein, soweit der Kommissionär, wenn er die Kommission durch Abschluß mit einem Dritten ausgeführt hätte, verpflichtet gewesen wäre, das Gut für den Kommittenten zu beziehen. Dies ist im §. 377 zum Ausdruck gebracht.

Wegen der Ergänzung, welche der Begriff des Kommissionsgeschäfts durch den §. 380 Abs. 1 (bisher Art. 378) erfährt, kann auf das im Eingange zu diesem Titel Bemerkte Bezug genommen werden. Was den §. 380 Abs. 2 betrifft, wonach als Einkaufs- oder Verkaufskommission auch eine Kommission gilt, welche die Lieferung einer nicht vertretbaren beweglichen Sache zum Gegenstande hat, die aus einem von dem Unternehmer zu beschaffenden Stoffe herzustellen ist, so entspricht diese Vorschrift dem, was im §. 353 Abs. 2 für den Kauf bestimmt ist; sie stellt in Verbindung mit dem Abs. 1 des §. 380 zugleich außer Zweifel, daß diejenigen Vorschriften des dritten Titels, welche von der Einkaufs- oder der Verkaufskommission handeln (§§. 358, 363, 365 Abs. 2, 3, §§. 369, 374 bis 379), auf den kommissionsweisen Abschluß sonstiger Geschäfte an sich keine Anwendung finden. Schlußbestimmungen. (§. 380.)

Vierter Titel.

Speditionsgeschäft.

In Uebereinstimmung mit dem geltenden Rechte behandelt der Entwurf das Speditionsgeschäft als eine selbständige, ihrer rechtlichen Natur nach auf der gleichen Grundlage wie das Kommissionsgeschäft beruhende Geschäftsart. Die meisten ausländischen Gesetze nehmen im Anschluß an das französische Handelsgesetzbuch einen anderen Standpunkt ein, indem sie den Spediteur als Frachtführer ansehen und ihm die den letzteren treffenden Pflichten auferlegen. Eine derartige Regelung ist auch für die Revision des deutschen Handelsgesetzbuchs empfohlen worden, sie würde indessen den Verkehrsgewohnheiten in Deutschland nicht entsprechen. Nach diesen hat der Spediteur regelmäßig nur die Versendung des Gutes durch Rechtliche Natur des Speditionsgeschäfts.

Auswahl der Frachtführer, Bestimmung des Transportwegs, Abschluß des Frachtvertrags und Uebergabe des Gutes an den Frachtführer zu besorgen, ist aber nicht selbst für die Ausführung des Transports verantwortlich und haftet daher auch nicht ohne Weiteres für den Verlust oder die Beschädigung des Gutes während der Beförderung oder für die verspätete Ankunft desselben; er hat gegen seinen Auftraggeber (den Versender) Anspruch auf Provision und Ersatz seiner Auslagen für Fracht und sonstige Aufwendungen, aber keine selbständige Frachtforderung und nur er selbst, nicht sein Auftraggeber, gilt als der Absender des Gutes, welcher den Frachtbrief ausstellt und die hierdurch entstehenden Verpflichtungen übernimmt.

Für eine Reihe von Fällen hat allerdings das Handelsgesetzbuch (Art. 383 bis 385) die allgemeinen Grundsätze über das Speditionsgeschäft wesentlich abgeändert und sie mehr oder weniger den Vorschriften angenähert, welche für den Frachtvertrag gelten. Nicht ohne Grund ist indessen hiergegen eingewendet worden, daß sowohl die betreffenden Thatbestände als die mit ihnen verbundenen Rechtsfolgen der erforderlichen Bestimmtheit entbehrten, und daß sich in Folge dessen eine gewisse Unklarheit der Grenzen zwischen der Spedition und dem Frachtgeschäft ergebe. Der Entwurf hat eine wesentliche Vereinfachung dadurch herbeigeführt, daß der Art. 383 gestrichen und der im Art. 384 geregelte Fall gänzlich dem Frachtvertrag überwiesen ist (§. 387).

Im Uebrigen haben die geltenden Vorschriften ohne wesentliche sachliche Aenderungen Aufnahme in den Entwurf gefunden.

Begriffsbestimmung und Verhältniß zum Kommissionsgeschäft. (§. 381.)

Die Begriffsbestimmung im §. 381 Abs. 1 entspricht mit geringen Abweichungen in der Fassung dem bisherigen Art. 379. Im unmittelbaren Anschluß hieran enthält der Abs. 2 die allgemeine Verweisung auf die Vorschriften über das Kommissionsgeschäft, welche sich im Handelsgesetzbuch erst am Ende des Titels (Art. 387) findet. In Folge des veränderten Begriffs des Kommissionsgeschäfts, wie er dem Entwurfe zu Grunde liegt, bildet die Spedition nicht mehr eine bloße Unterart der Kommission, und die ausdrückliche Verweisung auf die für die letztere geltenden Vorschriften ist daher jetzt um so weniger zu entbehren.

Rechte und Pflichten des Spediteurs. (§§. 382—385.)

Im §. 382 Abs. 1 sind die wesentlichsten Pflichten des Spediteurs in sachlicher Uebereinstimmung mit dem bisherigen Art. 380, aber auch unter Berücksichtigung des den Kommissionär betreffenden §. 356 des Entwurfs aufgeführt. Hinsichtlich der Pflichten des Spediteurs bei der Empfangnahme und Aufbewahrung des Gutes, deren das Handelsgesetzbuch hier noch besonders gedenkt, genügt die Verweisung auf die desfalls für den Kommissionär geltenden Vorschriften (§. 381 Abs. 2). Daß der Spediteur die Anwendung der gehörigen Sorgfalt zu beweisen hat (Art. 380 Abs. 2), bedarf keiner besonderen Hervorhebung.

Das Recht des Spediteurs auf Erstattung seiner Auslagen (Art. 381 Abs. 1) ergiebt sich im Allgemeinen schon aus den §§. 657 und 662 des Bürgerlichen Gesetzbuchs und aus den Vorschriften über das Kommissionsgeschäft. Der Grundsatz, daß der Spediteur dem Versender keine höhere als die mit dem Frachtführer oder Verfrachter bedungene Fracht berechnen darf (Art. 381 Abs. 2 des Handelsgesetzbuchs), ist im §. 382 Abs. 2

des Entwurfs besonders ausgesprochen. Dagegen hat die Ausnahme, welche diese Regel nach dem Art. 383 erleidet, keine Aufnahme in den Entwurf gefunden. Jenem Artikel zufolge kann ein Spediteur, der die Versendung durch Frachtführer oder Schiffer, jedoch mittelst von ihm für eigene Rechnung gemietheter Transportmittel besorgt, die gewöhnliche Fracht nebst der Provision und den sonstigen Kosten berechnen. Die Vorschrift hat hauptsächlich den Fall im Auge, daß der Spediteur die einzelnen ihm von seinen Auftraggebern zugegangenen Güter zu Sammelladungen vereinigt und diese zu günstigeren Bedingungen versendet, als es bei der Beförderung der einzelnen Güter möglich wäre. Ihrem Wortlaute nach geht die Vorschrift des Handelsgesetzbuchs allerdings weiter, indem sie alle Fälle umfaßt, in welchen der Spediteur mit dem Frachtführer einen geringeren als den üblichen Frachtsatz vereinbart. Ob dies wirklich als der Sinn des Art. 383 anzusehen ist, mag dahin gestellt bleiben; für den Gesetzgeber liegt jedenfalls keine Veranlassung vor, von dem Grundsatze, daß der Spediteur in Ermangelung einer anderweitigen Vereinbarung dem Versender keine höhere als die mit dem Frachtführer bedungene Fracht berechnen darf, in so weitem Umfange abzugehen. Aber auch für den Sammelladeverkehr ist die Vorschrift des Art. 383 nicht aufrecht zu erhalten; namentlich erscheint es nicht gerechtfertigt, die Vortheile, welche sich im Eisenbahnfrachtverkehr aus dem bei Sammelladungen zur Anwendung kommenden Wagenladungstarif im Vergleiche zum Stückgutstarif ergeben, ausschließlich dem Spediteur zuzuwenden, wenn eine besondere Vereinbarung in dieser Hinsicht zwischen ihm und dem Versender nicht getroffen ist.

Darüber, wann die Provision verdient ist, enthält das Handelsgesetzbuch keine besondere Vorschrift, es wird aber meistens angenommen, daß der Provisionsanspruch nicht von der Vollendung des Transports abhängig ist, wie dies aus der im Art. 371 des Handelsgesetzbuchs (§. 367 des Entwurfs) für den Provisionsanspruch des Kommissionärs getroffenen Bestimmung gefolgert werden könnte, sondern daß der Spediteur die Provision verlangen kann, sobald er das Gut dem Frachtführer zur Beförderung übergeben hat, und daß er deshalb auch im Falle des späteren Verlustes des Gutes seines Anspruchs auf die Provision nicht ohne Weiteres verlustig geht. Der §. 383 des Entwurfs bringt dies besonders zum Ausdruck. Die Bestimmung des Abs. 2, wonach der Spediteur einen den Umständen nach angemessenen Theil der Provision fordern kann, wenn der Versender den Speditionsauftrag widerruft, bevor das Gut dem Frachtführer übergeben ist, entspricht der im §. 367 für den Fall des Widerrufs eines Kommissionsauftrags gegebenen Vorschrift.

Das gesetzliche Pfandrecht des Spediteurs erkennt der §. 384 des Entwurfs in demselben Umfange an wie der Art. 382 des Handelsgesetzbuchs; es besteht danach nur für die durch den einzelnen Speditionsauftrag begründeten Forderungen an Fracht, Provision und Vorschüssen sowie an sonstigen Auslagen und Verwendungen. Daß der Spediteur das Pfandrecht auch gegenüber der Konkursmasse des Eigenthümers geltend machen kann (Art. 382 Abs. 2), folgt schon aus dem §. 41 Nr. 8 der Konkursordnung.

Der §. 385 des Entwurfs, nach welchem der etwaige Zwischenspediteur die seinem Vormanne zustehenden Rechte, insbesondere dessen Pfandrecht, auszuüben hat und die Forderung und das Pfandrecht des befriedigten Spediteurs oder Frachtführers auf den Zwischenspediteur übergehen, giebt lediglich den Inhalt des bisherigen Art. 382 Abs. 3 und 4 wieder.

Selbsteintrittsrecht und Einigung über einen bestimmten Satz der Beförderungskosten. (§§. 386, 387.)

Auch die Vorschriften des §. 386 über das Selbsteintrittsrecht des Spediteurs stimmen mit dem geltenden Rechte überein (Handelsgesetzbuch Art. 385). Dagegen ist im §. 387 die rechtliche Wirkung einer Einigung des Spediteurs und des Absenders über einen bestimmten Satz der Beförderungskosten abweichend von dem Handelsgesetzbuche geregelt. Nach dem Art. 384 des letzteren bleibt auch im Falle der Festsetzung einer Aversionalfracht das Geschäft an sich ein Speditionsvertrag; nur tritt, abgesehen von dem Wegfalle der Provision und der Loslösung des Anspruchs des Spediteurs von den thatsächlich entstandenen Auslagen, auch noch die Besonderheit ein, daß der Spediteur für die von ihm angenommenen Frachtführer und Zwischenspediteure nach Maßgabe der mit denselben geschlossenen Verträge persönlich einzustehen hat. Nach dem Entwurfe soll dagegen eine Vereinbarung der bezeichneten Art überhaupt nicht mehr als Spedition, sondern als Frachtgeschäft gelten, sodaß den Spediteur die unmittelbare Verpflichtung für die Ausführung des Transports trifft. Die Regelung des Entwurfs dient zur Vereinfachung der bisherigen Vorschriften und erscheint gerechtfertigt, da es der Natur der Sache entspricht, daß derjenige, welcher sich eine bestimmte Vergütung für eine Leistung ausbedingt, auch eine selbständige Verpflichtung bezüglich der Ausführung der Leistung zu übernehmen hat. Eine Vereinbarung der in Frage stehenden Art wird sich von einem Frachtvertrage, dessen Ausführung der Frachtführer mittelst Abschlusses von Unterfrachtverträgen bewirken muß, äußerlich auch kaum unterscheiden lassen. Für die Art, wie das Handelsgesetzbuch den Gegenstand geregelt hat, war namentlich die Rücksicht darauf maßgebend, daß der Spediteur nicht selten genöthigt ist, Frachtverträge abzuschließen, bei denen sich der Frachtführer eine den gesetzlichen Vorschriften gegenüber geminderte Haftung ausbedingt; in einem solchen Falle sollte der Art. 384 den Spediteur davor schützen, daß er seinem Auftraggeber für Schäden aufzukommen habe, für die ihm selbst der Frachtführer nicht haftet. Diese Erwägung ist indessen nicht ausreichend, um den Standpunkt des Handelsgesetzbuchs zu rechtfertigen; denn, wie es jedem Frachtführer, der Unterfrachtverträge mit geminderter Haftbarkeit eingeht, überlassen bleibt, durch Vereinbarung mit dem Absender die eigene Haftung entsprechend zu beschränken, so muß dies in gleicher Weise für den Spediteur gelten, welcher durch Festsetzung einer Aversionalfracht in die Stellung eines Frachtführers eintritt. Die Vorschrift des §. 387 wird unter Anderem zur Geltung kommen, wenn sich der Spediteur im Sammelladeverkehr tarifmäßig bestimmte Frachtsätze zusichern läßt, ohne in den Tarifbedingungen oder durch besondere Vereinbarung seine Haftung zu beschränken.

Verjährung. (§. 388.)

Nach §. 388 des Entwurfs sollen ebenso wie nach Art. 386 des Handelsgesetzbuchs die Ansprüche gegen den Spediteur wegen Verlustes, Minderung oder verspäteter Ablieferung des Gutes in einem

Jahre verjähren. Die vertragsmäßige Verlängerung der Verjährungsfrist muß jedoch gestattet sein. Da in Ermangelung einer besonderen gesetzlichen Bestimmung eine solche nach §. 220 des Bürgerlichen Gesetzbuchs nicht mit Wirksamkeit vereinbart werden könnte, so ist im Entwurfe die Zulässigkeit ausdrücklich anerkannt.

Die Vorschriften des Entwurfs über den Beginn der einjährigen Verjährung weichen insofern von dem Handelsgesetzbuch ab, als die Verjährung bei den Ansprüchen wegen verspäteter Ablieferung nicht mehr, wie bei den Ansprüchen wegen Minderung oder Beschädigung, mit dem Ablaufe des Tages, an welchem die Ablieferung erfolgt ist, sondern, wie bei den Ansprüchen wegen gänzlichen Verlustes, mit dem Ablaufe des Tages, an welchem sie hätte erfolgt sein müssen, beginnen soll. Der §. 388 schließt sich in dieser Hinsicht, wie bezüglich einiger anderer Punkte, den Bestimmungen der Art. 45 und 46 des Berner internationalen Vertrags über den Eisenbahnfrachtverkehr an. Die Grundsätze des letzteren sind schon bei der Spedition zu berücksichtigen, weil die Vorschriften über die Verjährung der Ansprüche gegen den Spediteur nach §. 413 des Entwurfs ebenso wie nach Art. 408 Abs. 3 des Handelsgesetzbuchs auch auf die Verjährung der Ansprüche gegen den Frachtführer Anwendung finden sollen. Eine Verschiedenheit der Verjährungsgrundsätze bei der Spedition und dem Frachtvertrage ist namentlich mit Rücksicht auf die Fälle, in welchen die beiden Geschäftsgattungen in einander übergehen, zu vermeiden. Die auf die Verjährung der Ersatzansprüche gegen die Eisenbahn sich beziehenden Bestimmungen des Berner Vertrags sind daher soweit möglich nicht nur für das Frachtgeschäft, sondern auch für das Speditionsgeschäft zur Anwendung zu bringen. Unbedingt läßt sich dies allerdings nicht durchführen. In Betracht kommen hier namentlich die auf die Wirkungen der Verjährung bezüglichen Vorschriften des Art. 46 des Berner Vertrags, wonach ein verjährter Anspruch auch im Wege der Einrede unter keinen Umständen geltend gemacht werden kann. Der Art. 386 des Handelsgesetzbuchs bestimmt im Gegensatze hierzu, daß die Einreden wegen Verlustes, Verminderung, Beschädigung oder verspäteter Ablieferung des Gutes bestehen bleiben, wenn die Anzeige von diesen Thatsachen dem Spediteur innerhalb der Verjährungsfrist gemacht wird. Daran hält der Entwurf im Wesentlichen fest. Da die Ansprüche des Spediteurs und des Frachtführers gegen den Absender oder Versender nach §. 191 des Bürgerlichen Gesetzbuchs erst in zwei Jahren verjähren, so könnte es zu Härten führen, falls die fraglichen demselben Rechtsverhältnisse entspringenden Einreden unbedingt schon nach einem Jahre verloren gingen. Fordert der Spediteur oder Frachtführer Fracht und Unkosten in dem ersten Jahre nicht ein, so werden sich die Betheiligten häufig hierbei beruhigen und keine Veranlassung nehmen, die Verjährung der ihnen gegen den Frachtführer zustehenden Schadensersatzforderung durch Erhebung einer Klage zu unterbrechen. Auch nach dem Bürgerlichen Gesetzbuche (§. 384) schließt die Verjährung einer Forderung die Aufrechnung mit ihr nicht aus, wenn die betreffende Forderung zu der Zeit, in der sie gegen die andere Forderung aufgerechnet werden konnte, noch nicht verjährt war. Dem entsprechend gestattet der Entwurf im §. 388 Abs. 3 eine Aufrechnung der betreffenden Ansprüche auch nach

Vollendung der Verjährung; nur macht er, ebenso wie das Handelsgesetzbuch, die Zulässigkeit dieser Aufrechnung davon abhängig, daß der Versender innerhalb der Verjährungsfrist den Verlust, die Minderung, die Beschädigung oder verspätete Ablieferung des Gutes dem Spediteur angezeigt hat. Der Anzeige an den Spediteur soll es gleichstehen, wenn der Versender gerichtliche Beweisaufnahme zur Sicherung des Beweises beantragt oder in einem zwischen ihm und dem Empfänger oder einem späteren Erwerber des Gutes wegen des Verlustes, der Minderung, der Beschädigung oder verspäteten Ablieferung anhängig gewordenen Rechtsstreite dem Spediteur den Streit verkündet hat. Dies entspricht den Bestimmungen, welche nach §. 472 des Bürgerlichen Gesetzbuchs für die Wahrung der Einreden gegenüber der Verjährung der Gewährleistungsansprüche aus einem Kaufvertrage und der Ansprüche des Bestellers aus einem Werkvertrage gelten.

Nach Art. 386 Abs. 4 des Handelsgesetzbuchs findet die einjährige Verjährung in den Fällen des Betrugs oder der Veruntreuung des Spediteurs keine Anwendung. Dagegen schließt der Berner Vertrag die einjährige Verjährung aus, wenn der Schaden durch eine Arglist oder durch eine grobe Fahrlässigkeit der Eisenbahn verursacht ist; zugleich sieht er aber für diese Fälle eine besondere dreijährige Verjährung vor. Der Entwurf folgt dem internationalen Rechte insofern, als er die einjährige Verjährung in allen Fällen ausschließt, wenn der Spediteur oder Frachtführer den Verlust, die Minderung, Beschädigung oder verspätete Ablieferung vorsätzlich herbeigeführt hat. Dagegen würde es zu weit gehen, dem Vorsatz in dieser Beziehung ohne Weiteres die grobe Fahrlässigkeit gleichzustellen, und auch von der Einführung einer besonderen dreijährigen Verjährung für Ansprüche aus einer vorsätzlichen oder grob fahrlässigen Handlungsweise des Spediteurs oder Frachtführers wird abzusehen sein, da sich sonst eine allzu große Mannigfaltigkeit der Verjährungsfristen ergeben würde.

Schlußvorschriften. (§. 389.)

Die Vorschriften des §. 389 über die Besorgung einer Güterversendung durch einen Kaufmann, der nicht Spediteur ist, und über die Unanwendbarkeit der für den Spediteur geltenden Bestimmungen auf die bloße Vermittelung von Frachtverträgen durch Frachtmäkler, Güterbestätter und Schiffsprokureure schließen sich inhaltlich den bisherigen Art. 388 und 389 an.

Fünfter Titel.

Lagergeschäft.

Bedürfniß und Grenzen der gesetzlichen Regelung.

Obwohl die Uebernahme der Lagerung von Waaren ein wichtiges Hülfsgeschäft des Handels bildet, ist im Handelsgesetzbuche dieses Geschäft nicht geregelt; der Lagerhausunternehmer als solcher gehört nach dem Handelsgesetzbuche nicht einmal zu den Kaufleuten. Im Entwurf ist diese Lücke durch die Aufnahme des Lagergeschäfts unter die Grundgeschäfte des

Handels (§. 1 Abs. 2 Nr. 7) sowie durch die Vorschriften des gegenwärtigen Titels, welche die Rechte und Pflichten des Lagerhalters näher regeln, ausgefüllt. Bestimmungen der letzteren Art sind nothwendig, weil die allgemeinen Vorschriften des bürgerlichen Rechtes über die Hinterlegung (Bürgerliches Gesetzbuch §§. 675 ff.) für den kaufmännischen Lagerhausbetrieb nicht ausreichen. Dabei ist zu berücksichtigen, daß der Gewerbebetrieb des Lagerhalters häufig mit demjenigen des Spediteurs vereinigt ist, und daß beide Betriebsarten vielfach in einander übergehen; es empfiehlt sich daher, die Bestimmungen über die Rechte und Pflichten des Lagerhalters thunlichst mit den für den Spediteur geltenden Vorschriften im Einklange zu halten.

In der ausländischen Gesetzgebung ist das Lagerhauswesen meistens mit besonderer Rücksicht auf die von den Lagerhausunternehmern ausgestellten Lagerscheine oder Warrants geregelt; in Deutschland gelten dagegen bezüglich dieser Papiere — abgesehen von den in Bremen und Elsaß-Lothringen bestehenden landesgesetzlichen Bestimmungen über Lagerpapiere — nur die Vorschriften der Art. 302 bis 305 des Handelsgesetzbuchs, wonach die Auslieferungsscheine (Lagerscheine, Warrants) über Waaren oder andere bewegliche Sachen, welche von einer zur Aufbewahrung solcher Sachen staatlich ermächtigten Anstalt ausgestellt sind, nach Maßgabe der für die Orderpapiere geltenden Grundsätze durch Indossament übertragen werden können. Die weitere Ausgestaltung des Systems der Lagerpapiere ist früher vielfach erörtert und zum Theil lebhaft befürwortet worden. Als leitende Gesichtspunkte wurden hierbei meistens die Freigabe der Ausstellung indossabeler Lagerpapiere unter Festsetzung gewisser Normativbestimmungen für den Geschäftsbetrieb der Lagerhäuser und daneben die Einführung des sogenannten Zweischeinsystems bezeichnet, bei welchem das Lagergut gleichzeitig mittelst des einen Scheins verpfändet und mittelst des anderen Scheins veräußert werden kann. Auf der anderen Seite ist jedoch in weiten Kreisen ein entschiedenes Widerstreben gegen eine derartige Regelung hervorgetreten, und es erscheint um so weniger angezeigt, auf diese bei Gelegenheit der Revision des Handelsgesetzbuchs zurückzukommen, als es nach den Erfahrungen, die mit dem sogenannten Zweischeinsystem in denjenigen Rechtsgebieten Deutschlands gemacht sind, in welchen es landesgesetzlich eingeführt ist[1]), als zweifelhaft gelten muß, ob auch nur für den eigentlichen Handelsverkehr zur Zeit ein wirkliches Bedürfniß nach einer Ausgestaltung des Instituts der Lagerpapiere in der gedachten Richtung vorhanden ist.

Der Entwurf beläßt es deshalb bei der Bestimmung, daß Lagerscheine, die von einer staatlich dazu ermächtigten Anstalt ausgestellt sind, als Orderpapiere durch Indossament übertragen werden können (§§. 335 ff.), und ergänzt diese Bestimmung nur durch die weitere Vorschrift, daß die Uebergabe eines solchen Lagerscheins in Bezug auf den Erwerb von Rechten an dem Lagergute die gleichen Wirkungen haben soll wie die Uebergabe des Gutes selbst (§. 398). Eine Vorschrift der letzteren Art fehlte bisher im Handelsgesetzbuche, und wenngleich die Rechtsprechung die dingliche Vertretung der Waare durch den Lagerschein im Allgemeinen schon gegenwärtig als im Rechte begründet

[1]) Solche Bestimmungen bestehen in Bremen und in Elsaß-Lothringen.

ansieht, so erscheint es doch wünschenswerth, diesen für die Rechtswirkungen der Lagerscheine wesentlichen Satz durch eine ausdrückliche Vorschrift des Gesetzes festzustellen. Indem der Entwurf jeden Zweifel in dieser Richtung beseitigt und die Rechtsverhältnisse aus dem Lagergeschäfte selbst näher regelt, gewährt er auch in Ansehung der Ausstellung von Lagerscheinen und der Geschäfte mit solchen Scheinen eine dem vorhandenen Bedürfniß in allen wesentlichen Beziehungen genügende Rechtsgrundlage. Dieselbe beschränkt sich allerdings auf das sogenannte Einscheinsystem; durch die Uebergabe eines neben dem Lagerschein ausgestellten Lagerpfandscheins entsteht weder nach dem §. 398 des Entwurfs noch nach dem Bürgerlichen Gesetzbuch ein Pfandrecht an dem Lagergut. Die auf dem Zweischeinsystem beruhenden landesgesetzlichen Vorschriften über Lagerscheine und Lagerpfandscheine brauchen um deswillen nicht beseitigt zu werden; sie werden vielmehr im Einführungsgesetz ausdrücklich aufrecht zu erhalten sein.

Begriffsbestimmung. (§. 390.)

Nach §. 390 ist Lagerhalter, wer gewerbsmäßig die Lagerung und Aufbewahrung von Gütern übernimmt. Die Voraussetzung eines gewerbsmäßigen Betriebes steht im Einklange mit dem, was schon jetzt für den Kommissionär und Spediteur gilt, und entspricht der im Entwurfe durchgeführten Beseitigung der objektiven Handelsgeschäfte. Für die vereinzelte Uebernahme einer Lagerung sind die Vorschriften dieses Titels nicht geeignet, sie passen selbst dann nicht, wenn ein Kaufmann, der nicht Lagerhalter ist, im Betriebe seines Handelsgewerbes gelegentlich einen Vertrag über die Lagerung einer Waare schließt. Der für das vereinzelte Kommissions- oder Speditionsgeschäft eines Kaufmanns in den §§. 380 und 389 anerkannte Grundsatz ist deshalb auf den Lagerhalter nicht ausgedehnt.

Da der Entwurf als Inhalt des Lagergeschäfts die Lagerung und Aufbewahrung von Gütern bezeichnet, so scheiden die dem Lagerhausbetriebe fremden Geschäfte aus, bei welchen eine Lagerung überhaupt nicht stattfindet, wie beispielsweise die Hinterlegung von Geld und Werthpapieren, die Einstellung lebender Thiere und dergleichen mehr. Von selbst versteht es sich, daß, soweit die Lagerung und Aufbewahrung von Waaren nicht einen selbständigen Gegenstand des Vertrags bildet, sondern nur in Ausführung eines anderen Geschäfts, namentlich einer Kommission, einer Spedition oder eines Frachtgeschäfts, stattfindet, nicht die besonderen Vorschriften über das Lagergeschäft, sondern diejenigen Grundsätze zur Anwendung kommen, welche für das betreffende Rechtsverhältniß als solches maßgebend sind. Was den Fall betrifft, wenn der Gewerbebetrieb des Lagerhalters nicht über den Umfang des Kleingewerbes hinausgeht — was übrigens nur selten vorkommen wird —, so genügen schon die Bestimmungen des §. 5 über die Minderkaufleute, um den Lagerhalter gegen die Belastung mit kaufmännischen Pflichten zu schützen, die nach dem Umfange seines Betriebes nicht gerechtfertigt sein würden; im Uebrigen sind die Vorschriften des fünften Titels bei einem wirklich gewerbsmäßig betriebenen Lagergeschäfte auch für kleinere Verhältnisse nicht unangemessen. Eine Beschränkung der Vorschriften über das Lagergeschäft auf die Lagerung in „Lagerhäusern" oder „Waarenspeichern" würde zudem schon wegen der Unbestimmtheit dieser Begriffe nicht zweckmäßig sein. Insbesondere ist es ein entschiedenes Bedürfniß, daß der Spediteur, der gewerbsmäßig zugleich Verträge über die Lagerung von Gütern in seinen Aufbewahrungsräumen abschließt, insoweit die Rechte und Pflichten eines Lagerhalters hat; es würde aber unter Umständen zweifelhaft sein, ob die Lagerräume eines Spediteurs als ein Lagerhaus oder Waarenspeicher bezeichnet werden könnten.

Empfangnahme, Aufbewahrung und Versicherung des Gutes. (§. 391.)

Die Bestimmung des §. 391, wonach auf die Rechte und Pflichten des Lagerhalters bezüglich der Empfangnahme, Aufbewahrung und Versicherung des Gutes die für den Kommissionär und den Spediteur geltenden Vorschriften der §§. 359 bis 362 Anwendung finden, rechtfertigt sich durch das, was über das Verhältniß des Spediteurs und des Lagerhalters bereits bemerkt wurde. Die betreffenden Vorschriften enthalten nichts, was nicht auch für den Lagerhausbetrieb geeignet wäre. Insbesondere gilt dies von dem Grundsatze, daß der Kommissionär oder Spediteur für den Verlust und die Beschädigung des in seiner Verwahrung befindlichen Gutes verantwortlich ist, sofern nicht der Verlust oder die Beschädigung auf Umständen beruht, die durch die Sorgfalt eines ordentlichen Kaufmanns nicht abgewendet werden konnten. Hierbei kann es für das Lagergeschäft gleichfalls bewenden. Die allgemeine Behauptung, die gehörige Sorgfalt angewendet zu haben, schützt danach den Lagerhalter nicht, vielmehr hat er darzuthun, daß der Schaden durch einen von ihm nicht zu vertretenden Umstand entstanden sei. Die ausländischen Gesetze gehen allerdings zum Theil noch weiter, indem sie den Lagerhalter für jeden Schaden haften lassen, der nicht durch höhere Gewalt verursacht ist. Für eine solche Verschärfung der Haftung fehlt es indessen an einem genügenden Grunde, und vom Standpunkte des Entwurfs kann eine Regelung in jenem Sinne um so weniger in Betracht kommen, als auch die Haftung des Frachtführers, welche den Vorschriften der betreffenden ausländischen Gesetze zum Muster gedient hat, von dem Entwurfe nicht mehr in der bisherigen Schärfe aufrecht erhalten wird.

Besichtigung des Gutes u. s. w. (§. 392.)

Nach dem bürgerlichen Rechte könnte es zweifelhaft sein, ob der Lagerhalter verpflichtet ist, dem Einlagerer die jederzeitige Besichtigung des Lagergutes, die Entnahme von Proben und die Vornahme der zur Erhaltung der Sache nothwendigen Arbeiten zu gestatten. Die Zwecke, welchen die Niederlegung der Waare in einem Lagerhause dienen soll, machen es aber jedenfalls erforderlich, dem Einlagerer die bezeichneten Befugnisse zu sichern. Der §. 392 enthält eine Vorschrift in diesem Sinne. Weiter zu gehen, ist nicht thunlich; vielmehr muß es dem Lagerhalter überlassen bleiben, den Einlagerern, falls die Verhältnisse des Lagerhauses es gestatten, noch ausgedehntere Rechte hinsichtlich der Vornahme von Arbeiten an den Waaren, insbesondere die Herrichtung, Sortirung, Theilung oder Umpackung, zu gestatten. Eine Verpflichtung, die zur Erhaltung der Waaren nothwendigen Arbeiten selbst vornehmen zu lassen, kann dem Lagerhalter nicht auferlegt werden. Die Pflicht zur Anwendung der Sorgfalt eines ordentlichen Kaufmanns, wie sie der Lagerhalter nach den §§. 362, 391 beobachten muß, genügt, um im einzelnen Falle die Obliegenheiten desselben hinsichtlich der Erhaltung des Gutes in angemessener Weise zu bestimmen. Dabei ist selbstverständlich nicht der Maßstab einer kaufmännischen Sorgfalt im Allgemeinen anzulegen, vielmehr handelt es sich, wie in anderen Fällen, so auch hier um diejenige Sorgfalt, welche einem Unternehmer des betreffenden Geschäftszweiges angesonnen werden muß. Insbesondere wird auf die Einrichtungen des Lagerhauses und die Art der Lagerung sowie darauf Rücksicht zu nehmen sein, ob etwa von dem Lagerhalter, weil sich sein Betrieb auf die Lagerung bestimmter Gattungen von Waaren beschränkt, eine besondere Sachkenntniß in Betreff der Behandlung der eingelagerten Waare erwartet werden kann.

Vermischung der eingelagerten Waare mit anderen Waaren. (§. 393.)

Bei der Lagerung gewisser vertretbarer Sachen, insbesondere von Spiritus und Petroleum, wird schon gegenwärtig an einzelnen deutschen Plätzen dem Lagerhause die Befugniß eingeräumt, die Waaren mit anderen Waaren gleicher Gattung und Güte zu vermischen. Diese Art der Lagerung, welche im Auslande auch bei anderen Waarengattungen, die nach bestimmten Typen gehandelt werden, gebräuchlich ist, darf im Gesetze nicht unberücksichtigt bleiben. Im Zweifel ist allerdings auch bei der Lagerung vertretbarer Sachen davon auszugehen, daß nach der Absicht der Parteien der Lagerhalter verpflichtet sein soll, die eingelieferte Waare abgesondert von anderen Waaren aufzubewahren und sie so, wie er sie empfangen, zurückzugeben. Die Einräumung der Befugniß zu einer Vermischung setzt einen besonderen Grad des Vertrauens in den Lagerhalter voraus und wird regelmäßig mit der Maßgabe stattfinden, daß geeignete Sicherungsmaßregeln zur Feststellung der Beschaffenheit der Waare getroffen werden. Der §. 393 Abs. 1 bestimmt deshalb, daß der Lagerhalter die Vermischung nur vornehmen darf, wenn sie ihm durch eine ausdrückliche Vereinbarung gestattet ist.

Wie das Rechtsverhältniß im Falle einer solchen Vereinbarung zu beurtheilen ist, wäre mangels einer besonderen Vorschrift nicht unzweifelhaft. Namentlich könnte in Frage kommen, ob nicht gemäß §. 687 des Bürgerlichen Gesetzbuchs das Eigenthum an der Waare auf den Lagerhalter überginge und die Vorschriften über das Darlehn Anwendung zu finden hätten. Dem Interesse des Einlagerers würde dies nicht entsprechen, da er auf diese Weise sein dingliches Recht verlöre und im Konkurse des Lagerhalters auf die Geltendmachung seines Anspruchs als Konkursgläubiger ohne ein Aussonderungs- oder Vorzugsrecht beschränkt wäre. Es empfiehlt sich deshalb, den Eigenthumsübergang auf den Lagerhalter gesetzlich auszuschließen (§. 393 Abs. 2). Alsdann ergiebt sich von selbst, daß in Folge der eingetretenen Vermischung die Rechte der einzelnen Betheiligten an den eingelieferten Waaren durch eine Gemeinschaft an der entstandenen Gesammtmasse ersetzt werden und in dieser veränderten Form ihren dinglichen Karakter bewahren (zu vergl. Bürgerliches Gesetzbuch §§. 932, 933). Dabei ist dem Lagerhalter, wenn anders die in Frage stehende Art der Lagerung nicht ihre praktische Bedeutung einbüßen soll, die Befugniß einzuräumen, jedem Einlagerer den ihm gebührenden Theil des Gesammtvorraths ohne Genehmigung der übrigen Betheiligten auszuliefern, eine Befugniß, die ihm nach den allgemeinen Grundsätzen über die Aufhebung von Gemeinschaften (Bürgerliches Gesetzbuch §§. 736 ff.) an sich nicht zustehen würde. Nach der Vermischung eintretende Verluste und Beschädigungen haben die Betheiligten gemeinsam zu tragen, soweit nicht der Lagerhalter nach den §§. 362, 391, weil er die Sorgfalt eines ordentlichen Kaufmanns nicht beobachtet hat, dafür einstehen muß.

Ist dem Lagerhalter nicht blos die Vermischung mit anderen Waaren gestattet, sondern das Gut in der Art niedergelegt, daß das Eigenthum auf ihn übergehen und er nur verpflichtet sein soll, Sachen von gleicher Art, Menge und Güte zurückzugewähren, so greifen weder die Vorschriften des §. 393 noch überhaupt die Vorschriften dieses Titels Platz, vielmehr liegt alsdann eine Hinterlegung im Sinne des §. 687 des Bürgerlichen Gesetzbuchs vor, und es sind mithin im Allgemeinen die für das Darlehen geltenden Grundsätze maßgebend. Darauf, daß in einem solchen Falle die Vorschriften über das Lagergeschäft nicht zur Anwendung kommen, ist behufs Verhütung von Zweifeln im §. 393 Abs. 3 besonders hingewiesen.

Lagerkosten. (§. 394.)

Das Recht des Lagerhalters auf Lagergeld und Erstattung seiner Auslagen (§. 394 Abs. 1) ergiebt sich im Allgemeinen schon aus den §§. 676 und 680 des Bürgerlichen Gesetzbuchs. Doch gehören zu den dem Lagerhalter nach dem Entwurfe zu ersetzenden Auslagen nicht nur die für die eigentliche Aufbewahrung, sondern auch die sonst für das Gut gemachten Aufwendungen, insbesondere die Auslagen an Fracht und Zöllen sowie die Kosten der Versicherung und der zur Erhaltung des Gutes etwa vorgenommenen Arbeiten. Genauer lassen sich die dem Lagerhalter zu erstattenden Auslagen im Gesetze nicht bestimmen; namentlich kann die Frage, inwieweit etwaige Unkosten bereits durch das dem Lagerhalter zukommende Lagergeld als abgegolten anzusehen sind, nur nach der Lage des einzelnen Falles entschieden werden. Das Lagergeld und die dem Lagerhalter zu erstattenden Auslagen sind im Entwurf unter der Bezeichnung „Lagerkosten" zusammengefaßt, da für sie sowohl in Betreff der Fälligkeit (§. 394 Abs. 2, 3) als in Betreff des gesetzlichen Pfandrechts (§. 395) die gleichen Vorschriften Anwendung finden. Ansprüche aus Vorschüssen oder Ansprüche auf Ersatz von Schäden, die durch die Beschaffenheit der Waare an anderen Gütern verursacht worden sind, sowie sonstige auf besonderen Rechtsgründen beruhende Forderungen fallen nicht unter die Lagerkosten.

Die Vorschriften des §. 394 Abs. 2, 3 über die Fälligkeit der Lagerkosten beruhen auf der Erwägung, daß die in einem Lagerhause lagernde Waare einen Gegenstand des Handelsverkehrs bildet, und daß es daher nicht wünschenswerth erscheint, die Kosten, für welche die Waare haftet, für einen allzu langen Zeitraum auflaufen zu lassen. Ist auch in Uebereinstimmung mit dem bürgerlichen Rechte im Allgemeinen davon auszugehen, daß die Lagerkosten nicht vor der Auslieferung der Waare zu entrichten sind (Bürgerliches Gesetzbuch §. 686 Abs. 1), so muß doch, wenn sich die Lagerung besonders lange ausdehnt, ein früherer Fälligkeitstermin eintreten. Andererseits ist die Vorschrift des Bürgerlichen Gesetzbuchs, daß eine nach Zeitabschnitten bemessene Vergütung nach dem Ablaufe der einzelnen Zeitabschnitte zu entrichten ist, für den Lagerhausbetrieb nicht geeignet, da es der Absicht der Parteien regelmäßig nicht entsprechen wird, daß ein nach Monaten oder Tagen berechnetes Lagergeld auch monatlich oder täglich berichtigt werde. Der Entwurf läßt deshalb, wenn das Gut nicht früher zurückgenommen wird, die Fälligkeit der Lagerkosten mit dem Ende der etwa bedungenen Lagerzeit und in Ermangelung einer solchen mit dem Ablaufe von sechs Monaten seit der Einlieferung eintreten. Daß durch eine theilweise Rücknahme des Gutes die Lagerkosten nicht in ihrem Gesammtbetrage, sondern nur zu einem entsprechenden Theile fällig werden, ist behufs Vermeidung von Zweifeln ausdrücklich hervorgehoben (§. 394 Abs. 2 a. E.).

Gesetzliches Pfandrecht. (§. 395.)

Um den Lagerhalter für seine Ansprüche hinreichend sicher zu stellen, gewährt ihm der Entwurf ebenso wie dem Kommissionär, dem Spediteur und dem Frachtführer ein gesetzliches Pfandrecht an dem Gute. Das Pfandrecht des Lagerhalters bleibt jedoch, was den Umfang der Ansprüche betrifft, für welche es begründet ist, hinter dem Pfandrechte der vorerwähnten Berechtigten zurück, indem es nur hinsichtlich der Lagerkosten im Sinne des §. 394 Platz greift. Für eine Ausdehnung des Pfandrechts auf Forderungen aus laufender Rechnung oder aus geleisteten Vorschüssen besteht kein Bedürfniß; auch würde hierdurch die Uebertragbarkeit der etwa ausgestellten Lagerscheine erheblich beeinträchtigt werden. Stehen dem Lagerhalter Ansprüche der letzteren Art zu und will er sich mit dem kaufmännischen Zurückbehaltungsrechte nicht begnügen, so muß es ihm überlassen bleiben, sich für seine Forderungen die Waare besonders verpfänden zu lassen. Wegen der Lagerkosten haftet dagegen dem Lagerhalter das Gut ohne Weiteres, insbesondere auch dann, wenn es nicht dem Einlagerer gehört, es sei denn, daß dieser dem Eigenthümer gegenüber zur Niederlegung in einem Lagerhause nicht befugt und der Lagerhalter nicht in gutem Glauben war (§. 338 Abs. 3).

Durch das gesetzliche Pfandrecht des Lagerhalters und den Schutz seines guten Glaubens werden die Schwierigkeiten beseitigt, welche jetzt der Geltendmachung des in zahlreichen Fällen, zum Beispiel nach den Art. 323, 343, 348, 407, 602, 648 des Handelsgesetzbuchs, einem Betheiligten zustehenden Rechtes, Güter für Rechnung eines Anderen in einem Lagerhause niederzulegen, entgegenstehen. Der Einlagerer wird es in einem solchen Falle dem Lagerhalter überlassen können, sich, soweit nöthig, aus dem Gute selbst zu befriedigen, während er gegenwärtig die Lagerkosten immer persönlich berichtigen muß und deshalb, wenn er nicht eine sonstige Deckung in Händen hat, von dem Rechte der Niederlegung stets nur auf seine eigene Gefahr Gebrauch machen kann, wobei er sich häufig genöthigt sieht, die Waare zuletzt doch wieder zurückzunehmen.

Rücknahme des Gutes. (§. 396.)

Der §. 396, nach welchem der Lagerhalter die Rücknahme des Gutes in Ermangelung einer vertragsmäßig festgesetzten Lagerfrist nicht vor dem Ablaufe von sechs Monaten seit der Einlieferung verlangen kann, enthält eine Abweichung von dem §. 683 des Bürgerlichen Gesetzbuchs. Nach der Vorschrift des letzteren würde der Lagerhalter, wenn sich der Einlagerer keine bestimmte Lagerzeit ausbedungen hat, jederzeit befugt sein, die Rücknahme des Gutes zu verlangen. Der Absicht der Betheiligten würde das nicht entsprechen, und es muß daher eine im Zweifel maßgebende gesetzliche Lagerzeit bestimmt werden; der Zeitraum von sechs Monaten, welcher der Zeitbestimmung im §. 394 Abs. 3 entspricht, erscheint hierfür angemessen. Daneben muß aber auch dem Lagerhalter die im §. 683 Satz 2 des Bürgerlichen Gesetzbuchs dem Verwahrer ertheilte Befugniß eingeräumt werden, die vorzeitige Rücknahme des Gutes zu verlangen, wenn ein wichtiger Grund dafür vorliegt, wie z. B. wenn das Gut sich als gefährlich für andere Waaren erweist. Daß der Einlagerer die Auslieferung des Gutes schon vor Ablauf der Lagerfrist jederzeit gegen Zahlung der Lagerkosten und Erfüllung derjenigen Verbindlichkeiten, wegen deren dem Lagerhalter gegen den Einlagerer ein Zurückbehaltungsrecht zusteht, fordern darf, ergiebt sich aus dem §. 682 des Bürgerlichen Gesetzbuchs.

Verjährung. (§. 397.)

Der §. 397 dehnt die einjährige Verjährung, welche bezüglich der Ansprüche gegen den Spediteur und den Frachtführer vorgesehen ist, auch auf die Ansprüche gegen den Lagerhalter aus; eine kurze Verjährung ist hier ebenso erforderlich wie bei der Spedition und dem Frachtgeschäft. Einer besonderen Vorschrift bedarf es nur in einer Beziehung. Während nach den §§. 388 und 413 die Verjährung bei dem gänzlichen Verluste des Speditions- oder Frachtgutes von dem Ende des Tages an läuft, an welchem die Ablieferung hätte bewirkt sein müssen, kann für das Lagergeschäft der Beginn der Verjährung nicht in der gleichen Weise bestimmt werden, weil es hier an einer bestimmten Zeit für die Auslieferung fehlt, das Gut vielmehr auf Verlangen des Einlagerers jederzeit herauszugeben ist. Der Entwurf läßt daher den Ablauf des Tages entscheiden, an welchem der Lagerhalter dem Einlagerer Anzeige von dem Verluste macht. Zur Erstattung einer solchen Anzeige ist der Lagerhalter nach den sein Verhältniß zum Einlagerer beherrschenden Grundsätzen von Treu und Glauben ohnehin verpflichtet.

Erwerb binglicher Rechte mittelst Uebergabe des indossirten Lagerscheins. (§. 398.)

Die Vorschrift des §. 398, wonach im Falle der Ausstellung eines mittelst Indossaments übertragbaren Lagerscheins die Uebergabe des Lagerscheins an denjenigen, welcher durch den Schein zur Empfangnahme des Gutes legimirt wird, für den Erwerb von Rechten an dem Gute dieselben Wirkungen hat wie die Uebergabe des Gutes selbst, stimmt mit den Vorschriften überein, welche der Art. 649 des Handelsgesetzbuchs bezüglich des Konnossements und — im Anschluß an den §. 72 des Gesetzes, betreffend die privatrechtlichen Verhältnisse der Binnenschiffahrt — der §. 424 des Entwurfs bezüglich des Ladescheins enthält. Die Gründe für die Aufnahme der Bestimmung in den Entwurf sind bereits in den einleitenden Bemerkungen zu dem gegenwärtigen Titel erwähnt.

Sechster Titel.

Frachtgeschäft.

Allgemeine Gesichtspunkte.

Die Vorschriften, aus welchen sich das deutsche Binnenfrachtrecht zusammensetzt, finden sich an verschiedenen Stellen. Die bisherigen Art. 390 bis 421 des Handelsgesetzbuchs bilden zwar die allgemeine Grundlage für Frachtgeschäfte jeder Art; bezüglich der beiden wichtigsten Zweige des Gütertransportwesens, nämlich des Frachtverkehrs der Eisenbahnen und der Binnenschiffahrt, werden aber jene Vorschriften durch anderweitige Rechtsnormen ergänzt. Auf den

Eisenbahnfrachtverkehr kommen zunächst die besonderen Vorschriften der bisherigen Art. 422 bis 431 des Handelsgesetzbuchs und außerdem die Bestimmungen der von dem Bundesrath an Stelle des früheren Betriebsreglements erlassenen Verkehrsordnung für die Eisenbahnen Deutschlands vom 15. November 1892 zur Anwendung. Die letzteren Bestimmungen haben zwar nach der in der Rechtsprechung und Wissenschaft zur Anerkennung gelangten Auffassung nicht die Bedeutung unmittelbar maßgebender Privatrechtsvorschriften; sie enthalten aber die Bedingungen, unter welchen allein Frachtverträge von den deutschen Eisenbahnen geschlossen werden können, und bilden daher immerhin die nächste Grundlage für die Beurtheilung der betreffenden Rechtsverhältnisse. Eine Ausnahme besteht hinsichtlich des Verkehrs mit den an dem Berner internationalen Vertrag über den Eisenbahnfrachtverkehr vom 14. Oktober 1890 betheiligten Staaten, da hier an erster Stelle nicht das Handelsgesetzbuch und die Verkehrsordnung, sondern die Bestimmungen des bezeichneten Vertrags maßgebend sind. Was endlich das Frachtrecht der Binnenschiffahrt betrifft, so hat dasselbe neuerdings in dem Gesetze, betreffend die privatrechtlichen Verhältnisse der Binnenschiffahrt, vom 15. Juni 1895 eine Regelung erfahren, durch welche auch in Ansehung der Binnenschiffahrt die allgemeinen Vorschriften des Handelsgesetzbuchs über das Frachtgeschäft ergänzt und in einzelnen Beziehungen abgeändert worden sind.

Der Umstand, daß hiernach für eine und dieselbe Transportart die maßgebenden Rechtsvorschriften an verschiedenen Stellen zu suchen sind, und neben den in Betracht kommenden besonderen Bestimmungen immer die allgemeinen Vorschriften des Handelsgesetzbuchs über das Frachtgeschäft berücksichtigt werden müssen, hat allerdings gewisse Unzuträglichkeiten zur Folge. Diese sind jedoch nicht so erheblich, daß daraus Veranlassung genommen werden könnte, das bisherige System zu verlassen und statt dessen das Frachtrecht der Eisenbahnen und der Binnenschiffahrt, jedes für sich, erschöpfend zu regeln. Die allgemeinen Vorschriften über das Frachtgeschäft würden hierdurch nicht entbehrlich werden, da solche auch abgesehen von dem Eisenbahn- und Schifffahrtsverkehr erforderlich sind; die Folge würde also nur sein, daß die betreffenden Bestimmungen an drei verschiedenen Stellen wiederholt werden müßten, was zu einer überflüssigen Weitläufigkeit führen und zugleich die Einheitlichkeit der Rechtsgrundlagen des Frachtgeschäfts beeinträchtigen würde.

Der Entwurf behält deshalb das System des Handelsgesetzbuchs bei und beschränkt sich in dem sechsten, das Frachtgeschäft im Allgemeinen behandelnden Titel auf eine Reihe einzelner Abänderungen. Die Mehrzahl derselben hat den Zweck, die Uebereinstimmung des Handelsgesetzbuchs mit den Vorschriften des Berner internationalen Vertrags über den Eisenbahnfrachtverkehr sowie mit gewissen von den bisherigen Vorschriften des Handelsgesetzbuchs abweichenden Bestimmungen des Binnenschiffahrtsgesetzes herzustellen. Was den Berner Vertrag betrifft, so beruht derselbe im Großen und Ganzen auf der Grundlage des deutschen Rechts, dessen Bestimmungen zum Theil wörtlich in den Vertrag aufgenommen sind. Insoweit die Vorschriften des Vertrags mit dem Handelsgesetzbuche nicht übereinstimmen, lassen sie sich der Hauptsache nach als eine zweckentsprechende Fortbildung des letzteren betrachten. Um so mehr erscheint es angezeigt, die Bestimmungen des Berner Vertrags bei der Revision des Handelsgesetzbuchs nach Möglichkeit zu berücksichtigen, und zwar nicht nur bei den Sondervorschriften, welche in dem nächsten Titel für das Frachtgeschäft der Eisenbahnen getroffen sind, sondern schon bei den allgemeinen Vorschriften des gegenwärtigen Titels, die sowohl für die Eisenbahnen als auch für andere Transportunternehmungen gelten; denn wo nicht die Verhältnisse der einen oder anderen Transportart Verschiedenheiten bedingen, ist die Einheitlichkeit der maßgebenden Vorschriften jedenfalls wünschenswerth. Ein erheblicher Theil der in Betracht kommenden Vorschriften des Berner Vertrags erscheint auch geeignet, die Grundlage für eine derart übereinstimmende Regelung abzugeben. Bei einem anderen Theile ist dies allerdings nicht der Fall, und hier muß sich der Anschluß des inländischen Rechts auf den Frachtverkehr der Eisenbahnen beschränken.

Begriff des Frachtführers. (§. 399.)

Was die einzelnen Vorschriften dieses Titels anlangt, so giebt der §. 399 die in dem bisherigen Art. 390 enthaltene Begriffsbestimmung ohne sachliche Aenderung wieder. Frachtführer ist danach, wer gewerbsmäßig die Beförderung von Gütern zu Lande oder auf Flüssen oder sonstigen Binnengewässern auszuführen übernimmt. Der Schwerpunkt ist auf die gewerbsmäßige Uebernahme der Beförderung, nicht, wie im Handelsgesetzbuch, auf die Ausführung derselben zu legen, da es unerheblich ist, ob der Frachtführer die Beförderung selbst ausführt oder sie durch Unterfrachtführer ausführen läßt.

Frachtbrief und Begleitpapiere. (§§. 400, 401.)

Die im §. 400 anerkannte Befugniß des Frachtführers, die Ausstellung eines Frachtbriefs zu verlangen, entspricht gleichfalls dem geltenden Rechte (Handelsgesetzbuch Art. 391 Abs. 2). Nicht mehr besonders hervorgehoben ist, daß der Frachtbrief als Beweis über den Vertrag zwischen dem Frachtführer und dem Absender dient. Dies ergiebt sich von selbst und braucht im Gesetze nicht ausgesprochen zu werden. Vorschriften über die mit der Ausstellung von Frachtbriefduplikaten verbundenen Rechtswirkungen sind im Entwurfe nur für den Eisenbahnfrachtverkehr getroffen (§. 429). Soweit es sich außerhalb des letzteren, insbesondere bei der Binnenschiffahrt, darum handelt, dem Empfänger eine die Verfügungsbefugniß des Absenders schon während des Transports beschränkende Urkunde zu verschaffen, genügen die Bestimmungen über den Ladeschein.

Der §. 400 Abs. 2 des Entwurfs, welcher den Inhalt des Frachtbriefs regelt, ergänzt in einzelnen Beziehungen den bisherigen Art. 392, indem er im Anschluß an den Art. 6 des Berner Vertrags und den §. 51 der Eisenbahnverkehrsordnung bestimmt, daß in den Frachtbrief auch die Bezeichnung der für eine zoll- oder steueramtliche Behandlung oder polizeiliche Prüfung nöthigen Begleitpapiere, ein Vermerk über die etwaige Vorausbezahlung der Fracht sowie die Bestimmungen über die auf dem Gute ruhenden Nachnahmen aufgenommen werden sollen.

Die Vorschrift des §. 400 Abs. 3, nach welcher der Absender ohne Rücksicht darauf, ob ihm ein Verschulden zur Last fällt oder nicht, für die Richtigkeit und die Vollständigkeit der im Frachtbrief enthaltenen Angaben haftet, stimmt mit Art. 7 Abs. 1 des Berner Vertrags und mit §. 53 Abs. 1 der Eisenbahnverkehrsordnung überein; sie enthält eine Ergänzung des bereits im Art. 393 des Handelsgesetzbuchs anerkannten Grundsatzes, demzufolge der Absender dem Frachtführer, sofern nicht diesem ein Verschulden zur Last fällt, für die Unrichtigkeit und Unzulänglichkeit der zum Zwecke der zoll- oder steueramtlichen Behandlung erforderlichen Begleitpapiere verantwortlich ist. Die letztere Vorschrift ist im §. 401 des Entwurfs nach dem Vorgange des Berner Vertrags (Art. 10) und der Eisenbahnverkehrsordnung (§. 59) auch auf die zur Erfüllung der Polizeivorschriften nöthigen Begleitpapiere ausgedehnt.

Lieferzeit; Verhinderung des Antritts oder der Fortsetzung der Reise. (§. 402.)

Ist über die Zeit, binnen welcher der Frachtführer die Beförderung zu bewirken hat, nichts bedungen, so soll sich nach §. 402 Abs. 1 die Frist, innerhalb deren die Reise anzutreten und zu vollenden ist, nach dem Ortsgebrauch und in Ermangelung eines Ortsgebrauchs nach den Umständen richten. Die geltenden Vorschriften weichen hiervon nur darin ab, daß im Art. 394 blos von der Frist, innerhalb deren der Frachtführer die Reise anzutreten hat, die Rede ist, und daß auf die übliche Dauer der Lieferzeit lediglich nebenher im Art. 397 bei der Regelung der Folgen einer verspäteten Ablieferung hingewiesen wird. Der §. 402 Abs. 2, der den Fall einer durch höhere Gewalt oder Zufall herbeigeführten zeitweiligen Verhinderung des Antritts oder der Fortsetzung der Reise betrifft, wiederholt lediglich den Inhalt des bisherigen Art. 394 Abs. 2 unter Berücksichtigung der Fassung des Art. 18 des Berner Vertrags. Bei einer dauernden Verhinderung des Antritts oder der Fortsetzung der Reise kommt die bezeichnete Vorschrift des Entwurfs nicht zur Anwendung; für diesen Fall sind vielmehr ebenso wie bisher die Bestimmungen des bürgerlichen Rechts maßgebend (zu vergl. Bürgerliches Gesetzbuch §§. 317 ff., 635). Demzufolge kann, wenn die Weiterbeförderung des Gutes durch Zufall dauernd verhindert wird, der Frachtführer in der Regel keine Distanzfracht verlangen. Eine Ausnahme erleidet dieser Grundsatz, sofern nach den Umständen des Falles die Ausführung eines Theils der Reise als eine theilweise Erfüllung im Sinne des §. 317 des Bürgerlichen Gesetzbuchs angesehen werden kann, oder sofern die Unmöglichkeit der Beförderung durch die Beschaffenheit des Gutes veranlaßt ist. Das Recht auf die Distanzfracht nach dem Vorbilde des §. 70 des Binnenschiffahrtsgesetzes weiter auszudehnen, liegt kein hinreichender Grund vor.

Haftung des Frachtführers. (§. 403.)

Was die Haftung des Frachtführers für den durch Verlust oder Beschädigung des Gutes entstandenen Schaden betrifft, so bestimmt der Art. 395 des Handelsgesetzbuchs im Anschluß an die Grundsätze des römischen Rechts, daß der Frachtführer stets ersatzpflichtig ist, sofern er nicht beweist, daß der Verlust oder die Beschädigung durch höhere Gewalt oder durch die natürliche Beschaffenheit des Gutes oder durch äußerlich nicht erkennbare Mängel der Verpackung entstanden ist. Der Standpunkt, daß die Natur des Frachtgeschäfts eine derart verschärfte, den allgemeinen Rechtsgrundsätzen gegenüber als eine Ausnahme erscheinende Haftung nothwendig mache, ist schon in dem Gesetze, betreffend die privatrechtlichen Verhältnisse der Binnenschiffahrt, verlassen worden. Nach dem §. 58 dieses Gesetzes ist der

Frachtführer von der Verpflichtung zum Schadensersatze befreit, wenn der Verlust oder die Beschädigung durch Umstände herbeigeführt ist, welche durch die Sorgfalt eines ordentlichen Frachtführers nicht abgewendet werden konnten. Der gleiche Grundsatz ist im §. 403 des Entwurfs als allgemeine Regel für die Haftung des Frachtführers aufgestellt; nur hinsichtlich der Eisenbahnen soll in Uebereinstimmung mit den Vorschriften des Berner Vertrags das geltende Recht beibehalten werden (§. 430). Im Uebrigen erscheint eine Abschwächung der bisher dem Frachtführer auferlegten Haftung schon aus dem Grunde nothwendig, weil Fuhrleute, Packträger und dergleichen Gewerbetreibende jedenfalls nicht ungünstiger gestellt werden können als die Binnenschiffer. Die im Entwurfe vorgesehene Haftung des Frachtführers genügt auch für die Bedürfnisse des Verkehrs; denn der Frachtführer kann sich danach nicht schon durch eine allgemeine Berufung auf sorgsames Verhalten von seiner Verantwortlichkeit entlasten; er hat vielmehr die Umstände darzuthun, welche den Verlust oder die Beschädigung des Frachtguts verursacht haben, und mit Bezug auf diese Umstände den Nachweis zu führen daß ihm ein Verschulden nicht zur Last fällt. Die weitergehende Vorschrift des Art. 395 des Handelsgesetzbuchs führt zu dem Ergebnisse, daß der Frachtführer eine Gewährpflicht für gewisse Betriebsgefahren zu tragen hat, und es läßt sich nicht anerkennen, daß der Gewerbebetrieb des Frachtführers seiner Natur nach hierzu in höherem Grade Veranlassung bietet als manche andere Betriebe, bezüglich deren das geltende Recht es bei den allgemeinen Grundsätzen über die Haftung aus Verträgen bewenden läßt. Nur insoweit, als es sich, wie bei den Eisenbahnen, um Unternehmungen handelt, die ein thatsächliches Beförderungsmonopol besitzen und zugleich so leistungsfähig sind, daß ihnen die Tragung von Betriebsgefahren ohne Unbilligkeit auferlegt werden kann, erscheint eine weitergehende Haftung gerechtfertigt.

Für den durch verspätete Ablieferung des Gutes entstandenen Schaden haftet der Frachtführer schon nach Art. 397 des Handelsgesetzbuchs nur im Falle des Verschuldens. Im §. 403 des Entwurfs sind daher die Vorschriften über die bezeichnete Haftung mit denjenigen über die Haftung für Verlust oder Beschädigung von Frachtgütern zusammengezogen; der Art. 397 ist demzufolge gestrichen.

Der §. 403 Abs. 2, nach welchem der Frachtführer für den Verlust oder die Beschädigung von Kostbarkeiten, Kunstgegenständen, Geldern und Werthpapieren nur haftet, wenn ihm diese Beschaffenheit oder der Werth des Gutes bei der Uebergabe zur Beförderung angegeben ist, weicht von dem bisherigen Art. 395 Abs. 2 blos insofern ab, als er neben den Kostbarkeiten die Kunstgegenstände besonders erwähnt, auch ausdrücklich hervorhebt, daß die Anzeige der Beschaffenheit oder des Werthes bei der Uebergabe zur Beförderung erfolgen muß.

Höhe des zu leistenden Ersatzes. (§. 404.)

Was die Höhe des für verlorene Güter zu leistenden Ersatzes betrifft, so beschränkt sowohl das Handelsgesetzbuch (Art. 396) wie der Berner Vertrag (Art. 34) die Ersatzpflicht des Frachtführers der Regel nach auf den gemeinen Werth des Gutes. Hinsichtlich der Berechnung dieses Werthes gehen indessen die betreffenden Vorschriften von verschiedenen Grundsätzen aus. Nach dem Handelsgesetzbuch ist im Falle des Verlustes der gemeine Handelswerth oder der gemeine Werth zu ersetzen, welchen Gut derselben Art und Beschaffenheit am Ablieferungsorte zu der Zeit hatte, an welchem die Ablieferung zu bewirken war, jedoch unter Abzug dessen, was in Folge des Verlustes an Zöllen und Unkosten erspart ist. Nach dem Berner Vertrage hat dagegen der Frachtführer den gemeinen Handelswerth oder den gemeinen Werth zu ersetzen, welchen Gut derselben Art und Beschaffenheit am Orte der Absendung in dem Zeitpunkte der Annahme zur Beförderung hatte, unter Hinzurechnung dessen, was an Zöllen und sonstigen Kosten sowie an Fracht von dem Ersatzberechtigten etwa bereits bezahlt ist. Für die letztere Art der Regelung sprechen beachtenswerthe Gründe, und schon um die Einheitlichkeit der Vorschriften über das Frachtgeschäft nach Möglichkeit zu wahren, empfiehlt es sich, den Grundsatz des Berner Vertrags unter die allgemeinen Vorschriften des Handelsgesetzbuchs über das Frachtgeschäft aufzunehmen. In diesem Sinne ist der Gegenstand durch den §. 404 des Entwurfs geregelt.

Ist hiernach davon auszugehen, daß der Frachtführer im Allgemeinen nur für den Werth aufzukommen hat, den das Gut am Orte und zur Zeit der Absendung hatte, so kann dieser Grundsatz naturgemäß nicht auf den Fall des Verlustes des Gutes beschränkt werden; er muß vielmehr auch in dem Falle Anwendung finden, daß das Gut in beschädigtem Zustande am Bestimmungsorte ankommt. Wollte man diese Folgerung nicht ziehen, sondern für den letzteren Fall an der Regelung des Art. 396 des Handelsgesetzbuchs festhalten, wonach der Unterschied zwischen dem Werthe des beschädigten Gutes und demjenigen Werthe zu ersetzen ist, welchen das Gut in unbeschädigtem Zustande am Bestimmungsorte gehabt haben würde, so läge hierin ein innerer Widerspruch, da alsdann der Gegenstand der Gewährleistungspflicht des Frachtführers ein grundsätzlich verschiedener sein würde, je nachdem das Gut verloren gegangen oder nur beschädigt wäre. Für den Frachtführer könnte es hierbei unter Umständen vortheilhafter sein, das Gut ganz zu Grunde gehen zu lassen als es in beschädigtem Zustande abzuliefern. Darüber, wie in der fraglichen Beziehung die Vorschrift des Art. 37 des Berner Vertrags aufzufassen sei, haben sich in Folge der nicht genügend klaren Fassung der Bestimmung Meinungsverschiedenheiten ergeben. Der §. 404 Abs. 2 des Entwurfs läßt hingegen keinen Zweifel darüber bestehen, daß auch bei der Feststellung des für eine Beschädigung des Frachtguts zu leistenden Ersatzes auf den Werth des Gutes am Absendungsorte zurückzugehen ist.

Wie auf dieser Grundlage die Werthsminderung zu berechnen ist, braucht im Gesetze nicht näher bestimmt zu werden. Es bieten sich dazu verschiedene Wege. Entweder wird unmittelbar der Werth festgestellt, welchen das Gut in dem beschädigten Zustande am Absendungsorte in dem Zeitpunkte der Annahme zur Beförderung gehabt haben würde, und sodann dieser Betrag von dem Werthe abgezogen, den das Gut im unbeschädigten Zustande an dem angegebenen Orte und zu der angegebenen Zeit gehabt hat, oder es wird der durch den Verkauf des beschädigten Gutes am Ablieferungsorte ermittelte Werth desselben der Berechnung zu Grunde gelegt. Das letztere kann freilich nicht in der Weise geschehen, daß der so ermittelte Verkaufswerth einfach von dem Werthe des unbeschädigten Gutes am Absendungsorte in Abzug gebracht wird; denn eine solche Berechnungsart würde zu unrichtigen Ergebnissen führen, bei einer großen Verschiedenheit der Preise am Absendungs- und Bestimmungsorte sogar unter Umständen den Frachtführer von jeder Ersatzpflicht für die Beschädigung befreien. Vielmehr wird zunächst das Verhältniß des Werthes des beschädigten Gutes zu dem Werthe des unbeschädigten Gutes am Ablieferungsorte ermittelt und nach diesem Verhältnisse sodann die Minderung des Absendungswerths berechnet werden müssen. Bleibt zum Beispiel der bei dem Verkaufe des beschädigten Gutes am Ablieferungsorte erzielte Erlös um zwei Drittel hinter dem Werthe zurück, welchen das Gut im unbeschädigten Zustande am Orte und zur Zeit der Ablieferung gehabt haben würde, so kann es der Regel nach keinem Bedenken unterliegen, auch die Minderung des Werthes, den das Gut am Abgangsorte hatte, auf zwei Drittel anzusetzen. Bei jeder dieser Berechnungsarten gehört indessen zu dem zu ersetzenden Minderwerth auch ein verhältnißmäßiger Theil, in dem vorstehenden Beispiel zwei Drittel, des von dem Absender etwa bereits für Zölle, Fracht und Unkosten gezahlten Betrags.

Nach der Schlußbestimmung des §. 404 soll der Frachtführer zum Ersatze des vollen Schadens verpflichtet sein, wenn er den Verlust oder die Beschädigung des Frachtguts vorsätzlich oder durch grobe Fahrlässigkeit herbeigeführt hat. Das Handelsgesetzbuch (Art. 396 Abs. 5) sieht eine Schadensersatzpflicht in diesem Umfange nur für den Fall vor, daß dem Frachtführer eine bösliche Handlungsweise zur Last fällt. Der Entwurf schließt sich aber dem etwas strengeren Grundsatze an, welchen der Art. 41 des Berner Vertrags und in Uebereinstimmung mit diesem der §. 88 der Eisenbahnverkehrsordnung aufstellen.

Die bisherigen Art. 398 und 399 sind gestrichen; die darin enthaltenen Regeln über Vertragsstrafen wegen verspäteter Ablieferung von Frachtgütern werden durch die §§. 333, 335 und 279 des Bürgerlichen Gesetzbuchs entbehrlich.

Haftung des Frachtführers für seine Leute. (§. 405.)

Die Vorschrift des Art. 400 des Handelsgesetzbuchs, wonach der Frachtführer für seine Leute und für andere Personen haftet, deren er sich bei Ausführung des Transports bedient, kann in unveränderter Form künftig nur für die Eisenbahnen (§. 431) in Geltung bleiben; im Uebrigen ist sie, weil nach §. 403 der Frachtführer für einen unverschuldeten Schaden nicht mehr einstehen muß, nur noch in der Fassung aufrecht zu erhalten, daß der Frachtführer ein Verschulden seiner Leute und ein Verschulden anderer Personen, deren er sich bei der Ausführung der Beförderung bedient, in gleichem Umfange zu vertreten hat wie eigenes Verschulden (§. 405). Durch den §. 272 des Bürgerlichen Gesetzbuchs, nach welchem der Schuldner für ein Verschulden der Personen, deren er sich zur Erfüllung seiner Verbindlichkeit bedient, in gleichem Umfange verantwortlich ist wie für eigenes Verschulden, wird der Art. 400 nicht völlig ersetzt. Denn nach dem letzteren haftet der Frachtführer, wie in Rechtsprechung und Wissenschaft anerkannt ist, für seine Leute auch dann, wenn eine Handlung in Frage steht, die der Angestellte nicht unmittelbar bei Ausführung der ihm obliegenden Verrichtungen vorgenommen hat.

Ausführung der Beförderung durch mehrere Frachtführer. (§. 406.)

Die Vorschriften des §. 406 Abs. 1, 2 über die Haftung mehrerer an demselben Transporte betheiligter Frachtführer stimmen sachlich mit dem Art. 402 des Handelsgesetzbuchs überein; nur ist in Anlehnung an den Art. 27 des Berner Uebereinkommens deutlicher zum Ausdrucke gebracht, daß bei dieser Haftung nicht etwa der eine für den anderen nach Art einer Bürgschaft einsteht, sondern daß es sich um eine selbständige Verantwortlichkeit jedes einzelnen für die Ausführung des ganzen Transports handelt.

Wie sich der Rückgriff der an der Beförderung betheiligten Frachtführer untereinander regelt, ist nach dem geltenden Rechte mangels besonderer Vorschriften zweifelhaft und bestritten. Auch der das gegenseitige Verhältniß der Gesammtschuldner ordnende §. 420 des Bürgerlichen Gesetzbuchs reicht für die hier in Betracht kommenden Verhältnisse nicht aus. Die zur Ausfüllung dieser Lücke im §. 406 Abs. 3 des Entwurfs getroffenen Vorschriften schließen sich an die Art. 47 bis 49 des Berner Vertrags und an den §. 85 des Betriebsreglements des Vereins deutscher Eisenbahnverwaltungen an, deren grundsätzliche Bestimmungen zu einer Verallgemeinerung wohl geeignet erscheinen.

Nachträgliche Anweisungen des Absenders. (§. 407.)

Die Vorschriften des §. 407 über die Pflicht des Frachtführers, nachträglichen Anweisungen des Absenders Folge zu leisten, entsprechen dem Art. 15 des Berner Vertrags (§. 64 der Eisenbahnverkehrsordnung), weichen übrigens nur in nebensächlichen Punkten von dem Art. 402 des Handelsgesetzbuchs ab. Daß der Frachtführer den Ersatz der durch die Ausführung einer solchen Anweisung entstehenden Mehrkosten dann nicht verlangen kann, wenn die Anweisung durch sein eigenes Verschulden veranlaßt worden ist (Art. 15 Abs. 8 des Berner Vertrags), versteht sich von selbst und braucht im Gesetze nicht besonders hervorgehoben zu werden.

Rechte und Pflichten des Empfängers. (§§. 408—410.)

Der Art. 403 des Handelsgesetzbuchs, wonach der Frachtführer verpflichtet ist, am Orte der Ablieferung das Gut dem Empfänger auszuhändigen, erscheint schon mit Rücksicht auf den Art. 405 (§. 409 des Entwurfs) überflüssig und ist daher gestrichen. Daß die Aushändigung des Gutes nur gegen Empfangsbescheinigung zu geschehen braucht (Art. 16 Abs. 1 des Berner Vertrags), ergiebt sich aus dem §. 362 des Bürgerlichen Gesetzbuchs.

Die Vorschriften des §. 408 über das Recht des Empfängers, vor der Ankunft des Gutes am Ablieferungsorte die zur Sicherstellung desselben erforderlichen Maßregeln zu ergreifen und dem Frachtführer die zu diesem Zwecke nothwendigen Anweisungen zu ertheilen, stimmen sachlich mit dem Art. 404 des Handelsgesetzbuchs überein.

Nach Ankunft des Gutes am Ablieferungsorte kann, wie der §. 409 bestimmt, der Empfänger die durch den Frachtvertrag begründeten Rechte gegen Erfüllung der sich daraus ergebenden Verpflichtungen im eigenen Namen gegen den Frachtführer geltend machen. In dem bisherigen Art. 405 ist nicht die Ankunft des Gutes, sondern die Ankunft des Frachtführers für den Eintritt der Befugniß des Empfängers zur selbständigen Geltendmachung der Rechte aus dem Frachtvertrag als maßgebend bezeichnet. Es ist jedoch zweifelhaft, was in diesem Zusammenhange unter der Ankunft des Frachtführers am Ablieferungsorte zu verstehen ist, da eine wörtliche Anwendung der Bestimmung bei größeren Transportunternehmungen durch die Betriebsverhältnisse ausgeschlossen erscheint. Meistens wird angenommen, daß der Zeitpunkt, in welchem das Gut angekommen ist, oder, falls es nicht rechtzeitig ankommt oder verloren gegangen ist, derjenige Zeitpunkt entscheidet, in welchem es hätte ankommen sollen. Dagegen verlangt der Entwurf in Uebereinstimmung mit dem Berner Vertrag (Art. 16 Abs. 2) und der Verkehrsordnung (§. 66 Abs. 2) schlechthin die Ankunft des Gutes. Hierdurch erfahren die Rechte des Empfängers insofern eine Beschränkung, als derselbe in dem Falle, daß das Gut unterwegs verloren geht, nicht befugt ist, selbständig einen Ersatzanspruch gegen den Frachtführer geltend zu machen, sondern sich, wenn er selbst gegen den Frachtführer vorgehen will, die Rechte des Absenders aus dem Frachtvertrage abtreten lassen muß. Dies erscheint auch nicht unzweckmäßig, zumal dadurch ein Widerstreit zwischen gleichberechtigten Ansprüchen des Absenders und des Empfängers vermieden wird.

Die Befugniß des Empfängers zur Geltendmachung der Rechte aus dem Frachtvertrag ist von der gleichzeitigen Erfüllung der Verpflichtungen aus dem Vertrag abhängig. Der Art. 405 des Handelsgesetzbuchs fügt die Einschränkung hinzu, daß sich die betreffenden Verpflichtungen aus dem F r a c h t b r i e f ergeben müssen; dies ist jedoch mit den Vorschriften des Art. 409 (§. 414 des Entwurfs) nicht zu vereinigen, nach welchen der Frachtführer wegen aller durch den F r a c h t v e r t r a g begründeten Forderungen ein Pfandrecht an dem Gute hat. Im Entwurf ist deshalb der fragliche Zusatz weggelassen.

Der §. 410, demzufolge d e r E m f ä n g e r d u r c h A n n a h m e d e s G u t e s u n d d e s F r a c h t b r i e f s v e r p f l i c h t e t w i r d, d e m F r a c h t f ü h r e r n a c h M a ß g a b e d e s F r a c h t b r i e f s Z a h l u n g z u l e i s t e n, stimmt mit dem Art. 406 des Handelsgesetzbuchs sowie mit dem Art. 17 des Berner Vertrags und dem §. 67 der Eisenbahnverkehrsordnung überein. Da es sich im §. 410 nicht um das Recht des Empfängers auf Auslieferung des Gutes und die dafür von ihm zu gewährende Gegenleistung, sondern lediglich um eine durch Annahme des Frachtbriefs begründete selbständige Verpflichtung des Empfängers handelt, so muß hier im Gegensatze zum §. 409 der Inhalt des Frachtbriefs für maßgebend erklärt werden.

Ablieferungshindernisse. (§. 411.)

Die Vorschriften des §. 411 über d i e R e c h t e u n d P f l i c h t e n d e s F r a c h t f ü h r e r s b e i A b l i e f e r u n g s h i n d e r n i s s e n treten an die Stelle des bisherigen Art. 407. Besondere Bestimmungen über die Befugniß der Betheiligten, den Zustand des Gutes durch Sachverständige feststellen zu lassen (Art. 407 Abs. 1 bis 3, 5), sind neben dem nach der Anlage II der Denkschrift zum Bürgerlichen Gesetzbuch in Aussicht genommenen §. 449a der Civilprozeßordnung nicht mehr geboten. Dagegen muß das Recht des Frachtführers, das Gut, falls die Ablieferung nicht ausführbar ist, zu hinterlegen und im Nothfalle den Verkauf desselben zu bewirken, aufrechterhalten werden, da die §§. 366, 377 bis 379 des Bürgerlichen Gesetzbuchs in dieser Beziehung nicht ausreichen. Von dem Erforderniß einer gerichtlichen Anordnung der Hinterlegung oder des Verkaufs ist im Anschluß an die für ähnliche Fälle geltenden Vorschriften der §§. 344, 349, 360 abgesehen. Im Einzelnen lehnen sich die Bestimmungen des §. 411, was das Verhalten des Frachtführers bei

Ablieferungshindernissen betrifft, an den §. 52 des Binnenschiffahrtsgesetzes an. Auch der Art. 24 Abs. 1 des Berner Vertrags und der §. 70 Abs. 1 der Eisenbahnverkehrsordnung stimmen im Wesentlichen hiermit überein.

Erlöschen der Ansprüche gegen den Frachtführer. (§. 412.)

Nach Art. 408 des Handelsgesetzbuchs erlöschen die Ansprüche gegen den Frachtführer durch Annahme des Gutes und Bezahlung der Fracht, wogegen der an das Seerecht sich anschließende §. 61 des Binnenschiffahrtsgesetzes schon der Annahme des Gutes ohne Rücksicht auf die Bezahlung der Fracht jene Wirkung beilegt. Im §. 412 des Entwurfs ist der Grundsatz des bisherigen Art. 408, der für den Eisenbahnverkehr schon mit Rücksicht auf die entsprechende Bestimmung des Art. 44 Abs. 1 des Berner Vertrags nicht aufgegeben werden kann, beibehalten. Bei der Güterbeförderung zu Lande erscheint eine solche Regelung mit den berechtigten Interessen des Frachtführers wohl vereinbar, da es die Verhältnisse hier nicht, wie bei der Schifffahrt, mit sich bringen, daß sich der Frachtführer häufig genöthigt sieht, das Gut ohne Bezahlung der Fracht auszuliefern.

Andererseits bedarf es einer Ergänzung der bisherigen Vorschriften insofern, als dem Empfänger die Möglichkeit verschafft werden muß, sich trotz der Annahme des Gutes und der Bezahlung der Fracht seine Ansprüche wegen Beschädigung oder Minderung des Gutes dadurch zu erhalten, daß er den Zustand des letzteren durch Beweisaufnahme zur Sicherung des Beweises feststellen läßt. Der Entwurf enthält im §. 412 Abs. 2 eine dahin gehende Vorschrift. Der §. 61 Abs. 2 des Binnenschiffahrtsgesetzes stimmt hiermit überein, und auch der Berner Vertrag (Art. 44 Abs. 2 Nr. 3) steht im Allgemeinen auf demselben Standpunkte. Daß ein einseitiger Vorbehalt des Empfängers bei der Annahme des Gutes ohne Wirkung ist, ein mit Zustimmung des Frachtführers gemachter Vorbehalt dagegen, wie auch ein Anerkenntniß der gerügten Mängel von Seiten des Frachtführers, zur Erhaltung der Ansprüche genügt (Berner Vertrag Art. 44 Abs. 3), ergiebt sich von selbst und braucht nicht besonders ausgesprochen zu werden. Eine gesetzliche Regelung der Frage, inwieweit der Frachtführer verpflichtet ist, dem Empfänger die Untersuchung des Gutes vor der Abnahme zu gestatten, ist nicht angängig, aber auch nicht geboten. Im Allgemeinen wird nach den Grundsätzen über Treu und Glauben davon auszugehen sein, daß dem Empfänger eine äußere den Geschäftsbetrieb des Frachtführers nicht störende Besichtigung erlaubt werden muß.

Die Ansprüche wegen eines Mangels, der bei der Annahme des Gutes äußerlich nicht erkennbar war, bleiben nach §. 412 Abs. 3 ebenso wie nach Art. 408 des Handelsgesetzbuchs bestehen, wenn die Feststellung des Mangels unverzüglich nach der Entdeckung bei Gericht beantragt wird. Nach dem Entwurfe soll es jedoch zur Wahrung der Ansprüche wegen eines heimlichen Mangels auch genügen, wenn der Mangel unverzüglich nach der Entdeckung zunächst dem Frachtführer angezeigt und die Feststellung desselben bei Gericht alsbald nach dem Zeitpunkte beantragt wird, bis zu welchem der Eingang einer Antwort des Frachtführers unter regelmäßigen Umständen erwartet werden konnte. Die Vorschrift liegt im Interesse aller Betheiligten; häufig wird dadurch, daß sich der Empfänger zunächst an den Frachtführer wendet, eine Verständigung unter den Parteien, gegebenen Falls unter Zuziehung nicht gerichtlich bestellter Sachverständigen, erzielt werden. Für den Eisenbahnfrachtverkehr (Berner Vertrag Art. 44 Abs. 2 Nr. 4, Entwurf §. 437) und nach dem Binnenschiffahrtsgesetze (§. 61 Abs. 2) gilt die Vorschrift, daß die Feststellung des Mangels nicht nur unverzüglich nach der Entdeckung, sondern auch spätestens innerhalb einer Woche nach der Annahme beantragt werden muß. Zu einer Verallgemeinerung dieser Bestimmung liegt indessen kein Bedürfniß vor.

Die Vorschrift des §. 412 Abs. 4, wonach der Frachtführer sich auf das Erlöschen der Ansprüche nicht berufen kann, wenn er den Schaden durch Vorsatz oder grobe Fahrlässigkeit herbeigeführt hat, ist aus dem Berner Vertrag (Art. 44 Abs. 2 Nr. 1) und der Eisenbahnverkehrsordnung (§. 90 Abs. 2 Nr. 1) übernommen; sie wird durch Gründe der Billigkeit gerechtfertigt und entspricht der Bestimmung im §. 404 Abs. 3 des Entwurfs über den Umfang des von dem Frachtführer zu erstattenden Schadens.

Bezüglich der Verjährung der Ansprüche gegen den Frachtführer wegen Verlustes, Minderung, Beschädigung oder verspäteter Ablieferung des Gutes (Entwurf §. 413, Handelsgesetzbuch Art. 408 Abs. 3) kann auf die Bemerkungen zum §. 388, welcher die Verjährung der Ansprüche gegen den Spediteur regelt, Bezug genommen werden. Daß die Rückgriffsansprüche der Frachtführer untereinander (§. 406 Abs. 3) der kurzen Verjährung nicht unterliegen, ist im Schlußsatze des §. 413 zur Vermeidung von Zweifeln besonders hervorgehoben. Verjährung. (§. 413.)

Während gemäß Art. 409 des Handelsgesetzbuchs das gesetzliche Pfandrecht des Frachtführers auch nach der Ablieferung des Gutes noch fortdauert, wenn der Frachtführer es binnen drei Tagen gerichtlich geltend macht und das Gut sich noch bei dem Empfänger oder bei einem Dritten befindet, der es für den Empfänger besitzt, besteht nach dem Berner Vertrag (Art. 21) das Pfandrecht nur so lange, als der Frachtführer das Gut im Besitze hat. Der Entwurf behält die Vorschrift des Handelsgesetzbuchs bei, da sie den praktischen Bedürfnissen besser entspricht als die Bestimmung des Berner Vertrags. Ob etwa das Gut unterwegs eine Minderung erlitten hat, kann in vielen Fällen schon mit Rücksicht auf die Art der verfrachteten Waare vor der Ablieferung nicht festgestellt werden; bei Getreide müßte beispielsweise erst eine Verwiegung erfolgen. Oftmals wird aber der Empfänger Bedenken tragen, die Fracht zu zahlen, bevor feststeht, daß von dem Gute nichts verloren gegangen ist, und andererseits der Frachtführer zur Herausgabe des Gutes nur bereit sein, wenn er wegen seiner Frachtforderung gesichert ist. Es dient daher dem Interesse beider Betheiligten, wenn das Pfandrecht des Frachtführers auch nach der Ablieferung noch für kurze Zeit fortbesteht. Gesetzliches Pfandrecht. (§. 414.)

Was die einzelnen durch das Pfandrecht gesicherten Forderungen betrifft, so hebt der Entwurf neben den bereits im Handelsgesetzbuche beispielsweise angeführten Ansprüchen noch die Forderungen aus den auf das Gut etwa geleisteten Vorschüssen ausdrücklich hervor (Berner Vertrag Art. 20). Hinsichtlich des Rechtes des Frachtführers, sich aus dem ihm als Pfand verhafteten Frachtgute für seine Forderungen zu befriedigen, sowie hinsichtlich der Voraussetzungen und der Art und Weise dieser Befriedigung kommen in Zukunft die Vorschriften des Bürgerlichen Gesetzbuchs über den Pfandverkauf in Verbindung mit dem §. 339 des Entwurfs zur Anwendung. Nur in einer Beziehung ist es erforderlich, von diesen Vorschriften abzuweichen. Nach dem Bürgerlichen Gesetzbuch sollen die Androhung des Verkaufs (§. 1217) und die in den §§. 1220, 1224 vorgesehenen Benachrichtigungen dem Eigenthümer gegenüber erfolgen, mit der Maßgabe, daß der Verpfänder als Eigenthümer gilt, sofern nicht der Gläubiger weiß, daß der Verpfänder nicht Eigenthümer ist. Dies würde für das gesetzliche Pfandrecht des Frachtführers, bei welchem an die Stelle des Verpfänders der Absender zu treten hätte, zu einem befriedigenden Ergebnisse nicht führen. Zunächst würden für den Frachtführer Unzuträglichkeiten entstehen, wenn er, wie das zum Beispiel bei Aufgabe des Gutes durch einen Spediteur regelmäßig der Fall sein wird, zwar weiß, daß der Absender nicht Eigenthümer ist, jedoch von der Person des Eigenthümers selbst keine Kenntniß hat. Andererseits würde der Frachtführer, falls er den Absender für den Eigenthümer hält oder wenigstens nicht weiß, daß dieser nicht Eigenthümer ist, die Androhung des Verkaufs und die Benachrichtigungen nicht an den Empfänger, sondern an den Absender zu richten haben. Das Pfandrecht des Frachtführers wird aber meist am Ablieferungsorte ausgeübt, und es erscheint daher als das Naturgemäße, daß bei dem Pfandverkauf in erster Linie der Empfänger als Gegenpartei des Frachtführers behandelt wird. Demzufolge ist im Entwurfe (§. 414 Abs. 2) bestimmt, daß die Verkaufsandrohung und die Benachrichtigungen statt an den Eigenthümer des Gutes an den Empfänger und, wenn dieser nicht zu ermitteln ist oder die Annahme des Gutes verweigert, an den Absender zu richten sind.

Die Vorschrift des bisherigen Art. 409 Abs. 3, wonach der Frachtführer das Recht, das Gut zu verkaufen, auch gegenüber den übrigen Gläubigern und der Konkursmasse des Eigenthümers hat, ist neben den Vorschriften des §. 1240 des Bürgerlichen Gesetzbuchs und des §. 41 Nr. 8 der Konkursordnung entbehrlich.

Ausübung der Rechte der Vormänner durch den letzten Frachtführer. Uebergang der Rechte des Vormanns auf den Nachmann. (§§. 415, 416.)

Die Vorschriften der §§. 415 und 416 in Betreff der Verpflichtung des letzten Frachtführers zur Ausübung der Rechte der Vormänner und in Betreff des Ueberganges der Rechte des von dem nachfolgenden Frachtführer oder Spediteur befriedigten Vormanns auf den Nachmann schließen sich den bisherigen Art. 410 und 412 an. Aenderungen sind nur in der Fassung vorgenommen. Insbesondere stellt der §. 415 Abs. 1 außer Zweifel, daß der letzte Frachtführer nicht blos die aus dem Frachtbriefe sich ergebenden Rechte der vorhergehenden Frachtführer, sondern alle durch den Frachtvertrag begründeten Forderungen derselben und ebenso diejenigen der vorhergehenden Spediteure, soweit sie ihm bekannt sind, geltend zu machen und zugleich die auf dem Gute haftenden Nachnahmen einzuziehen hat (zu vergl. Berner Vertrag Art. 20). Auch die Ergänzung, welche die Vorschriften des bisherigen Art. 412 durch den §. 416 des Entwurfs erfahren, enthält keine sachliche Abweichung von dem geltenden Rechte; denn schon gegenwärtig ist anzunehmen, daß, wenn der letzte Frachtführer das Gut ohne Bezahlung abliefert, nicht nur er selbst und die vorhergehenden Frachtführer und Spediteure den Rückgriff gegen ihre Vormänner verlieren, sondern daß zugleich der letzte Frachtführer den nichtbefriedigten Vormännern für die Bezahlung persönlich verantwortlich wird. Im Anschluß an den Art. 23 Abs. 2 des Berner Vertrags hebt der Entwurf dies noch ausdrücklich hervor.

Die Vorschriften des §. 417 über die Rangordnung mehrerer auf demselben Gute haftenden gesetzlichen Pfandrechte entsprechen im Allgemeinen den Bestimmungen des bisherigen Art. 411; nur ist im Entwurf außer den Pfandrechten der Kommissionäre, Spediteure und Frachtführer noch das durch den §. 395 dem Lagerhalter eingeräumte Pfandrecht berücksichtigt. Der Grundsatz, daß die durch die Versendung oder Beförderung entstandenen Pfandrechte den übrigen vorgehen, und daß innerhalb der durch die Versendung oder Beförderung entstandenen Pfandrechte das später entstandene den Vorrang hat, ist beibehalten. Dagegen brauchte nicht mehr besonders ausgesprochen zu werden, daß unter den übrigen Pfandrechten das ältere dem jüngeren vorgeht; denn dieser Satz ergiebt sich schon aus der allgemeinen Vorschrift des §. 1192 des Bürgerlichen Gesetzbuchs in Verbindung mit dem §. 1240 daselbst. Ob zu den bevorrechtigten Forderungen auch die aus der Versendung entstandenen Forderungen der Kommissionäre gehören, ist gegenwärtig nicht unbestritten. Der dem Art. 411 zu Grunde liegende Gedanke führt dazu, die Frage zu bejahen, und das Gleiche muß nunmehr bezüglich der aus einer Versendung des Gutes entstandenen Forderungen des Lagerhalters gelten. Dagegen gehören die Ansprüche des Frachtführers wegen geleisteter Vorschüsse ebensowenig zu den bevorrechtigten Forderungen wie die bereits von dem Handelsgesetzbuch ausdrücklich an die zweite Stelle verwiesenen Vorschußforderungen des Spediteurs. Nach alledem rechtfertigt sich die neue Fassung des §. 417. Rangordnung der gesetzlichen Pfandrechte (§. 417.)

Die Vorschriften der §§. 418 bis 424 über den Ladeschein geben in der Hauptsache lediglich den Inhalt der Art. 413 bis 419 des Handelsgesetzbuchs wieder. Da der Ladeschein bis jetzt nur im Betriebe der Binnenschifffahrt praktische Bedeutung gewonnen hat, so könnte in Frage kommen, ob nicht die betreffenden Vorschriften ganz aus dem Handelsgesetzbuch auszuscheiden und dem Binnenschiffahrtsgesetze zu überweisen seien. Dies erscheint indessen nicht rathsam; denn die Möglichkeit ist immerhin nicht ausgeschlossen, daß sich auch bei anderen Arten der Güterbeförderung ein Bedürfniß ergiebt, von dem Ladescheine Gebrauch zu machen. Wohl aber fehlt es mit Rücksicht auf den bezeichneten Umstand an einer Veranlassung, die ergänzenden Bestimmungen, welche das Binnenschiffahrtsgesetz in Betreff der Ladescheine enthält, insbesondere die Vorschriften desselben über die Haftung des Frachtführers für die Richtigkeit der Angaben des Ladescheins, in das Handelsgesetzbuch aufzunehmen. Nur in Betreff der Bestimmung des §. 72 des bezeichneten Gesetzes, nach welcher die Uebergabe des Ladescheins an den legitimirten Besitzer für den Erwerb von Rechten an dem Gute dieselben Wirkungen hat wie die Uebergabe des Gutes, erscheint bei der grundsätzlichen Bedeutung dieser Vorschrift eine Ausnahme angezeigt, zumal im §. 398 des Entwurfs und im Art. 649 des Handelsgesetzbuchs auch die dingliche Wirkung der Uebergabe des Lagerscheins und des Konnossements ausdrücklich anerkannt ist. In Uebereinstimmung mit den letzteren Vorschriften beschränkt sich übrigens Ladeschein. (§§. 418—424.)

der §. 424 des Entwurfs darauf, den in Frage stehenden Grundsatz für diejenigen Ladescheine auszusprechen, welche an Order lauten.

Im Uebrigen weichen die Vorschriften des Entwurfs nur in nebensächlichen Punkten von dem Handelsgesetzbuch ab. So sind im §. 419 die Bestimmungen über den Inhalt des Ladescheins im Anschluß an die Vorschriften über den Frachtbrief in einzelnen Beziehungen ergänzt; auch ist im §. 421 Abs. 2 die Streitfrage, ob der legitimirte Besitzer des Ladescheins schon vor der Ankunft des Gutes am Ablieferungsorte dessen Herausgabe verlangen kann, in Uebereinstimmung mit der das Konnossement betreffenden Vorschrift des Art. 661 Abs. 2 des Handelsgesetzbuchs dahin entschieden, daß dem Besitzer des Ladescheins diese Befugniß zusteht.

Wie sich die Haftung aus dem Ladescheine gestaltet, wenn der Frachtführer zur Ausführung der von ihm übernommenen Beförderung das Gut einem nachfolgenden Frachtführer übergiebt, ist im Handelsgesetzbuche nicht besonders geregelt; es wird jedoch meistens angenommen, daß in einem solchen Falle der nachfolgende Frachtführer, welcher das Gut auf Grund des Ladescheins übernimmt, auch seinerseits nach Maßgabe des Scheines verpflichtet wird. Durch die Vorschrift des §. 423 wird dieser der Natur der Sache und dem Bedürfnisse des Verkehrs entsprechende Grundsatz zur gesetzlichen Anerkennung gebracht.

Der bisherige Art. 419, mit welchem das Handelsgesetzbuch die Vorschriften über den Ladeschein abschließt, ist als überflüssig gestrichen; denn es versteht sich von selbst, daß durch die Ausstellung eines Ladescheins die Anwendbarkeit der allgemeinen Vorschriften über die Rechte und Pflichten des Frachtführes nur soweit ausgeschlossen wird, als sich dies aus den besonderen Bestimmungen über den Ladeschein ergiebt.

Gelegentliche Uebernahme der Güterbeförderung durch einen Kaufmann. Postanstalten. (§§. 415, 416.)

In Uebereinstimmung mit dem Art. 420 des Handelsgesetzbuchs erklärt der §. 415 des Entwurfs die Vorschriften über das Frachtgeschäft auch dann für anwendbar, wenn ein *Kaufmann, der nicht Frachtführer ist, im Betriebe seines Handelsgewerbes eine Güterbeförderung auszuführen übernimmt.* Daß diese Vorschriften auf öffentliche Transportanstalten, welche die Güterbeförderung gewerbsmäßig betreiben, Anwendung finden (Handelsgesetzbuch Art. 421 Abs. 1), braucht nicht ausdrücklich ausgesprochen zu werden; inwieweit sie für den Eisenbahngüterverkehr Ergänzungen und Abänderungen erleiden, ergiebt sich aus dem folgenden Titel. Dagegen bedarf es einer besonderen Bestimmung hinsichtlich der *Postanstalten des Reichs und der Bundesstaaten.* Sie unterliegen gegenwärtig nach Art. 421 Abs. 2 den Bestimmungen des Handelsgesetzbuchs über den Frachtvertrag insoweit, als nicht durch besondere Gesetze oder Verordnungen für sie ein Anderes vorgeschrieben ist. Nachdem indessen die Rechte und Pflichten der Post aus den von ihr übernommenen Beförderungen durch die Bestimmungen des Reichspostgesetzes und der auf Grund desselben erlassenen Postordnung eine eingehende Regelung erfahren haben, besteht ein Bedürfniß für die Anwendung der handelsgesetzlichen Vorschriften über den Frachtvertrag nicht mehr. Der §. 416 sieht deshalb vor, daß auf die Beförderung von Gütern durch die Postverwaltungen des Reichs und der Bundesstaaten die Vorschriften dieses Titels keine Anwendung finden. Zugleich ist durch eine ausdrückliche Bestimmung klar gestellt, daß die fraglichen Postverwaltungen überhaupt nicht als Kaufleute im Sinne des Handelsgesetzbuchs anzusehen sind. Die letztere Frage war bisher bestritten, und gerade aus der Vorschrift des Art. 421 Abs. 1 wurde ein Grund für die Bejahung entnommen. In Wirklichkeit entspricht es jedoch nicht dem Wesen und den Aufgaben der Post, wenn ihr Betrieb, für welchen der Erwerbszweck keineswegs das Entscheidende ist, als ein kaufmännisches Gewerbe behandelt wird.

Siebenter Titel.

Frachtgeschäft der Eisenbahnen und Beförderung von Personen auf den Eisenbahnen.

Die besonderen Vorschriften, welche in den Art. 422 bis 431 des Handelsgesetzbuchs über das Frachtgeschäft der Eisenbahnen getroffen sind, beziehen sich einerseits auf die allgemeine Verpflichtung der dem öffentlichen Güterverkehr dienenden Eisenbahnen zur Uebernahme der ihnen angetragenen Güterbeförderungen (Art. 422), andererseits auf die Schadensersatzpflicht der Eisenbahnen im Falle des Verlustes, der Beschädignng oder der verspäteten Ablieferung von Frachtgütern (Art. 423 bis 431). Auch der Entwurf hält sich, soweit die Vorschriften dieses Titels die Güterbeförderung betreffen, der Hauptsache nach in den bezeichneten Grenzen. Das Weitere kann, wie bisher, der Eisenbahnverkehrsordnung überlassen bleiben, da es sich dabei meistens um eine mehr ins Einzelne gehende Regelung von Fragen handelt, die im Allgemeinen schon in den Bestimmungen des vorigen Titels berücksichtigt sind. Eine Erweiterung der im Handelsgesetzbuch enthaltenen eisenbahnrechtlichen Bestimmungen ist nur insofern vorgesehen, als im Entwurf auch die Personenbeförderung zum Gegenstand einer allgemeinen Vorschrift gemacht ist (§. 445). Hierin liegt zugleich der Grund, weshalb die auf die Eisenbahn bezüglichen Vorschriften nicht, wie im Handelsgesetzbuch, einen Unterabschnitt des Titels über das Frachtgeschäft, sondern einen besonderen Titel unter entsprechender Ueberschrift bilden. Allgemeine Gesichtspunkte.

Den größten Umfang nehmen, wie bisher, die Vorschriften über die Haftung der Eisenbahnen ein; ihre rechtliche Bedeutung ist jedoch nach dem Entwurf eine andere als nach dem Handelsgesetzbuche. Das letztere schließt die Vertragsfreiheit der Eisenbahnen in Bezug auf die Verantwortlichkeit für richtige und rechtzeitige Ablieferung der Frachtgüter an sich nicht aus, sondern zieht ihr nur bestimmte Grenzen. Auch für die Eisenbahnen gelten kraft des Gesetzes zunächst die allgemeinen Vorschriften über die Haftung des Frachtführers; die fraglichen Vorschriften unterliegen aber bei den Eisenbahnen nicht jeder beliebigen Abänderung durch Vertrag, vielmehr sind die Beschränkungen, welche sie erfahren können, in den Art. 424 ff. genau bezeichnet. Diese Befugniß ist von jeher in der Weise ausgeübt worden, daß die betreffenden Beschränkungen der Haftpflicht in die Beförderungs- und Vertragsbedingungen der Eisenbahnen aufgenommen und hierdurch zum Bestandtheile jedes einzelnen Frachtvertrags gemacht wurden. Auch die gegenwärtig in Geltung befindlichen Vorschriften der Eisenbahnverkehrsordnung über die Haftung der Eisenbahnen erlangen nur als Bestandtheil des einzelnen Frachtvertrags verbindliche Kraft für das Verhältniß der Eisenbahn zu dem Absender und dem Empfänger. Mit der wirklichen Sachlage steht diese Regelung nicht mehr im Einklang; denn thatsächlich ist die Befugniß der Eisenbahnen, den Umfang ihrer Haftpflicht innerhalb der im Handelsgesetzbuche gezogenen Grenzen durch Vertrag festzusetzen, weggefallen, seitdem die den Vertragsinhalt bildenden Bestimmungen im Verordnungswege in bindender Weise vorgeschrieben sind. Unter diesen Umständen erscheint es einfacher, die Haftung der Eisenbahnen derart zu regeln, daß die betreffenden Vorschriften unmittelbar, d. h. ohne den Umweg einer Aufnahme in den Frachtvertrag, zur Anwendung kommen. Von diesem Gesichtspunkte geht der Entwurf aus. Auf der gleichen Grundlage beruhen die Bestimmungen des Berner internationalen Vertrags über den Eisenbahnfrachtverkehr, welche in Bezug auf den Umfang der Haftpflicht der Eisenbahnen für Verlust, Beschädigung oder verspätete Ablieferung der Frachtgüter den Festsetzungen des Frachtvertrags keinerlei Raum gewähren.

Daß der Entwurf auch im Einzelnen durch Anschluß an den Berner Vertrag die Uebereinstimmung der für den inneren Eisenbahnverkehr maßgebenden Vorschriften mit den für den internationalen Verkehr geltenden Bestimmungen herzustellen sucht, bedarf keiner besonderen Begründung. Im Wesentlichen ist ein solcher Anschluß schon gegenwärtig durch die Eisenbahnverkehrsordnung erreicht, sodaß die Vorschriften des Entwurfs nur in wenigen Beziehungen wirkliche Aenderungen des bestehenden Rechtszustandes darstellen. Die Aenderungen beziehen sich hauptsächlich auf einzelne Punkte, hinsichtlich deren bis jetzt zwingende Vorschriften des Handelsgesetzbuchs — wie zum Beispiel die Bestimmungen der Art. 396, 423 über die Höhe des von den Eisenbahnen zu leistenden Schadensersatzes oder des Art. 428 über die Dauer der Reklamationsfrist bei einer Beschädigung oder Minderung des Frachtguts, die bei der Ablieferung nicht erkennbar war — einer dem Berner Vertrag entsprechenden Regelung in der Verkehrsordnung entgegenstanden. Diese Verschiedenheiten werden nunmehr durch die Vorschriften des Entwurfs beseitigt.

Auch die Eisenbahnverkehrsordnung selbst erhält nach dem Entwurf eine wesentlich andere rechtliche Bedeutung als bisher. Die Verkehrsordnung ist, ebenso wie das frühere Betriebsreglement, für die deutschen Bahnen mit Ausnahme der bayerischen auf Grund des Art. 45 der Reichsverfassung von dem Bundesrath erlassen und auch in Bayern mit Rücksicht auf Art. 46 Abs. 2 der Reichsverfassung durch die Königlich bayerische Regierung bekannt gemacht worden. Die Grundlage, auf welcher die Verkehrsordnung beruht, wird nach der herrschenden Auffassung nicht als ausreichend angesehen, um den Bestimmungen derselben die Bedeutung unmittelbar verbindlicher Privatrechtsnormen beizulegen, vielmehr stellt sich danach die Verkehrsordnung als eine Verwaltungsanordnung dar, durch welche den Eisenbahnen die allgemeinen Bedingungen der von ihnen zu schließenden Frachtverträge vorgeschrieben werden. Es entspricht jedoch nicht der Natur der Sache, daß die Normen, welche für das Verhältniß der Betheiligten maßgebend sein sollen, statt durch Aufstellung der betreffenden Rechtssätze auf dem Umwege einer Nöthigung zu vertragsmäßigen Festsetzungen zur Geltung gebracht werden. Wie mit Rücksicht auf diesen Gesichtspunkt die Vorschriften über die Haftpflicht der Eisenbahnen als unmittelbar zur Anwendung kommende Rechtssätze in den Entwurf aufgenommen sind, so ist auch den übrigen Bestimmungen der Verkehrsordnung, wenngleich sie nicht dem Gesetze selbst einverleibt werden können, die gleiche Bedeutung beizulegen. Hierdurch werden auch die in mehrfacher Hinsicht unbefriedigenden Ergebnisse vermieden, welche der gegenwärtige Rechtszustand zur Folge hat. Insbesondere gilt dies in Betreff der Frage, inwieweit das Rechtsmittel der Revision auf eine Verletzung der Bestimmungen der Eisenbahnverkehrsordnung gestützt werden kann. Ist die privatrechtlich verbindende Kraft dieser Bestimmungen nur daraus herzuleiten, daß dieselben in jedem einzelnen Falle durch die Vereinbarung der Parteien zum Inhalte des Frachtvertrags gemacht werden, so liegt bei einer unrichtigen Anwendung der Verkehrsordnung die Voraussetzung des §. 511 der Civilprozeßordnung, wonach das Rechtsmittel der Revision nur auf eine Verletzung des Gesetzes gestützt werden kann, an sich nicht vor, und die Anwendung der Eisenbahnverkehrsordnung wäre somit der Nachprüfung durch den höchsten Gerichtshof entzogen. In einzelnen Entscheidungen des Reichsgerichts ist die Zulässigkeit einer solchen Nachprüfung auf Grund anderweitiger Erwägungen angenommen worden; allein es läßt sich keineswegs als sicher betrachten, daß diese Auffassung sich allgemeine Geltung verschaffen und demnach auf die Dauer beibehalten werden wird. Bei der Wichtigkeit der in Betracht kommenden Fragen darf dem höchsten Gerichtshofe die Entscheidung über die Auslegung der Eisenbahnverkehrsordnung jedenfalls nicht entzogen werden, und schon aus diesem Grunde ist es nothwendig, der letzteren die Bedeutung einer eigentlichen Rechtsverordnung beizulegen. Nach dem Entwurfe kann es nicht zweifelhaft sein, daß der Eisenbahnverkehrsordnung künftig diese veränderte Bedeutung zukommt, da den Bestimmungen derselben in den §§. 428, 444 innerhalb gewisser Grenzen der Vorrang vor den allgemeinen Vorschriften des vorigen Titels eingeräumt und auch sonst mehrfach auf ihre Bestimmungen zur Ergänzung der gesetzlichen Vorschriften verwiesen ist.

Da die Eisenbahnverkehrsordnung nicht blos Bestimmungen über den Güterverkehr enthält, sondern auch die Personenbeförderung regelt, die rechtliche Bedeutung ihrer einzelnen Theile aber selbstverständlich nicht eine verschiedene sein kann, so muß die ihr durch den Entwurf beigelegte Bedeutung auch auf die Bestimmungen über die Personenbeförderung erstreckt werden. Durch die Vorschrift des §. 415 des Entwurfs, welcher bezüglich der Regelung des Personentransports auf die Eisenbahnverkehrsordnung verweist, ist die einheitliche Bedeutung der letzteren in allen ihren Theilen außer Zweifel gestellt. Nähere Vorschriften über die Personenbeförderung im Gesetze selbst zu treffen, erscheint nicht angezeigt, da es sich dabei zum großen Theil um Bestimmungen handelt, die auf der Grenze zwischen dem privatrechtlichen und dem polizeilichen Gebiete liegen und in den Einzelheiten vielfach von den jeweiligen Einrichtungen des Eisenbahnbetriebes abhängig sind.

Im Uebrigen wird an den Grundlagen, auf welchen die Eisenbahnverkehrsordnung nach den Vorschriften der Reichsverfassung beruht, durch den Entwurf nichts geändert. Für diejenigen Bahnunternehmungen, welche der Eisenbahnverkehrsordnung nicht unterliegen (Kleinbahnen), sind im §. 446 besondere Bestimmungen getroffen.

Im Einzelnen ist zu diesem Titel Folgendes zu bemerken.

Transportpflicht der Eisenbahnen. (§. 427.)

Die Vorschriften des §. 427, wonach den dem öffentlichen Güterverkehre dienenden Eisenbahnen eine auch privatrechtlich wirksame Verpflichtung zur Uebernahme der ihnen angetragenen Güterbeförderungen obliegt, entsprechen dem bisherigen Art. 422 in Verbindung mit den §§. 6, 49 und 50 der Eisenbahnverkehrsordnung und den Art. 2 bis 5 des Berner Vertrags. Mit Rücksicht auf die für den durchgehenden Güterverkehr bestehenden Einrichtungen ist die fragliche Verpflichtung den Eisenbahnen nicht, wie im Handelsgesetzbuche, nur in Ansehung der Eingehung von Frachtgeschäften für ihre eigene Bahnstrecke auferlegt, sondern auf die unmittelbare Beförderung nach allen für den Güterverkehr bestimmten Stationen innerhalb des Deutschen Reichs ausgedehnt. Was die Beförderung nach auswärtigen Plätzen betrifft, so besteht insoweit, als es sich um Gütersendungen handelt, auf welche der Berner Vertrag Anwendung findet, nach den Vorschriften des letzteren die gleiche Transportpflicht wie im Inlandsverkehre. Inwieweit auch in anderen Fällen eine direkte Güterbeförderung nach dem Auslande angängig ist, hängt von den thatsächlich bestehenden Verkehrseinrichtungen ab; eine unbedingte Verpflichtung zur Uebernahme solcher Transporte nach auswärtigen Plätzen kann daher den Eisenbahnen nicht auferlegt werden.

Frachtbriefduplikate. (§. 429.)

Das Recht des Absenders, sich von der Eisenbahn den Empfang des Gutes auf einem Duplikate des Frachtbriefs bescheinigen zu lassen und dem Empfänger durch Uebersendung dieses Duplikats schon vor der Ankunft des Gutes am Bestimmungsorte eine Sicherheit gegen nachträgliche Verfügungen über dasselbe zu verschaffen, beruht für den inländischen Verkehr gegenwärtig nur auf den Bestimmungen der Eisenbahnverkehrsordnung. Angesichts der praktischen Bedeutung der Einrichtung und des großen Werthes, der in den Kreisen des Handelsstandes auf dieselbe gelegt wird, erscheint es indessen angezeigt, die wesentlichsten Vorschriften über das fragliche Recht des Absenders und über die mit der Ausstellung eines Frachtbriefduplikats verbundenen Wirkungen in das Gesetz selbst aufzunehmen. Der §. 429 des Entwurfs bestimmt deshalb, im Anschluß an den §. 54 Abs. 5 und den §. 64 Abs. 2 der Eisenbahnverkehrsordnung, daß die Eisenbahn verpflichtet ist, auf Verlangen des Absenders den Empfang des Gutes auf einem Frachtbriefduplikate zu bescheinigen, und daß im Falle der Ausstellung eines Duplikats dem Absender das Recht, über das zur Beförderung aufgegebene Gut noch nachträglich gemäß §. 407 zu verfügen, nur zusteht, wenn er das Duplikat vorlegt.

Ersatzpflicht der Eisenbahnen bei Verlust oder Beschädigung von Frachtgütern. (§§. 430—437.)

Der Art. 395 des Handelsgesetzbuchs, welcher den auch für die Eisenbahnen bisher maßgebenden allgemeinen Grundsatz über die Haftung des Frachtführers im Falle des Verlustes oder der Beschädigung von Frachtgütern enthält, ist im Entwurfe durch die in wesentlichen Beziehungen abweichenden Vorschriften des §. 403 ersetzt. Für die Eisenbahnen muß jedoch, wie schon erwähnt, sowohl aus inneren Gründen, wie auch um die Uebereinstimmung mit dem Berner Vertrage zu wahren, das Haftungsprinzip des geltenden Rechtes beibehalten werden. Der zu diesem Zwecke in den Entwurf aufgenommene §. 430 schließt sich in den Einzelheiten der Fassung an den Art. 30 des Berner Vertrags an, weicht sachlich aber nicht von dem Art. 395 des Handelsgesetzbuchs ab. Auch der §. 431 des Entwurfs, nach welchem die Eisenbahn schlechthin für ihre Leute und für andere Personen, deren sie sich bei der Ausführung der Beförderung bedient, zu haften hat, wiederholt eine Vorschrift, welche gegenwärtig für das Frachtgeschäft überhaupt Geltung besitzt (Handelsgesetzbuch Art. 400), im Entwurf aber durch die weniger weitgehende Bestimmung des §. 405 ersetzt ist. Für die Eisenbahnen muß hier ebenfalls die bisherige Vorschrift, mit welcher der Art. 29 des Berner Vertrags übereinstimmt, beibehalten werden, da sie sich nur als eine Folgerung aus dem für die Eisenbahnen aufrecht erhaltenen allgemeinen Haftungsgrundsatze des Art. 395 darstellt.

Die §§. 432 und 433 des Entwurfs, welche die besonderen Fälle betreffen, in denen mit Rücksicht auf die Beschaffenheit der beförderten Güter oder auf die Art des Transports oder der Verpackung die Vorschriften über die Haftung der Eisenbahnen eine Abschwächung erleiden, schließen sich an die Art. 31 und 32 des Berner Vertrags an, die ihrerseits in allen wesentlichen Beziehungen mit den bisherigen Art. 424 und 426 des Handelsgesetzbuchs übereinstimmen. Zur Verhütung von Zweifeln und Streitigkeiten empfiehlt es sich, vorzuschreiben, daß die Eisenbahn sich auf eine mit dem Absender getroffene besondere Vereinbarung über die Art des Transports (§. 432 Nr. 1, 3 und 6) nur berufen kann, wenn die Vereinbarung in den Frachtbrief aufgenommen ist. Hinsichtlich der Verpackung war der gleiche Grundsatz schon bisher in Geltung (Handelsgesetzbuch Art. 424 Nr. 2, Berner Vertrag Art. 31 Nr. 2).

Was die Höhe des von den Eisenbahnen für verlorene oder beschädigte Güter zu leistenden Ersatzes anlangt, so ist hierfür die mit den Art. 34, 37 des Berner Vertrags übereinstimmende Vorschrift des §. 404 des Entwurfs maßgebend. Eine Beschränkung des Umfanges der danach den Eisenbahnen obliegenden Ersatzpflicht kann, soweit nicht die §§. 434, 435 und 438 des Entwurfs eine Ausnahme gestatten, weder durch die Eisenbahnverkehrsordnung noch durch die Tarife oder besonderen Vereinbarungen der Eisenbahnen festgesetzt werden (§. 444 des Entwurfs). Die Bestimmung des Art. 427 Nr. 1 des Handelsgesetzbuchs, wonach in allen Fällen bedungen werden kann, daß der der Schadensberechnung zu Grunde zu legende Werth des Gutes den als solchen im Frachtbrief angegebenen Betrag und in Ermangelung einer derartigen Angabe einen im Voraus bestimmten Normalsatz nicht übersteigen soll, hat schon gegenwärtig keine praktische Bedeutung mehr, da nach dem Vorgange des Berner Vertrags, welcher eine allgemeine Beschränkung des Werthsersatzes auf einen im voraus bestimmten Höchstbetrag nicht gestattet, auch die Eisenbahnverkehrsordnung von der Beibehaltung solcher Normalsätze für den inländischen Verkehr abgesehen hat. In den Entwurf ist deshalb eine dem Art. 427 Nr. 1 des Handelsgesetzbuchs entsprechende allgemeine Vorschrift nicht aufgenommen. Für die in den §§. 434 und 435 des Entwurfs bezeichneten Fälle soll jedoch auch weiterhin noch der Werthsersatz auf bestimmte Höchstbeträge beschränkt werden können. Die Bestimmung des §. 434 über die Festsetzung derartiger Höchstbeträge in sogenannten Ausnahmetarifen, welche besondere Preisermäßigungen gewähren, entspricht dem Art. 35 des Berner Vertrags. Zwar haben die deutschen Bahnen von der durch die letztere Bestimmung gewährten Befugniß bisher keinen Gebrauch gemacht, und es mag zweifelhaft sein, ob eine entsprechende Vorschrift für den inländischen Verkehr praktische Bedeutung gewinnen wird; immerhin besteht kein ausreichender Grund, den Eisenbahnen für diesen Verkehr ein Recht, das ihnen nach dem Berner Vertrag eingeräumt ist, grundsätzlich zu versagen. Was den §. 435 des Entwurfs betrifft, durch welchen ermöglicht werden soll, daß auch für den Fall des Verlustes oder der Beschädigung von Geldern, Werthpapieren, Kostbarkeiten und Kunstgegenständen die Ersatzleistung nach näherer Anordnung der Eisenbahnverkehrsordnung auf einen bestimmten Höchstbetrag beschränkt wird, so sprechen Gründe der Billigkeit und der Zweckmäßigkeit für eine Regelung in diesem Sinne. Auch im Interesse des Publikums liegt es, daß die Eisenbahnen in die Lage versetzt werden, mit Rücksicht auf die Beschränkung des für Werthsachen zu leistenden Schadensersatzes die besonderen Bedingungen für die Beförderung solcher Gegenstände zu erleichtern. In der Eisenbahnverkehrsordnung ist bis jetzt von einer entsprechenden Bestimmung Abstand genommen worden, weil der Art. 427 Nr. 1 des Handelsgesetzbuchs zwar die Festsetzung von Normalsätzen allgemein gestattet, aber zugleich dem Absender das unbedingte Recht zur Deklaration des vollen Werthes des Gutes einräumt. Die Eisenbahnverkehrsordnung hat sich deshalb damit begnügt, die Festsetzung der Bedingungen, unter welchen Werthsachen zur Beförderung angenommen werden, den besonderen Vorschriften jeder Eisenbahn zu überlassen (§. 50 unter B 2). Dagegen ist in dem österreichisch-ungarischen Betriebsreglement, das im Uebrigen fast durchweg mit der deutschen Eisenbahnverkehrsordnung übereinstimmt, die fragliche Beschränkung der Haftung für Werthsachen vorgesehen.

Der §. 436 des Entwurfs, nach welchem sich der Absender durch Deklaration des Interesses an der Lieferung den Anspruch auf den Ersatz eines den gemeinen Werth des Gutes übersteigenden Schadens sichern kann, entspricht dem Art. 38 des Berner Vertrags. Auch für den inländischen Verkehr gelten nach den §§. 84, 85 der Eisenbahnverkehrsordnung schon jetzt die gleichen Bestimmungen. Dagegen besteht hinsichtlich der im §. 437 des Entwurfs geregelten Frage, binnen welcher Frist die Eisenbahn wegen einer Minderung oder Beschädigung des Gutes, die bei der Annahme desselben äußerlich nicht erkennbar war, in Anspruch genommen werden kann, gegenwärtig noch eine Verschiedenheit zwischen den für den internationalen und den für den inländischen Verkehr geltenden Vorschriften. Denn mit Rücksicht auf die zwingende Vorschrift des Art. 428 des Handelsgesetzbuchs, wonach die Frist für die Anbringung solcher Reklamationen nicht auf weniger als vier Wochen festgesetzt werden darf, war es bis jetzt unmöglich, die im Art. 44 Abs. 2 Nr. 4 des Berner Vertrags vorgesehene Reklamationsfrist von sieben Tagen für den inländischen Verkehr einzuführen. Der §. 437 des Entwurfs stellt die Uebereinstimmung in diesem Punkte her. Die gleiche Frist ist auch im §. 61 des Gesetzes, betreffend die privatrechtlichen Verhältnisse der Binnenschiffahrt, bestimmt.

Haftung für Reisegepäck. (§. 438.)

Die Vorschriften des §. 438 Abs. 1, 3 über die Haftung der Eisenbahnen für Verlust oder Beschädigung des Reisegepäcks stehen mit dem Art. 425 des Handelsgesetzbuchs und den auf Grund desselben getroffenen Bestimmungen des §. 34 Abs. 3, 5 der Eisenbahnverkehrsordnung im Einklange. Nach der Vorschrift des Abs. 2 soll es zulässig sein, in der Eisenbahnverkehrsordnung Bestimmung darüber zu treffen, inwieweit die für verlorene oder beschädigte Gepäckstücke zu leistende Entschädigung auf einen Höchstbetrag beschränkt werden kann. Gegenwärtig enthält die Verkehrsordnung selbst eine solche Bestimmung nicht; wohl aber ist in einzelnen Fällen, in denen es mit Rücksicht auf die Eigenartigkeit der Betriebsverhältnisse angezeigt erschien, wie z. B. im Berliner Vorortverkehr, auf dem im Abs. 2 der Eingangsbestimmungen der Verkehrsordnung vorgesehenen Wege eine Regelung in der gedachten Richtung erfolgt. Gegenüber den Vorschriften des Entwurfs würde dies ohne einen besonderen Vorbehalt, wie er im Abs. 2 des §. 438 gemacht ist, künftig nicht mehr zulässig sein. Es erscheint aber wünschenswerth, Einrichtungen nicht ohne Weiteres auszuschließen, bei denen es sich darum handelt, eine auch im Interesse des Publikums liegende, besonders einfache Art der Aufgabe und der Beförderung des Reisegepäcks zu ermöglichen.

Haftung für rechtzeitige Ablieferung. (§. 439.)

Was die Verpflichtung der Eisenbahnen zum Ersatze des durch eine Versäumung der Lieferfrist entstehenden Schadens betrifft, so lag zwar nach dem Handelsgesetzbuche bisher keine Nöthigung vor, den Eisenbahnen in der fraglichen Beziehung eine weitergehende Verantwortlichkeit aufzuerlegen als diejenige, welche sich aus der allgemeinen Bestimmung des Art. 397 ergiebt; nichtsdestoweniger ist durch den §. 86 der Eisenbahnverkehrsordnung der strengere Haftungsgrundsatz, welchen der Art. 39 des Berner Vertrags aufstellt, schon gegenwärtig auf den inländischen Verkehr ausgedehnt. Der §. 439 Abs. 1 des Entwurfs stimmt hiermit überein. Die Vorschriften, welche in den Abs. 2 bis 4 bezüglich der Höhe des zu leistenden Ersatzes getroffen sind, schließen sich dem Art. 427 Abs. 1 Nr. 2 und Abs. 2 des Handelsgesetzbuchs sowie den entsprechenden Bestimmungen des Berner Vertrags und der Eisenbahnverkehrsordnung an. Die näheren Vorschriften über den Betrag, welcher bei verspäteter Ablieferung des Reisegepäcks in Ermangelung einer Deklaration des Interesses an der Lieferung zu erstatten ist, sowie über die Vergütung, welche ohne den Nachweis eines Schadens geleistet wird, sind der Eisenbahnverkehrsordnung zu überlassen.

Verwirkung der Ersatzansprüche. (§. 440.)

Die Bestimmungen des §. 440 des Entwurfs über die Verwirkung der Ersatzansprüche gegen die Eisenbahn wegen unrichtiger Bezeichnung von Gegenständen, die von der Beförderung ausgeschlossen oder zu derselben nur bedingungsweise zugelassen sind, sowie wegen Versäumung der Sicherheitsmaßregeln, die in Ansehung solcher Gegenstände vorgeschrieben sind, entsprechen dem Art. 43 des Berner Vertrags und dem §. 89 der Eisenbahnverkehrsordnung. Im Handelsgesetzbuche fehlt es gegenwärtig an einer ausdrücklichen Vorschrift in dieser Richtung.

Beförderung an einen nicht an der Eisenbahn gelegenen Ort. (§. 441.)

Den Art. 430 des Handelsgesetzbuchs giebt der §. 441 des Entwurfs wieder. Für den Fall, daß in dem Frachtbrief ein nicht an der Eisenbahn gelegener Ort als Ablieferungsort bezeichnet ist, kann danach bestimmt werden, daß die Eisenbahn hinsichtlich der Beförderung von der letzten Station lediglich die Pflichten eines Spediteurs haben solle. Die gleiche Vorschrift ist im Art. 30 Abs. 2 des Berner Vertrags getroffen. Darüber, in welchen Fällen eine Beschränkung der Verpflichtungen der Eisenbahnen in der fraglichen Richtung nicht eintritt, finden sich nähere Bestimmungen im §. 68 Abs. 3 und im §. 76 Abs. 2 der Eisenbahnverkehrsordnung. Nicht in den Entwurf aufgenommen ist der Art. 431 des Handelsgesetzbuchs. Derselbe bestimmt, daß, sofern der Absender auf dem Frachtbrief angeordnet hat, das Gut solle an einem an der Eisenbahn liegenden Orte abgegeben werden oder liegen bleiben, der Transport nur bis zu diesem Orte als übernommen gilt, auch wenn ein anderweitiger Bestimmungsort im Frachtbrief angegeben ist. Dies versteht sich aber von selbst und braucht nicht besonders im Gesetze ausgesprochen zu werden; auch in dem Berner Vertrage findet sich eine solche Bestimmung nicht.

Geltendmachung der Ansprüche bei Betheiligung mehrerer Eisenbahnen. (§. 442.)

Die Vorschriften des §. 442 über die Geltendmachung der Ansprüche aus dem Frachtvertrag in dem Falle, daß mehrere auf einander folgende Eisenbahnen bei der Beförderung betheiligt sind, entsprechen den Bestimmungen des Art. 429 des Handelsgesetzbuchs und berücksichtigen zugleich die Ergänzungen, welche in den Art. 27 und 28 des Berner Vertrags enthalten sind.

Verjährung. (§. 443.)

Besondere Vorschriften über die Verjährung der Ansprüche, welche sich auf die Frachtgeschäfte der Eisenbahnen beziehen, sind im Handelsgesetzbuche nicht getroffen; vielmehr kommen lediglich die allgemeinen Bestimmungen über die einjährige Verjährung der Ersatzansprüche gegen die Frachtführer zur Anwendung. Auch nach dem Entwurfe sind zunächst die letzteren Bestimmungen maßgebend; daneben enthält jedoch der §. 443 noch einzelne weitere Vorschriften. Die im Abs. 1 vorgesehene Ausdehnung der einjährigen Verjährung auf Ansprüche der Eisenbahn wegen Nachzahlung zu wenig erhobener Fracht oder Gebühren sowie auf Ansprüche gegen die Eisenbahn wegen Rückerstattung zu viel erhobener Fracht oder Gebühren verallgemeinert die Bestimmungen des Art. 12 Abs. 4 des Berner Vertrags, mit denen auch die Eisenbahnverkehrsordnung übereinstimmt. Die Vorschriften des Abs. 2 über die Hemmung der Verjährung entsprechen einem in den Kreisen des Handelsstandes vielfach geäußerten Wunsche. Die Prüfung der bei den Eisenbahnen eingehenden Reklamationen und die zu diesem Zwecke angeordneten Ermittelungen erfordern nicht selten eine geraume Zeit, und es wäre unbillig, wenn in einem solchen Falle schließlich eine Zurückweisung des Anspruchs aus dem Grunde erfolgen dürfte, weil in der Zwischenzeit die Verjährung eingetreten sei. Die Verjährung der gegen die Eisenbahn gerichteten Ansprüche auf Rückerstattung zu viel erhobener Fracht oder Gebühren sowie auf Ersatz für Verlust, Beschädigung oder verspätete Ablieferung von Frachtgütern soll deshalb durch die schriftliche Anmeldung des Anspruchs bei der Eisenbahn gehemmt werden und erst nach Ertheilung eines abschlägigen Bescheides von Neuem zu laufen beginnen.

Ausschluß der Vertragsfreiheit. (§. 444.)

Bezüglich des Inhalts der von den Eisenbahnen geschlossenen Frachtgeschäfte ist die Vertragsfreiheit im Art. 423 des Handelsgesetzbuchs nur in Ansehung der Bestimmungen über die Haftpflicht der Eisenbahnen für Verlust, Beschädigung oder verspätete Ablieferung der Frachtgüter eingeschränkt; der §. 444 des Entwurfes schließt dagegen die Vertragsfreiheit in weiterem Umfange aus, indem er auch alle Vereinbarungen, welche mit der Eisenbahnverkehrsordnung im Widerspruche stehen, für nichtig erklärt. Thatsächlich liegt hierin keine Aenderung des bestehenden Rechtszustandes, da auch gegenwärtig die Eisenbahnen verpflichtet sind, sich in ihren Tarifbedingungen und bei den im einzelnen Falle getroffenen Vereinbarungen innerhalb der ihnen durch die Eisenbahnverkehrsordnung gezogenen Grenzen zu halten.

Personenbeförderung. (§. 445.)

In Ansehung des die Personenbeförderung betreffenden §. 445 des Entwurfs kann auf die einleitenden Bemerkungen zu diesem Titel verwiesen werden.

Kleinbahnen. (§. 446.)

Die Eisenbahnverkehrsordnung erstreckt sich an sich nicht auf kleine Bahnen von rein örtlicher Bedeutung, bei denen kein Interesse des allgemeinen Verkehrs in Frage steht. Hinsichtlich dieser Bahnunternehmungen, die der Entwurf mit einem dem preußischen Gesetze vom 28. Juli 1892 entnommenen Ausdruck als Kleinbahnen bezeichnet, kann folgeweise auch nicht auf ergänzende Vorschriften der Eisenbahnverkehrsordnung verwiesen werden. Der §. 446 Abs. 1 bestimmt deshalb, daß insoweit, als der Entwurf auf solche Vorschriften Bezug nimmt, bei den Kleinbahnen an die Stelle der Verkehrsordnung die Bedingungen treten, welche für die Beförderung auf der betreffenden Bahn im Allgemeinen oder, wenn dies nach den maßgebenden landesgesetzlichen Bestimmungen zulässig ist, im einzelnen Falle festgesetzt sind.

Für die Kleinbahnen unausführbar ist die im §. 427 den Eisenbahnen im Allgemeinen auferlegte Verpflichtung, Güter zur Beförderung nach allen Stationen innerhalb des Deutschen Reichs zu übernehmen, die Kleinbahnen können vielmehr nur zur Uebernahme von Transporten auf ihren eigenen Bahnstrecken verpflichtet werden. Eine dahingehende Vorschrift ist im Abs. 2 des §. 446 getroffen.

Druck der Norddeutschen Buchdruckerei, Berlin SW., Wilhelmstr. 32.